U0916139

2022
北京广播影视年鉴

北京广播影视年鉴编辑委员会　编

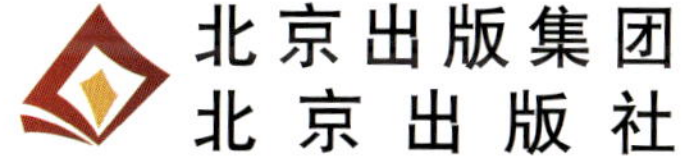

图书在版编目（CIP）数据

2022北京广播影视年鉴 / 北京广播影视年鉴编辑委员会编. -- 北京 : 北京出版社, 2022.12
ISBN 978-7-200-17618-6

Ⅰ. ①2… Ⅱ. ①北… Ⅲ. ①广播事业—北京—2022—年鉴②电影事业—北京—2022—年鉴③电视事业—北京—2022—年鉴 Ⅳ. ①G229.271-54 ②J992-54

中国版本图书馆CIP数据核字（2022）第232780号

2022北京广播影视年鉴

2022 BEIJING GUANGBO YINGSHI NIANJIAN

北京广播影视年鉴编辑委员会 编

出　版 北京出版集团
北京出版社
地　址 北京北三环中路6号
邮　编 100120
网　址 www.bph.com.cn
总发行 北京出版集团
经　销 新华书店
印　刷 三河市兴国印务有限公司
版印次 2022年12月第1版第1次印刷
开　本 787毫米×1092毫米 1/16
印　张 39
字　数 973千字
书　号 ISBN 978-7-200-17618-6
定　价 178.00元

编　辑　说　明

一、《北京广播影视年鉴》是一部综合性资料工具书和史料文献，由北京市广播电视局主持编纂，北京广播电视台、歌华传媒集团、北京歌华有线电视网络股份有限公司、北京市各区文化和旅游局及融媒体中心、部分社会影视机构和网络视听公司等协助编纂。

二、本年鉴全面反映北京市广播影视及网络视听业的基本情况和发展变化，客观记录2021年全市广播影视及网络视听业发展情况。特殊事项，在前后年份上有所延伸。

三、本年鉴以马克思列宁主义、毛泽东思想、邓小平理论、"三个代表"重要思想、科学发展观和习近平新时代中国特色社会主义思想为指导，牢固树立政治意识、大局意识、核心意识、看齐意识。坚持实事求是的编辑方针，贯彻"贴近实际，贴近生活，贴近群众"的宣传原则，为广播影视从业人员、教学科研人员、决策管理人员以及社会各界了解和研究北京市广播影视及网络视听提供可靠信息。

四、本年鉴自2005年起，每年编印一卷。2022年版为第十八卷，主要记述2021年的情况，全书共有18个栏目：特载、专项纪事、概况、大事记、频率频道、节目栏目、媒体融合与智慧广电、网络视听、技术、公共服务、电视剧、书报刊出版、受众调查、组织机构、获奖作品、典型经验、统计、附录。

五、本年鉴采用规范语体文，行文力求朴实、简洁、通畅，以记述文章体裁为主体。

六、本年鉴计量单位按照1984年2月27日公布的《中华人民共和国法定计量单位》执行。

七、本年鉴统计数字以统计部门公布的为准。统计部门缺遗的数字，以各单位的为准。

八、本年鉴稿件由各单位、各部门确定专人（特约编辑）撰写（特殊约稿除外），经各单位、各部门主要领导审核盖章后提交，最后由年鉴编委会总审。

本年鉴的编辑工作得到各撰稿单位、部门及各方面的热情关怀和大力支持，在此深表感谢。疏漏与不足之处，恳请批评指正。

北京广播影视年鉴编委会

2022年12月

编辑委员会

委　员：

单志忠　北京市广播电视局办公室（安全监管办公室）主任
王东迎　北京市广播电视局政策法规处处长
石　磊　北京市广播电视局规划发展处（产业促进处）副处长
刘华阳　北京市广播电视局行政审批处处长
王亦君　北京市广播电视局宣传管理处处长
韩云升　北京市广播电视局电视剧管理处处长
李国新　北京市广播电视局传媒机构管理处处长
夏　斐　北京市广播电视局网络视听节目管理处处长
荣学良　北京市广播电视局媒体融合发展处处长
秦旭东　北京市广播电视局科技处（公共服务处）处长
贾丁丁　北京市广播电视局财务处处长
解　楠　北京市广播电视局人事处处长
周旭民　北京市广播电视局机关党委专职副书记
孙小兵　北京市广播电视局机关纪委书记
姜　威　北京市广播电视局工会专职副主席
李其利　北京市纪委市监委驻局纪检监察组副组长
邵顺荣　北京市广播电视局综合事务中心主任
钱富奎　北京市广播电视监测中心主任
智黎明　北京市视听节目监测中心主任
孙峰虎　北京新视听发展中心（音像资料馆）主任
石东正　北京市广播电视局宣传中心主任
董雪梅　北京广播影视交流促进中心副主任
李米莉　北京市广播影视协会理事长
贾忠华　北京电视艺术家协会驻会副主席、秘书长
石群峰　北京广播电视台研究室主任
陈　工　北京歌华文化发展集团有限公司研究员
刘国华　北京北广传媒影视股份有限公司董事长
刘　彤　北京电视艺术中心有限公司董事长
李洪兴　北京歌华新新传媒有限责任公司党支部书记、执行董事、总经理
颜丙利　北京音像有限公司总经理
牛振青　北京北广传媒移动电视有限公司董事长
罗艳红　北京歌华城市电视有限公司董事长
王　军　北京北广传媒地铁电视有限公司总经理
何公明　北京北广传媒数字电视有限公司董事长、总经理
裴成虎　北京北广置业有限公司党支部书记、执行董事兼总经理
杨　云　北京歌华有线电视网络股份有限公司办公室主任
丁文辉　北京中广传播有限公司总经理
向旭东　北京市东城区文化和旅游局局长
靳　真　北京市西城区文化和旅游局局长
高春利　北京市朝阳区文化和旅游局局长
王　森　北京市海淀区文化和旅游局副局长
史文彬　北京市丰台区文化和旅游局（北京市丰台区文物局）书记
唐　铭　北京市石景山区文化和旅游局局长
夏名君　北京市门头沟区文化和旅游局书记、局长
李冠华　北京市房山区文化和旅游局局长
张　华　北京市通州区文化和旅游局书记、局长
李　莉　北京市顺义区文化和旅游局书记、局长、一级调研员
李　攀　北京市昌平区文化和旅游局书记、局长
耿晓梅　北京市大兴区文化和旅游局局长
夏占利　北京市怀柔区文化和旅游局局长

张子昂　北京市平谷区文化和旅游局副局长（主持工作）
赵志政　北京市密云区文化和旅游局书记、局长
洪　炜　北京市延庆区文化和旅游局书记、局长
赵雅娟　北京经济技术开发区工委管委会一级巡视员、宣传文化部部长、文联主席
王继志　北京市东城区融媒体中心书记、主任
周　翔　北京市西城区融媒体中心书记、主任
孙　帅　北京市朝阳区融媒体中心书记、主任
佟志伟　北京市海淀区融媒体中心书记、主任
乔晓鹏　北京市丰台区融媒体中心书记、主任
王建强　北京市石景山区融媒体中心书记、主任
苏燕平　北京市门头沟区融媒体中心书记、主任
王英开　北京市房山区融媒体中心书记、主任
卫　欣　北京市通州区融媒体中心书记、主任
杨进军　北京市顺义区融媒体中心书记、主任
刘晓梅　北京市昌平区融媒体中心书记、主任
马宪颖　北京市大兴区融媒体中心书记、主任
刘　剑　北京市怀柔区融媒体中心书记、主任
张长志　北京市平谷区融媒体中心书记、主任
张　波　北京市密云区融媒体中心书记、主任
胡玖梅　北京市延庆区融媒体中心书记、主任
边元松　北京经济技术开发区融媒体中心书记、董事长、总编辑
陈　洋　北京星光拓诚文化产业集团有限公司董事长、总经理
于德利　北京市怀柔区文化产业发展促进中心书记、主任
惠斐林　中国（北京）高新视听产业园经营管理部副总经理
汪　淼　北京百度网讯科技有限公司百度好看视频总编辑
王兆楠　北京爱奇艺科技有限公司副总裁、总编辑
杨伟光　优酷信息技术（北京）有限公司公共事务部执行总编辑、书记
鲁　林　北京花房科技有限公司公共事务副总裁、总编辑
梁　楠　北京搜狐互联网信息服务有限公司搜狐视频副总编辑
孙东旭　北京新东方迅程网络科技股份有限公司新东方在线总经理
舒　予　北京智者天下科技有限公司政府事务部监管合规负责人
罗振宇　北京思维造物信息科技股份有限公司董事长、得到创始人
王长田　北京光线传媒股份有限公司法人代表
王忠磊　北京华谊兄弟娱乐投资有限公司法人代表、总经理
刘燕铭　海润影视制作有限公司法人、董事长
尤小刚　北京京都世纪文化发展有限公司董事长
丁　芯　北京鑫宝源影视投资有限公司总经理
王　辉　大唐辉煌传媒有限公司董事长
于　莉　北京东王文化发展有限公司主任
庞新星　四达时代通讯网络技术有限公司董事长兼总裁
白月飞　北京东方飞云国际影视股份有限公司总经理
曾映雪　完美世界（北京）互动娱乐有限公司高级副总裁
王　锦　北京时代光影文化传媒股份有限公司董事长

主编　副主编

主　编：

孔建华　北京市广播电视局党组成员、副局长

执行主编：

孙峰虎　北京新视听发展中心（北京音像资料馆）主任

常务副主编：

段燕燕　北京新视听发展中心（北京音像资料馆）副主任

副主编：

石群峰　北京广播电视台研究室主任

王廷富　北京市广播电视局史志办高级编辑（特聘）

赵　晨　北京新视听发展中心（北京音像资料馆）副主任

责任编辑与特约编辑

责任编辑：

王志坤　北京新视听发展中心（北京音像资料馆）史志资料科科长

冯　艳　北京新视听发展中心（北京音像资料馆）史志资料科干部

马一鸣　北京新视听发展中心（北京音像资料馆）史志资料科干部

钟立红　北京市广播电视局史志办特约编辑

史博华　北京市广播电视局史志办特约编辑

刘书峰　北京市广播电视局史志办特约编辑

佟东旭　北京中广传播有限公司综合部经理
钟　华　北京歌华有线电视网络股份有限公司办公室文秘主管
刘晶伟　北京市东城区文化和旅游局干部
赵　臣　北京市西城区文化和旅游局干部
陈晓虹　北京市朝阳区文化和旅游局干部
戴　明　北京市海淀区文化和旅游局副科长
孙晶晶　北京市丰台区文化和旅游局（北京市丰台区文物局）干部
刘　平　北京市石景山区文化和旅游局执法大队办公室主任
荣红旗　北京市门头沟区文化和旅游局干部
林远茜　北京市房山区文化和旅游局干部
邱　巍　北京市通州区文化和旅游局干部
周　莹　北京市顺义区文化和旅游局政工科
崔爱国　北京市昌平区文化和旅游局产业发展科副科长
冯丽娟　北京市大兴区文化和旅游局干部
郭帅言　北京市怀柔区文化和旅游局科员
姚　颖　北京市平谷区文化和旅游局科员
高文满　北京市密云区文化和旅游局文化市场科科长
徐柏枝　北京市延庆区文化和旅游局市场科科长
梁欢池　北京市委经济技术开发区工委宣传文化部媒体融合发展处干部
谢莒莎　北京市东城区融媒体中心干部
刘新岩　北京市西城区融媒体中心干部
邱　阳　北京市朝阳区融媒体中心总编室干部
张文举　北京市海淀区融媒体中心全媒体指挥调度科副主任
孙敬尧　北京市丰台区融媒体中心综合办公室主任
谷　雨　北京市石景山区融媒体中心干部
高艳蕊　北京市门头沟区融媒体中心办公室干部
贾　颖　北京市房山区融媒体中心办公室副主任
张维颖　北京市通州区融媒体中心办公室干部
叶　平　北京市顺义区融媒体中心策划调度副科长
张洁琼　北京市昌平区融媒体中心宣传科科员
何建立　北京市大兴区融媒体中心干部
王少南　北京市怀柔区融媒体中心办公室干部
贾晓静　北京市平谷区融媒体中心助理编辑
梁　爽　北京市密云区融媒体中心通联部科员
胡　洋　北京市延庆区融媒体中心办公室副主任
吴　佳　北京经济技术开发区融媒体中心编务办主任
邵　丹　北京星光拓诚文化产业集团有限公司发展中心总监
张　迪　北京市怀柔区文化产业发展促进中心信息宣传部部长
张　姝　中国（北京）高新视听产业园经营管理部产业招商经理
王　佳　北京百度网讯科技有限公司百度好看视频副总编辑
张若聃　北京爱奇艺科技有限公司影视节目规划中心主任

张　浩　优酷信息技术（北京）有限公司公共事务部政府事务经理

贾　林　北京花房科技有限公司公共事务副总监

杨莉莉　北京搜狐互联网信息服务有限公司搜狐视频政务经理

王漠施　北京新东方迅程网络科技股份有限公司新东方在线法务专员

肖　燕　北京智者天下科技有限公司政府事务部

冯启娜　北京思维造物信息科技股份有限公司总编室编辑、内容品控负责人

陈雪飞　北京光线传媒股份有限公司

李树峰　北京华谊兄弟娱乐投资有限公司制作部总监

曹亚婧　海润影视制作有限公司

洪小军　北京京都世纪文化发展有限公司

齐　爽　北京鑫宝源影视投资有限公司

李玉晶　大唐辉煌传媒有限公司

陈　冬　北京东王文化发展有限公司

范　佩　四达时代通讯网络技术有限公司

刘安琪　北京东方飞云国际影视股份有限公司

孙　岩　完美世界（北京）互动娱乐有限公司宣传部负责人

刘　莹　北京时代光影文化传媒股份有限公司副总经理

2021 北京市广播影视数字

机　构

市级广播电视台 1 座，市级广电新媒体有北京时间网络和客户端、听听调频客户端、北京 IPTV 平台、数字付费电视、公交移动电视、城市楼宇电视、地铁移动电视、手机电视、户外大屏幕电视以及数字多媒体广播等；区级广播电视台 10 座，电视站 4 个；全市持有广播影视节目制作经营许可证机构 16854 个；持有信息网络传播视听节目许可证机构 133 家，32 家公司的 43 个网络视听平台纳入备案制管理。

人　员

全市广播影视从业人员 12.59 万人。

覆　盖

广播综合人口覆盖率 100%，电视综合人口覆盖率 100%。

有线网络

有线广播电视网络干线总长 22.24 万公里，传输数字电视频道 225 套，其中标清数字频道 149 套、高清频道

72 套、4K 超高清频道 3 套，8K 超高清频道 1 套。有线广播电视实际用户 614.67 万户，高清电视用户 577.98 万户，其中 4K 超高清电视用户 202.84 万户。

资　产

全市广播影视总资产 5987.16 亿元。

创　收

广播电视和网络视听行业创收 4022.27 亿元，其中广告收入 1393.42 亿元，网络视听用户付费收入 279.99 亿元。全市新媒体业务收入 2160.90 亿元，其中短视频、电商直播等其他新媒体业务收入 1837.45 亿元。

节　目

全年制作广播节目 9.44 万小时，制作电视节目 7.21 万小时，制作网络视频节目 35.50 万小时。

电视剧

全年制作电视剧 41 部，1580 集。

动画片

全年制作电视动画片 22 部，5383.5 分钟。

2021 年 9 月 3 日，中共中央政治局委员、北京市委书记蔡奇（前排右 3）视察中国国际服务贸易交易会北京新视听展区

2021 年 10 月 18 日，第九届优秀国产纪录片及创作人才推优活动暨第五届北京纪实影像周启动式举行。国家广播电视总局副局长、党组成员杨小伟出席并致辞

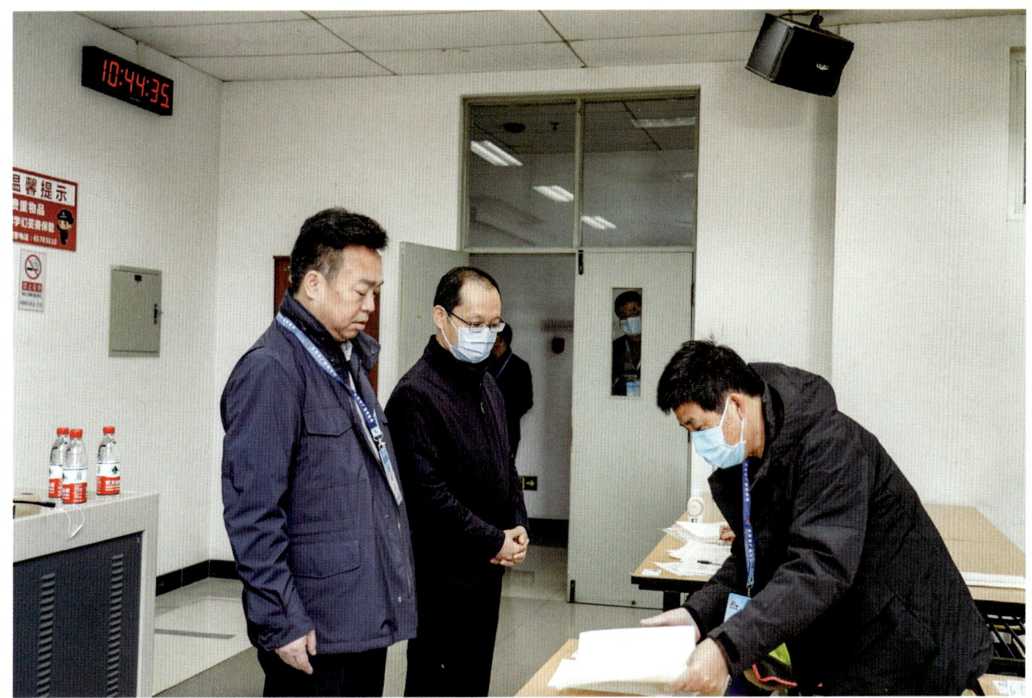

↑2021 年 10 月 23 日，国家广播电视总局副局长、党组成员杨小伟（左 1）在全国广播电视编辑记者、播音员主持人资格考试时巡考北京考区

↑2021 年 10 月 13 日—14 日，第二届中国广电媒体融合发展大会在北京举行。国家广电总局副局长、党组成员朱咏雷出席开幕式并致辞

↑2021 年 2 月 26 日，国家广电总局副局长、党组成员孟冬出席“京津冀之声”开播上线仪式

↑2021 年 10 月 13 日，中国广播电视社会组织联合会会长范卫平（左 2）等共同开启“2021 声音探索者大会暨北京广播节”

↑2021 年 4 月 15 日，北京市政协主席吉林（左 3）、北京市政协副主席王宁（左 1）出席市政协举办的“政协报告厅——委员对话《觉醒年代》主创团队”活动

↑2021 年 12 月 31 日，北京市委常委、宣传部部长莫高义出席北京广播电视台 8K 超高清试验频道开播仪式并致辞

2021年10月13日—14日，第二届中国广电媒体融合发展大会在北京举行。北京市委常委、宣传部部长莫高义出席开幕式并致辞

2021年10月18日，第九届优秀国产纪录片及创作人才推优活动暨第五届北京纪实影像周启动式举行，北京市副市长王红出席并致辞

↑2021年9月22日，北京市委宣传部副部长，北京市电影局局长，第11届北京国际电影节组委会副主席兼秘书长王杰群在中国电影发展高峰论坛——恰是百年风华·庆祝建党百年电影主题论坛上致辞

↑2021年9月17日，北京市委宣传部副部长徐和建（前排左1）到北京广播电视台参观电视节目制作中心1805超高清工作室，听取关于8K节目制作、人工智能技术等方面的介绍

↑2021 年 12 月 31 日，北京市广播电视局党组书记、局长杨烁出席北京广播电视台 8K 超高清试验频道开播仪式并致辞

↑2021 年 4 月 9 日，在“北京视听零距离冰雪嘉年华”启动仪式上，北京市广播电视局副局长杨培丽（右）将标有“No.001”的“北京视听小站”牌匾授予延庆区融媒体中心

↑2021 年 10 月 19 日，第 29 届北京电视节目交易会（2021·秋季）在北京会议中心开幕。北京市广播电视局党组成员、副局长张苏致辞

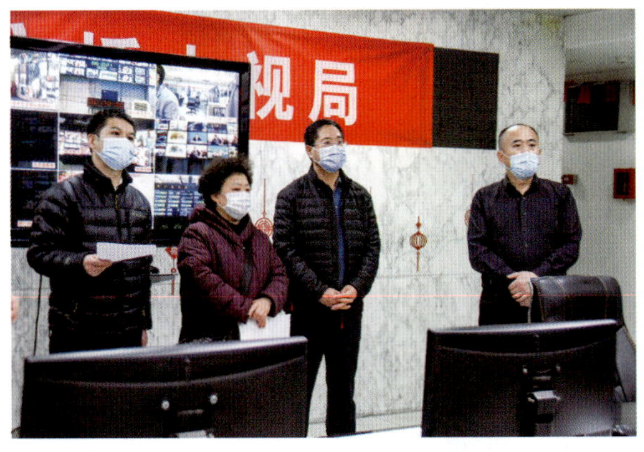

↑2021 年 3 月，北京市广播电视局党组成员、北京市纪委市监委驻局纪检监察组组长邹立华（右 2）到北京市广播电视监测中心检查“两会”保障工作

↑2021 年 7 月 16 日，局党组成员、副局长王志（右）代表北京市广播电视局向新疆和田地区广播电视播出机构捐赠视听作品播放权仪式举行

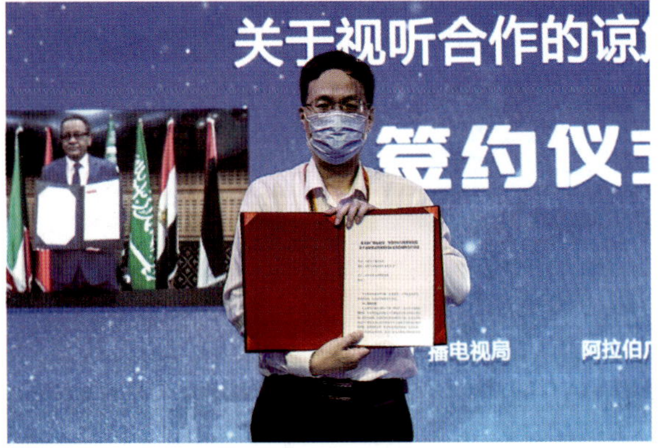

↑2021 年 9 月 5 日，在中国国际服务贸易交易会北京新视听展上，北京市广播电视局党组成员、副局长孔建华和阿拉伯广播电视联盟秘书长阿卜杜勒·拉希姆·苏莱曼（左上角屏幕中）举行云签约，开展视听国际合作

↑2021年5月28日，北京市委常委、宣传部部长莫高义（右1）到北京市广播电视局调研

↑2021年5月27日，北京市广播电视局与市卫健委举行宣传合作框架协议签署仪式

↑2021年8月5日，京津冀新视听战略合作协议落实推进会在线上召开

↑2021年4月29日，北京市广播电视局与市扶贫支援办召开扶贫工作对接座谈会

↑2021年1月22日，北京市广播电视局召开冬奥城市文化活动专题会

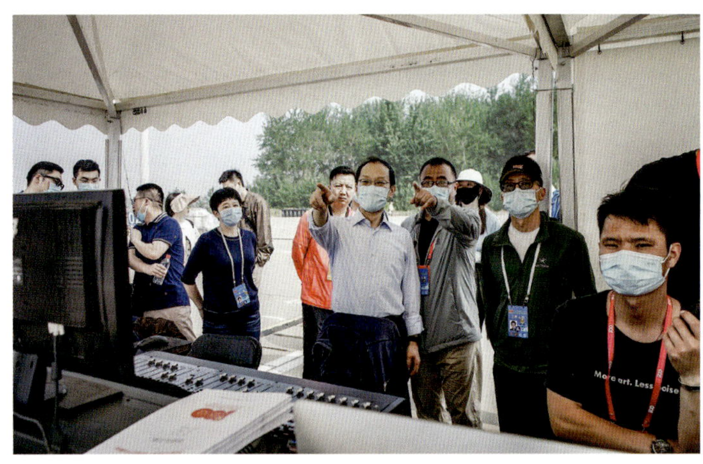

2021 年 5 月 21 日，北京市广播电视局领导检查建党百年天安门广场庆祝活动音响保障工作

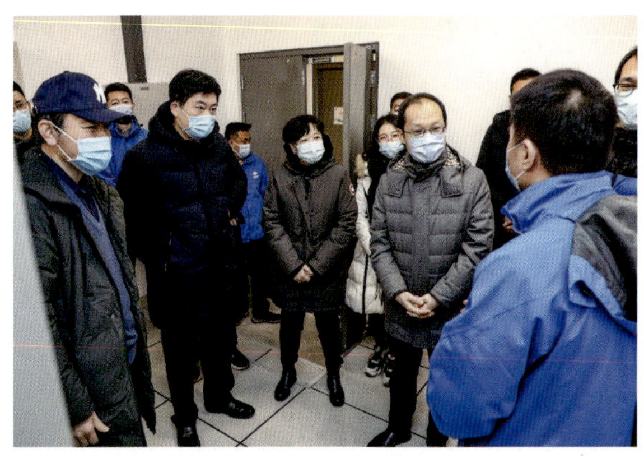

2021 年 12 月 3 日，北京市广播电视局领导到北京冬奥会延庆高山滑雪赛区和延庆冬奥村检查广播电视服务保障工作

2021 年 1 月 22 日，北京市广播电视局领导到北京歌华有线电视网络股份有限公司开展安全生产大检查

2021 年 10 月 22 日，由北京市广播电视局等组织的“永远跟党走——‘北京视听零距离’庆祝建党百年主题活动”在朝阳区岳各庄乡举行。图为现场观众体验“VR 党建沙盘”

2021 年 11 月 27 日，北京市广播电视局组织的“北京视听零距离”科技助老 · 相约冬奥云课堂直播活动在抖音、快手平台举办，志愿者向老年人普及冬奥赛事项目、智能手机使用等知识

↑2021年12月18日，北京市广播电视局与市科协签署“新视听”宣传合作框架协议

↑2021年10月16日，在北京国际公益广告研究院工作会议上，北京大学新闻传播学院党委书记、副院长陈刚（左）被聘任为研究院首任院长

↑2021年12月31日，首届新视听媒体融合创新创意大赛创新赛道复评及路演活动在京举行

↑2021年9月29日，北京市广播电视局召开网络电影《生死协议》专家研讨会

↑2021年12月23日，北京市广播电视局领导到奥体中心检查北京广播电视台《2022环球跨年冰雪盛典》录制工作

↑2021年6月，北京市广播电视局领导在“七一”前到监测中心进行安全播出检查

↑2021年9月28日，北京市广播电视局与怀柔区人民政府签署《关于共同推动中国（怀柔）影视产业示范区高质量发展全面战略合作协议》

↑2021年10月14日，国家广电总局领导就冬奥会广播电视安全保障和宣传报道工作进行专题调研和部署，并实地考察北京市和河北省张家口奥运场馆

↑2021年12月17日，北京市广播电视局举办“送专家到企业”网络微短剧创作快手专场培训会

↑2021年8月10日，北京市广播电视局领导到电视剧《冬奥一家人》拍摄现场调研

↑2021年6月，北京市广播电视局、市文化执法总队等相关部门在延庆张山营镇后黑龙庙村举办“融媒携手冬奥小镇　共创清朗视听空间”扫黄打非进基层活动

↑2021年4月20日，由北京市广播电视局、河北省广播电视局、国家广播电视总局研修学院联合成立的京津冀新视听媒体融合学院第一期研学班在北京开班

↑2021年9月23日，北京市广播影视协会换届大会暨第七届第一次会员大会召开。新当选的北京市广播影视协会第七届领导班子成员合影

↑2021年9月26日，北京视协短视频工作委员会成立大会暨2021首届北京新视听文化论坛召开

↑2021年10月13日，“时代新声音”第二届北京大学生广播电视主持新人选拔活动在开心麻花剧场举办

↑2021 年 10 月 18 日晚，第九届优秀国产纪录片及创作人才推优活动暨第五届纪实影像周启动式在北京市永定门前广场举行

↑2021 年 10 月 18 日晚，在第九届优秀国产纪录片及创作人才推优活动暨第五届纪实影像周启动式上，为优秀纪录片作品、人才、机构颁奖

↑2021 年 10 月 21 日，第五届北京纪实影像周“赋能乡村振兴：影像创作与传播”主题学术论坛在北京国际饭店会议中心举行

↑2021 年 4 月 28 日，第 28 届北京电视节目交易会（2021 · 春季）创作论坛在北京会议中心举办

↑2021 年 4 月 27 日，第 28 届北京电视节目交易会（2021 · 春季）发展论坛“新时代中国电视剧高质量发展之路”在京举行

↑2021 年 9 月 5 日，在中国国际服务贸易交易会北京新视听展上，北京市广播电视局向“北京市第二批智慧广电重点实验室”单位颁发荣誉证书

↑2021 年 9 月，观众在中国国际服务贸易交易会北京新视听展京影剧献展区留念

↑2021 年 9 月 1 日，在 2021 世界 5G 大会上，北京市广播电视局承办的 5G 与新视听论坛在北京亦创国际会展中心举办

↑2021 年 10 月 13 日，在第二届中国广电媒体融合发展大会上，举行媒体融合区域协同发展——京津冀、长三角、粤港澳大湾区圆桌对话

↑2021 年 10 月 13 日，在第二届中国广电媒体融合发展大会启动仪式上，全国广播电视媒体融合发展创新中心协同发展战略协议签约仪式举行

2021 年 10 月 19 日，在第 29 届北京电视节目交易会（2021· 秋季）开幕式上推出 10 部精品佳作

2021 年 10 月 19 日，在第 29 届北京电视节目交易会（2021· 秋季）开幕式上，为获得 2021 年北京广播电视网络视听发展基金扶持电视剧项目（第一批）颁发荣誉证书

2021 年 11 月 26 日，在北京市广播电视局主办的第四届"一带一路"广播电视科技发展论坛线上活动中，北京广播电视和网络视听企业参与"广电科技产品推介活动"

2021 年 9 月 15 日，第三届北京国际公益广告大会创意征集大赛首场路演在北京工商大学（良乡校区）举行

2021 年 12 月 8 日，第三届北京国际公益广告大会"优秀传统文化公益广告传承与发展交流"活动通过"线上 +"形式在北京首钢园举行

对外交流

↑2021年5月28日，北京优秀影视剧海外展播季特别活动“中非视听之夜”在四达时代集团北京总部举行

↑2021年6月25日，莫桑比克中央数字电视中心揭幕仪式在马普托市举行，莫总统纽西为中心揭幕剪彩并致辞

↑2021年8月21日，中国援助乌干达“万村通”二期项目实施研讨会在乌首都坎帕拉举行

↑2021年9月27日，第二届中国－非洲经贸博览会在湖南长沙举行，四达时代集团作为北京代表团企业之一入驻展会

2021北京优秀影视剧海外展播季海报→

↑2021年非洲展播季期间，四达时代通讯网络技术有限公司拍摄制作的以2022北京冬奥为主题的儿童栏目《卡卡冬奥行》进行展播

第十一届北京国际电影节

第十一届北京国际电影节于 2021 年 9 月 21 日—29 日在京举办，设置主竞赛单元“天坛奖”评奖、开幕式及红毯仪式、“北京展映”、“注目未来”单元、北京策划·主题论坛、北影节发布、电影大师班、北京市场、电影嘉年华、大学生电影节、闭幕式暨颁奖典礼、“电影 +”等十余个板块，组织开展了 120 余项活动。

↑2021 年 9 月 17 日，第十一届北京国际电影节“北京展映”在英皇电影城举办《两生花》映后交流活动

↑2021 年 9 月 20 日，第十一届北京国际电影节开幕式在北京雁栖湖国际会展中心举办

↑第十一届北京国际电影节主海报——合力生光

↑2021 年 9 月 22 日，第十一届北京国际电影节电影投融资峰会在北京广播电视台举行。北京银行发布“电影 +”版权质押贷项目助力北京“影视高地”建设

↑2021年9月24日，第十一届北京国际电影节“巩俐电影大师班——电影与我们”在北京雁栖湖国际会展中心举行

↑2021年9月25日，第十一届北京国际电影节闭幕式暨颁奖典礼在北京雁栖湖国际会展中心录制

↑2021年9月25日，第十一届北京国际电影节中国电影营销高峰论坛在北京广播电视台举行

↑2021年9月26日，第十一届北京国际电影节青年电影人论坛在北京广播电视台举行

↑2021年9月25日，第十一届北京国际电影节北京市场签约仪式在北京广播电视台举行

↑2021年9月27日，第十一届北京国际电影节艺术电影论坛在北京广播电视台举行

BRTV
北京广播电视台
BEIJING RADIO & TELEVISION STATION

北京广播电视台成立于2010年5月31日，是在原北京北广传媒集团、北京人民广播电台、北京电视台基础上组建而成。

2021年，北京广播电视台总资产近160亿元，年总收入超过50亿元，拥有19个内设机构、33个事业中心，下属多家全资、控参股企业，员工近6000人。全台共开办10套广播节目、11套电视节目，以及“北京时间”“听听FM”新媒体客户端和北京IPTV、“北京云”等平台。全台共开办固定电视栏目99个、广播栏目170个，全台广播电视播出总时长约25.7万小时（含超高清、高清、标清电视频道播出，广播调频频率和中波频率播出），其中广播频率发射时长约7.1万小时，向无线、有线、卫星、IPTV方向传送广播电视节目约69.2万小时。北京卫视、卡酷少儿、冬奥纪实3个上星频道覆盖总人口分别为11.5亿、9亿和5.4亿。

↑2021年12月31日，国家广播电视总局副局长、党组成员孟冬（右3）考察北京广播电视台冬奥纪实8K超高清试验频道播出机房

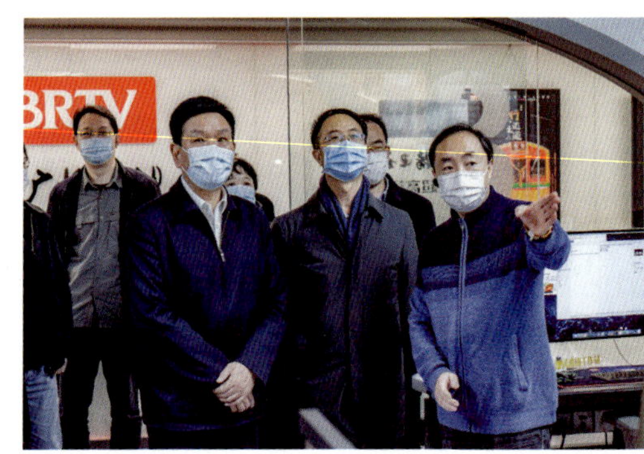

↑2021年12月31日，北京市委常委、宣传部部长莫高义（前排左1）参观北京广播电视台8K超高清工作室，北京市委副秘书长、市委宣传部副部长，北京广播电视台党组书记、台长余俊生（前排中）陪同

↑2021年12月31日，北京广播电视台冬奥纪实8K超高清试验频道开播，国家广播电视总局副局长、党组成员孟冬（左4），北京市委常委、宣传部部长莫高义（右4）等出席开播仪式

↑2021 年 6 月 16 日，由北京市委宣传部、中国电视艺术家协会、北京市文联、北京广播电视台和房山区政府共同主办的“人民的心声”——北京市庆祝中国共产党成立 100 周年专场演出在房山区霞云岭乡堂上村党旗广场举行

↑2021 年 6 月 1 日，《花儿向阳　童心向党——庆祝中国共产党成立 100 周年全国少儿晚会》在北京广播电视台卡酷少儿频道播出

↑2021 年 7 月 1 日凌晨，北京广播电视台融媒体记者在天安门广场拍摄庆祝中国共产党成立 100 周年大会千人合唱团最后演练

↑2021 年 10 月 2 日，全国各地小记者代表参加由北京冬奥组委新闻宣传部和北京广播电视台联合主办的 2021“我的冬奥梦”冬奥小记者国际营开营仪式

2021 年 9 月 23 日，北京广播电视台新台标启用仪式在国贸办公区举行。北京广播电视台党组书记、台长余俊生（右 2）宣布北京广播电视台新台标正式启用

2021 年 10 月 13 日，在“2021 声音探索者大会暨北京广播节”开幕式上，北京广播电视台党组书记、台长余俊生（左 2）代表北京广播电视台分别与得到、樊登读书、凯叔讲故事等客户端运营公司负责人签署战略合作协议

2021 年 9 月 3 日—7 日，设在中国服贸会北京新视听展核心区域的北京广播电视台展位吸引众多观众，“北京时间”“听听 FM”“北京 IPTV”推出多种现场互动活动

2021 年 9 月 3 日—7 日，北京广播电视台冬奥纪实频道在中国服贸会现场搭设 8K 演播室，制作 2021 服贸会冬奥特别节目《冬奥来啦》

2021 年 10 月 14 日，由北京广播电视台、中国广播电视社会组织联合会交通宣传委员会主办，北京广播电视台交通广播中心承办的首届（2021）全国应急广播播出机构峰会在京举行

2021 年 11 月 24 日—25 日，北京广播电视台融媒体中心、“北京时间”打造的中国首个广播级智能交互真人数字人“时间小妮”亮相首届中国网络媒体论坛展示会

市级广电

↑2021年4月28日，北京广播电视台推出北京消费季特别节目《2021，欢乐购！》，卫视、财经、文艺三个频道并机直播，“北京时间”同步播出

↑2021年6月11日，北京广播电视台交通广播中心与北京新能源汽车产业协会等联合主办的2021北京市新能源汽车购车节开幕

↑2021年7月19日，北京广播电视台北京卡酷传媒有限公司、北京广播影视培训中心共同主办的“卡酷七色光青少年美育中国行——‘中华好童声’语言艺术展”颁奖典礼举行

↑2021年9月17日，北京广播电视台青年频道中心承办的2021“文化中国·水立方杯”中文歌曲大赛颁奖晚会在北京广播电视台大剧院录制

↑2021年10月21日，北京市委农工委、市农业农村局（市乡村振兴局）、首都文明办、北京广播电视台、密云区人民政府共同举办2021年“美丽乡村·筑梦有我”大型新闻公益行动专场活动

2021年4月12日，北京广播电视台广播端五大频率和新媒体矩阵推出大型融媒体系列报道《见证初心·百集京华党史故事》

2021年6月29日，北京广播电视台“听听FM”上线有声小说《李大钊》

2021年6月，北京广播电视台音乐广播中心推出庆祝中国共产党成立100周年系列音乐专题节目《歌声献给党》。图为记者采访《百年放歌》交响合唱音乐会歌唱家石倚洁

2021年6月21日，北京广播电视台与北京大学党委宣传部联合制作的广播剧《北大红楼》举行上线发布会

2021年2月1日，北京广播电视台外语广播中心主持人在飞天大厦甘肃驻京办事处主持“在京享受家乡味儿”甘味优选直播特别节目，介绍甘肃美食文化及土特产品

2021年2月10日—17日，北京广播电视台交通广播中心以“我们一起过年：陪伴”为主题推出系列视频直播，营造祥和的节日气氛

市级广电

↑2021年3月17日，北京广播电视台交通广播中心《一路畅通》推出牛年第二期“治堵大家谈”节目

↑2021年4月1日，北京广播电视台外语广播中心大型融媒体报道《北京中轴线的智慧》在天坛拍摄

↑2021年4月26日，北京广播电视台外语广播中心主持人在北京语言大学主持“致敬青春——感受北京与城市共成长”直播特别节目

↑2021年5月24日，北京广播电视台交通广播中心“我的骑行日记——北京慢行系统全体验”系列融媒体体验式报道启动

↑2021年6月9日，北京广播电视台、通州区委区政府主办的2021大运河国际交流季暨“大运河城市广播联盟”融媒体大型报道活动在城市副中心启动

↑2021年9月8日，北京市公安局公安交通管理局、北京广播电视台交通广播中心承办的“文明驾车　礼让行人”倡导实践活动启动。图为《汽车天下》节目在转播车内现场直播场景

↑2021年5月20日，北京广播电视台交通广播中心与开心麻花联手推出的话剧《恋爱吧！人类》首演

↑2021年4月26日，北京广播电视台音乐广播中心、文艺广播中心联合推出的五四青年节特别策划“百年筑梦·正青春”进行主题现场活动《咏诵吧，青春花海》的录制

↑2021年9月1日，北京广播电视台音乐广播中心与腾讯音乐集团合办的全新栏目《浪潮ListenTO1》开播

↑2021年12月31日，北京广播电视台新闻广播中心、广播网络媒体中心合作推出融媒体直播节目《上新了，北京地铁》

↑2021年12月31日，北京广播电视台推出《大声喊　新年好》广播跨年9小时融媒特别直播节目。记者现场连线，记录跨年“此时此刻北京”

↑2021年3月全国“两会”期间，北京广播电视台交通广播中心路况编辑、机房导播和主持人相互配合，顺利完成交通疏导信息的发布

↑2021年4月24日，北京广播电视台交通广播中心在国家会展中心（上海）进行的2021上海国际车展音视频直播圆满结束

↑2021年7月20日，河南多地出现持续性强降水天气，北京广播电视台交通（应急）广播中心特派记者前往郑州、巩义、新乡等地报道抢险救灾最新动态

↑2021年10月10日，北京城市广播副中心之声联合天津生活广播、河北生活广播承办的2021京津冀“银发达人”评选活动举行颁奖典礼。新中国人口学、老年学开拓者和奠基者邬沧萍教授（中）被授予特殊荣誉奖

↑2021年7月23日至8月8日，在东京奥运会期间，北京广播电视台交通广播中心《一路畅通》节目推出“一路奔冬奥”第二季——“从东京望北京”季播特别节目

↑2021年12月26日，北京广播电视台举办2022年广播广告代理公司授权仪式暨广播活动资源说明会

↑2021 年 6 月，北京广播电视台记者在没有共产党就没有新中国纪念馆拍摄“理想照耀中国——庆祝建党百年‘双100’系列融媒报道”

↑2021 年 3 月 15 日，北京广播电视台百集微纪录片《百年历程》总导演与现场工作人员在丰台区长辛店进行拍摄

↑2021 年 5 月 20 日，北京广播电视台青年频道中心影视剧汇编节目《信仰的力量》播出。图为节目组采访 2008 年汶川地震“空降兵十五勇士”之一李振波

↑2021 年 5 月 20 日，北京广播电视台财经频道中心摄制的 15 集纪录片《旗帜——北京城市发展百年巡礼》举行开播推介会

2021 年 10 月 16 日，北京广播电视台卫视频道播出奥运冠军沉浸式陪伴真人秀《一起向未来》→

←2021 年 12 月 31 日，《2022 迎冬奥 BRTV 环球跨年冰雪盛典》在北京卫视等八家电视台、九个省级上星频道同步播出

↑2021 年 2 月 26 日，北京广播电视台新闻频道中心《北京新闻》推出《风劲正扬帆——习总书记考察北京七周年特别报道》

↑2021 年 8 月 28 日，北京广播电视台新闻频道中心与“北京时间”推出《牢记嘱托　接续奋斗——北京密云水库这一年》融媒直播报道

↑2021 年 2 月 3 日，北京广播电视台新闻频道中心《这里是北京》栏目组在密云水库拍摄纪录片《山水人和》

↑2021 年 3 月 20 日，北京广播电视台新闻频道中心推出《“两区”建设对话一把手访谈》节目

↑2021 年 10 月 22 日，北京广播电视台与故宫博物院联合出品的大型系列纪录片《紫禁城》在北京卫视播出

↑2021 年 2 月 12 日，《2021 年北京广播电视台春节联欢晚会》在北京广播电视台卫视频道、文艺频道播出

↑2021 年 1 月 25 日，北京广播电视台卡酷少儿频道原创脱贫攻坚主题动画片《幸福路上》播出

↑2021 年 5 月 3 日，北京广播电视台卡酷少儿频道首部抗疫主题原创儿童舞台剧《非凡守护》在中国木偶艺术剧院卡酷剧场演出

↑2021 年 2 月 9 日，北京广播电视台卡酷少儿频道播出《2021 卡酷动画春晚》，“北京时间”网络同播

↑2021年12月4日，北京广播电视台生活频道中心《医者》栏目制作的纪录片《共和国医者——李桓英》播出

↑2021年12月24日，北京广播电视台青年频道中心承办的2021“北京榜样·最美警察”主题活动揭晓仪式在北京广播电视台大剧院录制

↑2021年6月4日，北京广播电视台财经频道中心《蜜蜂计划》栏目录制防范非法集资宣传日活动

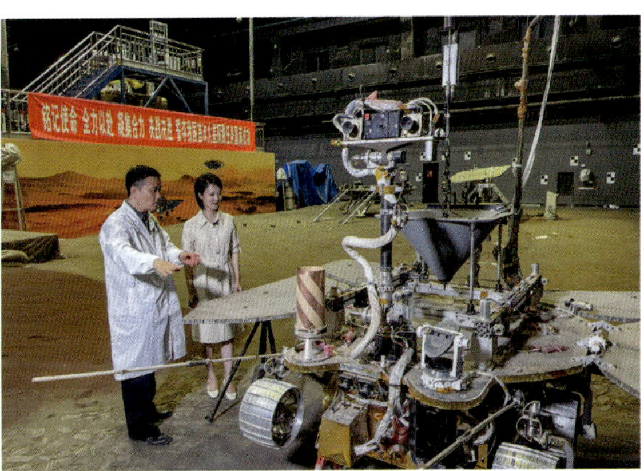

↑2021年3月28日，北京广播电视台科教频道中心推出一档时代人物访谈节目《一师亦友》。图为主持人聂一菁在火星试验场访谈火星探测器总设计师孙泽洲（左）

↑2021年12月30日，北京广播电视台青年频道中心承办的“党的十九届六中全会精神宣讲暨2021北京青年榜样发布仪式”在1000平方米演播室录制

↑2021年11月15日，北京广播电视台财经频道中心《天下财经》栏目推出“启航北交所　开市全记录”8小时大直播

歌华传媒集团
GEHUA MEDIA GROUP

北京歌华传媒集团有限责任公司是首都国有大型文化骨干企业之一，拥有二级企业13家，聚焦创意设计、文化会展与活动、影视内容生产、户外媒体、文化设施运营五大业务板块。2021年，完成庆祝建党百年系列活动服务保障，承办2021服贸会文旅服务专题“展、论、洽”系列活动，完成北京冬奥会和冬残奥会开闭幕式服务保障。推出重大革命历史题材电视剧《觉醒年代》，收视率稳居中国视听大数据排行榜第一，超七成网友给出五星好评，打破党史题材电视剧多项纪录。联合出品的献礼剧《功勋》《香山叶正红》先后在卫视和央视频道热播。举办第12届“北京国际设计周”品牌活动。承揽中国共产党历史展览馆文创店建设运营。所属户外媒体平台开展智能化改造，年内播出20万分钟主题宣传内容。截至2021年年底，集团资产总额118.65亿元，营业总收入12.24亿元，利润总额5162.77万元。

↑2021年9月23日，中宣部部长黄坤明（前中）莅临深圳文博会北京展区，北京市委常委、宣传部部长莫高义（前左4），北京市委宣传部常务副部长赵卫东（前右1）等陪同参观

↑2021年9月4日，北京市委常委、宣传部长莫高义（前左1）到中国国际服务贸易交易会文旅服务专题综合展区参观

↑2021年2月1日，歌华传媒集团出品的重大革命历史题材献礼剧《觉醒年代》在央视一套播出。图为主创团队应邀参加国务院机关管理局党史学习教育交流座谈会

↑2021年12月，歌华传媒集团党委副书记、总经理戴维（前左3），党委副书记左亦（前右1）到北京2022年冬奥会和冬残奥会开闭幕式歌华制作团队办公室慰问

市 级 广 电

2021年4月26日，国家广电总局监管中心领导与专家到数字公司皂君庙机房对鼎视集成平台进行检查

2021年6月23日，市广电局局长杨烁（右2）到数字·鼎视机房检查，庆祝建党百年安全播出工作，歌华传媒集团党委副书记、总经理戴维（右1），副总经理罗晓军（左2）参加

2021年6月18日，歌华传媒集团领导到中华世纪坛检查庆祝建党百年安全生产工作

2021年6月23日，歌华传媒集团在香山纪念馆开展党史教育活动

2021年6月28日，在“庆祝中国共产党成立100周年文艺演出《伟大征程》”中，开篇第一个节目重现了《觉醒年代》“南陈北李”相约建党的经典画面

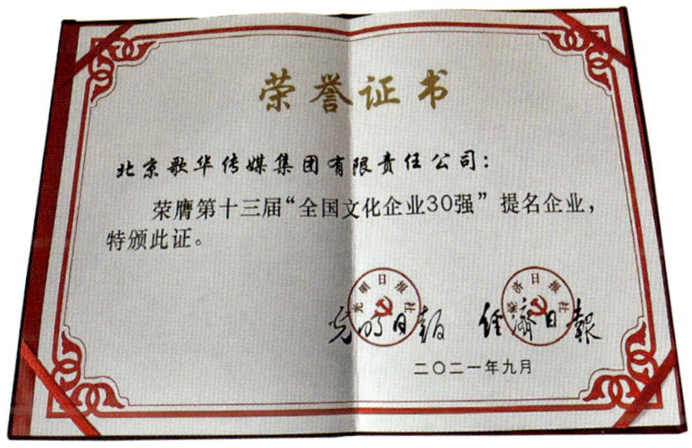

荣誉证书

北京歌华传媒集团有限责任公司：

荣膺第十三届“全国文化企业30强”提名企业，特颁此证。

光明日报 经济日报

二〇二一年九月

2021年9月，歌华传媒集团获第十三届“全国文化企业30强”提名企业

↑2021 年 7 月 1 日，数字电视、鼎视公司工作人员在数字 · 鼎视机房播出一线值守，保障庆祝中国共产党成立 100 周年大会播出安全

↑2021 年 7 月 1 日，歌华移动电视、城市电视工作人员在中央电视塔播出一线值守，保障庆祝中国共产党成立 100 周年大会播出安全

↑2021 年 1 月 27 日，歌华城市电视在中央广播电视总台新闻新媒体中心主办的第三届“你好，新时代——人民的小康”青年融媒体作品大赛颁奖典礼中荣获优秀组织奖

↑2021 年 7 月 1 日上午，歌华传媒集团户外媒体全程转播庆祝中国共产党成立 100 周年大会

↑2021 年，瑞特公司对北京冬奥会签约饭店境外卫星电视接收情况进行检查

↑2021 年 11 月，数字电视四海钓鱼频道在数字付费频道 2020 年行业调研量化排序中获行业优异频道

2021 年 5 月 12 日，《红色印迹星火燎原》节目在歌华移动电视上播出

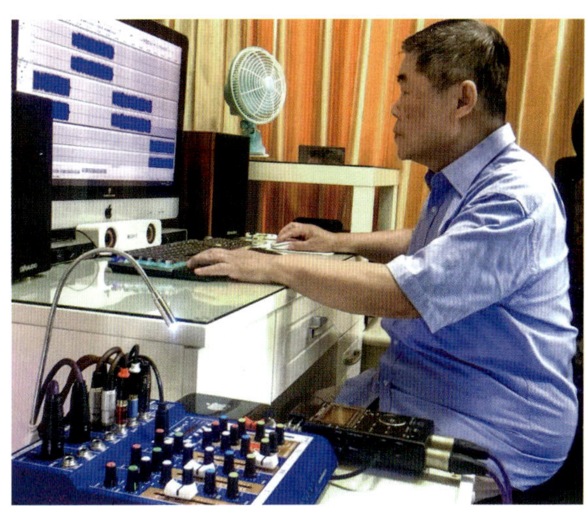

2021 年，北京音像有限公司完成北京市新闻出版局“北京典籍与经典老唱片数字化出版”项目，并上传“学习强国”北京学习平台，图为制作工作照

2021 年 12 月，歌华移动电视新闻作品《让手机成为新农具》获北京市妇联、首都女新闻工作者协会评选的 2021 女记者短视频主题新闻优秀案例

2021 年 5 月，新新传媒公司出品的歌华智慧化党员学习系统上线

2021 年 3 月 22 日，新新传媒公司制作的《北京党史》百集慕课上线，第一集《天涯何处是神州》获全国党史故事短视频展播党史事件类作品一等奖

2021 年 6 月 22 日，北艺公司主投主控的缉毒题材电视剧《不说再见》在爱奇艺、腾讯视频开播，图为拍摄期间的工作照

↑2021 年 12 月，北京歌华文化发展集团有限公司承办北京 2022 年冬奥会开闭幕式筹备工作

歌华文化集团
Beijing Gehua Cultural Development Group Co.,Ltd

2021 年，北京歌华文化发展集团有限公司完成庆祝中国共产党成立 100 周年大会请柬票证设计工作，形成设计方案 40 余套，制作请柬 8 万余张；负责北京 2022 年冬奥会和冬残奥会四个仪式的制作，包括编创团队的聘用及管理，灯光、音响、焰火、舞美、音乐、视频、服化道等设计及制作，排练及演出的组织运行等；完成服贸会文旅服务专题、深圳文博会北京展区项目；举办设计周、摄影周等活动。

↑2021 年 2 月，“中华世纪坛传统文化季 2021”在中华世纪坛举办

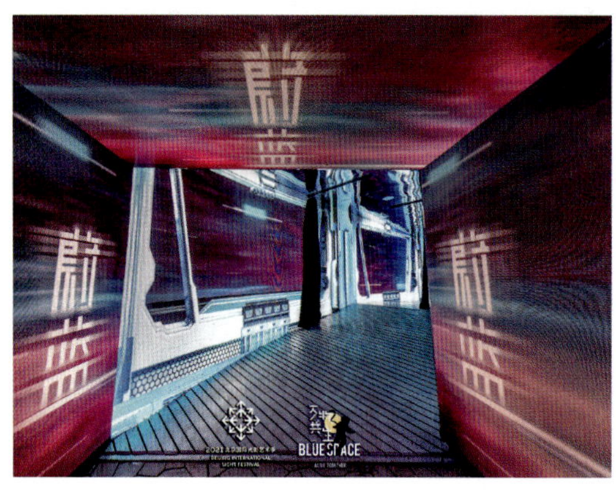

↑2021 年 5 月，北京国际光影艺术季在北京玉渊潭公园举办

↑2021 年 5 月 20 日，“电竞北京 2021”启动仪式在北京经济技术开发区举办

↑ 2021 年 6 月，北京歌华文化发展集团有限公司为庆祝中国共产党成立 100 周年大会设计请柬票证

↑ 2021 年 6 月，北京歌华文化发展集团有限公司完成庆祝中国共产党成立 100 周年大会请柬票证设计制作工作

↑ 2021 年 9 月 4 日，2021 北京长城文化节开幕式在八达岭长城景区望京广场举行

↑ 2021 年 9 月，歌华文化集团在深圳文博会北京展区设置多媒体体验区

↑ 2021 年 9 月，北京歌华文化发展集团有限公司承办的中国国际服务贸易交易会文旅服务专题展区面向公众开放

↑ 2021 年 10 月 1 日—25 日，2021 北京国际设计周主题展览在中华世纪坛举办

↑2021年10月，观众在中华世纪坛参观“中国传统工艺振兴主题设计展”

↑2021年10月14日—23日，北京国际摄影周2021·世界城市文化地标——建筑·艺术摄影专题展在中华世纪坛举行

↑2021年10月11日，南泥湾大生产运动80周年纪念大会召开。北京歌华文化发展集团有限公司为6项主体活动的8个场地、30余个专项活动进行创意与设计

↑2021年12月，北京歌华文化发展集团有限公司服务保障北京2022年冬奥会和冬残奥会开闭幕式工作团队

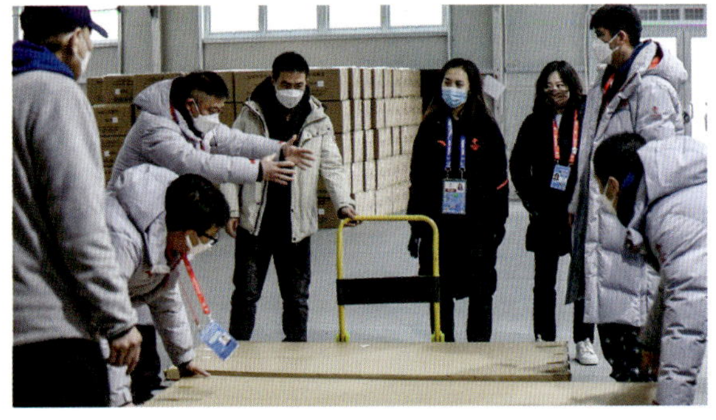

↑2021年12月，北京歌华文化发展集团有限公司开展北京2022年冬奥会和冬残奥会开闭幕式制作和部分服务保障工作

↑2021年6月23日，国家广播电视总局党组成员、副局长朱咏雷（左4）到北京歌华有线电视网络股份有限公司检查庆祝建党100周年安全播出工作

截至2021年底，歌华有线电视公司有线电视缴费用户400万户（注册用户约614万户），高清交互缴费用户约375万户（注册用户约577万户），4K超高清用户约200万户，宽带缴费用户44.6万户；公司传输数字电视频道225套，其中标清频道149套、高清频道72套、4K超高清频道3套，8K超高清频道1套。歌华有线高清交互平台提供院线、教育、生活、健康、年华、营业厅、生活圈等多种栏目和应用。公司现有总前端机房1个、区域前端机房15个、传输机房325个，其他各类接入机房1000余个；光缆7.8万皮长公里，电缆24万公里，管道4900沟公里，HFC网络（光纤同轴混合网络）遍布北京市各区，形成覆盖北京全市的可承载视频、语音、数据的超大型信息化基础网络。

↑2021年3月24日，国家广电总局公共服务司副司长张昊（左中）以“智慧广电＋公共服务”为主题到北京歌华有线电视网络股份有限公司调研

↑2021年2月11日，中国广播电视网络有限公司党委书记、董事长，中国广电网络股份有限公司董事长宋起柱（左3）到北京歌华有线电视网络股份有限公司检查安全传输保障工作并慰问干部员工

↑2021年4月29日，国家广电总局北京检查组组长、监管中心副主任齐立欣（右3）带队到北京歌华有线电视网络股份有限公司开展迎接中国共产党成立100周年广播电视和网络视听安全播出大检查

↑2021年1月15日，北京歌华传媒集团有限责任公司领导到北京歌华有线电视网络股份有限公司房山分公司开展两节期间安全检查

↑2021年2月4日，北京歌华有线电视网络股份有限公司召开2021年度工作会

↑2021年2月25日，青海省广播电视信息网络股份有限公司党委书记、董事长李春然（左中）到北京歌华有线电视网络股份有限公司调研交流

↑2021年5月16日，教育部基础教育司、中国教育发展基金会和"光明影院"项目团队在北京市盲人学校联合举办"光明影院进特校"公益活动捐赠仪式

↑2021年7月2日，国家广播电视总局广播电视科学研究院与北京歌华有线电视网络股份有限公司签署框架合作协议

↑2021年12月24日，北京歌华有线电视网络股份有限公司组织召开"北京2022年冬奥会和冬残奥会有线电视专网运维保障工作动员誓师大会"

↑ 2021 年 6 月 17 日，北京歌华有线电视网络股份有限公司举办“尊老助老服务”活动启动仪式

↑ 2021 年 6 月 7 日，北京歌华有线电视网络股份有限公司召开 2020 年度股东大会

↑ 2021 年 9 月 22 日，深圳广电集团副总经理、深圳天威公司董事长一行到北京歌华有线电视网络股份有限公司考察交流

↑ 2021 年 10 月，歌华有线工程师在国家速滑馆举办的“相约北京速度滑冰中国公开赛”中开展保障工作

↑ 2021 年 11 月 26 日，财政部第 73 期处级干部党校培训班第二组全体学员参观歌华有线全业务展示中心

↑ 2021 年 12 月 21 日，《清风北京》栏目在北京歌华有线电视网络股份有限公司高清交互平台改版上线

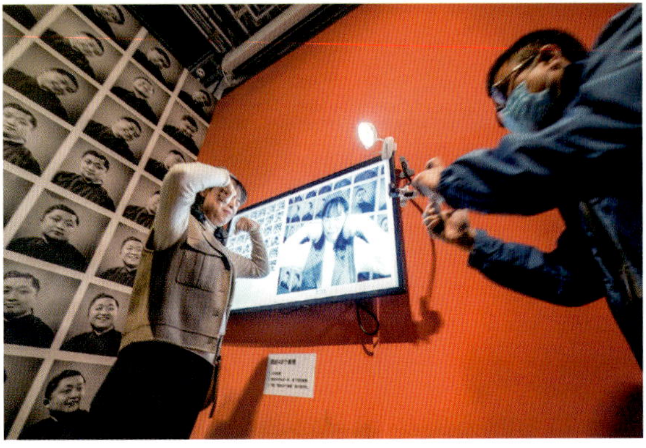

↑2021 年 2 月 19 日，东城区融媒体中心记者在嘉德艺术中心对“为了前方——张光宇艺术 12 燃”纪念展进行微博直播

↑2021 年 2 月 23 日，东城区融媒体中心《都市阳光》电视栏目记者随区市场监管局到东花市南里菜市场检查进行采访

↑2021 年 8 月 6 日，东城区融媒体中心记者在文沁阁书店采访，对东城区实体书店“四进”扶持政策进行报道

↑2021 年 8 月 27 日，东城区融媒体中心记者在增盛魁餐厅拍摄东城味道系列短视频

↑2021 年 9 月 4 日，观众参观中国国际服务贸易交易会文旅服务专题展 1 号馆东城展区

↑2021 年 12 月 5 日，东城区融媒体中心采访区第十三次党代会党代表

区融媒体

↑2021 年 5 月 12 日，西城区委宣传部领导到西城区融媒体中心调研

↑2021 年 6 月 19 日，西城区融媒体中心和金融街街道民康社区结对，举办“我为群众办实事”党建协调会

↑2021 年 5 月 27 日，由西城区委宣传部、西城区融媒体中心等单位主办的永远跟党走——“红色记忆”摄影作品展览在民族文化宫西厅开幕

↑2021 年 6 月 19 日，西城区融媒体中心到民康社区参加周末清洁日活动

↑2021 年 4 月 27 日，西城区融媒体中心党支部组织党员到京西第一党支部参观学习

↑2021 年 7 月 10 日，西城区融媒体中心党员参加民康社区“双提升”党员统一行动日活动

↑2021 年 12 月 27 日，朝阳区融媒体中心召开“两节”安全教育暨冬奥会冬残奥会相关工作部署会

↑2021 年 4 月 29 日，国家广播电视总局领导到朝阳区融媒体中心进行安全检查

↑2021 年 7 月 23 日，朝阳区融媒体中心社区行走进奥运村活动现场

↑2021 年 3 月 17 日，朝阳区融媒体中心记者到冬奥会场馆冰丝带采访

↑2021 年 10 月 4 日，新京报小记者到朝阳区融媒体中心参观

↑2021 年 6 月 28 日，朝阳区融媒体中心举办庆祝建党百年主题活动

区融媒体

↑2021 年 9 月，海淀区融媒体中心《红耀海淀谱新篇》系列专题片上线

↑2021 年 2 月 10 日，海淀区融媒体中心举行首届网络春晚

↑2021 年 9 月 17 日，海淀工商联融媒体中心启动仪式在海淀区融媒体中心演播室举行

↑2021 年 4 月 22 日，由海淀区“两区”办主办，海淀区融媒体中心制作的北京“两区”建设政策服务包上线仪式举行

↑2021 年 4 月 15 日，海淀区融媒体中心主办的中关村科学城“才聚云端”大型系列活动第二季，在中关村国际人才会客厅正式启动

↑2021 年 2 月 24 日，海淀区与对口协作地区共建的首家融媒乡村振兴工作室“海淀—赤城融媒乡村振兴工作室”正式揭牌

↑2021年2月7日，"妙笔生花看丰台"丰台城市品牌全媒推介行动启动仪式在莲花池公园举行

↑2021年11月28日，丰台区融媒体中心参加第三届北京国际公益广告大会，并以城市品牌建设与公益化传播为主题做主旨演讲

↑2021年11月23日，丰台区融媒体中心与传媒大学电视学院召开社区新闻发声人工作研讨会

↑2021年3月30日，丰台区融媒体中心联合新华社音视频新闻编辑部、新华社北京分社到航天一院开展媒体深度融合宣传报道调研

↑2021年10月1日—10月7日，丰台区融媒体中心创新第五届中国戏曲文化周融合宣传报道

↑2021年7月9日，丰台区融媒体中心与中国运载火箭技术研究院新闻中心签署战略合作框架协议

区融媒体

↑2021年12月14日，石景山区融媒体中心记者拍摄石景山区第十七届人民代表大会第一次会议

↑2021年9月，石景山区融媒体中心开展“我爱你中国”主题党日活动

↑石景山区融媒体中心“北京石景山”App活动预告页面

↑2021年1月4日，石景山区融媒中心记者在区第十六届人民代表大会第七次会议上采访

↑2021年1月4日，石景山区融媒中心记者在区第十六届人民代表大会第七次会议上为现场直播做准备工作

↑2021年6月29日，石景山区融媒中心现场录制“永远跟党走”石景山区庆祝中国共产党成立100周年群众性主题文艺汇演

↑2021 年 8 月 6 日，《对话门头沟最美“两山”理论守护人》首期作品在“门头沟融媒”公众号刊播

↑2021 年 8 月 3 日，绿岛家园社区党委向门头沟区融媒体中心赠送锦旗

↑2021 年 8 月 23 日，门头沟区融媒体中心组织安全生产法规制度培训会

↑2021 年 7 月 15 日，门头沟区融媒体中心召开民兵工作会

↑2021 年 6 月 25 日，门头沟区融媒体中心组织业务科室工作人员开展实操培训

↑2021 年 7 月 6 日，门头沟区融媒体中心到帮扶村实地对接

↑2021 年 3 月 19 日，房山区融媒体中心召开“一曲五音”党建品牌推进会

↑2021 年 5 月 18 日，房山区融媒体中心新闻部荣获房山区 2020—2021 年度青年文明集体

↑2021 年 7 月 1 日，房山区融媒体中心组织全体党员干部集中收看庆祝中国共产党成立 100 周年大会实况直播

↑2021 年 3 月 11 日，房山区融媒体中心推出《创文明城区　建幸福房山》挂牌栏目

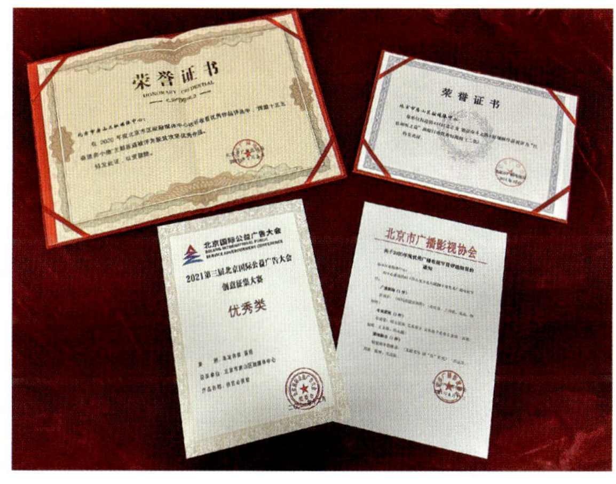

↑2021 年 2 月 5 日，房山区融媒体中心制作的节目在北京市优秀作品评选中获奖

↑2021 年 5 月 29 日，房山区融媒体中心精心策划全力做好“2021 年春季北京国际长走大会”宣传报道

↑2021 年 6 月 25 日，通州区融媒体中心播出“永远跟党走——通州区庆祝中国共产党成立 100 周年文艺演出”

↑2021 年 6 月 16 日，通州区 2021 年安全生产月宣传咨询日暨第十六届安全文化节启动仪式在区融媒体中心播出

↑2021 年 12 月 15 日，通州区融媒体中心主持人献礼冬奥录制《一起向未来》

↑2021 年 12 月 1 日，“行走京津冀”暨高质量发展大型融媒采访活动在通州区融媒体中心启动

↑2021 年 4 月，2021“书香副中心”全民阅读活动主持人采访北国风书店

↑2021 年 12 月 23 日，通州区融媒体中心组织播音员主持人进行“我为群众办实事”直播带货活动

区 融 媒 体

↑2021 年 6 月 17 日，顺义区融媒中心主持人主持“永远跟党走——顺义区庆祝建党 100 周年歌曲传唱活动”

↑2021 年 4 月 27 日，顺义区融媒中心成功举办“第八届顺义区道德模范颁奖仪式”

↑2021 年 10 月 14 日，顺义区融媒中心主持顺义区 2021 重阳文化节活动

↑2021 年 12 月 16 日，顺义区融媒中心记者采访报道顺义区政协六届一次会议

↑2021 年 7 月，顺义区融媒体中心工作人员正在进行《奋斗百年路 启航新征程》栏目录制

↑2021 年 2 月 14 日，顺义区融媒中心记者到疫苗接种点采访医务工作者

2021 年 12 月 13 日，昌平区融媒体中心转播区第六届政协第一次会议开幕式

2021 年 10 月 21 日，昌平区融媒体中心报道第三届“社区邻里节”开幕式

2021 年 6 月 26 日，昌平区融媒体中心报道庆祝中国共产党成立 100 周年“七一”入党宣誓仪式活动

2021 年 7 月 10 日，昌平区融媒体中心报道北京沙河高教园区高校联盟成立大会

2021 年 9 月 17 日，昌平区融媒体中心转播北京长城文化节“居庸山月”中秋诗歌晚会

2021 年 5 月 18 日，昌平区融媒体中心报道南口特支纪念馆揭牌仪式活动

区融媒体

↑2021年10月14日，在大兴区融媒体中心主办的“媒体融合　共促发展”2021政务新媒体座谈会上，成立京津冀融媒体协同联盟

↑2021年4月26日—30日，大兴区融媒体中心举办“携手京津冀，聚焦新国门‘我眼中的大兴’京津冀媒体大兴行”活动

↑2021年5月，大兴区融媒体中心策划拍摄文献专题片《平南记忆　红色大兴》

↑2021年3月18日，全市区级融媒体中心首档百姓与公共领域对话节目《言之有理》首播上线

↑2021年10月14日，大兴区融媒体中心与光明网联合举办“媒体融合　共促发展”2021政务新媒体座谈会

↑2021年12月29日，大兴区委书记王有国（右1）到大兴区融媒体中心调研、慰问一线采访记者

↑2021 年 9 月 20 日，怀柔区融媒中心记者在雁栖湖站参与主持第十一届北京国际电影节“开往影都的列车——怀密线”分会场活动

↑2021 年 12 月 12 日，怀柔区融媒体中心主持人在政协北京市怀柔区第六届委员会第一次会议做现场报道

↑2021 年 11 月 3 日，怀柔区融媒体中心记者在龙山街道采访移动疫苗接种车进社区

↑2021 年 8 月 31 日，怀柔区融媒体中心记者在怀柔区商业街进行助力创城采访

↑2021 年 7 月 19 日，怀柔区融媒体中心记者在桥梓镇采访防汛救灾人员

↑2021 年 11 月 27 日，怀柔融媒新媒体部导播拍摄怀柔科学城 XR（扩展现实技术）视频

区 融 媒 体

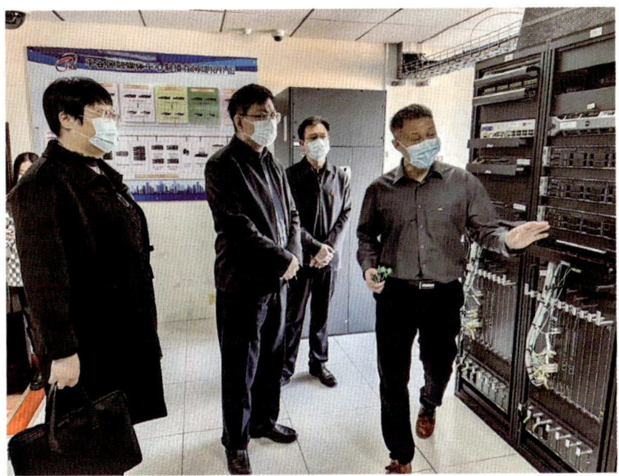

↑2021 年 12 月 20 日，平谷区委常委、宣传部长刘建华（左 2）到平谷区融媒体中心调研

↑2021 年 12 月 13 日，平谷区融媒体中心在区第六届人民代表大会第一次会议上采访

↑2021 年 10 月 9 日，平谷区融媒体中心报道 2021 中国・平谷农业中关村创新大会

↑2021 年 7 月 26 日，平谷区融媒体中心对央企座谈会全程进行录制

↑2021 年 5 月 13 日，平谷区融媒体中心平谷融媒 App 推广上线

↑2021 年 2 月 17 日，平谷区融媒体中心春节期间下沉报道抗击新冠肺炎疫情情况

↑2021年4月30日，密云区融媒体中心领导到不老屯白土沟转播站进行安全检查

↑2021年12月12日，密云区融媒体中心《冬奥有我》栏目开播

↑2021年3月8日，密云区融媒体中心《学党史　悟思想　办实事　开新局》栏目开播

↑2021年3月27日，密云区融媒体中心《寻访入党介绍人》栏目开播

↑2021年3月23日，密云区融媒体中心《创建全国文明城区》栏目开播

↑2021年6月4日，密云区融媒体中心保密委员会成员签订保密协议

↑2021年5月30日，延庆区融媒体中心“奋斗百年路　启航新征程——学党史　强四力　延庆融媒走基层　建设最美冬奥城”大型采访活动启动仪式举行

↑2021年8月24日，延庆区融媒体中心组织“落实总书记政治嘱托，全力以赴服务保障冬奥”百姓宣讲会

↑2021年7月23日，延庆区融媒体中心到内蒙古兴和县店子镇与店子村签订2021年结对协作协议

↑2021年9月28日，延庆区融媒体中心记者进行冬奥测试赛赛区采访

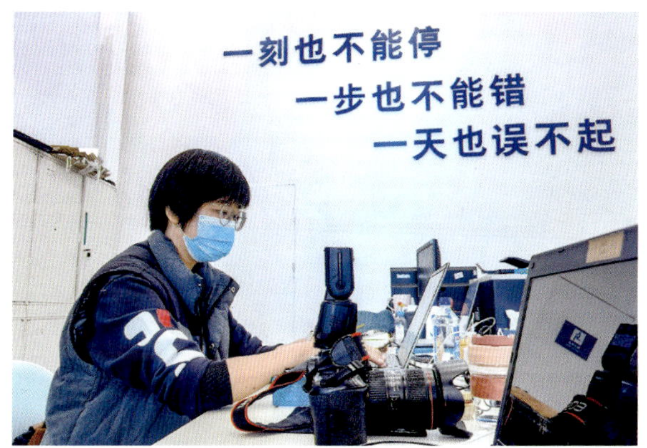

↑2021年10月5日，延庆区融媒体中心记者开展冬奥测试闭环采访拍摄活动

↑2021年10月21日，延庆区融媒体中心工作人员审看冬奥村VR作品

↑2021年12月4日，北京经济技术开发区融媒体中心报道开发区文学艺术界联合会第一次会员代表大会

↑2021年12月4日，北京经济技术开发区融媒体中心报道区文学艺术界联合第一届理事会

↑2021年6月10日，北京经济技术开发区融媒体中心开展周末读书会活动

↑2021年9月29日，北京经济技术开发区融媒体中心开展百年百人百企百篇系列诵读活动

↑2021年9月23日，北京经济技术开发区融媒体中心推出了大型科技前沿新知系列讲座活动“亦庄学院”开讲

↑2021年5月30日，北京经济技术开发区融媒体中心播出大都东南艺术节

经开区

2021年5月28日，中国（怀柔）影视产业示范区国际影视摄制服务中心成立揭牌仪式举行

2021年5月26日，中国（北京）星光视听产业基地·XR虚拟制作协同创新平台正式启动

2021年5月31日，中国（北京）高新视听产业园参展2021国际显示技术大会展览

2021年9月，在第14届全运会上，由星光拓诚公司旗下的陆通公司设计建造的7台转播车参与全运会电视信号制作

2021年10月，星光拓诚公司旗下星光陆通公司参与北京冬奥会设计、研发、制造的服务北京冬奥会的雪蜡车交付使用

电视剧

2021年北京优秀电视剧

2021年北京市不断完善和创新精品创作"北京模式"，影视剧精品创作成效显著，电视剧、网络剧等备案数量位居第一，精品文艺创作继续领跑全国。《香山叶正红》《我们的新时代》《理想之城》等26部电视剧在央视、一线卫视和头部视频平台开播，稳步推进电视剧《冬奥一家人》《冰雪之名》等冬奥题材作品创作。

2021年，由北京爱奇艺科技有限公司、北京海东明日影视文化传播有限公司出品，北京市广播电视局推出的优秀电视剧《对手》剧照

2021年，由北京爱奇艺科技有限公司出品，北京市广播电视局推出的优秀电视剧《理想之城》海报

2021年，由北京北广传媒影视股份有限公司等单位出品，北京市广播电视局推出的优秀电视剧《觉醒年代》海报

2021年，由得闲影业（北京）有限公司出品，北京市广播电视局推出的优秀电视剧《乔家的儿女》剧照

2021年，由华策影视（北京）有限公司出品，北京市广播电视局推出的优秀电视剧《八零九零》剧照

2021年，由华策影视（北京）有限公司出品，北京市广播电视局推出的优秀电视剧《我们的新时代》剧照

2021年，由完美世界（北京）互动娱乐有限公司出品，北京市广播电视局推出的优秀电视剧《舍我其谁》海报

2021年，由中央电视台、腾讯影业、北广传媒影视、北京广播电视台等出品，北京市广播电视局推出的优秀电视剧《香山叶正红》海报

2021 年北京卫视播出的 28 集电视剧《扫黑风暴》海报

2021 年北京卫视播出的 40 集电视剧《啊摇篮》剧照

2021 年北京卫视播出的 40 集电视剧《光荣与梦想》剧照

2021 年北京卫视播出的 48 集电视剧《历史转折中的邓小平》剧照

2021 年北京卫视播出的 49 集电视剧《毛泽东》海报

2021 年 6 月 22 日，北艺公司主投主控的缉毒题材 47 集电视剧《不说再见》在爱奇艺、腾讯视频开播

获国家广播电视总局“2021年度优秀网络视听作品推选活动优秀作品”奖的网络电视剧《约定》海报

获国家广播电视总局“2021年度优秀网络视听作品推选活动优秀作品”奖的网络电视剧《再见，那一天》海报

由北京时代光影文化传媒股份有限公司出品的30集电视剧《将军家的小娘子》剧照

由海润影视制作有限公司等公司联合出品的40集电视剧《舒克与桃花》海报

由中央电视台、北京爱奇艺科技有限公司联合出品的43集电视剧《叛逆者》海报

由华谊兄弟娱乐投资公司、腾讯企鹅影视公司、华谊兄弟影业投资公司等联合出品的44集电视剧《古董局中局之掠宝清单》海报

↑获北京市广播电视局基金扶持纪录片《冰上时刻》剧照

↑获国家广播电视总局季度推优、北京市广播电视局基金扶持纪录片《山水人和》剧照

↑入选国家广播电视总局“庆祝建党100周年重点纪录片”《信仰的力量》海报

↑获国家广播电视总局季度推优、年度推优、北京市广播电视局基金扶持纪录片《百年巨匠·建筑篇》海报

←获北京市广播电视局基金扶持纪录片《这里是中国》海报

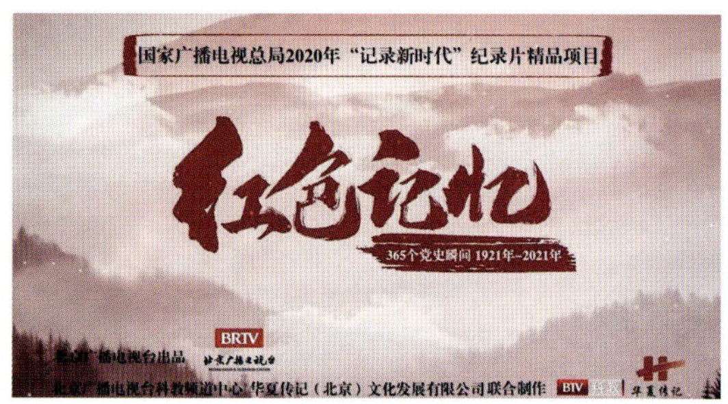

↑入选国家广播电视总局2020年“记录新时代”纪录片精品项目纪录片《红色记忆：365个党史瞬间（1921年—2021年）》海报

↑获北京市广播电视局基金扶持纪录片《一路百年》海报

↑庆祝建党100周年大型微纪录片《百年历程》海报

↑入选国家广播电视总局庆祝建党 100 周年重点纪录片《播“火”——马克思主义在中国的早期传播》海报

↑获国家广播电视总局“2021 年度优秀网络视听作品推选活动优秀作品”奖，由北京爱奇艺科技有限公司出品的 6 集网络纪录片《劳生不悔》海报

↑由北京抖音信息服务有限公司、中广天择传媒股份有限公司出品的 8 集网络纪录片《你好儿科医生》海报

↑由优酷信息技术（北京）有限公司出品的 3 集网络纪录片《一路象北》剧照

↑由优酷信息技术（北京）有限公司出品的 30 集网络纪录片《追光者 2：奋斗的青春》海报

↑由北京爱奇艺科技有限公司出品的 6 集网络纪录片《山水道》剧照

↑获国家广播电视总局“2021年度优秀网络视听作品推选活动优秀作品”奖的网络电影《藏草青青》剧照

↑获国家广播电视总局“2021年度优秀网络视听作品推选活动优秀作品”奖的网络电影《草原上的萨日朗》剧照

↑获国家广播电视总局“2021年度优秀网络视听作品推选活动优秀作品”奖的网络电影《凡人英雄》海报

↑获国家广播电视总局“2021年度优秀网络视听作品推选活动优秀作品”奖的网络电影《我是警察之扫黑英雄》海报

↑获国家广播电视总局“2021年度优秀网络视听作品推选活动优秀作品”奖的网络电影《浴血无名川》海报

↑由北京光线影业有限公司、七印象影视传媒（海口）有限公司、河北电影制片厂、华夏电影发行有限责任公司等联合出品的电影《革命者》海报

↑由北京东方飞云国际影视股份有限公司出品的电影《冰火凤》海报

↑由北京光线影业有限公司等发行的电影《误杀 2》海报

↑由北京爱奇艺科技有限公司出品的网络电影《东北恋哥》剧照

↑由北京爱奇艺科技有限公司出品的 20 集动画片《无敌鹿战队》海报

↑由北京广播电视台卡酷少儿卫视、北京卡酷传媒有限公司联合出品的 26 集动画片《锡兰王子东行记》海报

↑由北京空速动漫文化有限公司出品的 52 集动画片《毛毛镇第三季》剧照

↑由北京猫猫家文化传媒有限公司、上海腾讯企鹅影视文化传播有限公司、广州艺洲人品牌管理股份有限公司联合出品的 13 集动画片《宠物旅店》剧照

←由北京猫猫家文化传媒有限公司、上海腾讯企鹅影视文化传播有限公司、广州艺洲人品牌管理股份有限公司联合出品的 30 集动画短片《薇薇猫的日常》剧照

↑2021 年 7 月 1 日，优酷首页首焦点图推荐庆祝中国共产党成立 100 周年大会直播和点播内容

↑2021 年 11 月 10 日，优酷上线推荐中国共产党十九届六中全会专题页

↑2021 年 6 月 22 日—25 日、6 月 27 日—30 日 20 时，快手推出互动直播答题节目《快手状元——“同学，请接招”直播答题学党史》节目

↑2021 年 2 月 4 日，爱奇艺出品的献礼建党百年暨全面建成小康社会网络剧《约定》开播发布会在京举办

↑2021 年 2 月 23 日，爱奇艺和全国扶贫宣传教育中心联合出品的脱贫攻坚主题网络纪录片《劳生不悔》开播发布会在京举行

↑2021 年 4 月 9 日，北京视协、北京广播电视台文艺频道、北京视协网络视听节目服务行业分会共同承办的第六届北京网络视听节目创新与人才推优总结大会在北京广播大厦举行

↑2021 年 6 月 4 日，优酷“追光者”沙龙暨“向光而行”微纪录片征集活动启动仪式在成都举行

↑2021 年 9 月，优酷在 2021 年中国国际服务贸易交易会北京新视听展上布置的大型“自由视角”冰球模拟体验区

↑美东时间 2021 年 3 月 26 日，中国问答式在线社区知乎在纽约证券交易所挂牌上市。图为在北京云敲钟上市现场

↑2021 年 12 月 1 日起，由中国青年报社、好看视频共同出品的《院士科普》栏目在中国青年报全媒体平台和好看视频平台同时上线

↑2021 年 9 月，花椒直播联合 360 搜索开启“小贝守护计划 · 开学安全第一课青少年预防网络诈骗”直播活动

↑2021 年 7 月 19 日—23 日，搜狐新闻推出“2021 搜狐新闻雪山行”五天不间断户外直播活动，搜狐集团 CEO 张朝阳参加活动并成功登上海拔 5254.5 米的岗什卡顶峰

↑2021 年 12 月 28 日，由新东方在线全资子公司东方优选为主体设立的农产品电商平台——东方甄选在抖音平台开启首场直播活动

↑2021 年 12 月 31 日 20 点 30 分至 2022 年 1 月 1 日 0 点 30 分，得到 App 举办 2022“时间的朋友”跨年演讲会

↑2021 年 12 月 8 日，第三届国际公益广告大会开幕式上，北京市广播电视局向学习强国平台捐赠 130 部网络视听作品

↑2021 年 6 月 16 日，北京市广播电视局召开"光荣在党 50 年"纪念章颁发仪式暨"两优一先"表彰会

↑2021 年 7 月 15 日，北京市广播电视局组织党员干部到北大红楼参观"光辉伟业　红色序章——北大红楼与中国共产党早期北京革命活动主题"展览

↑2021 年 7 月 27 日，北京市广播电视局组织党员干部参观"友好往来　命运与共——党和国家领导人外交活动礼品展"

↑2021 年 4 月 15 日，北京市广播电视局召开党史学习教育暨党的十九届五中全会精神集中培训开班动员会

↑2021 年 4 月至 5 月，北京市广播电视局组织两期党史学习教育暨党的十九届五中全会精神培训班

↑2021年10月21日—22日，北京市广播电视局离退休党总支部组织召开老干部理论学习推进会

↑2021年10月13日—22日，北京市广播电视局监测中心开展党建和业务深度融合系列活动

↑2021年10月13日—22日，北京市广播电视局行政审批处党支部“化整为零”开展特色党日活动

←2021年8月26日，北京市广播电视局信息中心党支部和音像资料馆党支部到北京市档案馆联合开展党史教育活动

↑2021年10月19日，北京市广播电视局离退中心党支部在第29届北京电视节目交易会（2021·秋季）现场组织党日活动

↑2021年9月6日，北京市广播电视局机关党委纪委工会联合党支部走进服贸会，参观北京新视听展

↑2021年6月23日，北京广播电视台召开“光荣在党50年”纪念章颁发仪式，为9名老党员代表颁发纪念章

↑2021年6月24日，北京广播电视台组织党员代表200余人赴西山国家森林公园，开展“唱支山歌给党听　首都劳动者心声”特色党建活动

↑2021年2月26日，北京市国有文化资产管理中心与北京电视艺术中心有限公司党支部联合开展以“学习贯彻党的十九届五中全会精神，助推北艺改革创新发展”为主题的党日活动

↑2021年7月13日，歌华传媒集团组织参观党史馆

↑2021年6月22日，北京北广传媒移动电视有限公司党支部副书记在红色专车上为全体党员讲党课

↑2021年7月1日，在优酷“建党百年”直播作战室的保障工作岗位上，员工在直播期间全程跟进

↑2021 年 4 月 27 日，西城区融媒体中心党支部到京西第一党支部参观学习

↑2021 年 5 月 25 日，丰台区融媒体中心到长辛店二七纪念馆开展党史学习教育主题党日活动

↑2021 年 8 月 19 日，门头沟区融媒体中心组织机关党员参观中国共产党历史展览馆

↑2021 年 6 月 28 日，平谷区融媒体中心举行庆祝建党 100 周年教育日活动

↑2021 年 6 月 30 日，通州区融媒体中心参观“红星照耀大运河——中国共产党北京市通州区历史主题展览”活动

↑2021 年 6 月 9 日，房山区融媒体中心组织党员干部到周口店镇黄山店村开展“学党史　悟思想　办实事　开新局”主题党日活动

↑2021 年 9 月 27 日，北京广播电视台代表队荣获北京市第三届第九套广播体操展示大赛一等奖

↑2021 年 4 月 7 日，门头沟区融媒体中心开展“党建引领旗帜红　义务植树添新绿”党日活动

↑2021 年 9 月 12 日，北京经济技术开发区融媒体中心开展“周末读书会”活动

↑2021 年 6 月 7 日，大兴区融媒体中心开展“永远跟党走　建功新时代”主题活动——“职工健身操比赛”

↑2021 年 11 月 7 日，平谷区融媒体中心组织党员干部参加扫雪活动

↑2021 年 5 月 25 日，昌平区融媒体中心参加首都全民义务植树 40 周年纪念林植树活动

目　录
CONTENTS

特　载

专项纪事

概　况

目　录
CONTENTS

目　录
CONTENTS

大事记

频率频道

目　录
CONTENTS

节目栏目

目 录
CONTENTS

媒体融合与智慧广电

网络视听

目　录

CONTENTS

技　术

公共服务

目　录
CONTENTS

电视剧

书报刊出版

受众调查

组织机构

目 录

CONTENTS

目录

CONTENTS

目 录
CONTENTS

获奖作品

目 录

CONTENTS

目 录
CONTENTS

典型经验

统 计

附 录

索 引

特　载

北京市广播电视局关于推动广播电视和网络视听高质量发展的意见

京广电发〔2021〕153号

为全面落实国家广播电视总局《关于推动广播电视和网络视听产业高质量发展的意见》（广电发〔2019〕74号）和《中共北京市委关于新时代繁荣兴盛首都文化的意见》（2020年2月14日），推动北京广播电视和网络视听业高质量发展，打造北京新视听，结合我市实际，制定本意见。

一、总体要求

（一）指导思想

高举中国特色社会主义伟大旗帜，以习近平新时代中国特色社会主义思想为指导，深入贯彻落实党的十九大和十九届二中、三中、四中、五中全会精神，深入贯彻落实习近平总书记关于宣传思想工作的重要论述和对北京重要讲话精神，深入贯彻落实北京“十四五”规划纲要，围绕立足新发展阶段、贯彻新发展理念、服务和融入新发展格局，以社会主义核心价值观为引领，聚焦巩固壮大主流思想舆论，聚焦行业高质量发展，坚持守正创新，坚持首善标准，服务“五子”落地，不断优化北京广播电视和网络视听行业布局，健全现代产业体系和市场体系，培育新型业态和消费模式，促进数字经济发展和文化消费，提升公共服务质量水平，全力打造北京新视听，努力建设具有全球影响力的视听产业中心。

（二）基本原则

坚持正确导向。坚持党的全面领导，坚持以人民为中心，牢牢把握正确政治方向、舆论导向、价值取向，坚守主流文化责任担当。坚持把更好满足人民群众精神文化需求作为出发点和落脚点，始终把社会效益放在首位，弘扬主旋律，传播正能量，实现社会效益和经济效益相统一。

坚持改革创新。深化行业供给侧结构性改革，着眼重点领域和关键环节，充分发挥市场作用，推动体制和机制创新、科技和管理创新、产品和服务创新，实现自主创新驱动发展。

坚持提质升级。深入贯彻新发展理念，培育视听产业竞争新优势，健全视听产业链条，着力发挥重点工程、重大项目牵引作用，促进视听产业转型升级。

坚持服务全局。围绕首都城市战略定位，统筹推进事业和产业、内容创作和科技创新、广播电视和网络视听贯通发展，更好地发挥凝聚荟萃、辐射带动、创新引领、传播交流和服务保障的重要功能，体现全国文化中心的广电担当。

（三）发展目标

聚焦北京广播电视和网络视听高质量发展，将北京逐步建设成具有全球影响力的视听产业中心。持续构建“大宣传”格局，完善现代传播体系，主流媒体舆论引导能力不断加强。精品创作“北京模式”进一步优化，精品力作不断涌现，内容有效供给不断丰富。智慧广电创新应用体系基本构建，智慧广电成为打造智慧城市的重要支撑。广电重点实验室研究集群基本形成，科技赋能产业发展成效更加凸显，北京成为5G+8K产业聚集高地。广播电视和网络视听公共服务体系更加完善，公共服务逐步实现标准化、均等化、数字化、优质化和品牌化。产业结构和布局进一步优化，集群优势凸显，服务“两区”建设能力持续增强，京津冀协同发展更具成效。对外交流持续活跃，合作领域不断拓展，国际传播影响力显著提高。

二、重点任务

（一）提升新形势下首都广电舆论引导力

1. 持续构建“大宣传”格局。深入实施“舆论引导力提升工程”，加强全媒体语境下新型主流媒体构建；整合市、区两级融媒体资源，发挥北京高校云集、制播机构富集优势，建强上下互通、左右联动、统筹资源、快速响应、凝聚合力的“大宣传”格局。健全统筹协调机制，建立信息资源库，深刻把握媒体发展新格局和舆论生态新变化，推动宣传理念创新、内容形式创新，主动“跨界”“破圈”，探索与卫生健康、教育培训、养老医疗、体育休闲等多领域“广电+”“+广电”路径，形成全媒体、全方位、全天候宣传体系，服务首都和国家建设发展大局。

2. 推进主力军挺进主战场。落实国家广播电视总局《关于推动新时代广播电视播出机构做强做优的意见》，加快资源要素向互联网主阵地聚合、向手机移动端倾斜。支持广播电视头部机构，以融合发展、创新发展为主线，积极开发应用新技术，提升传播能力和服务水平。建设北京市新闻大数据共享平台，开展舆情分析研判，实现差异化精准有效传播。深化广播电视媒体“头条”建设和网络视听媒体“首页首屏”建设，完善网上网下重大宣传报道一体化统筹机制，构建北京新视听宣传矩阵，全面巩固壮大主流思想舆论阵地。

3. 焕发新兴媒体正能量。提升对网络视听新媒体、新业态、新技术、新应用的统筹规范能力水平，加强对头部企业调控引导和从业人员服务培训，增强企业和从业人员导向意识和底线思维，焕发短视频平台、直播平台、社交媒体、音频平台等新兴媒体的正能量。探索网络视听在跨屏、多屏、虚拟“无屏”等场景下的新应用、新模式。支持广播电视媒体与网络视听新媒体在内容创意、制作生产、节目播出、运营开发等方面加快深度合作，推动强强联合，探索更加有利于解放生产力、扩大融合传播效果的创作播出新模式。

（二）深耕精品生产“北京模式”

4. 加强精品生产规划引导。支持创作传达正确民族观、文化观、历史观、国家观的优秀电视剧、网络原创视听节目、动画片、纪录片、公益广告等视听产品，用光影语言描绘时代精神图谱，形成“影视看北京”的标杆效应。不断完善精品创作工作机制，按照“好主题、好故事，好团队、好创作，好作品、好收成”六好标准，聚焦重点革命题材、重大历史题材、重大现实题材、北京题材，把抓好选题规划作为重中之重。完善种子库、项目库、片单库，建立短期、中期、长期题材节目库，做到短期“不断档”，中期有储备，长期有规划，对纳入规划片单的片目开展“一剧一策”全流程跟踪服务，实行动态化管理、个性化辅导和联动化宣推。

5. 抓好精品生产创新管理。坚持“引一把、领一把、扶一把”，持续推动题材规划、立项创作、备案审查“三个关口”前移。创新结构化审查模式，推动精准服务、简化审批等举措制度化、常态化。用好全国首个8K超高清视频制作专项扶持资金，强化内容生产与技术创新深度融合。完善作品评价体系，建立口碑和大数据相结合、定性和定量相结合的评价机制，加快构建覆盖思想性、艺术性、创新性、满意度、传播力和融合力六个维度的“北京新视听融合传播综合评价体系”。推广和落实机构评价体系，对作品创作生产、受众反映、社会影响、内部制度和队伍建设等内容进行综合评价考核。

6. 做好精品生产服务保障。结合“两区”建设，围绕优秀内容生产创作主责主线，强化优选资质、优审内容、优化服务三优举措，打通规划论证、审查审核、评优评奖三支队伍，抓好平台制作机构审核员、制片人制作人、网络编剧三类培训。加大优秀作品扶持激励力度，打通制播上下游，丰富优秀作品播出端，打造北京新视听专区，让好作品进入好平台、好时段，让好作品有好收益。着力推进“1260”网络文艺精品创作工程，每年至少抓好12部网络原创视听节目规划创作，未来五年累计孵化60部标杆级作品。

（三）构建智慧广电发展新生态

7. 加快智慧广电基础体系建设。完善智慧广电节目制播体系，统筹市、区两级制播云平台规划与部署，加快推进广播电视制播向IP架构融合演进，着力推动制播平台智慧化升级。鼓励和引导企业加快建立系统、完善、开放的智慧广电技术标准体系，持续推进基础性标准以及融合服务、互联互通等关键环节标准的研发进度。开展地面无线超高清电视研究和试验，积极探索新技术条件下地面无线广播电视数字化、智慧化发展路径。积极开展广电全媒体智能软终端技术研究，促进广播电视业务跨网络、跨屏落地。

8. 创新智慧广电内容生产和节目形态。坚持场景引领，围绕“家庭场景、政务场景、民生场景”，加强高清视频、沉浸式视频、互动视频等高新视频内容建设。利用人工智能、虚拟现实、增强现实、混合现实等新技术创新节目包装渲染手段，丰富节目内容形态，增强现场感和沉浸感。发挥超高清内容在大屏显示上的质量优势，推动超高清视频内容跨行业广泛应用。

9. 优化智慧广电服务应用。充分发挥广播电视“可管可控、绿色安全”的优势，促进广播电视从功能业务型向创新服务型转变，提供融合信息资讯、视听节目、数字娱乐、教育培训、医疗健康、社会治理、应急防控等多功能于一体的智慧广电数字生活服务。加强智慧广电与智慧北京建设、首都城市治理、数字信息消费、乡村振兴等战略统筹规划、有效衔接，积极推动广播电视与政务、商务、教育、医疗、金融、农业、环保等相关行业的业务合作、业态创新和服务升级。

（四）推进媒体融合向纵深发展

10. 构建全媒体传播格局。深入贯彻落实中央《关于加快推进媒体深度融合发展的意见》和国家广播电视总局有关要求，坚持深度融合、整体转型，加快市级融媒体技术平台完善升级，打造新型主流媒体。推进各级广电媒体协同联动，整合网上网下资源渠道，做优主平台、拓展主渠道、做强主账号，推进品牌化和规模化运营，打造融政务、服务、商务于一体的全国示范性省级新型主流媒体传播平台和多个具备主流舆论阵地、综合服务中心、社区信息枢纽功能的全国标杆性区级融媒体中心。

11. 强化先进技术支撑引领。加快落实国家广播电视总局《广播电视技术迭代实施方案》，支持广电媒体运用VR、AR、MR和流媒体、超高清等技术，推出全息化、可视化和沉浸式、交互式内容产品。指导广电机构建立媒体融合相关实验室，加强与媒体融合国家重点实验室合作，促进基础研究、应用研究、前沿技术融通发展。实施北京媒体融合能力提升工程，办好媒体融合创新大赛，加强媒体融合项目库建设，开展媒体融合创新技术与服务应用遴选推广计划，推进相关技术在各级广电机构落地应用，持续以技术赋能媒体融合。

12. 创新媒体融合体制机制。以全媒体思维重塑广电媒体组织架构，以全媒体产品和服务为核心，以互联网为主阵地，构建集约高效的新型采编制作播发流程，建立全媒体指挥调度体系。支持区级融媒体中心依托公司进行市场化运营，实现“中心＋企业”的运营模式。支持广电机构构建 MCN 矩阵，打造自有优质网生内容、主播队伍，形成个性化品牌集群，具备条件的可以全资或控股形式公司化运营。完善多渠道投融资机制，支持广电机构控股或参股互联网企业、科技企业，推动媒体融合项目技术研发、市场开拓与金融资本、社会资源有效对接。

（五）推动 5G+8K 赋能首都广电提质升级

13. 打造首都广电重点实验室。建设 4K/8K 超高清电视应用创新实验室，着力创建国际一流的超高清技术及应用创新中心。健全完善北京网络视听研究院，构建协同创新实验室，为建设北京新视听提供坚实的智力支撑。开展智慧广电重点实验室的评审工作，积极引导重点实验室在园区建设、技术攻关、转化应用等方面创新发展，孵化培育一批示范引领企业、智慧广电引领示范项目。

14. 推进基于 5G 的新型传播网络体系构建。加快推进北京市有线电视网络改造升级、广电 5G 网络建设，打造有线无线交互协同的北京市广电新媒体智慧服务网与城市信息化综合服务网。推动超高清电视采集、编辑制作、播出、传输、接收和终端显示等各环节全技术链条的贯通，提升有线电视网络和互联网超高清节目传输能力，开展地面无线超高清传输研究和试验。加快全市有线电视网络整合和互联互通建设，推动数字化转型和光纤化、IP 化改造，加快 IPv6 部署和应用。建设北京广电 5G 覆盖网络，探索广电特色的 5G 新业务，促进网络智慧化、融合化。

15. 拓展 5G+8K 新应用新场景。推动 5G+8K+ 互动视频、沉浸式视频、VR 等高新视频技术创新应用示范，开办 8K 试验频道，推动沉浸式视频体验进入家庭。推动“冬奥超高清 8K 数字转播技术与系统”项目建设，扎实做好冬奥重大项目服务保障工作。加快“冰雪项目交互式多维度观赛体验技术与系统”项目建设，研究制定有线电视网络传输 VR/360 度全景节目技术方案，提升观众观赛视听体验。扎实推进大环影视城三期等重点项目建设，推动 5G+ 视听创新应用典型场景落地。研究制定 8K 超高清节目技术质量评价标准，建立 8K 超高清视频技术质量监测检测机制，加快推动超高清及相关产业健康有序发展。对 8K 超高清节目内容制作进行奖励扶持，支持国家级超高清内容生产制作中心建设，丰富高质量超高清视频内容供给。

（六）优化首都视听产业发展格局

16. 抓好产业布局顶层设计。以北京市城市总体规划和产业空间布局为基础，以建设全球视听产业中心为目标，以“两区”建设为抓手，加强部市、市区联动合作，引导北京市广播电视和网络视听产业链关键环节优质资源、优势平台、优秀企业集中集约发展。推进新视听重大基建工程规划建设，发挥产业集聚效应，加快形成分工合理、优势突出、特色鲜明的新视听产业集聚协同发展格局。

17. 打造优质基地园区。加强规划引导、政策支持和管理服务，支持京津冀视听走廊建设，推进中国（北京）高新视听产业园、中国（北京）星光视听产业基地、中国（怀柔）影视产业示范区等国家级视听产业园区与市级视听产业园区梯次、协同发展。支持现有基地园区提质增效，鼓励建立众创空间，构建文创、科创人才培养平台，提高产业园区规范化运营管理水平，引导社会力量参与，有效发挥示范引领作用和试验孵化作用。

18. 培育壮大骨干企业。引导生产要素向优势企业集中，培育大型专业化主体，打造规模化旗舰企业，形成龙头效应和集聚效应。推进国有广播电视企业公司制改革和股份制改造，在允许社会资本进入的领域，探索推动混合所有制改革试点。鼓励支持具备条件的广播电视和网络视听企业按程序申请认定高新技术企业，引导推动视听行业优质独角兽、瞪羚、隐形冠军企业上市。

19. 提升品牌节会展影响力。围绕国家重大发展战略，服务全国文化中心建设，统筹安排北京市视听节会展规划布局，推动节会展市场化、专业化、国际化、高水平发展，打造产业高质量发展的风向标。办好中国（北京）国际视听大会、中国国际服务贸易交易会北京新视听展、中国广电媒体融合发展大会、北京国际公益广告大会、北京电视节目交易会、北京纪实影像周、北京国际视听节等重大节会展活动，不断提升北京视听节会展品牌活动的国际影响力。

（七）打造首都广电现代公共服务体系

20. 推进公共服务数字化。依托5G、互联网、大数据、云计算等现代信息技术，打造集综合信息服务、文化消费于一体的广电公共服务新生态。推进全市有线电视网络整合和互联互通建设，推动公交电视、地铁电视、楼宇电视、户外大屏等户外媒体智慧化升级改造，推动我市宾馆酒店电视系统数字化改造，夯实广电公共服务支撑能力。以智慧广电+公共服务+社会服务+城市管理+乡村治理为重点，策划实施“智慧广电乡村工程”，为提高乡村精细化治理能力提供基础网络和平台支撑。推进北京百乡千村新视听示范工程建设，在各区符合条件的公共场所开展“北京视听小站”试点。整合公共文化服务优质资源，开展“视听零距离”“北京新视听”系列活动，推动北京广播电视和网络视听新业态、新服务、新功能向基层下沉，打造具有首都特色的公共文化服务示范品牌。

21. 推进公共服务标准化。依托国家公共文化服务体系示范区建设，以示范引领推动全市广播电视公共服务标准化规范化建设。制定与北京“四个中心”定位相适应的广播电视基本公共服务实施标准，完善广播电视和网络视听基本公共服务清单制度，健全相关行业标准规范。推动健全政府购买公共服务管理制度，推广运用政府和社会资本合作新模式，进一步完善政府购买服务招投标机制和项目管理机制。制定广播电视公共服务绩效考核办法，建立公众参与的评价制度和考核结果运用制度。

22. 推进公共服务均等化。完善基层公共服务网络，广播电视公共服务资源重点向农村地区倾斜，引导支持视听手段创新助力乡村振兴。保障特殊群体广播电视公共服务权益，坚持普惠与特惠相结合，面向老年人、未成年人、残障人士等特殊群体提供专项服务。保障在京流动人口的文化权益，因地制宜提供高品质视听公共服务。加强广播电视运行维护管理，采取购买服务方式加强基层服务网络建设。加速市区两级应急广播融媒体传播系统建设，实现国家、市、区三级应急广播平台对接联动。

（八）提升首都广电行业管理水平

23. 建立健全一体化管理体系。坚持广播电视和网络视听实行一个标准、一体管理，构建网台联动、上下贯通的首都广电管理工作格局，推进行业治理体系和治理能力现代化。严格规范广播电视和网络视听信息传播秩序，进一步加强网络视听文艺节目及人员管理工作，加强对天价片酬、流量至上等问题的管理，深入开展“饭圈”乱象整治。推进北京市广播电视融合媒体智慧监管体系建设，实现全方位、全过程、全覆盖、全天候的智慧化监管。深化广播电视安全播出管理体系建设，鼓励开展对广播电视和网络视听安全播出管理方式和监测监管技术的研究和创新。引导行业组织在服务媒体融合、规范行业秩序、开展行业自律等方面发挥积极作用。

24. 优化广电营商环境。坚持“吃透政策、弄清实情、集成创新、项目落地”工作思路，策划一批、储备一批、突破一批、完成一批管用的项目和政策，将“两区”建设和首都新视听建设结合起来、联动起来，确保广播电视和网络视听领域重点任务试点措施落地落实。持续深化放管服改革，不断精简政务服务申办流程，深化“一网通办”，推进政务服务事项办理告知承诺制，试点开展政务服务“备查制”改革。加快网络视听节目服务管理地方立法工作，持续完善对未持证网络视听节目服务机构的备案制管理，稳步推进特殊股改革“一试一批”北京落地工作，加强市“双随机、一公开”监管平台应用，推动建立行业从业主体信用激励和惩戒管理机制，有效提升事中事后监管效能。强化服务企业工作机制，量身定制“服务包”，建立服务管家机制、联络员机制，加强政策解读和宣讲，抓好政策落地最后一公里。

（九）加强广电国际传播能力建设

25. 优化对外传播格局。服务国家总体发展战略和对外战略，服务国际交往中心建设，统筹推进首都广播电视和网络视听对外交流、产品传播、版权贸易、技术服务，着力构建全方位、多层次、宽领域的对外开放格局，努力讲好中国故事、北京故事。制定实施全国首个视听国际传播专项政策，进一步完善北京新视听国际传播工作政策体系。加强对外话语体系建设，推进中国故事和中国声音的全球化表达、区域化表达、分众化表达，增强国际传播的亲和力和实效性；积极运用国外主流社交平台，加强海外传播平台建设及海外社交媒体合作，开辟宣传北京的新窗口。推进北京新视听国际交流示范机构和译制基地建设，充分发挥行业协会作用，抓好影视作品译制工程，确保重点内容海外落地。

26. 打造对外交流品牌。以筹办 2022 年北京冬奥会、冬残奥会为契机，深入开展国际视听文化交流，向世界展现真实、立体、全面的中国和北京。服务国家主场外交，做好重大国际活动宣传保障工作，配合国家广播电视总局办好中非媒体合作论坛。加快中国（北京）视听译制基地建设，孵化“北京译制”品牌。坚持节节对接、会会相融，提高中国（北京）国际视听大会、北京国际公益广告大会等北京节会展的国际化水准，办好“北京优秀影视剧海外展播季”“视听中国·北京视听之夜”“相约北京·全球组团联展”系列活动，不断扩大品牌活动国际影响力。

（十）推进京津冀视听高质量创新性发展

27. 抓好京津冀视听产业协同发展重点项目。以中国（京津冀）广播电视媒体融合发展创新中心建设为抓手，全面深化区域媒体融合。推进京津冀广电网络一体化融合发展，增强网络综合承载及服务能力，全力保障 2022 年北京冬奥会、冬残奥会赛事高质量呈现。建立频率管理协调机制，合作开展京津冀地区广播电视频率模数转换，促进地区频率规范使用，办好“京津冀之声”调频广播。创新跨区域产业合作机制，构建视听园区协同发展格局，打通“京津冀视听走廊”。

28. 推进京津冀广电公共服务资源共建共享。建立京津冀广播电视公共服务协调机制，推动京津冀广播电视公共服务协作联动、设施共享，推进北三县广播电视公共服务示范区建设。加强平台互联互通，合作开展京津冀应急广播系统的顶层方案设计，实现应急广播指挥调度信息和覆盖资源共享。推进京津冀地区监测监管领域合作，构建区域协同监测监管矩阵，加强对“黑广播”“灰广播”的联合治理，提升区域一体化治理水平。

三、保障措施

29. 加强组织领导。切实加强党的领导，将广播电视和网络视听高质量发展工作纳入意识形态工作责任制，确保中央和市委大政方针和决策部署在首都广播电视战线不折不扣落地落实。健全上下联动、运转高效的工作机制，制定完善配套政策，因地制宜，统筹规划。加强同宣传、发改、财政、金融、文旅、网信、工信等部门的沟通协调，合力推动广播电视和网络视听业高质量发展。

30. 用足用好政策。积极落实国家关于经营性文化事业单位转企改制、支持文化企业发展、文化产品出口、民营企业发展、小微文化企业发展、高新技术企业发展等财税优惠政策。强化财政资金引导带动作用，创新现有资金渠道对广播电视和网络视听发展的支持方式，积极争取政府购买、项目补贴、定向资助、贷款贴息等资金保障。发挥北京广播电视网络视听发展基金、智慧广电发展专项资金、广播电视媒体融合发展扶持资金等各类文化引导基金、专项资金的作用，支持重点项目建设和运营。加强要素市场化配置，增加有效金融服务供给，开展广泛合作，吸引外来资金投入，形成产业合力，增强发展动能。

31. 强化人才保障。坚持党管人才，以增强“脚力、眼力、脑力、笔力”为重点，加强广播电视和网络视听从业人员政治和业务建设，深入实施行业“领军人才工程”和“青年创新人才工程”，着力培养德才兼备、成就突出、业界公认的高层次杰出人才和优秀青年人才。创新人才培养开发、评价发现、选拔任用、流动配置、激励保障机制，形成良好人才发展环境。强化人才激励，鼓励业内名家、学者、技术能人以知识产权、专有技术等无形资产出资、入股，参与企业经营或项目开发。统筹推进首都广电人才一体化发展，服务京津冀协同发展，搭建广电人才资源共享平台，推动京津冀广电人才交流。深化职称制度改革，稳妥推进人才评价工作，规范从业人员队伍和从业秩序。

32. 完善统计支撑。着力提升统计工作信息化水平，建立健全视听统计分析系统，综合运用统计数据、业务数据和监测数据，做好数据分析研判的技术支撑。加强数据应用，探索编制“北京大视听指数”，做好行业运行统计监测和分析工作，客观、及时、准确反映北京大视听发展新趋势与新特点。规范数据发布，加强数据解读，探索编制《北京视听蓝皮书》，让数据“活起来”“动起来”，为大视听行业中长期发展提供有力支撑。

北京市广播电视局

2021年11月9日

北京市广播电视局
关于加强广播电视网络视听公共服务体系建设的
实施意见（2021 年—2025 年）

京广电发〔2021〕93 号

为全面贯彻《国家基本公共服务标准（2021 年版）》和国家广播电视总局《关于加强广播电视公共服务体系建设的指导意见》文件精神，落实《北京市公共文化服务体系示范区建设中长期规划（2019 年—2035 年）》《北京市推进全国文化中心建设中长期规划（2019 年—2035 年）》以及北京市“十四五”时期广播电视和网络视听发展规划等工作任务，构建具有首都特色的广播电视公共服务体系，结合北京发展实际，特制定如下实施意见。

一、总体要求

（一）指导思想

以习近平新时代中国特色社会主义思想为指导，全面贯彻党的十九大和十九届二中、三中、四中、五中全会精神，以及习总书记对北京重要讲话精神，坚持新发展理念，立足首都“四个中心”城市战略定位，以做好“四个服务”为基本遵循，按照北京市第十四个五年规划和二〇三五年远景目标建议总体要求，创新实施广播电视公共服务惠民工程，聚焦首都广播电视公共服务优质供给，大力推动高新技术创新应用，加快推进广播电视和网络视听媒体深度融合，积极培育视听领域新业态，推动公共服务标准化、均等化、数字化、优质化、品牌化，探索公共服务实践新模式，建设具有首都特色的高效化、智慧化广播电视网络视听公共服务体系，不断满足首都人民群众日益增长的公共文化服务需要。

（二）基本原则

——坚持方向，把握导向。坚持正确的政治方向、舆论导向和价值取向，培育和践行社会主义核心价值观。立足全国文化中心建设“四个文化”基本格局和“一核一城三带两区”总体框架，以人民为中心、与时代同步伐、用明德引风尚，筑牢宣传思想阵地，营造良好的社会氛围。

——首都定位，首善标准。立足北京“四个中心”功能定位，提高“四个服务”水平，高起点、高标准、高质量推动广播电视公共服务体系建设，促进广播电视公共服务提质升级，在首都公共文化服务体系示范区建设中发挥积极作用，更好地担负起“举旗帜、聚民心、育新人、兴文化、展形象”的使命任务。

——政府主导，社会参与。坚持政府在公共服务中的主体地位，提高市区两级政府服务能力与保障力度，发挥首都社会资源优势，形成高质量视听服务供给合力，推动社会力量共同参与广播电视公共服务体系建设。激活市场公共服务资源，激发公共服务创新活力，提高广播电视公共服务共建共享水平。

——科技引领，创新应用。坚持创新发展理念，发挥首都科技创新资源优势，加快推动5G、云计算、大数据、人工智能等信息技术在广播电视公共服务领域的创新应用，丰富公共服务体系智能化应用场景，全面提升广播电视公共服务智慧化水平。

——城乡均衡，惠民利民。以广播电视公共服务标准化建设为抓手，统筹资源配置，拓宽内容传播渠道，优化城乡公共服务设施布局，全面提升公共服务均等化水平。全面加强公共文化服务惠民示范工程建设，提升首都市民的获得感和参与感，不断满足人民群众对视听美好生活的新需要。

（三）主要目标

到2025年，率先建成系统完善、层次分明、发展均衡、供给丰富、服务精准、保障有力的广播电视公共服务体系，在全国起到示范引领作用，形成“北京模式”。广播电视公共服务标准体系基本建立，基本公共服务供给更加稳定、更有保障、更可持续；公共服务均等化水平全面提升，中心城区、远郊区实现以有线网络为主，地面无线、卫星为补充的全覆盖网络，京津冀公共服务协同发展不断推进；公共服务数字化水平显著提高，公共服务承载网络IP化、云化、智慧化、融合化水平大幅提高，广播电视媒体深度融合，广电5G网络完成规模化部署，高新视频制播能力不断增强，数字家庭建设有序开展，云转播技术广泛应用；首都广播电视网络视听精品创作水平不断攀升，体现时代精神、首都水准、北京特色的视听精品力作不断涌现，依托新技术优势实现视听内容精准优质供给；公共文化服务惠民工程建设有序推进，重大创新活动品牌效应充分发挥；公共服务主体更加多元，公共服务模式更加丰富，具有北京特色的公共文化服务体系基本建立。

二、主要任务

（一）推进广播电视公共服务标准化管理

1. 制定北京市广播电视基本公共服务实施标准。开展有线电视、交互式网络电视（IPTV）、网络视听纳入基本公共服务清单研究论证，制定与北京“四个中心”定位相适应的广播电视和网络视听基本公共服务实施标准，形成并定期更新北京市广播电视和网络视听基本公共服务清单，完善设施设备布局和建设、人员配备、服务管理等行业标准规范。

2. 加强广播电视公共服务标准化建设。规范有线电视、IPTV、网络视听以及公交、地铁、楼宇电视和户外大屏等管理，制定完善播出规范，提高标准化管理水平。建立服务网点服务指南、行为规范、绩效评价等制度，切实提高服务群众能力。依托国家公共文化服务体系示范区建设，指导开展广播电视公共服务标准化示范区试点，以示范区引领带动全市广播电视公共服务标准化、规范化建设。

3. 优化调整政府购买服务清单。结合市民群众不断发展的公共服务需求，动态调整政府购买服务清单，推动健全政府购买公共服务管理制度，推广运用政府和社会资本合作新模式，进一步完善政府购买服务招投标机制和项目管理机制。

4. 开展广播电视公共服务绩效考核。制定广播电视公共服务绩效考核办法，完善资金使用绩效评价制度，进一步明确考核主体、考核内容标准、考核方式和奖惩措施，选取中心城区和远郊区有代表性区域开展绩效考核试点，全面推进广播电视公共服务绩效管理，提高广播电视公共服务质量和效率。

（二）提升广播电视公共服务均等化水平

5. 完善农村地区广播电视设施建设。有线电视高清化普及、光纤化改造向农村地区重点倾斜，强化地面数字电视频率资源整合利用，完善农村地区地面数字电视覆盖网络，加强直播卫星系统设备运行维护和用户服务，加大远郊山区广播信号覆盖，为农村地区提供更高质量的广播电视服务。

6. 推进应急广播融媒体传播系统建设。按照国家应急广播规范要求，完善北京市应急广播系统，贯通国家、北京市、各区三级平台，实现全媒体分发、多终端显示，统筹有线、无线、新媒体覆盖网络资源，打造应急广播融合媒体传播网络。制定应急广播使用规范，完善应急报道机制，建立播发协同联动机制。

7. 加强广播电视公共服务重大基础设施建设。以北京城市总体规划和产业空间布局为基础，引导广播电视和网络视听产业优质资源、优势平台、优秀企业集约发展，推进中国飞天大剧院、中国视听博物馆、中国（北京）高新视听产业园、中国（北京）星光影视产业基地等重大标志性公共文化服务设施、产业集群建设项目规划实施。

8. 加强特殊群体广播电视公共服务保障。支持鼓励社会慈善公益机构、企业和个人参与社会困难群体保障，完善惠民服务制度规范。加大针对特殊群体的节目内容供给，建设涉农、未成年人、少数民族品牌栏目，通过增加同步解说、字幕、手语等方式，为视障、听障人士提供更便捷的服务。保障在京流动人口的文化权益，因地制宜提供高品质视听公共服务。

9. 推动京津冀广播电视协同发展。开展京津冀广播电视台站资源、频率管理、智慧广电建设及从业人员交流合作，合作办好“京津冀之声”调频广播节目，规范广播电视安全播出监管，推进北三县公共服务示范区建设，强化三地在广播电视网络视听领域的全面合作和协同发展。

10. 引导支持视听手段创新助力乡村振兴。指导开展视频直播电商业务，聚焦生产者与消费者需求，创新短视频直播模式，搭平台、优服务、促合作，服务乡村振兴。通过版权捐赠、实物援建、人员培训、产业对接等方式，加大对对口援建地区服务力度。

（三）推动广播电视公共服务数字化建设

11. 打造广电 5G 服务网络。加快广电 5G 网络建设布局，提升广电 5G 网络综合承载能力与智能化水平，开展基于视频的政企服务和个人信息与视听娱乐服务，推广垂直行业应用，打造有线无线交互协同的北京市广电新媒体智慧服务网与城市信息化综合服务网。

12. 持续提升有线电视网络公共服务承载能力。加快全市有线电视网络整合和互联互通建设，加快 IPv6 部署和应用。深入推进光纤宽带接入，鼓励开展光纤到房间、光纤到桌面建设，提升有线电视网络对宽带业务、数据业务、信息服务、超高清视频的承载能力。推进“云 + 边缘计算”技术在有线电视网络中的应用，推进有线电视网络服务云建设。推进大数据和人工智能技术在广电网络的融合应用，提升有线电视网络智慧化水平和服务能力。

13. 进一步推进智能终端升级。积极开展数字家庭建设，进一步推进超高清交互数字智能终端升级，打造智能化综合信息箱，满足居民获得智能化视听信息服务的需求。充分利用智能终端产品，联动社区政务服务平台，推动线上政务民生服务“一屏办”“指尖办”“电视办”。完善智能终端标准，规范平台架构、网络接口、组网要求、应用场景基础配置，提高设备兼容性。强化信息安全保护，保障数字家庭产品和系统网络安全，防止信息泄露、损毁和丢失。

14. 推动我市宾馆饭店电视系统数字化改

造。以冬奥会定点接待宾馆饭店改造为突破口，建立完善北京市重点接待宾馆饭店数字化广播电视服务标准，推进宾馆饭店电视系统数字化改造，提升我市宾馆饭店广播电视服务水平和安全保障能力。

15. 建好用好冬奥会服务保障系统。积极推进冬奥会有线电视服务专网、冬奥云转播平台、“科技冬奥”重点项目等冬奥相关项目建设，高质量呈现冬奥赛事盛况。充分利用冬奥会场馆设施、转播平台及技术团队等资源，为实现体育赛事、重大活动等应用场景转播提供服务支撑。

16. 建设文化活动云服务系统。加强节展活动云体验场景建设，支持鼓励企业开展云服务平台建设，搭建具备云策划、云展示、云活动等功能系统，加强基于文化数据服务的云数据后台建设，服务“线下＋线上”展览展示新趋势。

（四）加大广播电视公共服务内容优质化供给

17. 围绕重大主题精心组织内容创作。进一步深化完善精品生产“北京模式”，紧抓建党100周年、党的二十大、北京冬奥会等重要时间节点，制定创作规划，抓好重点题材项目创作，推出一批思想精深、艺术精湛、制作精良，体现时代精神、首都水准和北京特色的优秀广播电视网络视听作品，为首都影视高质量发展提供重要支撑。

18. 强化优质网络视听内容供给。开展“1260”网络文艺精品创作工程，每年重点抓好12部优秀网络原创视听节目规划生产，“十四五”期间累计扶持至少60部网络文艺佳作，推进网络视听内容供给侧结构性改革，以思想性、艺术性相统一的优秀作品不断满足人民美好精神文化生活新期待。

19. 引导扶持公益广告精品创作。积极引导扶持公益广告创作，加强政府专项扶持资金引导，充分发挥北京国际公益广告大会平台作用，鼓励制作机构、传输机构、播出机构、区级融媒体中心、网络视听平台、高校等社会各界力量，加大公益广告的制作和传播，强化公益广告宣传阵地作用。

20. 推动4K/8K超高清视频内容生产。进一步提高我市4K超高清节目频道数量，推动8K频道建设，丰富IPTV和有线电视4K/8K超高清专区节目内容，推动视听网站4K/8K超高清专区建设。争取更大力度的财政资金支持，对超高清节目内容制作、超高清转播及创新应用、超高清标准研究进行扶持，引导企业丰富超高清内容创作生产和供给。

（五）加强广播电视公共服务品牌化建设

21. 开展百乡千村新视听示范项目——北京视听小站建设。选址新时代文明实践中心、公共文化场馆、基层文化中心打造具有首都特色的北京视听小站，建设百乡千村新视听示范工程服务保障平台，综合运用4K/8K超高清、AR/VR、无障碍视听等技术，为群众提供体育赛事、文艺演出、教育活动、电商直播等视听互动体验。

22. 打造“视听零距离”公共服务新品牌。整合公共文化服务优质资源，开展“视听零距离”系列活动，推动北京广播电视和网络视听新业态、新服务、新功能向基层下沉，推动公共文化服务设施从“硬覆盖”向“软覆盖”延伸，提高公共服务的贴近性和精准性，打造具有首都特色的公共文化服务示范品牌。

23. 创新公共服务民生节目品牌。创新广播电视节目栏目类型和题材范围，鼓励创建解决民生问题品牌栏目，支持创作更多反映特色文化、群众喜闻乐见的节目内容。鼓励歌华有线、IPTV以及网络电视播出平台聚焦重大主题设立视听内容公共服务品牌专区，提供形式多样的公共服务视听内容。

24. 打造“节节对接　会会相融”会展服务品牌。办好中国（北京）国际视听大会、北京国际公益广告大会、北京纪实影像周、北京电视节目交易会、中国广电媒体融合发展大会等重大节展活动，打造北京新视听活动矩阵，借助高新视听应用，丰富视听活动形式，提升参展群众视听体验和参与度，丰富首都市民公共文化生活。

（六）探索广播电视公共服务实践新模式

25. 构建公共文化服务多元化新格局。完善政府购买、项目补贴、定向补助等政策措施，有序引导社会力量参与服务供给，提升公共服务主体多元化水平。发挥好政策扶持激励和引导调控作用，建立多样化的激励机制，引导鼓励企业和个人参与资金投入，拓展公共文化服务资金的筹资渠道，形成公共服务资金渠道多元化格局。

26. 探索智慧广电服务城市治理新形式。积极参与智慧城市、智慧乡镇、智慧家庭建设，开展“街乡吹哨、部门报到”政务服务系统建设实践。加快推进“一网通办”和“一站式集中审批”改革，建立影视制作机构服务对象数据库，提高政务服务水平和工作效率。参与“雪亮工程”、智能交通、社区服务、公共设施管理等工程，开展物联网、车联网、医疗健康、教育培训等应用实践，为首都精细化治理贡献力量。

27. 整合网络视听优势资源服务基层群众。健全完善“北京新视听”网络视听传播矩阵，加强与卫生健康、文化旅游、教育体育等系统的对接合作，组织引导视听企业充分发挥传播覆盖力、平台整合力和品牌影响力，参与“健康北京行动”、冬奥会主题活动等。聚合平台优势资源，策划举办网上网下联动的群众性文化活动，促进优秀网络视听内容和创新产品进社区、进学校、进农村。

28. 拓展融媒体平台服务新领域。全面引入市属媒体单位参与更多政务、民生类服务，鼓励与数字家庭系统基础平台对接，提高服务精细化水平，保障居民更加安全便利地获得智能化政务、民生和信息服务。着力推进“北京云”融媒体平台与政务服务中心、新时代文明实践中心的融合贯通，提升市区两级融媒体平台间互联互通水平，加强在宣传指挥调度、舆情分析、媒体监测、内容共享等领域对接，构建“北京云”融媒体良性生态环境，实现平台“融资讯、融政务、融生活、融未来”的目标。

29. 完善基层服务保障网络。完善直接面向群众的服务网络，进一步贯通新时代文明实践中心、区级融媒体中心和政务服务中心，盘活公共服务资源。依托乡镇综合文化服务中心履行管理服务职能，加强基层维修维护队伍服务专业人才队伍建设，提高专业化水平和能力。采取政府购买服务的方式，引导有线电视运营商及区融媒体中心等公共服务主体加强基层服务网络建设，为群众提供有线电视、应急广播、直播卫星、融媒体终端等维修维护服务。

30. 创新视听智慧化监测监管手段。充分利用云计算、人工智能、大数据等先进技术，实现广播电视和网络视听内容智能化研判分析、风险预警、处置调度，从海量信息监管向精准式、靶向性监管的过渡；建设广播电视与网络视听新媒体智慧监管平台，实现精准监测、安全预警、智能处置、精细管理；加大视听节目版权保护力度，加强广告监管工作；加强京津冀地区监测监管领域合作，构建区域协同监测监管矩阵，加大对“黑广播”“灰广播”的实时监测、分析研判和取证工作，提升区域一体化治理水平。

三、组织保障

（一）加强组织领导

市、区广播电视行政管理部门要履职尽责，加强统筹规划，积极与相关管理部门沟通，建立健全相关单位共同推进广播电视公共服务体系建设的协调工作机制；加强对基层公共服务的工作指导，落实各级广播电视制作播出传输单位职责；加强广播电视公共服务宣传，使广大市民充分了解广播电视公共服务内容和形式，提高广播电视公共服务效能。

（二）加强政策保障

加大财政保障力度，建立健全公共服务体系财政保障机制，扶持公益惠民项目，保障广播电视公共服务体系建设和运行。完善相关配套政策措施，落实对社会力量参与公共文化服务的优惠政策，充分发挥政府资金投入的带动作用，鼓励和引导社会资金支持基层广播电视公共服务建设，逐步形成政府投入为主、社会多渠道筹资为辅的投入格局。

（三）加强队伍建设

加强公共服务队伍建设，建立广播电视行业专家、专业技术人才数据库，实施重点人才培养工程，开展专题培训，进一步加强北京市广播电视公共服务人才队伍的政治素养、理论水平、政策水平、法治意识和业务能力建设，打造一支政治坚定、业务精湛、作风优良、党和人民放心的工作队伍。

（四）加强绩效管理

把绩效考核纳入公共服务标准化建设，全面推进绩效管理。坚持把社会效益放在首位，注重结果导向，强化成本核算和责任约束，提高广播电视公共服务质量和效率。强化广播、电视、网络等媒体作用发挥，树立正确的舆论导向，引导社会大众参与服务、监督服务。委托第三方评估机构开展公共服务社会满意度调查，完善公共服务体系长效运行机制，不断提升广播电视公共服务效能。

本实施意见自2021年7月23日起实施。

北京市广播电视局

2021年6月23日

专项纪事

北京市广播电视局深耕精品创作“北京模式”

重大题材统筹推进机制更加完善。2021年，北京市广播电视局在深耕影视精品创作“北京模式”推进文艺创作持续繁荣方面取得丰硕成果。2021年，落实“找准选题、讲好故事、拍出精品”要求，统筹“十四五”广播电视精品创作题材研发和规划。完善动态管理2019—2022年北京电视文艺作品重点项目种子库、项目库、片单库。围绕建党百年、北京冬奥会、党的二十大等重大主题，做好“种子库、项目库、片单库”动态分级管理和重点项目的全流程服务管理，列入种子库项目243个、项目库223个、片单库89个。

探索推动精品创作体系建设。深化落实“三会三课”和“一剧一策”制度，加强重点项目跟踪服务，提供精准服务。根据微短剧迅速发展的市场潮流，举办了“送专家到企业”的网络微短剧创作培训会，防止短剧创作中出现价值观扭曲、内容低俗和格调低下等问题。邀请业内的专家学者，召开电视剧精品创作体系建设讨论会，征询意见，完善工作内容。北京视听平台探索制播联动创新模式，打通电视端、网络端、移动端，持续加强京产作品文艺评论和宣传推介。北京广播电视网络视听发展基金精准赋能，2021年按照新修订的章程和配套制度，投入9462万元，扶持优秀电视剧、网络剧、网络电影、纪录片、动画片、广播电视节目等各类型优秀作品共计168部，包含电视剧《觉醒年代》《我们的新时代》，纪录片《一路百年》，电视节目《我为群众办实事之局处长走流程》，网络剧《约定》等精品，覆盖广播电视网络视听创作生产全链条，取得显著的社会效益和经济效益。

影视精品创作更加繁荣。“北京模式”生产转化成效显著，电视剧、网络影视剧等精品文艺创作继续领跑全国。《香山叶正红》《我们的新时代》《理想之城》等26部电视剧在央视、一线卫视和头部视频平台开播，稳步推进电视剧《冬奥一家人》《冰雪之名》，动画片《毛毛镇之冰雪加油队》，网络剧《爱在粉雪时光》等冬奥题材作品创作；网络剧《约定》、网络电影《浴血无名川》、网络纪录片《劳生不悔》等作品收获广泛好评，网络视听文艺走上高质量发展道路。《觉醒年代》获第27届“白玉兰”三项大奖，收视稳居中国视听大数据排行榜第一。《花儿向阳　童心向党》等5个节目入选国家广电总局庆祝建党100周年重点广播电视节目，3个节目入选2021“中华文化广播电视传播工程”，1个理论节目入选“理论节目创新工程”，15部纪录片入选总局“十四五”纪录片重点选题，101部网络文艺作品入选总局中国梦、精品工程等各类评选活动，2部公益广告获总局2020年度公益广告扶持项目一等奖。

（北京市广播电视局宣传管理处）

北京市广播电视局
庆祝建党百年推出一批精品纪录片

为庆祝中国共产党成立100周年，北京市广播电视局推荐的《播“火”——马克思主义在中国的早期传播》、《黄河安澜》、《档案里的中国》、《信仰的力量》、《红色记忆》、《我的时代和我（第二季）》、《我们的信仰》、《一路百年》、《百年巨匠》（建筑篇、科技篇、中医篇）等9部精品纪录片入选国家广电总局庆祝建党100周年重点纪录片目录，位列省局第一。

近年来，随着精品生产“北京模式”的不断深化，北京影视创作单位出品了一大批思想精深、艺术精湛、制作精良的纪录片精品力作。2021年，北京市广播电视局在题材规划、创作引导、精品扶持、推优评优、跟踪服务、宣传推介等方面继续发力，不断推动京产纪录片在建党百年这一重要时间节点上发挥好“国家相册”的作用。

纪录片《播“火”——马克思主义在中国的早期传播》通过早期马克思主义在中国传播的真实历史描述，从国内“中华民族伟大复兴”和国际“百年未有之大变局”这两个大局着眼，以中国政治中心北京为基点，围绕北京31处红色旧址，透过毛泽东、周恩来、李大钊、陈独秀等著名人物的成长经历，融合铺陈中国共产党成立前后的国史、党史、世界史，以无可争辩的事实凸显北京作为新文化运动的中心、五四运动的策源地、马克思主义传播的主阵地、中国共产党诞生的主要孕育地之一的历史地位和时代价值。该片由北京广播电视台《档案》栏目制作，共5集，每集50分钟，于2021年6月14—18日在北京卫视频道播出。

纪录片《黄河安澜》呈现了在习近平总书记“挖掘黄河时代价值、讲好黄河故事”的号召下，在“治国必治黄”的理念指导下，黄河流域生态保护、水资源的节约集约利用、高质量发展等方面的成就。该片由北京广播电视台制作，共10集，每集50分钟。

纪录片《红色记忆》邀请来自中央档案馆、中央党史和文献研究院、中共中央党史研究室等专业、权威专家作为顾问团队，提供一手的资料文献，以图片、档案、实物、声音、影像、图表等多种直观形式，解密大量未曾公开的历史档案，生动翔实地全景记录建党百年来的风云岁月，从政治、经济、文化、军事、外交等方面讲述中国共产党成立以来的伟大成就，生动再现历史场景。该片由北京广播电视台科教节目中心和华夏传记（北京）文化发展有限公司联合制作，共365集，每集5分钟，已于2021年3月播出。

纪录片《百年巨匠》（建筑篇、科技篇、中医篇）是聚焦20世纪为中华文明做出突出贡献的大师巨匠的大型系列人物传记纪录片，由中国文学艺术界联合会、中央广播电视总台、中国艺术研究院、中央新影集团、中国文学艺术基金会、百年艺尊（北京）文化传播有限公司等单位陆续参与联合摄制。《百年巨匠——建筑篇》于2021年4月19日完成18家卫视+6家新媒体播出，7月1日上线“学习强国”学习平台。

纪录片《一路百年》以贯穿北京东西的

大1路公交车为线索，讲述在中国共产党的领导下，北京和国家的百年发展变迁。该片由京鼓润影视文化传媒有限公司制作，2021年10月成片。

纪录片《档案里的中国》《信仰的力量》《我的时代和我（第二季）》《我们的信仰》等片目的撰稿摄制工作正在有序推进。

（北京市广播电视局宣传管理处）

重大革命历史题材电视剧《觉醒年代》播出

由中共北京市委宣传部、中共安徽省委宣传部、北京市广播电视局、安徽省广播电视局策划指导，北京歌华传媒集团有限责任公司、北京北广传媒影视股份有限公司、安徽华星传媒投资有限公司等共同出品，北京北广传媒影视股份有限公司承制的重大革命历史题材电视剧《觉醒年代》，是庆祝建党100周年的献礼剧目。该剧首次从思想启蒙、民众觉醒切入，寻根溯源，完整呈现了中国共产党建立的历程，是一部弘扬红色文化，思想精深、艺术精湛、制作精良的精品力作。

电视剧《觉醒年代》入选国家广电总局第二批“2018—2022年重点电视剧规划选题”，获选国家广电总局庆祝新中国成立70周年“百部优秀电视剧作品”及庆祝中国共产党成立100周年优秀展播剧目，获得中宣部2019年度文化产业发展专项资金扶持，获得2018年北京影视出版创作基金优秀电视剧特别项目扶持，获得北京市文化发展中心“北京宣传文化引导基金”扶持。

2021年2月1日作为中央宣传部、国家广电总局“庆祝中国共产党成立100周年优秀电视剧展播”开篇剧目登陆央视一套黄金档首播。播出期间收视口碑一路飙升，不仅俘获了各年龄层的观众，更获得了行业内外广泛关注和专家的一致肯定。

电视剧《觉醒年代》讲述了《新青年》杂志从1915年创刊，至1921年成为中国共产党机关刊物的历史进程，并以此作为贯穿全剧的主线，展现这段岁月的政治风云和时代画卷。剧情重点在于表现陈独秀、李大钊、胡适从相识相知到分道扬镳，走上不同人生道路的传奇经历，同时也展示了毛泽东、周恩来、陈延年、陈乔年、邓中夏、赵世炎等革命青年追寻真理的坎坷历程。艺术地再现了一百年前中国的先进分子和一群热血青年演绎出的一段追求真理、燃烧理想的澎湃岁月，真实地还原了无数志士仁人艰难曲折的痛苦选择历程，深刻地揭示了马克思主义与中国实际相结合与中国共产党建立的历史必然性。

该剧云集国内一流主创团队，走访红楼、北大等一系列红色革命历史遗存，历时7年，精心打磨而成。该剧由中国广播电视协会“第九届全国十佳电视剧制片人”刘国华担任总制片人，原中共中央文献研究室副秘书长，中共中央文献研究室第三编研部主任，电视剧《历史转折中的邓小平》编剧龙平平操刀剧本，电视剧《大军师司马懿之军师联盟》《马向阳下乡记》导演张永新执导，于和伟、张桐、侯京健、马少骅、刘琳、朱贺日尧、张晚意、曹磊、夏德俊等实力演员加盟，强强联合，为该剧提供了质量保障。

电视剧《觉醒年代》秉承“大事不虚，

小事不拘”的创作原则，将历史真实和艺术虚构相结合，既遵循既定的历史史实，又呈现引人入胜的戏剧情节、生动感人的艺术细节、高尚的精神情操。人物刻画上，《觉醒年代》遵循“依靠历史真实，还原人物血肉”的理念，刻画中国共产党早期革命领袖有血有肉、有理想有锋芒、有困境更有探索的革命品格与斗争精神，为观众呈现了有精度的历史、有温度的人物，深刻传递爱国情怀，传播爱国爱党、艰苦奋斗的正能量。

《觉醒年代》播出后，豆瓣评分高达9.2分，知乎评分高达9.3分，包括人民日报、人民网、新华网、光明网、北京日报、北京晚报、北京青年报、北青网、新京报、澎湃新闻、南方新闻网、文汇报、新民晚报、羊城晚报、新浪网、腾讯、今日头条、网易新闻、搜狐号等20余家主流媒体及15家新媒体平台均对该剧刊文报道并给予高度赞扬，已成为党史学习教育的优秀可视化教材。同时，作为一部思想精深、艺术精湛、制作精良的精品佳作，该剧获得第27届上海电视节“白玉兰”奖最佳导演奖、最佳编剧奖、最佳男主角等重要奖项，累计获得国内外各级奖项20余项，被国家广电总局列入《2021年度中国电视剧选集》，并在学习强国平台播出。

（北京歌华传媒集团有限责任公司）

北京卫视推出大型文献纪录片《播“火”——马克思主义在中国的早期传播》

为庆祝中国共产党成立100周年，由中共北京市委宣传部指导，北京广播电视台策划，北京卫视《档案》栏目制作的5集大型文献纪录片《播“火”——马克思主义在中国的早期传播》于2021年6月14日至18日在北京卫视黄金时间播出，每晚播出一集。

该片分为《打破这间铁屋子》《必是赤旗的世界》《出发到民间去》《开天辟地大事变》《征途漫漫惟有奋斗》5集，表现了马克思主义在中国早期传播的辉煌历程，展现了中国共产党为中国人民谋幸福、为中华民族谋复兴的初心使命，凸显了北京作为新文化运动的中心、五四运动的策源地、马克思主义传播的主阵地、中国共产党诞生的主要孕育地之一的重要历史地位。

《播“火”——马克思主义在中国的早期传播》播出后，不仅在纪录片界和理论界得到一致认可，在广大观众中也获得广泛好评。主要有四个突出亮点：

一是重大题材，破题视角独特。中国共产党自诞生之日起，就把马克思主义鲜明地写在自己的旗帜上，并一以贯之地坚持把马克思主义作为自己的根本指导思想。《播“火”——马克思主义在中国的早期传播》就是一部追根溯源的寻“根”之作。它通过挖掘中国共产党的思想根源，展现马克思主义传入中国、催生中国共产党诞生、指导中国共产党领导亿万人民进行伟大创造的历史图景，回答了中国共产党为什么会在100年前诞生，为什么选择了马克思主义，中国共产党成立的历史必然性，以及中国共产党为什么能、马克思主义为什么行、中国特色社会主义为什么好的时代之间。正因为如此，这部纪录片得到了国家广播电视总局重大题材理论文献片创作领导小组专家的高度认可。

这部作品与北京卫视曾经热播的电视剧《觉醒年代》在选题上有异曲同工之处。纪录片的顾问、《觉醒年代》编剧龙平平说："电视剧和纪录片用不同的呈现形式讲述同一段历史，起到了双剑合璧、双星同耀的传播作用。"

二是青春讲述，真情打通时空。纪录片创造性地打造"以青春致敬青春，用真心感悟初心"的核心理念，与全国十余所大学展开深度合作，邀请了30多名全国重点马克思主义学院青年师生担任讲述人。这些青年讲述人虽然平均年龄只有24岁，但都有着丰富的马克思主义理论知识，其中多位同学还在各自专门领域有所深耕。他们把历史和自己的经历紧密勾连，不仅讲述革命先辈的故事，更是和百年前曾经同样年轻的马克思主义者们进行了跨越时空的对话，用当代年轻人的视角和口吻，表达自己的理解，抒发自己的感悟，致敬先辈的丰功伟绩，感悟先辈的初心使命，激励新一代年轻人继往开来、砥砺前行，最终打通时空，让历史和当下、和未来成功联接。

三是专家护航，珍贵史料发掘。纪录片秉承严谨、科学的精神，做到"论述必有依据、引用必有原文"。纪录片分别在中央档案馆、人民出版社、中国国家图书馆、中国国家博物馆、新文化运动纪念馆、北京市档案馆等相关机构查阅文献、档案千余份，其中在片中呈现近200份，比如1919年北洋军阀政府特务调查陈独秀的档案、1927年李大钊被捕时的照片、毛泽东的党证、毛泽东在长辛店的照片、《国立北京大学二十周年》纪念册等，其中很多是第一次在电视上披露，保证了纪录片在真实性和可视性上的高水准。

纪录片邀请原中共中央党史研究室主任欧阳淞担任总顾问，中国社会科学院近代史研究所原所长张海鹏、《觉醒年代》编剧龙平平等8位专家担任顾问。这些顶尖理论大家为纪录片提供了坚实的理论支持，保证了纪录片的思想理论高度和严谨性、权威性。

四是视听考究，人物描摹凝练。纪录片通过实景拍摄、历史影像、静物再现、档案展示、插画等视听手段对历史进行了立体细腻的呈现，感情丰沛动人，情绪真实有证。比如陈独秀、李大钊曾经的苦闷，李大钊、邓中夏、瞿秋白为信仰而牺牲的细节，比如纪录片第一集里，只有19岁的李大钊怅然吟出"泪洒西风独倚楼"，而到第二集，他被问在北京干什么时，已浅笑而坚定作答"点种！"，等等。人物的思想轮廓因一份份档案、一组组静物的展现而愈发细腻、真实，他们的精神和风骨也因一张张插画、一幕幕真实历史影像的浮现而愈发立体、伟岸。此外，为了更加视觉化地呈现历史，纪录片走访了上海、天津、广州、长沙、武汉、昌黎等地的几十个革命活动旧址，尤其是十几处中国共产党早期北京革命活动旧址。在历史的发生地感受历史，在革命的里程碑前弘扬革命文化，让宏大题材更加生动，让纪录片的细节与立意更加值得回味。

5集大型文献纪录片《播"火"——马克思主义在中国的早期传播》2021年6月14日开播首日，全国59城收视达0.47，排名第五。第一集《打破这间铁屋子》播出后，鲁迅设计的北大校徽内容迅速登上微博热搜同城榜第一，相关话题词"觉醒年代主演为播火打call"也登上娱乐榜。第四集《开天辟地大事变》播出后，话题词"百年前的思政老师如何保证上课抬头率"登上微博热搜第37位、微博热搜要闻榜和微博热搜趋势。

节目于6月18日播出最后一集，截至

6月19日18时，节目全网热搜6次，在微博平台节目相关话题阅读量超6.24亿，节目主话题阅读量超3.4亿。全网视频播放量超两千万，达2297.39万。

节目5集内容均获得学习强国北京平台首页推荐，节目稿件获得光明日报、首都广播电视、北京日报等媒体发布支持。在微博端获央媒、行业媒体、高校媒体矩阵以及地方共青团和地方政务官微的点赞。

（北京广播电视台卫视频道中心　黄炜）

京津冀之声开播

“京津冀之声”于2021年2月26日开播，在广播电视台领导的直接支持、指导下，在各部室中心的积极帮助下，广播端与新媒体端并重联动、同向发力，各项工作都取得了一定进展，主要有以下两个显著特点。

一是全面贯彻跨地区办台定位，有效服务京津冀三地信息集成传播。“京津冀之声”是由北京广播电视台、天津海河传媒中心、河北广播电视台携手打造的跨地区、跨媒体、多领域的区域性广播频率和融媒体传播平台。截至2021年9月，按照三家广电媒体签署的合作办台框架协议，已基本实现三地新闻、录音报道等节目资源同步在“京津冀之声”的播出。重点节目的内容基本与京、津、冀三地相关，以4∶3∶3的比例安排。截至2021年9月20日，京津冀之声对天津、河北省级电台新闻稿件和录音报道的使用约为350篇（月均50篇），初步实现广播端京津冀新闻互联互通。

在此基础上还建立了京津冀新媒体协作矩阵，包括与天津海河传媒中心进行了官方客户端的后台对接，实现“京津冀之声”在津云客户端同步直播；联合京津冀三地在内的14家媒体包括武清、廊坊、唐山等市区级融媒体中心，实现微博官号互联，合计微博粉丝量超过1000万。三地电台还联合全国各地33个电台共同推出“同唱一首歌”全国广播庆祝建党百年“云上”融媒体大型报道活动。全网总触及量达8000多万次。“京津冀之声”还联合河北综合广播、河北新闻广播推出特别策划“人们城市为人民”大型融媒体报道。用5天的时间聚焦河北省邯郸市，以图文音视等融媒体手段，全方位展示邯郸市的城市风貌和人文魅力，微博话题阅读量达130万，两次登上邯郸同城热搜第一名。这样的融媒体报道还将向河北其他城市拓展，以逐步形成规模和品牌效应。

“京津冀之声”广播端经过内容调整和结构优化，取消纯音乐和纯文艺节目，强化新闻节目的热点效应，加大信息服务和语言类节目的市场份额比重。6月份到9月份的平均值跃升到1.4%，是前三个月平均值的20倍，基本稳定在北京广播电视台广播端10个频率的第5名，北京地区全部22个频率的第10~12名。

二是倾力打造融媒体平台特色，有力凸显融合传播社会影响力。“京津冀之声”开播之始，就以广播为基础，同时开辟多个新媒体官方账号，如“听听FM”、“北京时间”、津云以及微博、微信、抖音、快手、今日头条等，以每天发稿30~40篇的更新速度不断充实账号内容。上线6个月来，以不足3人的新媒体团队，围绕“红色京津冀李大钊的足迹”、北方沙尘天气、世界读书日、天津解放桥开桥、意式风情街灯光秀、国展中心天津馆首展、世界智能大会、京津冀名嘴说奥运、城市副中心马拉松赛、云游北京环球度假区、云上服贸会、世界机器人大会，京津冀三地雨情与疫情及河南、江苏等地灾情疫情等受众普遍关注的事件和内容，拍摄微纪录片、短视频，开设微博话题，进行网络现场直播，同时联动京津冀区域多家媒体多个新媒体账号，创造多个“及时报”“随时报”“云上游”等系列话题，逐步形成品牌。截至2021年9月22日，微博本号总阅读量8200万次，阅读人数达2600多万。从运营数据看，6个月完成微博全网阅读量超过4亿次的话题1次，超过500万次的话题4次，超过300万次的话题6次，1次登上微博大热搜，8次登上北京、天津、河北邯郸市同城热搜。特别值得一提的是，9月20日，“京津冀之声”原创微博话题“北京环球影城今天正式开园”发布3个小时内，持续登上大热搜第1名，北京同城热搜第1名持续8个小时。截至当天晚上12点，该号阅读量4000多万次，全网阅读量超过4.2亿次。微博视频直播在线观看量640多万人。截至2021年9月22日，“京津冀之声”的微博粉丝数达260万。

（北京广播电视台京津冀之声　纪烈鸿）

《冬奥来啦》首次尝试5G+8K传输4K直播

为更好地推广冬奥文化，宣传2022年北京冬奥会、冬残奥会筹办成果，展示北京广播电视台最新技术成果，2021年服贸会期间，北京冬奥纪实频道联合台相关部门在首钢园区现场搭设8K演播室，共同制作播出了三期“2021服贸会冬奥特别节目——冬奥来啦”。

一、立足前沿，融合共赢

冬奥纪实频道作为北京广播电视台第一个4K频道，一直寻求以最前沿的技术赋能冬奥宣传。

作为一种建立在技术发展基础上的艺术创作，电视传播效果的提升总是与技术的进步紧密相连。技术进步为内容创作提供了更加广泛的空间和可能性，而节目内容则是技术得以呈现的灵魂。两者只有充分结合才能为观众呈现完美的视听享受。而随着5G+8K技术的应用越来越普遍，在电视节目创作中，技术与内容的融合比以往更加密切、更加直接。

此次，为备战冬奥宣传，借助服贸会的平台，冬奥纪实频道在台技术管理部的统筹下，与转播传送中心、播出中心、信息网络管理中心、电视节目制作中心、“北京时间”等部门反复磋商、认真备战、大胆尝试，将内容与前沿技术充分结合，在“2021服贸会冬奥特别节目——冬奥来啦”节目中，完成了多项首次：首次采用8K超高清节目录制、4K直播、8K分发的方式进行媒体融合应用示范；首次实现4K超高清外场直播，并完成无延时播出；首次采用12G+4K直播光纤链路进行节目传送；在直播过程中首次采用4K超高清5G回传进行直播对播；“北京时间”和BRTV8KApp首次进行互联网8K直播流同步直播。此外，在台电视节目制作中心的大力支持下，不到一周的时间内，完成了4个8K短片的外拍和制作，同时完成了整个节目后期的整体8K形象包装。

这次直播任务时间紧、难度大，需要协调的部门多，从8月24日召开第一次技术协调会，到9月4日正式直播，短短11天的时间，节目部门与技术部门通力合作，以高质量、零失误的成绩完成了这次全流程直播任务。这不仅是针对冬奥赛时，冬奥纪实频道进行4K直播的一次练兵，也是技术部门在高新技术应用上的一次突破。为保证直播的安全进行，技术部门还准备了双链路、双路由，并以最快速度解决了现场环境声降噪收声等问题，丰富了外场直播的经验。

这次直播，显示了北京广播电视台在内容制作和技术创新上的实力与潜力，也是应用视听领域前沿技术服务冬奥传播的一次有益尝试。

二、精准定位，内容独家

随着冬奥的临近，冬奥宣传也越来越热，作为北京冬奥组委的官方发布平台，北京冬奥纪实频道提前规划，从常规内容中寻找创新点，以新鲜独特的视角完成本次节目创作。

电视节目制作，内容是最核心的。本次《冬奥来啦》特别节目得到了冬奥组委新闻宣传部、志愿者服务部、运动会服务部、市场部的大力支持。冬奥组委相关领导对于节目所涉及的一些未解密话题也给予了批复，以保证节目内容的独家和安全。节目播出之后，反响良好，也得到有关领导的充分肯定。

为了让节目内容更加具有独家性，冬奥组委特批，首次将北京冬奥会特许上新发布搬到了节目直播的现场。同时志愿者服务部副部长张秀峰和冬奥首席医疗官周建新也在节目中独家披露了关于志愿者招募和北京2022年冬奥会疫情防控以及医疗保障的相关信息。为了让节目形式更加丰富，直播节目还通过5G+4K连线的方式，报道了北京2022官方特许商品旗舰店在特许上新日的盛况。

三、通力合作，聚力前行

本次直播节目的成功播出，是各方通力合作的结果。为保证本次直播活动的顺利进行，在台技术管理部协调下，播出中心、电视节目制作中心、转播传送中心、信息网络管理中心等技术部门反复协调，各部门领导全程参加技术协调会，并指派专人参与，共建大节目创作团队。针对每个节目环节，技术团队都积极地与内容团队沟通，从技术上为节目的安全播出纾困解难。台总编室在服贸会整体协调任务繁重的情况下，也多次进行调配支持，为节目顺利播出保驾护航。

（北京广播电视台体育频道中心　秦蕾）

北京广播电视台 8K 超高清试验频道播出

2021 年 12 月 31 日，北京广播电视台冬奥纪实 8K 超高清试验频道播出。该频道是全国首家获得批准的 8K 超高清试验频道，是集传统端、移动端的制作、分发、播出为一体的全国首个融媒型、创新型频道。8K 超高清试验频道开播后，着力抓好冬奥宣传、科技冬奥 5G+8K 超高清示范等重点工作。联动城市户外 8K 大屏、8K 示范社区、8K 示范校园等，实现大中小屏的跨屏融合传播。

推动超高清视听产业持续发力。2021 年，为加快发展 8K 超高清电视产业各环节，占领全国超高清视频产业制高点，北京市广播电视局与国家广电总局广科院联合共建了超高清电视技术研究和应用总局重点实验室，有序开展云转播仿真测试试验等工作；联合成立了“8K 超高清标准工作组”，率先在全国提出 8K 技术指标评测方案并开展检测实践，发布 1 项 8K 相关国际标准、2 项行业标准，绘制《北京 5G+8K 新视听产业地图·2021》，对完善 8K 超高清行业标准，引导和规范 8K 超高清视频制作生产具有重要影响。

设立全国首支 8K 超高清视频制作专项扶持资金。2021 年 8 月，为鼓励优秀 8K 超高清视频制作生产，撬动社会资本共同参与，引导和规范 8K 超高清视频制作，增加市场供应，不断满足市民精神文化需求和高质量超高清视听体验需求，设立北京市 8K 超高清视频制作专项扶持资金。2021 年，该资金共扶持作品 57 部思想精深、艺术精湛、技术精良的 8K 超高清作品，涉及单位 21 家，节目累计时长 220 小时，扶持资金总额达 2500 万元，有力调动了社会机构 8K 广播电视节目的创作热情。

（北京市广播电视局科技处）

第十一届北京国际电影节举办

第十一届北京国际电影节由国家电影局指导，中央广播电视总台、北京市人民政府主办，北京市电影局、北京市广播电视局、北京广播电视台、北京市怀柔区人民政府、北京控股集团有限公司承办，于 2021 年 9 月 21 日至 29 日在京举行。

第十一届北京国际电影节设置主竞赛单元“天坛奖”评奖、开幕式及红毯仪式、“北京展映”、“注目未来”单元、北京策划·主题论坛、北影节发布、电影大师班、北京市场、电影嘉年华、大学生电影节、闭幕式暨颁奖典礼、“电影＋”等十余个板块，共组织开展了 120 余项活动。77 个国家和地区的 889 部影片报名参评“天坛奖”，来自 20 个国家和地区的 15 部影片最终入围；“北京展映”的影院放映恢复往届规模，在京津冀地区 31 家影院展映近 300 部 1200 余场次影片，票房首日突破千万元，创历史纪录；5 场“北京策划·主题论坛”、2场北影节发布、5场电影大师班，汇聚了国内外百余位业界知名人士，尽显北影节的行业影响力；“云北京市场”吸引全球223家电影机构参与，项目签约金额达352.23亿元，839个项目报名创投板块，均创新高；“云上北影节”设置10大主题展映单元，囊括国内外近百部优质影片，开闭幕式、论坛、北影节发布、大师班等活动云上集中呈现，新媒体话题阅读量达8235万，总覆盖粉丝超3亿；445家中外媒体的1305名记者注册，4200多家媒体、平台参与报道，海外传播近9000条，覆盖74个国家和地区、25种语言；来自全球32个国家和地区的近1300名业内人士线上线下参加，与北影节“合力生光”。

“合”心聚魂，初心不忘，重温建党百年峥嵘。守正创新，聚焦建党百年主线设计活动，彰显北影节传递时代强音的使命担当。开幕式突出家国情怀，老艺术家真诚讲述引发共鸣；“天坛奖”最佳影片授予《云霄之上》，鼓励主旋律影片创新创作；举办“庆祝中国共产党成立100周年”“冬奥影像”“旗帜引领·光影华章”“光明影院”等展映展览，烘托庆祝氛围；“恰是百年风华——庆祝建党百年电影主题论坛”，为中国电影强国建设出谋划策。

“力”推精品，服务业界，助力“影视高地”建设。用足、用好北京影视文化资源，着重推介北京电影成果，助力北京电影发展。开幕影片为市委宣传部扶持的庆祝建党百年重点作品《长津湖》；39家机构的44个重点项目在北影节签约；打造“来影都过周末”和“网红”铁路怀密线文旅线路，举办首届中国影都发展论坛，打响怀柔“中国影都”品牌。

“生”生不息，培育新人，夯实产业发展根基。多种形式扶持新人，发掘优秀的电影艺术人才。市场“项目创投”吸引839个项目报名，以资金、服务、国际交流等形式扶持优秀项目，多位知名电影人全流程指导训练营学员短片拍摄实战，4部短片进行了爱奇艺“云上北影节”专区全球首映；青年电影人论坛、“学院日”等活动，推动行业产、学、研、用协同发展。

“光”耀北京，国际水准，促进全球多元交流。影人、影片阵容彰显国际水准，国际朋友圈进一步扩大。巩俐、比利·奥古斯特、法哈蒂、陈可辛、陈道明、葛优、姜文、张译、张颂文、陈坤等知名电影人吸引国内外广泛关注；77个国家和地区的889部影片报名参评“天坛奖”，入围影片出品地区广泛，内容手段多元创新；首设“主宾国”希腊，并举办希腊电影周，希腊文体部部长发来视频贺词。

云上发力，科技赋能，推动节展数字转型。积极完善线上功能，升级“云上北影节”。创新推出“云评奖”解决方案，首次将评奖、颁奖全流程转至线上；闭幕式首次应用多点实时连线、虚拟影像等技术，外籍嘉宾全程与现场连线，仪式感、庄严感俱备；爱奇艺“云上北影节”专区覆盖中秋、国庆，3亿人次线上参与。

为了办好该届国际电影节，主办单位在组织上坚持做到“四”化：

一是防疫精准化。疫情防控工作是筹办工作的重中之重。在市卫生健康委、市疾控中心的指导下，制定了《疫情防控方案》《疫情防控管理工作规则》，严控活动现场规模。首次应用防疫一体机，依托大数据平台，提高通行效率，精准掌握场内人员密度流向，同时提升嘉宾感受。共监测、筛查各类人员健康状态近万人次，核酸检测1.5万人次，未发现异常人员。

二是服务数字化。进一步完善电影节官网、App、“云北京市场”功能，新增建设移动官网，在三端发布第十一届北影节图文信息2.7万条，视频1300条1.8万分钟；点击量日均180万次，最高295万次；新增活动预约微信小程序，满足嘉宾、媒体移动端操作需求，开放预约活动约80场，4000余人次通过预约成功参与，便捷性得到好评。

三是**运作市场化**。根据疫情防控要求和企业策略调整，稳固、深化了网络视频、网络票务等行业合作，在餐饮、金融、手机、饮用水等行业实现新突破，不仅补足了电影节筹备所需资金，还带动相关产业跨界融合新探索，为加速释放北京文旅消费潜力提供助力。

四是宣传立体化。抓住央属媒体、海外传播、高传播价值、高质量物料等关键点，联合近2000家媒体、十几个合作团队和供应商，围绕“有高度、有深度、有流量、有专业度、有人情味”宣传方向，精心策划线上线下宣传活动，全网收获超340个热搜热榜，超4200家媒体和平台参与报道，其中国内主流媒体报道超6.1万篇，组建1400余家境外媒体矩阵，海外媒体报道近9000条，全网相关信息超372万条，联动国内外、省内外8万块屏幕硬广，整体覆盖超74个国家及地区、25种语言。

（北京广播电视台北京国际电影节运行中心、北京国际电影节有限公司）

北京优秀影视剧非洲展播季举办

2021年11月5日，北京市广播电视局与北京四达时代传媒有限公司签署《北京市广播电视局2021北京优秀影视剧海外展播季·非洲政府采购项目合同书》，委托北京四达时代传媒有限公司在坦桑尼亚、莫桑比克为项目所涉电视剧（《破冰行动》《古剑奇谭2》《黄金瞳》《你和我的倾城时光》《石头开花》《什刹海》《我们的四十年》《山月不知心底事》《陆贞传奇》《斗罗大陆》）等提供多渠道、全方位的宣传。通过全方位多层次的宣传和推广以及配套的落地活动，使这些影视剧走进非洲的千家万户，加强中非之间的文化交流以及相互了解。

近年来，随着中国影视业蓬勃发展，一大批优秀影视作品走出国门，走进非洲。2012年中国电视剧《媳妇的美好时代》被配成斯瓦希里语后在肯尼亚、坦桑尼亚以及乌干达播出，受到当地群众的喜爱。从2014年开始，北京市广播电视局正式举办“北京电视剧非洲展播”活动，多部中国优秀电视剧实现了在非洲的播出和推广，掀起了非洲民众收看中国影视剧的热潮。2020年，受新冠疫情影响，北京影视剧非洲展播季转变思路，在国内开展了如“中非视听之夜”“中非圆桌论坛”等线上线下活动，不仅丰富了活动形式，也进一步扩大了活动影响力。

为了办好2021年的北京优秀影视剧非洲展播季活动，北京四达时代传媒有限公司首先制订了非洲展播季活动方案，设计并制作展播季海报、宣传短片、配音宣传片等宣传资料；策划、拍摄及播出了冬奥相关节目；举办了中国与坦桑尼亚、中国与莫桑比克两国广电行业专家线上交流会；邀请在国内和非洲主流广播、电视、平媒、网媒、嘉宾等参加了该届展播季活动，扩大此次活动的影响力。

2021 年 11 月 5 日，2021“北京优秀影视剧海外展播季”启动仪式在北京举行，邀请原中央电视台著名主持人敬一丹主持开幕式。开幕式采用演播室＋线上直播相结合的形式，由四达时代携手其他五家国际传媒机构共同宣布启动。该届展播季分别在非洲、阿拉伯、中东欧、西欧、东南亚等地区开展，通过多种形式的主题活动和线上展播方式将北京优秀影视剧传播给非洲广大观众。

2021 展播季期间，四达时代中文频道总监张军对国际武术联合会技术委员会委员、非洲电影协会首席驻华代表吕克·本扎先生进行了专访。作为参演过十几部中国电影的国际功夫影星和中非文化交流的使者，吕克·本扎认为中国优秀电视剧在非洲国家热播，成为中非人民互相认识、互相了解的重要窗口。

2021 展播季正值 2022 年北京冬季奥运会筹办期间。为最大化地宣传北京冬奥会，四达时代结合自身海外媒体资源和节目制作优势，拍摄并制作了冬奥知识普及专题片和儿童栏目《卡卡冬奥行》。冬奥知识普及专题片共计制作 100 期新闻专栏《Sports HeatMap》、32 期奥运场馆及奥运项目专题片，这些节目制作精良，融合了冰雪与非洲元素，以最直观的方式向非洲观众展示北京冬奥会的冰雪魅力，同时加大北京冬奥会在国外主流媒体的宣传推广力度。儿童栏目《卡卡冬奥行》以 2022 北京冬奥会为切入点，通过原创动画的形式，让非洲的孩子们看到雪的样子，了解冰雪运动。节目共 8 期，每期 6 分钟，每两集介绍一个冬奥项目和场馆，节目片头曲为四达时代原创的冬奥主题英文歌曲。节目主体内容除了卡通主持人讲解奥运知识、趣味 VCR 透视奥运历史，独特的冬奥项目体验环节更是节目的亮点。节目的最后篇章还适时添加了 2022 北京冬奥会的比赛情况播报，以及《一起向未来》的冬奥主题歌曲。

除上述节目之外，四达时代全媒体平台还播出了其他形式多样的冬奥节目。作为国家广播电视总局重点指导项目——电视剧《超越》生动演绎了新时代背景下中国体育健儿的风貌品格，体现了新中国成立以来三代短道速滑人共同的“超越”精神，让观众切实地感受竞技体育的激情与荣耀。《超越》被翻译成英文版，并通过四达时代 Sports Life 频道和 Sino Drama 频道向非洲观众讲述冬奥故事。

北京时间 2021 年 6 月 17 日下午 4 点，四达时代集团代表与莫桑比克国家电视台、莫桑比克本地电视台 STV 举行了 2021 北京优秀影视剧海外展播季·非洲线上视频研讨会。中、莫双方就展播季展播情况进行分析梳理，对中非双方观众的收视习惯和喜好、如何推广中国影视剧、如何通过影视剧促进中非文化交流与文化融合交换了意见。同日晚间，四达时代代表与莫桑比克影视行业同人和观众代表举办了展播季剧目在莫桑比克的专题线上推荐会。会上首先播放了 2021 展播季的剧目集锦视频，然后中、莫双方代表就其中的剧目展开讨论。在场莫桑比克观众表示，该届展播剧目题材多样，内容丰富，极大丰富了莫桑比克观众的视野。

多语种配音是历年展播季的重要环节，不仅能将中国语言进行非洲本地化，而且中非文化实现了直接碰撞和交流。2021 年展播季延续并发展了 2020 年展播季的品牌活动“非声中外”，受疫情影响，四达时代将非洲配音演员对展播剧目配音的全流程进行记录，采访了他们的配音心得，最终整理成汇报短视频，在海内外进行传播和推广。该活动不仅为非洲展播季宣传推广活动造势，还为该项目吸引了更多的优秀译制配音人才。

（北京市广播电视局规划发展处）

首届新视听媒体融合创新创意大赛

首届新视听媒体融合创新创意大赛由国家广播电视总局、中华全国新闻工作者协会指导，北京市委宣传部、光明日报社、北京市广播电视局、北京市新闻工作者协会主办。大赛以“创新驱动融合　生态支撑发展”为主题，共设媒体融合技术创新赛道、媒体融合内容创新赛道和媒体融合模式创新赛道三大赛道。大赛于2021年10月13日正式启动，来自全国媒体与传播机构、科技和文化企业、大专院校与科研机构的200余支参赛团队积极参与了大赛比拼。经过初赛、复赛及路演答辩等环节，各赛道分别评选出一、二、三等奖及优胜奖和入围奖。

一、大赛特点

规格高、影响力大。国家广电总局多次听取方案汇报，中华全国新闻工作者协会参与赛道评审，市委宣传部和光明日报社对大赛的目标、内容、流程等提供指导。人民网、新华网等多家媒体关注大赛并对大赛进行报道。网上投票期间，四天内将近17万人次参与投票。复评及路演实时直播流观看人次超10万。

赛道设置合理，切中行业发展要点。赛道设计兼顾技术、内容和模式机制。三大赛道各具侧重，从不同角度抓住业界关注要点，吸引了中国国际电视台（CGTN）、新华网、经济日报、北京广播电视台等央省级媒体以及各区融媒体中心，中国科学院自动化研究所、中国传媒大学、北京师范大学、武汉大学等高校科研机构，百度、新浪等科技企业踊跃参与。

获奖作品质量高，成果可应用转化性强。大赛的作品质量得到评委的高度认可，评委会主席、中国社会科学院新闻与传播研究所所长胡正荣认为，大赛参赛作品无论是已经实践的，还是创想性的，抑或是远景愿景性的，都首先体现了创新性的特点，亮点很多，令人欣慰。通过比赛的头脑激荡，催生了更多的创新创意的火花，把媒体融合的社会资源充分激活，组成了赋能媒体融合整体发展的资源库，从多角度转化为服务行业发展进步的“兵器库”。

二、大赛成效

激发融媒作品创作热情，助力媒体内容生产升级转型。大赛坚持推动内容创作形式和传播方式的供给侧结构性改革，参赛机构运用H5、AR、短视频、数字人等可视化、全息化、沉浸式、交互式的创新表达形式，聚焦2022年北京冬奥会、京津冀协同发展、环境保护、乡村振兴、优秀传统文化等社会热点，实现单向式传播向互动式、服务式、场景式传播改变。

引领视听技术前沿趋势，强化媒体融合的科技支撑。大赛紧盯技术前沿，瞄准发展趋势，引领驱动融合发展。技术赛道以媒资视频内容AI检索为赛题，通过竞赛方式引导顶级技术资源聚焦于媒体融合发展所需关键技术，促进技术发展的进一步突破。

孵化新业态新创意，促进媒体融合的模式创新。大赛专门设立了媒体融合模式创新赛道，鼓励发展模式的探索与相互借鉴交流，推出了一批代表行业发展未来的新创意、新业态、新模式。有的参赛作品立足于通过技术创新促生新模式新应用，有的作品立足于探索从栏目策划到产业整合的多元化立体生态模式，有的作品立足于探索内容生产矩阵和产业模式创新，有的作品立足于探索媒体如何强化社会治理能力。大赛模式创新的赛场上百花齐放，传统媒体、新兴媒体，国有企业、民企公司、高校院所各方谋略争奇斗艳，不同主体之间不断呈现合纵连横、优势叠加的化学反应，突显媒体融合模式探索的方兴未艾、欣欣向荣，加速促进了媒体融合向纵深发展的态势。

挖掘全媒体人才，打造媒体融合的人才高地。谋事兴业，关键在人。发现和培养全媒体人才，是该届大赛的重要目标之一。大赛的开展，不仅促使媒体和企业纷纷鼓励选拔团队参加比试，成为有潜力有本领的年轻人崭露头角和机构培养与锻炼人才的机会，也成为众多尚未走上工作岗位的在校学生证明才华的机会，更成了为行业发现与涵养人才的机会。该届大赛为机构内外的年轻人搭建了良性交流平台，既锻炼了队伍，丰富了实践经验，也让高校学生在参与过程中增长了见闻，见识到行业前沿的最新发展，对于全媒体人才培养、释放人才活力起到了一定的助力作用，为未来媒体融合发展提供了后备军和新思路。

（北京市广播电视局媒体融合发展处）

北京广播电视台新闻频道推出《奋斗百年　同心向党》融媒体特别报道

为庆祝中国共产党成立100周年，北京广播电视台新闻频道中心推出《奋斗百年　同心向党》融媒体特别报道，全面呈现庆祝建党100周年各项重大活动，内容厚重丰富，效果显著。

提前介入，全程记录文艺演出和庆祝大会幕后故事。建党100周年，新闻频道中心与台内多部门合作，组织150人的采访团队对庆祝大会与文艺演出等各部门进行采访，连续奋战180多天，记录筹备和服务保障工作的每一个瞬间。采访拍摄运用高科技手段，重要场合、关键场次使用8K摄像机进行记录拍摄，节目内容、技术、职能等多个部门、多个工种深度参与，累计外出拍摄上千次，内容涵盖所有排练及工作地点，素材总长度达到12000多分钟，最终打造出北京广播电视台独有的揭秘式系列报道《奋斗百年　同心向党》。

特别报道围绕庆祝大会、文艺演出、撤场转场、集结疏散等多个方面展开，以跟踪记录的拍摄手法，调动解说词、现场画面、大数据字幕等全要素表达手段，向中国共产党成立100周年献礼。

融媒体直播，全景呈现大会热烈氛围。7月1日，新闻频道中心在各主流媒体中第一时间开启了《奋斗百年　同心向党——庆祝中国共产党成立100周年特别报道》。特别报道以直播形态呈现，表达北京各界党员群众对庆祝大会的热切期盼和对党百年华诞的深情祝福，同时邀请党史专家、北京大学马克思主义学院副院长陈培永教授，用史实、事实回答“马克思主义为什么行”“中国共产党为什么能”“中国特色社会主义为什么好”的时代之问。

直播节目用北京地标景观镜头开篇，展示中国共产党的北京足迹及新时代北京繁华盛景，营造“党的盛典、人民的节日”浓厚社会氛围。直播采用最新的5G技术，引入外来信号15路；利用演播室虚拟技术还原早期北京革命活动重要纪念地，让观众身临其境重回觉醒年代；从上海、嘉兴等各个革命圣地的现场报道中感受信仰之光，找寻共产党人的“赶考”答案。

“H5产品+直播+短视频”，打造独树一帜的新媒体报道。新闻频道中心新媒体团队推出多部重磅融媒体产品、移动直播、揭秘系列短视频，形式多样，传播全媒化。手绘H5《百年寻梦，2021请回答！》讲述“时光”和“梦想”的故事，通过新时代的小朋友“小百”“小年”带领用户踏上寻梦之旅，探寻百年间一代又一代共产党员的梦想。

七一当天推出移动直播《奋斗百年　同心向党——庆祝中国共产党成立100周年大会即将举行》，通过直播主持人在天安门广场大会报道现场盛况，带领观众感受火热氛围；慢直播等信号对“北京时间”的24小时移动端大直播进行有力支持。截至7月1日下午2点，BRTV新闻新媒体账号矩阵直播总观看量达到近400万人次。

7月1日，新闻频道中心制作发布庆祝大会动态及揭秘性短视频（微视频）、图文50多条。截至7月1日下午3点，建党百年庆祝大会融媒体报道全网点击量过亿，其中，《北京昨夜迎来阵雨，环卫工人连夜清理红毯积水，确保三军仪仗队顺利通过》单条全网播放超过6000万。

（北京广播电视台新闻频道中心　张文天）

北京广播电视台科教频道推出《校史中的红色记忆》

2021年5月至7月，北京广播电视台科教频道中心与北京市委教育工委、北京市教委，联合推出6集党史教育类系列节目《校史中的红色记忆》。该系列节目分别走进北京大学、清华大学、中国人民大学、北京师范大学、北京理工大学、中国传媒大学，挖掘这6所高校校史中的红色记忆，让学生与观众在校史中体验一场别开生面的红色之旅。

为了充分调动高校学生这个青年群体深度参与到节目中来，制作组对节目形式进行了三个方面的创新：

创新点一：角色扮演，打造“沉浸式”深度体验。每期节目通过角色扮演、情境再现等多种表现形式，让学生在沉浸式、剧情式的深度体验中，与党史人物对话。例如：北京师范大学的英烈缪伯英，是中国共产党的第一位女党员，为了更直观地感受党史人物，节目邀请了北师大北国剧社的几位学生，分别扮演李大钊、缪伯英、张申府等人，还原缪伯英的入党时刻，让学生在沉浸体验中走近党史人物，将宏大的历史和个体的生命编织在一起，呈现出更加生动丰富的历史瞬间。

创新点二：时空穿越，还原“情境式”

历史瞬间。在中国共产党的发展进程中，有诸多至关重要的历史瞬间值得铭记。为了更真实地还原这些历史瞬间，节目邀请多位高校在校生，通过服化道的助力、历史场景的搭建、时空穿越的形式，将学生和观众一同带回到那个特殊的历史时刻。为了达到视觉与听觉的最佳呈现效果，导演组还反复设计情境再现的分镜头脚本，拍摄学生角色扮演的过程，制作时空穿越的特效，从而提升整体节目品质。

创新点三：校园探寻，开启“行走式”党史课堂。节目的讲述方式，从主持人的单一串讲，转变为学生在校园寻找红色足迹的过程中，不断提出疑问→走近党史人物→寻找最终答案的方式来进行串讲，在行走中学习党史和校史，完成从“我说你听”“我讲你看”“我教你学”到“我参与”“我体验”“我发现”的转变。节目中学生们不仅是党史人物的探寻者，同时也是党史人物的扮演者，这种双重身份的转换，使节目有了更多维度的展现形式。特别是学生们在参与完节目的录制之后，也有了巨大的收获。比如：有的学生决定入党，有的学生决定去支教，有的学生更加坚定自己努力的方向……这些弥足珍贵的改变，正是节目的意义所在。

《校史中的红色记忆》从5月至7月，耗时3个月，共制作播出了6集系列节目，每集45分钟。第一集《北京大学——信仰百年　初心如一》、第二集《北京师范大学——我把青春献给你》、第三集《清华大学——百年接力　复兴有我》、第四集《中国人民大学——红色基因　薪火相传》、第五集《北京理工大学——由党创建　为党育人》、第六集《中国传媒大学——将党的声音传进千家万户》，节目组与各高校宣传部、党委进行反复研讨，共探寻了近60处革命先辈留下的红色足迹，采访了20多位党史和校史专家，拍摄了上万分钟视频素材，挖掘了50多位党史人物故事，包括北京大学的李大钊、邓中夏、高君宇，清华大学的蒋南翔、梁思成、邓稼先，北京师范大学的缪伯英、赵世炎、刘和珍，中国人民大学的吴玉章、成仿吾、胡华等一大批革命英烈，讲述他们在艰苦卓绝的革命岁月中，如何坚守信仰、播撒革命火种，用生命践行立下的誓言。

（北京广播电视台科教频道中心）

北京广播电视台体育广播中心推出北京冬奥倒计时一周年特别节目

2021年2月4日，是北京冬奥会开幕倒计时一周年。北京广播电视台体育广播中心策划推出“共赴冬奥之约——北京冬奥会倒计时一周年特别节目”，与广大听众一起全面感受扑面而来的冬奥气息。特别节目具有以下特点：

节目贯穿全天，努力营造浓厚冬奥氛围。从早上7点的《雄鸡唱晓》，到上午的《相约冬奥（上午版）》，到中午的《超级体验团》，再到下午的《相约冬奥（下午版）》《金戈铁马》，特别节目从早7点到晚9点半，跨越14小时，串联起7个时段，总节目时长近6小时，从不同角度对北京冬奥会筹办进程，特别是接下来一年里要完成的工作展开深入解读，并结合视频直播、互动抽奖，营造浓厚冬奥氛围。

晚7点到晚9点半，特别节目持续2个半小时的直播，邀请嘉宾分析解读北京冬奥会倒计时一周年的到来与我们有哪些密切关系，并转播北京冬奥组委冬奥会倒计时一周年活动，与广大听众共同见证这一历史时刻。

采访内容丰富，既有权威性又接地气。在全天节目中，梳理接下来一年间冬奥筹办工作的重点内容，邀请冬奥组委规划建设部部长刘玉民、人力资源部部长闫成、赛会服务部部长于德斌等冬奥组委的主要官员介绍工作重点，场馆建设和运行团队包括国家速滑馆场馆运行团队、五棵松体育馆场馆运行团队、首钢单板滑雪大跳台场馆运行团队等接受采访，邀请延庆融媒体中心和张家口融媒体中心的记者介绍延庆赛区和张家口赛区筹备情况，同时，争取到国家体育总局冬季运动管理中心领导和冬季两项国家集训队领队、队员的采访，结合“三亿人参与冰雪运动”和“冰雪运动进校园”活动，采访了北京市石景山区教委和电厂路小学的师生。

2008年北京奥组委工作人员曲怀、自由式滑雪空中技巧世界冠军李妮娜、大众滑雪爱好者北京人定居崇礼的翟若藩、万龙滑雪场董事长罗力等接受专访，畅谈冬奥感受。

国际体育记者协会(AIPS)主席吉安尼·梅罗，世界反兴奋剂机构（WADA）主席维托尔德·班卡，国际奥委会新闻委员会前主席、媒体运行部总监安东尼·埃德加等国际人士接受采访，表达对北京冬奥会的祝福。

奥林匹克和冰雪运动领域的专家，原首都体育学院院长钟秉枢、北京市滑雪协会会长李晓鸣作为现场嘉宾参与直播，对冬奥筹办工作等内容进行深入解读。

北京广播电视台新闻广播中心、交通广播中心的记者提供了北京市配合冬奥筹办在城市运行保障、医疗服务、交通运输、气象服务等方面的鲜活权威的报道。核心信息第一时间发布。2月4日晚上，北京冬奥组委正式发布北京冬奥会火炬造型，体育广播中心作为核心媒体，第一时间采访报道火炬造型设计者、评委和冬奥组委文化活动部官员，第一时间发布火炬造型诞生过程、造型特点和寓意。

媒体融合，全面推广。全天特别节目通过北京广播电视台音频客户端“听听FM”同步播出，晚7点到晚9点，“听听FM”对“共赴冬奥之约——北京冬奥会倒计时一周年特别节目”进行视频直播。此外《雄鸡唱晓》《超级体验团》《金戈铁马》和晚间特别节目还通过新浪微博视频直播。另外，“共赴冬奥之约——北京冬奥会倒计时一周年特别节目”还在不同时段推出听众网友互动抽奖环节。

（北京广播电视台体育广播中心）

概　况

北京市广播电视局

北京市广播电视局是北京市政府的直属机构，成立于1979年9月，原称北京市广播事业局，1984年4月改称北京市广播电视局。2009年3月，增加电影管理职能，更名为北京市广播电影电视局。2014年1月，北京市新闻出版局和北京市广播电影电视局合并组建北京市新闻出版广电局。2018年11月，北京市新闻出版广电局剥离新闻出版、电影管理职能，成立北京市广播电视局，负责北京市广播电视和网络视听节目等行业管理工作。

2021年主要工作：

一、开展主题宣传

坚持核心宣传与主题宣传相结合，深化广播电视“头条”建设、精品栏目建设和网络视听媒体“首页首屏首条”建设。北京市广播电视局统筹全市广播电视和网络视听媒体打造建党百年宣传矩阵，开设“奋斗百年路　启航新征程”专栏专区，组织开展“理想照耀中国”“信仰的力量”优秀剧目展播展映，做好建党百年庆祝大会、颁授“七一勋章”等重大活动宣传报道和直播转播工作。开展“京津冀红色视听之旅”融媒行动和“视听零距离”等群众性主题宣传活动。创新开展主题宣传，推出全国首个“我为群众办实事”电视专题片《我为群众办实事之局处长走流程》等优秀作品。

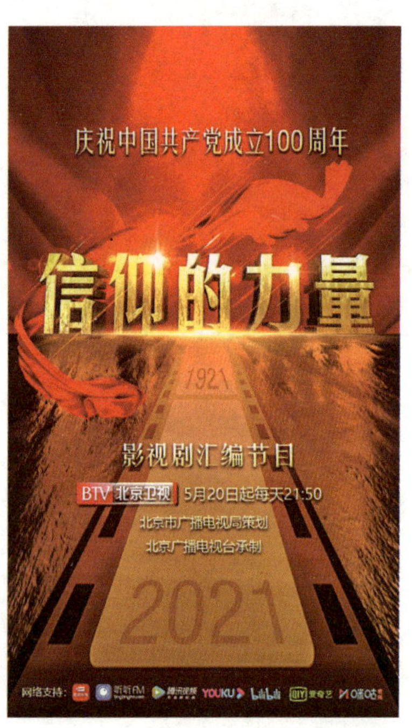

2021年5月20日起，北京卫视播出13集影视剧汇编节目《信仰的力量》

二、服务北京冬奥会

推进北京冬奥会筹备运行服务保障工作。建设北京冬奥会广电专网北京段干线225.3公里，22个北京冬奥会场馆完成有线电视软硬件全覆盖。开展北京冬奥会4K超高清电视直播和重点赛事、重大活动8K超高清试验直播测试。组织开展全市及重点区域有线电视基础设施隐患排查治理，扎实做好涉奥场所境外卫星和有线电视信号的收视服务保障。

创新新视听公共服务模式。打造“北京视听零距离”公共服务新模式，围绕北京冬奥会、科技助老等主题开展系列群众互动活动，打通视听公共服务惠民利民最后一公里。推进北京百乡千村新视听示范工程首批4家“北京视听小站”试点建设。

2021年11月25日，由北京市广播电视局举办的北京视听零距离科技助老相约冬奥云课堂直播授课上线。图为首场云课堂活动在朝阳区建外残联温馨家园举办

强化频道频率优质供给。“京津冀之声”广播开播，新闻节目实现常态化协同供给。实施全域覆盖三年行动规划，覆盖北京中心城区、北京城市副中心、北京冬奥会延庆赛区和河北省北三县、张家口赛区。

三、深耕精品创作模式

强化“北京模式”创作导向。统筹抓好建党百年、冬奥等重大主题创作，动态管理完善重点作品种子库、项目库、片单库，有序衔接、滚动实施、压茬推进精品创作生产格局基本构建。深化落实“三会三课”（规划会、交易会、交流会，政策课、业务课、实践课）机制和“一剧一策”，加强重点项目跟踪服务，探索推动精品创作体系建设。

提升“北京模式”精品产出率。北京广播电视网络视听发展基金全年投入9462万元，扶持优秀作品168部。“北京模式”生产转化成效显著，电视剧、网络影视剧等备案数量位居全国第一。《香山叶正红》《我们的新时代》《理想之城》等26部电视剧在央视、省级卫视和头部视频平台开播。网络剧《约定》、网络电影《浴血无名川》、网络纪录片《劳生不悔》等作品收获广泛好评，网络视听文艺走上高质量发展道路。《觉醒年代》获第27届“白玉兰”三项奖，收视稳居中国视听大数据排行榜第一。15部纪录片入选总局“十四五”纪录片重点选题，101部网络文艺作品入选国家广电总局中国梦、精品工程等各类评选活动，2部公益广告获国家广电总局2020年度公益广告扶持项目一等奖。

四、推动媒体融合智慧广电发展

加强顶层设计，谋划新格局。编制实施《北京市“十四五”时期广播电视和网络视听发展规划》，13大类86个项目全面谋篇引领“十四五”时期首都新视听发展。发布《北京市广播电视局关于推动北京广播电视和网络视听业高质量发展的意见》，起草《关于推动首都广播电视播出机构做强做优的若干措施》，支持新形势下首都广播电视播出机构优化升级、融合发展，加快推动行业高质量发展。

深化融合发展，做强新媒体。持续推进智慧广电建设，评审奖励30个智慧广电专项资金优秀项目，15家行业单位获评第2批智慧广电重点实验室，智慧广电重点实验室纳入市级重点实验室评价体系。出台《关于加快推进北京市广播电视媒体深度融合发展的三年行动计划（2021—2023）》，明确首都媒体融合发展方向路径。中国（京津冀）广播电视媒体融合发展创新中心有序运行，在第二届中国广电媒体融合发展大会启动仪式上，全国广播电视媒体融合发展创新中心协同发展战略协议签约仪式举行，与江苏、浙江等地的6家全国广播电视媒体融合发展创新中心首次达成战略合作，实现跨区域合作。创新引领数字视听新发展，部市合建4K/8K超高清电视应用创新实验室一期投入运行。

五、推进广电产业发展

设立全国首支8K超高清视频制作扶持资金，打造8K超高清产业发展与应用。中国

(北京)高新视听产业园正式获批。中国(怀柔)影视产业示范区国际影视摄制服务中心成立挂牌，5 项重点任务全部落地，放管服改革稳步推进，58 个入驻政务服务事项全部实现“全程网办”。推动中国（怀柔）影视产业示范区、中国（北京）星光视听产业基地创新升级，打造京津冀视听走廊，推动视听产业园区梯次协同发展。

品牌活动形成矩阵和新名片。举办中国广电媒体融合发展大会、北京电视节目交易会（春、秋两届）、北京纪实影像周、中国服贸会北京新视听展、北京国际公益广告大会等系列节展活动，首都新视听品牌活动影响力进一步提升。线上线下创新开展北京优秀影视剧海外展播季等中外视听交流活动，首次与阿拉伯国家广播联盟、香港贸易发展局达成战略合作，国际传播力专项资金奖励扶持 92 个重点项目。

2021 年 4 月 27 日，第 28 届北京电视节目交易会（2021· 春季）开幕式举办

六、强化综合治理和安全播出

推进广播电视和网络视听领域综合治理。成立北京市广电局工作专班，有效推动各项任务落实。从严审核电视剧、网络剧、网络综艺等文艺作品，压实网络视听平台主体责任，开展网络原创影视剧创作人员、网络综艺及专题节目培训，讲好文娱领域综合治理主题思政课，全面加强从业人员管理，进一步廓清行业风气，引领构建首都广播电视和网络视听向上向善、崇德尚艺的良好行业生态。

坚守安全播出保障底线红线。坚持把建党百年庆祝活动服务保障工作作为首要政治任务，专人专班专项部署推进，天安门广场庆祝活动大屏转播视频和现场音频保障万无一失。统筹内容、播出、传输、设施、网络“五个安全”，完成建党百年安全播出服务保障工作，对 30 家北京冬奥会安全播出保障单位开展专项检查，组织应急演练 40 余场，行业安全播出和网络安全基础进一步夯实。

七、创新行政审批方式

在全市率先推进告知承诺制，广播电视节目制作经营单位设立等 5 类事项实现告知承诺办理。持续减政放权，在全市和经济技术开发区取消 3 项行政许可事项。推出“京津冀 + 雄安”跨省通办事项清单，在第一批清单基础上，新增 7 项政务服务事项纳入跨省通办清单。稳妥推进“放管服”改革，通过压减审批时限、精简呈报材料、优化审批流程等方式使营商环境得到进一步优化，为高质量推进“两区”建设服务奠定坚实基础。全年共受理审批事项 12641 件。将进驻市政务服务中心的 58 个事项全部开通线上线下办事渠道，其中 53 个事项授权首席代表或派驻工作人员行使审批决定权。

2021 年 10 月 13 日—14 日，第二届中国广电媒体融合发展大会在北京举行

（北京市广播电视局办公室）

北京市广播电视局综合事务中心

2006年8月，北京市广播电影电视局后勤服务中心成立。2021年4月，市编办批复：同意整合北京市广播电影电视局后勤服务中心、北京市广播电影电视局离退休人员管理服务中心、北京市新闻出版局老干部服务中心，组建北京市广播电视局综合事务中心，主要职责是：承担市广电局机关综合服务保障系统离退休人员管理服务等事务性工作。2021年11月正式挂牌。

2021年主要工作：

疫情防控安全保卫。疫情防控各项措施落地见效。采购储备防疫物资，确保突发情况下“供得上、保得住”。着力办公区域和有关场所管控，对电梯间、卫生间、开水间等公共场所进行定时消杀。配合市广电局防疫办组织局和所属单位干部职工接种疫苗600余人次。保障“北京市新冠疫情防控新闻发布会”64场，落实人员出入测温、扫码、登记等安检流程，严把疫情防控关口。

节约型机关建设。落实“过紧日子”要求。制作提示标语和宣传牌800余幅，利用OA大数据平台、LED展播大屏，宣传厉行节约为主题的内容；全年更换节能灯管400余支，用水用电量同比降低10%。文件双面打印率达到100%；制止餐饮浪费，厨余垃圾回收量下降近20%；局内办公区全面实现垃圾分类投放、规范回收管理。北京市广播电视局被评为“市级党政机关生活垃圾分类工作成效显著单位”。

综合服务管理。修缮办公区一期中央空调系统，整治办公区二期地面，改善工作环境。依据《党政机关公务用车管理办法》完善局机关公务用车管理制度，加强局属事业单位各类公务用车监管责任制落实，保障公务活动用车820台次，安全行车累计近10.5万公里。对全局办公用房情况开展自查。盘活固定资产，完成资产调拨727件，报废公务用车1辆。为食堂更换燃气节气门10组，消除安全隐患。严把食材进货关，改善就餐环境。开展电动车使用安全隐患自查，排查充电设施，确保用电规范。

2021年7月6日，北京市机关事务管理局到北京市广播电影电视局后勤服务中心开展节约型机关建设检查

离退休干部管理。强化对老干部工作的组织领导。中心先后制定《离退休党员党史学习教育实施方案》《2021年老干部工作要点》《走访慰问离退休人员经费使用标准》，并将其作为工作依据。走访33名老党员并颁发“光荣在党50年”纪念章。为20名生活困难、身患疾病的老干部发放慰问金28500元。78位离退休干部参加“共产党员献爱心”活动，共捐助善款10250元。组织老党员参观双清别墅，重温入党誓词。组织428人次参加9次网络专题授课。中心录制

的3堂党课被评为“全市老干部优秀党课”。组织老同志参加“看今朝、忆往昔”线上讨论会和“我看建党和新成就”座谈会，讲述新闻出版广电事业发展中敢为人先的动人故事。收集离休干部、知名导演林汝为的入党申请书、纪念章、旧摆件等物品，参加市委老干部局“入党志愿书陈列展”。原局长赵东鸣参加《老干部之声》和《晚晴》节目专访，助力迎冬奥主题宣传活动。向“北京老干部”管理系统报送“庆祝建党百年”主题作品38幅，推荐7位老同志参加“京津冀银发达人”评选活动，展现广电离退休干部风采。

（北京市广播电视局综合事务中心）

北京市广播电视监测中心
（北京市广播电视安全播出调度中心）

1991年10月30日，北京市广播电视监测台成立，2006年，北京市广播电视监测台更名为北京市广播电视监测中心，加挂北京市广播电视局信息网络视听节目传播监管中心（2009年更名为北京市广播电影电视局信息网络视听节目传播监管中心）和北京市广播电视安全播出调度中心的牌子。2021年4月，市编办批复：同意将北京市广播电视监测中心（北京市广播电影电视局信息网络视听节目传播监管中心、北京市广播电视安全播出调度中心）更名为北京市广播电视监测中心（北京市广播电视安全播出调度中心）。主要职责是：承担本市广播电视和网络视听业务的安全播出情况、地面广播电视频率秩序等监测工作。2021年11月正式挂牌。

2021年主要工作：

广播电视监测调度和安全播出保障。落实意识形态工作责任制和安全播出责任制，对24个监测站点共90路广播、596路电视节目信号实时监测，实现广播电视播出传输重点单位、重要节目、重要节点监测全覆盖。完成春节、全国两会、迎接庆祝建党100周年安全播出保障季等重大安全播出保障任务。及时处理广播电视节目异态情况共53591条，处置调度安全播出事故44起。编制报送广播电视监管报告13期、IPTV监测报告8期，定期编制广播电视监管周报，及时分析上报安全播出情况。

2021年2月，北京市广播电视局领导到监测中心检查春节安全播出工作

网络视听节目监测监看。一是自动筛查视听节目950万条，人员审核29130条，上报违规节目549条、违规账号28个，完成34家网站无证传播视听节目核查专项任务，编制报送《网络视听监听监看报告》30期、

网站重点监看专项报告6期，为视听节目管理发挥积极作用。二是开展好舆情监测新业务。适应新形势新要求，运用监管平台舆情监测功能，对热点网络影视剧、网络综艺、艺人等话题信息进行即时追踪，对艺人事件舆情进行专题监测，为行业管理治理提供及时、准确依据。三是对宾馆饭店视频点播节目内容进行监看，配合相关处室对点播节目内容进行现场检查，有效保障点播节目内容安全。

非法广播治理。全年共收测收听到非法调频广播154次，发现疑似“黑广播”15个，发现疑似失范失序调频广播频率10个，编制报送《非法调频广播收听报告》85份，配合市广电局打掉15个“黑广播”（未批准设置的无线电台）。7月份，全体人员加强黑广播收测收听，有效维护庆祝建党百年重大活动期间调频广播秩序。

系统运行维护不断改进。加强系统运行维护管理，制订整改方案，解决监管平台运行中的问题。做好监测系统升级改造相关工作，推进“广播电视融合媒体智慧监管平台”项目申报工作，完成信息系统网络安全等级保护备案和等级保护二级测评工作，配合北京市广播电视局宣传中心开展监测监管系统网络安全攻防演练。

［北京市广播电视监测中心（北京市广播电视安全播出调度中心）］

北京市视听节目监测中心（北京市广播影视作品审查中心）

2006年，北京市广播影视作品审查中心成立，2021年4月，市编办批复：同意北京市广播影视作品审查中心更名为北京市视听节目监测中心（北京市广播电视作品审查中心）。主要职责是：承担本市利用信息网络和公共载体传播的视听节目播出情况的监测工作；承担北京地区新出品、引进广播影视节目内容的审查、复审等技术性、事务性工作。2021年11月正式挂牌。

2021年主要工作：

一、作品审查情况

2021年，作品审查中心组织国产电视剧初审44部、复审151部次，国产动画片初审25部、复审26部次；网上境外电视剧初审39部、复审8部次，境外电影初审133部、复审19部次，新增加网上引进境外动画片审核工作，初审63部、复审2部次；通过节目监听监看向市广电局报告大量网络视听、文娱治理情况及舆情信息等。

二、审查工作措施

一是审委队伍建设成效明显。连续三年遴选专家，完善知识、专业和年龄结构，报经局里审批同意的63名新审委平均年龄50岁，博士学历占41%，行业专家占65%、高校教授占29%、宣管干部占6%，增加党史、外交、民族、宗教、公安、医疗、商务和网络等领域的专家学者，一些年富力强的新审委已经成为骨干力量。

二是审查业务培训取得实效。在传达文件、学习讨论、总结提示、以老带新、以审代训的基础上，与审委分享交流典型案例，深入探讨站位高度、认识角度和把握尺度。

加强建党百年主题作品审查引导。2月向审委发出“近期审查提示”，指出建党百年主题宣传政治性、政策性很强，要全面准确贯彻中央精神；3月在审委微信群中传达中央党史学习教育精神；7月编印新版审查工作学习文件汇编，及时收入建党百年“七一”讲话。

加强政策法规学习和运用。编印相关文件，带着问题查找相关条文进行讨论，力求审查意见有法可依、有章可循，提升了审查意见的专业性、精准度和说服力。

三是审查工作规程继续优化。全面、系统提出优审内容、优选资质、优化服务要求，梳理汇编作品审查标准内部提示和网上境外剧结构化审核细则，编印内部工作手册。

四是审查工作机制不断完善。完善在线审查机制及其管理，根据疫情防控常态化灵活调整线上线下审查，开启预审和多次、多组审查等新方法，与业务处协商高效流程。

五是片源介质管理不断加强。重申有关管理规定和保密协议，与业务处做好有关密码、介质的交接，严格执行线上密码管理和线下存储介质拷贝审批。

［北京市视听节目监测中心（北京市广播影视作品审查中心）］

北京新视听发展中心（北京音像资料馆）

北京音像资料馆成立于1987年，2008年9月加挂“北京广播电视研究中心”的牌子。2009年9月，“北京广播电视研究中心”更名为“北京广播电影电视研究中心”。2021年4月，市编办批复：同意将北京音像资料馆（北京广播电影电视研究中心）更名为北京新视听发展中心（北京音像资料馆）。主要职责是：承担促进本市广播电视和网络视听创新发展的事务性工作；承担京津冀媒体融合发展相关理论研究、技术应用、项目孵化等工作；搜集、整理广播影视文史资料，编纂《北京志·广播电视志》。2021年11月正式挂牌。

2021年主要工作：

修复馆藏资料。截至2021年年底，北京音像资料馆有各种载体音像资料3万余部集，7万余盘片。由于库存磁带严重脱磁老化，资料馆进行了数字化修复工作。全年共完成700小时录像带的修复、编码、归档工作。

编发《北京广播影视》。《北京广播影视》刊物全年组稿出版10期、编校近90万

2021年4月29日，北京音像资料馆党支部到位于天宁1号文化科技创新园的新华网媒体创意工场参观

字，其中原创与专家稿件占比50%以上。结合媒体融合新形势，在内容定位、设计编排、传播方式等方面进行创新，积极拓展、提升原创稿源数量和质量。

编修史志年鉴。二轮《北京志·广播电视志》修志工作进入尾声。向国家广播电视总局、中央广播电视总台，北京市广播电视局、北京市广播电视台等编委会成员单位，专家顾问、历任编委会成员，市属相关委办局、兄弟省市广电局、台，以及对志书编纂做出贡献的人员等发放志书350余本。进行二轮修志资料整理，对十年来二轮修志期间收集的资料、图片，编纂过程中形成的初审、复审、终审等稿件进行整理，除史志办留存的资料外，其他资料待转交市地方志办公室存档。按时完成《中国广播电视年鉴》《中国新闻年鉴》《北京年鉴》等供稿任务，提供文字稿20多万字、数十张图片。完成《2020北京广播影视年鉴》编辑出版工作，本书共19章，80余万字。完成《2021北京广播影视年鉴》组稿编纂工作，进入印刷发行阶段。

党史资料相关工作。一是按时完成国家广播电视总局办公厅关于《中国广播电视全媒体发展报告（完成2021）》材料征集工作，共报送11个栏目11万余字的资料。二是完成对市委党史研究室、市地方志办公室关于《中国共产党北京执政纪事（2020）》《中国共产党北京执政纪（2017—2019）》和《中国共产党北京历史大事记（2020）》北京广播电视相关资料的补充和确认。

［北京新视听发展中心（北京音像资料馆）］

北京市广播电视局宣传中心

2021年4月，市编办批复：同意将北京市广播电影电视局信息中心更名为北京市广播电视局宣传中心。主要职责是：承担组织协调广播电视和网络视听舆情分析、研究，智慧广电大数据体系建设等工作。2021年11月正式挂牌。

2021年主要工作：

内网大数据平台建设。举办局大数据专题调度会。确立以宣传管理舆情监督为重点，以行业大数据机构管理为基础，以网络视听电视剧管理为主攻方向，全面推动市广电局大数据建设的基本思路，明确市广电局大数据建设的基本组织架构和工作方式，使得该项工作迈出关键一步。

开通行政许可掌上办。2021年，中心梳理数据共享推送流程，逐一排查流程节点，最终实现微信公众号政务服务端与首都之窗网上办事大厅的数据对接，实现数据实时更新。办事企业可以输入审批事项申报联系人手机号，获取短信验证码进行进度查询。行政事务“掌上办”，既缓解了审批工作压力，也为办事企业提供了便捷服务。

宣传推广政务新媒体矩阵。构建“两微八端一平台”的政务新媒体宣传矩阵。“首都广播电视”作为市广电局对外宣传的品牌，形成以微信账号为始发端，下含微信、微博，人民号、强国号、新华号、北京号、光明号、头条号、央视频号、百家号，局官方网站的“两微八端一平台”宣传矩阵。截至2021年年底，“两微八端”发布信息总量为9571条，总阅读量超过10亿人次，尤其是围绕建党100周年的相关新闻，共发布139篇，全网总阅读量8570万次。市广电局政务微博取得全市第八名的历史最好成绩。市广电局官网年度累计发布信息10893条，点击数4586万次，访问次数456万次，环比上升109.4%。

筑牢网络安全关。为了确保建党100周年局内外网的网络安全，组织开展市广电局在用系统安全漏洞扫描工作。同时，对北京市广播电视局在用系统进行应急演练，明确"断网""一键关机"的操作流程，筑牢相关人员的安全防护意识。

（北京市广播电视局宣传中心）

北京广播影视交流促进中心

2021年4月，市编办批复：同意设立北京广播影视交流促进中心。主要职责是：承担本市广播电视和网络视听行业人才队伍建设、交流促进等事务性工作；承担北京广播电视网络视听发展基金管理的事务性工作。2021年11月正式挂牌，12月6日，法人登记注册。

2021年主要工作：

服务人才建设方面培训。配合北京市广播电视局人事处，做好服务广播电视和网络视听人才队伍建设，广播电视编辑记者、播音员主持人资格考核、播音员主持人资格认定注册、人才资助项目申报、人才奖项评比等相关服务保障培训工作。

广播电视网络视听发展基金管理培训。按照北京市广播电视局电视剧处基金管理工作要求，组织人员做好包括基金申报指南发布、项目征集、初审等前期工作的培训。开展北京市广播电视网络视听基金评审的五年评审材料整理等工作。参加网络主播管理前期调研。

单位建设。2021年是北京广播影视交流促进中心起步的一年。一是按照要求，制订北京广播影视交流促进中心岗位设置方案，与员工签订聘任合同。二是办理新单位法人注册登记，开立银行账户、保险、公积金账户，取得事业单位法人证书等相关证照。三是按照流程成立北京广播影视交流促进中心党支部。四是建立健全各项规章制度。

（北京广播影视交流促进中心）

北京市广播影视协会

北京市广播影视协会前身为北京市广播电视学会，成立于1987年7月15日，是北京市地方广播电视学术社团组织，主管单位是北京市广播电视局。2013年6月25日，协会召开第六届会员大会，并正式更名为北京市广播影视协会。2019年5月，协会被评为

3A 级社会组织。2021 年 11 月 29 日，协会注册“北京市广播影视协会”微信公众号。

2021 年主要工作：

召开换届大会。2021 年 9 月 23 日，协会召开会员大会，选举产生第七届理事会、监事会。理事会由 13 人组成，李米莉担任理事长；监事会由 3 人组成，罗向京担任监事长。会员单位由原来的 35 家增加到 40 家。会议审议通过第六届理事会《工作报告》《财务情况报告》和监事会《工作报告》，同时，通过协会《章程》修订案、《民主决策制度》、《重大事项报告制度》、《安全责任制度》、《监事会工作制度》、《分支机构管理办法》、《财务管理制度》、《会费收取和使用管理办法》、《接受使用捐赠公示制度》、《考核评价制度》。

开展评优工作。根据中国新闻奖、中国广播影视大奖、北京新闻奖的类别设置、评选标准和推选周期及办法，制定《2020 年度北京市优秀广播电视节目推荐工作通知》。推选工作严格按照标准、要求和程序开展，对各会员单位推荐的 259 件作品，组织专家审听审看、民主评议和在线投票，经北京市广播电视局批准，于 4 月 6 日公示期满无异议，评选出 2020 年度北京市优秀节目 164 件。其中，北京广播电视台 98 件、歌华传媒集团下属公司 10 件、区融媒体中心 56 件。

配合其他奖项推优。按照中广联合会《中国电视大奖 2019—2020 年度广播电视节目奖评奖工作通知》的要求，召开专题会议，从 164 件 2020 年度北京市优秀作品中推选出 43 件作品，向第 30 届北京新闻奖推荐参评，获奖 41 件，获得一等奖 8 件，二等奖 14 件，三等奖 19 件；向第 31 届中国新闻奖推荐参评作品 8 件。北京广播电视台 1 件作品获得一等奖，2 件作品获得三等奖。

应对疫情影响，向会员单位减负纾困。按照北京市广播电视局疫情防控要求，承担本系统有关单位复工复产日报告统计工作。为帮助会员单位减负纾困，集中力量抗击疫情和复工复产，经请示北京市广播电视局研究同意，协会免收各会员单位 2021 年度会费。

（北京市广播影视协会）

北京电视艺术家协会

北京电视艺术家协会（简称北京视协）前身是 1985 年 11 月成立的中国电视艺术家协会北京分会，是经北京市政府主管部门批准，由北京市文学艺术界联合会和北京市广播电视局联合发起成立的。2002 年更名为“北京影视艺术家协会”，2010 年 3 月更名为“北京电视艺术家协会”。协会履行“团结引导、联络协调、服务管理、自律维权”的基本职能，发挥行业建设主导作用。

2021 年主要工作：

一、品牌活动

4 月 9 日，第六届北京网络视听节目创新与人才推优总结大会在北京广播大厦举行。本次活动共征集参选作品 326 部，其中网络剧 39 部，网络电影 90 部，网络节目（栏目）104 部，网络纪录片 41 部，网络动画片 33 部，融合新媒体 19 部。经过初评、复评、终评三轮评审，最终网络剧《鬓边不是海棠红》、网络电影《毛驴上树》、网络节目《乐队的夏天》、网络纪录片《原声中国》、网络3D动画片《四海鲸骑（第二季）》、“全面建成小康社会”特别策划作品《中华全家福》等22部年度创新优秀作品，以及《谁的青春不迷茫之我在未来等你》的制作人，《长安十二时辰》的导演、编剧、摄像等15项“年度优秀贡献人才”现场揭晓，8个和13个集体分别获“年度融合媒体创新”和“年度优秀组织单位”集体奖。

4月12日至16日，由北京市文联主办、北京视协承办的“2021电视文艺人才培训班”举办，参训学员146人，课程分为编剧和出品人、制片人两个方向。课程涵盖影视行业政策法规、行业规范，相关专业课程，出品人、制片人、编剧必备的实战技巧，行业现状分析等，邀请影视行业专家学者授课。期间，全体学员前往天凯世邦影视文化园、国家中影数字制作基地进行学习实践。

6月7日至11日，北京市文联主办、北京视协承办“2021‘文艺两新’、新会员培训班”。参训学员62人，课程涵盖影视行业政策法规、行业规范、表演实务技巧、传统文化与艺术创作的结合、影视国际视角、网络视听节目创作实务等，邀请影视行业专家学者授课。期间，全体学员及部分演员工作委员会委员前往六和影视进行电视剧《关于唐医生的一切》剧组、国家中影数字制作基地学习实践。

“时代新声音”第二届北京大学生广播电视主持新人选拔活动。本次活动由北京市文联主办，中国教育电视台、中国传媒大学播音主持艺术学院联合主办，北京视协承办，北京广播电视台青年广播协办，自5月启动至9月20日，来自北京大学、清华大学、中国人民大学、中国传媒大学、中央戏剧学院及中国戏剧学院等28所高校的117位大学生进入复选环节，10月13日经过最终比拼，评选出最佳选手5名、优胜选手10名、优秀选手20名。

2021首届北京新视听文化论坛。9月26日，由北京市文联主办、北京视协承办的“2021首届北京新视听文化论坛”举办。论坛汇聚北京大学、清华大学、复旦大学、中国传媒大学等多所大学的著名专家学者，以及新华财经、微播视界（抖音）、快手科技、百度好看、阿里文娱优酷、爱奇艺、腾讯微视、北京儿影集团、中教华影等头部企业领军人物及相关视听行业组织负责人。论坛以“北京城市软实力建设与北京视听行业发展”为主旨，就“网络视听”如何融入“十四五”规划提出的“视听中国”进行深入讨论。

二、评选与创作

第七届“北京中青年德艺双馨文艺工作者”评选。此奖项由中共北京市委宣传部、北京市人力资源和社会保障局、北京市文学艺术界联合会联合设立。北京视协推荐的果静林、李杨薇获第七届“北京中青年德艺双馨文艺工作者”荣誉称号。

拍摄《红色记忆——北京著名革命英烈纪实》6集电视纪录片。该片由北京市文联、北京视协联合摄制，选取李大钊、马骏、邵飘萍、白乙化、缪伯英、高君宇6位与北京有关著名英烈的真实事件进行讲述，为建党百年献礼。该片于6月16日在北京日坛公园马骏烈士墓举行开机仪式，8月9日至10日在中国教育电视台一频道首播。

组织拍摄6集纪录片《北京榜样》。由北京市文联、北京视协联合摄制的6集纪录片《北京榜样》，以影视的手段，从市委、首都文明办主办的“北京榜样”评选结果中选取6位典型人物（集体）拍摄成系列纪录片，讴歌时代楷模，发挥榜样的引领和示范效应，影响更多的年轻受众，推动形成正确的价值观。

三、协会建设

5月31日，北京视协电视制片人工作委员会成立大会暨第一届全体成员代表大会召开，推选出第一届领导机构，侯鸿亮担任会长。9月26日，北京视协短视频工作委员会成立大会暨2021首届北京新视听文化论坛召开，推选出第一届领导机构，赵晖担任会长；召开首届北京新视听文化论坛；启动“北京冬奥会短视频征集展播活动”和“中国故事·北京声音，百名艺术家讲述中国故事短视频拍摄”两项创作活动。

2021年5月31日，北京电视艺术家协会制片人工作委员会成立大会暨第一届全体成员代表大会召开

（北京电视艺术家协会）

北京广播电视台

北京广播电视台成立于2010年5月31日，是在原北京北广传媒集团、北京人民广播电台、北京电视台基础上组建而成的大型传媒机构，是市委、市政府直属事业单位。2021年，北京广播电视台总资产近160亿元，年总收入超过50亿元。共有19个内设机构、33个事业中心，员工近6000人。

北京广播电视台是市级广播、电视、视听网络新媒体融合发展的大型融媒体机构。2021年12月31日，北京广播电视台共开办新闻广播、城市广播副中心之声、故事广播、体育广播、音乐广播、文艺广播、交通广播、外语广播、青年广播、京津冀之声10套广播节目（14个频率播出），共开办北京卫视、文艺频道、科教频道、影视频道、财经频道、冬奥纪实频道、生活频道、青年频道、新闻频道、卡酷少儿卫视频道、冬奥纪实8K超高清试验频道11套电视节目（23个频道播出）。2021年，全台广播电视播出总时长25.7万小时（含超高清、高清、标清电视频道播出，广播调频频率和中波频率播出），其中广播频率发射7.1万小时，向无线、有线、卫星、IPTV方向传送广播电视节目约69.2万小时。北京广播电视台还有一个面向亚欧美地区播出的国际频道，每天首播7.22小时，24小时滚动播出。同时，北京广播电视台拥有“北京时间”“听听FM”新媒体客户端和北京IPTV、“北京云”等平台。

2021年，北京广播电视台收视收听市场份额稳中有升。北京卫视、卡酷少儿卫视继续保持同类频道全国领先地位，广播端牢牢占据北京广播收听市场首位。

2021年主要工作：

一、新闻报道与专题节目

坚持把学习宣传贯彻习近平新时代中国

特色社会主义思想作为首要政治任务，聚焦总书记视察北京七周年、学习宣传贯彻十九届六中全会精神、全面建成小康社会等重大主题，推出《风劲正扬帆——习近平总书记2.26视察北京七周年特别节目》《2.26习近平总书记视察北京七周年特别策划——春天的脚步》《京津冀：七年间看变化》《全面小康　全面解码》《聚焦党的十九届六中全会》《新时代　新征程》等专题专栏和理论节目，集中展示习近平新时代中国特色社会主义思想在京华大地落地生根、开花结果的生动实践。

牢牢把握“党的庆典、人民的节日”定位，精心做好庆祝中国共产党成立100周年活动直播转播和宣传报道。举办了“唱支山歌给党听”大型宣传活动，策划推出《奋斗百年路　启航新征程》《见证初心·百集京华党史故事》《百年·父辈》《闪亮的足迹》《歌声献给党　经典永流传》等400余个专题专栏、特别节目，制作播出《播“火”——马克思主义在中国的早期传播》《旗帜——北京城市发展百年巡礼》《共和国医者》《北大红楼》《百年历程》《我志愿》《革命者》《信仰的力量》《觉醒年代》等数十部纪录片、广播剧和电视剧，举办《花儿向阳　童心向党》少儿晚会和“同唱一首歌”“理想照耀中国”等融媒体直播活动。专题节目《我为群众办实事之接诉即办》微博话题阅读量超27亿，视频总播放量达4亿次，形成现象级传播，受到中宣部表扬。

全面做好冬奥筹办宣传工作。按照全媒体报道格局，完成冬奥会倒计时一周年、北京冬奥场馆全面完工暨启动仪式、《相约北京》测试活动、冬奥会火种采集及迎接、冬奥会奖牌发布、冬奥会口号发布等重要节点活动报道任务。全台共推出《北京向未来》《冬奥的脚步》《梦想飞扬》《冰雪荣耀》《归雁》《飘雪的日子来看你》《冬梦之约》《冬奥知否》《冬奥故事会》《我家门前办冬奥》《2022跨年冰雪盛典》等100多个专题专栏、特别节目、综艺季播、联欢晚会、纪录片、专题片、广播剧、短视频和融媒体活动，立体呈现冬奥筹办工作，传播冬奥理念和冰雪运动知识，营造全民迎冬奥、全民知冬奥、全民爱冬奥的良好社会氛围。主题口号歌曲《一起向未来》新版MV宣推声势浩大，全网曝光量近184亿。纪录片《盛会》独家揭秘冬奥会开幕式创作历程和背后故事。

在服务党和国家工作大局、推动首都高质量发展方面，北京广播电视台围绕全国和北京市两会，推出《两会同期声》《“云”聚两会》《“两会”直通车》等专栏、直播节目和特别节目，及时全面传递“两会”重要信息；完成中国首次火星探测、东京奥运会、神舟十二号十三号载人飞船成功发射、北交所开市等宣传报道任务；围绕“一个开局”“两件大事”“三项任务”“五子联动”等全市中心工作，推出《“两区”建设对话一把手访谈》《金融街午餐会》《对话京津冀》等专题节目和服贸会、金融街论坛、中关村论坛等全媒体直播报道；助力首都城市治理，创新推出全国首档规划题材纪实性季播节目《我是规划师》，解读北京城市规划重点项目，展现城市复兴和规划之美；发起成立“大运河城市广播联盟”，开播京津冀之声广播，提升服务城市副中心建设和京津冀协同发展的水平；围绕常态化疫情防控，全台重点新闻栏目推出“疫情防控我们在行动”主题报道，直播疫情防控新闻发布会60余场。

二、精品创作与品牌活动

北京台春晚连续九年蝉联省级卫视同时段收视冠军，卡酷动画春晚在核心人群中收视稳居全国第一。“广播过大年”、网络春晚、老年春晚、《节气里的科学》、《福满京城　春贺神州》等节目和活动为群众奉献春节文化大餐。创新推出《书画里的中国》《最美中轴线》《紫禁城》等多档高品质节目，持续引领“国潮”文化新风向。以《养生堂》《我是大医生》《生命缘》等优质IP为支撑的健康内容矩阵加速构建，品牌影响力持续提升。《京城十二时辰》《我的桃花源》《味道掌门》等节目积极助力首都经济复苏。《民法典通解通读》《一师亦友》《一路畅通》《教育面对面》《北京中轴线的智慧》《恋爱吧！人类》等精品节目和跨界品牌广获好评。

克服疫情不利影响，成功举办第十一届北京国际电影节，“北京市场”签约额达352.23亿元，再创历史新高。创办2021声音探索者大会暨北京广播节，搭建行业交流展示、业务合作的崭新平台，彰显北京台在业界的影响力。

全台收视收听份额稳中有升。北京卫视、卡酷少儿卫视继续保持同类频道全国领先地位，广播端牢牢占据北京广播收听市场首位。2021年，全台获中宣部、国家广电总局等上级主管机构阅评表扬16次，获市委市政府领导批示表扬20余次，共有148部（个）作品（项目）在省部级以上评奖活动中获奖。其中，3件作品荣获中国新闻奖，3件作品荣获中国广播电视大奖。

三、技术提升与媒体融合

全台广播电视播出总时长约25.7万小时，圆满完成7月1日天安门广场两侧大屏幕超高清视频信号转传工作和全年各重要保障期安全播出任务，安全播出工作继续保持历史最好成绩同等水平。“京津冀之声”广播实现市中心城区、城市副中心、北三县、冬奥延庆赛区及张家口赛区的全覆盖。

制定“十四五”技术发展规划，4K超高清转播车建成使用，建成并开播全国首个常态化播出的8K超高清试验频道。加快5G高新视频台建设，推出全国首个8K移动App。将4K/8K、AR、人工智能等新技术广泛应用于大型晚会和重大活动制作播出，有效提升用户的观感体验。

编制实施媒体融合三年行动计划，媒体融合发展“一年有突破”的目标基本达成。广播电视端对新媒体平台的供稿数量质量不断提升。“北京时间”累计下载量超过4000万，覆盖用户近1亿，其重点品牌“时间视频”全网累计粉丝超过2100万，稳居全国泛资讯短视频第一阵营，融合运用5G、AI、VR/AR等新技术打造的全国首个广播级智能交互真人数字人“时间小妮”，引起行业内外广泛关注。“听听FM”客户端累计下载量达1800万，在全国广电媒体音频客户端排名上升至第二位，发起成立的“融媒体声音联盟”已覆盖全国23个省市地区，积极构建多元化音频生态圈，入驻“腾讯随行”“阿里斑马”“华为”等车联网领域头部平台，推出“北京之声”系列音频产品。

（北京广播电视台）

北京广播电视报社

北京广播电视报社成立于1988年9月，1989年4月起隶属于北京市广播电视局，2001年5月起隶属北京广播影视集团，2010年5月起隶属于北京广播电视台。2021年9月27日，成为北京广播电视台内设机构“北京广播电视台广播电视报新媒体中心”。

2021年1月，《北京广播电视报》和《北广人物》周刊两份纸媒休刊，北京广播电视报社全面转型为新媒体。广播电视报新媒体中心办有“北京广播电视报社”微信公众号、“北广人物周刊”微信公众号、“北京广播电视报社”微博账号、北广网。

《北京广播电视报》的前身，是北京人民广播电台1953年4月12日创办的《广播周报》，后更名为《北京人民广播电台节目报》。1976年1月9日停刊。1979年9月14日复刊，报纸名为《北京广播电视》。1983年6月，《北京广播电视》报由北京人民广播电台划归北京市广播事业局总编室。1989年定名为《北京广播电视报》。

1988年9月为适应报纸经营管理体制的改革，成立北京广播电视报社，独立建制，性质为差额补贴事业单位，试行企业化管理。1989年1月，实行自办发行。当年发行量从邮局时最高的每期40万份，很快跃升到50万份、60万份和70万份。1990年至1993年每期分别递增到80万份、85万份和90万份。最高单期曾创115万份纪录。1991年，报社被国家新闻出版署、中国报纸行业经营管理协会授予“全国报业经营管理先进集体”称号。

1995年，报社独家承办《北京电视》杂志。1998年，《北京电视》由月刊改为周刊。

2002年9月，报社创办《北京广播电视报·人物周刊》。

2005年，北京广播电视报社向立体媒体发展，取得数字电视《置业频道》的经营权并正式开播。同年，创建北广报刊网。

2016年上半年，《北京电视》更名为《北广人物》，原《北京电视》版面内容平移至《北广人物》，于4月7日正式出版。

2021年，报社完成采编流程再造，建立新媒体工作考核制度，原有纸媒采编队伍全部转型为新媒体记者。

2021年，为庆祝建党一百周年，“北京广播电视报社”公众号重点推出《百部经典影视作品的难忘瞬间》《探访京城红色印迹打卡点系列报道》《红色经典影视中的爱情》三个系列报道；“北广人物周刊”公众号推出《纪念建党百年》专题。

2021年，报社加强冬奥宣传报道，“北京广播电视报社”公众号推出《大V冬奥行，向世界讲述冬奥故事》《还有100天！我们准备好了！》多篇文章，“北广人物周刊”公众号推出“冬奥英雄”系列报道，传递冬奥梦想，弘扬冬奥精神。

2021年，报社深入挖掘北京广播电视台各频道重点节目，宣传北京卫视，实践文化输出战略。“北京广播电视报社”公众号推出《李大钊如何成为“播火者”这个广播剧告诉你》《民法典通解通读　做一档每个人都离不开的节目》《世界读书日　BRTV用一本书让你读懂北京》《驰援河南，北京广播人来了》等多篇深度采访报道。为配合北京卫视重大题材电视剧《功勋》宣传，“北广人物周刊”公众号推出《舞动的长城，认真的父亲！独家专访两弹一星元勋朱光亚之子》，该文得到朱光亚之子朱明远先生的肯定，受到中国工程院院士们的欢迎和好评。

2021 年，报社加强对北京广播电视台主持人和一线记者报道，重点探索和打造主持人宣推平台。“北京广播电视报社”公众号采访西鸥、李杰、燕兆麟、孙超峰、小雨姐姐、聂一菁、高磊等多位主持人，“北广人物周刊”公众号采写报道财经频道、生活频道、青年频道曲雪畅、韦嘉、宁小川、雅淇、阎品红、汪洋、张小文、韩晓艳、辰辰、马甜等近 30 位主持人。

2021 年，报社在重大节日推出多篇重点策划采访。春节前，“北京广播电视报社”公众号推出《北京台春晚大揭秘》系列采访，6 期内容全方位、渐进式揭秘北京台春晚。“三八”妇女节对吕雅堃、嘉佳、杨子云等员工进行采访，推出“北京广播电视台的半边天系列报道”。中秋节之际，推出特别策划《主持人不一样的中秋节》，通过对多位主持人的专访，讲述北京广播电视台主持人的中秋故事。

2021 年，报社加强对外合作，积极探索融合联动之路。中心北广电工作室与“听听 FM”合作开发“银发听友会”小程序，开设 IP“退休好时光”听听号。北广人物工作室与“北京时间”合作开设《北广人物》《北广社区》等栏目。

截至 2021 年 12 月 31 日，“北京广播电视报社”微信公众号粉丝 16.5 万，发布文章 1250 篇，最高阅读量超 9 万。“北广人物”微信公众号粉丝 9.8 万，发布文章 950 篇，最高阅读量 2 万多。“北京广播电视报社”官方微博粉丝 35.7 万，单篇最高阅读量 686 万。

（北京广播电视台广播电视报新媒体中心）

北京歌华传媒集团有限责任公司

北京歌华传媒集团有限责任公司是经市委、市政府批准成立的市属一级企业，成立于 2015 年 12 月，由北京北广传媒集团有限公司和北京文创国际集团有限公司合并重组而成。

2021 年主要工作：

一、做好重大活动服务保障

2021 年歌华传媒集团完成了三项重大活动服务保障任务。一是完成庆祝建党百年系列活动的服务保障，主要是庆祝建党百年大会请柬票证、《伟大征程》文艺演出票证及“七一勋章”颁授仪式布景用品的设计制作。二是承办 2021 服贸会文旅服务专题“展、论、洽”系列活动。承接了 2.24 万平方米的展陈面积，举办了 5 场主题论坛和 115 场文化体验活动，参展参会企业 1102 家，征集 87 个签约项目，签约总额达 238.94 亿元，吸引现场观众逾 15 万人次，成为本届服贸会八大专题中展陈面积最大、参展单位最多的专题。集团还以“京韵京彩”呈现古都新貌，圆满完成深圳文博会北京展区策展布展任务。三是做好北京冬奥会和冬残奥会开闭幕式服务保障。选调 170 余名业务骨干进入冬奥会和冬残奥会开闭幕式工作部，在演出仪式组织、编创团队服务保障、焰火燃放等 16 大领域 25

处工作点位，全要素全流程保安全、保质量、保进度，确保开闭幕式高质量筹办、高水准呈现。

二、推出庆祝建党百年精品力作

电视剧创作方面，推出讴歌建党力作《觉醒年代》，在央视、卫视热播，受到广大观众一致好评，荣获“白玉兰”“金天使”等国内、国际14个电视剧奖项，被中宣部、国家广电总局列为党史可视化教材，得到中央领导同志肯定。此外，联合出品的献礼剧《功勋》《香山叶正红》先后在卫视和央视频道播出，收获良好口碑。推出创新融媒党建精品《北京党史》百集慕课，线上线下多平台播出。

三、抓好“十四五”规划开局起步

一是强化顶层设计。出台并实施集团“十四五”战略规划，明确发展定位和主业范围，确立“一三五”发展战略（一心三化五板块，即以聚焦高品质文化服务，实现深度转型发展和高质量发展为中心，走数字化、融合化、平台化发展之路，打造创意设计、文化会展与活动、影视内容生产、户外媒体、文化设施运营五个业务板块）。二是推进板块培塑。创意设计板块步入发展快车道，举办第12届“北京国际设计周”品牌活动，推出“学习强国”平台大熊猫IP形象；深耕“市文化文物单位文创产品开发平台”建设运营，推动平台主体落户设计周永久会址；承揽党史馆文创店建设运营，推出近50款创意产品，得到中央领导同志肯定。三是深化改革转型。对照《北京市国企改革三年行动实施方案》及有关要求，制定集团《三年综合改革方案》，确立完善管理管控机制等六方面改革任务。

四、生产经营向均衡多元迈进

截至2021年年底，集团资产总额118.65亿元，营业总收入12.24亿元，利润总额5162.77万元。从板块经营收入来看，各板块经营呈现良好的均衡发展态势。重点培育的创意设计板块实现快速增长，相关企业收入同比增长20%左右，利润同比增长超70%，利润增速位列五大板块首位；文化会展与活动板块收入和利润也同比实现20%左右的增长。此外，通过抓好三项工作助力生产经营：一是抓好重点项目稳经营。首次承接服贸会文旅服务专题，全力做好商业化招商招展，实现项目收入和利润超额完成。紧跟“文化+科技”融合发展趋势，深度策划光影艺术季、火星2035沉浸式科学艺术展、黄金木乃伊主题展等活动，参观人数和营业指标均超预期完成。推出“觉醒年代”系列文创，广受市场热捧。二是抓好创新突破促创收。加快户外平台系统升级改造，加大商业客户开发，深化与代理公司合作，实现商业广告收入增幅达40%以上。深挖内容潜力，做好“内容+”大文章，将党建与5G、VR等技术结合，打造“歌华智慧化党员学习系统2.0”。三是抓好安全生产保运营。开展为期1个月的“迎接建党百年安全生产大检查”，并持续抓好整改落实；成立服贸会安全工作专班，为服贸会顺利召开奠定坚实基础；针对国内疫情零星多点散发问题，数次组织专项检查督导，对重点区域、场所、人群严格管理。

五、切实抓好重大主题宣传

一是强化舆论引导，推出专题专栏、持续跟踪报道，做好建党百年、十九届六中全会、冬奥会和冬残奥会等重大主题宣传，全年共播出20万分钟主题宣传内容，营造首都浓厚庆祝氛围。二是创新阵地管理，推进智媒建设。加快所属户外媒体平台智能化改造，实现 LBS 技术覆盖全市 500 条公交线路，提升宣传效能；积极响应中央“百城千屏”项目，全力参与冬奥 8K 超高清视听直（转）播服务保障工作。三是力保阵地安全，守好安播防线。2021 年北京大事要事多，集团压紧压实安全生产责任，紧盯文化活动安全保障，紧盯数字·鼎视一体化系统升级，紧盯问题隐患排查整改，全面落实安全播出责任，实现六大播出平台全年 5 个重要保障期安全播出“0 事故”。

（北京歌华传媒集团有限责任公司）

北京歌华文化发展集团有限公司

北京歌华文化发展集团成立于 1997 年 12 月，是北京市大型国有文化运营机构。2018 年，歌华文化发展集团完成企业改制，更名为北京歌华文化发展集团有限公司。2021 年，北京歌华文化发展集团有限公司努力做强“一核两翼”主营业务体系，在企业高质量发展中取得新成绩。

2021 年主要工作：

一、完成重大活动服务保障任务

1. 完成庆祝成立 100 周年保障任务。完成庆祝中国共产党成立 100 周年大会请柬票证设计工作。完成庆祝中国共产党成立 100 周年大会媒体集结、工程车集结的服务保障工作等任务。

2. 承担 2022 年北京冬奥会和冬残奥会开闭幕式制作和部分服务保障工作。受北京冬奥组委委托，北京歌华文化发展集团有限公司作为总制作单位，负责 2022 年北京冬奥会和冬残奥会四个仪式的制作，包括编创团队的聘用及管理，灯光、音响、焰火、舞美、音乐、视频、服化道等设计及制作，排练及演出的组织运行等。2021 年 3 月，成立了 200 余人的核心团队，分成 19 个小组各司其职，组织了近百家专业公司，动员上千家供应商，全方位完美服务四场仪式。同时，还承担了冬奥主媒体中心“北京故事”文创展区布展、奥运新闻指挥中心集中办公及运营保障工作。

3. 完成服贸会文旅服务专题、深圳文博会北京展区项目。2021 中国国际服务贸易交易会文旅服务专题以“科技赋能新文旅　创意引领新生活”为主题，聚焦数字内容发展，突出科技赋能作用。专题展览面积 2.24 万平方米，共招募国内外展商 1102 家，其中线下参展企业 596 家，500 强及行业龙头企业 79 家，占比 13%，国际企业及机构 60 家，占比 10%。市委书记蔡奇，市人大常委会主任李伟，市委常委、宣传部部长莫高义等市领导专题巡馆。活动期间接待专题参观团 20 余个，举办现场活动 115 场，吸引入馆观众 15 万人次。签约项目 87 个，签约额 238.94 亿元。

文旅服务专题主论坛中国文化产业发展高峰论坛以“数字新业态　文化新场景　产业新动能”为主题，聚焦文化产业数字应用场景。中宣部副秘书长郭义强，市委常委、宣传部部长莫高义等领导出席。论坛邀请到中国工程院院士赵沁平、吴志强，著名导演张艺谋，联合国教科文组织驻华代表夏泽翰等多位中外嘉宾，上百万人次通过网络参与收看了论坛直播。

第十七届中国（深圳）国际文化产业博览交易会北京展区汇聚105家文化企业和机构参与展示，现场运用VR、AR、AI、CAVE、8K、5G等高科技手段，打造无限、立体、生动的文化空间。中共中央政治局委员、中宣部部长黄坤明考察了北京展区，并给予充分肯定。

二、坚持创新驱动发展

1. 成功举办设计周、摄影周活动。2021北京国际设计周以“品牌力量”为主题，将设计动能融入国家新发展格局，共设置3个主会场、30个分会场和32个设计站点，首次实现北京所有区域活动全覆盖。活动场地总面积267万平方米，举办创意设计活动716项，发布设计新产品1万余件。参与线上线下活动的观众7972万人次。吸引了包括人民日报、中央广播电视总台、学习强国、北京日报在内的众多媒体的关注和报道。活动期间，平均每天超过20家媒体和平台参与报道，活动视频直播及短视频浏览量5000余万人次，百度搜索相关链接超过5000万条，微博累计话题阅读量近1亿次，网络传播综合评估覆盖超过1亿用户。

北京国际摄影周2021以“影像：速度·深度·角度”为学术主题，以“建党百年”为国内主题，以“‘一带一路’世界自然遗产”为国际主题，通过“线下+线上”的展示形式，以“开幕活动”“系列展览”“摄影讲堂”“摄影市场”“特约活动”五大板块呈现30个主题展、专题展、平行展和特约活动，举办主题论坛和摄影讲堂活动14场，共有来自近50个国家和地区的百余家机构的2600余名摄影师参加，展出作品5500余幅（组），吸引到场观众30万人次，线上观众200余万人次。参与报道的注册媒体100余家，活动视频直播及短视频浏览量近3000余万人次。

2. 弘扬中华优秀传统文化，继承和发扬红色文化，传承古都文化，助力北京全国文化中心建设。

“中华世纪坛传统文化季2021”通过内容形式创新、传播交流形式创新和教育形式创新，充分展现首都源远流长的古都文化、丰富厚重的红色文化、特色鲜明的京味文化以及蓬勃兴起的创新文化。

以“复兴百工、生活即道”为主题的“中国传统工艺振兴展2021”，以长城文化公园、城市更新和乡村振兴等国家战略要求为三个主要板块内容，重点展示长城国家文化公园，创意设计赋能城市更新、乡村振兴、文旅融合、社会美育、民宿美学等方面的项目案例及设计成果。

南泥湾大生产80周年纪念大会包括6项主体活动，涵盖8个活动场地，共举办30余个专项活动，实现文化创意与设计资源对红色革命老区一、二产业的赋能与模式输出，带动首都资源在红色革命根据地的落地转化，推动红色文化薪火传承、与时俱进。

完成2021北京长城文化节项目，举办长城文化节开幕式，充分展示长城文化内涵。举办八达岭长城高峰论坛，以“保护·传承·发展·共生——国家文化公园背景下的长城保护与发展”为主题，为长城文化高层次多角度交流搭建了平台。

北京国际光影艺术季“万物共生”户外光影艺术沉浸式体验展已连续举办三年，2021年以“万物共生——蔚蓝”为主题，项目对装置进行了全新打造，运用AR与5G、大数据等新技术的有机融合构建复合式消费场景，项目共开展196天，10万余人次参观体验。项目入选“2021年北京文旅技术装备优秀项目”，被誉为“数字文旅明星”。

举办“电竞北京2021”启动盛典，努力

打造电竞领域业务，广泛凝聚政府、协会、企业、智库、媒体等各方力量，在电竞项目落地、赛事举办、产业合作、标准研制、人才培养等方面开展更多探索与实践，推动电竞与相关产业融合发展。盛典活动共计宣传报道320余家次，吸引780多万观看流量，阅读量1772.5万，累计受众超过千万人次。

（北京歌华文化发展集团有限公司）

北京电视艺术中心有限公司

北京电视艺术中心有限公司成立于1982年9月，2010年8月4日转企改制，隶属北京歌华传媒集团有限责任公司，主要从事影视节目策划、制作、营销等业务。

截至2021年年底，共制作生产电视剧203部，3470余集，译制片百余部千余集，及一大批电影、专题片。多部优秀作品获“金鹰奖”“飞天奖”“五个一工程”奖。

北艺公司作为全资国企影视制作单位，一贯坚持正确舆论导向和弘扬社会主义核心价值观，牢记自己的责任与使命。2021年电视剧制作方面，主控项目《不说再见》于2021年6月22日在爱奇艺和腾讯视频首播；参投的重大现实题材电视剧《功勋》于2021年9月26日在上海东方卫视、北京卫视、江苏卫视、浙江卫视黄金档首播，优酷、爱奇艺、腾讯视频三家网络平台同步播出，该剧是国家广播电视总局“理想照耀中国——庆祝中国共产党成立100周年”展播活动剧目。电视剧《我爱北京天安门》在南京台等多家地面频道播出，《杀尽豺狼》在云南、河南、广西、重庆、江西等二十余家地面频道播出。

北艺公司取得多个行业内专项奖。主控项目《不说再见》在第28届北京电视节目交易会（2021春季）中荣获“京榜剧献”值得期待创新力电视剧；立项项目《我爱北京天安门》获得安徽省城市电视台2020年收视率第一名，在江苏省南京台2021“城市之星”国剧颁奖礼中获得优秀电视剧奖；立项项目《破局1950》获得广西卫视黄金档2020年度电视剧收视突出贡献奖，在东方卫视举办的2021年电视剧品质盛典中获得“品质之果”表彰；下属音像出版社参与出版的《弦鼓声声——华北民间曲艺采风集》获得北京宣传文化引导基金扶持（出版类资助项目）。

北艺公司积极履行社会责任，与四川大凉山彝族地区合作，为当地提供北艺出品的《女人帮》《杀尽豺狼》《惊天大迷局》《奔跑吧爱人》等优秀主旋律剧目，以彝族语言播出，支持少数民族地区文化建设。

（北京电视艺术中心有限公司）

北京音像有限公司

北京音像有限公司原名北京音像公司。公司最早成立于1979年，原称北京市广播电视服务公司。1985年7月，北京市广播电视服务公司与北京音像出版社合并成立北京音像公司，2006年5月，在全国出版行业中率先完成转企改制。2018年12月经北京市国有文化资产监督管理办公室同意由全民所有制企业改为国有一人有限公司，是具有音像制品出版发行、录音录像、节目复制、境外音像制品引进出版和影视节目制作、电视剧（乙级）拍摄和技术推广服务及专业承包等多种经营范围的国有企业。

公司自成立以来，始终以弘扬民族传统文化为宗旨，录制上万小时的节目，包括民族声乐、器乐、戏剧、曲艺、少儿节目、通俗歌曲、外语教学等；出版、发行上千品种的音像制品，开山之作是——中央电视台的《跟我学》和北京人民广播电台的外语教学节目辅助教学盒式录音带；拍摄《姊妹行》《军魂》《康熙大帝》《中方雇员》等多部电视连续剧和《成语故事》《张灯结彩》等电视系列短剧，《雍和宫》《孙中山在北京》《侯宝林》等专题片。同时，公司还引进出版了来自于美国、加拿大、法国、俄罗斯、日本等国家的优秀音像制品。

近年来，重点录制了反映改革开放成果和百姓喜爱的影视流行歌曲系列《时光倒流二十年》、北京市出版工程项目《歌声回首六十年》经典歌曲专辑，出版发行了《图兰朵》DVD和电视连续剧《最后的王爷》《老师错了》《原谅》等。

2021年，承揽大型企业和机关团体宣传册、盘制作任务；出版物《红色旋律颂党恩》CD获北京宣传文化引导基金资金资助，《赞歌献给党——唱支山歌给党听》CD入选2021年农家书屋重点出版物推荐目录；完成北京市新闻出版局《北京典籍与经典老唱片数字化出版》项目7集140段制作，并上传“学习强国”北京平台人文北京；承接音像资料馆《馆藏视频资料抢救》旧版700盘修复和北京时间栏目“北广人物”、移动电视“巴斯秀”项目的短视频拍摄制作；承接移动电视终端设备维护和城市电视视屏工程安装维修及仓储业务。

（北京音像有限公司）

北京瑞特影音贸易有限公司

北京瑞特影音贸易有限公司（以下简称“北京瑞特公司”）成立于1993年3月3日，是北京地区唯一从事境外卫星电视节目代理业务的机构，于2018年12月完成国企改制工作，由全民所有制企业改为国有一人有限责任公司，股东是北京北广传媒集团有限公司，注册资本276.3万元。北京瑞特公司主要负责向北京市广播电视局批准的机构销售经国家广电总局批准的境外（包括香港、澳门）卫星电视节目及解码器，拥有HBO、CNN、AXN、凤凰电影等27套境外加扰卫星电视节目。瑞特公司承担的业务主要是境外卫星节目收视的服务和代理、境外电视接收系统工程等。截至2021年12月拥有境外卫星节目收视用户420余家，其中酒店用户220家，公寓用户及其他用户200余家，2021年公司加大与中视卫星电视公司和执法总队对于打击盗版工作的合作力度，竭力营造良好的首都境外卫星电视播出环境。

公司主要以服务北京“四个中心”需要，坚持正确舆论导向为宗旨，2021年积极配合市局传媒机构管理处及歌华集团工作，做好2021年春节、“两会”、“建党100周年”、国庆、2021年CCBN展会等各重大节日、活动及市局临时交办的卫星保障任务境外卫星电视节目保障工作，确保境外卫星电视保障零事故。工程施工方面，2021年配合相关单位开展了通州部分地区管道资源普查工作以及对密云区文旅局送来的卫星地面接收设备进行检测，为密云区文旅局的执法工作提供了技术支持等。

（北京瑞特影音贸易有限公司）

北京北广传媒数字电视有限公司

北京北广传媒数字电视有限公司成立于2003年7月，注册资金7500万元。

作为数字电视节目集成商，公司已开播付费频道11套。目前，经营管理《四海钓鱼》《优优宝贝》《中华特产》《车迷》《环球旅游》《生态环境》6个具有全国播出资质的频道；运营《京视剧场》《爱家购物》《动感音乐》《弈坛春秋》《置业》5个面向北京地区播出的频道。截至2021年年底，公司自有的6个上星付费电视频道覆盖全国有线电视用户1亿余户。

运营维护北京数字电视节目播出平台。播出公司自有11套数字付费频道，为2个外省付费频道提供代播服务，为2套有直播业务的付费频道提供应急垫播服务，并为鼎视平台提供技术服务。

提供数字电视节目信息服务。为北京地区广大数字电视用户提供翔实准确的节目信息服务，通过歌华有线电视网络上载播出的数字电视频道及有线广播节目信息共188套。

2021年6月数字公司完成数字电视节目全面高清化项目建设。现数字电视播出主系统具备12个高清数字频道的播出能力，同时周边支撑系统可为主系统提供异构备份播出、素材自动技审、TS码流视音频监播、全媒体直播分发等功能支撑。为抢占并打造北京广播电视垂直领域文化宣传阵地，建设优质高清专业节目平台打下了技术基础。

（北京北广传媒数字电视有限公司）

北京北广传媒移动电视有限公司

北京北广传媒移动电视有限公司是北京市属开发运营广播电视新媒体的专门机构之一，成立于2003年8月，由北京北广传媒集团有限公司、北京电视产业发展集团、北京广播公司、北京歌华有线网络电视股份有限公司和北京歌华投资中心有限公司共同发起组建。

2003年7月9日，国家广电总局授予北京广播影视集团48频道的试验频率，开展地面数字电视试点。2004年2月14日国家广电总局正式批复同意集团在公交、地铁、轻轨、出租车等交通工具及其他公共场所试行开办移动电视节目，呼号为：北京移动电视。北京移动电视成为经国家广电总局批准的北京地区唯一一家运营地面移动数字电视的机构。

目前，公交电视终端总量近2万个，日受众600万人次，覆盖北京六环以内500余条优质线路，涵盖长安街、CBD、中关村等数百个优质商圈和社区，锁定重点校区和火车站等交通枢纽。

2021年主要工作：

一、确保安全播出零事故

2021年，完成央视春晚、北京卫视春晚、十三届全国人大四次会议开闭幕会、“七一勋章”颁授仪式、庆祝中国共产党成立100周年大会、庆祝中国共产党成立100周年大型情景史诗、新闻联播延时转播等重要转播工作共140次，累计转播时长374小时（含北京新闻、新闻联播），有效确保了重要保障期的安全播出，实现安全播出零事故目标。

二、做好建党百年宣传工作

2021年，移动电视制作上播“习总书记金句”系列图片4组，共计54张，累计播出11920次。联合全国十余家移动电视机构和地方电视台制作推出《红色印迹　星火燎原》百集全国红色纪念地短视频并结合互动答题在移动电视上首次推出融媒产品，获得观众积极反馈。党建红色知识图文专栏《百年初心　京华寻迹》，共播出海报164张，总计播出47000次。推出建党百年公益宣传活动——“永远跟党走”全屏海报展播。集成党史慕课、《榜样党员》、《奋斗百年路　启航新征程》、建党百年宣传片、红色歌曲传唱等17档栏目（宣传片）高频次滚动播出，共计228期（版），播出9544次。

为庆祝建党百年，对节目进行了特别编排。在7月1日当天下刊所有广告，集中对庆祝中国共产党成立100周年大会、庆祝中国共产党成立100周年文艺演出《伟大征程》等建党百年系列活动进行转直播，时长5小时57分钟。

三、做好奥运、疫情防控等重大主题公益传播

2月，联合冬奥组委在移动电视上推出冬奥倒计时一周年特别报道，对当天的节目进行设计编排，受到冬奥组委表扬。2021年累计播出奥运节目88687分钟，海报185张，播出38186次。拓展业务渠道及宣传范畴，参与“中国冰雪”网站以及App内容建设，全年累计更新内容29241条，通过网站以及

App 完成跳台滑雪奥运积分系列赛选拔赛、全国短道速滑锦标赛、全国越野滑雪冠军赛等赛事活动直播34场，累计直播时长93小时。配合市卫健委、市疾病防控中心，发布疫情宣传引导信息，做好防疫公益宣传。全年上播防疫相关视频40条，播出12909次，累计播出时长21658分。公益宣传内容涉及扶贫、志愿服务、流行病防治、文明出行、垃圾分类、物业管理、制止浪费、国家安全等各个方面。2021年全年共上播视频181条（版），播出次数10111次，累计公益宣传时长13533分；上播公益海报757张，播出总次数86974次。利用新媒体平台，配合智慧媒体改造，推出电动车安全使用互动问答、"遇见秋天邂逅你"摄影作品征集活动等H5系列融媒产品。

四、有效提升终端完好率

截至2021年年底，移动电视终端平台安装总量为9562辆，同比2020年增长了8.9%，涉及线路668条。其中，32英寸屏为8642辆，占比90.38%；24英寸屏为920辆，占比9.62%。全年共组织71次三方终端监测数据显示，共监测车辆3826辆次，终端整体完好率为97.84%。全年累计完成智能终端换装7964辆，同时在现有2块大屏的基础上，还完成了20辆加装2块小屏的样车安装，为后续进一步扩展终端规模奠定了技术基础。

（北京北广传媒移动电视有限公司）

北京北广传媒影视股份有限公司

北京北广传媒影视股份有限公司成立于2003年，是隶属于北京歌华传媒集团有限责任公司的国有股份制公司。公司业务以生产影视剧为主，注册资本10400万元。

公司自成立以来，投资拍摄的电视剧达30部近千集，其中多部剧目先后荣获全国"五个一工程"奖、"飞天奖"、"白玉兰奖"、"金鹰奖"等多项大奖。代表作品有《觉醒年代》《香山叶正红》《温暖的土地》《情满四合院》《风车》《鼓楼外》《五湖四海》《买房夫妻》《姥爷的抗战》《罗龙镇女人》《我的二哥二嫂》等。

2021年公司制作出品的电视剧《觉醒年代》，作为中宣部、国家广电总局"庆祝中国共产党成立100周年优秀电视剧展播"开篇剧目，于2月1日在中央电视台综合频道黄金档播出，人民日报、人民网、新华网等100余家主流媒体，光明网、国际在线、北青网、新浪、网易新闻、搜狐号等200余家网络媒体平台对该剧给予高度关注并进行大量宣传报道，吸引微博网友相关话题阅读量超百亿，获得豆瓣平台评分9.3、知乎评分9.3、优酷视频评分9.7的高分。该剧播出后，成为开展党史学习教育活动的优秀可视化教材。同时，作为一部思想精深、艺术精湛、制作精良的精品佳作，获得第27届上海电视节"白玉兰"奖最佳导演奖、最佳编剧奖、最佳男主角等重要奖项，累计获得国内外各级奖项20余项，被国家广电总局列入《2021年度中国电视剧选集》，并在学习强国平台播出。

此外公司还出品庆祝中国共产党成立100周年的重大革命历史题材电视剧《香山叶正红》；策划描写隐蔽战线红色英雄的电视剧《看不见的战线》（暂定名）及全景式展现红军长征过程、歌颂继承红军长征精神、发扬宣传“新长征”精神的电视剧《长征》(暂定名)，讲好党的故事、革命的故事、英雄的故事。

(北京北广传媒影视股份有限公司)

北京北广传媒城市电视有限公司

北京北广传媒城市电视有限公司成立于2004年12月16日，是北京市属开发运营电视新媒体的专门机构之一，主要从事楼宇电视和户外大屏电视的经营管理。城市电视公司作为政府公共信息发布和城市应急预警平台，担负着政府政令、城市信息、城市预警等社会公共信息传播任务，旨在为大众提供完善、及时、权威的资讯服务。

城市电视公司作为北京市户外宣传阵地，主营业务为楼宇电视联播网及户外大屏电视联播网。其中楼宇电视平台终端安装数量不低于6000屏；大屏联播网现有10处12块户外LED大屏。

2021年主要工作：

一、大屏幕电视

2021年，公司进一步明确户外大屏幕电视建设的工作重点，是以整合优质资源点位为目标，将其纳入城市电视户外大屏联播网内，打造户外大屏播出联盟，进一步夯实阵地规模，推动大屏渠道建设稳中有进，做大做优做强。为了全面掌握全市户外电子显示屏现状，大屏组在2018年开展全市户外大屏调研的基础上，又对全市11个城区，共计150点161块大屏进行了调研分析，并着重跟进优质点位29点。为吸纳社会屏体加入大屏联播平台奠定坚实基础。这一年，在广泛联系、重点跟进的工作思路指导下，成功将大兴区鸿坤广场大屏纳入城市电视大屏联播网。鸿坤广场作为北京南城商业集群汇聚地，商业氛围浓厚，人流量较大，光栅屏体的异形设计不仅为城市电视户外大屏联播网增加了新的屏体形态元素，更为企业经营带来新的盈利空间。与此同时，城市电视公司还将资源拓展向外迈进，将上海淮海中路百盛购物中心大屏、浦东百联世纪大都会大屏异地入网，实现了跨省市推广应用。

二、楼宇电视

2021年，政务渠道实现新装178点296屏，全平台新增324点581屏，楼宇渠道终端保有量稳定控制在6000屏的体量规模上。

为推进楼宇小屏智能终端更新改造，公司于2021年1月正式启动“楼宇智能终端液晶屏采购项目”，年底完成合同签订，并启动配套的“楼宇智能终端4G物联网卡流量”公开招标采买工作。在技术方面，楼宇智能终端前端系统平台已完成所有基本功能流程的研发。

(北京北广传媒城市电视有限公司)

北京北广传媒地铁电视有限公司

北京北广传媒地铁电视有限公司成立于2007年1月23日，是由北京北广传媒移动电视有限公司和北京市地铁运营有限公司共同出资成立的有限责任公司。拥有电视运营权的范围为北京地铁1、2、13号线和八通线四条线路的车厢和站台、站厅，同时还覆盖到了5、8、10号线的站台和站厅。公司经营期限于2022年1月22日到期。

2021年主要工作：

做好建党一百周年宣传报道工作。制作了《奋进党旗红　地铁争先锋——庆祝建党100周年特别节目》《50年地铁光影　50年奋斗历程》《地铁线上的红色地图》《庆祝建党百年宣传标语》《习近平七一讲话精神宣传》等特色栏目，刊播了《奋斗百年路　起航新征程》《沿着高速看中国》《北京党史宣传片》《红色印迹　星火燎原》等系列宣传片。

开展北京冬奥会、冬残奥会宣传报道。2021年陆续播出了《相约北京冬奥会》《我与冬奥的故事》《冬梦之约》《冰雪之约》《一起向未来》等系列宣传片，展现中国形象、中国精神、中国力量。

加强设备设施安全保障。为保障地铁电视安全播出，地铁电视公司除保证日常的周、月巡视、巡检之外，还在重大活动、重大节假日期间开展安全专项大检查。2021年，对1、2、13、八通各线路车载电视系统累计巡视车组5820列，修复故障车载屏34台、机顶盒57台、分配器9台。维修地铁1、2号线电视系统故障共286站次。其中，机顶盒故障39次，显控网络问题12次，处理功放单元故障59次，处理ASI转换器故障54次，处理分屏器故障93次，发射机故障6次等，确保了1、2号线区间信号覆盖的稳定性。

（北京北广传媒地铁电视有限公司）

鼎视传媒股份有限公司

鼎视传媒股份有限公司原称鼎视数字电视传媒有限公司，为全国性数字付费电视节目集成运营机构，成立于2005年12月。2014年11月由有限公司整体变更为股份有限公司。鼎视传媒是国内领先的数字电视内容集成分发运营商，为数字电视内容供应商提供专业的技术服务和营销服务，主营业务包括传输加密业务、付费频道销售业务、电视购物频道发行业务。

2021年，鼎视传媒股份有限公司继续巩固节目落地区域，共集成传输15套数字付费电视频道、12套高标清卫视频道、8套购物频道、代理发行4套购物频道。付费频道销售业务直接签约合作网络公司共计180家。累计数字电视用户总数为10710.47万户，占全国现有数字电视用户19500万户的

54.9%，电视购物频道发行共计落地30个地区，累计机顶盒用户达到3023万户。

鼎视集成传输23套数字标清节目，其中数字付费频道有《中华特产》《车迷》《优优宝贝》《环球旅游》《生态环境》《收藏天下》《百姓健康》《四海钓鱼》《证券资讯》《电子体育》《家庭理财》《中国天气》《音像世界》《财富天下》《家政》。同时，还为《快乐购物》《央广购物》《优购物》《时尚购物》《风尚购物》《家有购物》《家家购物》《环球购物》8个数字电视购物频道提供集成传输及发行服务。集成传输及远程加密的12套数字高标清卫视节目有北京卫视、冬奥纪实、卡酷少儿、湖南卫视、金鹰纪实、深圳卫视、广东卫视、黑龙江卫视、湖北卫视、三沙卫视、厦门卫视、福建东南卫视。

2021年，鼎视公司完成了对鼎视集成加密平台全面升级改造工作。改造后的鼎视平台，具有支持10路码流的卫视、购物和专业付费节目的集中上星的能力，支持高清节目、4K节目集成传输服务，提供多渠道内容分发业务。

（鼎视传媒股份有限公司）

北京北广置业有限公司

北京北广置业有限公司成立于2006年12月15日，注册资本1000万元，是北京歌华传媒集团下属负责项目开发和经营管理等业务的企业。主要业务是在北京歌华传媒集团的领导下开展项目开发、物业管理、劳务派遣、项目投资和资产处置等业务。营业范围包括房地产开发；销售本企业开发的商品房；物业管理；机动车公共停车场服务；劳务派遣；房地产信息咨询；会议服务；广播电视节目制作；电影发行。主要负责北京影视城项目和其他物业的统一开发建设和经营管理，协调管理北京影视城项目其他公司北京现代电视艺术发展有限公司和北京市东方艺苑物资仓储服务有限公司。

2021年，置业公司按照要求与东方艺苑成立工作小组，完成了东方艺苑由全民所有制改制为有限责任公司的工作。全年筹措资金500万元，解决了北京影视城项目农转工安置费用问题，保障了农转工队伍的稳定。

在加强对森润公司监管和支持方面，按照现代企业管理制度加强对森润公司的监督管理，按照公司法和公司章程，利用参与股东会和董事会的决策权，利用参与监事会的监督权进行管理，同时加强对森润公司经营班子决策和财务审批的管理工作。

在做好节目制作中心的运营管理方面，加强对节目制作中心设施设备的运营维护，聘请专业单位负责专项设备维护。按照安全检查和相关部门要求进行了配电室维保、空调系统维保、食堂燃气房改造等工程。

（北京北广置业有限公司）

北京歌华有线电视网络股份有限公司

北京歌华有线电视网络股份有限公司于1999年9月经北京市人民政府批准成立，2001年在上海证券交易所上市（股票代码600037），是国内有线网络首家上市公司、国内第一批三网融合广电试点企业、北京市第一批文化体制改革试点单位、北京市高新技术企业，2012年被中宣部等四部委评为全国文化体制改革工作先进单位，先后四次被评为全国文化企业30强，连续被评为纳税信用A级企业和上交所上市公司治理样板企业。2020年12月，歌华有线完成股份过户登记暨控制权变更，控股股东由北广传媒投资发展中心变更为中国广电网络股份有限公司。2021年3月，公司完成管理权限由北京歌华传媒集团向中国广电的交接。

截至2021年年底，歌华有线电视公司有线电视缴费用户400万户（注册用户约614万户），高清交互缴费用户约375万户（注册用户约577万户），4K超高清用户约200万户，宽带缴费用户44.6万户；公司传输数字电视频道225套，其中标清频道149套、高清频道72套、4K超高清频道3套、8K超高清频道1套。歌华有线高清交互平台提供院线、教育、生活、健康、年华、营业厅、生活圈等多种栏目和应用。公司现有总前端机房1个、区域前端机房15个、传输机房325个，其他各类接入机房1000余个；光缆7.8万皮长公里，电缆24万公里，管道4900沟公里，HFC网络（光纤同轴混合网络）遍布北京市各区，形成覆盖北京全市的可承载视频、语音、数据的超大型信息化基础网络。

2021年主要工作：

一、完成庆祝建党100周年等安全传输工作

2021年，完成了庆祝建党100周年、全国“两会”以及元旦、春节、国庆节、十九届六中全会等重保期的安全传输保障任务，完成了国家体育场建党100年“七一”文艺汇演和2021年中国国际服务贸易交易会有线电视信号接入工程和传输保障任务。此外，还参加了公安部“护网2021”网络攻防演习沙盘推演，受到好评。

二、推进市场经营工作

1. 对用户市场指标细化分解，制定相应工作举措。通过预算指标考核等形式，向相关业务部门、各分公司层层传导压力，压紧压实责任，狠抓工作落实。

2. 积极推进农网数字化，通过分公司调研，分析郊区分公司农网用户发展情况，制定针对山区农网区域的数字化策略，推进农网数字化，发展用户入网的同时开展增值业务营销。

3. 积极推动宽带业务，持续推进200M以上高带宽产品，并启动试点千兆小区；推广“智能家居+家庭组网+大宽带”融合套餐，全面向智慧家庭转型，提高ARPU值和用户黏性。

4. 调整数字电视市场化推广营销策略，落实新方案实施。向中国广电、市广电局、12345热线报备工作，并制订用户咨询答复口径，做好相关服务引导工作。

5. 按照中国广电统一部署，全力筹备广电5G业务。全面做好本地推广策略制定、营销渠道体系和用户服务体系调整及全员5G培训等各项市场准备；配合核心网、承载网建设，完成北方大区机房、接入省（北京）节点机房选址并加快推进升级改造；做好5G政企业务规划、业务运营支撑系统建设、与其他运营商互联互通，并配合推进北京地区清频等工作。

三、参与中国广电客服一体化建设

1. 申请参与中国广电一级客服平台建设，推进标准化建设，组织10099客服热线在北京开通测试；参与全国“中国广电客服中心”建设，申请参与面向5G的呼叫中心建设，为中国广电客服强化共同体意识，实现一体化发展贡献力量。

2. 以用户为中心，全力做好“接诉即办”工作。2021年，客服公司15个渠道共受理诉求833.99万件，其中，人工接起量649.61万，96196客服热线接通率98.72%，用户满意度99.63%。“接诉即办”诉求9255件，最好成绩为99.30分，“三率”综合成绩保持平稳，在42家国有企业中最好排名第5位，在原10家公共服务企业中最好排名第2位，这一年，客服公司还荣获“北京市接诉即办改革工作先进集体”称号。

3. 优化公司互联网出口及内网资源，加强终端升级改造工作，完成网内共计9款近200万台DVB-IP机顶盒升级改造，启动对存量约300万台老旧机顶盒（HMT2200系列）IP化改造，完善电子缴费渠道建设，进一步优化用户使用体验。

4. 全力做好重要用户保障服务，为中央直属单位、行政办公区、北京市重点单位驻地，以及相关领导住地提供了高效有力的有线电视服务保障工作。

四、加强内容平台建设

1. 建设高品质内容服务体系。引进优质频道资源，新增4套标清频道、4套高清频道、1套4K超高清频道及12套回看频道；完成1套8K超高清电视试验频道落地。频道收转工作持续推进，游戏专区、看吧专区、少儿专区等增值业务稳中有增。公司公益广告荣获“2021年北京市新视听公益广告扶持项目一类传播机构”奖。

2. 做好大样本数据监测分析工作。完成歌华发布北京地区收视数据报告、各落地卫视频道月报等各项日常数据生产，为总局规划院提供直播脱敏数据、点播脱敏数据，为北京电视台等市属单位提供相关专项报告。

3. 推进“北京云”与区融媒对接。积极参与北京市广播电视局“北京视听小站”建设，协助设计北京市媒体融合传播效果评估指标体系；中标丰台区融媒体中心建设项目，推进平谷、门头沟等区融媒体中心建设及运维保障。积极推进北京云运营公司组建工作。

五、大力发展政企业务和智慧城市项目

2021年，歌华有线总公司集客业务累计发展客户2436户，其中政府客户138户、金融证券客户99户、企事业单位2199户。围绕光纤北京、无线北京、感知北京，提升北京三位一体的智慧广电服务能力。提升政企业务开展资质，取得基于政企业务的ISO9001质量管理体系认证。入围中直机关2020年互联网接入服务定点采购供应商、2022年市级行政事业单位云计算服务采购供应商。“基于智慧广电服务基层治理政务大数据平台项目”、歌华有线数字媒体公司“‘歌华生活圈’精准供给公共服务平台”获得了北京市广播电视局智慧广电发展专项资金奖

励支持。

六、扎实推进冬奥专网项目建设

歌华有线公司作为2022年北京冬奥会和冬残奥会官方有线电视服务供应商，顺利完成冬奥专网总前端、分前端、区域前端建设，完成冬奥场馆网络及终端建设安装，与中国广电河北公司合作完成冬奥专网干线环网建设，实现两地三赛区网络互联互通。公司全面统筹、科学部署冬奥有线电视专网运维保障工作，组建运维团队、制订运维方案、开展集中培训，并通过系列测试赛服务保障，充分积累保障经验，全力确保安全传输，同时打造形成了“无线CATV传输”和“数字低延时直播”两大有线电视服务奥运科技新亮点。

七、积极参与5G网络建设和应用

配合中央广播电视总台，完成科技冬奥8K节目传输展示工作。按照市广电局要求，配合北京广播电视台做好8K超高清电视试验频道落地工作；高性能同轴电缆宽带接入网（HINOC）2.0实验网项目相关标准制定和接口调试测试；完成VR/360项目接入网业务承载设计方案。积极部署5G网络建设和应用。建设广电总局5G演示网，实现多地5G信号接入。完成多地网络公司至广电总局5G演示网的专线接入和调试工作，实现了广电网络长途传输5G信号的验证与展示。

（北京歌华有线电视网络股份有限公司）

北京中广传播有限公司

北京中广传播有限公司成立于2009年，2017年起推进媒体融合发展，基本实现从网络运维服务到媒体服务再到文创科技产品创作、生产、销售转变，初步建立起内容、技术、载体三位一体发展模式。

2021年，业务工作围绕5个方面展开：

一是CMMB网络运维业务。配合集团完成CMMB网络运维保障工作，在网络传输方面，原SDH传输网运行时间久，备品备件紧张，面临技术升级改造，在集团运行部的支持下，通过精心筹划，制定了详尽的实施方案和应急预案，将原SDH传输网络顺利切换到PTN网络，保障传输网络运行更加稳定可靠。在发射台站保障方面，与负责的各站点业主方保持良好的沟通关系，确保我们运行维护台站的合同签订及合同履行，保障台站安全播出。在巡检与调优调测方面，制订详细的巡检计划，做好巡检记录，并根据巡检情况提出合理化调优建议。

二是车载电视安装服务。2021年度为中办、全国政协、中宣部、广电总局、中央和国家机关工委、中央对外联络部、应急管理部、人民日报社、国家安全部等30多位领导新安装车载电视服务，为已安装的车辆提供巡检维修服务。

三是广播电视集客业务。广播电视集客业务主要针对企业客户，为符合条件的涉外酒店、政府机构提供境外卫星电视收视服务，提供有线电视前端运维服务。公司已经取得“卫星地面接收设施安装服务许可证”“北京市有线电视站、共用天线设计、安装许可证”。2021年度公司为部委机关和酒店10余个客户提供日常维护和设备巡检工作；为贡院西街1号院、东交民巷15号、国测酒店等三个客户提供卫星电视工程建设及运维服务。

四是社区融合媒体业务。北京中广与中国移动、皓朗国际三方开展的基础设施资源合作模式继续稳步推进，北京地区主要是执行已建设好的融合媒体机柜合同，建设规模为社区数量160个，机柜近2000台。天津地区续签了资源合作协议，社区数量76个，融合媒体机柜数量达到320台，新增框架500个。上海地区在2021年年底走通了订单签订与结算流程，为下一批近百台订单签订和工程推进扫清了障碍。在浙江杭州、湖南长沙、湖北武汉、福建福州的试验站运行稳定。2021年度社区融合媒体项目收入过百万，项目可持续性强，投入可控，净利润高，既符合智慧广电5G发展方向，又能为公司带来稳定可持续的现金流。

五是文创项目。2021年度重新规划书画文创项目，以各大馆藏中国古代书画和毛泽东手书书法作品为主要创作内容，设计装裱形式上适应办公及家具展示，按照统一包装、统一尺寸的模式进行产品规划，有利于生产及备货。销售模式上采用线上小程序店铺、线下分销以及与有流量资源的线上企业开展合作。小程序店铺于2021年10月19日开通入驻，10月25日完成小程序搭建及与公众号、店铺的三方关联，10月27日上架第一批商品画2类。

（北京中广传播有限公司）

东城区融媒体中心

东城区融媒体中心于2018年7月6日正式挂牌成立，是区政府直属相当正处级财政补助公益一类事业单位，归口区委宣传部领导，设10个内设机构，编制51人，实有46人。10月24日，区融媒体中心正式迁址北京市东城区东四北大街265号金融大厦。

2021年主要工作：

用系列“微”作品突出红色“大”主题宣传。围绕庆祝建党百年和党史学习教育，东城融媒全年策划创作一系列微视频、微访谈、微电影、微动漫、微话题、线上微展厅等红色“微”主题，以小角度构建宏大主题，以小人物凸显时代精神，以小切入唤醒广泛共鸣，充分展现移动传播格局下短平快小作品传递出广大深的现实意义。全年共原创微视频187个；开设“我和党旗拍合影”“我想对党说”等微博话题，累计阅读量突破8.1亿；围绕北大二院旧址（原北大数学系楼）、《新青年》编辑部旧址（陈独秀旧居）两大红色主题展览搭建线上云展厅；宣传推广“党史e起学”微信小程序，点击量突破1000万人次。

让传统“主”阵地焕发绚丽“多”色彩。建成并启用“新闻+”新生态东城融媒发布厅，依托“1+18+N”内容生产传播平台，全年围绕疫情防控和“五个东城”建设、文明城区迎检、换届选举等重点工作，精心策划选题，先后推出“崇文争先谱新篇”“高质量发展看东城”“一把手进社区”等专栏专题及深度报道500余篇（个），充分展示东城区良好形象。区党代会及“两会”期间，通过“发展变化+群众故事+图例说明+视频海报”等形式，平面媒体、新媒体平台先期策划、深挖亮点，高时效、高频次、高质量完成宣传报道任务。

在适应“融”格局中激发“合”效能。平台融合呈现“新”气象。深化改进策采编发机制，着眼提升传播影响力，推动产品系列化、特色化。工作流程上突破原有报纸编前会制度，定期召开新闻采访策划会，以产品需求促生产供给，让后端平台“反哺”前端生产链，共同打造线索共分享、内容共策划的创作流程，真正形成融合媒体的大采访格局，调动“1+18+N”平台力量。

报道融合凸显“新”亮点。以“新闻+现场+融合”的方式策划系列报道，平面媒体突出报道深度，电视新闻突出实地探访，新媒体突出网红效果，不断创造新闻宣传形式上的新亮点。围绕促进经济消费提升推出东直门、王府井、隆福寺、前门、崇外等五大商圈系列报道，围绕平安大街、崇雍大街环境提升推出系列融媒作品，其中《北京稻香村哪家强？这家真的不一样！》《探访：600岁隆福寺变身网红打卡地》等原创内容深受好评。

创作融合迸发“新”火花。调动年轻干部积极性，采用项目负责制创作的“东城味道”系列主题短视频，用充满人间烟火的味道展现东城的人文情怀、饮食文化，深夜凌晨跟随被采访者拍摄，真正将生活的滋味融于“东城味道”之中，推出的4部东城早餐系列短视频在新华社客户端浏览量突破百万，在“北京东城”微信平台阅读量也分别破万，引发市民群众纷纷留言点赞；“众志成城，齐心战役”“喜迎冬奥，有你有我”系列视频深受好评；“东城因你而美”系列栏目，从人文关怀角度展现东城各行各业工作者的辛勤与奉献，将艺术情怀融于拍摄故事，用细腻的镜头语言和洞察人心的文字深度讲述一个又一个东城人物、东城故事；拍摄创作的“追寻中轴线”系列原创视频受到广泛好评。

队伍融合凝聚“新”力量。电视新闻主持人同时出任新媒体短视频主播，内勤财务、文字编辑客串新媒体平台出镜记者，摄影人员开始讲故事，通过充分激发干部潜在才能、多渠道开展业务培训、坚持“走出去”拓视野，不断倡导“全员自媒体”概念，驱动采编转型和队伍知识更新，深化融合发展理念。

以自身“转”变促进“新”发展。东城区融媒体中心作为北京市唯一获奖单位获“新华社融媒体产品优秀传播奖”；作品《你不知道的“亢慕义斋”》获得中央网信办评审的第二届“追寻先烈足迹”短视频征集活动“机构推选优秀作品”；《胡同里的幸福》专题、《笑怼BBC的北京东城硬核店主又出金句……这就叫大国自信！》、《电视剧〈觉醒年代〉主演带您打卡北京东城“觉醒年代”线路》视频等作品相继获“学习强国”平台主办的2021年全国县级融媒体中心优秀作品双月赛两个一等奖和二等奖；《文明巴士游京城》互动H5获光明网“区县融媒体中心优秀案例”；《我和北京合个影》微博活动入选全国“百项网络正能量专题活动”；“北京东城官方发布”获“北京号最具传播力奖”；“讲好中国故事”系列视频作品，被北京市广播电视局评为“文化传播优秀作品”；《庆祝中国共产党成立100周年》和《爱我东城》系列栏目入选2021年北京市广播电视创新创优节目；《礼在北京　让出文明》获得窗口文明服务全国短视频征集大赛活动“优秀作品奖”。

（东城区融媒体中心）

西城区融媒体中心

西城区融媒体中心（原西城区新闻中心）成立于1988年3月。1992年1月10日，《北京西城报》创刊。2004年，北京电视台公共频道《都市阳光　缤纷西城》栏目正式开播。2010年7月，西城区和宣武区合并，2018年7月16日，在原区新闻中心基础上加挂北京市西城区融媒体中心牌子。2019年3月30日，在北京市西城区新闻中心（区融媒体中心）的基础上，组建北京市西城区融媒体中心，作为区政府直属相当正处级公益一类财政补助事业单位，归口区委宣传部领导。区融媒体中心内设12个科室，事业编制60名。2020年，西城区融媒体中心完成融媒建设项目，并于9月入驻位于西城区太平桥大街107号的新办公区。

2021年主要工作：

《北京西城报》改革效果明显。针对《北京西城报》一度出现优质稿源供应不足、编辑出版流程不畅和意识形态风险把关不到位的情况，融媒体中心党组经过广泛深入调研，及时对《北京西城报》编辑出版工作进行改革。一是调整出版周期，由每周三期降为每周两期。二是2021年1月初与北京日报客户端平台合作推出《北京西城报》在线读报功能，成为全市首家上线北京日报客户端的区级报纸。三是在7月底推出《北京西城报》街道版，报纸由原来每期4版增刊至每期8版，更多版面用于街道、社区、群众的新闻报道。四是大幅压缩纸质报纸印刷及投递量，从之前每期约6.1万份降至3.3万份，争取通过完善精准投递服务，把纸质报纸印刷投递量逐步控制在1万~1.5万份，全年顺利完成《北京西城报》及街道专刊96期共556个版面的出版任务。

新媒体视频创作成果频出。为落实区委宣传部年度重点任务，中心牵头创作了西城区新版形象宣传片《古今辉映　典范西城》，通过“北京西城”微信公众号向社会发布，并在政府向市民报告工作会议、“白塔夜话”活动、区第十三次党代会等重要场合公开播出，广受好评。中心全年共创作了包括《红墙先锋在社区　我为群众办实事》《中轴线：故宫西览》《星火燎原　百年传承》《党史学习——足迹系列片》《我在中轴修文物》《新起点新征程·西城五年发展掠影》《西城这五年》等系列在内的微视频作品5322部，在“北京西城”抖音、快手、腾讯微视、央视频和视频号五个视频平台更新发布视频1610个，总阅读量5803.1万次，点赞量71万次，学习强国平台发布90条。

以“北京西城”微信公众号为龙头的新媒体矩阵实现产能翻番。截至12月27日，“北京西城”微信公众平台共发布微信文章2739篇，总阅读341万人次，收获点赞18404个，并在新华号、北京号、企鹅号、今日头条、西城家园等平台同步推送。2021年以来，微信公众平台信息编发数量较往年实现翻番，且信息质量也有较大提升。更新北京市西城区政府网站信息累计2387篇，包括“西城要闻”1165篇，“图片信息”266篇，“媒体聚焦”956篇。

《都市阳光》电视节目制播机制创新。2021年，中心对《都市阳光》电视节目的制播机制进行调整完善，进一步规范节目选题、拍摄、审核把关等相关程序，研究推出节目规范管理流程办法，稳步推动了节目制播工作提质增效。全年制作BTV新闻《都市阳光》节目365期共596条1800余分钟，并制作成短视频节目同步在北京时间、央视频等客户端公众平台发布，总阅读量近1000万。依托融媒体广播电视专业设备设施，完成西城区“两会”现场信号直播、政府绩效考核会、向公众报告工作、“共产党早期北京组织纪念地”、“科创十条发布”、“大国工匠”、“白塔夜话”等重要会议和活动各类直播10余场，录制政务访谈“营商环境政策4.0”、“西城医协系列健康讲座”等20余场，并支持协助区纪委、区委办、机关工委等录制各类专题节目近10次，有效发挥了融媒体中心装备的工作效能。顺利完成《西城文苑》《西城画苑》两刊改版合刊工作，并推出电子读刊服务。改革完善刊物意识形态风险把关，建立了三审三校双签机制，压实意识形态工作责任。

稳步推进区域化媒体联盟建设。区融媒体中心已与北京广播电视台、北京日报、新京报、新华社、央视等中央、市属媒体建立了常态化协作关系，在重大主题报道活动中紧密协同，提高了整体宣传效能，为全区各方面工作顺利推进营造了良好舆论氛围。

（西城区融媒体中心）

朝阳区融媒体中心

朝阳区融媒体中心于2018年6月19日挂牌成立，2019年4月11日正式揭牌，其前身是朝阳区广播电视新闻中心。朝阳融媒体中心建立后，将新闻宣传、媒体舆情监测与应对、突发事件、新闻应急处置和新媒体建设统筹起来，建设了“北京朝阳”客户端、微信、微博、朝阳报、朝阳有线电视、“朝阳群众”、抖音、快手和新闻网在内的全媒体平台，是北京市率先实行全员聘用制的区级融媒体新闻机构。

2021年主要工作：

聚焦主题主线，提升正面宣传力度。2021年，朝阳区融媒体中心对各项新闻宣传报道强化统筹调度，强化内容创新，强化效果提升，向中央、市属媒体提供有关朝阳区报道1.1万余篇（次）；区级媒体平台刊发新闻报道2.6万余条（次），吸引370万粉丝关注，新媒体端浏览量超过7.3亿；75家融媒体分中心发布信息约8.4万条/次。

强化统筹调度，持续打造“重头”新闻。一是聚焦重点，把握主基调。2021年，是中国共产党成立100周年，是“十四五”规划开局之年，是北京冬奥会、冬残奥会筹备的关键一年，也是毫不放松抓好常态化疫情防控的重要一年。区融媒体中心各媒体平台统筹联动，精准定位，聚焦重点宣传内容，着力打造“重头”新闻，汇聚中央、市属、区属媒体平台的融合传播合力。二是固化专班机制，打好主动仗。中心将“疫情防控新闻宣传工作专班”固化，进一步强化新闻宣传的统筹调度，聚焦重点宣传内容，生产创作具有“朝阳特色”的高质量新闻产品，不断提升平台传播效果。三是注重人才培养，开展业务培训，扎实推进增强脚力、眼力、脑力、笔力教育实践工作，开展全媒体理念和技能培训，2021年，围绕主题宣传策划、新媒体运维、短视频制作、新闻摄影、现场直播等融媒体业务工作，组织培训10余次，不断夯实事业发展的人才基础。

强化内容创新，打造差异化新闻产品。一是组建采访小组，重点宣传持续升温。围绕重点宣传任务，组建“采访小组”、开设专栏专题、深入挖掘新闻内容，有针对性地开展宣传报道，重点报道持续升温。二是创新产品形态，满足互联网时代受众获奖信息要求。适应移动化、社交化、可视化特点，区融媒体中心加强新闻产品形态创新，推出微电影、说唱、手机彩铃、小程序、沙画、游戏等不同融媒体产品。三是以差异化思维，打造精品融媒体产品。区融媒体中心从策划源头抓起，打破部门平台界限，精心制作推出一系列精品，不断摸索融合报道的差异化创作方式，针对不同平台特点有的放矢，创作精品。

注重宣传效果，提升“朝阳融媒”影响力。一是融通各级媒体平台，精准传播提升效果。不断增强主动性与能动性，整合各类媒体平台渠道，注重报道方式的多元化、宣传载体的多样化，积极拓展传播渠道，构建区域全媒体传播体系。二是分中心“同频共振”，打通新闻宣传“最后一公里”。积极推动分中心建设，75家分中心形成“日商、周报、月访、季训、年评”的“五步走”工作机制，推动朝阳区融媒体中心和分中心实现“五个相融”，即信源相融、策划相融、宣传相融、审核相融、活动相融。2021年，融媒体中心和分中心共同策划宣传内容1100余个。三是开展融媒体活动，更好引导服务群众。区融媒体中心紧密依托各平台，开展形式多样的线上线下活动35场/次，打通承上启下、联接服务群众的“最后一公里”，提升“朝阳融媒”品牌影响力，巩固壮大基层思想文化阵地的综合优势，更好引导服务群众。

注重媒体自身建设，加速媒体深度融合。中心强化问题导向和目标导向，加快传统媒体和新兴媒体深度融合，努力把中心建成主流舆论阵地、综合服务平台和社区信息枢纽。2021年，朝阳区融媒体中心先后获“媒体融合先导单位”、“‘红色视听之旅’融媒行动”优秀短视频一等奖、“爱上北京的100个理由主题短视频大赛和征文”短视频二等奖、“学习强国”全国县级融媒体中心优秀作品双月赛三等奖（3次）、“北京朝阳”被中宣部列入全国具有示范意义的客户端等荣誉。

在融媒体中心建设上，朝阳区融媒体中心注重抓了三点：

一是拓展“新闻+”功能。为发挥“两平台一中心”作用，“北京朝阳”客户端有服务功能2128项，2021年，政务服务中心总活跃度6935200，发布信息7990条。在“北京朝阳”客户端和微博，开设“市民诉求中心”，与“我为群众办实事”实践活动相结合，通过“市民诉求→部门处理→信息反馈”的闭环处置，实现“民有所呼、我有所应”。2021年，解决群众网上诉求超过800个。充分利用“朝阳融媒大数据”系统，进一步提升工作水平，有效支撑全区舆情监测、联动处置、新闻应急等工作，及时了解民意，更好地服务决策部署、服务中心工作。融媒中心成为朝阳区治理体系和治理能力现代化的重要抓手。

二是提升技术水平。5G+4K、移动+互联技术已经落地。配置5G移动终端、多运营商5G流量，满足不同网络环境下客户端移动直播、异地连线互动需求。升级大数据管理系统，完善信息平台采集维度和敏感信息审核流程，实现信息聚合分类，提升数据分析质量。在冬奥等重点宣传任务中，还探索VR等技术的使用。

三是建设数字档案。完成录像数字化采集1400余盘，形成数字影像档案5.5T，通过新媒体形式转换生产新闻产品。

（朝阳区融媒体中心）

海淀区融媒体中心

2006年2月28日，在撤销原海淀区广电中心和原《海淀报》社建制的基础上组建海淀区新闻中心。2018年7月21日，海淀区融媒体中心正式挂牌运行。

2021年主要工作：

2021年，海淀区融媒体中心围绕引导群众、服务群众，履行主流舆论阵地、综合服务平台、社区信息枢纽三大职能，在引领区级媒体融合上积极探索，取得了明显成效，被评为全国县级融媒体中心能力建设十大典型案例、北京市广播电视媒体融合典型案例。

围绕中心开展宣传。服务留京过年人员，精心组织开展了"我在海淀过大年"春节系列活动，打造本土文化IP，以前所未有的参与广度、前所未有的媒体形态、前所未有的传播热潮，展示互联网精品内容促进传统文化传承创新的巨大力量。联合香山街道，打造红色香山文化传播品牌，第一次以IP为核心运营媒体和文化品牌，"融媒+文化"让香山变成海淀红色文化符号。发挥媒体制作优势，将涉及民生的重要政务信息设计制作成海报、长图、H5、短视频、访谈节目、MG动画、社区大屏周刊等融媒体产品，让"接地气"的"海淀话"更走心，解读政策100多件，制作各类解读产品近百个。

生产群众喜闻乐见的精品力作。历时半年打造《海淀扶贫印迹》系列纪录片，全网播放量超过1213万次，在"学习强国"学习平台2021年第2期全国县级融媒体中心优秀作品双月赛中荣获一等奖。策划拍摄跨屏沉浸式党史教育系列专题片《红耀海淀谱新篇》，首轮播出全网播放量超过1013万次。

打造品牌，探索"广电＋政务服务商务"。将舆论引导能力转化为社会治理能力，依托强大的前期策划团队和广泛的社会动员能力，承办北京冬奥会火炬传递、两岸青年交流合作北京峰会、海淀区"两优一先"表彰大会暨"光荣在党50年"纪念章颁发仪式等重大活动，产生了较大社会反响。为搭建覆盖海淀全域的中关村科学城领军企业和求职者之间的桥梁，服务就业这一最大民生，推出"才聚云端"大型网络招聘2021年第二季，吸引430家中关村科学城领军企业参加，提供4.8万个岗位，直播累计观看量超过5000万。

协同发展，共推公共服务重点工程。依托海淀区政府网、海淀区政务云资源平台，以技术手段打造了全区统一的政府信息公开平台、统一问政受理平台、为民办实事平台和便民综合服务平台等，丰富了"媒体+政务+服务"模式内涵，瞄准群众需求，实现跨界融合和优势互补，形成了具有媒体特色的本地政民互动新生态。海淀区融媒体中心、海淀区政务服务中心、海淀区城市管理指挥中心深度融合，搭建海淀区统一咨询受理平台和海淀区网上服务平台，集中受理回应民众意见、提供便民服务办理。目前，简单咨询问题一日办复，复杂投诉通过平台一键分转至各部门专业系统进行处理，实现了民生诉求的"多端受理、一网办结、一口回复、一线回访、一体研判"，全网平均月受理问题670余次，一日回复率89.72%，受理率及答复率连续7个月100%。

实施机构改革，建设全新业务线。2021年7月，实施了2006年原海淀区新闻中心成立以来规模最大的机构改革，将全体内设科室纳入指挥中心、采访中心、编辑中心、运营中心、发展中心、技术中心、行政中心七条业务线，各业务线绩效考核坚持高标准、严要求、重质量。依托七条业务线设定指挥绩效、采访绩效、编辑绩效、运营绩效、技术绩效、行政绩效、年度绩效（发展绩效）七类绩效，各岗位依据岗位职责享有不同类别绩效。

建设分中心，下沉社区。联合街镇和委办局，建设分中心进行媒体深度融合、深耕社区、深层参与社会治理，共筑基层社会治理新平台。截至2021年年底，已经联合街镇和委办局成立11家分中心，形成一定的规模效应。

（海淀区融媒体中心）

丰台区融媒体中心

丰台区融媒体中心的前身是丰台区广播站，成立于1957年2月，2001年11月更名为北京市丰台区广播电视中心。2019年7月5日，丰台区融媒体中心正式挂牌。

2021年主要工作：

2021年，丰台区融媒体中心围绕庆祝中国共产党成立100周年、党史学习教育和丰台区高质量发展主题主线，做强融合报道，创优融媒产品，做大全媒平台，创新全员传播。

社区新闻发声人创造全国典型经验。丰台区融媒体中心把党的优良传统和新技术新手段结合起来，广泛动员社区居民成为社区新闻发声人，直接参与到基层宣传工作中来，让基层群众成为新时代传播正能量的“网红”，助力基层社会治理和社区文化建设。2021年初，北京市习近平新时代中国特色社会主义思想研究中心、光明日报社联合调研组对社区设立新闻发声人的经验开展课题调研，并于4月22日在《光明日报》用整版刊登文章《首都多了群“社区新闻发声人”——走好全媒体时代群众路线的丰台启示》。5月8日，中央政治局委员、北京市委书记蔡奇同志对《走好全媒体时代群众路线——北京市丰台区构建社区新闻发声人机制带来的启示》报告作出批示：丰台区的探索值得肯定，要走好全媒体时代的群众路线。

区域媒体深度融合取得新进展。丰台区融媒体中心坚持一体化发展观念，强化互联网思维，以内容建设为根本、重点项目为抓手，推动区域媒体深度融合发展。一是《丰台报》《丰台新闻》改版提质增效；二是区域新媒体传播矩阵影响力持续提升。按照主力军全面挺进主战场的要求，区域新媒体传播矩阵建设加快推进，全平台用户量突破550万，全年发布推送7000余条图文新闻，2081条短视频，总浏览量超5.6亿，让丰台的声音更加响亮。

“中央媒体＋县级融媒体中心PUGC”合作深化。与新华社北京分社共同推进“中央媒体＋县级融媒体中心PUGC”合作，取得新的进展和成果。一是直接参与新华社重大核心报道；二是拓展网络直播融合报道形态；三是探索海外宣传载体和渠道。

融媒产品创新创优成效明显。探索运用全媒体方式、大众化语言、艺术化形式创新创优融媒体产品，精心策划“留京过年　让爱回家”“劳模人物”等系列短视频50余部，在新华社客户端浏览量超过6500万。聚焦“两区”建设、社区医生、乡村振兴等，策划开展网络直播活动123场，观看量4800余万，不断做大主流舆论宣传增量。

丰台城市品牌推介成果显现。在2022年冬奥会倒计时一周年之际，修缮点亮莲花池公园户外大屏，启动“妙笔生花看丰台”丰台城市品牌全媒推介行动。一是成立“丰台城市品牌联盟和创新工作室”；二是开展丽泽金融商务区品牌推介；三是创新第五届中国戏曲文化周宣传报道。

（丰台区融媒体中心）

石景山区融媒体中心

石景山区融媒体中心前身为石景山广播电视局，2001年10月更名为石景山区广播电视中心。2018年6月6日，石景山区融媒体中心正式挂牌，包括石景山有线电视、石景山报编辑部、新媒体中心三个宣传平台。2019年3月，石景山区编办正式批复融媒体中心“三定”方案，设总编室、采编中心、新媒体制作部、客户端运营部等12个内设机构和1个直属科级事业单位。

2021年主要工作：

融媒体中心建设。区融媒体中心、政务服务中心、新时代文明实践中心已实现贯通。“北京石景山”App在首页开设了文明实践中心、政务服务、便民服务、“12345”等功能入口，可为用户提供1120余项政务咨询查询服务和650项政务服务。

“北京石景山”App建设显著提升。2021年12月底，App下载量95127人，注册用户49624人，日均活跃人数380人。“北京石景山”App设立了资讯、头条、新华视界、专题等新闻资讯栏目，“12345”和“发个身边”等问政监督栏目，开设了“石景山号”，九个街道全部入驻，开设了“石景山报”“石景山工作”移动客户端频道。《石景山新闻》在“北京石景山”App同步直播。

中心新媒体部以“两微一端”、抖音、快手等媒体平台为载体，成为宣传报道的主力军。2021年，新媒体记者进疫苗接种点，进园区、进工地、进社区，采访报道园区企业生产、冬奥项目建设，以及基层的民生项目进展情况，并通过微信、微博、人民号、新华号、“北京石景山”App客户端以及新闻网站等平台进行集中推送。策划《干部在岗　群众过节》《我在北京过大年》等专栏，发布新媒体产品百余期、系列视频10期。在北京石景山App策划创森有奖知识问答活动和App地推活动，有效扩大App影响力。尤其是在带动三亿人参与冰雪运动活动举办期间，融媒体中心推出《穿越飞行石景山首钢园，冰雪盛会魅力无限》和《嗨玩冰雪，打卡石景山！》两个短视频，经过全网推送获得了超过430万的阅读量。短视频节目《南丁格尔奖获得者向新护士授帽》，在各网络平台播放，阅读量超过1280万。

《石景山报》全面改版升级。从四开八版的小报改为对开四版的大报，在原有栏目基础上，开办“石评时论”“热点聚焦”“老街坊留言板”等新栏目，并在“北京石景山”

公众号、北京号公众号，开办石景山报电子报端口。

融媒体宣传。2021年，全年完成大专题片策划、拍摄、制作近30部，包括党代会专题片、政府专题片、人大专题片、政协专题片等。还制作党课系列小专题片20期，其中党课获得市委组织部颁发的三等奖。典型事迹片《他乡亦故乡》获二等奖。

撰写了“奋斗百年路　起航新征程”“我为群众办实事”“服务保障冬奥百日会战攻坚”等大型活动策划方案20余个；制作《爱·说石景山——博物馆讲解员风采展示》100余期。《石景山新闻》播发新闻3580条，新闻资讯360条，《今日视点》播出140期，《法治聚焦》近50期。《石景山报》出刊70期，新闻近2400余条；新媒体平台推送各类信息12000余条，开展各类直播30余场。

围绕庆祝中国共产党成立100周年这条主线，发挥融媒体优势，开展了丰富多彩的党史学习教育宣传报道。电视、报纸、杂志、新媒体共制作和刊发相关报道500余条。多平台相继开设了《学党史　悟思想　办实事　开新局》《我为群众办实事》等专栏或电视版块，制作《我的入党故事》系列节目；石景山报编辑部同区委组织部、区委宣传部、区文联，共同编辑完成了“建党百年丛书”；新媒体设置“建党百年”开屏广告、开通《学党史》专题，设置“学习动态”“党史天天读”“党史故事”“有声读物”板块；电视节目编排侧重建党百年主题，展播了《大抗战》《百年光荣》《历史转折中的邓小平》等300余集电视节目。

在服贸会的宣传报道中，《石景山新闻》推出5期成就性报道，全面展示了石景山区冬奥筹办和打造新时代首都城市复兴新地标，大力推进产业转型和城市更新，积极构建以现代金融为主导，以科技服务、数字创意、新一代信息技术为特色，以商务服务为支撑的“1+3+1”高精尖产业体系。《石景山报》以“服贸会向我们走来”“中国服贸会精彩石景山”等进行系列专题报道。新媒体平台在微信公众号和客户端开设专题《服贸会来了》。首次采用视频号直播服贸会，与直播间观众在线互动，共计直播13场，近万人次观看。

在精准扶贫报道中，各宣传平台相继推出“携手奔小康”记者走一线系列报道。制作专题片《扶贫攻坚》；在微信开设《精准扶贫》专栏，围绕莫旗等地巩固拓展脱贫攻坚成果进行宣传；在微博开设“精准扶贫”“脱贫致富奔小康”等话题，围绕全国、石景山的扶贫成果进行集中展示。在App客户端设置扶贫专栏，发布信息18篇。

办好App客户端“冬奥”频道，冬奥重要新闻实现App首发。做好倒计时200天、100天专题报道，从场馆建设情况、志愿者招募、海报征集等方面进行全方位宣传。做好冬奥社区活动宣传，实时报道冬奥社区冬奥文化广场揭牌、冬奥社区群众性活动等。做好冬奥配套设施建设情况宣传，跟踪报道首钢滑雪大跳台配套项目、地铁M11线西段、冬奥公园等项目建设情况。策划石墩墩打卡、“我家门口办冬奥”等栏目，重点围绕石景山冬奥氛围营造、环境布设、冬奥知识普及等进行宣传。在《石景山报》开办“冬奥社区报”，开设“冬奥和我”专栏，重点反映冬奥如何改变了我们的生活。

（石景山区融媒体中心）

门头沟区融媒体中心

门头沟区融媒体中心的前身是门头沟广播站，成立于1958年7月，2002年5月更名为区广播电视中心。2018年6月30日，区融媒体中心正式挂牌。

2021年主要工作：

内外精准发力。内宣工作围绕创建全国文明城区、打造“红色门头沟”党建品牌和“绿水青山门头沟”城市品牌、推进“三四三六”工程、新冠疫苗接种、脱贫攻坚全面胜利、精品民宿、优化营商环境、接诉即办、庆祝建党一百周年等重点工作，以动态报道、专题报道、政策解读等形式，及时开设专栏、专版，积极利用多媒体平台全方位、多角度进行宣传，助推“五个之城”创建，为全区经济社会发展营造良好舆论氛围。2021年共播出电视新闻2136篇，《京西时报》出报85期340个版面，“门头沟融媒”App推送稿件2986篇，“门头沟融媒”公众号推送报道1146条，“门头沟融媒”新浪微博发布1142条。

外宣工作全年在市级以上媒体发布电视新闻114篇，其中，央视《新闻联播》播出1条，《新闻直播间》播出7条；门头沟融媒在北京日报客户端“北京号”共发布稿件954篇，浏览量在211个记者站中每周排名前十；在新华网客户端发布稿件26篇，在新华社客户端发布稿件7篇；在学习强国刊登稿件90篇。门头沟融媒作为门头沟区官方发布荣获北京日报客户端北京号2020年度“最具传播力奖”。强化节目推优工作，在2020年度北京市广播电视节目作品评选中，门头沟区融媒体中心参评广播电视播音主持类、广播电视新闻类、媒体融合类三类项目共4件作品全部获奖，取得了大满贯的佳绩。长消息《让光影艺术照亮百姓生活》在新华社客户端推送，点击量超过100万，同时被北京广播电视局报送国家广电总局参评。在新华社新闻信息中心联合新浪新闻、自然资源部推出的“四季旅行”项目第一季“春天摄影大赛”中，门头沟融媒体中心两部作品入选，获“最佳组织奖”。

扎实推进融媒体中心建设。一是推动制度创新。整合制定了《融媒体中心内外宣业务考评办法》，提高了一线从业人员的积极性。强化从业人员管理，完善了《门头沟区融媒体中心记者证管理规定》，完成2020年度记者证核验工作，今年中心记者证核验33人，延续注册播音员主持人证1个，新申领记者证8个。二是充分利用短视频传播速度快、受众范围广的特点，成立短视频孵化小组，挖掘短视频选题，根据作品运营数据与用户内容需求变化，持续进行短视频内容创新，完成自制短视频内容的孵化与制作工作，以记者第一视角拍摄的《融媒小姐姐带您探秘疫苗接种点》等两部VLOG，获2021年第一季度优秀广播电视新闻作品奖。《身边的故事：曹连如的“桃园村”》和《身边的故事：创城热心人的艺术时光》融媒体节目获得2020年第四季度广播电视创新创优节目。

（门头沟区融媒体中心）

房山区融媒体中心

房山区融媒体中心的前身是房山县广播站、房山县人民政府广播科、房山区广播电视局。拥有房山电视台、房山人民广播电台和房山广播电视传媒网等传媒机构。2018 年 7 月 12 日，房山区融媒体中心揭牌成立。

2021 年主要工作：

围绕中心，服务大局，传播壮大主流思想舆论阵地。精心策划庆祝建党百年宣传报道。在《房山新闻》《今日关注》《FUNHILL 面对面》等重要栏目以及广播、报纸、“北京房山”App 和微信公众号、房山融媒网等全媒体平台，统一开设《奋斗百年路　启航新征程》专栏，以记者深入一线、深入基层调研采访的形式推出系列报道，依托房山红色资源，走进历史深处，生动讲述房山红色故事。同时，中心与房山区委组织部联合制作推出专题片《百年辉煌心向党》，联合区工会以快闪形式组织劳模代表、一线劳动者录制《没有共产党就没有新中国》歌曲视频。

深入开展党史学习教育宣传报道，结合“我为群众办实事”实践活动，推出《党旗在基层一线高高飘扬——我为群众办实事》《建党百年　立德树人》等系列报道；开设《接诉即办为民服务》等节目板块；在房山电视台和“北京房山”新媒体平台同步刊播房山区《百人话百年》党史微党课系列短视频；房山人民广播电台结合房山区没有共产党就没有新中国纪念馆举办的“人民的心声　历史的旋律——‘没有共产党就没有新中国’革命歌曲主题展”，推出《歌声中的党史》专题节目。同时，“北京房山”App 平台联合区相关部门策划推出房山区“永远跟党走”“四史”知识竞赛，面向全区普及党史知识，推动党史学习教育走深走实。

为加大“创城”宣传力度，营造浓厚氛围，中心多平台联动、全媒体发布，集中策划、集中采访、集中宣传报道。广播、电视、报纸及新媒体平台统一推出《创城进行时》挂牌专栏，围绕房山区“创城”工作总体部署，对各乡镇街道、各单位部门“创城”工作的开展情况、创新举措以及工作中涌现的典型经验、做法和先进事迹进行报道；同时策划推出《“创城”为百姓　百姓共“创城”》专题节目，以及《讲文明树新风》《引导文明出行　共创文明房山》等公益广告、短视频。

房山区融媒体中心围绕“十四五”开局、疫情常态化防控、政法队伍教育整顿、美丽房山建设等，推出《扬帆十四五　奋力谱新篇》《砥砺奋进正当时》《疫情防控进行时》《生态宜人　美丽房山》《创森进行时》《聚焦城乡环境治理》《乡村振兴进行时》等融媒体专题专栏节目，以不同形式展现房山区转型发展的新亮点和良好态势。

坚持融合发展，深入推进融媒体品牌创建。中心实施“移动优先”战略，推动“北京房山”App、抖音、快手、微博、微信等新媒体平台建设，打造移动传播矩阵。在 2020 年度北京日报社合作传播奖评选中，“北京房山官方发布”荣获“北京号最具成长力奖”；“北京房山”快手在《走进北京网红打卡地》“拔草行动 VLOG 挑战赛”中获得二等奖，并被北京广播电视台授予“拔草行动走心推荐官”称号。

中心推出全新融媒体视听节目《“北京房山”在线》，正式上线“听见广播”视听平台，突破时间和地域限制，拓宽服务广度和深度，标志着区融媒体中心在广播电台创新改革上迈上了新的台阶。

中心始终坚持内容为本，不断加强内容建设，制作推出既有厚度又有温度，既有特色又有创意的融媒体节目。其中，《辉煌十三五　奋进奔小康》《战“疫”群英谱》《我眼中的大美房山随手拍活动》等专题片、短视频作品在2020年度北京市融媒体中心收听收看优秀作品评选中被评为优秀作品；《以文促旅　以旅彰文　文旅融合拓宽小康路》《无眠无休　战“疫”有我》等新闻节目、专题片作品在北京市广播影视协会2020年度优秀广播电视节目评选中被评为优秀作品；《以信念之光　照亮奋斗之路》荣获北京市广播电视局“红色视听之旅”融媒行动优秀短视频，并在“北京时间”平台专区正式上线展播。中心坚持以优质内容创造融合精品，牢牢占据舆论引导、思想引领、文化传承、服务人民的传播制高点。

坚持技术升级，加强维护管理，确保安全播出。中心实施的“工艺系统建设项目”荣获中国广播电视设备工业协会科技创新奖，项目包含“北京房山”App、指挥调度中心、大数据线索平台、采编联动平台等八项融媒体技术系统建设，标志着媒体平台由相加变为相融，由简单融合走向深度融合。

2021年完成了中心机房视频监控及环境监测系统更新改造工作，完成了三级系统年度等保测评。截至2021年年底，房山电视台无线频道共播出2542.75小时，房山电视台高清频道共播出2542.75小时，有线频道共播出2652小时，房山电视台无线地面数字电视频道（CH13）4套电视节目共发射9664小时，房山人民广播电台FM107共发射2718小时。中心电台、电视台、网络播发的节目均未发生任何安全播出和网络安全事故事件。

（房山区融媒体中心）

通州区融媒体中心

通州区融媒体中心于2018年7月18日挂牌成立。前身是通州人民广播电台、通州电视台和通州时讯。2019年3月25日，根据《北京市通州区机构改革方案》，经报区委批准，将区融媒体中心设置为区政府直属相当正处级财政补助事业单位，归口区委宣传部领导，类别为公益一类。

2021年主要工作：

融合引领树形象，开创与市级媒体合作新局面。通州区融媒体中心在与北京日报社、北京广播电视台及各宣传业务平台负责人组成“编委会”的基础上，进一步加大与市级媒体的合作力度，着力推进京津冀媒体协同发展。

一是持续推进“行走京津冀”暨高质量发展融媒采访活动。以习近平总书记关于“京津冀协同发展”重要讲话精神为指导，联合北京广播电视台、区委宣传部等单位以进一步加强通州与津、冀两地媒体特别是与天津武清、河北廊坊媒体的互动联系，让“京津冀协同发展”新闻数量有提升、质量有提高、角度更丰富。策划开展京津冀三地融媒联合采访活动，“行走京津冀”暨高质量发展融媒采访活动于2021年12月1日正式启动。

二是加强与北京电视台的深度合作，提升新闻策划和采编质量水平。建立选题会商和专线供稿机制，形成市区两级媒体垂直融合、横向协作、共融共享的内容生产体系。从2021年8月开始由原来北京台新闻中心各栏目主编轮班制，改为主编、记者、摄像入驻制，形成深入合作。此外，还为北京卫视多档新闻栏目提供稿件和素材，与《北京您早》栏目进行多次直播连线。加强自主选题力度，增强重大活动背景式报道，重大政策出台的解惑性报道，重大事件有跟踪式报道，特色亮点工作有经验性报道，重大节日有主题性报道。

三是紧跟副中心重大新闻事件的报道力度，展示融媒体中心的综合实力和对外形象。利用好北京电视台、北京日报优质平台资源，加强与市级委办局的沟通交流，建立合作关系。增强与中央电视台及其他市属媒体的合作关系，建立长效联系机制，打造全方位、多渠道、深层次传播效应。全年在北京电视台、北京日报、学习强国等市级以上媒体平台发布共计1900余条新闻。其中，4月3日，中央电视台新闻频道的新闻直播间栏目，播出了庆祝中国共产党成立100周年系列报道——《奋斗百年路　启航新征程——高水平高质量建设北京城市副中心》专题节目。5月6日7版的《人民日报》刊发了《北京城市副中心三大建筑初露“芳容”》。12月12日，央视《新闻联播》头条播出了《新征程开局“十四五”——打造蓝绿交织的北京城市副中心》的专题新闻。

项目引领提实力，推动中心事业跃上新台阶。一是完成了外立面装修改造工程并按照相应的名称变化重新完成了外墙挂牌等一系列环境改造。还对中心监控系统进行了升级改造并完成了联通光缆交接箱搬迁移动工作。

二是完成南楼办公区域的启用。根据北京市通州区人民政府办公室办文第1769号精神，同意新华东街256号院南侧办公楼（原区投促中心办公楼）调剂由我中心使用。根据工作需要，《北京城市副中心报》采编人员等有关部门60余人的办公设施、生产系统搬入南楼办公，拓展了中心办公空间。

三是完成中心双路供配电及互联系统项目建设，实现了高压箱箱变双路、双UPS、灾备供电，保障了我中心各栏目的制作、播出、发布、发行，机房供电负载容量和安全用电等级大幅度提升。

四是推进副中心新闻发布大厅项目建设。建成近300平方米的新闻发布大厅和配套设施，有效提升了副中心新闻发布能力、效果和范围及新闻发布质量和安全性。

五是将通州区融媒体平台系统与“北京云”市级技术平台进行技术对接。市区两级平台对接后，更好促进市区宣传部门横纵沟通，共同建设主流舆论阵地。

六是完成公共文化资料存储系统项目建设。编目整合近年新闻和专题栏目图片、声音、视频等公共文化资料并进行数字化存储。目前可高效检索调用数字化素材进行编辑，丰富节目内容。

（通州区融媒体中心）

顺义区融媒体中心

2018年6月23日顺义区融媒体中心成立。2019年7月10日，《北京市顺义区融媒体中心职能配置、内设机构和人员编制规定》获批。该中心为区政府直属公益一类事业单位，机构规格相当正处级，经费形式为全额拨款，归口区委宣传部领导。

2021年主要工作：

主流舆论宣传逐步壮大。围绕党史学习教育、疫情防控、创建全国文明城区、“两区”建设、接诉即办、安全生产、民生保障等重要主题，发挥全媒体优势，加强节目策划，全媒体共推出新闻20305条、专题110期、出报105期，制作总结片30部，短视频402个、微课堂23个、公益广告26条。在学习强国北京平台、北京日报北京号等刊发信息9617条。《顺义十二时辰》获第30届（2020年度）北京新闻奖二等奖。在2020年度北京市优秀广播电视节目评选中，《北京自贸区国际商务服务片区挂牌 顺义占片区总面积59%》《产业扶贫让“土豆豆”变成“金豆豆”》等6部作品获奖。《直击顺义核酸检测现场！寒夜里的坚守与执着！》获评2021年度第三季度北京市优秀融媒体新闻作品。广播剧《文明一家人》获评2021年四季度北京市广播电视创新创优节目。短音频《中国精神》获得2021年第四季度北京市优秀广播电视新闻作品。2部作品入围2021年学习强国平台第4期、第5期全国县级融媒体中心优秀作品双月赛。《区人大和区政府合力推动代表议案“落地开花结果”》获第十七届北京市宣传人民代表大会制度好新闻二等奖。短视频《顺义区第一位共产党员李昆》获得北京市广播电视局“红色视听之旅”融媒行动优秀短视频。系列短视频在北京广播电视台举办的《走进北京网红打卡地》之“拔草行动VLOG挑战赛”评选中获得“最美VLOG”称号。《顺义这片4色樱花花海免费开放，快来打卡》等3部作品入选新华社新闻信息中心推出的“四季旅行”项目第一季“春天摄影大赛”。

五个一“百”宣传党史学习教育取得扎实成效。围绕党史学习教育，以“百集栏目学党史、百堂课程讲党史、百位党员话初心、百名青年感党恩、百首红歌传精神”为主线，特别策划推出系列栏目、活动。《顺顺学党史》《学党史 悟思想 办实事 开新局》《我为群众办实事》等栏目已推出800余期。与区委党校共同打造的“红色讲台微课堂”栏目、与区政协联合开展的“永远跟党走——政协委员学党史读书活动”等登上了学习强国、首都广播电视、北京日报北京号等平台。“我为妈妈献才艺”暨顺义区第七届青少年才艺大赛成功举办，活动累计浏览量达50余万人。《心中的歌儿献给党》主题MV在市委宣传部主办的北京市“永远跟党走”歌曲传唱活动、市委组织部举办的“全市党员教育电视片观摩交流活动”等平台集中展映。25个镇街党（工）委书记演播室里畅谈党史学习教育，在“学习强国”北京平台以“卡片专题”形式重点推荐。

全媒体平台推出《创建全国文明城区》《顺顺创城》《创城有我》等10大栏目，每日聚焦创城密集报道。顺义时讯推出引领工作导向、助推创城开展的《创城特刊》出版10期33万份。电台推出原创广播剧《文明一家人》，并在学习强国北京平台热播。与北京电视台《北京新闻》栏目合作推出《“两区”建设对话一把手：顺义区发挥三大优势，加快推动“两区”建设！》。转载人民网《北京顺义公布“两区”建设一周年“成绩单”，书写高质量发展“顺义答卷”！》等。利用顺义电台、电视台、顺义时讯、北京顺义公众号、北京顺义App等“3+8”融媒体矩阵全面宣传报道2021年中国国际服务贸易交易会、世界智能网联汽车大会、科博会及HICOOL全球创业者峰会，综合运用图文、音视频、H5、360度全景VR、特刊等多种形式制作推出系列受众喜爱、刷屏热传的融媒体产品。

构建全媒体矩阵联盟。顺义融媒在打造“3+8”主流媒体传播矩阵的基础上，拓展融通广度，实现了“三个维度”的融合：与昌平区等北京市各区及内蒙古科左中旗等对口援助地区的融媒体中心对接合作，实现“横向融合”；与区内各政府机关、企事业单位等二级宣传平台对接合作，构建起全媒体矩阵联盟，实现“纵向融合”；与学习强国、新华网、光明网、人民网、北京日报北京号等中央、市级媒体及宣传平台互联互通，做到“贯通融合”，实现了以区融媒为引领，60多家单位及媒体“融”“通”一体、共赢发展的“大合唱”格局。与内蒙古巴林左旗、科左中旗融媒体中心对接合作，策划推进“携手共绘乡村振兴壮美画卷”“借鉴成功经验精准抗疫”“优质文旅人民共享”等一系列选题。顺广传媒微信公众号于2021年4月16日正式认证为北京顺义微信公众号，于6月22日推出视频号。《北京顺义“荷”您相约》获“腾讯微信官方政务 & 新闻媒体成长计划”首条推介。

重大活动服务保障圆满完成。协助拍摄《双奥之城　城市之光》北京冬奥会主办城市系列宣传短视频。参加北京市广播电视局举办的《纪实的力量》主题论坛暨资源对接环节，确定了一项市局支持专题片制作项目。高标准完成区委区政府及相关委办局交给的总结片、宣传片、专题片等制作任务共30部。多部作品得到区级领导充分肯定。积极参展2021年中国国际服务贸易交易会“媒体融合”展示。成功承办第八届顺义区道德模范发布仪式。

（顺义区融媒体中心）

昌平区融媒体中心

昌平区融媒体中心前身是昌平县广播站、昌平县人民政府广播科、昌平县广播电视局、昌平区广播电视局。拥有昌平人民广播电台、昌平电视台和昌平广播电视网。2017年7月，昌平融媒体中心正式挂牌。

2021年主要工作：

推进深度融合，创新运营模式。一是优化内部组织架构，重新整合采编力量，强化“中央厨房”指挥调度功能。成立媒体事务中心优化全平台运营，提升融媒品牌影响力。完成广播电视改版，推出《昌平新闻》《走进三农》《真情故事》等15档广播电视品牌栏目，创新推出《新闻悦读听》《乐享时光》《1031畅行晚高峰》3档电台直播。成功打造本土品牌栏目《昌平读书汇》《Fim时光》，分别荣获“北京市建设学习型党组织工作品牌活动”、北京市广电局优秀少儿节目奖项。创新上线融媒产品“有声报纸”“有声书”，整合线下精品力作线上播出，推动平面内容在客户端“立体化”呈现。二是做强互动化传播。持续推动“昌平号”建设，完成97家镇街单位、驻昌企业入驻，累计刊发稿件8800余篇；借助“UGC”功能，在《全民开播》栏目策划推出“五一游昌平”“天使在身边”等主题活动，征集用户短视频作品100余部；开展“欢乐扭一扭”“中秋佳节送好礼”“盛世华诞你我同祝”等线上活动，粉丝活跃度不断提高。三是做实常态化服务。持续深化“三个中心”融合，加强12345“问政”平台建设，累计解决群众难题33000余件。优化“新时代文明实践中心”功能建设，创建志愿服务项目2200余项，完成线上点单、线下派单活动12000余次，提供服务6.6万余人次，服务群众39万余人次。

聚焦中心工作，强化宣传保障。围绕“两区”建设、“回天”治理等区委重点工作，深度策划推出融媒体宣传21个，平均每天派出14组记者团队，全平台发布新闻信息共39000余条。电视发布《昌平新闻》2400余条，推出专题栏目530余期，引进制作电视剧458集、栏目980期；广播策划录制节目210期、直播360余期、引进制作4200余期；《昌平报》发行110余期，刊发稿件3800余篇，发布评论80余篇；新媒体发布内容28000余件，总阅读（浏览）量超9.5亿；全媒体策划推出直播活动50场、转播55场、录制14场，高标准组织完成“两岸升明月 中秋话农情——京台两岸连线农业交流会”“2021服贸会昌平区全球推介会”等多场高规格活动现场直播。同时，借助中央、市级媒体、互联网商业平台全媒体平台共发布外宣稿件8700余条，其中国家级媒体刊播3400余条，市级媒体刊播4200余条。2021年中心获得市级以上荣誉20余项，被评为“援疆援藏 帮困助困 公益爱心企业”，专题片《战“疫”先锋》荣获第六届北京网络视听作品与人才推优活动“融合媒体创新集体”，短视频《延期一年，不留遗憾！为看太旗“摘帽”》入选首届“城市印纪”城市形象宣传片（短视频）征集活动专项推优作品，《三年巨变，何来“回天力”？》《记昌平疾控人的一天》《图鉴丨谢谢你，每一位平凡的昌平人！》入选第30届北京新闻奖评选，其中《三年巨变，何来“回天力”？》入选中国广播电视大奖评选。

深化精细管理，推动安全发展。严格贯彻落实“党政同责、一岗双责、齐抓共管”总要求，以融媒体管理体系为抓手，紧盯关键环节、关键部位、关键节点完善管控措施。结合庆祝中国共产党成立100周年安全播出保障期管理，全面梳理安全播出风险，建立台账，完善防控措施、应急方案，加强应急演练。先后对各类技术系统设备进行安全巡检420余次，排除办公系统、媒资系统、制作系统、演播室系统、新媒体系统等技术故障1500余次，广播电视安全播出总时长47093小时，实现播出零事故。

（昌平区融媒体中心）

大兴区融媒体中心

大兴区融媒体中心，成立于2001年10月。其前身是大兴区广播站、大兴县人民政府广播科、大兴县广播电视局，2018年6月12日，大兴融媒体中心正式挂牌成立。

2021年主要工作：

聚焦主线，讲好新国门新故事。一是深入基层，讲好党史故事。以“融媒力量”党史学习教育宣讲团为依托，深入“双百双千”共建村宣讲党史故事；录制50期“我们一起学党史”短视频。二是深耕本土，研发原创栏目。重磅推出系列电视文献专题片《平南记忆　红色大兴》，填补北京南部区域抗日和敌后工作史实空白；打造15集原创评书《千年风雨话大兴》，推动大兴红色基因和历史文脉赓续传承。三是聚合传播，打造爆款产品。在微信公众号、微博等阵地多形式推送“百日打卡致敬百年”盲盒互动分享活动，累计20万人次参与；开展建党系列“红直播”活动，累计浏览量60万次。四是延伸触角，扩大宣传效果。积极向“学习强国”“前线”App，“北京号”等中央、市属媒体推送中心党史学习教育特色亮点工作，传播好大兴红色声音。五是跟进热点，掀起学习热潮。在中心各媒体平台开设“学习贯彻十九届六中全会精神”专栏，推出贯彻全会精神“一把手＋党员＋干部”系列报道，累计播发新闻50余条。

围绕中心，用心讲好新国门故事。聚焦“‘两区’建设”“创城”“创卫”“创森”等区内重点工作，加强宣传策划，把传统媒体的“稳”“准”和新媒体的“快”“活”结合起来，推出更多“短、实、新”的全媒体产品，共推出融媒产品130余条，总阅读量超1.73亿。制作小黑垡村纪录片《走向我们的小康生活》，获“学习强国”平台签发推送。微电影《又见花明》被北京市委组织部评为优秀电教片一等奖。

移动优先，用情讲好战疫故事。围绕大兴区及北京其他区域疫情动态、“加强针”接种及3~11岁人群疫苗接种等重点内容，广泛运用海报、长图、短视频、微博等载体形式，策划制作多部有温度、有态度的融媒“硬核”产品。重点时期，新媒体平台临时增加日推频次，全媒体平台日均发布信息近百条。北京大兴微博《刚刚！大兴区新冠肺炎疫情防控工作领导小组发布最新要求》阅读量超1300万次；《大兴区“加强针”接种开启重点行业、重点区域先铺开》阅读量超100万次。疫情防控稿件推送《大兴区天宫院街道疫情小区保供应》《北京大兴区新冠疫苗“加强针”昨天开始接种》等多条新闻在《新闻联播》《东方时空》等央属、市级媒体播发。

服务大局，用力奏响“三会”最强音。联合推出开设“新大兴　新国门”喜迎“三会”特别报道宣传专栏，全媒体平台报道成就性宣传50余条。强化技术赋能有声势，充分运用直播、H5长图、AI主播、VLOG等新形式、新技术，推出“我的这五年”“两会日记”“两会声音”“两会访谈”等系列化、分众化、互动化融媒产品。截至2021年年底，全媒体平台发布“三会”新闻400余条，总阅读量超160万人次。

提升媒体服务水平，强化平台建设。融媒＋服务。依托“北京大兴”App客户端，以“新闻＋政务＋服务＋商务”为建设理念，实现

“融资讯、融政务、融生活、融未来”方面取得了明显实效。App 用户下载量已突破 186 万次，实名注册超 162 万，日活量最高超 5 万，成功上线区级、镇街事项 3000 余项。

融媒＋监督。依托“记者走基层”活动和“大兴老街坊”社会记者队伍，围绕落实“七有”要求和“五性”需求，助力解决社会和人们关注的焦点、难点问题，做到主动发现、问题前置，切实提升群众参与感、满意度，创办《融媒内刊》《记者观察》等刊物，获区领导批示 53 次，刊登落实与反馈 57 次。

融媒＋治理。着力打造全市区级融媒体中心首档百姓与公共领域对话节目《言之有理》，全年累计走访 20 个镇街，80 余个社区，采访群众数千人，完成年度 7 期节目录制任务，在电视台、抖音、快手等平台推送，受益群众超 10 万人。强化与公安、司法、信访、工商、应急等部门的合作，设置消费维权、平安大兴、看大兴、网上 12345 等板块。

攻坚克难，推进媒体融合纵深发展。加速融合发展。依托《关于加快推进大兴区媒体深度融合发展的实施方案》，深化融媒体改革，加快推进“融媒中心＋国有公司”运行模式，做好国有公司注资和项目签约运行，不断增强自我造血机能，实现可持续发展。

持续拓展平台。完成“北京大兴”App 客户端改版升级，成功上线大兴号模块，已开通“大兴号”80 余个，发布各类新闻 2051 条，总阅读量超 41 万人。

深化合作共赢。成功举办第三届全国政务新媒体座谈会，发起成立京津冀融媒体协同联盟，京津冀 30 余家融媒体中心共同签署《京津冀融媒体中心协同发展联盟宣言》，先后开展“携手京津冀，聚焦新国门‘我眼中的大兴’京津冀媒体大兴行”活动、京津冀高校最强大学“声”挑战赛、“聚焦京津冀　见证‘十四五’”协同宣传等系列活动。

扩大传播影响。与央属、市级媒体建立联动机制，畅通传播渠道，共同策划重大选题，开展联合采访，加强优秀稿件推送力度，借势央属、市级媒体平台，持续扩大“新大兴　新国门”影响。中央电视台、北京电视台、“学习强国”平台、北京日报等媒体平台累计推送新闻消息 1700 余篇。

（大兴区融媒体中心）

怀柔区融媒体中心

怀柔区融媒体中心前身是怀柔县广播站、怀柔人民政府广播科、怀柔县广播电视局、怀柔县广播电视中心、怀柔区广播电视中心。2018 年 6 月，加挂北京市怀柔区融媒体中心牌子，《怀柔报》编辑部纳入区广电中心。2019 年 3 月 11 日，将区广播电视中心（区融媒体中心）的职责，以及区域公共媒体相关机构的职责融合，组建区融媒体中心，作为区政府直属事业单位，归口区委宣传部领导。区融媒体中心拥有怀柔人民广播电台和怀柔电视台、怀柔报、“怀柔融媒”移动客户端等媒体。电视台有两个频道。其中，怀柔一频道（HRTV1）为自办节目，每天播出 18 小时；怀柔二频道（HRTV2）节目纳入北京电视台新闻频道播出，每晚首播 1.5 小时，次日重播两次。怀柔广播电台平原播出频率 FM101.3

兆赫，山区频率 FM93.1 兆赫。全天播音 15 个小时。2021 年，《怀柔报》共刊发 92 期。每期报纸印发 2.9 万份，每周一、周四出刊，每期开设 4~8 个版面。

2021 年主要工作：

宣传报道。全面深入开展庆祝中国共产党成立 100 周年宣传。怀柔电视台、北京怀柔移动客户端、怀柔报、怀柔融媒微信公众号等所属各媒体平台开辟《党史学习教育：学党史　悟思想　办实事　开新局》专栏。《怀柔报》与区委党史研究室合作，以《红色印记——怀柔党史回顾》专版形式，精选出百年来发生在怀柔大地上影响深远的人和事，为全区党组织和广大党员干部学习提供资料，全年共刊播新闻稿件近百篇。七一建党 100 周年倒计时 100 天之际，推出《百年恰是风华正茂》版块，电台开办《党史百年 · 天天读》《党史故事 100 讲》节目，北京怀柔 App 平台开设《党史日历》专栏，完成 10 集新闻专访《最美基层党支部》，启动“奋斗百年路　启航新征程”主题系列成就宣传，开办《向身边榜样学习》专栏。完成 10 期《红色记忆》专访，启动 9 期《红色之旅》直播及短视频制播工作。《怀柔报》策划采写“红色记忆”特刊文章 20 篇，开展“永远跟党走”群众性主题宣传教育活动，开设专栏《我想对党说》，新媒体推出 24 期《耀眼的平凡》VLOG，完成系列访谈节目《老党员话心声》30 期。

推出《科学一百年　奋斗每一天》系列新闻报道；开辟《每日科技名词》《相约科普》《涨知识》等科普专栏；《怀柔报》开设《融媒带你走进怀柔科学城》专栏，策划推出《行走怀柔科学城》《筑梦怀柔科学城》新闻报道。

发挥融媒体传播矩阵作用，服务全区重点工作。采写新闻报道 80 余篇；推出《起跑“十四五”》系列专访、《展望“十四五”》系列访谈节目、《领航新征程　谱写“十四五”新篇章》专题节目；策划推出《创城进行时》《立行立改》《聚焦“五态”建设》等特色专栏；《怀柔报》开设“怀柔一家人”“劳模风采”等共建文明话题专栏；电台新增《风从哪里来》《中国母亲风采》《生活家》等 12 档不同类型节目；开办直播节目《怀柔山水等你来》；深化节目内容整合，持续做好《奋斗百年路　启航新征程》系列宣传报道；完成 7 期“怀柔区农村人居环境问题”专题片；桥梓镇聚力民生“七有”要求和“五性”需求总结汇报片；完成区委党校 2021 年青干班培训《赓续奋斗　逐梦百年》专题片；创城半年推进会问题通报专题片，怀柔区会议会展招商展示片。

加大新媒体推广宣传力度，探索竖屏拍摄方式，制作播出 73 集系列短视频《100 秒说怀柔》。联合央视、新华网等平台共同策划、启动“美丽的国、美丽的家”“慕田峪元旦观日出”“民俗院里话振兴，乡土文化焕生机”等直播 18 场，全网累计点击量已达超 1200 万次。

融媒体中心建设。加强“北京怀柔”手机客户端的提升与完善。升级改造后的“北京怀柔”手机客户端，完成区级融媒体中心与新时代文明实践中心、政务服务中心、怀柔 12345 市民热线系统对接贯通，并为与市级技术平台对接留好接口。2021 年，“北京怀柔”移动客户端已对接政务服务部门 44 个，怀柔区媒体融合发展已见成效，“新闻 + 政务 + 服务”平台进入运行阶段。

加快推进媒体技术创新。按照市广电局安排部署，完成听见广播网络直播系统的建设；与湖南广电集团联合，共同完成 AI 智能手语系统建设，实现了区融媒体中心虚拟人物的手语播报。实地考察应急广播的现状和需求，为怀柔区应急广播的建设提供数据依据。媒资内容迁移项目改变了怀柔台珍贵视音频历史资料的存储方式，从旧的磁带机式存储升级为磁盘阵列数据存储，延长了存储时间增强了数据的安全性。智慧运维系统的落地实践，减少了技术运维工作量，增强了工作效率。完成中国教育电视台小小演说家节目录制3期。完成中央电视台《艺术传承》录制1期。

严守安全播出底线。制定每日开关机和定期主备机倒换方案，确保系统的良好运行，保障播出安全。按照广电总局相关要求，重新申办了《广播电视频道许可证》，保留一个电视频道和一个广播频道，关停了原二频道（插播BTV新闻）节目，结束了多年来两个频道的播出历史。投资38万元与索贝、新奥特、电台联汇签订维保合同，保障播出安全。投资32万进行等级保护三级系统和二级系统的复测，保障网络安全。

（怀柔区融媒体中心）

平谷区融媒体中心

平谷区融媒体中心前身是平谷县广播站、平谷区广播电视局，拥有平谷人民广播电台和平谷电视台。2018年6月29日，平谷区融媒体中心在区广电中心正式挂牌。

2021年主要工作：

传统媒体宣传。新闻节目《平谷新闻》围绕全区“两会”、疫情防控、“疏整促”、“垃圾分类”、“生态文明建设”、“美丽乡村建设”等全区重要会议、重点工作、重要活动和重要节日进行了全方位的宣传报道，2021年全年《平谷新闻》播发新闻5500条。专题栏目《热点进行时》《百姓身边》《名医会客厅》《警法在线》等专题节目围绕平谷三区一口岸区域功能定位、社会主义核心价值观、法治宣传等内容进行舆论引导，共制作节目130期，累计播出千余次。广播电台《农民与法》《农业科技》《善行至美》《卫生与健康》《美丽乡村》《柴老说平谷》《政策问答》七个板块，围绕百姓日常法律事件解析、农业科学技术、卫生健康知识普及和全区先进人物典型、美丽乡村建设、历史文化遗迹等进行宣传。制作播出276期，播出总时长966小时。《平谷报》开设《庆祝中国共产党成立100周年》《宣传贯彻区委五届十三次全会精神》《政法队伍教育整顿》《创建文明城区　共筑首善北京》《创建“基本无违建区”》《环保督察在平谷》等专版专栏30个，紧紧围绕区委、区政府的中心工作和重大决策部署，突出重点，关注热点，讲政治保平安，既报喜又报忧，坚决守好宣传阵地。《平谷报》全年出刊100期，文字200余万字，照片千余幅。

对外宣传。平谷融媒体中心高度重视对外宣传，宣传推介平谷，树立平谷对外良好形象。结合区内重要活动，进行精准报送，截至年底由区融媒体中心报送，在市级以上媒体播出新闻140条，其中，央视新闻和新华社播出22条。

新媒体宣传。“幸福平谷”微信平台利用新媒体传播平谷声音，讲好平谷故事，为提升平谷的影响力营造良好氛围。截至2021年年底，“幸福平谷”微信公众号拥有粉丝数135851人。全年累计发文4040篇，累计阅读量300万余次，覆盖人群250万余人。

平谷融媒App发布宣传垃圾分类知识、不文明行为曝光台、光盘行动、疫情防控等内容16000条。截至2021年年底“平谷融媒”App下载量为16.2万，总阅读量为178万次。“平谷融媒中心”抖音号紧紧围绕全区生态建设、文化建设、农旅结合等工作，唱响平谷好声音，提升平谷好形象，截至2021年年底共发布作品1300个，共有粉丝19.8万人。特别是4月份的休闲大会宣传工作中，平谷融媒App精心制作的《北京·平谷世界休闲大会主场馆夜景》《记者带您逛休闲大会》《打卡中国（北京）国际休闲产业博览会》等短视频在快手、抖音、北京日报北京号推送，吸引了众多网友点赞，浏览量为16.8万，抖音粉丝量增长到近19万，其中《记者带您逛休闲大会》快手浏览量4.4万，《北京·平谷世界休闲大会主场馆夜景》短视频被学习强国App采用；在12月份结束的区党代会和区两会宣传工作中，新媒体也充分发挥了移动优先的优势，快速在全区营造团结奋进、昂扬向上、开拓创新的浓厚氛围。会议期间，发布党代会相关新闻73条，阅读量和点击量累计10万余次，市民评论2500余人次，特别是《党代会现场多次响起热烈掌声！报告中这7处共鸣强烈》阅读量12494，留言497条；开辟两会专版17个，发布相关新闻100余条；拍摄制作的党代会工作汇报片《践行初心使命　砥砺奋进五年》，涵括区委5年工作成效，时间跨度大，覆盖内容广，制作周期紧，汇报片前后历经7次修改，时长14分钟。制作的两会专题汇报片《情系民生　执政为民》，拍摄镜头3000个，精选500个镜头精心编辑成片，前后经过8次修改完善，时长27分钟，两个片子在会议期间播放，均获得一致好评。

安全播出。完善广播电视安全播出应急预案，做到重要时期和敏感时段坚持领导带班制度和巡查制度；重要保障期启动安全播出应急预案。2021年全年无安全播出事故发生。

（平谷区融媒体中心）

密云区融媒体中心

北京市密云区融媒体中心前身是密云县广播站、密云县人民政府广播科、密云县广播电视局、密云区广播电视中心。2019年3月31日，密云区委区政府将区广播电视中心的职责，以及区域公共媒体相关机构的职责整合，组建区融媒体中心，作为区政府直属公益一类事业单位，归口区委宣传部领导。截至2021年12月31日，密云区融媒体中心共有在编职工111人。

2021年主要工作：

宣传报道。2021年，围绕庆祝中国共产党成立100周年，以及区委区政府的中心工作，加速推进媒体深度融合，扎实做好宣传工作。密云一套高标清、密云二套标清电视节目全年累计播出5730小时14分钟，调频广播节目累计播出5700小时5分钟；上载电视剧16部共668集；播出电视剧39部1646集。“宜居密云”微信公众号共发布信息3185条，App信息6667条，微博博文945条，北京号信息829条，短视频信息262条，平均阅读量超过20.3万次/条，获赞量1275次/条。《密云报》共出版54期。

建党百年宣传报道。依托区电视台、广播电台、《密云报》、微信微博公众号、“宜居密云”App媒体平台联动宣传。全媒体平台开设“红色百宝　奋斗百年”“长城脚下红旗飘”“寻访入党介绍人”“党史日历”等栏目，加大对党史、新中国史、改革开放史、社会主义发展史宣传力度，强化国情、市情、区情和形势政策教育宣传，营造共庆百年华诞、共创历史伟业的浓厚舆论氛围。组织区内新媒体开展“京彩e品·追寻先烈足迹”短视频征集展示活动，组织集中推送12次，发布相关信息76条；组织区级新媒体积极参与北京市委网信办主办的“京彩e品·百年初心映党旗”活动，向市级推介区委组织部、区党史办、区融媒体中心等部门在新媒体开设的建党百年特色栏目，扩大“红色密云”的知晓度和影响力。

密云水库宣传报道。讲好习近平总书记重要回信一周年实践故事。重点围绕“两山”理论，水库保护、森林城市、文化旅游、长城文化带、特色农产品、“网红打卡地”等方面，策划系列专栏突出报道习近平总书记回信重要指示精神的反响。在密云电视台和“宜居密云”微信公众号等平台开设《密云水库这一年》专栏、策划《与密云朋友的一天》微纪录片、制作《密云十大变化》H5作品、刊发《密云报》“习近平总书记重要回信精神一周年”整版专刊、承办“我心中的密云水库精神”短视频征集活动等相关内容100余条，多形式、多角度解读密云区保水保生态、高质量发展成果。专题节目《事事关心》以保水网格员、保水队员视角，记录在“十四五”规划开局之年，密云乘风破浪，护好京城“大水盆”，让绿水青山变成金山银山。图文新闻《潮白河生态补水让北京密云水清岸绿景更美》荣获2021年第3期全国县级融媒体中心优秀作品双月赛优秀作品奖。

重大活动民生实事宣传。圆满完成密云区委全会、区“两会”宣传报道，推动接诉即办、脱贫攻坚、疫情常态化防控、“疏整促”、森林防火、垃圾分类、创建全国文明城区、2021密云马拉松等重点工作，开展了一系列全方位、立体式的宣传。播出了《密云区政法系统举行学习英模先进典型宣讲报告会》《密云区开展政法系统公众“开放日”活动》《密云车管站自助体检机正式上线　市民换证立等可取》《反恐演练进校园　筑牢防线保平安》《教育整顿促民生　法律援助解民忧》等报道，充分体现出密云区政法队伍在“我为群众办实事”中，出实招、用实功，踏踏实实为老百姓服务，受到了广泛关注。

新媒体创新亮点纷呈。密云区融媒体中心着力策划短视频新闻，更强调新媒体视频语言简短叙事。共发布短视频作品100余条，阅读量成稳步增长趋势，相较2020年同期增长21.42%。随着直播形式在互联网平台快速兴起，区融媒体中心初步尝试规模化发展直播业务。2021年，共承接直播活动23场，累计观看人数超586.5万人次。“与密云朋友的一天”密云新年俗慢直播活动，入选市广播电视局2021年第一季度优秀融媒体新闻作品。区融媒体中心充分挖掘地域特色新闻，年内共制作播出新闻500余条，其中28条被中央台采纳播出，100条被北京台采纳播出。图文新闻《罗其花：十年服务不忘初心　甜蜜事业祝蜂农走上致富路》和《潮白河生态补水让北京密云水清岸绿景更美》荣获“学习强国”平台主办的全国县级融媒体中心优秀作品双月赛市级优秀作品奖。

技术建设和安全播出工作。密云区融媒体中心完善安全播出、安全维稳、安全发布、安全传输、网络安全制度体系建设。强化技审环节，做细做实区“两会”、春节等各敏感节点的服务保障工作，提前做好节目制作系统、播出系统的检查和维护工作，防止插播。优化软硬件建设，“信息系统等级保护”“电台节目制作、播出系统升级改造”“地面电视数字化改造”三大工程驱动传统媒体加快升级，现已完成机房改造和各项设备系统的安装和调试，为顺利完成安全播出各项任务提供有力的技术保障和技术支持。

（密云区融媒体中心）

延庆区融媒体中心

北京市延庆区融媒体中心是延庆区政府直属事业单位，机构规格相当正处级，归口区委宣传部领导。该中心的前身是延庆县广播站，1979 年发展为县广播事业管理局。2001 年延庆县广播电视中心挂牌，2018 年 6 月 16 日，完成融媒体中心组建工作并揭牌运营。2019 年 3 月，将延庆区广播电视中心的职责以及区域公共媒体相关机构的职责整合，组建延庆区融媒体中心，3 月 20 日，北京市延庆区融媒体中心正式挂牌。

2020 年 4 月 30 日，区委编委会批复了融媒体中心最新版的“三定”方案，进一步整合原广电中心 15 个科室，更加突出融媒体中心的特色，设置了 2 室 8 部：办公室、总编室、策划部、融合发展部、外宣通联部、融媒采访部、音视频制作部、图文制作部、新媒体部、技术保障部。11 月 17 日，融媒体中心正式宣布办公室、总编室、策划部、融合发展部、外宣通联部、采访部、音视频制作部、图文制作部、新媒体部、技术保障部十个部门科级领导干部任职人员，完成内部机构设置与融媒体策采编发流程的契合配套，进一步理顺完善管理体制机制，开启延庆媒体融合全面发展阶段。

2021 年主要工作：

聚焦冬奥服务保障，高质高效完成新闻宣传工作。《延庆报》开设《冬奥来了》《冬奥有我》《纯洁的冰雪　激情的约会》《建设最美冬奥城　开启延庆新篇章》等专栏，刊发《探访延庆冬奥村，看百年古村落与现代赛场完美融合》《妫川儿女齐奉献　建设最美冬奥城》等 1140 篇报道。《延庆新闻》开设“以奋发之姿决战决胜冬奥会筹办举办”“文明延庆与冬奥同行”“冬奥有我”“冬奥来了”4 个专栏，播出《冬奥倒计时一周年　我区迎冬奥氛围浓厚》等新闻 322 条，新闻片头播放“冬奥倒计时人物小片”207 期，片尾播放“绿水青山就是金山银山　冰天雪地也是金山银山”等冬奥宣传标语 235 条，制播专题栏目《最美冬奥城》48 期。微信、政务号、微博、北京延庆 App 等新媒体发布冬奥宣传内容 5789 条。在冬奥会开幕倒计时一周年之际，中心制播电视专题《最美冬奥城》，推出《我为冬奥倒计时》短视频，展现全区人民对服务保障冬奥会的决心和期盼。在倒计时 300 天，举办“北京视听零距离”系列活动，开启全市首个北京视听小站建设。在倒计时 200 天，举办“长城脚下冬奥之约”抖音网红打卡评选活动，展现延庆“最美冬奥城”风采，在光明网搭建“相约 2022 遇见最美冬奥城——延庆”页面，展示冬奥延庆赛区全力冲刺、决战决胜的精神风貌。在倒计时 100 天之际，推出“五个一”系列活动，制作“VR 全景看延庆冬奥村”、《冬奥倒计时 100 天　我们准备好了》短视频、《100！接力！》等系列宣传，将迎冬奥氛围推向高潮。

聚焦区委区政府中心工作，开展宣传报道。围绕疫情防控、文明城区建设、全域旅游、接诉即办、基本无违建区创建等全区重点工作，开设电视新闻专栏 118 个，累计刊发新闻 3500 余条，制播各类电视专题节目 216 期。《延庆报》刊发 155 期 588 版（含专版 256 个），增刊 33 期。广播播出 632 期，开设专栏 25 个。“北京延庆”App 下载量达到 10.7 万，总发稿量达到 7.9 万余条。北京延庆微信公众号粉丝达 13.7 万，北京延庆微博粉丝达 24.4 万，全年共发布 5620 条，总阅读量达 2340 万。政务号平台发布 10625 条，总阅读量 1824 万。短视频平台阅读量约 4.81 亿，北京延庆抖音、快手号全年总浏览量 7581 万。播放百姓百评 50 条，推送防疫、疫苗接种、创城、禁毒、光盘行动、冬奥宣传口号、消防宣传口号、延延提示等公益广告 3000 余条次。

深化媒体融合供给侧改革。将“延庆融媒”与“北京延庆”两大官方微信公众号正式融合为“北京延庆”公众账号，实现延庆区级官方新媒体平台统一管理、统一使用、统一维护；完成延庆电视一、二、三频道合并，实现“三台合一”；北京延庆 App 升级开通了直播、电视广播、短视频、小可抖、延庆报、文明实践、推荐、部门、街乡、冬奥等十多个频道栏目，整合政务、街乡、媒体、商业企业、社会媒体以“延庆号”入驻客户端；中心建成全市首家 5G+8K 视听小站，建成 4K 虚拟制作、8K 拍摄和录制的全媒体演播室，全面提升党媒宣传服务手段。

（延庆区融媒体中心）

北京经济技术开发区融媒体中心

北京经济技术开发区融媒体中心前身是经开区管委会新闻中心，原为副处级事业单位，2018 年 3 月挂牌融媒体中心。2019 年经开区启动大部制机构改革，将内设机构由 60 个缩减至 23 个，全面负责融媒体中心的建设和运营工作。

2021 年主要工作：

围绕中心工作，做好宣传报道。一是策划推出《党史我来讲》《跟着小亦读区志》《我为群众办实事》等系列栏目，打造《唱支心歌给党听》互动 H5 产品，推出《“我”眼中的思政课》《红色视听作品展播》等系列短视频和视频探访节目《你是我想成为的人》，开展“我心中的英雄”主题征文、经典歌曲传唱展映等活动。共刊发相关稿件上万篇，其中原创自采稿件 7426 篇，转发中央、市属媒体重要稿件 6989 篇，阅读量超 8200 万次。二是策划推出《疫情防控坚持快严准》《聚焦防疫一线》《严格落实防控措施　巩固疫情防控成果》等多个专版专栏。三是聚焦北京经开区项目签约落地情况、四大主导产业发展动态、政策改革创新成果、金融业务创新举措，结合服贸会、科博会、世界机器人大会等行业领域重要会议，宣传政策优势、改革措施和发展前景，发布北京经开区“两区”建设推进成果，在全媒体平台播发相关报道 787 篇，阅读量 1065.3 万次。四是按照工委“欲建城先见心”的战略思维，以“成果发布提信心，制度发布强决心，真情传递暖人心，文化共享聚民心”，组织新城建设报道，开设《走遍亦庄新城》专栏。五是立足区域特色，开设《大国工匠》《创新文化大家谈》《创新辞典》等栏目。

推进管理改革，提升综合效能。一是坚持党管媒体原则，施行编委会对业务工作的前置调度。二是创制新采编组织架构暨“兵团作战”模式。政务新闻中心（政务兵团）制作的《京津经开区实现跨省通办》《北京经开区首份“五年一评估”城市体检评估报告出炉》等稿件得到认可。《北京经开区青年人才培养资助实施细则发布　最高可获50万元项目扶持资金》《国务院出台措施推动自贸试验区改革创新　19项便利化改革提速“两区”建设》等稿件登上“学习强国”平台首页，阅读量突破100万。产经新闻中心（产经兵团）组织采写拍摄产经、科创类报道。全年供稿2528篇，头条选用量占总稿量40%以上。城市新闻中心（城市兵团）围绕疫情防控、疫苗接种、好家风先进人物等热点民生新闻，为中心各平台供稿2417篇。其中《紧急提醒！到过这家饭店的人员，请迅速报告》，获得超15万阅读量，创下历史新高。融媒平台实验室将所有自有媒体平台编辑汇聚一处，构建纸、网、端、微、视、各种组网号等高效互动的媒体矩阵。新视听实验室利用AR、VR等新技术，加大创意产品、视听内容以及直播内容供给。其中《点亮科技馆之城》以科技馆之城为主线，通过漫游记的形式，让受众领略北京亦庄科技馆之城建设。三是与中央及市属媒体联动，与央视新闻实现重大选题共享，电子报进入北京日报客户端，成为学习强国北京学习平台第一推荐方阵成员；提倡“人人都是自媒体，企企都是媒介源”。尚亦城App开放生产的内容约占总量的70%，亦城时报40%内容通过约稿完成组版，两微30%的内容来自融媒联盟成员供稿。四是推进中心建章立制，管理工作提质增效。建立差错处罚管理机制、融媒体新闻产品创先争优公示机制、亦庄融媒学院执业培训机制等。五是兴建融媒办公空间，打造区级融媒体中心标杆。北京智慧融媒创新中心办公区及功能区规划设计方案已完成设计，总建筑面积约为2500平方米。

传播力影响力显著增强，区域品牌价值显著提升。一是影响力提升。尚亦城App下载量增长4万次，覆盖区内所辖56个社区信息和1098家规模以上企业的实时数据。其中，总注册用户突破110万人，年增长实现近300%，实名注册用户突破50万，新增用户2.6万，同比增长108%。微信、微博累积阅读量达到1.7亿次，微博粉丝量过百万，微信公众号粉丝数突破15万，同比增长13%。北京号阅读量连续三个月进入全市三甲。二是与新华社联合制作的五四青年节短视频《习近平总书记关切事微访谈　青年人给2050年捎句话》，得到新华社客户端首页置顶推荐。《打卡麋鹿苑》等系列短视频获得北京电视台组织的《走进北京网红打卡地》之“拔草行动”VLOG挑战赛“最美VLOG”奖；《同心圆》《不负亦城好时光》等登上北京日报推荐页。三是《外国人在亦城》在北京市政府新闻办主办的2020年“爱上北京的100个理由”短视频大赛中，拿下4个奖项。在“红色视听之旅”融媒大赛中，《新师傅》以及非遗文化类纪录片《百年匠心》等3个作品获得项目扶持。微访谈“我为群众办实事”系列视频、国庆节专题片《灯火里的亦城》获北京市广播电视局批文点赞。四是通过直播宣传企业品牌。1月28日春运第一天，中心联动全国20余家主流媒体，进行“云探亲”接力直播。直播在尚亦城App，北京亦庄抖音、快手等多个平台同步播出，并由中国网、浙视频、厦门日报等二十余家媒体多平台同步分发，共吸引全国1000多万网友在线观看。7月11日，北京出现入汛以来最强降雨过程，中心策划3场系列直播报道《直击！北京经开区全力迎战强降雨》，新华社、央视频、北京日报等近二十家全国主流媒体分发转载。世界5G大会期间，融媒体中心直播报道团队4场直播500分钟专访近20位嘉宾，联动主流媒体平台50多家，累计在线观看量突破1350万人次。世界机器人大会直播在线观看量突破2300万人次，直播平台以及直播弹幕也成为企业品牌形象提升的高速路，中建二局、北方华创等区内企业纷纷受益。

（北京经济技术开发区融媒体中心）

北京市广播电视产业园区发展概况

中国（怀柔）影视产业示范区概况。中国（怀柔）影视产业示范区前身是2006年12月被认定为北京市首批10个文化创意产业集聚区之一的中国（怀柔）影视基地。2014年5月，原国家新闻出版广电总局批复同意设立中国（怀柔）影视产业示范区，并于2015年4月16日第五届北京国际电影节开幕式上揭牌成立。示范区规划面积6.99平方公里，以中影基地、北京电影学院新校区为核心，范围为怀柔新城杨宋组团07、08街区，吸引中影、博纳、阿里、乐视、海润、爱奇艺等1800多家影视及关联企业集聚。截至2021年年底，核心区已累计完成投资近80亿元，投用项目包括中影基地、童牛影视小镇、百汇演艺学校、老爷车博物馆、国际影人酒店、影创空间、光华视觉园等。累计接待剧组拍摄制作3000多部作品，《建国大业》《战狼2》《中国机长》《流浪地球》等近年票房过亿元大片一半在园区拍摄或后期制作，被誉为“中国影都”，成为北京全国文化中心建设的重要承载地。2021年，中国（怀柔）影视产业示范区经济发展实现恢复稳定、态势良好。一是经济指标平稳增长。全年共引进海开文化传媒、云上视听文化传播、中数艺云等影视文化、科技类等企业1034家，累计总量达到12178家（不含个体工商户）。中关村数字产业联盟和楚天云共享数字中心合作打造的中关村（怀柔）数字产业园揭牌。二是重点项目有序推进。北京电影学院怀柔新校区一期工程竣工并完成土地划拨，首批9个院系1400名师生搬迁入驻，二期工程设计方案已取得市委市政府同意，可行性研究报告已报市发改委评审。制片人总部基地0020地块开工。中影基地二期项目正在深化设计方案。国家文化遗产科技创新中心已启动项目研究和成本初步测算。博纳影业怀柔基地项目方案正在进行深化设计。三是品牌活动持续举办。推动“来影都过周末”，全力打造“永不落幕的电影节”，举办首届中国影都发展论坛等科影融合高端会议，聘请吴京、张纪中、张双楠等20人担任中国影都发展顾问。第十一届北京国际电影节电影嘉年华首次打破传统“围墙”模式，推出46项科影体验活动，为市民提供了15万人次高质量文化供给，“夜游、夜娱、夜购、夜宴”的夜经济生态加速形成。同时，持续举办参与北京电视节目交易会，中国国际服务贸易交易会等活动。四是“两区”建设打造“北京样板”。

在市广电局等部门支持指导下，国际影视摄制服务中心已于2021年5月28日挂牌，确定服务中心承担5大类18项重点任务，共31项市级政策咨询、审批受理和告知送达等服务事项。同时，服务中心中外合拍业务“服务包”已初步形成。

中国（北京）星光视听产业基地概况。中国（北京）星光视听产业基地星光影视园，始建于2005年。2006年11月园区一期演播室公共节目制作中心投入运营。2008年8月参与北京奥运会转播，获体育展示突出贡献奖。2009年11月经国家广电总局批复为中国北京星光电视节目制作基地。2019年8月经国家广电总局批准更名为中国（北京）星光视听产业基地（以下简称“星光视听基地”）。2020年8月，星光视听基地被北京市委宣传部批准为北京市级文化产业示范园区，同年，被大兴区批复为北京CED（北京电子商务中心区）互联网产业园、被市版权局授予北京市版权保护示范园区（基地）版权服务中心。2021年被批复为市级科技企业孵化器，该园区由北京星光拓诚文化产业集团有限公司建设和运营。2021年，中国（北京）星光视听产业基地在技术研发方面进展如下：一是构建XR虚拟制作协同创新中心，实现虚拟制作应用创新突破，完成600平方米XR虚拟演播室的改造和试运营。二是启动5G+4K/8K超高清远程制作中心项目建设，构建基于云计算和大数据的视听内容共创平台，实现园区本地及外场演播厅的IP化协同制作，完成星光视听基地远程制作中心中央机房改造工程。三是开放产业协同接口，从2021年开始，星光视听基地开展每月3天的产业协同开放日和举办多场技术推介宣讲活动，产业链上下游客户均可进行免费系统测试实验并有机会进入项目生态合作体系，让业内人士了解更多前沿技术动态和内容创作方式。其四是推进5G+超高清移动转播载体项目，完成全国产、自主研发的冬奥雪蜡车项目的研发、集成和首批交付；完成中央广播电视总台两台5G+超高清电视转播车的定制集成和研发，并服务于建党百年庆典活动和东京奥运会；完成陕西广播电视台超高清融媒体转播车的定制研发并服务于第十四届全国运动会和第八届特奥会；完成爱奇艺新媒体超高清转播车的定制研发和交付。项目子公司获得北京市专精特新中小企业称号。星光视听产业基地在视听内容生产服务方面进展如下：一是在星光视听产业基地共录制各类节目349家次2388天次，典型案例包括北京卫视春晚、京东双11晚会、抖音夏日歌会、越战越勇中秋特别节目等。XR演播室自2021年6月启动录制，已完成广东电视台献礼建党百年综艺《红棉树下》、刘德华工作40年抖音直播、一汽丰田凌放新车发布会、中华人民共和国应急管理部和中央广播电视总台“119全国消防日”特别节目《中国骄傲》、中央广播电视总台央视少儿频道《少年的奇幻世界》等超高清+XR节目录制服务。二是优化资源布局，完善产业生态，引入专业机构和研究院，带动相关企业聚集，星光视听产业基地已引入国家舞台设备检测中心，中国演艺设备协会、中国舞美协会、北京照明电器学会星光办事处入驻；建成中国传媒大学、南广学院等专业院校实习基地。星光视听产业基地在产业专项服务及企业孵化方面进展如下：一是基地出台中国北京星光视听产业基地产业优惠政策，在租金减免、装修减免、技术服务或技术升级费用减免、内部交易奖励、人才奖励等方面实施优惠。全年实施租金减免59家次，共计632.61万元。二是建立大型公共服务与展示中心，1月启动装修改造，5月竣工，总面积超过1000平方米，包含展览展示区、公共服务区、公共会议室、窗口接待区、党员活动室等等。与市广电局和市版权局合作，提供包括线下审批（绿色通道）、视听业务咨询、政策培训、京津冀产业协同、版权工作站在内的综合服务。三是组织创业培训活动，全年组织各类公益培训20次，706家次参加，培训内容涉及工商财税、法律金融、政策辅导、专业技术等各方面。四是项目申报及赛事支持，组织园区内企业申报“投贷奖”、大兴区1+N产业政策等专项资金，组织40余家企业参加申报，众多企业获得项目资金支持；组织园区20余家企业参加创客中国北京赛区创业大赛以及北京文创大赛。

中国（北京）高新视听产业园概况。2021年12月30日，国家广播电视总局批准成立的中国（北京）高新视听产业园是由北京亦庄投资控股有限公司（以下简称“亦庄控股”）出资建设、北京亦庄城市服务集团有限公司（以下简称“亦庄城市服务集团”）运营管理的。亦庄控股是与北京经济技术开发区同步成立的市属国有企业，相继建成产业园区、定制厂房、特色楼宇、创新科学园等24个产业促进平台，承载科技创新企业超过2000家。亦庄城市服务集团是亦庄控股的全资二级子公司，打造全要素资产运营平台和智慧服务平台，为2000多家企业提供服务。中国（北京）高新视听产业园依托国家广电总局广播电视科学研究院等资源，落地超高清电视技术研究和应用实验室，聚焦前沿技术研发，孵化重点项目，对接市场应用，大力推进视听总部基地、视听产业研发基地、视听产业孵化器等项目建设，推动北京新视听产业发展，赋能数字经济、超高清视频、5G+视听、视听创新应用场景发展和京津冀视听走廊建设。2021年，中国（北京）高新视听产业园塑造产业招商、运营服务两大核心能力，为园区、企业提供合作平台。一是产业研究前置，提升招商能力。视听产业园集中专业力量开展产业研究，包括政策研究、产业链研究、重点企业研究等，并发布《电子信息产业研究月报·视听产业信息专刊》11期，《产业园区市场信息月报》3期，《产业园区市场信息季刊》3期。完成视听产业行业发展信息、产业链分析、龙头企业梳理、国家及各省市政策研究、全国13家视听产业基地研究报告等视听产业研究工作。通过产业研究明确产业资源，有效提升产业招商综合能力。二是参会参展，拓展园区客户。视听产业园2021年分别参展了第二十八届中国国际广播电视信息网络展览会（CCBN 2021）、2021年中国国际服务贸易交易会、第十三届中国—东北亚博览会、2021年中国显示技术大会等，参展2021年中国国际服务贸易交易会，与2家重点入园企业签约，并获中央电视台、北京广播电视台卫视频道等媒体进行专题报道；同时，参加广州世界超高清视频产业大会、北京InfoComm China 2021（由InfoComm Asia Pte Ltd举办的中国国际视听集成设备与技术展）、世界5G大会等行业展会。累计对接协会联盟16家，对接媒体资源11家；建立客户资源库，积累视听企业客户152家，其中重点跟进客户59家。通过参展参会，提高拓展视听企业及行业资源的效率和质量，提升视听产业园品牌形象。三是举办园区活动，初显产业集聚效应。视听产业园围绕5G+超高清、VR/AR、视听内容版权等主题，举办行业沙龙、研讨会。2021年7月，举办主题为“新基建背景下5G+XR技术以及行业应用沙龙”的沙龙。2021年8月，举办主题为“探索泛娱乐时代下VR内容兴盛之路”活动；2021年11月，举办中国北京高新视听产业联盟第一次筹备会，吸引40余名视听企业高管、专家在园区集聚，分享行业前沿资讯、把脉广播电视产业发展动向及趋势、探讨项目合作与落地等，视听产业园初显产业集聚效应。

（以上内容由各相关单位供稿）

北京市部分网络视听服务机构概况

优酷信息技术（北京）有限公司。优酷信息技术（北京）有限公司（以下简称“优酷公司”）成立于2006年2月24日，于2006年12月21日正式上线优酷网，主要业务是视频分享及直播。优酷平台支持PC、电视及移动三大类终端，兼具版权、自制、合制、用户生成内容（UGC）、专业生成内容（PGC）及直播等多种内容形态，贯通节目生产、宣发、营销、衍生商业等网络视听全链路。2021，优酷公司致力于弘扬革命文化、中华优秀传统文化、社会主义先进文化的精品节目原创和播出，其中联合投资出品的建党百年献礼电视剧《觉醒年代》各界反响热烈，社会效益空前。参与的重大现实题材电视剧《功勋》，将首批共和国功勋人物的人生华彩篇章与共和国命运串联起来，诠释他们“忠诚、执着、朴实”的人生品格和献身祖国人民的崇高境界。此外，优酷2021年出品的《追光者：奋斗的青春》《一路象北》《迎篮而上的女孩》《神奇的老字号》《师父！我要跳舞了2》《凡人英雄》《少年歌行之风花雪月篇》等精品入选北京广播电视网络视听发展基金扶持项目。优酷公司连续多年荣获商务部、中央宣传部、财政部、文化和旅游部、广电总局联合评定的“国家文化出口重点企业”。《这就是街舞》《江湖菜馆》等7部精品作品被认定为“国家文化出口重点项目”。截至2021年年底，优酷版权出海节目数量累计超过1100部1万集，落地海外193个国家和地区。2021年纪录片《冬去春归》被翻译成多种文字在140多个国家传播，让世界看到中国抗疫的决心和力量。优酷公司将人工智能、大数据、云计算、5G、超高清等最新科技运用于节目创作、生产、传播和观看的各个环节，研发出自由视角、帧享超高清、LED数字背景、影视资产数字化等解决方案。其中，优酷公司自主研发的“自由视角”视频技术对北京冬奥冰雪项目进行制作播出，在2021年4月的北京冬奥测试赛中投入使用。该技术使用户可以像导播一样自主交互、连续改变制作节目视角和位置，提升用户观赛体验。该项目不仅入选国家“十三五”科技创新成果展，还获得“2021年北京市推动智慧广电发展专项资金”重大奖励项目。帧享影音是优酷公司与制片商、设备商联手打造的新一代超高清视听体验方案，使消费者体验到真正的超高清内容。LED数字背景拍摄方案，可代替传统置景和绿幕合成，提升影视剧制作品质和拍摄效率，为创意松绑，降低制作门槛，可平均节省30%~50%成本。影视资产数字化解决方案，通过自建配备的30万件服装、化妆品、道具仓库，累计服务超过700个影视广告剧组，数字化以租代买解决方案为整个行业节省1亿元。优酷公司多年来一直热心公益事业，在抗击疫情方面，第一批上线疫情防控专题和抗疫节目矩阵，联合钉钉发起的“在家上课”计划，为疫情严重省份开放免费片单1200余部。在脱贫攻坚和乡村振兴方面，优酷公司努力讲好中国脱贫故事的文艺扶贫，联动阿里电商打通内容与消费的产业脱贫，推进光明优酷艺术教室落地，做好线上与线下联动定点帮扶的公益助贫等三大布局，承担网络视听平台的责任与担当。优酷公司和中国盲文图书馆合作在行业内首个推出无障碍网络视听平台，在2020年12月3日国际残疾人日正式上线无障碍剧场，为1700万视障者丰富文娱生活。2021年7月，优酷平台上线长辈版模式，通过“大字体、轻交互、简操作、准命中”等一系列优化，解决老年人因手机界面复杂、操作不方便而导致的不敢用、不会用、不能用智能手机的问题。

北京爱奇艺科技有限公司。北京爱奇艺科技有限公司（以下简称“爱奇艺公司”）注册成立于2007年3月27日，爱奇艺于2010年4月22日正式上线，2018年3月29日，爱奇艺公司于纳斯达克上市，股票代码IQ。爱奇艺公司推动产品、技术、内容、营销等全方位创新，为用户提供丰富、高清、流畅的专业视频体验。打造涵盖电影、电视剧、综艺、动漫在内的十余种类型的正版视频内容库，并通过“爱奇艺出品”战略的持续推动，让“纯网内容”进入全类别、高品质时代。2020年，由爱奇艺公司出品的《破冰行动》成为首部获飞天奖（入围作品提名）、白玉兰奖（最佳中国电视剧）、金鹰奖（最佳电视剧提名）中国电视剧行业三大奖项的网络首播电视剧；以《沉默的真相》《隐秘的角落》为代表的“迷雾剧场”在全球推动“中剧崛起”热潮。网络综艺节目《登场了！敦煌》《戏剧新生活》《萌探探探案》《奇异剧本鲨》《少年潮流企划》《爆裂舞台》《奇葩说》等持续布局年轻化潮流赛道；推出网络电影“我是警察”系列、《大地震》以及电影《扫黑决战》引领行业高质量发展。2021年恰逢中国共产党成立100周年，爱奇艺公司为庆祝中国共产党成立100周年策划网络剧《那一天》主题系列剧。该剧以“坚持信仰、坚守信念”为主题，主创团队通过实地采风、原型访谈等方法深入挖掘、提炼出一组以共产党人的信仰为主题的故事，展示中国人追寻信仰的心路历程。在建党百年之际，传递出“人民有信仰，民族有希望，国家有力量”的时代主题。2021年2月8日，献礼建党百年暨全面建成小康社会的网络剧《约定》在爱奇艺上线播出。《约定》紧扣建党100周年与全面建成小康社会两大重要历史节点，由六个单元故事组成，囊括农村脱贫致富、养老和社会保障、教育振兴、大国工匠等内容，触及民生问题改善的方方面面，从不同维度展现中国百姓在党和政府的领导下，为构筑幸福生活所付出的努力、艰辛以及深深的喜悦。2021年2月24日，爱奇艺联合呈现的脱贫攻坚主题网络纪录片《劳生不悔》在爱奇艺独家播出。“劳生不悔”寓意“为实现伟大理想而劳作的人生终将无悔”。在影视剧方面，爱奇艺还推出《荣耀乒乓》《叛逆者》《浴血无名川》《绿皮火车》《我来自北京之玛尼堆的秋天》《王牌部队》《功勋》等作品，深刻诠释中国共产党人的初心和使命、光荣和梦想。在文艺节目方面，爱奇艺持续深耕青年文化领域，自制的戏剧人生活生产真人秀节目《戏剧新生活》，通过综艺形式展现戏剧文化，让戏剧走向大众，走进年轻人的生活。原创全景式人文探索节目《登场了！敦煌》结合纪实与真人秀拍摄手法，通过音乐、美食、色彩、飞天、匠心、运动、潮流、风俗、英雄、文书等十个维度，全面探索并致敬敦煌文化，以青春之力，重现历史荣光，向观众传达传统文化的魅力。在动画片方面，2021年1月，爱奇艺公司出品的动画片《无敌鹿战队（第1季）》在美国播出，这是近年来尼克频道购买播出的唯一一部中国动画片。在综艺节目方面，2021年，爱奇艺公司推出综艺《少年说唱企划》《哈哈哈哈哈2》《做家务的男人3》等项目，都做出了自己的风格和特色。《少年说唱企划》节目通过打造少年说唱厂牌，彰显当代年轻人勇敢无畏、纯粹热爱、拒绝标签化、注重自我表达等群像特质。自2019年起，爱奇艺携手中国教育发展基金会开启“光影助力成长计划”，助力低收入地区中小学实现影视教育普及。三年来，项目先后落地云南怒江、新疆和田、山西革命老区，为当地中小学捐建影视教室31间，让平等、便捷的影视教育资源惠及50余万名中小学生。《人民日报》评价该计划“引导青少年树立正确的世界观、价值观、人生观，传播红色文化，培育青少年爱党爱国情怀”。2021年，爱奇艺组织公司30余位艺人参与主题多样的公益活动达20余场。

北京百度网讯科技有限公司。2017年12月，北京百度网讯科技有限公司（以下简称“百度公司”）推出好看视频。好看视频作为百度公司短视频旗舰品牌，致力于打造泛知识短视频平台，全面覆盖知识、生活、健康、文化、历史、科普、科技、情感、资讯、影视等领域。2020年年底，好看视频进行全面品牌升级，提出“轻松有收获”的平台价值主张，做“为用户解决问题”的短视频平台。好看视频将创作者与用户深度结合，利用“圈一下”等产品功能与核心玩法，致力于打造知识互动形态的短视频社区产品。每天有1.1亿活跃用户在好看视频平台上传、观看、分享及评论视频，超200万视频创作者通过好看视频为百度生态用户提供视频内容。百度好看视频平台还将通过付费专栏、电商带货、视频赞赏、线索导流等多元方式，解决平台变现的问题。2021年“好看视频”大型节目与活动有：《知识求真大会》《好看CLUB·轻知专列》《你的生活好好看》等直播活动。《知识求真大会》是好看视频携手主持人李维嘉、求真少女李子璇发出“英雄帖”，召集好看视频5位优质创作者蒋晓峰、周兆成、艾弥儿、李瑛、EyeOpener（温智凡）共同举办的，帮助观众“看清假知识，收获真知识”，节目于2021年4月1日19时在好看视频、百度App、全民小视频等平台在线直播。2021年7月5日，《好看CLUB·轻知专列》节目在线直播。这台节目“包下一整列火车”，邀请著名相声演员孙越、畅销书《皮囊》的作者蔡崇达，颇具个人魅力的编剧柏邦妮，以及知名媒体人潘乱4位作为好看视频的知识分享官领航，带领30位好看视频创作者“乘客”一起，在绿皮火车车厢这个流动的空间进行泛知识内容的创作与分享。同时，在鸣沙山的沙漠里进行星空对谈，畅谈知识与文化，创作与灵感，开启短视频的知识创作之旅。2021年8月3日，《你的生活好好看》在线直播。该节目是全国首档明星知识话题综艺，由李维嘉、曾涵江担任生活观察团，张欣尧、李子璇、李菲儿、胡冰卿等担任飞行观察员。并由徐熙阳、彭措朗嘉、帝娜、毛祁生、聂嘉辰5位新人演员演绎10部话题微剧，还原生活真实案例与场景，节目共10期，于好看视频、百度App、东南卫视联合播出。剧综联动的创新模式，聚焦社会的热点话题，受到海内外多家媒体的好评与报道，并被国际知名模式公司K7 Media收录。节目全网曝光量超18亿次，排全国卫视同时段收视率第四名。2021年12月24日上线《FUN！知识狂欢夜》节目。该节目是由好看视频出品的泛知识脱口秀跨年晚会，晚会由李诞作为发起人，邀请“脱口秀大王”周奇墨、“摇滚界段子手”臧鸿飞、“漫才组合”肉食动物、铁岭“石油公主”张踩铃与4位来自好看视频的优质内容创作者自由公路、多多其木格、祥子博士与小义武术教练进行同台演出，是平台与优质创作者进行的一次深度内容共创，节目同步在好看视频、百度App、江西卫视、华数TV、喜马拉雅同步播出，全网总曝光超7亿次，登上全网热搜榜7个。好看视频与中国青年报社联合出品《院士科普》系列节目，邀请欧阳自远、谭天伟、张福锁、高福、欧阳钟灿5位院士就其各自的研究领域和时下相关热点话题进行科普，用视频的形式来激发大家对科学技术的兴趣，带领大家走入科学和科学家的世界，弘扬科学家精神。与此同时，好看视频还打造多档涵盖文化、军事、历史、科普等领域的精品内容，如邀请少将肖裕声，军史专家李戈瑞、萨苏，航空装备专家傅前哨，军事专家邵永灵等诸多军事领域的专家学者，共同打造《知兵谋胜》《戈瑞战争史》等多个精品军事栏目。联合光明网、科普中国、百度App联合推出《强军路上国之重器十年巡礼》系列节目，权威军事创作者在好看视频内剖析国际军事战略动向，追踪前沿军事技术发展，为用户提供源源不断的优质军事内容。

北京新东方迅程网络科技股份有限公司。北京新东方迅程网络科技股份有限公司（简称“新东方在线”）是一家成立于2005年3月11日的互联网教育公司，截至2021年12月31日，新东方在线共有员工454人，营收共计91123万元，活跃用户数达9331.4372万人。新东方在线是新东方教育科技集团旗下专业的在线教育网站，是国内首批专业在线教育网站之一。新东方在线依托新东方强大的师资力量与教学资源、先进的教学内容开发与制作团队，致力于为广大用户提供个性化、互动化、智能化的卓越在线学习体验。课程涵盖出国考试、国内考试、职业教育、英语学习、多种语言、K12教育等6大类，共计近3000门课程。2021年，新东方在线平台注册用户已超过7000万。2021年7月31日，国家出台教育“双减”政策正式落地，新东方在线即停止所有中小学相关业务。在持续稳定发展考研四六级等成人课程的同时，新东方在线积极转型，开辟新的栏目和市场，并于2021年10月27日成立全资持股子公司东方优选（北京）科技有限公司（简称“东方优选”），以东方优选为主体设立新东方在线旗下农产品电商平台——东方甄选。抱着助农扶农的创业初心，东方甄选致力于连接生产者、消费者，持续提供高品质农品好物。2021年11月，新东方创始人俞敏洪在抖音直播中正式宣布，打造农产品直播电商平台，支持乡村振兴事业，为东方甄选造势，在网络上引起极大的关注和反响。2021年12月28日，东方甄选在抖音平台开启首场直播，这是新东方在线迈出转型的第一步。自创立以来，东方甄选不忘公益初心，积极参与助农公益事业。

北京花房科技有限公司（以下简称“花房科技公司”）。花房科技公司成立于2006年3月。2019年6月，北京密境和风科技有限公司（为北京花房科技有限公司的全资子公司）和北京六间房科技有限公司合并。主要运营花椒直播和六间房直播两大网络直播平台。两平台累计注册用户数超3亿，月活跃用户数超5000万人，覆盖全国500多个城市，签约主播超66万名，合作演艺经纪机构超5000家。2021年，花房科技总收入达46亿元，同比增长24.87%；经营性利润达3.75亿元，同比增长10.60%。2021年，观看总人次达127亿，直播总场次约1538万，日活跃用户约400万，月活跃用户数约5430万，活跃主播数约86万。花椒直播上线于2015年，主营业务为移动直播和小视频。平台上还有以小视频为主要内容的动态社区，主打附近等社交功能。六间房直播是原北京六间房科技有限公司运营的泛娱乐直播平台，成立于2006年3月。六间房于2010年由短视频社区转型网络直播业务。花房科技公司坚持技术驱动，旗下网络表演平台使用大量新技术，包括移动互联网技术、音视频编解码技术、3D引擎技术、大数据/智能推荐算法、基于移动平台的AI视觉/VR/AR技术等，并且通过与清华大学、中科院、360集团等合作，坚持行业创新。2016年2月，公司将智能美颜与直播萌颜技术应用到视频直播中，在网络表演产品中启用AI视觉应用；2018年，引入虚拟形象技术，每位用户均可定制自己的形象、购买穿戴道具，打造自己专属的虚拟形象融合在礼物特效中送给主播，通过技术手段满足用户独一无二的个性化需求；2019年，使用人脸识别技术将用户的表情动作投射到虚拟形象上，虚拟形象可替代用户真实形象与他人进行连麦互动。视频质量方面，公司全面搭建H.265直播网络平台，全链路支持H.265技术，覆盖主播推流、传输、CDN分发、观众拉流、PC Web拉流等各个环节，节省带宽的同时提升画面质量与流畅度，进而优化用户体验。虚拟礼物创新方面，公司平台实现3D互动礼物的应用，自己研究3D引擎、物理引擎、渲染引擎，渲染引擎画质达到Unity3D同等水平。2021年，花椒直播进行近十次的公益直播。其中，花椒直播为热烈庆祝中国共产党成立100周年，在6月28日至7月1日期间开启“唱响红色旋律”主题活动，唱响时代主旋律，传承红色基因。花椒唱将主播亮出最美声线，满怀深情接力唱响红色旋律，为建党百年华诞献上花椒青年主播的心声和祝福。用红歌唱出青年一代的朝气与活力，主播们在自己的清单上备下《东方红》《南泥湾》《浏阳河》等多首经典红歌。各频道的主播相约一起，联袂演唱《没有共产党就没有新中国》，在直播间发出振奋向上的花椒声音。其中，2021年3月，花椒直播人气一哥“老外没毛病”应邀来到位于北京市朝阳区的“蜀你傲椒串串香”餐厅，探寻这家新开张的“无声餐厅”背后的故事。这场公益直播活动持续近3个小时，观看总数一度达到4万人次。

北京搜狐互联网信息服务有限公司。北京搜狐互联网信息服务有限公司是中国互联网媒体、娱乐、在线游戏集团之一，旗下拥有纳斯达克上市公司搜狐公司（NASDAQ：SOHU）与在线游戏开发和运营商畅游公司。截至2021年，搜狐公司拥有平台产品包括媒体（搜狐网、搜狐新闻客户端、手机搜狐、搜狐资讯客户端、搜狐焦点）、视频（搜狐视频、搜狐视频客户端）、社交（狐友App）、游戏（天龙八部系列游戏、17173平台）等。1996年8月，搜狐的前身“爱特信信息技术有限公司”成立，并创办“爱特信信息技术有限公司”网站，其中一部分内容是分类搜索，改名为“搜乎”。1997年11月将“搜乎”改为“搜狐”，1998年2月，公司正式更名为搜狐公司，推出搜狐网站，中国首家大型分类查询搜索引擎出世，搜狐品牌由此诞生。“出门靠地图，上网找搜狐”，搜狐由此打开中国网民通往互联网世界的大门。1999年，搜狐推出新闻及内容频道，奠定综合门户网站的雏形，开启中国互联网门户时代。2000年7月12日，搜狐公司正式在美国纳斯达克挂牌上市（NASDAQ：SOHU）。2005年11月，搜狐签约成为2008年北京奥运会互联网内容服务赞助商。2009年9月，搜狐视频发起中国视频反盗版联盟，推进网络视频正版化。2013年4月24日，搜狐公司旗下移动互联网产品搜狐新闻客户端用户量突破1亿，成为国内首个用户数过亿的新闻客户端。2017年11月，搜狐旗下子公司搜狗在纽约证券交易所正式挂牌上市。2020年，搜狐新闻客户端覆盖用户数达7亿。2021年，搜狐继续致力打造精品网络视听内容，重点在自制与直播节目方向发力。“价值直播”是搜狐视频对于平台直播发展的定义，2021年推出“2021搜狐新闻雪山行”直播，首次通过户外直播的方式对为期5天的登山过程进行不间断记录，并在海拔 5254.5 米的岗什卡顶峰完成历史性的连线对话。“小而美”是搜狐视频平台对于精品自制内容的发展定位。2021 年，搜狐视频推出精品自制剧《我爱你》《他在逆光中告白》《偶然闯入的世界》《我的宠物少将军》，推出精品网络综艺节目《送一百位女孩回家》《天呐！你真高》《侃侃儿谈》等。其中《送一百位女孩回家》推出四季，一开始将“女孩”作为节目看点的《送一百位女孩回家》还是一部具有实验性质的“她综艺”，在经历四季的打磨与变革之后，《送一百位女孩回家》已是搜狐视频平台打造的精品网络综艺节目 IP。

北京微梦创科网络技术有限公司。2009 年，北京微梦创科网络技术有限公司运营的微博正式上线。截至 2021 年年底，微博日活用户 2.49 亿，月活用户 5.73 亿，日均发布量超过 1 亿条，2021 年净营收突破 20 亿美元，约 142.76 亿人民币。2021 年，微博开展重大主题主线宣传活动。建党百年期间，微博发挥平台在视频传播、话题联动、全民互动上的优势，以“建党百年”为主线，把控宣传节奏，打造主旋律、正能量的宣传矩阵。抗击疫情阶段，微博助力催生政务公开、抗疫救助的新模式，新闻发布、舆论引导、热点事件回应、城市宣传，甚至是直播带货、贴近网友需求的云课堂等新兴场景与直播有效融合，服务于打造服务型政府的重要推手。公司运营的微博视频号于 2020 年 7 月正式上线，成为图文之外，微博平台的重要组成部分。截至 2021 年 12 月底，微博视频号开通规模突破 2500 万个。其中，粉丝数超千万的视频号有 1500 个，粉丝数超百万的视频号有 3.6 万个，粉丝数超十万的视频号有 15 万个。共有超过 1.8 万条视频登上微博热搜榜，视频类内容热搜约占整体热搜的 48%。热点资讯类视频已经成为热搜常客。2021 年，全站获得百万播放量的视频超 20 万。2018 年，VLOG 传入中国后，涌现出一大批专注拍摄 VLOG 的 VLOGGER。微博 VLOG 官方在 2018 年 9 月发出 VLOG 正式召集令，并发起“明星制片人微计划”，依靠具有超大流量的明星和大 V 进行 VLOG 的宣传，使 VLOG 进入大众视线。2021 年，有超过 124 万人在微博发布 VLOG，累计发布 VLOG 超过 1415 万条，带来 667 亿的播放量、232 亿次的互动。在发布 VLOG 的人群中，女性占比 67%，18~39 岁的年轻人占比高达 80%，VLOG 已成为年轻一代记录生活的重要方式。2021 年，上万条抗疫 VLOG 记录真实的抗疫生活，也传达对生活的乐观与热爱。此外，VLOG 开箱种草成为流行，2021 年全站开箱类视频超过 2400 万条，产生 241 亿次互动，平均每条开箱视频互动规模均超过 100 次。2021 也是体育健儿大放异彩的一年，大量运动员用 VLOG 在微博和网友分享日常。2021 年最后一天，中国田径名将苏炳添在微博上以“VLOG2021”为话题，发布一段 VLOG 视频。在这个时长 3 分 45 秒的 VLOG 视频里，既有苏炳添 2021 年参加比赛的视频合集，包括在东京奥运会跑到 9 秒 83，站上奥运会百米决赛舞台，也有他对 2022 年的展望，对网友送出的新年祝福。

北京智者天下科技有限公司。该公司于 2011 年 6 月正式成立，是知乎的运营主体，总部位于北京市海淀区 768 创意产业园，旗下主营业务知乎 WEB 网站及知乎 App 客户端。知乎 App 客户端于 2011 年上线，是中文互联网问答式在线社区。2021 年 3 月 26 日，知乎正式在纽约证券交易所挂牌上市，证券代码为“ZH”。知乎形成以内容为中心的商业模式主要包括线上广告、商业内容解决方案、付费会员和其他业务（主要包括在线教育、电商等）。2021 年，知乎营收 29.593

亿元（约4.644亿美元），比2020年增长118.9%。2021年，知乎平均月活跃用户数为9590万，比2020年增长40.0%。知乎网站早期以图文内容为主，2018年开始做短视频业务，2019年开始公司探索视频直播业务，并通过备案登记制纳入广电总局重点视听业务监管平台。2021年第四季度，知乎月均视频内容上传量同比增长211%，视频消费用户渗透率超45%，帮助平台实现从图文到视频和直播的多媒介生态融合。2021年，平均每天有超过7万条用户原创的视频内容通过知乎App完成上传发布，其中UGC（个人用户）视频节目占比超过9成。此外，1分钟以上的原创视频内容日均上传量近6万条，占比超过日均原创视频总上传量的85%，内容主打科学科普、社科人文、商业财经等知识类的视频。知乎直播主要内容是泛知识和泛生活类，直播间数量为22294个，日活跃主播2752个。此外，知乎也尝试推出自制综艺节目《知乎者耶》《新知青年说》，自制网络短剧《我们之间隔着银河系》，自制微电影《重逢》。知乎公司非常重视内容安全管理和视频直播审核制度规范，截至2021年年底，从事视听业务的审核人员共计1008名，视听业务技术人员158名。同时，知乎公司还建立十余个内容管理制度，对审核流程、审核标准、应急处置、内容管理、数据安全等各方面进行明确规定。

北京思维造物信息科技股份有限公司。公司成立于2014年6月。在线上，核心产品包括得到App和“罗辑思维”微信公众号；在线下，陆续推出得到图书、“时间的朋友”跨年演讲、“启发俱乐部”知识脱口秀、“得到高研院”、得到阅读器等，从而形成线上、线下双贯通的知识服务和终身学习产品矩阵。其中，得到App线上知识产品形态涵盖音频课程、讲座、得到听书、得到电子书、得到锦囊等，自2016年5月推出至2021年12月31日，已上线390余门音频课程，解读2700余本经典图书，汇集5.7万本精品电子书，并在此基础上，开发基于“得到大脑”的移动知识搜索引擎，从而全方位服务于5000万终身学习用户。在线下，得到图书定位于以更便捷、精准的方式呈现智能互联时代的各领域新知；得到训练营则直奔问题解决，让用户有方法、学得会。

2021年，得到App新上课程57门，新上听书364本，新上电子书14888本。重点业务指标方面，2021年课程销量超过400万份，电子书及会员销量超过150万份，听书及会员销量超过200万份。2021年7月，“基于得到App的知识服务和终身教育”荣获由工业和信息化部颁发的“2021年新型信息消费示范项目”荣誉。2021年9月，思维造物荣获由北京市工商联颁发的奖项“北京民营企业文化产业百强第17位”荣誉。2021年12月，思维造物荣获由中国企业慈善公益论坛颁发的“2021中国企业抗洪捐赠500强”荣誉。2021年12月31日，得到App平台主办的第七届“时间的朋友”跨年演讲举行。本届跨年演讲梳理该公司经营的得到App全年的知识服务生产内容，并首次通过云端共创收集中国好故事。基于疫情安全防控形势，活动采用空场举办。主讲人得到App和罗辑思维创始人罗振宇面对12000个空座位，进行4小时的主题演讲，讲述2021年来的社会创新、企业创新与最佳实践，呈现一组中国人、中国企业在面对挑战时的“新干法”和“新思路”。本次跨年演讲通过深圳卫视、抖音、得到App等平台直播。抖音直播间共有6003万人次观看，得到直播间总共有62.8万人观看204万次。

（以上内容由各相关单位供稿）

北京市部分民营影视制作公司概况

北京光线传媒股份有限公司。北京光线传媒股份有限公司（以下简称“光线传媒公司”）创建于1998年，2011年8月3日在国内创业板上市。光线传媒公司旗下拥有光线影业、彩条屋影业、青春光线影业、五光十色影业、迷彩光线影业和小森林影业等多个影视厂牌，每年提供20部以上风格各异、类型多样的优质电影产品。光线传媒公司旗下投资的文化娱乐公司达70家，包括4家影视娱乐类上市公司。其中猫眼娱乐泛娱乐票务平台也是具有竞争力的电影公司之一。光线传媒公司业务以内容为核心，影视为驱动，业务覆盖电影、动漫、电视剧、网剧、文学、艺人经纪、实景娱乐等领域，覆盖内容全面、产业链纵向延伸完整。光线传媒公司投资出品包括《革命者》《美人鱼》《泰囧》《港囧》《匆匆那年》《左耳》《亲爱的》《从你的全世界路过》《大鱼海棠》等150余部优质影片，总票房超540亿元。电影《哪吒之魔童降世》取得50亿元票房成绩，成为中国影史动画电影票房冠军。2021年，光线传媒公司出品或联合出品的电影有《人潮汹涌》《明天会好的》《你的婚礼》《误杀2》等。电影《革命者》于2021年7月1日上映。该片以革命先驱李大钊从入狱到英勇就义为叙事时间点，呈现他传播马克思主义和建党救国的壮阔革命历程。影片围绕1912—1927年波澜壮阔的历史展开，讲述中国共产党主要创始人之一的李大钊积极探索改变中国、拯救民族的热血历程，热忱追寻正确革命道路的故事。在他的感召之下，毛泽东等一批又一批仁人志士热血青年及各阶层群众前仆后继积极投身到传播马克思主义、建立中国共产党和建设新中国的革命进程中。2021年9月在北京国际电影节・第28届大学生电影节上获“最受大学生欢迎年度影片”称号、“光影青春”优秀国产影片提名。在第34届中国电影金鸡奖评选中获最佳故事片提名，最佳美术奖。

北京华谊兄弟娱乐投资有限公司。北京华谊兄弟娱乐投资有限公司成立于2008年1月，注册资金44520万元人民币，是华谊兄弟传媒股份有限公司全资子公司，由公司创始人王中军、王中磊共同创建。公司以“提供优质娱乐内容”为核心，制作并发行很多脍炙人口的优秀影视剧作品，如《我的团长我的团》《士兵突击》《夫妻那些事》《追捕》《连环套》《好久不见》《五鼠闹东京》《我的儿子是奇葩》《孩奴》《来了张宝利》《古董局中局系列》《舌尖上的心跳》等，取得口碑和收视率的双丰收。华谊兄弟在国内较早推行制片人合作制公司，最多时旗下有12个制片人团队，每年量产十余部作品。2021年7月21日，新上线44集电视剧《古董局中局之掠宝清单》在腾讯视频独播。2021年公司出品的《精兵劲旅》在第28届北京电视节目交易会中荣获“京榜剧献”值得期待引领力电视剧荣誉。

海润影视制作有限公司。海润影视制作有限公司（以下简称“海润公司”）成立于20世纪90年代中国电视剧走向市场化的最初岁月。作为第一批获国家广播电视总局批准认证的甲种“电视剧制作许可证”民营影视制作机构，经过近30年影视剧市场洗礼，海润公司创作出品电视剧如《一场风花雪月的事》《重案六组》《永不瞑目》《青春之歌》《血色浪漫》《长恨歌》《玉观音》《小兵张嘎》《白求恩》《亮剑》《狼独花》《震撼世界的七日》《和平饭店》《陪读妈妈》《羊城暗哨》《拿什么拯救你我的爱人》《北上广不相信眼泪》《猎人》《胭脂》《木府风云》《有你才有家》等近200部7000多集。出品的作品获"五个一工程"奖、飞天奖、金鹰奖、华鼎奖、中美电视节、春燕奖等200多项奖项。海润公司通过自己的作品培养了孙俪、蒋雯丽、刘烨、文章、赵丽颖、徐静蕾、张静初、于荣光、谢君豪、王珞丹、童蕾、王立可、甘婷婷等近百位优秀的演员。海润公司培养、吸纳、签约年轻的制片人、导演、编剧、演员等专业人才，为行业及海润公司的发展提供新鲜的血液与动力。由海润公司、东阳悦文嘉瑞影视传媒有限公司出品的《舒克与桃花》于2021年1月1日在芒果TV平台上线播出。

北京东方飞云国际影视股份有限公司。北京东方飞云国际影视股份有限公司成立于2002年，公司业务以影视制作为主，包括影视投资、营销发行、艺人经纪、后期制作等。旗下有全资子公司：霍城东方飞云文化传媒有限公司、浙江东阳焦点影视文化有限公司、浙江东阳长龙飞云影业有限公司。北京东方飞云国际影视股份有限公司于2016年11月15日在新三板挂牌上市，证券简称：东方飞云。证券代码：839672。2012年至2021年，该公司出品电视剧9部386集，包括《请赐我一双翅膀》《花谢花飞花满天》《新边城浪子》《新萧十一郎》《情定三生》《家宴》等，分别在北京卫视等省级电视台、地面频道及腾讯视频、优酷视频、爱奇艺视频、搜狐视频、芒果TV、乐视网或全网播出。《情定三生》《新萧十一郎》《新边城浪子》《花谢花飞花满天》还先后发行到美国、加拿大、韩国、马来西亚、泰国、柬埔寨、越南、非洲等地。2021年筹拍的剧集：《闹海记》《山有木兮木有心》《生旦净末丑》《转战三千里》《猛虎嗅蔷薇》《雪眸》《楼兰王朝》《卧虎藏龙》《十面埋伏》等，题材涵盖古装、年代、现代、偶像等。

北京东王文化发展有限公司。北京东王文化发展有限公司成立于2002年4月，注册资本1000万元，是一家集投资、制作、发行于一体的影视传媒机构。东王文化于2011年4月获国家广电总局批准电视剧制作许可证（甲种）。北京东王文化发展有限公司于2004年开始投资制作发行的剧目有《天下第一》《风尘三侠之红拂女》《屋顶上的绿宝石》《武十郎》《人生百事》《锁春记》《雾里看花》《泡沫之夏》《代号蓝色行动》《重返大福村》《猎杀》《兰陵王》《千金女贼》《领养》《女不强大天不容》《隐形的翅膀》《西柏坡的警钟》《加油吧，苏点点》《李白》《武当一剑》《一代洪商》《血盟千年》。多部作品获得各台年度收视率奖，《雾里看花》入选国家广电总局电视剧管理司"2009年度中国优秀电视剧选集"，入选北京市广播电影电视局"2009年度北京市广播影视奖"电视剧优秀奖。2021年4月13日，由湖北广播电视台、湖北长江华晟影视、霍尔果斯星宏文化、北京东王文化发展有限公司出品的39集电视剧《武当一剑》在央视八套播出。

完美世界（北京）互动娱乐有限公司。完美世界（北京）互动娱乐有限公司（以下简称"完美世界影视公司"）自2008年成立以来，秉持多元化、精品化的理念，参与创作、出品及发行电影作品160余部，如《钢的琴》、《失恋33天》、《北京青年》、《咱们结婚吧》、《老有所依》、《神犬小七》系列、《灵魂摆渡》系列、《深海利剑》、《忽而今夏》、《香蜜沉沉烬如霜》、《最美的青春》、《老酒馆》、《河山》、《冰糖炖雪梨》、《三叉戟》、《暴风眼》、《温暖的味道》、《光荣与梦想》、《和平之舟》、《昔有琉璃瓦》等。其中，《失恋 33 天》《北京青年》《老有所依》曾作为国礼，在国家主席出访拉美期间，赠与巴西、阿根廷两国的元首政要。完美世界影视公司的作品多次获得中宣部“五个一工程”奖、中国电视剧“飞天奖”，中国电影华表奖、大众电影百花奖等。为推动中国文化的国际传播，提升中华文化影响力，完美世界影视公司出品的多部剧集出口到美国、加拿大、新西兰、东南亚地区及非洲各国，得到当地观众的喜爱。2016 年 2 月，完美世界影视公司与美国好莱坞环球影业达成片单投资及战略合作协议，中国娱乐企业第一次直接与好莱坞六大制片公司签订长期合作协议。合作片中有《至暗时刻》《魅影缝匠》《黑色党徒》《登月第一人》等多部影片荣获奥斯卡奖。2021 年，完美世界影视公司出品、联合出品的作品有《光荣与梦想》《上阳赋》《暴风眼》《爱在星空下》《明天咱们好好过》《小女霓裳》《温暖的味道》《壮志高飞》《突如其来的假期》《舍我其谁》《霞光》《和平之舟》等。41 集当代都市电视剧《舍我其谁》由幸福蓝海影视文化集团股份有限公司、完美世界（北京）互动娱乐有限公司、阿里巴巴（北京）软件服务有限公司出品。2021 年 9 月 8 日，该片在江苏卫视、优酷上线播出。

北京时代光影文化传媒股份有限公司。北京时代光影文化传媒股份有限公司（以下简称“时代光影公司”）于 2013 年 7 月 30 日正式成立，并于 2016 年 9 月 30 日取得新三板挂牌，时代光影股票代码 839463。公司是一家集研发、制作、发行、营销及艺人经纪于一身的影视内容供应商。公司以电视剧生产为龙头，同时覆盖电影、网剧、电视综艺节目等全影视节目产业内容。时代光影牢记使命，坚守“为观众铸精品、为文化开新篇”的经营理念，坚持精品原创和 IP 开发并重，2017—2020 连续四年获得北京民营企业文化产业百强荣誉。时代光影公司有成熟的项目孵化团队、制作团队、宣发团队，打通了影视制作的链条。时代光影致力于打造完整的产业化生产链条，不仅在剧本孵化、制作、发行、营销方面达到行业内专业水准，更是拥有完整的艺人培养梯队，现有与公司全签约艺人 20 人。2021 年，时代光影公司共拍摄制作 1 部 24 集网络校园剧，发行播出 4 部电视剧。2021 年 5 月，在无锡拍摄的网络校园剧《瞧你这小脾气》，年底制作完成。2021 年 1 月 15 日 46 集电视剧《陪你漫步这个世界》在安徽卫视首轮播出。4 月 22 日，38 集电视剧《我的不惑青春》在黑龙江卫视首轮播出，5 月 13 日，在湖北卫视二轮播出。9 月 27 日，电视剧《燃烧大地》在山东卫视和安徽卫视联合播出，11 月 28 日，在吉林卫视二轮播出。2021 年 10 月 30 日，女性创业励志剧《星辰大海》在湖南卫视和优酷视频联合播出。《星辰大海》表现当代女性在纷繁复杂的现实社会中，对于婚恋与事业的思考。该剧获 2021 年金骨朵网络影视盛典年度十大精品剧集奖的称号。除此之外，《俺娘田小草》荣获第十一届电视制片业“优秀电视剧”，《我的小姨》荣获第十二届电视制片业“优秀电视剧”。公司董事长王锦荣获第十一届电视制片业“十佳出品人”。2021 年，时代光影继续深耕电视剧行业，坚持“光影传递美好故事”的生产理念，以现实主义创作核心为宗旨，打造精品优质内容，现储备有 IP 近 30 个。

四达时代通讯网络技术有限公司。四达时代通讯网络技术有限公司（以下简称“四达时代”）成立于 1988 年 10 月 18 日，是中国广播电视行业颇具影响力的系统集成商、技术提供商和网络运营商。截至 2021 年年底，四达时代有员工超 4500 人，其中外籍员工占

80% 以上，四达时代在卢旺达、尼日利亚、肯尼亚、坦桑尼亚、乌干达、南非等 30 多个国家注册成立公司并开展数字电视和互联网视频业务运营，发展数字电视用户超过 1300 万、移动端用户超过 2700 万，成为非洲重要的视频流量拥有者和家庭视频流量入口。四达时代搭建起可支持千万量级用户规模运营的庞大网络体系，节目中继、直播卫星、地面数字电视传输和互联网视频四大基础网络平台，使节目信号覆盖撒哈拉沙漠以南非洲地区；拥有超过 700 个频道，资讯、综艺、儿童、体育、音乐、影视、时尚等，用汉语、英语、法语、葡萄牙语、斯瓦希里语、豪萨语、约鲁巴语等十余种语言播出。四达时代拥有 43 个自办频道，每年节目更新量超过 3 万小时。四达时代于 2011 年成立译制中心，汇聚多国优秀译制创作人才，已建成具备汉语、英语、法语、葡萄牙语、斯瓦希里语、豪萨语、约鲁巴语等多个译配语种，产能超 1 万小时的大型节目译制基地，被授予“中国（北京）影视译制基地”称号。公司被评为“国家文化出口重点企业”“国家文化和科技融合示范基地”，获得 2015 年 WQC（世界质量认证）国际之星金奖、欧洲质量研究会 2016 年最佳商业实践奖、改革开放 40 年——中国企业海外形象 20 强、2018 年北京民营企业科技创新百强、2019 年北京民营企业文化产业百强、2020 年非洲影响力百强品牌 20 强、2021 年北京新视听国际交流示范机构等荣誉。2021 年，四达时代公司开启“万村通”乌干达、布隆迪和塞内加尔三国项目第二批受援村落建设；承办 2021 年中非视听节目推介会暨中国电视剧《山海情》（法语版）开播仪式、中非视听之夜、2021 北京优秀影视剧海外展播季・非洲活动等文化交流活动；推出体验式纪录片《两万五千里》、采访纪实类系列短视频《大使说》，献礼建党百年。

北京鑫宝源影视投资有限公司。北京鑫宝源影视投资有限公司成立于 1998 年 5 月，是一家集影视拍摄、制作、发行、演员经纪等业务为一体的影视公司。

国产电视剧的创作。以著名导演赵宝刚为创作主体的几支创作小组，推动中国偶像剧、言情剧的发展，并形成以都市情感、重大历史题材、惊险悬疑等为主的几大类系列。如《像雾像雨又像风》《奋斗》《我的青春谁做主》《北京青年》《青年医生》《老有所依》《深海利剑》《青春斗》等。其作品在国内外的电视剧市场广受欢迎，且多次荣获中宣部精神文明建设“五个一工程”优秀作品奖。此外，公司还与境外多家影视文化机构合作，摄制和发行《少年英雄方世玉》《陌生人》《迷侠》《棋武士》《机灵小不懂》等多部合拍电视连续剧。公司被授予“中国电视剧十佳制作单位”“国家重点出口单位”等荣誉。发行网络覆盖全国各省、市、自治区的几百家电视台，有效保证了剧目的播出。同时，迅捷的信息反馈在诸多方面又为剧目创作提供了准确的市场预测。在综艺方面，鑫宝源 2015 年开始涉足综艺真人秀节目，先后参与投资制作了《极限挑战》《跨界歌王》《跨界喜剧王》《欢乐中国人》《向往的生活》《无限歌谣季》等多档热门综艺节目。

（以上内容由各相关单位供稿）

大事记

2021 年北京市广播影视大事记

1 月

1 月 4 日　北京广播电视台财经频道中心《天下财经》栏目与“北京时间”合作，在每个交易日进行“黄金 11 点”“决战两点半”“今晚八点档”3 档网络直播，微博、抖音、今日头条同步直播。

1 月 5 日　由中共北京市委宣传部、首都文明办主办，北京广播电视台承办的“2020 北京榜样”颁奖典礼在北京卫视播出。

1 月 6 日　北京市人民政府新闻办公室与北京广播电视台共同推出“回顾‘十三五’ 展望‘十四五’”系列微访谈网络视频直播，回应“十四五”时期百姓关注的社会民生问题，宣传 2021 年北京社会民生方面的利好举措。

1 月 7 日　北京时间 App 全新改版，增加时间号频道、主持人频道和评论频道。

1 月 8 日　北京广播电视台与快手平台联合发起的《走进北京网红打卡地》“拔草行动”收官暨调研报告成果发布仪式举行，首份《北京网红打卡地调查研究报告》发布;“拔草行动”VLOG 挑战赛 30 件优秀作品获得纪念证书。

1 月 11 日　北京广播电视台新闻频道中心和“北京时间”推出《“两区”建设对话一把手访谈》节目。节目通过专访昌平区、海淀区、通州区、大兴区、北京经济技术开发区、朝阳区的主要领导，使听众了解各区在“两区”建设方面的具体举措和未来发展规划。

1 月 12 日　北京歌华大型文化活动中心有限公司承办的北京国际光影艺术季“万物共生”户外光影艺术沉浸式体验展入选 2020 北京文化消费品牌榜“十大文化消费创意 IP”。

1 月 19 日至 4 月 13 日　北京广播电视台推出国内首档规划题材纪实性季播节目《我是规划师》（第一季）。该节目由北京广播电视台和北京市委组织部、市委宣传部、市委城工委、市规划自然资源委共同策划，每周二在北京卫视和新闻频道播出。第一季共 12 期，每期 40 分钟。

2021 年 1 月 19 日，北京广播电视台开播《我是规划师》第一季第一集

1 月 20 日　北京市广播电视局党组成员、

副局长孔建华带队到中国（怀柔）影视产业示范区就推进市级“两区”建设重点任务，“支持在中国（怀柔）影视产业示范区建设国际影视摄制服务中心，为境内外合拍影视项目提供便利”进行调研。

1月20日　人力资源社会保障部、国家广播电视总局、国家新闻出版署发布《关于表彰全国新闻出版广播影视系统先进集体先进工作者和劳动模范的决定》，授予北京广播电视台新闻广播、昌平区融媒体中心、怀柔区融媒体中心新闻编辑部、北京北广传媒影视股份有限公司“全国新闻出版广播影视系统先进集体”称号，授予北京广播电视台王晓佳（女）“全国新闻出版广播影视系统先进工作者”称号，授予北京歌华有线电视网络有限公司播控部主任黄美莹（女）“全国新闻出版广播影视系统劳动模范”称号。

1月22日　北京市广播电视局召开冬奥城市文化活动专题会。党组书记、局长杨烁从“抓重点、抓精品”“抓联动、抓互动”“抓作风、抓实抓细”三个层面进行工作部署，局党组成员、副局长张苏，局党组成员、纪检监察组组长邹立华，局党组成员、副局长王志等相关人员出席会议。

1月22日至25日　北京市政务服务管理局主办、北京广播电视台承办的《市民对话一把手》节目以“不断实现人民对美好生活的向往”为主题，制作播出4期节目。节目每天19:20–20:20在北京城市广播副中心之声、北京广播电视台新闻频道、“北京时间”、“听听FM”客户端及新华网、北京日报客户端、新京报客户端、首都之窗和北京发布同步直播。

1月25日　北京市广播电视局召开庆祝中国共产党成立100周年宣传工作专题会。党组书记、局长杨烁对如何聚焦主题主线，做优做强首都新视听领域建党百年宣传工作提出具体要求。局领导杨培丽、张苏、邹立华、王志、孔建华出席会议，局宣传思想工作领导小组成员单位负责人和相关人员参加会议。

1月25日至2月3日　北京广播电视台卡酷少儿频道每天12:30播出脱贫攻坚主题动画片《幸福路上》。该片共10集，通过小故事描绘脱贫攻坚成就，让孩子们感受幸福生活来之不易。

1月27日　由中宣部、中央网信办、教育部、共青团中央指导，中央广播电视总台主办的第三届“你好，新时代——人民的小康”青年融媒体作品大赛颁奖典礼在北京举办，北京北广传媒城市电视有限公司获得本次大赛优秀组织奖。

1月　北京市广播电视局、北京北广传媒数字电视有限公司、北京歌华文化发展集团有限公司、北京北广传媒移动电视有限公司、北京歌华有线电视网络股份有限公司被首都精神文明建设委员会评为2018—2020年度“首都文明单位标兵”。北京歌华有线电视网络股份有限公司通州分公司、北京歌华有线电视网络股份有限公司密云分公司、北京市广播电影电视局后勤服务中心、北广传媒城市电视有限公司、北广传媒影视股份有限公司、四达时代集团被评为“首都文明单位”。

2月

2月1日　庆祝中国共产党成立100周年优秀电视剧展播剧目、重大革命历史题材电视剧《觉醒年代》在中央电视台一套首播，优酷、爱奇艺同日播出。该剧由北京市委宣传部、北京市广播电视局和安徽省委宣传部联合组织策划创作，首次全景式展现新文化运动、五四运动的时代风云和历史画卷，反映马克思主义在中国的早期传播和中国共产党创建的全过程。在央视一套首轮播出时，收视率稳居中国视听大数据排行榜第一，超七成网友给出五星好评，四星以上好评占比超过94%。

2月3日　北京市广播电视局与河北省广播电视局以视频会议的形式启动京冀“共享新视听　同心过大年”活动。北京市广播电视局党组书记、局长杨烁，河北省广播电视局党组书记、局长王离湘及相关单位负责人出席启动会。

2月3日　北京广播电视台举行“2020年度播音主持作品专家奖”线上评审会，最终评选出广播组（一等奖5部、二等奖11部、三等奖21部）、电视组（一等奖5部、二等奖10部、三等奖20部）、新媒体组（一等奖2部、二等奖6部、三等奖18部）共98部优秀作品。此次评选是机构合并后，按照《北京广播电视台“播音主持作品专家奖”评选办法》进行的第一次全台范围的播音员、主持人评奖工作。

2月4日　由北京市广播电视局指导的大型人文纪录片《一路百年》策划会举行。该片以贯穿北京东西的大1路公交车为线索，讲述在中国共产党的领导下北京乃至国家的百年发展变迁。

纪录片《一路百年》由北京鼓润影视文化传媒有限公司出品

2月4日　北京广播电视台和中国卒中学会、北京市体育局联合出品的国内首部医体深度融合健康教育系列短视频《大健康》在北京冬奥纪实频道开播。节目邀请权威医学专家和运动达人用科学观点解读热门医疗话题，助力“健康中国2030”全民健康战略的实现。

2月4日　北京广播电视台隆重推出冬奥倒计时一周年节目。北京广播电视台冬奥纪实频道播出“北京冬奥会倒计时一周年”特别节目，解读冬奥场馆建设运行，展示中国冰雪健儿备战冲刺风采。北京广播电视台体育广播打通《雄鸡唱晓》《相约冬奥》《超级体验团》《金戈铁马》等栏目，播出“共赴冬奥之约——北京冬奥会倒计时一周年”特别节目，展望未来一年北京冬奥会筹办工作重点。北京广播电视台外语广播推出英文特别直播《一样的冬奥情》，开展对外宣传。“北京时间”以视频直播、图文等形式进行重点推送，“听听FM”推出专题页面。

2月5日　由北京冬奥组委主办、北京广播电视台承办的冬奥场馆大型实景音乐秀节目《冬梦之约》在北京卫视开播（每周五21:05）。该节目实现了北京冬奥会和冬残奥会主要竞赛场馆在电视媒体上的首次集体亮相，也实现了很多竞赛场馆的首次文化演出。

2月6日　2020—2021赛季CBA常规赛第二阶段比赛落幕。北京广播电视台体育频道中心赛事转播团队自2020年12月初在64个比赛日中完成123场比赛的转播，其中包括9场比赛的加时赛，创体育频道中心转播的历史纪录。

2月8日　由国家广播电视总局、北京市广播电视局指导，爱奇艺出品的中国首部献礼建党百年暨全面建成小康社会网络剧《约定》（36集）开播。

2月9日　北京广播电视台2021年“福

满京城·春贺神州”春节特别节目“广播过大年·欢歌笑语迎金牛”在广播端9个频率并机直播。

2月9日　《2021卡酷动画春晚》在北京广播电视台卡酷少儿频道播出，“北京时间”网络同播。本届动画春晚以“我们一起牛”为口号，用全三维动画冰雪主题音乐贺岁剧的形式陪伴全国大小观众喜迎新春。北京地区核心受众收视份额在同类卫视频道排名第一，创动画春晚13年来最好成绩。

2月9日至28日　由中国文化和旅游部国际交流与合作局主办、四达时代公司承办的2021年“欢乐春节走进非洲”主题播映活动，通过四达时代在非数字电视平台和互联网视频平台面向非洲播放。播放国家涵盖非洲英语区、法语区、葡萄牙语区。

2月10日　由中国文化和旅游部、尼日利亚新闻和文化部共同举办的“共此时——庆祝中国和尼日利亚建交50周年线上文艺演播”通过四达时代公司在非数字电视和互联网视频平台向非洲32个国家播出。

2月10日　北京日报客户端北京号2020年度影响力奖项评选结果公布，“BTV北京卫视”北京号获得年度最具传播力奖。

2月10日　北京市广播电视局公布“2020年度北京广播电视收听收看优秀作品”评选结果。在评出的27类67个优秀作品中，北京广播电视台有15类25个优秀作品，歌华传媒集团有6类12个优秀作品，区融媒体中心有6类30个优秀作品。

2月10日　由中宣部宣教局主办、北京歌华有线电视网络股份有限公司搭建的“时代楷模”主题作品展播专区在歌华有线高清交互平台上线播出。该专区精选17部高质量时代楷模主题影视剧、诗歌咏唱会等作品，总时长约132小时。

2月12日　在北京市广播电视局指导下，抖音开启“牛年新气象　欢喜过大年”京津冀专场直播答题活动，围绕京冀两地红色历史、迎春习俗、传统文化等主题设计问答环节，25996名网友参加线上“知识闯关”，130位参与者成功通关，最多获得千元答题奖金。

2月12日　北京广播电视台卫视频道和文艺频道同步播出《春天　我们在一起——2021年北京广播电视台春节联欢晚会》。本届春晚是北京广播电视台第4次，连续3年使用超高清4K技术进行拍摄录制，实现全国省级电视台春晚的3个“第一次”，即第一次实现4K超高清、高清同播制作流程，第一次实现8K版春晚录制，第一次实现5G+8K云直播试验，并对北京广播电视台筹建8K试验频道的系统原型进行试验与验证。本届晚会连续8年蝉联全国省级卫视同时段收视冠军。

2月12日至18日　为满足“就地过年”群众的精神文化生活需求，北京市广播电视局指导爱奇艺、优酷、搜狐视频、西瓜视频推出“京冀两地免费看”专区，集纳各类影视节目451部9651集。

2月12日至26日　北京市广播电视局指导健身社交平台Keep举办“新视听·给新年‘家’点活力”居家健身视频挑战赛。

2月19日　北京市广播电视局党组书记、局长杨烁到北京歌华有线电视网络股份有限公司、北京新媒体（集团）有限公司、代表委员驻地酒店检查全国“两会”广播电视服务保障工作，副局长杨培丽、王志，东城区副区长刘俊彩一同检查。

2月21日至24日　由中宣部理论局、市委宣传部指导，北京广播电视台卫视频道中心《档案》栏目制作的大型通俗理论电视节目《全面小康　全面解码》每晚在北京卫视推出。

2月22日　北京歌华有线电视网络股

份有限公司客服系统在线支付业务上线。支持用户在拨打客服电话时，通过接收订购产品短信、跳转支付宝进行支付，为用户提供集咨询、购买、指导于一体的“一站式”服务。

2月23日　由北京市广播电视局指导，爱奇艺和全国扶贫宣传教育中心联合出品的脱贫攻坚主题网络纪录片《劳生不悔》在北京举行开播发布会。《劳生不悔》共计3篇6集，每两集为一个主题故事。2月24日至26日，该片在爱奇艺独家上线免费播出，成为爱奇艺献礼建党百年精品创作的又一成果。

2月24日　“京津冀教育广播联盟”成立暨2021北京高招咨询启动新闻发布会举行。这是北京广播电视台城市广播副中心之声第19年与北京市教委、北京教育考试院合作举办的高招咨询节目及系列活动。“京津冀教育广播联盟”由北京广播电视台城市广播副中心之声发起，联合天津广播电视台经济广播、河北广播电视台生活频率群共同组建。

2月25日　全国脱贫攻坚总结表彰大会在京举行，北京歌华传媒集团援蒙挂职干部闫新疆获得“全国脱贫攻坚先进个人”称号。

2月26日　北京广播电视台联合天津海河传媒中心、河北广播电视台共同打造的“京津冀之声”（FM100.6）开播，并在新媒体端上线，标志着跨地区、跨媒体、多领域的京津冀融合媒体传播链形成。国家广播电总局副局长、党组成员孟冬，北京市委宣传部部长杜飞进，北京市政协副主席燕瑛出席在北京城市副中心张家湾设计小镇举办的开播上线仪式。

2月26日　北京广播电视台新闻频道中心《北京新闻》栏目播出《风劲正扬帆——习总书记考察北京七周年特别报道》。特别报道共4集，每集约5分钟，以典型事例展现“两区”建设、冬奥筹办、疫情防控以及国际科技创新中心建设取得的成就。

3月

3月3日　北京市广播电视局党组书记、局长杨烁到怀柔调研中国影都发展和“两区”建设，并到怀柔科学城创新小镇、起步区施工现场和楚天云技术服务有限公司实地了解情况。

3月7日　北京市广播电视局根据中宣部、国家广播电视总局《关于印发〈国有影视企业社会效益评价考核试行办法〉的通知》和国家广播电视总局办公厅《关于切实做好国有广播电视节目制作企业社会效益评价考核工作的通知》的要求，制定的《北京市国有广播电视节目制作企业社会效益评价考核实施方案》开始实施。

3月7日至9日　京津冀三地广播联合制作的全国两会特别节目《对话京津冀》，在北京新闻广播、京津冀之声、天津广播电视台新闻广播、河北广播电视台综合广播播出。节目共3期，每期30分钟。

3月15日　北京广播电视台财经频道播出《第六届“诚信北京”3·15晚会》。晚会以“共有的责任”为主题，首次向社会公众传递国际公认ESG责任投资理念、经济价值、绿色金融以及碳中和国家承诺，权威发布《诚信北京大数据报告》。

3月16日　北京卫视开始每天循环播出北京红色旧址系列宣传片《闪亮的足迹》。首轮共推出10集，以北京现存红色旧址为主体，讲述中国共产党创建时期在京发生的重大历史事件与活动，展现中国共产党光辉的历史。

3月16日　位于北京市西直门文慧桥的枫蓝国际购物中心户外大屏正式接入户外大

屏联播网，成为北京北广传媒城市电视有限公司的又一个新成员。

3 月 17 日至 19 日、3 月 22 日至 23 日　北京广播电视台新闻频道中心推出《“两区”建设对话一把手访谈》（第二期）。节目分别请西城区、丰台区、石景山区、怀柔区、密云区等区委书记介绍各区“两区”建设的具体举措和未来发展规划。

3 月 22 日　由国家广播电视总局指导，北京广播电视台、上海广播电视台、天津广播电视台等全国 50 家电视台共同推出的“理想照耀中国——庆祝建党百年‘双 100’系列融媒报道”启动。3 月 23 日，系列融媒报道的第一场直播在北京拉开帷幕，北京、天津、上海三地记者，分别从北京北大红楼和李大钊故居、天津觉悟社和张太雷展馆，以及上海的一大纪念馆旧址、陈望道故居、新老渔阳里发回现场直播报道。

3 月 24 日　国家广电总局公共服务司副司长张昊以“智慧广电 + 公共服务”为主题到北京歌华有线电视网络股份有限公司调研，北京市广播电视局副局长杨培丽陪同调研。

3 月 27 日　歌华传媒杯 ·2020 北京文化创意大赛——中小学文化创意赛区终评暨颁奖典礼在北京广播电视台举办。大赛由北京市教育委员会、北京市关心下一代工作委员会指导，北京广播电视台、北京市文化创意产业促进中心主办。活动自 2020 年 10 月启动。

3 月 28 日　北京广播电视台科教频道播出大型文献纪录片《红色记忆：365 个党史瞬间》。该纪录片是国内首部全面系统地讲述中国共产党百年历史的影像通史，通过珍贵历史影像资料 + 采访 + 情景再现 + 重走革命旧址的形式，从政治、经济、文化、教育、外交等方面讲述中国共产党成立以来的伟大成就。

4 月

4 月 2 日　根据《中共北京市委机构编制委员会关于市广电局所属事业单位改革有关事项的批复》：1. 整合北京市广播电影电视局后勤服务中心、北京市广播电影电视局离退休人员管理服务中心、北京新闻出版局老干部服务中心，组建北京市广播电视局综合事务中心。2. 将北京市广播电视监测中心（北京市广播电影电视局信息网络视听节目传播监管中心、北京市广播电视安全播出调度中心）更名为北京市广播电视监测中心（北京市广播电视安全播出调度中心）。3. 将北京市广播影视作品审查中心更名为北京市视听节目监测中心（北京市广播影视作品审查中心）。4. 将北京音像资料馆（北京广播电影电视研究中心）更名为北京新视听发展中心（北京音像资料馆）。5. 将北京市广播电影电视局信息中心更名为北京市广播电视局宣传中心。6. 设立北京广播影视交流促进中心。改革后，市广电局所属事业单位由 7 个减至 6 个，事业编制由 109 名减至 108 名，1 名事业编制由市委编办收回。

4 月 4 日　北京广播电视台广播各频率及“听听 FM”音频客户端推出“清明诗会”特别节目。广播端 18 位主持人参与朗诵红色经典诗词，缅怀革命先烈。

4 月 6 日至 17 日　北京广播电视台生活频道中心出品的中国首部医学人文纪录片《医者》通过央视 CGTN 纪录频道，在全球百余个国家和地区播出。该节目 3 次获得国家广播电视总局国产优秀纪录片推优荣誉、4 次获得北京市广播电视局创新创优节目称号。

4 月 9 日　由北京市广播电视局主办的“北京视听零距离”系列活动启动仪式在北京市延庆区融媒体中心举行。在启动仪式上，北京市广播电视局副局长杨培丽将标有“No.001”的“北京视听小站”牌匾授予延庆区融媒体中心，标志着市广电局着力推进的北京百乡千村新视听示范工程全面启动。作为启动仪式分会场的“冰雪嘉年华”活动在延庆八达岭国际会展中心广场开幕。

4月9日　由北京市文联主办，北京市委网信办、北京市广播电视局指导，北京广播电视台、北京网络视听节目服务协会等单位主办的第六届北京网络视听节目创新与人才推优总结大会在北京广播大厦举行。现场揭晓22个“年度创新优秀作品”奖、15项“年度优秀贡献人才”奖、8个“年度融合媒体创新”奖和13个“年度优秀组织单位”奖。

4月10日　北京广播电视台音乐广播中心携手中山公园音乐堂推出庆祝中国共产党成立100周年“聆听难忘旋律　献礼百年华诞”红色经典系列演出。演出共10场，持续到7月1日。

4月11日　北京卫视播出《唱支山歌给党听——庆祝中国共产党成立100周年北京广播电视台系列宣传活动启动仪式》，向全社会推介北京广播电视台为建党百年创作的重要电视节目，开启北京广播电视台庆祝中国共产党成立100周年的序幕。

4月12日　北京广播电视台新闻广播、交通广播、城市广播、体育广播和京津冀之声5大频率，“听听FM”客户端及各频率新媒体矩阵推出大型融媒体系列报道《见证初心·百集京华党史故事》。

4月12日　北京广播电视台新闻广播推出系列报道《京华巡礼》。

4月14日　北京市委宣传部副部长徐和建率队到北京广播电视台，就提高市属媒体国际传播能力建设进行调研座谈，听取北京广播电视台党组成员、副总编辑李秀磊关于北京台外宣工作发展情况汇报。

4月16日　北京广播电视台新闻频道中心与“北京时间”推出“北京·平谷世界休闲大会”融媒直播报道。

4月17日　庆祝中国共产党成立100周年优秀电视剧展播开篇剧目《觉醒年代》作品研讨会召开。国家广电总局副局长、党组成员朱咏雷出席，北京市委常委、宣传部部长莫高义出席并讲话，宣传部常务副部长赵卫东主持，李大钊先生家属代表、《觉醒年代》主创团队、出品方代表等参会。

4月18日　北京广播电视台音乐广播中心与北京国际音乐节文化传播有限公司合办的“午乐时光”线下演出与融媒传播活动启动。首场《午乐时光》音乐会在前门“北京坊·劝业场”举办。

4月18日　由北京市政府外办、北京广播电视台、北京外国语大学联合主办，“北京时间”承办的北京市“外语标识全民纠错月”启动仪式在石景山区新首钢园区举行。

4月19日至23日　北京广播电视台新闻频道中心推出《“两区”建设对话一把手访谈》（第三期），对北京市知识产权局、北京市高级人民法院、北京市地方金融监督管理局、北京市商务局、北京市经济和信息化局等五部门的负责人进行专访，介绍各部门“两区”建设的具体举措和未来发展规划。

4月19日至24日　北京广播电视台交通广播在国家会展中心（上海）进行2021上海国际车展音视频直播。交通广播直播间还设置有融媒体专访间，进行音视频直录播工作。

4月20日　北京市委宣传部副部长、市电影局局长王杰群与怀柔区委书记、怀柔科学城党工委书记戴彬彬，就中国（怀柔）影视产业示范区发展及“两区”建设座谈。市广电局党组成员、副局长孔建华及市文旅局、北京国际电影节组委会、部分影视文化企业代表参加座谈。

4 月 20 日　北京广播电视台体育频道中心特别节目《一赛季一生情》在《天天体育》栏目以直播的形式播出，并在“北京时间”、BRTV 冬奥纪实微博、《天天体育》微博等网络端同步直播。这是《一赛季一生情》首次在电视端、网络端同步直播。

4 月 20 日至 22 日　京津冀新视听媒体融合学院首期研学班在北京开班。该学院由北京市广播电视局、河北省广播电视局、国家广播电视总局研修学院于 2020 年 11 月联合成立。首期研学班有来自京津冀三地省级、地市级、区县级广播电视台（融媒体中心）及有关媒体融合单位的 100 余人参加。

4 月 22 日　北京广播电视台体育广播首档新媒体直播互动节目《体坛研习社》线上首播。该节目围绕体育热点新闻、热搜话题、焦点赛事为主题，打造妙趣横生的体育脱口秀场景。

4 月 23 日　北京广播电视台新闻频道中心和北京市文旅局共同策划的系列丛书《潮北京——北京网红打卡地攻略》第一辑出版。书中收录 50 个北京网红打卡地，通过“优美散文 + 实用攻略 + 精美图片 + 视频二维码链接”的形式，展现古都之美，助力北京打造国际消费中心城市。

4 月 23 日至 6 月 25 日　北京广播电视台北京卫视频道播出大型文化季播节目《书画里的中国》。第一季节目共 10 期。

4 月 25 日　北京市总工会召开新闻发布会，公布 2021 年首都劳动奖状、奖章和北京市工人先锋号评选结果。海淀区融媒体中心新闻编导部副部长任晓娟（女），完美世界（北京）软件科技发展有限公司高级开发工程师刘炎，北京北广传媒影视股份有限公司支部书记、董事长刘国华，北京广播电视台副制片人、主任编辑李潇（女），朝阳区文化和旅游局产业发展科科长杨迪（女），通州区融媒体中心经营部副主任周思思（女），朝阳区融媒体中心记者、编辑彭文新获得“首都劳动奖章”；北京广播电视台新闻频道中心被评为“北京市工人先锋号”。

4 月 26 日　由中国扶贫基金会、北京市扶贫支援办指导，北京北广传媒城市电视有限公司和北京地铁通成广告有限公司主办的“向着幸福出发”决胜脱贫 · 共奔小康优秀影像作品展及颁奖典礼暨“奋斗！在幸福路上”乡村振兴主题成就征集展映启动仪式在北京消费扶贫双创中心举行。

4 月 26 日　在北京经开区工委宣传文化部指导下，四达时代公司重走长征路专题纪录片《两万五千里》拍摄活动在北京经开区启动。该片由非洲青年作为体验者，用非洲人的视角重新讲述长征路上的故事。

4 月 26 日至 29 日　由北京市委宣传部、北京市广播电视局、怀柔区委区政府主办的第 28 届北京电视节目交易会（2021 · 春季）举办。本届交易会以庆祝中国共产党成立 100 周年为主线，线上线下同期举行。交易会共收录各类参展项目 930 余部，其中电视剧节目 520 部，网络剧 93 部，其他类型节目近 60 部，另有 260 余部网络文学作品参展。

2021 年 4 月 26 日至 29 日，第 28 届北京电视节目交易会（2021 · 春季）举办

4月26日至30日　北京广播电视台城市广播副中心之声联合通州区委宣传部、通州区融媒体中心在《运河之上》栏目推出系列访谈节目“畅谈‘十四五’，对话副中心”。通州区“两区”办、通州区生态环境局、通州区文旅局、张家湾设计小镇、台湖镇、宋庄镇负责人做客直播间，讲述城市副中心确保“十四五”开好局起好步的奋斗故事。

4月27日　北京广播电视台卫视频道中心系列纪录片《我为群众办实事之局处长走流程》开播。该片是在党史学习教育过程中，全国首个播出的“我为群众办实事”专栏节目。

4月28日　北京广播电视台财经频道与卫视频道、文艺频道同步播出“第三届全国双品网购节暨2021北京消费季启动”活动。

4月28日　第28届北京电视节目交易会（2021·春季）暨“科影筑梦　融赢未来——中国影都专场招商推介会”在杨宋镇综合文化服务中心举办，30家影视文化、科技数字企业集中签约入驻中国（怀柔）影视产业示范区。

4月28日　北京歌华有线电视网络股份有限公司“少儿”栏目在高清交互平台上线。

4月28日　中国木偶艺术剧院“卡酷剧场”揭幕仪式在中国木偶艺术剧院举行。2021年1月，中国木偶艺术剧院与北京广播电视台卡酷少儿频道达成合作，将原大剧场命名为“卡酷剧场”。

4月29日　北京市扶贫支援办党组成员、副主任（主持工作）姚忠阳一行到北京市广播电视局对接广播电视支援合作工作，市广电局党组书记、局长杨烁主持对接座谈会。

5月

5月1日　北京歌华有线电视网络股份有限公司宽带全屋智能系列套餐产品上线。套餐以“智控全屋”为核心卖点，分为“全屋智能音箱套餐”和“全屋智能收视套餐”两个系列，主推200M及以上宽带产品，并融合家庭组网、智能家居和主营业务。

5月3日至4日　北京广播电视台卡酷少儿频道抗疫主题原创儿童舞台剧《非凡守护》在中国木偶艺术剧院卡酷剧场演出。

5月8日　由北京广播电视台、天津海河传媒中心、河北广播电视台联合主办的“同唱一首歌”——全国广播庆祝中国共产党成立100周年云上融媒体主题报道活动启动仪式在北京市房山区霞云岭“没有共产党就没有新中国”纪念馆举办。活动包括推出新媒体宣传、线下活动、大型系列报道和特别节目等，联袂形成传播矩阵，让更多人聆听党的故事、了解党的历史，再次唱响《没有共产党就没有新中国》的时代主旋律，形成各地“同唱一首歌”庆祝建党100周年的高潮。

5月10日　央视新闻频道联合全国省区市广播电视机构推出庆祝中国共产党成立100周年大型系列直播特别节目《今日中国》，北京广播电视台新闻频道中心配合完成首场直播——北京篇《百年薪火　首善之都》。北京广播电视台新闻频道和“北京时间”同步进行转播。

5月11日　北京市委组织部和北京广播电视台联合制作的大型系列短视频《我志愿》在北京卫视播出。系列短视频以不同历史时期的50名优秀共产党员的入党誓言或申请书为核心档案，通过实地纪实拍摄讲述入党申请书背后的故事，展现这些优秀共产党员为祖国和人民做出的巨大贡献。

5月11日　北京广播电视台新闻频道开播18集系列短视频新闻作品《寻踪百年辉煌1921—2021》。

5月12日　由北京市人民政府新闻办公室和北京广播电视台共同打造的“魅力北京”系列纪录片在克罗地亚国家电视台HRT开播。

"魅力北京"纪录片包括《为民而商》《中关村》《昨天的故事》《自然北京》四个系列。这是克罗地亚国家级电视台首次与北京市合作，落地播出中国主题的专题纪录片。

5月12日　北京北广传媒移动电视有限公司联合全国11家移动电视机构和地方电视台制作的《红色印迹　星火燎原》百集全国红色纪念地短视频及H5互动答题产品上播。观众互动答题观看总数达2.6万次。

5月12日　北京市应急管理局、北京市教委、北京市科委、北京交通广播等单位联合录制的"2021北京市全国防灾减灾日特别节目——安全成长　红心向党"，通过北京市应急系统各媒体矩阵、"北京时间"等平台全网播出，同时在"北京市中小学资源平台"和"各区中小学资源平台"中供全市中小学生观看学习。

5月14日　由北京市政府新闻办与市友协共同主办，北京第二外国语学院承办的2020年"爱上北京的100个理由"主题短视频和征文大赛颁奖典礼在故宫博物院举行。丰台区融媒体中心制作的短视频《意大利少年的中国文化之旅》获得二等奖，《新马可·波罗游记》获得优秀奖。北京亦庄融媒体中心（北京经开区融媒体中心）创作的短视频《北京是我最爱的城市》获得二等奖和最佳网络人气奖，《我爱这里　这里是我的另一个家》获得优秀奖。北京四达时代传媒有限公司、丰台区融媒体中心、北京亦庄融媒体中心（北京经开区融媒体中心）获组织奖。

2021年5月14日，2020年"爱上北京的100个理由"主题短视频和征文大赛颁奖典礼举行

5月15日　北京广播电视台体育广播中心和北京奥运城市发展促进中心联合主办的第四届成长勋章青少年铁人三项赛在平谷区金海湖举办。

5月15日　北京广播电视台新闻广播《主播在线》推出90分钟特别节目《天问一号着陆火星》，全程直播我国首次火星探测任务着陆火星。

5月16日　第31个全国助残日，教育部基础教育司、中国传媒大学和中国教育发展基金会在北京市盲人学校共同举办"光明影院进特校"公益活动捐赠仪式，为全国2244所特殊教育学校赠送专门制作的无障碍电影观影硬盘。"光明影院"项目是由中国传媒大学、北京歌华有线电视网络股份有限公司、东方嘉影电视院线传媒股份公司于2017年底共同推出的公益活动。

5月16日　北京广播电视台体育广播推出特别报道《以爱之名　共享荣光》，贯穿体育广播全天节目，全面报道全市举办的多种形式的助残活动。

5月17日　北京广播电视台"北京时间"与首都博物馆共同打造的综合文化服务空间——"BRTV首博食间"揭牌，为广大观众和新媒体用户提供文创和文化服务。

5月17日　北京广播电视台科教频道中心与北京市委教育工委、北京市教委联合推出6集党史教育类系列节目《校史中的红色记忆》。

5月19日　北京广播电视台北视英特维公司完成中俄核能合作项目开工仪式视频连线工作。

5月20日　由北京市委宣传部、市委党史研究室、市地方志办指导，北京广播电视台主办、市十六区委宣传部共同策划的党史题材百集系列微纪录片《百年历程》在北京卫视、新闻频道《北京新闻》《北京您早》《特别关注》等新闻栏目播出。

5月20日　北京广播电视台青年频道中心制作的影视剧汇编节目《信仰的力量》在北京卫视播出。该节目以“党的精神谱系”为主题向中国共产党成立100周年献礼。

5月20日至30日　北京广播电视台交通广播中心与开心麻花合作的喜剧《恋爱吧！人类》话剧版在地质礼堂连续演出10场。

5月23日　北京广播电视台前方转播团队动用陆、水、空三种方式全景呈现北京城市副中心马拉松比赛。北京城市副中心马拉松的前身是通州马拉松，2021年该项赛事首度升级为全马赛事。

5月25日　北京广播电视台所属北京紫禁城影业有限责任公司参与出品的重大革命历史题材剧《光荣与梦想》在北京卫视、东方卫视、腾讯视频、爱奇艺、优酷同步播出。

5月25日　由市委宣传部、市委党史研究室市地方志办主办，北京广播电视台承办的北京市“永远跟党走”党史知识竞赛活动启动。

5月25日　由国家广播电视总局举办的首届广播电视和网络视听人工智能应用创新大赛（MediaAIAC）和首届高新视频创新应用大赛评选结果揭晓。在首届广播电视和网络视听人工智能应用创新大赛中，北京地区企业获奖项目有29个，其中获得一等奖9个、二等奖11个、三等奖9个；在首届高新视频创新应用大赛中，北京地区企业获奖项目共20个，其中一等奖2个、二等奖8个、三等奖9个、优秀奖1个。

5月27日　北京市广播电视局与北京市卫健委签署宣传合作框架协议。

5月28日　北京市委常委、宣传部部长莫高义到北京市广播电视局调研。市委宣传部副部长、市新闻出版局局长王野霏，市广电局党组书记、局长杨烁一同调研。

5月28日　北京广播电视台科教频道播出全国首档大型日播民法典普法宣传栏目《民法典通解通读》。该栏目计划用3~5年时间，对《民法典》7编1260条法律条款进行全面深入系统解读。

5月28日　北京市广播电视局与北京市公安局、北京市电影局和怀柔区联合设立的国际影视摄制服务中心在中国（怀柔）影视产业示范区挂牌成立。该中心是国务院批复北京市建设国家服务业扩大开放综合示范区的重点任务。中心由北京市广电局牵头，北京市市级相关部门定期指导业务办理、政策咨询、行政审批，为境内外合拍影视项目提供服务便利。

5月28日　2020年北京优秀影视剧海外展播季推出的特别活动“中非视听之夜”在四达时代集团北京总部举行。

5月29日　北京广播电视台体育频道中心完成2021春季北京国际长走大会直播。

5月30日　北京广播电视台与海淀区委宣传部、北京大学党委宣传部联合出品的庆祝中国共产党成立100周年广播连续剧《播火者》开播。该剧共10集，通过讲述早期共产党人李大钊的播火生涯，展现建党之初北京城风起云涌的觉醒时代。

5月31日　北京广播电视台卫视频道中心、京东直播、腾讯视频联合播出大型综艺电商晚会《2021京东618沸腾之夜晚会》。共直播4小时，台网累计观看2.52亿人次。

5月31日　北京广播电视台城市广播副中心之声联合广播网络媒体中心、“听听FM”启动新媒体移动视频直播品牌活动“名嘴带你探名校”。

6月

6月1日　《花儿向阳　童心向党——庆祝中国共产党成立100周年全国少儿晚会》在北京广播电视台卡酷少儿频道首播，优酷、“北京时间”和“听听FM”作为网络平台同步播出。该晚会是国家广电总局部署制作的建党百年主题三场大型晚会之一，也是唯一一档全国性的少儿晚会。

6月1日　北京市委党史学习教育领导小组办公室、市委宣传部、市委教育工委和市教委主办，北京广播电视台联合多家单位承办的中国共产党早期北京革命活动旧址开放日仪式在主会场北京李大钊故居和北大二院旧址、马骏烈士墓、李大钊烈士陵园、长辛店二七纪念馆、陶然亭慈悲庵等5个分会场同时举行。

6月1日　北京广播电视台体育频道中心《奥运故事会》栏目制作的奥林匹克教育示范课视频在北京冬奥组委官方网站教育页面上线。

6月8日、9日　由北京广播电视台、通州区委区政府主办，通州区委宣传部、北京城市广播副中心之声、北京外语广播、京津冀之声、通州区融媒体中心承办的大运河国际交流季暨大运河城市广播联盟融媒体大型报道活动在北京城市副中心启动，中广联生活委员会及9省市成员单位代表共同签署合作备忘录，共同开启“大运河城市广播联盟大型融媒体采访行动”。

6月9日　北京广播电视台新闻频道中心《这里是北京》栏目与北京市档案馆合作推出12集《北京红色档案》系列短视频，用档案讲述党史故事。

6月9日　北京广播电视台举办“提升国际传播能力培训交流会”。央视中国国际电视台（CGTN）新媒体社交组负责人讲授海外社交平台机构账号运营技巧，北京广播电视台外语广播中心主任做内部经验交流。

6月9日至30日　北京广播电视台体育广播中心举办“动听百年党史　走看美丽北京　永远跟党走——庆祝建党百年大型声音赛道系列徒步行进主题活动”。本次活动采用线上和线下相结合的方式，利用健身时间，在“听听FM”活动专区收听党史故事并上传运动轨迹。

6月10日　以“在一起，再出发”为主题的2021年“文化中国·水立方杯”中文歌曲大赛启动。本届大赛由北京广播电视台、北京国家游泳中心有限责任公司、北京市演出有限责任公司、爱奇艺共同承办。

6月10日　国家广播电视总局发文公布86部庆祝建党100周年重点纪录片目录。北京市广播电视局推荐的纪录片《播“火”——马克思主义在中国的早期传播》《黄河安澜》《档案里的中国》《信仰的力量》《红色记忆》《我的时代和我（第二季）》《我们的信仰》《一路百年》《百年巨匠》9部纪录片入选，位列各省局第一。

6月10日　北京市广播电视局主办、迪拜中阿卫视承办的“北京优秀影视剧海外展播季·中东”主题活动在突尼斯国家旅游局举办。通过展播季活动，迪拜中阿卫视将多部电视剧、电影和动画片译配成阿拉伯语，在中东地区进行广泛传播。

6月10日　北京奥运城市发展促进中心向北京广播电视台工会授予“国际新兴体育运动台克球北京广播电视台推广基地”牌匾。

6月11日　北京歌华有线电视网络股份有限公司通过ISO 9001质量管理体系认证，并取得管理体系认证证书。

6月14日至18日　由北京市委宣传部指导，北京市广播电视局支持，北京广播电视台策划的大型文献纪录片《播“火”——马克思主义在中国的早期传播》在北京卫视播出。该片由北京广播电视台《档案》栏目制作，共5集，每集45分钟。

6月15日　北京广播电视台音乐广播推出20集大型系列音乐专题节目《歌声献给党》。

6月16日　北京卫视、东方卫视首播，腾讯视频、爱奇艺、优酷同步播出48集电视剧《我们的新时代》。该剧由国家广播电视总局、北京广播电视局指导，响想时代娱乐文化传媒（北京）有限公司出品，是“理想照耀中国——国家广播电视总局庆祝中国共产党成立100周年主题作品创作展播活动”重点剧目之一。

2021年6月16日，48集电视剧《我们的新时代》开始播出

6月16日　北京广播电视台冬奥纪实频道系列专题片《基层体育中的党员模范》在《2022》节目中播出。专题片共10集。

6月16日　“庆祝建党百年——古都风韵　时代风貌”网上主题宣传活动启动。该活动由北京市委网信办主办，北京广播电视台“北京时间”、京报网、新京报网、百度、微博、快手、网易等媒体和网站承办，相关区委网信部门、区融媒体中心共同参与。

6月17日　北京广播电视台新闻频道中心对神舟十二号载人飞船发射进行组合报道，新闻广播中心、交通广播中心分别推出融媒体直播特别节目《下一站，天宫》和《你好，空间站》。

6月17日　2021年度北京广播电视台广播节目团队签约仪式在建外办公区举行，教育面对面、乐童工作室、运动体验团队、广播之声团队、养老团队负责人分别签订2021年度运营协议。

6月18日　北京市委社会工作委员会、市民政局主办，北京广播电视台新闻频道中心承办的“永远跟党走　建功新时代”主题宣讲暨“两优一先”表彰活动在北京广播电视台举行。

6月18日　2021年（第七届）京津冀银发达人大型评选活动启动仪式在北京城市副中心举办。此次活动由京津冀三地老龄办、老干部局指导，京津冀三地广播电视台主办，北京广播电视台城市广播副中心之声联合天津生活广播、河北生活广播承办。

6月18日至27日　北京广播电视台与东城区委宣传部联合制作的10集人文纪录片《恰是百年风华》在新闻频道中心《这里是北京》栏目播出。

6月21日　广播剧《北大红楼》上线发布会在北京大学举行。《北大红楼》由北京市委宣传部统筹部署、北京市广播电视局指导、北京广播电视台和北京大学党委宣传部联合制作，入选国家广播电视总局“庆祝建党100周年重点广播电视节目”。

6月21日　北京广播电视台交通广播中心派出四路采访报道组奔赴京津冀进行大型采访报道“轨道上的京津冀”。

6月22日　北京市委宣传部、市文旅局主办，北京广播电视台联合首都图书馆、北京市各区图书馆等单位承办的2021年北京市诵读大赛名家主题诵读会在首都图书馆举行。

6月22日　四达时代传媒（加蓬）有限公司开业，宣布推出数字电视产品和服务。

6月25日　莫桑比克中央数字电视中心揭幕仪式在马普托市举行。莫桑比克总统纽西揭幕剪彩。中国驻莫桑比克大使王贺军、莫桑比克交通通讯部部长、马普托市市长、莫桑比克国家电视台台长等人出席仪式并致辞。莫桑比克广播电视数字化改造项目由四达时代公司承建。

6月26日　北京广播电视台生活频道开播25集纪录片《共和国医者》。该片由北京市卫健委指导、北京广播电视台生活频道中心《医者》栏目制作，每周六播出。

6月26日　北京广播电视台文艺广播打通节目时段，首播3集广播剧《北大红楼》。该剧“七一”当天在北京广播电视台各频率广播以及学习强国、“听听FM”等网络平台播出。

6月26日　北京广播电视台冬奥纪实频道推出9集系列专题片《党旗下的中国体育》。

6月26日　在成都举办的第18届中国户外传播大会上，北京北广传媒城市电视有限公司获得“2021—2022年度市区LED大屏头部媒体”称号，公司主办的“向着幸福出发”决胜脱贫·共奔小康优秀影像作品展获得“第六届金场景营销案例评选铜奖”。

6月28日　北京市广播电视局组织的2021年北京市广播电视媒体融合先导单位、典型案例、成长项目征集评选揭晓，共评出北京新媒体（集团）有限公司北京时间融媒平台、朝阳区融媒体中心、丰台区融媒体中心、延庆区融媒体中心等4家媒体融合先导单位和8个媒体融合典型案例、8个媒体融合成长项目。

6月28日　北京广播电视台财经频道中心打造的“庆祝中国共产党成立100周年”15集大型城市纪录片《旗帜——北京城市发展百年巡礼》开播。

6月28日　全国“两优一先”表彰大会在北京人民大会堂举行，北京广播电视台交通广播中心党支部获得“全国先进基层党组织”称号。

6月29日　北京广播电视台与北京市委统战部联合制作的10集特别节目《百年·父辈》，在《北京您早》《都市晚高峰》等新闻栏目中播出。节目讲述百年来首都统一战线革命先贤与中国共产党人肝胆相照、同甘共苦的故事。

6月29日　北京歌华有线电视网络股份有限公司有线电视信号接入大兴国际机场，机场航站楼大屏使用歌华有线机顶盒传输的信号播出“七一勋章”颁授仪式。

6月　在中国共产党成立100周年之际，北京市广播电视局与北京广播电视台联合推出《致敬平凡》大型公益广告，致敬每一位在平凡岗位上绽放光芒的共产党员。《致敬平凡》公益广告采用8K技术拍摄制作，给观众带来震撼的视觉体验。

6月至7月　为庆祝中国共产党成立100周年，北京市广播电视局开展“红色视听之旅”融媒行动，面向北京市主要媒体和17家区融媒体中心，按照“探寻革命圣地”“重温历史事件”“对话英雄人物”“云游红色景点”“聚焦改革发展”“绽放冬奥风采”等六大主题，征集融媒短视频，力求构建了解红色历史与发展成就的红色视听图谱。此次活动共收到200余部短视频作品，在“北京时间”平台集中展播，最终评选出30部优秀作品。

7月

7月1日　北京广播电视台新闻频道直播《奋斗百年　同心向党——庆祝中国共产党成立100周年特别报道》节目。

7月1日　北京广播电视台新闻广播、京津冀之声、城市广播副中心之声、体育广播联合上海新闻广播、浙江之声等全国八省市广播电台推出4小时融媒体直播《同唱一首歌——庆祝中国共产党成立100周年七一特别节目》。“听听FM”“北京时间”等新媒体平台同步播出。

7月1日　北京北广传媒城市电视有限公司旗下地标媒体世贸天阶大屏、春平广场大屏、富力广场大屏和全市6000台楼宇电视终端对庆祝中国共产党成立100周年大会进行全程转播，与首都市民共庆百年华诞。

7月1日至31日　四达时代公司自办中国影视频道开展“庆祝建党百年主题展播月”活动，多部主旋律电视剧及40余部主题电影面向在非华人观众播放。

7月2日　国家广播电视总局广播电视科学研究院与北京歌华有线电视网络股份有限公司签署框架合作协议。

7月3日至9月11日　北京广播电视台卫视频道播出11期文化音乐竞演真人秀节目《最美中轴线》。该节目由北京广播电视台与北京市文物局联合出品，助力北京中轴线申遗。

《最美中轴线》节目海报

7月4日　北京广播电视台科教频道中心联合中国科协制作的科普节目《改变世界的30分钟》开播。该节目是中国科协首次与省级广播电视台合作推出的栏目，也是中国科协在深化科普供给侧改革工作中的首个电视栏目，是2021年中国科协“科普中国”信息化建设重要工作之一。

7月4日　北京市广播电视局组织“北京视听零距离”——电视剧《我们的新时代》慰问中国人民解放军仪仗大队活动。

7月7日　北京广播电视台新闻频道《北京新闻》栏目播出新闻《纪念全民族抗战爆发84周年仪式举行》和《中流砥柱——中国共产党抗战文物专题展开展》。

7月7日　北京广播电视台财经频道中心与北京市经信局合办的系列节目《打造京津冀产业协同发展新格局》在《京津冀大格局》栏目播出。该节目共4集，每集30分钟。

7月8日、15日　北京广播电视台财经频道中心《税收天地》栏目播出与国家税务总局、北京市税务局共同策划的2集历史专题片《岁月为证》。

7月9日　北京广播电视台体育广播全媒体报道在石景山区举行的全国“带动三亿人参与冰雪运动”工作推进会。

7月9日　北京广播电视台卫视频道播出全国首档聚焦北京商圈经济的户外纪实节目《京城十二时辰》。节目按照一天十二时辰的时间节点，以美食为切入点，介绍北京各地区的特色商圈。至10月15日，节目共播出12期。

7月10日至11日　由北京冬奥组委新闻宣传部和北京广播电视台联合主办的2020—2021年度“我的冬奥梦”冬奥小记者国际营北京分站市级决选活动举办。

7月11日　由北京市委宣传部、市委党史研究室市地方志办主办，北京广播电视台承办的北京市“永远跟党走”党史知识竞赛决赛举行。

7月14日　在青岛举办的2021年全国广电集客业务优秀案例评选活动颁奖典礼上，北京歌华有线电视网络股份有限公司“基于智慧广电服务基层治理政务大数据平台项目”

获得“政务创意之星”奖项。

7月14日至16日　2021新加坡亚洲广播展（Broadcast Asia，简称BA2021）以线上形式举办，北京市广播电视局组织北京地区广播电视和网络视听企业参展。中国（北京）广播电视科技创新展区以“中国展团”形式亮相BA2021线上展，20家北京企业设置独立主题页面，通过BA2021线上虚拟展台以及BA2021线上展在线会议、宣传推广、在线产品介绍等功能模块，展示企业创新产品及科技成果。

2021年7月14日至16日，中国（北京）广播电视科技创新展在BA2021线上举办

7月16日　北京市广播电视局向新疆和田地区广播电视播出机构捐赠视听作品播放权仪式在和田地委宣传部举行。北京市广播电视局党组成员、副局长王志，和田地委委员、宣传部部长张建，北京市援疆和田指挥部党委委员、副指挥米佳出席仪式并讲话。

7月18日　北京京视体育文化有限公司揭牌成立。北京广播电视台党组书记、台长余俊生与北京市国有资产经营有限责任公司党委书记、董事长岳鹏共同为公司揭牌。北京京视体育文化有限公司是北京电视产业发展集团有限公司和北京北奥集团有限责任公司共同投资的合资公司，双方分别为北京广播电视台和北京市国有资产经营有限责任公司全资子公司。

7月20日　北京市广播电视局走进驻怀柔某部队，开展“北京视听零距离”进军营活动，与部队官兵共庆“八一”佳节。

7月21日　《北京市8K超高清视频制作专项扶持项目2021年申报指南》发布实施。本指南是北京市广播电视局根据国家和北京市委市政府关于支持推动超高清产业发展的工作部署制定的。北京市8K超高清视频制作专项扶持项目是全国首支8K超高清视频制作专项扶持资金，旨在撬动社会资本参与8K超高清视频制作，增加市场供应，为8K试验频道建设奠定基础。

7月23日　北京市广播电视局印发的《北京市广播电视局关于加强广播电视网络视听公共服务体系建设的实施意见（2021年—2025年）》开始实施。

7月23日　由北京广播电视台城市广播副中心之声、新闻频道、“北京时间”联合制作的“我为群众办实事——市民对话一把手　提案办理面对面”全媒体直播访谈节目在北京广播电视台600平方米新闻演播室进行现场直播。

7月23日　北京广播电视台冬奥纪实频道完整直播近4个小时的东京奥运会开幕式。

7月24日　北京广播电视台与北京市文物局“博物馆之城”战略合作协议签署暨“北京之声·博物馆”项目启动仪式在北大红楼举行。打造“博物馆之城”是北京市委市政府为加快推进全国文化中心建设作出的一项重要部署，“北京之声·博物馆”项目是推动“博物馆之城”建设的重要举措。

7月24日　北京广播电视台冬奥纪实频道的奥运会直播特别节目《东京奥运故事》开播。共播出16期，每期50分钟。

7月24日　北京字节跳动科技有限公司和中广天择传媒股份有限公司出品的8集网络纪录片《你好，儿科医生》在西瓜视频开始独家播出。这是中国首档儿童医疗类纪录片。

7月24日　北京出版集团、北京广播电视台、英国北京联合会、北京市归国华侨联合会联合举办《潮北京 Chic Beijing2021》北京—伦敦双城对话交流活动。

7月25日　四达时代公司摄制团队跨越四省、历时两个月拍摄制作的重走长征路5集专题片《两万五千里》（The Red Pilgrimage）在ST Zone频道首播。

7月28日　北京市广播电视局党组书记、局长杨烁及杨培丽、张苏、邹立华、王志等市广电局领导到中国（怀柔）影视产业示范区调研。西城区委宣传部、东城区文促中心、怀柔区文促中心相关负责人参加调研。

7月28日　在青海省西宁市召开的中国广告协会“2021中国户外广告论坛”上，北京北广传媒城市电视有限公司获得“2021户外广告商业场景类优质媒体”称号，其户外大屏联播网旗下“CBD世贸天阶LED大屏”获得“北京市地标媒体”称号。

7月29日　北京广播电视台卫视频道开播全国首档聚焦新时代家庭教育场景的节目《敞开心扉的少年》。这档亲子代际观察真人秀节目至10月，共播出10期。

7月30日　北京新媒体集团北京IPTV正式投放自有独立知识产权的UiOS开发的新一代智能电视交互操作系统UiOS 4.0，实现“看过去、看现在、看将来”的功能，极大地优化了用户体验与系统能力，产品体验国内领先。UiOS系统已获得国家专利知识产权局颁发的发明创造专利许可。

7月30日　北京市委宣传部副部长、市电影局局长王杰群到中国（怀柔）影视产业示范区调研，并听取首届中国影都发展论坛和第十一届北京国际电影节电影嘉年华筹备情况汇报。

7月　北京广播电视台新闻广播中心、新闻频道中心、科教频道中心、生活频道中心、交通广播中心派出9名记者深入河南抗洪救援一线，发回200多篇有“时效”又有“温度”的新闻报道，新媒体平台组织直播报道2次。

7月　北京市广播电视局2021年北京新视听国际交流示范机构评选结果揭晓，四达时代通讯网络技术有限公司、北京四达时代传媒有限公司入选“2021年北京新视听国际交流示范机构”。

8月

8月1日　北京广播电视台青年广播《青年说》播出“阅军装　越青春”可视化融媒体特别节目。

8月1日　北京广播电视台广播网络媒体中心策划发起的“长城文化带”系列融媒体活动收官。该活动联动怀柔、密云、延庆、平谷融媒体中心，历时4个月，围绕市域内长城文化资源，以“移动视频直播+系列短视频”的方式，深度展示长城文化历史和生态环境，共制作完成4场视频直播、14条短视频，设置8个微博话题。

8月5日　京津冀三地广电部门以视频会议形式召开2021年度“京津冀新视听战略合作协议”落实推进会。北京市广播电视局党组书记、局长杨烁，河北省广播电视局党组书记、局长王离湘，三地广电局、省台和新媒体集团相关领导参加会议。

8月8日　东京奥运会闭幕，北京广播电视台冬奥纪实频道从东京奥运会开幕到闭幕的17天里，共播出东京奥运会赛事和颁奖仪式325场，约210小时，平均每天直播12小时以上，其中7月31日当天单日直播时长达15小时。

8月8日　北京市体育局、市商务局和朝阳区人民政府主办，北京广播电视台文艺频道中心承办的第二届 8.8 北京体育消费节启动仪式举行，“北京时间”等 20 余家网络平台同步播出。

8 月 9 日至 10 日　由北京市文联、北京市电视艺术家协会联合摄制的《红色记忆——北京著名革命英烈纪实》6 集电视纪录片在中国教育电视台一频道（CETV–1，卫星频道）首播。

8 月 17 日　北京市广播电视局印发《关于加快推进北京市广播电视媒体深度融合发展的三年行动计划（2021—2023）》。

8 月 17 日至 20 日　北京广播电视台冬奥纪实频道《2022》栏目播出《冬奥冲刺看延庆》系列专题报道。

8 月 23 日　国家广播电视总局办公厅公布 2020 年度优秀国产动画片及创作人才扶持项目评审结果，由北京市广播电视局选送的动画片《幸福路上》《三国演义》《无敌鹿战队　第 1 季（上）》《叮叮咚咚毛毛镇》被评为 2020 年度优秀动画作品，《无敌鹿战队　第 1 季》还获评 2020 年度优秀国际传播作品。北京市广播电视局获奖作品数量位列各省局第一。

8 月 25 日　北京广播电视台卫视频道中心与北京市文物局联合出品的大型文化音乐竞演真人秀节目《最美中轴线》（第一季）收官盛典在永定门城楼南广场举办。

8 月 26 日　北京广播电视台主办、“听听 FM”承办的“你好，大主播”2021 融媒体主播大赛启动。

8 月 27 日　北京广播电视台生活频道播出大型城市美食人文纪录栏目《味道掌门》。9 月 3 日起，该栏目在北京卫视播出。

8 月 28 日　北京广播电视台新闻频道中心、“北京时间”联合推出《牢记嘱托　接续奋斗——北京密云水库这一年》直播报道。

8 月 30 日　北京广播电视台卫视频道中心《档案》栏目播出纪念《新青年》杂志创刊 105 周年特别节目《再回首觉醒年代——以青春之我，奋进在青春中华》。

8 月 31 日　由北京广播电视台联合北京市教育委员会、北京市公安局、北京市应急管理局、北京市市场监督管理局、北京市消防救援总队共同主办的 2021“北京市中小学生公共安全开学第一课”在北京卫视频道与新闻频道并机播出，“北京时间”等 40 余个网络新媒体平台同步播出。

9 月

9 月 1 日　由北京市广播电视局承办的 2021 世界 5G 大会 5G 与新视听论坛召开。本届论坛以“5G 助推视听产业全面升级”为主题，来自国家广播电视总局、中国广播电视网络有限公司、广播电视科学研究院、北京市广播电视局、北京广播电视台、国际云转播公司、华为、中兴等 5G 新视听全产业链、政用产学研各方机构的嘉宾为大家分享 5G 新视听创新成果和前沿技术趋势，解读“5G+ 超高清”、XR、5G 新视听技术领域的新政策、新技术、新应用、新发展。

9 月 1 日至 3 日　由国家广播电视总局宣传司、北京市广电局指导，北京广播电视台联合密云区委等单位制作的生态理念阐释人文纪录片《山水人和》播出。该片共 3 集。

9 月 3 日　北京市委书记蔡奇，市委常委、宣传部部长莫高义，市委宣传部常务副部长赵卫东视察 2021 年中国服贸会北京新视听展区。

9 月 3 日至 7 日　北京市广播电视局主办的 2021 年中国服贸会北京新视听展在首钢园区 1 号馆举办。北京新视听展围绕“科技冬奥”、智慧城市和全球数字经济标杆城市建设，着力从“5G+8K”超高清服务科技冬奥、智慧广电助力智慧城市、新视听赋能衣食住行三个方面重点展示。北京新视听展以“视听改变生活，数字创造未来”为主题，展区总面积近1500平方米，设置5G+8K超高清影院、智慧广电建设成就、5G视听创新应用场景、数字经济视听消费体验、冬奥赛事转播服务、影音数字化修复体验和“理想照耀中国”建党百年京影剧献七大板块，全景呈现新视听全产业链发展成果。

9月4日　北京市文旅局在中国服贸会文旅服务专题展上公布“2021年北京文旅技术装备优秀项目”榜单，北京歌华大型文化活动中心有限公司的“万物共生——蔚蓝”户外光影艺术沉浸式体验展入选优秀项目，公司入选“数字文旅明星”。

9月4日至7日　北京广播电视台财经频道和北京卫视共同播出4期特别节目《今天的服贸会　明天的新生活》。

9月8日　北京市广播电视局召开专题会，传达中宣部开展文娱领域综合治理工作情况并就下一步治理工作进行部署。会议要求视听行业主管部门要切实提高政治站位，主动作为，坚持以社会主义核心价值观为引领，规范市场秩序，廓清行业风气，扎实推进文娱领域综合治理工作。会议决定，成立局广播电视网络视听行业文娱领域综合治理领导小组，由局主要领导任组长，主管副局长任副组长，有关处室担任成员，办公室设在局宣传管理处，与局宣传思想工作、意识形态工作统筹一体推进。

9月8日　北京市文旅局、市商务局、市委网信办、北京广播电视台共同指导，北京市旅游行业协会、北京演出行业协会、北京动漫游戏产业协会联合主办的2021北京网红打卡地评选活动启动仪式在北京展览馆举办。

9月8日　北京市公安局公安交通管理局、北京广播电视台交通广播中心承办的“文明驾车　礼让行人”倡导实践活动启动。

9月17日　北京广播电视台、北京国家游泳中心有限责任公司、北京市演出有限责任公司、爱奇艺共同承办的2021年“文化中国·水立方杯”中文歌曲大赛联欢晚会在北京广播电视台大剧院举行，现场公布十强奖、最佳组织奖、9个单项奖以及大赛金银铜奖。大赛在北京卫视、青年频道、国际频道以及纽约中文卫视播出。本届大赛自6月10日启动，采用线上线下相结合的方式，全球一共有2500多名选手报名参赛，其中208名选手通过选拔，进入云上复赛、半决赛和决赛。

9月17日　北京广播电视台体育广播推出特别节目《一起向未来》，分析讲解口号的深刻内涵、国际传播意义、中英文形式，表达各界对北京冬奥会的期盼。

9月17日至30日　第十一届北京国际电影节“北京展映”线下展映在京津冀地区31家影院展开，共放映1200余场次。这是北影节首次走出北京、辐射津冀。

9月18日　北京广播电视台广播端新闻、交通、体育、城市、外语、京津冀之声六个频率和新媒体矩阵联合推出大型融媒体节目《冬奥的脚步》。

9月19日至10月7日　由北京国际电影节组委会、怀柔区人民政府共同主办，怀柔区文化产业发展促进中心承办的第十一届北京国际电影节电影嘉年华在中国（怀柔）影视产业示范区举办。

9月20日　第十一届北京国际电影节开幕式在怀柔区雁栖湖国际会展中心举办，中宣部副部长、中央广播电视总台台长兼总编辑慎海雄宣布本届北影节开幕，北京市委常委、宣传部部长莫高义致辞。第十一届北京国际电影节由国家电影局指导，中央广播电视总台、北京市人民政府主办，北京市电影局、北京市广播电视局、北京广播电视台、北京市怀柔区人民政府、北京控股集团有限公司承办。

9月21日　由首都精神文明建设委员会办公室、中共北京市海淀区委宣传部、中华世纪坛、中国华文教育基金会联合主办的“长城明月·中秋诗会”在中华世纪坛和山西朔州两地举行。中秋诗会是“中华世纪坛传统文化季”的重要组成部分。

9月21日　中秋当晚，由北京北广传媒城市电视有限公司主办的“超级月亮慢直播”第六季亮相北京CBD商圈世贸天阶户外大屏。慢直播采用天文级月面观测望远镜，通过5G信号将高清月面图像回传至城市电视“户外LED大屏统一播控平台”进行户外分发至天阶大屏，使传输信号更加清晰、稳定，超清月面细节“裸眼”可见，观众享受到“近距离”“沉浸式”赏月体验。

9月23日　中共中央政治局委员、中央书记处书记、中宣部部长黄坤明出席第十七届中国（深圳）国际文化产业博览交易会开幕活动并巡馆，对北京展区工作给予肯定。本届文博会北京展区由北京市委宣传部主办，北京歌华传媒集团有限责任公司承办，歌华文化发展集团有限公司布展，线上线下共105家文化企业、机构参展。

9月23日　北京广播电视台新台标启用仪式在国贸办公区综合业务楼13层播出机房举行。6时整，播出中心11套电视节目统一启用BRTV频道标识，原BTV台标废止。

9月23日　第十一届北京国际电影节北京市场项目创投终审路演在北京广播电视台举行。

9月23日　北京市广播影视协会召开会员大会，选举产生第七届理事会、监事会。理事会由理事长李米莉，副理事长黄瑨、姜宏志、李绍彪，秘书长王亦君及邢立新等8名理事共13人组成。监事会由监事长罗向京和2名监事共3人组成。法人代表由副理事长李绍彪兼任，会员单位由原来的35家增加到40家。

9月23日　第十一届北京国际电影节“光明影院”公益放映活动走进北京市盲人学校，为60名盲校学生放映无障碍电影《攀登者》。

9月23日　2021年第六届科睿国际创新奖颁奖典礼在北京新云南皇冠假日酒店举行，北京歌华有线电视网络股份有限公司“年华”乐龄老年专区，荣获“商业创新金奖”和“年度影响力平台”两个奖项。

9月25日　第十一届北京国际电影节“陈可辛大师班：从《中国合伙人》到《夺冠》——十年创作之路”在北京卫视播出。

9月25日　第十一届北京国际电影节“新消费时代下的电影营销发展”主题论坛在北京广播电视台举办。

9月25日　第十一届北京国际电影节北京市场签约仪式在北京广播电视台举行，签约总金额为352.23亿元，同比增长约6%，再次突破纪录。

9月26日　第十一届北京国际电影节“巩俐电影大师班——电影与我们”在北京卫视播出。

9月26日　北京电视艺术中心参投的重大现实题材电视剧《功勋》在上海东方卫视、北京卫视、江苏卫视、浙江卫视黄金档首播，优酷、爱奇艺、腾讯视频三家网络平台同步播出。该剧是国家广播电视总局“理想照耀中国——庆祝中国共产党成立100周年”展播活动剧目。

9月26日　由北京市文联主办、北京市电视艺术家协会承办的“北京视协短视频工作委员会成立大会暨2021首届北京新视听文化论坛”在北京市文联举办。大会推选赵晖担任短视频工作委员会第一届会长。论坛以

“北京城市软实力建设与北京视听行业发展”为主旨，多所大学的专家学者和相关企业领导及视听行业组织负责人出席论坛。

9月26日至29日　四达时代公司与北京声智科技、北京百分点科技集团等共8家企业组成北京代表团参展在湖南省长沙市举办的第二届中国—非洲经贸博览会。

9月27日　北京广播电视报社召开干部工作会议。北京广播电视台党组副书记、副台长韦小玉出席。会议宣布：“根据《中共北京市委机构编制委员会关于北京广播电视台及所属事业单位改革有关事项的批复》，北京广播电视报社并入北京广播电视台，设立北京广播电视台广播电视报新媒体中心。经北京广播电视台党组研究并报市委宣传部同意，决定：孙成刚同志任北京广播电视台广播电视报新媒体中心主任；张彪同志任北京广播电视台广播电视报新媒体中心总编辑。”

9月27日　第十一届北京国际电影节“比利·奥古斯特大师班——从文学到影像：丹麦导演的世界之旅”“法哈蒂电影大师班——秘密与答案：法哈蒂的现实主义根基”在北京卫视播出。

9月28日　在习近平总书记为中国考古指明发展方向一周年之际，北京广播电视台新闻频道中心《这里是北京》栏目联合北京市文物局、市文物研究所、北京考古学会推出10集系列专题片《北京考古百年》。

9月28日　作为第十一届北京国际电影节主论坛之一的首届中国影都发展论坛在北京雁栖湖国际会议中心举办。本次论坛以“科影融合、智引未来”为主题，通过发布报告、主题演讲、剧组见面、高端对话等形式，就当下中国电影产业的热点话题展开研讨。论坛期间，怀柔区人民政府与北京市广播电视局签署《关于共同推动中国（怀柔）影视产业示范区高质量发展全面战略合作协议》，怀柔区文化产业发展促进中心与北京电影协会签署战略合作协议。中公教育集团公司、北京瑞程时代科技有限公司等30家影视文化和科技企业集中落户中国（怀柔）影视产业示范区。

9月28日　第十一届北京国际电影节中国动画电影论坛在北京广播电视台举行。

9月29日　由中央广播电视总台发起组建的“全屏传播联盟”成立，来自国家部委，相关省、自治区党委宣传部，大型国企、行业协会等27家单位成为首批签约成员。北京北广传媒城市电视有限公司是首批联盟成员之一。

9月29日　第十一届北京国际电影节闭幕式暨颁奖典礼在北京卫视和央视频、央视新闻、央视网、CGTN多语种新媒体平台、“北京时间”、爱奇艺等网络平台播出。

9月29日　“首善媒体·品质生活——2022BRTV资源推介会”在北京饭店国际会展中心举办。这是北京广播电视台三台整合后首次统筹全端口、全平台资源，以BRTV整体形象亮相的大规模商务推介活动。

9月　北京北广置业有限公司在北京市文资中心和歌华传媒集团的指导下，按照国家和北京市国企改革三年行动计划的要求，牵头完成北京东方艺苑物资仓储服务中心的改制工作，将北京东方艺苑物资仓储服务中心由全民所有制企业改制为公司制的北京市东方艺苑物资仓储服务有限公司。

10月

10月2日至5日　2021“我的冬奥梦”冬奥小记者国际营在2022年冬奥会张家口赛区崇礼密苑云顶乐园举办。活动由北京广播电视台和北京冬奥组委新闻宣传部联合主办，北京外语广播承办。最终选拔出冬奥小记者177名，百强冬奥小记者69名，最佳冬奥小记者35名。

10月8日至25日　由北京国际设计周组委会、中华世纪坛管理中心、中华世纪坛艺术馆主办的2021北京国际设计周“中国传统工艺振兴主题设计展”在中华世纪坛举办。设计展以“复兴百工、生活即道”为主题，重点展示长城国家文化公园，创意设计赋能城市更新、乡村振兴、文旅融合、社会美育、民宿美学等方面的项目案例及设计成果。

10月10日　2021京津冀“银发达人”大型评选活动结束，共评出10位银发榜样、19位银发达人及1个银发达人集体奖。活动共有来自京津冀三地的600多位选手报名，是评选活动开展以来参加人数最多、报名范围最广的一届。

10月11日　国家广电总局办公厅公布2021年度电视剧引导扶持专项资金剧本扶持项目评审结果，由北京市广播电视局报送的电视剧《玻璃杯》《三棵树》《胡同》3部作品获得总局电视剧引导扶持专项资金剧本扶持，数量居全国首位。同时，《胡同》被评为总局2021年度电视剧引导扶持专项资金“深入生活、扎根人民”倾斜项目。

10月11日　在北京市委组织部组织开展的全市党员教育电视片观摩交流活动中，《播“火”——马克思主义在中国的早期传播》系列片（北京广播电视台）、《北方的红星》系列片（丰台区委组织部、丰台区融媒体中心）获得纪录片一等奖，《又见花明》（大兴区委组织部、大兴区委宣传部、大兴区融媒体中心）获得文艺片一等奖。

10月11日　京津冀新视听媒体融合学院2021学年第2期研学班开班式在国家广播电视总局研修学院举办。研学班设置发展路径探索课、实操技巧课、优秀案例课等课程。来自京津冀三地省级、地市级、区县级广播电视台（融媒体中心）、有关媒体融合单位的主要负责人和相关项目负责人，来自新疆生产建设兵团、新疆和田、西藏拉萨、青海玉树等地区单位有关人员共120余人参加此次研学班。

10月13日　第二届中国广电媒体融合发展大会暨首届新视听媒体融合创新创意大赛启动仪式在北京国际饭店举行。大会由国家广播电视总局、北京市人民政府指导，中共北京市委宣传部、北京市广播电视局主办，以“视听引领　融合未来”为主题。启动式上，京津冀和江苏、浙江、湖北、湖南、陕西、苏州多家广播电视媒体融合发展创新中心共同签署《全国广播电视媒体融合发展创新中心协同推进媒体融合创新发展战略合作协议》。15日大会闭幕，共设置媒体融合视听新技术峰会、省级广电创新运营峰会、视频版权保护与运营峰会、冬奥转播技术峰会、融媒体创新人才沙龙主题研讨等16场活动，邀请近200位专家、学者进行主旨演讲和圆桌对话。有26个省、自治区、直辖市的局台网领导和相关负责人，以及专家学者、媒体记者、企业代表等近500人参会。

10月13日　在第二届中国广电媒体融合发展大会省级广电创新运营峰会上，北京广播电视台发布中国首个广播级智能交互——真人数字人“时间小妮”。“时间小妮”是北京广播电视台在“人工智能与新闻采编深度融合”方面取得的突破性成果。

10月13日　“时代新声音”第二届北京大学生广播电视主持新人选拔活动在开心麻花A33剧场举行决赛，最终评选出最佳选手5名、优胜选手10名、优秀选手20名。

10月13日至17日　由中国广播电视社会组织联合会、北京市委宣传部、市委网信办、市文旅局、市广电局指导，北京广播电视台主办的“2021声音探索者大会暨北京广播节”举行。

10月14日　第二届中国广电媒体融合发展大会2021年度媒体融合创新技术应用与项目推介会在北京举行。北京市广播电视局2021年媒体融合创新技术与服务应用遴选推广计划于2021年6月至9月面向全国展开，共收到来自全国13个省市区的147个申报项目，经过综合评选，最终确定迭代升级项目4个，新入库项目100个，其中优秀项目40个。

10月14日　中宣部副部长，广电总局局长、党组书记聂辰席，广电总局副局长、党组成员朱咏雷就冬奥会广播电视安全保障和宣传报道工作进行专题调研和部署，实地考察北京市和河北省张家口市崇礼区冬奥有线电视专网建设情况。北京市广电局党组书记、局长杨烁，副局长杨培丽参加相关活动。

10月15日至21日　第五届北京纪实影像周举办“七日工作坊”非虚构影像创作营。“七日工作坊”是本届纪实影像周首次推出的非虚构影像创作项目。在7天的时间内，多组创作团队围绕主题“在北京”进行创作，其中7个项目入围最终评审。

10月16日　北京广播电视台卫视频道中心戏曲文化创新节目《最美中国戏》开播发布会在颐和园听鹂馆举行。这档户外园林真人秀和戏曲实景创演秀相结合的戏曲文化体验节目共8期，从10月23日起每周六21:05在北京卫视播出，咪咕视频、爱奇艺、腾讯视频等网络平台同步播出。

10月16日　北京广播电视台卫视频道中心推出奥运冠军沉浸式陪伴真人秀节目《一起向未来》。节目共5期，每期由主持人陪伴一位在东京奥运会上夺冠的中国运动员重温冠军的成长之路。

10月16日　北京市广播电视局主持召开北京国际公益广告研究院工作会议，市广电局副局长杨培丽向北京大学新闻传播学院党委书记、副院长陈刚颁发首任院长聘书，来自院校、企业、媒体机构的20多位专家学者被研究院聘任为特聘研究员。

10月16日至17日　2021声音探索者大会暨北京广播节“广播开放日”分会场活动在张家湾设计小镇举行，共推出六大主题活动和七项沉浸式体验互动。

10月18日　以“梦想·见证”为主题的第九届优秀国产纪录片及创作人才推优活动暨第五届北京纪实影像周启动式，在北京市东城区永定门广场举行。国家广播电视总局副局长、党组成员杨小伟，北京市副市长王红出席并致辞。活动表彰了2020年在国产纪录片繁荣发展中成绩突出的作品、人员和机构，共有12类106项获推优。

10月19日　北京广播电视台城市广播副中心之声开播一周年之际，推出“千年运河千里行”中外媒体采风活动、“2021中国大运河文化带京杭对话”特别直播节目、首届新时代京津冀教育高峰论坛等系列活动。

10月19日至21日　由北京市委宣传部、市广电局和怀柔区政府联合主办的第29届北京电视节目交易会（2021·秋季）在北京会议中心举办。交易会以“建党百年，冰雪冬奥”为主线，以“剧初心·映未来”为活动主题，通过“线下（北京会议中心）+线上（交易会官网）”的办会模式，聚焦重大历史、重大革命和重大现实三个重大题材，举办“庆祝中国共产党成立100周年重点电视剧”和“冬奥主题广播电视网络视听重点项目推介”两大主题展览，推出“研讨会”“初心榜”“潮玩展”三类特色项目，举办六大高峰论坛，持续发挥交易会在传递信息、推动创作、繁荣产业等方面的作用。交易会开幕式上，获得2021年北京广播电视网络视听发展基金扶持（第一批）的电视剧项目揭晓。开幕式新剧推介环节，重磅推出《冬奥一家人》《情满九道弯》等10部精品佳作。

10月20日　由北京市广播电视局主办，中国电视艺术家协会支持，北京智视数策科技发展有限公司承办的文娱领域综合治理论坛在第29届北京电视节目交易会（2021·秋季）上举办。这是国家相关部门开展文娱领域综合治理以来，影视业举办的首次针对文娱领域综合治理的行业论坛。

10月22日　北京广播电视台卫视频道开播12集纪录片《紫禁城》。该片由北京广播电视台与故宫博物院共同出品、中宣部国际传播局扶持创作。

10月22日　北京广播电视台城市广播副中心之声和外语广播、京津冀之声合作，联合浙江广播电视台经济广播、扬州广播电视台交通广播及所属新媒体平台推出5台并机直播的融媒体特别节目“走上共同富裕的大运河有多美”。这是“大运河城市广播联盟”成立后第一次大型联合直播。

10月24日　以“纪录·百年荣光”为年度主题的第五届北京纪实影像周落下帷幕。

10月25日　北京市文化和旅游局户外宣传项目汇报会在北京北广传媒城市电视有限公司举行。会上，北广传媒城市电视汇报近年来城市电视在户外阵地做的文旅宣传工作，获得北京市文化和旅游局高度赞赏。

10月25日　北京广播电视台新闻频道中心联合北京援疆指挥部策划推出《北京援疆纪实》系列报道。

10月26日　北京市广播影视协会向全体会员发出《关于推动文娱领域综合治理、维护行业良好风气的倡议书》，助力营造京华大地天清气朗的文娱领域风气。

10月26日至27日　北京广播电视台冬奥纪实频道以连续两天、15小时的报道规模，完成冬奥会倒计时100天全媒体融合报道任务。

10月27日　在2022年北京冬奥会开幕倒计时100天之际，以“影像助力冬奥文化传播，科技推动冬奥遗产共享”为主题的北京国际摄影周主题展“魅力冰雪：北京2022冬奥文化影像主题展”在中华世纪坛开幕。

10月27日　北京新东方迅程网络科技股份有限公司成立“东方优选（北京）科技有限公司”全资子公司，主营业务为直播带货业务和自营农产品业务。12月28日，俞敏洪和“东方甄选”团队在抖音开启首场助农直播。

10月28日　在“数字之光”2021易观之星颁奖盛典上，北京广播电视台官方客户端“听听FM”获得“2021年度新锐数字应用”称号。“易观之星”评选是全国数字经济领域盛大的年度活动，已连续举办10余年。

10月31日　北京广播电视台卫视频道播出“京东11.11沸腾之夜”——美好时代直播盛典。晚会在京东直播、腾讯视频、爱奇艺、芒果TV、腾讯新闻等平台同步播出。

11月

11月2日　北京歌华有线数字媒体有限公司获得“一种通信基站宣传箱”和“一种通信基站防护箱”两项专利授权，助力进一步在5G领域开展应用创新和业务发展。

11月3日　北京市广播电视局和北京纪实影像周组委会发布第五届北京纪实影像周活动五大关键词，同时对外公布“七日工作坊”非虚构影像创作营、首届“金樽”国产纪录片年度盛誉、提案8分钟“十佳提案”、“当VLOGGER遇见北京”优秀创作者的获评名单。

11月5日　北京市广播电视局与北京四达时代传媒有限公司签署《北京市广播电视

局 2021 北京优秀影视剧海外展播季·非洲政府采购项目合同书》，委托北京四达时代传媒有限公司在坦桑尼亚、莫桑比克为项目所涉电视剧等提供多渠道、全方位的宣传。

11 月 5 日　2021 年北京优秀影视剧海外展播季启动仪式在北京举行。启动仪式由敬一丹主持，采用演播室 + 线上直播相结合的形式，由北京四达时代传媒有限公司携手其他 5 家国际传媒机构共同宣布启动。

2021 年 11 月 5 日，2021 年北京优秀影视剧海外展播季启动仪式在北京举行

11 月 6 日　2021 第十七届中美电影节、中美电视节开幕式暨“金天使奖”颁奖典礼在美国洛杉矶举行。北京歌华传媒集团有限责任公司与北广传媒影视股份有限公司出品承制的《觉醒年代》获得“年度最佳电视剧”“年度最佳制片人”“年度最佳导演”“年度最佳男主角”4 项大奖。

11 月 9 日　《北京市广播电视局关于推动广播电视和网络视听高质量发展的意见》印发执行。

11 月 10 日　北京市广播电视局印发《北京市“十四五”时期广播电视和网络视听发展规划》。该规划是北京市广播电视局按照市委市政府关于全市“十四五”规划编制工作的统一部署，为推动“十四五”时期北京市广播电视和网络视听高质量发展而牵头制定的。

11 月 10 日　北京市委统战部副部长、市民族宗教事务委员会党组书记、主任钟百利率队来北京广播电视台调研交流。北京广播电视台党组书记、台长余俊生，党组副书记、副台长韦小玉参加调研。

11 月 10 日　北京广播电视台第一台符合奥运会 A 类标准的 24 讯道 4K 超高清转播车交付仪式在国贸办公区北广场举行。台党组成员、副台长陈祥和索尼中国专业系统集团总裁森秀章出席仪式。

11 月 11 日　《我是规划师》第一季“新生于旧”书籍发布会暨第二季“共创都市”开播座谈会在北京市规划展览馆召开。北京广播电视台党组书记、台长余俊生，市规自委党组书记、主任张维出席座谈会。

11 月 11 日　四达时代功夫频道成立 10 周年。该频道是非洲首个以功夫为主题的数字电视频道。十年来，功夫频道用中文、英语、法语、葡萄牙语四个语种，首播超过 100 部的武侠电视剧和超过 300 部的功夫电影，每年首播更新量达 800 小时，并播出大量优秀国产动漫、纪录片和综艺节目。

11 月 15 日　北京广播电视台制作的 2022 年北京冬奥会和冬残奥会主题口号推广歌曲《一起向未来》新版 MV 在全平台上线，掀起全民传唱热潮。

11 月 15 日　北京广播电视台《我是规划师》第二季“共创都市”开始播出。

11 月 15 日　北京广播电视台财经频道中心推出以《天下财经》“启航北交所　开市全记录”8 小时全网大直播为主干、《首都经济报道》专题节目聚焦的融媒矩阵报道，全网直播与电视专题共计播出时长660分钟。

11 月 22 日至 12 月 16 日　庆祝建党 100 周年重点电视剧《香山叶正红》（34 集）在央视综合频道首播，并在爱奇艺、腾讯视频同步播出。该剧由北京市委宣传部、北京市广播电视局、浙江省委宣传部、浙江省广播电视策划指导，中央电视台、腾讯影业、北广传媒影视等出品。

11月25日　“北京视听零距离”科技助老·相约冬奥云首场云课堂活动在朝阳区建外残联温馨家园举办，来自建外街道辖区9个社区的残障人士、老年朋友及社区居民共计160余人参与线上活动。11月27日，“北京视听零距离”科技助老·相约冬奥云课堂直播活动在抖音、快手平台举办。

11月25日　由国家广播电视总局国际合作司主办，四达时代集团承办的2021年中非视听节目推介会暨中国电视剧《山海情》（法语版）开播仪式在中国首都北京和塞内加尔首都达喀尔同步举办。中国电视剧《功勋》《在一起》，中非合作纪录片《与非洲同行》等一批优秀视听作品亮相推介会。

2021年11月25日，2021年中非视听节目推介会暨电视剧《山海情》（法语版）开播仪式在四达时代集团北京总部举办，国家广电总局国际合作司司长闫成胜致辞

11月26日　由北京市广播电视局主办的第四届“一带一路”广播电视科技发展论坛采取在线形式在北京举办。本次论坛以“加强科技合作，促进科技创新”为主旨，旨在推动北京市广播电视科技企业与丝路沿线国家开展广泛合作，促进相关企业开拓国际市场。本届论坛重点围绕三大焦点展开：一是聚焦行业发展，着力打造权威发布平台；二是聚焦科技前沿，着力打造国际交流平台；三是聚焦项目落地，着力打造国际服务平台。作为本届论坛的重要组成部分，北京市广播电视局组织数码视讯、中科大洋等12家北京广播电视和网络视听科技企业共同参与“广电科技产品推介活动”，企业以“直播带货”的形式宣传推介创新产品和技术方案，促进企业拓展海外市场。

11月29日　北京市广播影视协会新注册的公众号认证为“北京市广播影视协会”。

11月30日　由国家广播电视总局主办、无线电台管理局协办、北京广播电视台与湖南广播电视台承办的“信仰的力量”——全国广播电视和网络视听行业青年演讲比赛复赛举行。

12月

12月1日　由国家卫生健康委主办、北京广播电视台卫视频道中心承办的“生命至上、终结艾滋、健康平等——2021年世界艾滋病日主题活动暨临汾红丝带学校十周年纪念活动”在北京卫视播出。

12月1日　“行走京津冀”暨高质量发展大型融媒采访活动在通州、天津武清、河北廊坊三地融媒体中心同步开启。活动在“北京时间”、北京日报客户端、津云、冀时、融汇副中心App等平台开展系列新闻、专题、新媒体短视频等多形态媒体报道，并与北京广播电视台新闻栏目、京津冀之声相关栏目策划推出“行进式”系列直播活动。

12月1日　北京广播电视台“听听FM”承办的第三届北广听友节“跨年迎冬奥，一起向未来”主题系列活动启动，围绕“2021声音记忆”“冬奥有我　集卡集好运”“北京广播电视台跨年融媒体特别行动”三个主题展开，持续至12月31日。

12月3日　北京市广播电视局党组书记、局长杨烁到北京冬奥会延庆高山滑雪赛区和延庆冬奥村检查有线电视专网建设及赛事服务保障工作，副局长杨培丽等一同检查。

12月3日　国家广播电视总局公布2021年度全国广播电视媒体融合先导单位、典型案例、成长项目征集评选结果，北京新媒体（集团）有限公司被评为全国广播电视媒体融合先导单位和成长项目。

12月6日　北京市广播电视和网络视听行业青年演讲比赛获奖名单公布，共评选出一等奖3名、二等奖5名、三等奖8名、优秀奖18名。9月至11月，北京市广播电视局以“信仰的力量”为主题，组织开展北京市广播电视和网络视听行业青年演讲比赛。

12月8日　以“公益传播　光影同行”为主题，由国家广播电视总局、北京市政府指导，北京市委宣传部、北京市广播电视局主办的2021第三届北京国际公益广告大会以“线上+”方式在北京首钢园开幕。本届大会为期3天，包括开幕式、主题论坛、大师盛宴、系列促进活动、创意征集大赛、优秀公益广告作品展映展示等活动。

12月9日　北京市8K超高清视频制作专项扶持项目新闻发布会举行，《庆祝中国共产党成立100周年文艺演出——伟大征程》《极致中国》《林则徐》《喜粤之味》等57部作品获得扶持，扶持资金共计2500万元。北京市8K超高清视频制作专项扶持资金重点扶持项目每年评选一次，扶持领域包括纪录片、大型活动、短视频、高新视频VR作品等类别。2021年首轮扶持项目，北京地区31家单位共报送91部作品，累计时长达604小时。

12月12日　2021第三届北京国际公益广告大会公益盛典在北京广播电视台卫视频道播出。本届公益广告大赛作品征集活动始于9月6日，共收到5166件来自世界各地的公益广告作品，其中发布类公益广告1730件，未发布类3436件。本届大赛共有507件作品获奖，其中等级类107件，优秀类400件。

12月14日至26日　北京广播电视台交通广播中心和开心麻花联合推出的话剧《恋爱吧！人类》在北京地质礼堂进行第二轮演出。

12月15日　由北京市教委指导，京津冀三地广播电视台共同主办的2021京津冀教育高峰论坛在京举办。国家教育咨询委员会、国家教育行政学院、北京市教委等教育行政部门专家领导，70余所京津冀三地中小学校、职业院校和国际学校校长百余人参会。

12月17日　北京广播电视台冬奥纪实频道开播系列微纪录片《逐梦北京》，这是国内首个以中国冬奥健儿为主题的系列节目。“北京时间”同步播出。

12月17日　北京市广播电视局组织召开“北京视听零距离”新视听公共服务2021年度总结交流会，北京市老龄协会、区融媒体中心、北京时间、歌华有线、夕阳再晨社会工作服务中心负责同志，以及爱奇艺、抖音、快手等网络视听平台企业的代表参加座谈交流活动。

12月18日　北京市广播电视局与北京市科学技术协会签署宣传合作框架协议。同时，北京市科协与北京广播电视台签署2022年度合作备忘录。

12月19日　北京广播电视台新闻频道中心《这里是北京》栏目联合“北京时间”推出3小时的网络直播报道《2021，琉璃河考古新发现》。

12月21日　《清风北京》栏目在北京歌华有线电视网络股份有限公司高清交互平台改版上线，新增廉政工作资讯、重点内容推荐等版块，为市纪委监委做好全市党风廉政工作提供立体化教育宣传渠道。

12月21日至23日　由国家广播电视总局组织的2021年（第26届）全国广播电视技术能手竞赛决赛通过线上线下相结合的方式举行。北京市广播电视局推荐的3名选手全部获奖。其中，北京广播电视台刘爽获广播中心专业一等奖，北京广播电视台王志杰获网络安全专业二等奖，北京广播电视台何莹获电视中心专业三等奖，北京市广播电视局获团体二等奖。

12月24日　由北京市公安局、首都精神文明建设委员会办公室、共青团北京市委员会共同主办，北京广播电视台联合举办的2021“北京榜样·最美警察”主题活动揭晓仪式在北京广播电视台大剧院录制。

12月25日　北京广播电视台举行首批工作室签约授牌仪式，超体文化工作室、化境工作室等13个工作室挂牌成立。工作室改革是北京广播电视台内部生产运营模式的一次重要升级和重构。

12月26日　“因声而遇·携手向未来——北京广播电视台2022年广播广告代理公司授权仪式暨广播活动资源说明会”在北京广播大厦举办。10个广播频率中心对2022年活动和重点项目进行推介。北京广播电视台党组成员、副总编辑边建、李秀磊出席会议。

12月26日　北京市广播电视局制定的《北京市广播电视行业安全生产管理规定（试行）》开始施行。

12月26日　由中共北京市怀柔区委员会、怀柔区人民政府主办的“来影都过周末”启动仪式在中影国际会议中心举行。市委宣传部副部长王杰群以视频方式致辞，区委副书记、区长于庆丰，市文化和旅游局副局长刘斌，中影基地党委书记、董事长周宝林，北京电影学院党委副书记张健，区委常委、宣传部部长焦宝军，副区长于家明参加启动仪式。

12月27日　第32届华鼎奖中国百强电视剧满意度调查发布盛典在澳门举行，《觉醒年代》获得“全国观众最喜爱十佳演员”“中国百强电视剧最佳男配角”“中国近现代题材电视剧最佳男演员”“中国百强电视剧最佳编剧”“中国百强电视剧满意度调查第一名”5个奖项。同日，《觉醒年代》还在新时代国际电视节第2届斑彩螺奖颁奖典礼上获得“全国优秀电视剧金奖”。

12月28日　中央宣传部、司法部、全国普法办联合发布《关于表彰2016—2020年全国普法工作先进单位、先进个人和依法治理创建活动先进单位的决定》，北京广播电视台《法治进行时》栏目组、北京广播电视台交通广播中心、北京市顺义区融媒体中心获得“全国普法工作先进单位”。

12月31日　北京广播电视台冬奥纪实8K超高清试验频道开播，实现北京电视节目的录制播出由标清、高清到超高清的飞跃。这是全国首家获得批准的8K超高清试验频道，是集传统端、移动端的制作、分发、播出为一体的全国首个融媒型、创新型频道。该频道以更清晰的画质、更宽阔的观看视角、更丰富的画面信息量、更强大的色彩表现力，呈现出远超4K的皮肤、纹理、光线以及质感细节，带给观众身临其境般的真实感和沉浸感，助力科技冬奥建设。国家广播电视总局副局长、党组成员孟冬，北京市委常委、宣传部部长莫高义出席开播仪式。北京市委宣传部副部长，北京广播电视台党组书记、台长余俊生介绍频道建设与播出情况。北京市财政局党组书记、局长吴素芳和北京市广播电视局党组书记、局长杨烁到会并讲话。

12月31日　国家广播电视总局批复同意在北京经济技术开发区设立“中国（北京）高新视听产业园”。该园区是全国首个全产业链视听产业园。覆盖视听内容生产、视听技术研发、视听服务集成、创新业态运营、终端硬件制造、视听产品营销等全产业链条的高新视听园，是北京市在视听产业建设方面的重大突破，也是北京市推动新视听赋能数字经济、超高清视频、5G+视听、视听创新应用场景发展和京津冀视听走廊建设的重要抓手和支撑力量。

12月31日　北京卫视与天津卫视、河北卫视、内蒙古卫视、黑龙江卫视、吉林卫视、辽宁卫视、新疆卫视、北京冬奥纪实等“八台九星”联合播出2022环球跨年冰雪盛典晚会。本次盛典以“双奥之约　我们准备好了”为主题，在北京奥林匹克体育中心和吉林分别设立主会场和分会场。

12月31日　北京广播电视台“大声喊新年好”2021—2022广播跨年融媒传播行动举办。该活动由总编室、广播节目制作中心、广播网络媒体中心、节目研发中心、广播端所有频率以及“听听FM”等多部门共同策划执行。

12月31日　首届新视听媒体融合创新创意大赛复评及路演活动举行，光明网、“北京时间”同步直播。

12月　北京新媒体集团北京时间有限公司被认定为国家高新技术企业并获得证书。

2021年　四达时代公司在乌干达、布隆迪、塞内加尔三国实施中国援非“万村通”卫星电视项目第二批村落建设工作。“万村通”项目旨在为非洲一万个村落实施接入卫星电视信号，项目由四达时代独家承接实施。

2021 年北京市各区融媒体中心大事记

1 月

1 月 1 日　平谷区融媒体中心在《平谷新闻》开设“曝光台”专栏，推送《疫情防控工作存在问题情况通报》《假日开展疫情防控检查　部分单位被曝光》等新闻，对区内基层疫情防控不严行为进行曝光。

1 月 4 日　在大兴区“两会”报道中，区融媒体中心 VLOG《“两会”日记》栏目首播上线。栏目创新运用 VLOG 技术，以区人大代表和区政协代表的视角带领网友共启“两会”之旅。

1 月 5 日　顺义电视台完成模拟转数字信号播出，顺义地面电视实现数字化。

1 月 5 日　西城区融媒体中心调整《北京西城报》出版周期，从每周三期改为每周两期，每周二、周五出报。《北京西城报》移动端数字报在西城区人民政府网站上线，《北京西城报》还成为全市首家上线北京日报客户端的区级报纸。

1 月 8 日　昌平区融媒体中心策划制作的视频《走进北京网红打卡地》在北京广播电视台“拔草行动”VLOG 挑战赛中获评“最美 VLOG”。

1 月 11 日　“北京东城”微信公众号推送视频《笑怼 BBC 的东城硬核店主又出金句……这就叫大国自信!》，观看量达 22699 次。

1 月 14 日　“东城区融媒体中心建设”项目及“东城区融媒体中心演播室装修改造”项目通过验收。

1 月 25 日　“北京东城”新浪微博平台围绕专题片《胡同里的幸福》的播出，发起“我与北京胡同”话题讨论，话题阅读量突破 3.9 亿次，讨论量达 4.4 万次。

1 月 27 日　丰台区融媒体中心融合宣传矩阵平台首次上线北京丰台“相声乐苑”演出活动，点击量突破 25 万。“相声乐苑”是丰台区 2021 年“情暖丰台　金牛迎春”新春惠民线上系列文化活动之一，在北京丰台客户端、快手“丰台发布”、抖音“丰台发布”、微博“北京丰台”等平台同步进行网络直播。

1 月 28 日　春运第一天，北京经济技术开发区（以下简称“经开区”）融媒体中心与全国 20 余家主流媒体联动进行“云探亲”接力直播。记者走进经开区内企业 GE 医疗、爱普益医学检验中心，倾听抗疫战线上的故事。直播在尚亦城 App、北京亦庄抖音、快手等多个平台同步播出，并由中国网、浙视频、厦门日报等 20 余家媒体多平台同步分发，共吸引全国 1000 多万网友在线观看。

1 月　朝阳区融媒体中心各平台开展“十三五”成就宣传报道。朝阳报继续开设《回眸“十三五”》专栏，新设《图说“十三五”》专栏；电视栏目《朝阳新闻》开设“十三五”精彩回眸板块，对朝阳区各领域在“十三五”期间取得的发展成就进行宣传报道。

1 月　北京经开区融媒体中心全部业务移交尚亦城（北京）科技文化集团有限公司，委托尚亦城集团全面负责北京经开区融媒体中心建设和运营。

1 月　根据《北京市东城区深化事业单

位改革试点实施方案》精神，核减东城区融媒体中心事业编制，调整后，事业编制51名。

1月　昌平区融媒体中心被人力资源社会保障部、国家广播电视总局、国家新闻出版署评为“全国新闻出版广电影视系统先进集体”。

1月　丰台区融媒体中心、门头沟区融媒体中心、房山区融媒体中心、顺义区融媒体中心、昌平区融媒体中心、密云区融媒体中心、延庆区融媒体中心被首都精神文明建设委员会评为2018—2020年度“首都文明单位标兵”。朝阳区融媒体中心、石景山区融媒体中心、平谷区融媒体中心被首都精神文明建设委员会评为“首都文明单位”。

2月

2月1日　门头沟区融媒体中心开通“门头沟融媒”微信视频号。

2月3日　北京市广播电视局为怀柔区融媒体中心颁发广播电视频道许可证。保留一个电视频道和一个广播频道，频道呼号分别为：怀柔电视台、怀柔人民广播电台。至此，怀柔电视台结束了多年来两个频道的播出历史。

2月4日　2022年北京冬奥会开幕倒计时一周年之际，延庆区融媒体中心制作推出电视专题节目《最美冬奥城》。

2月7日　由丰台区融媒体中心主办、北广传媒城市电视有限公司等单位承办的“妙笔生花看丰台”——丰台城市品牌全媒推介行动启动仪式在莲花池公园举行。

2月9日　由海淀区委组织部、海淀区融媒体中心联合策划、主办的“浓浓家乡意满满海淀情——我在海淀过大年”新春特别活动首站启动仪式在海淀区入境进京人员集中医学观察点举办，以中英文双语视频直播方式，向因新冠肺炎疫情在京过年的、来自五湖四海的朋友们送上新春的慰问和祝福。

2月10日　由海淀区融媒体中心、海淀区文化和旅游局、海淀区委网信办主办的“共筑家国梦，共拼幸福年”海淀首届网络春晚举办，海淀区政府网、央视频、新华社现场云、快手、微博、今日头条、抖音、百度、腾讯、网易等平台累计观看量突破1800万。

2月10日至15日　密云区融媒体中心推出“与密云朋友的一天”密云新年俗慢直播。六场直播累计观看量达223.5万次。

2月12日　海淀区融媒体中心主办的“相约海淀　冬奥有我——我在海淀过大年”直播活动在西山滑雪场举办，央视频、微博、今日头条、快手、抖音、百度等平台全程直播。

2月19日　昌平区融媒体中心与区成人教育中心、区农广校合办的特别栏目《三农课堂》开播。

2月19日　东城区融媒体中心记者在嘉德艺术中心对“为了前方——张光宇艺术12燃”纪念展进行微博直播。

2月24日　北京经开区融媒体中心《亦城时报》电子报上线北京日报客户端。

2月26日　《新东城报》开设“庆祝中国共产党成立100周年　寻访东城红色印记”专栏。

2月27日至3月6日　由海淀区委宣传部指导、海淀区融媒体中心摄制的纪录片《海淀扶贫印迹》（共7集，每集10分钟）在海淀融媒全媒体矩阵完成首轮播出。

3月

3月2日　“东城融媒发布厅”启动仪式在东城区融媒体中心举行，新建成的实景演播室、虚拟演播室投入使用。当天，北京东城文化发展研究院院长单霁翔做客东城融媒发布厅，围绕东城文化建设进行首场访谈。

3月2日　大兴人民广播电台早间节目《乌鱼来了》在听见广播App进行首场视频直播。

3月3日　由北京经开区工委宣传文化部指导、北京经开区融媒体中心策划制作的原创视频《亦湖春水引客来》推出，被新华社、中新社、中国青年报、央视网、人民日报海外网、北京日报、北京晚报、新京报、北京电视台等媒体纷纷报道。

3月6日　延庆区融媒体中心电视新闻专题《聚焦时分2021“接诉即办”特别节目》全新改版，新增“延庆乡亲议事厅”和“普法微课堂”版块，助力延庆“接诉即办”及“法治建设年”工作不断推进。

3月8日　密云电视台《学党史　悟思想　办实事　开新局》栏目开播。

3月11日　房山区融媒体中心在房山电视台《房山新闻》栏目、房山人民广播电台、房山报、“北京房山”微信公众号统一推出《创文明城区　建幸福房山》专栏，推进全国文明城区创建工作。

3月11日　顺义区融媒体中心在顺义电视台《顺义新闻》栏目和北京顺义App同步推出“顺顺学党史”专栏，通过主持人讲解的方式对中国共产党的历史进行回顾。

3月11日　怀柔区融媒体中心在怀柔电视台、“北京怀柔”移动客户端、“怀柔融媒”微信公众号等各媒体平台开辟《党史学习教育：学党史　悟思想　办实事　开新局》专栏，报道全区开展学习教育的具体行动和进展成效。

3月16日　北京市广播电视局召开北京市区级融媒体中心网络视听工作会，向平谷区融媒体中心等17家区级融媒体中心颁发信息网络传播视听节目许可证。

3月16日　国际社工日，东城融媒发布厅推出东城区融媒体中心拍摄的首部原创微电影《守护》，致敬“东城社工”。

3月18日　大兴电视台《言之有理》栏目在“北京大兴”客户端、“这里是大兴”微信公众号同步上线播出。《言之有理》是全市区级融媒体中心开办的首档百姓与公共领域对话栏目，2020年12月在大兴电视台开播。

3月23日　《新东城报》开设“庆祝中国共产党成立100周年·使命”专栏，讲述优秀党员故事。

3月23日　密云电视台《创建全国文明城区》栏目开播。

3月23日　房山区《百人话百年》党史微党课开播仪式在区融媒体中心举办。房山电视台、“北京房山”新媒体平台同步刊播系列微党课视频。

3月24日　海淀区融媒体中心、香山街道党工委联合主办的“红耀海淀谱新篇——庆祝中国共产党成立100周年”系列活动启动，海淀区融媒体中心推出“红耀海淀谱新篇——学党史办实事海淀在行动”专栏。

3月24日　怀柔电台开办《党史百年·天天读》《党史故事100讲》节目；北京怀柔App开设《党史日历》专栏，每天一期。

3月24日至7月1日　大兴区融媒体中心在全媒体平台推出“百日打卡·致敬百年”建党百年互动分享活动。

3月25日　《石景山报》（总第2000期）全面改版，由四开八版的小报改为对开四版的大报，兼具党报和主流都市报的特色，在原有栏目的基础上，开办“石评时论”“热点聚焦”“基层悟说”“社区观察”“老街坊留言板”等新栏目。石景山区融媒体中心还在“北京石景山”公众号、北京号“北京石景山区官方发布”开办石景山报电子报端口。

3月25日　西城区融媒体中心一行到朝

阳区融媒体中心调研、交流。

3月26日　北京市密云区政府第107次党务会议决定，郭生海任区融媒体中心主任；免去孙明朝区融媒体中心主任职务。

3月27日　密云电视台《寻访入党介绍人》栏目开播。

3月30日　根据中共北京市密云区委机构编制委员会《关于北京市密云区融媒体中心事业单位改革方案批复》，北京市密云区融媒体中心下设机构有所变更，中心事业编制数由135名精减至115名，编制数减少20名。处级领导职数核定为1正5副，科级领导职数核定为22正10副。根据中共北京市密云区委机构编制委员会《〈北京市密云区融媒体中主机构职能编制规定〉的通知》，此规定自2021年5月19日起执行。

3月30日　北京市怀柔区委区政府办公室印发《北京市怀柔区融媒体中心机构职能编制规定》的通知，核减怀柔区融媒体中心事业编制5名，调整后编制为94名。

3月30日　“新格局　新征程　北京日报・北京晚报2020—2021年度传媒盛典”在北京日报社举办。在2020年度北京日报社合作传播奖颁奖仪式上，北京丰台区官方发布、北京朝阳区官方发布、北京海淀区官方发布、通州区官方发布获得“北京号最具影响力奖”，北京昌平区官方发布、北京门头沟区官方发布、北京大兴区官方发布、北京延庆区官方发布、北京东城区官方发布、北京石景山区官方发布获得“北京号最具传播力奖”，北京密云区官方发布、北京顺义区官方发布、北京西城区官方发布、北京平谷区官方发布、北京怀柔区官方发布、北京亦庄官方发布、北京房山区官方发布获得“北京号最具成长力奖”。

3月31日　2021年北京市“朝阳融媒社区行”活动启动。活动以“追寻百年记忆　共绘朝阳红色地图”为主题，征集漫画、H5地图、视频、海报等作品，讲述优秀共产党员的事迹和建筑的红色历史故事，以庆祝中国共产党成立100周年。

3月　房山区融媒体中心“工艺系统建设项目”获得中国广播电视设备工业协会科技创新奖。

4月

4月1日　延庆区融媒体中心首档可视化广播直播节目《快乐调频928》开播。节目涵盖本地最新资讯、轻松话题互动、精彩音乐分享等内容。

4月2日　丰台区融媒体中心开展“病媒生物防制，共筑卫生安全长城”网络直播活动。

4月3日　朝阳区融媒体中心围绕4月2日习近平总书记到北京市朝阳区温榆河的植树点参加首都义务植树活动，组织中央、市属媒体对现场参与人员进行采访报道。《朝阳报》在转发新华社稿件的同时，推出通版报道——《以“绿”为底　擘画“大美朝阳”生态画卷》。

4月8日　密云电视台《政法队伍教育整顿》栏目开播。

4月9日　2022年北京冬奥会倒计时300天之际，“北京视听零距离”系列活动启动仪式在延庆区融媒体中心举办，延庆区融媒体中心与爱奇艺、新华网等8家媒体、企业签署《合作共建北京视听小站（延庆）意向协议》，标志着延庆成为全市首个启动建设北京视听小站的地区。

4月12日、14日、16日　北京经开区融媒体中心发布《漫・游记》栏目，以漫画形式为游客提供游览亦庄的线路。

4月15日　海淀区人力社保局、海淀区

融媒体中心共同开展2021年“才聚云端”中关村科学城领军企业云招聘专项活动。依托海淀区融媒体中心全媒体资源，搭建集简历投递、重点企业展示、视频直播宣讲、政策宣传等功能于一体的“云”招聘平台。至9月9日，共举办航天专场、重点高校专场、国际化人才专场、电竞游戏专场、企业“云探秘”等17场线上招聘活动，海淀区融媒体中心通过“掌上海淀”移动客户端、快手、抖音等9个平台同步直播，累计观看量超过5000万。

4月22日　由海淀区“两区”办主办，海淀区融媒体中心制作的北京“两区”建设政策服务包上线仪式举行。

4月22日至5月31日　“花海徜徉　乐享休闲”北京平谷第二十三届桃花节期间，平谷区融媒体中心制作34条短视频，其中《打卡平谷桃花海　晒出你的踏青赏花之旅》观看量626.3万，《平谷万亩桃花——探境桃花源》观看量536.5万。《北京平谷：四月桃花朵朵开》等4条短视频被学习强国App采用。

4月26日　北京经开区融媒体中心摄制的首部疫苗接种微纪录片《炬光》通过融媒体中心全媒体平台发布，同日登上学习强国北京学习平台。

4月26日至30日　光明网和大兴区融媒体中心联合举办“携手京津冀，聚焦新国门‘我眼中的大兴’京津冀媒体大兴行”活动。来自中央、北京、河北、天津的20家媒体30多位记者参与活动，产出作品173篇，其中，人民网、央视网、新华网、光明网等中央重点新闻网站稿件累计阅读量超2000万次。

4月27日　顺义区融媒体中心承办“第八届顺义区道德模范颁奖仪式”。

4月28日　北京东城App开展“‘学党史e起答’有奖竞答活动”，活动共计10期。

4月28日　根据昌平区委机构编制委员会《关于区融媒体中心及所属事业单位机构编制有关事项的批复》，区融媒体中心新设立媒体事务中心。

4月28日　《朝阳报》第三版由之前的“社会民生”变为“融媒选粹”，刊发融媒体分中心平台稿件，并以二维码形式实现链接互动。

4月28日　房山区融媒体中心与房山区总工会组织房山区各界劳动模范、先进工作者和职工代表录制的《没有共产党就没有新中国》MV在房山电视台、北京房山App、微信公众号、抖音同步播出。

4月　“幸福平谷”微信公众号推送世界休闲大会相关文章21篇，平谷融媒App制作的《北京·平谷世界休闲大会主场馆夜景》《记者带您逛休闲大会》《打卡中国（北京）国际休闲产业博览会》等短视频在快手、抖音、北京日报北京号推送，吸引众多网友观看、点赞，《北京·平谷世界休闲大会主场馆夜景短视频》被学习强国App采用。

4月　北京东城App初步实现“新闻+政务+服务+监督+商务”模式及东城区“三个中心”的融合贯通，成为为群众提供全方位的生活信息服务和推进政民互动服务的重要载体。

4月　东城区融媒体中心制作的专题片《胡同里的幸福》、视频《笑怼BBC的北京东城硬核店主又出金句……这就叫大国自信！》在2021年第1期全国县级融媒体中心优秀作品双月赛中获得由中央宣传部新闻局、中央宣传部宣传舆情研究中心、中央宣传部“学习强国”学习平台联合颁发的一等奖。

5月

5月3日至6月17日　西城区委宣传部、西城区委党史工作办公室、西城区融媒体中心共同出品的“足迹”系列党史学习教育专题片在“北京西城”微信公众号推出，共计

6集视频。

5月6日　丰台区融媒体中心与中国传媒大学签署“区域融媒体中心新闻播音实践创作与指导课题”横向科研项目合作协议。

5月7日　《昌平报》“有声读报”融媒体版块上线。

5月8日　石景山区融媒体中心推出的短视频节目《南丁格尔奖获得者向新护士授帽》在各网络平台播放。

5月12日　房山区融媒体中心融媒体视听节目《“北京房山”在线》在听见广播App开播，实现广播可视化直播，同时，节目在北京房山App、房山人民广播电台播出。“听见广播”是国家广电总局下属中广传播集团建设并运营的广播电台节目可视化直播App。

5月13日　平谷区融媒体中心举办平谷融媒App推广活动。

5月15日　昌平区融媒体中心参与承办的“百年历程　红色昌平——昌平区庆祝中国共产党成立100周年展览”在天通苑文化艺术中心向公众免费开放。

5月16日　为迎接2022年冬残奥会，在顺义区残联指导下，顺义电视台开设《顺义新闻》手语版，即在每周日新闻综述开窗增加手语播报。

5月18日　昌平区融媒体中心采访中共南口特支纪念馆开馆仪式活动。

5月18日　房山区融媒体中心新闻部被共青团房山区委员会评为2020—2021年度“青年文明号”。

5月19日　平谷区融媒体中心由工资规范事业单位变更为公益一类事业单位。

5月20日　延庆区融媒体中心启动“奋斗百年路　启航新征程，学党史　强四力，延庆融媒走基层　建设最美冬奥城”大型采访报道活动。

5月25日　北京经开区融媒体中心记者探访无人售卖车在北京经开区上路第一天。

5月25日　大兴区融媒体中心“回眸百年辉煌　致敬身边英雄”系列直播节目第一期在北京大兴App、“北京大兴”快手平台、“北京大兴”微博等平台首播。该系列直播持续到7月，为建党百年的庆祝活动营造气氛。

5月25日至6月15日　顺义区融媒体中心推出《永远跟党走》系列微视频。微视频共4集，每集6分钟。

5月26日　海淀镇融媒体中心（海淀融媒海淀镇分中心）挂牌成立。海淀镇镇长朱海斌、海淀区融媒体中心副主任卫东共同为海淀镇融媒体中心（海淀融媒海淀镇分中心）揭牌。

5月26日　朝阳区委宣传部、朝阳区融媒体中心开发的“重走长征路　回忆百年史”小程序在北京朝阳政务微信号、北京朝阳客户端上线。“重走长征路”是与微信运动相关联的“健步走”小程序。至6月底，已有数万名党员群众参与活动。

5月26日　为提升“接诉即办”工作办理效率，平谷区融媒体中心邀请区政务局工作人员对中心各科室负责人及参与接件、办理的全体人员进行培训。

5月27日　北京市广播电视局同意怀柔区广播电视台更名为怀柔区融媒体中心。

5月27日　西城区委宣传部等单位与西城区融媒体中心共同主办的“永远跟党走——红色记忆摄影作品展”在民族文化宫开幕。

5月27日　延庆区融媒体中心全媒体演播室建成并投入使用。演播室分为实景站播区、虚拟绿箱区和导播区三个部分，分别具有直播、虚拟现实交互、虚拟植入（AR）、4K三维跟踪虚拟仿真、8K拍摄录制、外场连线及新媒体接入交互等功能。

5月28日　“学习强国”学习平台发布

2021年第2期全国县级融媒体中心优秀作品双月赛获奖名单，《海淀扶贫印记》（海淀区融媒体中心）获得专题类一等奖，《炬光》（北京经开区融媒体中心）获得视听类二等奖。

5月29日　海淀公安融媒体中心（海淀融媒公安分中心）揭牌成立。海淀公安融媒体中心（海淀融媒公安分中心）是海淀区融媒体中心继香山、西北旺等街镇分中心后，首个联合委办局成立的融媒分中心，标志着海淀区探索媒体深度融合发展又迈出坚实一步。

5月29日　房山区融媒体中心完成“2021年春季北京国际长走大会”宣传报道。

5月30日　昌平电视台、昌平人民广播电台全新改版。昌平综合频道实现每天24小时播出，对外呼号为“昌平电视台”，原昌平文艺频道、昌平生活频道同步撤销。

5月31日　昌平人民广播电台新闻资讯类直播节目《新闻悦读听》、交通类直播节目《1031畅行晚高峰》开播。

5月　大兴区融媒体中心摄制文献专题片《平南记忆红色大兴》，实现大兴区电视新闻栏目文献专题片“零”的突破，填补了北京南部地区抗日战争期间视频文献记录的空白。5集专题片被大兴区委组织部、大兴区委党校、大兴区史志办收存。

5月　石景山区融媒体中心推出的短视频节目《南丁格尔奖获得者向新护士授帽》在各网络平台播放，阅读量超过1280万。

5月　顺义电视台《顺义新闻》开设“红色讲台微课堂”专栏。专栏是顺义区融媒体中心与区委党校合办，通过录制系列微视频的方式，用通俗易懂的语言讲述党史故事。

6月

6月1日　大兴区融媒体中心在北京大兴客户端办事版块推出不动产业务视频咨询功能。

6月1日　北京日报报业集团授予通州区融媒体中心《北京城市副中心报》代理权。

6月4日　怀柔电台开办直播节目《怀柔山水等你来》，每周五播出。

6月8日　“北京东城”新浪微博围绕专题片《恰是百年风华》的播出，发起“我和党旗拍合影”话题讨论，话题阅读量超2.2亿，讨论量达2.7万。

6月8日　延庆区融媒体中心在冬奥场馆所在地张山营镇举办“融媒携手冬奥小镇　共创清朗视听空间”活动，引领广大村民加入到抵制非法广播的行列中来。

6月10日　密云公安分局联合密云区融媒体中心通过“宜居密云”官方微博、微信平台进行80分钟《今天礼让斑马线了吗》宣传教育直播。本次直播是区融媒体中心2021年度“创城进行时”系列直播之一。

6月16日　“人民的心声　历史的旋律”主题展在房山区霞云岭乡堂上村没有共产党就没有新中国纪念馆开幕。当晚，“人民的心声”——北京市庆祝中国共产党成立100周年专场演出在堂上村党旗广场举行。房山区融媒体中心全媒体联动，以多形式、多角度对主题活动进行宣传报道。

6月17日　北京大兴客户端大兴号模块正式上线。

6月17日　顺义区融媒体中心主持人主持“永远跟党走——顺义区庆祝建党100周年歌曲传唱活动”。

6月19日　西城区融媒体中心与金融街街道民康社区召开“我为群众办实事”党建协调会。

6月21日　西城区融媒体中心创作的《星火燎原　百年传承》4集微电影在“北京西城”微信公众号推出。

6月22日　为庆祝中国共产党成立100

周年，顺义区融媒体中心推出《永远跟党走 幸福一起来》系列访谈节目，共13集，每集15分钟。

6月23日 房山区委组织部与房山区融媒体中心联合制作的专题片《百年辉煌心向党》推出。

6月25日 大兴融媒体中心原创评书作品《千年风雨在大兴》在大兴人民广播电台、北京大兴App、蜻蜓广播等平台开始播出。

6月28日 延庆区融媒体中心联合区总工会、区文联共同推出的大型公益电视专题片《劳模》在《延庆新闻》后首播。该片全方位展示延庆区12位来自不同领域、不同行业的劳模代表风采。

6月28日 西城区委宣传部、西城区融媒体中心联合出品的建党百年专题片《追寻》在“北京西城”公众号推出。

6月28日 北京经开区融媒体中心系列节目《党史我来讲》开播。

6月29日 顺义区融媒体中心对中心6台防火墙进行升级，确保网络安全。

6月29日 密云区融媒体中心在“宜居密云”平台播出H5作品——《一封穿越时空的家书》。

6月30日 北京经开区融媒体中心推出《“我”眼中的思政课》系列节目，通过学生、老师、校长们的讲述，看思政课如何发挥价值功能。

6月 中宣部从全国2500多家县级融媒体中推选出7个具有示范意义的客户端，朝阳区融媒体中心“北京朝阳”客户端成为其中之一。

7月

7月1日 朝阳区融媒体中心《朝阳报》出版“庆祝中国共产党成立一百周年”特刊八连版，以“奋斗百年路 启航新征程”为主题，展现朝阳区在党的领导下取得的经济社会发展成就。

7月1日 海淀区委组织部、海淀区融媒体中心摄制的“光荣在党50年”宣传片《永远跟党走 逐梦薪火传》上线播出，讲述海淀6位老党员的奉献故事。

7月1日 延庆区融媒体中心20集红色经典短视频《誓言》在区内广播、电视、新媒体全平台推送，在光明网、北京时间等中央、市级媒体同步推送。

7月1日 北京经开区融媒体中心推出24个版的《亦城时报》特刊，庆祝建党100周年。

7月1日 海淀区融媒体中心对“海淀云”融媒体技术平台功能进行升级，实现全人员、全流程、全线上管理。

7月2日 丰台区融媒体中心、北京丰贸投资经营管理有限公司、王佐镇联合开展“妙笔生花看丰台”丰台城市品牌全媒推介行动——王佐专题调研。

7月6日 门头沟区融媒体中心到帮扶村实地对接。

7月9日 石景山区融媒体中心推出《穿越飞行石景山首钢园，冰雪盛会魅力无限》短视频。

7月9日 丰台区融媒体中心与中国运载火箭技术研究院新闻中心签署战略合作框架协议。

7月9日 通州区融媒体中心对所属北京市通州区融媒体文化中心由全民所有制企业改制成为符合《公司法》要求的规范运作的法人独资公司。改制后公司名称为北京通州融媒体文化有限公司，并取得营业执照。

7月10日 石景山区融媒体中心推出《嗨玩冰雪，打卡石景山！》短视频，带动大家参与冰雪运动。

7月10日　丰台区融媒体中心与丰台区绿化园林局主办的“绽放社区之美”融媒体公益活动启动仪式在花卉大观园举行。本次活动以花为媒，分别从家庭、社区、街道三个层面引导广大居民共同参与“国家森林城市”创建工作。

7月14日　中宣部新闻局“全国县级融媒体中心发展报告”课题组到朝阳区融媒体中心调研。区委宣传部副部长潘竞，区融媒体中心党组书记、主任孙帅陪同调研。

7月15日　中宣部新闻局“全国县级融媒体中心发展报告”课题组到丰台区融媒体中心调研，丰台区融媒体中心党组书记、主任乔晓鹏陪同调研。

7月15日　门头沟区融媒体中心召开民兵工作会。

7月16日　中宣部新闻局“全国县级融媒体中心发展报告”课题组到大兴区融媒体中心调研。

7月18日　在2022年北京冬奥会开幕倒计时200天之际，延庆区融媒体中心举办“长城脚下冬奥之约”抖音网红打卡评选活动，展现延庆“最美冬奥城”风采；在光明网搭建“相约2022遇见最美冬奥城——延庆”页面，展示冬奥延庆赛区全力冲刺、决战决胜的精神风貌。

7月18日　西城区融媒体中心创作的《故宫西览》系列微视频在“北京西城”微信公众号平台推出。

7月20日　海淀区融媒体中心承办以“新时代·新征程·新作为”为主题的2021两岸青年交流合作北京峰会。这是海淀区融媒体中心连续两届承办这一国家级重大活动。

7月22日　北京经开区融媒体中心、北京日报客户端北京号联合推出原创短视频《党旗耀京华|100秒看北京经开区》。

7月22日　由丰台区融媒体中心、丽泽商务区管委会、丽泽金融商务控股有限公司联合视觉中国500px摄影社区等单位共同举办的2021“让世界看见丽泽”主题摄影大赛收官。本次大赛历时一个月，共征集到作品3482幅/组。经过专家评审和网络投票，最终确定一、二、三奖作品18幅/组，人气奖作品10幅/组。

7月23日至8月23日　房山区委党史学习教育领导小组办公室联合区史志办、区委教育工委、区融媒体中心通过北京房山App平台开展房山区“永远跟党走”“四史”知识答题活动。

7月25日　丰台区融媒体中心与中央广播电视总台央广网、中国（京津冀）广播电视媒体融合发展创新中心联合举办的第二季“云朗读”活动，在丰台区长辛店“二七”纪念馆启动。

7月26日至8月25日　顺义区融媒体中心在顺义全媒体平台播出《奋斗百年路　启航新征程》党史学习教育“一把手访谈”系列节目。节目邀请顺义区23个镇街主要负责人走进演播室，畅谈党史学习教育和“我为群众办实事”开展情况。

7月26日　延庆区网信办、延庆区融媒体中心完成“北京延庆”与“延庆融媒”微信、微博账号整合。账号合并后，“北京延庆”微信公众号和“北京延庆”微博成为延庆区唯一官方新媒体账号，由区融媒体中心负责运维。

7月27日　《北京西城报》在每期4个公共版面基础上，新增4个“街道专版”。街道专版按照“周二新闻、周五生活”的原则出刊。

7月　东城区融媒体中心推出融媒体作品“薪火传承——东城区党史游学线路”系列报道，《新东城报》文字版面同步二维码链接视频，立体化呈现东城区打造的5条党史游学线路。

7月　平谷区融媒体中心策划制作的作品《最美桃乡·休闲之都·世界盛会》入选新华社新闻信息中心、音视频部举办的“千城胜景”视频展映活动。作品在新华社客户端点击量达63.1万次。

7月　昌平区融媒体中心被中共北京市委全面依法治市委员会守法普法协调小组评为2016—2020北京市普法宣传教育先进集体。

8月

8月5日　丰台区融媒体中心与丰台区法院联合开展“月说新案”系列网络直播活动，主题为“关注家政小切口　护航民生大发展”。当日直播邀请丰台法院右安门人民法庭相淑朝副庭长、常鸿律师事务所管委会主任冯枭律师评说家政服务类案件的典型案例。

8月6日　门头沟区融媒体中心节目《对话最美门头沟“两山”理论守护人》首期作品在“门头沟融媒”公众号、门头沟融媒App、《门头沟新闻》首播。该节目共播出10集，总计播出时长20分18秒。

8月6日　东城区融媒体中心记者到文沁阁书店采访东城区实体书店“四进”（进商场、进社区、进园区、进楼宇）扶持政策实施情况。

8月9日　北京经开区融媒体中心正式挂牌至尚亦城（北京）科技文化集团有限公司，标志着北京经开区融媒体中心成为北京市首家由事业单位转为企业方式运营的融媒体中心。

8月16日　大兴融媒官方抖音号粉丝突破100万。

8月17日　《新东城报》开设“接诉即办标兵”专栏，宣传为民办实事的典型事例。

8月17日　通州区在区融媒体中心举行区融媒体中心、八通网“扫黄打非”（护苗）工作站授牌仪式。区委常委、宣传部部长、区“扫黄打非”工作领导小组组长汤一原为两家“扫黄打非”（护苗）工作站授牌。

8月19日　密云电视台《密云水库这一年》栏目开播。

8月19日至27日　石景山区总工会、区创城办、区融媒体中心联合举办石景山创城知识有奖问答活动。

8月23日　门头沟区融媒体中心组织安全生产法规制度培训会。

8月31日至9月2日　在“2021世界5G大会”期间，北京经开区融媒体中心首次在世界级展会现场独立进行系列直播。节目在北京日报客户端、尚亦城App，“北京亦庄”微博、快手、抖音、视频号等平台同步直播。

9月

9月2日至7日　2021年中国国际服务贸易交易会召开期间，《朝阳报》开设“走进服贸会”专栏，连续3期5个版面报道服贸会相关活动。

9月4日　在2021年中国国际服务贸易交易会文旅服务专题展上，中央广播电视总台云听、北京市丰台区戏曲文化发展中心、丰台区融媒体中心与丰台区内中国戏曲院、中央广播电视总台云听客户端戏曲频道共建合作签约仪式。

9月6日至10月20日　大兴区融媒体中心举办京津冀高校最强大学“声”挑战赛，来自京津冀15所高校百余名大学生参赛。

9月8日　延庆区融媒体中心信息系统等级保护整改项目完成竣工验收。该项目主要对融媒体中心高清播出系统、广播电台系统、融合媒体系统、高清新闻制作媒资系统和高清综合网制作媒资系统进行信息系统等级保护建设，将影响安全播出的网络事故发生率降至最低，显著提升了中心各信息系统网络信息安全防护能力。

9 月 10 日　丰台区融媒体中心联合新华社进行“数字人民币好用吗？怎么用？”网络直播活动，助力 2021 年中国（北京）数字金融论坛举办。

9 月 10 日至 13 日　北京经开区融媒体中心在 2021 世界机器人大会期间，4 天进行 6 场直播。直播通过中央级媒体、省级媒体、区级媒体及新浪微博、百度等商业直播平台等共计 100 多家媒体进行同步分发，4 天 6 场直播累计观看量达 2300 万人次。

9 月 15 日　北京经开区融媒体中心推出“‘两区’建设改革创新实践案例”系列报道。

9 月 17 日　海淀工商联融媒体中心（海淀融媒工商联分中心）作为北京市首个工商联融媒体中心揭牌成立，海淀工商联融媒体发布厅同步启动。

9 月 17 日　由昌平区委宣传部主办，昌平区文旅局、昌平区融媒体中心、明十三陵管理中心协办的北京长城文化节“居庸山月”——昌平中秋诗歌晚会在居庸关长城举办。

9 月 17 日　北京经开区融媒体中心推出“办好人民满意的北京经开区特色教育”系列报道，记录教育改革最新进程，全面展示北京经开区教育高质量发展的新篇章。

9 月 20 日　怀柔区融媒体中心主持人在雁栖湖站主持第十一届北京国际电影节“开往影都的列车——怀密线”分会场活动。

9 月 21 日　由丰台区委宣传部、丰台区文联共同举办的以“月圆京城　情系中华”为主题的 2021“卢沟晓月”中秋文化活动在永定河畔的北京园博园举行，北京丰台 App，北京丰台官方微博、快手、抖音号同步直播，新华社客户端、新华网、学习强国、网易、抖音、快手、腾讯新闻、腾讯视频号、新浪微博、“北京时间”同步推送。

9 月 24 日　“北京东城”微信公众号推送《摩天轮回来了！龙潭中湖公园今天开园，免费！》，阅读量达 14733。

9 月 26 日至 30 日　海淀区融媒体中心《红耀海淀谱新篇》系列专题片全网上线播出，以五个篇章展现海淀“全方位”的发展。

9 月 27 日　海淀区融媒体中心推出《海淀报》特刊，庆祝海淀区政协成立 40 周年。

9 月　海淀区融媒体中心报道田村路街道赴丹江口开展对口协作，编发新闻《丹江引水济京城　我助丹江奔小康》《饮水思源对口帮扶　助力乡村产业振兴》。这是海淀融媒首次由两地融媒矩阵联动实现的异地同步报道。

10 月

10 月 1 日　《新东城报》开设“中轴揽胜　文润东城”专栏，展现中轴线风采。

10 月 1 日　西城区融媒体中心牵头创作的西城区新版形象宣传片《古今辉映　典范西城》通过“北京西城”微信公众号发布。

10 月 1 日　平谷区融媒体中心对中心重要机房、电视发射塔和井台山转播站的设备设施进行隐患排查整治，同时就安全播出管理、监听监测、指挥调度防范措施、应急预案处置以及值班值守等工作进行严格部署，确保“国庆节”期间广播电视稳定、安全、优质、高效播出。

10 月 1 日　延庆区融媒体中心将原一、二、三套电视节目整合为“延庆综合频道”，并启用新台标“延庆 TV”。

10 月 1 日　石景山区融媒体中心推出《十一玩转石景山攻略》和《北京冬奥公园游览攻略》。

10月1日至4日　通州区委宣传部、通州区融媒体中心联合制作的4集历史文化纪录片《爱上大运河》在通州电视台首播，每集15分钟。

10月1日至7日　丰台区融媒体中心对第五届中国戏曲文化周进行融合宣传报道，全网全媒点击量超过8000万。

10月7日　北京经开区融媒体中心推出周播节目《外国人在亦城》。首期节目是南非人Franscios带领观众感受北京经开区绿色生态环境。

10月11日　顺义区融媒体中心制作的系列广播剧《文明一家人》在顺义人民广播电台、北京顺义App、北京顺义微信公众号、顺义文明微信公众号同步推出。该剧是顺义区融媒体中心在《北京市文明行为促进条例》实施一周年之际，为助力顺义创建全国文明城区而制作。

10月13日　丰台区融媒体中心制作的《卢沟桥畔一场跨越年龄的对话》短视频，在中宣部新闻局、中宣部宣传舆情研究中心指导，"学习强国"学习平台主办的2021年第4期全国县级融媒体中心优秀作品双月赛中，获得视听产品一等奖。

10月14日　北京市新闻工作者协会发布"中国媒体融合2020—2021年度先锋榜"，丰台区融媒体中心入选。

10月14日　朝阳区融媒体中心党组书记、主任孙帅带队到海淀区融媒体中心进行媒体融合发展工作调研。

10月14日　由北京市人民政府指导，大兴区融媒体中心与光明网共同主办的"媒体融合　共促发展"2021政务新媒体座谈会在北京国际饭店举行。会上，以京津冀地区融媒体中心为主体的京津冀协同联盟成立。

10月14日　顺义区融媒体中心主持人主持顺义区2021重阳文化节活动。

10月15日至11月5日　东城区融媒体中心拍摄系列微视频《中轴线治愈系》，共7集。

10月18日至21日　大兴区融媒体中心记者组与来自京津冀三地的其他18家媒体记者一起赴河北省承德市参加"聚焦京津冀　见证'十四五'"协同宣传活动。

10月19日　《新东城报》开设"喜迎冬奥"专栏。

10月19日　试刊一年的《北京城市副中心报》正式公开出版发行。《北京城市副中心报》由北京市委宣传部主管、北京日报报业集团主办，北京日报与通州区委宣传部合组编辑部。

10月21日　昌平区融媒体中心参与协办的昌平区第三届"社区邻里节"开幕。

10月22至23日　第十三届北京国际创意节暨第七届京津冀广告节在北京国家广告产业园区举行。在颁奖典礼上，门头沟区融媒体中心被北京广告协会授予"北京市广告行业突出贡献单位"称号。

10月26日　海淀区融媒体中心承办北京市海淀区的倒计时百天冬奥系列活动，发布《冬奥梦　海淀情　一起向未来》视频。

10月26日　冬奥倒计时100天之际，延庆区融媒体中心发布"VR全景看延庆冬奥村"、短视频《冬奥倒计时100天　我们准备好了》，推出《100！接力！》系列宣传海报和倒计时100天H5，还通过新媒体推送全区各单位庆祝活动图文和短视频，全面营造迎冬奥社会氛围。

10月30日　石景山融媒体中心派出三路记者实地采访疫苗接种点，报道石景山区推进疫苗接种工作情况。

10月　昌平区融媒体中心获得援疆援藏帮困助困公益爱心企业称号。

10月　昌平区融媒体中心荣获北京市广

播电视局、北京市应急管理局2021年应急管理优秀公益宣传作品征集展示活动优秀组织奖。

11月

11月1日　“北京平谷”官方微博由平谷区信息化发展中心转至区融媒体中心运维，采用由第三方提供服务的运维方式，运维费用纳入区财政预算。

11月4日　中宣部新闻局《新闻工作专报》第23期——县级融媒体中心建设专刊(47)专题刊发《北京市丰台区融媒体中心探索建立“社区新闻发声人”工作机制经验》，介绍丰台区融媒体中心走好全媒体时代群众路线。

11月9日　《新东城报》开设“喜迎党代会特别报道——高质量发展看东城”专栏。

11月10日　“北京东城”新浪微博发起“我看东城新变化”话题，话题阅读量达118.9万。

11月17日　海淀区融媒体中心举行“红色香山网络行红叶季”直播，各平台直播观看量过百万，微博单平台“初冬相约红色香山”直播、短视频等，话题阅读量6小时内过500万，登上微博同城热搜榜前20名。

11月22日至12月18日　石景山区融媒体中心“全平台”联动，对石景山区党代会、“两会”进行“全景式”宣传报道。电视台《石景山新闻》完成“双奥之区　五年蝶变”系列报道30期，《石景山报》编发5期专版、4期专刊，“北京石景山”微信公众号等新媒体平台共计完成30期“五年蝶变”专题报道。

11月23日　丰台区融媒体中心与中国传媒大学电视学院召开社区新闻发声人工作研讨会。

11月26日　西城区融媒体中心创作的《新起点新征程·西城五年发展掠影》系列微视频在“北京西城”微信公众号推出。

11月26日至12月30日　通州区融媒体中心推出“我为群众办实事”公益直播带货活动，在融汇副中心客户端，通州发布视频号、快手、抖音等平台同步直播，开启助农增收的新模式。活动由通州区融媒体中心主持人以直播带货的形式，将全区各乡镇具有特色的农副产品、手工艺品、艺术衍生品，以及大运河沿岸、环球影城周边民宿等，向广大观众进行推广。

11月27日　房山电视台《房山新闻》栏目首次设置手语翻译。

11月28日　“北京东城”微信公众号主体变更完成，由中共北京市东城区委宣传部转为北京市东城区融媒体中心。

12月

12月1日　海淀区融媒体中心调整“北京海淀”“海淀融媒”“海淀发布”微信公众号专栏设置，可更加便捷地访问《海淀报》和《海淀新闻》内容。

12月1日　北京市通州区融媒体中心、天津市武清区融媒体中心、河北省廊坊市广播电视台融媒体中心三地联动，联合开启“行走京津冀”暨高质量发展大型融媒采访活动。多路记者深入三地，探寻京津冀协同发展的新成效、新举措，展现京津冀协同发展的累累硕果。

12月3日　通州区融媒体中心组织全体主持人拍摄《一起向未来》MV。

12月4日　顺义人民广播电台开播《民法典百问百答》专题节目，共计100集，每集5分钟。

12月6日　北京经开区工委宣传文化部（文明办）主办的2021“亦庄榜样”主题活动启动仪式在北京经开区融媒体中心举办，

全程进行线上直播。

12 月 10 日　在中国县市报研究会第 34 次年会上，海淀区融媒体中心加入中国县市报研究会，并当选为副会长单位，海淀区融媒体中心主任佟志伟当选为研究会副会长。

12 月 12 日　密云电视台《冬奥有我》栏目开播。

12 月 13 日　东城区融媒体中心记者在东城区志愿服务联合会第一次会员代表大会暨成立大会上采访“京城活雷锋”孙茂芳。

12 月 18 日　2021 第二届全国县级融媒体中心能力建设年会开幕式上发布 2021 全国县级融媒体中心能力建设十大典型案例和十佳创新案例，海淀区融媒体中心入选十大典型案例。

12 月 21 日　北京大兴客户端实名注册人数突破 160 万，下载量突破 185 万。

12 月 23 日　中国社会科学院新闻与传播研究所与丰台区融媒体中心召开媒体深度融合暨北京（丰台）媒体融合示范园区建设专题研讨会。中国社会科学院新闻与传播研究所党委书记方勇主持会议。

12 月 24 日　丰台区融媒体中心、丰台区文化创意产业促进中心、央广网联合开展“传承优秀文化，传唱经典戏曲”——第一届“云端戏台等你来”颁奖活动。此次活动以第五届中国戏曲文化周为契机，以“传承优秀文化，传唱经典戏曲”为主题，以“北京丰台”客户端为活动平台，采取线上指导、线上评选的方式，评出“戏曲之星”9 名。

12 月 29 日　房山区融媒体中心为房山人民法院、区人力资源和社会保障局、区生态环境局、区体育局 4 个记者站挂牌。至此，区融媒体中心已成立 47 家融媒体记者站。

12 月　北京东城 App 累计用户数 21.52 万人，新增用户数 7.47 万人。

12 月　昌平区融媒体中心策划制作的视频《昌平快递界的“冠军”》在中共北京市党史学习教育领导小组办公室举办的 2021 年北京市社会主义核心价值观主题微电影（微视频）征集评选活动中获得三等奖。

12 月　北京市突发事件应急委员会办公室和北京市安全生产委员会办公室公布 2021 年北京市“应急宣传进万家”工作通报表扬名单，东城区、西城区、朝阳区、海淀区、房山区、通州区、大兴区 7 个融媒体中心入选“优秀新闻报道单位”。北京广播电视台田洋、东城区融媒体中心张菁、西城区融媒体中心张炜君、房山区融媒体中心庞艳芳和田永超入选“优秀新闻报道个人”。

频率频道

2021年北京市属广电机构频率频道设置情况

北京广播电视台（广播端）频率一览表

频率名称	开办时间	播出时间	主要栏目设置	2021年新增节目栏目
新闻广播 FM94.5 AM828	1993年 3月1日	00:00— 24:00	《北京新闻》《新闻热线》《主播在线》 《新闻2021》《新闻天天谈》《整点快报》 《大城小事》《话里话外》 《照亮新闻深处》《新闻晨报》 《财富新动力》《乐享下午茶》 《编辑部的故事》《主播的朋友圈》	—
交通广播 FM103.9	1993年 12月18日	全天24小时 （周二 00:00— 05:30 停机检 修）	《徐徐道来话北京》《1039新闻早报》 《交通新闻》《交通新闻热线》 《一路畅通》《欢乐正前方》《汽车天下》 《1039慧旅行》《一起午餐吧》 《航空在线》《1039听天下》 《1039交通服务热线》 《1039汽车音乐时间》《联e会》 《警法时空》《行走天下》《新闻晚知道》 《1039都市调查组》《蓝调北京》 《八九不离食》《梦想行动派》 《声音纪录片》《爱车公众号》	《1039汽车音乐时间》 《声音纪录片》
城市广播 副中心之声 FM107.3 AM1026	2020年 10月19日	06:00— 24:00	《北京城市副中心新闻》《运河之上》 《京城帮帮团》《教育面对面》 《健康加油站》《老年之友》 《今夜私语时》《健康投资家》 《听见北京》《记忆的唱片》	—
体育广播 FM102.5	2002年 1月1日	00:00— 24:00	《雄鸡唱晓》《金戈铁马》《体坛夜话》 《1025动生活》《超级体验团》 《奥运有范儿》	《奥运有范儿》
外语广播 FM92.3	2004年 9月17日	06:00— 24:00	《感受北京》《今日北京》《环球三十分》 《北京2022》《英语PK台》《环球剧场》 《脉动中国》《全景中国》《海外连线》	《北京2022》
音乐广播 FM97.4	1993年 1月23日	00:00— 24:00	《早安音乐秀》《汽车音乐汇》 《永恒的魅力》《古典也流行》 《你的故事我的歌》《娱乐最王牌》 《中国歌曲排行榜》《男左女右》 《974LIVE SHOW》《空中不夜城》 《乐海星歌》《正午有星光》 《午夜情歌》《带你出发》	《空中不夜城》 《乐海星歌》 《正午有星光》 《午夜情歌》 《带你出发》

（续表）

频率名称	开办时间	播出时间	主要栏目设置	2021年新增节目栏目
文艺广播FM87.6	1994年4月1日	全天播音（每周二00:30—05:00停机检修）	《我们出发吧》《打开文化之门》《吃喝玩乐大搜索》《娱乐72变》《小说连播》《空中笑林》《广播剧场》《听听糖耳朵》《今天真有戏》《娱乐不限量》《876影院》《影视非常道》《京声京视》《美好生活惠》《周末文艺荟》《我们的歌》	《今天真有戏》《娱乐不限量》《876影院》《影视非常道》《京声京视》《美好生活惠》《周末文艺荟》《我们的歌》
京津冀之声FM100.6	2021年2月26日	06:00—24:00	《早安京津冀》《京津冀新干线》《协同发展进行时》《科创中国》《乐行京津冀》《京津冀康养E站》《解忧书房》《奥运东道主》《广播书场》	—
故事广播FM95.4 AM603	2009年1月1日	06:00—24:00	《读书俱乐部》《传奇书场》《阳光茶园》《长书天地》《光影留声》等	—
青年广播FM98.2 AM927	2017年6月26日	06:00—24:00	《青年说》《活力MUSI客》《我是体验官》《青梅煮酒》《982KTV》《982直播夜》《晚安北京》《倾听星球》	《982直播夜》《倾听星球》

北京广播电视台（电视端）频道一览表

频道名称	开办时间	播出时间	主要节目栏目设置	2021年新增节目栏目
BRTV北京卫视	1979年5月16日北京电视台开播。2012年1月1日起综合频道标识由“BTV北京”变更为“BTV北京卫视”。2021年9月23日起频道标识变更为“BRTV北京卫视”	06:00—次日06:00	《向前一步》《我为群众办实事之接诉即办》《生命缘》《养生堂》《档案》《我是大医生》《老师请回答》《为你喝彩》《大戏看北京》《暖暖的新家》《书画里的中国》《最美中轴线》《最美中国戏》《冬梦之约》《一起向未来》《京城十二时辰》《我的桃花源》《跨界喜剧王》第五季《活过一百岁》《婆婆和妈妈》第二季《百分之二的爱》《敞开心扉的少年》《宠物医院》	《我为群众办实事之接诉即办》《活过一百岁》《书画里的中国》《最美中轴线》《最美中国戏》《冬梦之约》《一起向未来》《京城十二时辰》《跨界喜剧王》第五季《婆婆和妈妈》第二季《百分之二的爱》《敞开心扉的少年》《宠物医院》
BRTV文艺	1988年12月30日开播。2021年9月23日起频道标识变更为“BRTV文艺”	06:00—次日06:00	《笑动剧场》《多彩社区行》《每日文娱播报》《我爱书画》《我爱我家》《一起加油吧》《春妮的周末时光》《超级播出季》《文化之约》《欢天戏地》《文化京津冀》	《多彩社区行》

（续表）

频道名称	开办时间	播出时间	主要节目栏目设置	2021年新增节目栏目
BRTV科教	1999年12月27日开播，其前身为1993年11月1日开播的以教学节目为主的二十七频道。2021年9月23日起频道标识变更为“BRTV科教”	06:00—次日02:00左右	《法治进行时》《第三调解室》《法治中国60’》《现场说法》《律师帮帮忙》《气象观天下》《健康北京》《记忆》《民法典通解通读》《创新北京》《最北京》《一师亦友》《艺载中国》《非常向上》《庭审纪实》	《民法典通解通读》《一师亦友》《艺载中国》
BRTV影视	1992年5月4日开播。2021年9月23日起频道标识变更为“BRTV影视”	06:30—次日05:30	《家和剧场》《英雄剧场》《首都剧场》《星光剧场》	—
BRTV财经	2001年7月1日开播。2021年9月23日起频道标识变更为“BRTV财经”	06:00—次日02:30左右	《首都经济报道》《天下财经》《诚信北京》《数说北京》《京津冀大格局》《税收天地》《蜜蜂计划》《拍宝》《大家收藏》《财富剧场》《北京直通车》《金融街午餐会》《北京直通车》《财经有约至味》《财经有约纪录》《财经有约回望》《财富合家欢》《交汇新三板》（《财富合家欢》《交汇新三板》播出一季度后停播改为季播节目）《说画》（12月停播）《对话大咖》（11月底停播）	《蜜蜂计划》《金融街午餐会》《财富合家欢》《交汇新三板》（《财富合家欢》《交汇新三板》播出一季度后停播改为季播节目）
BRTV生活	1996年11月8日开播。2021年9月23日起频道标识变更为“BRTV生活”	06:00—次日06:00左右	《生活这一刻》《全民健康学院》《生活+家装攻略》《生活+全能改造》《味道掌门》《京城美食地图》《美食地图生活好物》《银发少年》《选择》《快乐生活一点通》《食全食美之有品生活》《医者》《生活特供》《第一房产》《四海漫游》《我爱我车》《迷尚北京》《一起出发吧》《食美食美》《垃圾分类我们一起来》《成长加油站》《越省越开心》等	《越省越开心》
BRTV青年	前身为2002年1月1日开播的BTV青少频道。2012年1月1日起调整为青年频道，频道标识变更为“BTV青年”2021年9月23日起频道标识变更为“BRTV青年”	06:00—次日02:00左右	《家装大课堂》及精编版《时尚生活》及精编版《北京全天候》及精编版《评书大会》《戏里戏外》《青春快乐季》（《档案》精编版）	《家装大课堂》及精编版《时尚生活》及精编版《北京全天候》及精编版

（续表）

频道名称	开办时间	播出时间	主要节目栏目设置	2021年新增节目栏目
BRTV新闻	前身为2003年1月1日开播的BTV公共频道。于2011年1月1日推出BTV公共·新闻频道。2012年1月1日起调整为新闻频道，频道标识变更为“BTV新闻”。2021年9月23日起频道标识变更为“BRTV新闻”	06:00—次日02:00左右	《北京您早》《特别关注》《都市晚高峰》《北京新闻》《这里是北京》《红绿灯》《首都晚间报道》《新时代新担当新作为》《我是规划师》《中国梦365个故事》《接诉即办》《垃圾分类　我们在行动》《美丽北京》《美丽乡村》《北京议事厅》《都市阳光》《新闻手语》《怎么看》《清风北京》	《我是规划师》
BRTV卡酷少儿	2004年9月10日开播动画频道。2007年1月1日更名为卡酷动画卫视。2012年1月1日调整为卡酷少儿频道，频道标识变更为“BTV卡酷少儿”。2021年9月23日起频道标识变更为“BRTV卡酷少儿”	06:00—次日06:00	《卡酷幼儿园》《大玩家》《剧星派》《穿越吧少年》《七色光》《妈妈育上娃》《卡酷动物园》《闪天下》《可可剧场》《派派牛剧场》《卡小酷剧场》《二酷剧场》四档动画剧场	—
BRTV冬奥纪实	2019年5月10日零时起上星播出，BTV体育频道同步停止播出。2021年9月23日起频道标识变更为“BRTV冬奥纪实”	06:00—次日06:00	《天天体育》《2022》《足球100分》《健身圈》《奥运故事会》《来吧！投体育》《双奥之城》《为奥运喝彩》《我与奥运》《我的冬奥》《欢乐二打一》	—
长城平台北京电视台频道（国际频道）	2004年10月1日开播	每天首播7.22小时、24小时滚动播出	《养生堂》《暖暖的味道》《我是大医生》《生命缘》《美食地图》《四海漫游》《迷尚北京》《每日文娱播报》《这里是北京》《档案》《记忆》《最北京》《新闻50+》《拍宝》《北京评书大会》《戏里戏外》《我爱我家》《小童大艺》《我爱书画》《春妮的周末时光》《欢天戏地》《我与冬奥的故事》《奥运故事会》《双奥之城》《我与奥运》《为奥运喝彩》《上新了故宫　第三季》《医者》《2021BRTV环球跨年冰雪盛典》《2020北京榜样颁奖典礼80’》	《上新了故宫　第三季》《医者》《2021BRTV环球跨年冰雪盛典》《2020北京榜样颁奖典礼80’》《2020北京榜样最美警察揭晓仪式》《2021年北京广播电视台春节联欢晚会》《2020文化中国水立方杯大赛精编1》

（续表）

频道名称	开办时间	播出时间	主要节目栏目设置	2021年新增节目栏目
长城平台北京电视台频道（国际频道）	2004年10月1日开播	每天首播7.22小时、24小时滚动播出	《2020北京榜样最美警察揭晓仪式》《2021年北京广播电视台春节联欢晚会》《2020文化中国水立方杯大赛精编1》《2020文化中国水立方杯大赛精编2》《第十届喜剧幽默大赛》《我的桃花源》《我是规划师》《京城十二时辰》《共和国医者》《最美中轴线》《旗帜》《冬梦之约》《生命缘》《见证》《播“火”——马克思主义在中国的早期传播》《书画里的中国》	《2020文化中国水立方杯大赛精编2》《第十届喜剧幽默大赛》《我的桃花源》《我是规划师》《京城十二时辰》《共和国医者》《最美中轴线》《旗帜》《冬梦之约》《生命缘》《见证》《播“火”——马克思主义在中国的早期传播》《书画里的中国》

北京北广传媒数字电视有限公司频率频道一览表

频率频道名称	开办时间	播出时间	主要节目栏目设置	2021年新增节目栏目
中华特产频道	2019年10月16日	24小时轮播	《特产档案》《走进原产地》《唇齿留香》《倾国倾城》《风物东方》	—
四海钓鱼频道	2004年1月1日	24小时轮播	《钓赛进行时》《黑坑江湖》《海钓玩家》《路亚大本营》《鱼乐无限》《游钓中国》《鱼浪大鱼争霸赛》《湖库突击队》《回顾》	《鱼浪大鱼争霸赛》《家有山水》《一起来钓明白鱼》《垂钓吧美人鱼》
车迷频道	2003年11月1日	24小时轮播	《车世界》《车迷会》《酷车驾到》《摩托范儿》《养护宝典》《车迷演播室》《岩谈》	—
环球旅游频道	2005年4月8日	24小时轮播	《寰行迹》《雅获跑世界》《小导游大世界》《乡间物语》《爱上川菜》《寰旅天下》	—
优优宝贝频道	2004年1月1日	24小时轮播	《谢宏面对面》《和宝宝一起》《婴幼养生》《明星妈妈》《成长指标》《健康风向标》	—
生态环境频道	2020年6月16日	24小时轮播	《生态环境大讲堂》《绿水青山中国行》	—
爱家购物频道	2003年9月1日	24小时轮播	电视购物类节目	—

（续表）

频率频道名称	开办时间	播出时间	主要节目栏目设置	2021年新增节目栏目
京视剧场频道	2003年9月1日	24小时轮播	电视剧	—
弈坛春秋频道	2005年3月18日	24小时轮播	《围棋名局精解》	—
置业频道	2005年7月8日	24小时轮播	《海外地产》《乐享空间》《家居DIY》《完全装修手册》《乐淘家居》	—
动感音乐频道	2003年11月1日	24小时轮播	《高温派对》《华语至尊地带》《谁比我原创》	—
戏曲广播频率	2003年11月1日	24小时轮播	《评书联播》《梨园金曲》《空中曲苑》《戏曲空间》《影视剧花园》	—
爵士音乐广播频率	2003年11月1日	24小时轮播	《爵士经典》《爵士列车》	—

北京北广传媒移动电视有限公司频道一览表

频道名称	开办时间	播出时间	主要节目栏目设置	2021年新增节目栏目
北京移动电视	2004年5月28日	05:58—23:00	《移动播报》《今天提示》《百姓就业》《一路同行》《国家大剧院》《秀逗有妙招》《天天百视通》《演艺罗盘》《永远跟党走》《巴斯秀》《城市播报》《冬奥百科》《探秘冬奥场馆》	《秀逗有妙招》《永远跟党走》《巴斯秀》《冬奥百科》《探秘冬奥场馆》

北京北广传媒城市电视有限公司频道一览表

频道名称	开办时间	播出时间	主要节目栏目设置	2021年新增节目栏目
城市电视	2005年8月1日	07:00—22:00	《城市播报》《城事发布》《城管在身边》《城市院线》《绿动北京》《大城小事》《城市视觉志》《演艺罗盘》《装个文化人》《保利剧院》《城市一刻》《星期吧》《学习进行时》《政府公报》	《冬奥倒计时》《冬奥来了》《奋斗百年路起航新征程》《奋斗在幸福路上》《健康北京》

北京北广传媒地铁电视有限公司频道一览表

频道名称	开办时间	播出时间	主要节目栏目设置	2021年新增节目栏目
地铁电视	2010年8月10日	06:00—23:00	《播报新闻》《地铁文化地图》《国家大剧院》《百姓就业》《大城小事》《身边的好学校》《京城美食秀》《督学之星》《税法小贴士》《地铁超好看》《地铁超有品》《地铁超好逛》《同城旅行指南》《艺术人生》《娱乐最前线》《市科协栏目》《党史慕课》《地铁图文50年》《地铁线上的红色地图》《奋斗百年路　启航新征程》《红色印迹星火燎原》等	《地铁超好看》《地铁超有品》《地铁超好逛》《同城旅行指南》《艺术人生》《娱乐最前线》《市科协栏目》《党史慕课》《地铁图文50年》《地铁线上的红色地图》《奋斗百年路启航新征程》《红色印迹星火燎原》等

2021年北京市各区广电机构频率频道设置情况

频道名称	开办时间	播出时间	主要节目栏目设置	2021年新增节目栏目
朝阳区融媒体中心频道一览表				
歌华有线801频道（朝阳高清）	2008年8月8日	首播 19:30－24:00 重播次日 07:30－12:00 12:30－18:30	《朝阳新闻》《话说朝阳群众》《全面健身总动员》《走进朝阳教育》《同在蓝天下》《加油！朝阳少年》《健康朝阳》《与法同行》《聚焦人力社保》	—
海淀区融媒体中心频道一览表				
BTV新闻频道海淀时段	2003年1月	首播 19:30－21:00 重播次日 07:30－09:00 12:30－14:00	《海淀新闻》《海淀百姓故事》《海淀风物志》《创新中关村·核心区》《文明海淀》《文明风尚汇》《海淀1时间》《海淀教育》《城管来了》《警方在线》《火线》	—
802海淀数字频道	2009年6月	07:30—23:30		

（续表）

<table>
<tr><th>频道名称</th><th>开办时间</th><th>播出时间</th><th>主要节目栏目设置</th><th>2021年新增节目栏目</th></tr>
<tr><td colspan="5">丰台区融媒体中心频道一览表</td></tr>
<tr><td>BTV
新闻频道
丰台时段</td><td>2003年
1月</td><td>首播
19:30—21:00
重播次日
07:30—09:00
12:30—14:00</td><td rowspan="2">《丰台新闻》</td><td rowspan="2">—</td></tr>
<tr><td>803丰台
数字频道</td><td>2007年
11月</td><td>首播
19:30—23:46
重播次日
06:30—19:30</td></tr>
<tr><td colspan="5">石景山区融媒体中心频道一览表</td></tr>
<tr><td>数字804频道</td><td>2016年
12月1日</td><td>全天播放时间
06:59—23:30</td><td>《石景山新闻》《今日视点》
《法制聚焦》</td><td>—</td></tr>
<tr><td colspan="5">门头沟区融媒体中心频道一览表</td></tr>
<tr><td>BTV
新闻频道
门头沟时段</td><td>2002年
12月20日</td><td>首播
19:30－21:00
重播次日
07:30－09:00
12:30－14:00</td><td>《门头沟新闻》《门头沟视点》</td><td>《我爱门头沟》</td></tr>
<tr><td colspan="5">房山区融媒体中心频率频道一览表</td></tr>
<tr><td>房山人民广播电台FM107</td><td>1989年
9月</td><td rowspan="2">06:00—24:00</td><td rowspan="2">《房山新闻》
《“北京房山”在线》
《歌声中的党史》</td><td rowspan="2">《“北京房山”在线》
《歌声中的党史》</td></tr>
<tr><td>房山人民广播电台FM96.9</td><td>2010年
7月</td></tr>
<tr><td>BTV
新闻频道
房山时段</td><td>2003年
1月</td><td>07:30—09:00
12:30—14:00
19:30—21:00</td><td>《房山新闻》《今日关注》
《法治与生活》《创意房山》
《funhill面对面》《文化纪事》
《美丽房山》《学通房山》
《都市生活》</td><td>—</td></tr>
<tr><td colspan="5">通州区融媒体中心频率频道一览表</td></tr>
<tr><td>北京通州广播电视台FM107.7</td><td>2018年</td><td></td><td>2021年北京通州广播电台FM107.7全年转播北京城市广播副中心之声FM107.3节目</td><td>—</td></tr>
</table>

（续表）

<table>
<tr><th>频道名称</th><th>开办时间</th><th>播出时间</th><th>主要节目栏目设置</th><th>2021年新增节目栏目</th></tr>
<tr><td>高清综合频道</td><td>1994年</td><td>首播
19:30—21:00
重播次日
08:00—09:30
12:00—13:30</td><td rowspan="2">《副中心新闻》《聚焦副中心》《对话副中心》《融汇副中心·民政民生》《融汇副中心·大家看法》《融汇副中心·通州商务》《融汇副中心·就业保障》《融汇副中心·消费在身边》《融汇副中心·安全》《融汇副中心·古镇风韵》《融汇副中心·最美潞城》《融汇副中心·最美的她》《融汇副中心·新华心新新华》《融汇副中心·玉桥我们共同的家》《融汇副中心·大市政新市容》《融汇副中心·健康你我他》《融汇副中心·文明通州》《身边》《健康北京》《重播副中心新闻》</td><td rowspan="2">《融汇副中心·消费在身边》（2021年9月）

《融汇副中心·新华心新新华》（2021年1月）</td></tr>
<tr><td>BTV
新闻频道
通州时段</td><td>2003年</td><td>首播
19:30—21:00
重播次日
07:30—09:00
12:30—14:00
每天
19:30—19:55
每天
19:55—20:35
（周一至周日）
每天
20:35—21:00
（周一至周日）</td></tr>
<tr><th colspan="5">顺义区融媒体中心频率频道一览表</th></tr>
<tr><td>顺义人民广播电台频率FM92.9</td><td>1998年
1月20日</td><td>06:25—23:30</td><td>《新闻60分》《顺义新闻》《越来越动听》《越聊越开心》《大家帮助大家》《传奇》</td><td>—</td></tr>
<tr><td>BTV
新闻频道
顺义时段</td><td>2003年
1月1日</td><td>首播
19:30—21:00
重播次日
07:30—09:00
12:30—14:00</td><td rowspan="2">《顺义新闻》《安全伴你行》《法治顺义》《情暖顺义》《健康有约》《幸福一起来》《转型升级　接力发展》《科普时刻》《奋斗百年路　启航新征程》《永远跟党走》</td><td rowspan="2">《奋斗百年路启航新征程》《永远跟党走》</td></tr>
<tr><td>顺义电视台一套</td><td>1994年
9月2日</td><td>10:10—23:00</td></tr>
<tr><th colspan="5">昌平区融媒体中心频率频道一览表</th></tr>
<tr><td>昌平人民广播电台</td><td>1987年
7月</td><td>06:30—15:30
17:00—21:30</td><td>《昌平新闻》《与法同行》《昌平政法》《民法一典通》《龙泉流出的故事》《逸闻趣事话西山》《乐享时光》《新闻悦读听》《1031晚高峰》</td><td>《新闻悦读听》《1031晚高峰》《逸闻趣事话西山》</td></tr>
<tr><td>昌平电视台综合频道</td><td>2009年
9月27日</td><td>2021年5月30日前：
07:30—09:30
12:30—14:30
19:30—21:30
2021年5月30日后：
06:00—24:10</td><td>《昌平新闻》《真情故事》《法治昌平》《古今昌平》《视角》《走进三农》《花开未来》《相约》《迷你党课》《时空关注》《FIM时光》《读书汇》</td><td>《FIM时光》《读书汇》</td></tr>
</table>

（续表）

频道名称	开办时间	播出时间	主要节目栏目设置	2021年新增节目栏目
大兴区融媒体中心频率频道一览表				
大兴人民广播电台FM98.6	1995年1月	06:25—24:00	《这里是大兴》《乌鱼来了》《音乐随心听》等	—
BTV新闻频道大兴时段	2003年1月	首播19:30—21:00 重播次日07:30—09:00 12:30—14:00	《大兴新闻》《言之有理》	—
大兴一套节目（歌华901台）	1995年1月	07:00—24:00	《大兴新闻》等	—
怀柔区融媒体中心频率频道一览表				
怀柔人民广播电台FM101.3	1996年11月	06:29—16:00 16:59—22:30	《怀柔新闻》《市场监管之声》《健康伴你行》《首尚学习圈》《文学草堂》《请您欣赏》《音乐无限》《恋上怀柔》《科普园地》《独具匠心》《生活百事通》《天气预报》《请您欣赏》《消费生活新主张》《成长》《广告》《奶妈奶爸总动员》《空中书场》《丽人榜样》《保林叔叔讲故事》《品读时分》《梦想旅行日志》《悦读时间》《天下档案》《今夜私语时》《音乐导航》《金色年华》《乐享生活》《话说天下》《军史纵横》	录播类节目：《我爱我家》《行走怀柔》《红色诵读》《党史百年·天天读》《红色经典传唱》《筑梦科学城》《生活家》《警法在线》《时光书房》《汽车立体声》《历史聊斋》《中国母亲风采》《风从哪里来》《营养最时尚》《幽默集装箱》《带着音乐去旅行》 直播类节目：《怀柔山水等你来》
怀柔综合频道（HRTV）（高标清同播）	2009年5月	07:30—22:30	《怀柔新闻》《生活大观园》	—
平谷区融媒体中心频率频道一览表				
BTV公共、新闻频道平谷时段	2003年1月1日	首播19:30—21:00 重播次日07:30—09:00 12:30—14:00	《平谷新闻》《警法在线》《百姓身边》《热点进行时》《名医会客厅》《电视剧》	—

（续表）

频道名称	开办时间	播出时间	主要节目栏目设置	2021年新增节目栏目
平谷人民广播电台频率FM89.2	1992年3月11日	06:30—08:20 11:00—12:00 18:30—19:30	《平谷新闻》《天气预报》《公益广告》《评书联播》《老柴说平谷》《政策问答》《善行至美》《农民与法》《农业科技》《卫生与健康》《美丽乡村》	—
密云区融媒体中心频率频道一览表				
密云一套4CH（无线覆盖）	2003年1月	07:30—23:00	《密云新闻》《教育学堂》《檀州大舞台》《教育专线》《就业直通车》《科普开讲啦》《法润密云》《创城进行时》等	《创城进行时》《教育学堂》
歌华有线901（密云一套高清）903（密云一套标清）904（密云一套标清）	2016年11月	07:30—23:00	《密云新闻》《教育学堂》《檀州大舞台》《教育专线》《就业直通车》《科普开讲啦》《法润密云》《创城进行时》等	《创城进行时》《教育学堂》
IPTV网络电视	2019年6月	07:30—23:00		
密云区人民广播电台FM94.1兆赫	1989年	06:28—22:05	《密云新闻》《今日密云》《法治传真》《我的社区我的家》《教育园地》《密云经济在线》《三农有约》《工会在身边》《音乐随身听》《评书联播》《广播剧场》《我爱国粹》《科普五分钟》《风从东方来》《车轮上的党史课》等	《风从东方来》《车轮上的党史课》
延庆区融媒体中心频率频道一览表				
BTV新闻频道延庆时段	2003年1月	首播 19:30—23:30 次日 07:30—11:30 重播 12:30—16:30	《延庆新闻》《聚焦时分》《一周新闻综述》《印象妫川》《追寻红色印记》《玩转妫川》《延庆人说延庆事》	《最美冬奥城》
延庆人民广播电台FM 92.8	1997年1月	06:29—21:50	《延庆新闻》《生活导航》《美丽延庆新农村》《快乐调频928》《佳作欣赏》《市场监管进万家》《大东说消费》	—

节目栏目

北京广播电视台

优秀热播节目

《新闻热线》 民生新闻类节目。北京广播电视台新闻广播每周一至周日 6：20—6：30、7：25—7：30 播出。该节目创办于 1993 年，是北京地区最早通过倾听市民声音，实现舆论监督、报道突发事件和民生新闻的广播栏目，是市民反映呼声的有效途径，也是政府为民办事、改进工作的有力抓手。多年来，该节目为首都百姓解决众多关乎切身利益的问题，荣获 2019 年中国新闻奖名专栏奖（一等奖）等众多奖项。主创人员：刘芳、李独伊、张钰、任晨光、于川梓、王梦宇、张晶晶、邢一铭、胡韵卿、李帆。

《一路畅通》 社教综合直播节目。北京广播电视台交通广播每天 7：30—9：30、17：00—19：00 播出。节目以“大家帮助大家”为宗旨，通过及时准确的路况信息、权威深入的交通访谈、贴心温暖的话题陪伴，服务城市出行人群。《一路畅通》自 2000 年创办以来，得到社会、业界、用户的广泛好评，是北京广播电视台交通广播最具品牌号召力与影响力的栏目，曾获得中国广播奖、北京新闻奖、北京广播影视奖等荣誉，连续两届被评为“北京市名牌商标”，2009 年入选国家广电总局“新中国 60 年 60 个广播电视节目”。《一路畅通》还培养了一批受到听众欢迎的主持人，现由 5 位中国播音主持“金话筒”奖获得者担纲主持。主创人员：杨洋、李莉、顾峰、园园、郭炜、嘉佳、Mr.Q 小强、仇檀、曹僖、王瑶、弓雪。

《汽车天下》 专题服务类节目。北京广播电视台交通广播每周一至周日 10：00 播出，时长 60 分钟。节目“以专业的汽车知识立足行业，以轻松的聊天话语场服务百姓，以严谨客观的新闻调查监督车市消费维权”，在新车资讯、技术解读、专业评测、交管法规科普以及极端天气安全驾驶等方面全方位报道。结合融媒体时代的新媒体传播手段，节目日均收听人数 26 万人次，市场份额在 35%~40% 间浮动，收听率常年保持同时段第一。主创人员：张琦、赵爽。

《教育面对面》 专题服务类节目。北京广播电视台城市广播副中心之声每天 17：45—19：15 播出，时长 90 分钟。这是京城媒体中唯一一档与教育部门合作举办、全年日播的广播教育专栏节目。节目服务于青少年健康成长，内容涉及家庭教育、升学就业、心理健康、职业规划、国际教育等。2021 年，举办了“名嘴带你探名校”“北京大型中、高招咨询会”等 40 余场落地活动，编撰了《北京高招咨询》汇编手册，编辑出版了《高考导航》一书。融合创新开设栏目同名微信、微博及快手号，入驻“今日头条”“一点资讯”等新媒体平台，全年图文及视频点击量近 2000 万，是北京广播电视台广播端“荣誉名牌栏目”“听众喜爱的优秀栏目”“北京优秀广播电视节目”“全国城市台品牌栏目”。主创人员：张铮、杨江红、姚迪、秦天、澹台瑞芳。

《运河之上》 新闻访谈类节目。北京广播电视台城市广播副中心之声每周一至周日 8：00—9：00 播出，时长 60 分钟。节目全景展现城市副中心的生机勃发，生动讲述大运河文化的源远流长。同时，节目采取音视频、图文等形式在“听听 FM”、快手等新媒体平台进行宣传推广。2021 年被列入国家广播电视总局“中华文化广播电视传播工程”重点项目。作品《穿越千年，追寻文明之光》获 2021 年一季度国家广播电视总局创新创优节目。主创人员：刘冰、黄彦、李瑶昕。

《雄鸡唱晓》 新闻资讯类节目。北京广播电视台体育广播每周一至周日 7:00 播出，时长 120 分钟。节目以高效新闻整合、主持人夹叙夹议、记者报道、专业评论员评述为特点，给听众设计人设画像“家里人儿”，打造“邻里街坊”式的私密话语空间。话题设置紧跟微博、抖音热点话题，更精准抓取年轻化用户。该节目在北京市场全年市场份额为 1.349%。主创人员：惠凡、付丽、王异、孟群、闫子昂、林苑、沈彤。

《体坛研习社》 体育脱口秀节目。北京广播电视台体育广播推出的一档直播互动型新媒体体育脱口秀节目，每周一至周日 12:00–13:00 或 19:00–20:00 播出。节目围绕体育热点新闻、热搜话题、焦点赛事拟定探讨话题，邀请本台评论员和行业嘉宾，通过直播平台的连麦功能，直播连线行业内知名体育记者、评论员、产业专家、学界专家。第一期节目，4 月 22 日 12:30–13:30 在北京体育广播官方微博（@ 北京体育广播 FM1025）、“北京时间”、“听听 FM”多平台同步首播，新浪微博直播节目在线观看人数近 20 万。主创人员：惠凡、王异、李嵬、林苑、康乐。

《感受北京》 英语外宣节目。北京广播电视台外语广播每周一至周日 17:00–18:30 首播，时长 90 分钟，英文节目名称 Touch Beijing。节目以在北京的外国人，特别是关心北京发展、喜爱中国文化的听众朋友为收听主体人群。通过各具特色的小栏目将北京的发展变化特别是创新发展、多姿多彩的文化生活和风土人情呈现给听众，传播中国文化，展现最新最美最好的北京。节目曾荣获广播端优秀栏目、荣誉栏目、名牌栏目等。主创人员：刘智嘉、臧轶洁、王昪戈、Gail、徐帅、朱乐艺、明月。

《打开文化之门》 文化访谈节目。北京广播电视台文艺广播每周一至周五 10:00–11:00 播出，时长 60 分钟。《打开文化之门》充分开掘广播节目的声音场域，节目主创深入现场，记录文化活动实况、文化场馆现状，选取最具代表性、最生动的声音元素；同时找寻珍贵的录音资料，将这些鲜活的音频素材运用到节目中。“身临文化现场”+“直播访谈”为节目插上双翼，“轻娱乐外壳”提升主流文化传播效果。2021 年度持续推出具备价值引导和精神滋养的节目，策划了“百年芳华——闪亮的坐标”“中轴线的微时光系列”，取得良好播出效果。2021 年 8 月，《打开文化之门》“走二环两轴，忆古都乡愁”获评国家广播电视总局 2021 年“中华文化广播电视传播工程”重点项目。主创人员：米夏（刘卓）、尚远、张世强。

《早安京津冀》 新闻资讯类节目。北京广播电视台京津冀之声每周一至周日 7: 00–8: 00 播出，9: 00–10: 00 重播，时长 60 分钟。节目权威发布京津冀协同发展方针政策，全面报道京津冀协同发展进程与阶段性成就，全力服务于京津冀地区社会公众。常设栏目有今日头条、三地要闻、京津冀三地热点、国际电讯、文化娱乐旅游资讯、冬奥和体育资讯、京津冀气象快报、京津冀三地路况，并且随时根据需要开设新闻报道专栏。主创人员：纪烈鸿、张红力、白钢、朱思朦、马骁骁、何昊澜、林志强、李可。

《北京新闻》 新闻资讯类栏目。北京广播电视台卫视频道、新闻频道每周一至周日 18:30 播出，时长 25 分钟。《北京新闻》创办 38 年，是北京广播电视台电视端历史最长的节目，是政府与市民的信息和情感纽带。节目“权威发布政策资讯，悉心关怀百姓冷暖”，策划了一系列具有广泛影响力的重大主题报道，组织了一批批接地气、“带露珠”的社会新闻。《北京新闻》引领导向、守正出新，展现了大台风范和文化品味。以“准确、及时、严谨、规范”为准绳，唱响主旋律，传递正能量。在庆祝新中国成立 70 周年、中国共产党成立 100 周年、2008 年北京奥运会及残奥会、2022 年北京冬奥会及冬残奥会等报道中发挥了重要作用。《北京新闻》美誉度高、传播力强，在索福瑞全国 35 城一周新闻类型节目平均收视率排名中，连续多年稳居第一。多次获得中国新闻奖电视编排类一、二等奖。主创人员：陈楠、李光军、李晓军、石云、袁伟、崔菲、颜黎、管鹤淋、刘志霞、梦若冲。

《北京您早》 新闻资讯类栏目。北京广播电视台卫视频道、新闻频道每周一至周日 7:00—9:00 同步直播（周六日 8:30—9:00 为新闻频道），每期时长 120 分钟。该节目是中国创办最早的一档早间电视新闻节目，节目定位“站在北京看世界”，坚持守正出新，以融媒体视角梳理国内外新闻，同时涵盖气象、交通、生活服务等各种服务信息，节奏快、信息量大，始终保持同时段全国收视冠军，是一档在北京乃至全国观众中具有高度认知度和满意度的品牌新闻节目。主创人员：马迟、黄广、刘非非。

《一师亦友》 时代人物访谈节目。北京广播电视台科教频道每周日 21:00 播出，时长 30 分钟。节目聚焦时代发展进程中，我国科技、教育、文化等领域的领军者，通过多个维度、富于深度的对话，展现新时代的发展成就，讲述奋斗者的成长故事，传递宝贵的精神品格。除了演播室访谈外，节目主持人还和嘉宾一起回到他们的工作环境中进行沉浸式访谈，通过多角度立体观察、身临其境探访，展现汇聚每位时代人物的思想光芒和精神力量，广泛传播兼具时代温度和思想深度的优质内容，传递自信与正能量。主创人员：严崴、聂一菁、李丹、李健。

《生命缘》 新闻纪录片节目。北京广播电视台卫视频道每周二 21:05 播出，时长 35 分钟左右，共 19 期。《生命缘》是国内开播最早、生命力最强、观看人数最多的医疗纪实节目，连续两届荣获中国新闻奖一等奖。2021 年为迎接建党百年，《生命缘》在北京市卫生健康委员会的权威指导下，隆重推出了两个不同主题视角的内容：《“她”的世界》讲述中国现代女性的烟火生活和励志人生，系列纪录片《百年协和》以全新的时空观及美学观念俯瞰协和的历史与现在。《生命缘》系列纪录片第 4 期《爱的团聚》在索福瑞全国 35 城收视达到 1.06，同时段排名第一；第 15 期《父爱如山》在索福瑞全国 35 城同时段排名第一。节目话题多次登录微博热搜榜，其中“00 后女大学生因低血压吃成 400 斤”阅读量 350 万；“肿瘤可以大到什么程度”阅读量 1050 万。同时，节目短视频在抖音、快手、微视及 Bilibili 等总播放量已突破 35 亿。主创人员：邵晶、赖一锐、杨懿丁、郭洪泷、章铎、王瑜、王美、毛雪、朱佩霞、张萃研、王艺默。

《向前一步》 新闻专题访谈类节目。北京广播电视台卫视频道每周日 21:05 播出，时长 45 分钟左右。《向前一步》是一档积极倡导城市“精治共治法治”理念的电视节目，节目创立初期，就确定了“眼光向下、镜头向下”的基调，聚焦基层实际工作，直观展示城市治理的多个切面。《向前一步》是第一个让政府和市民坐在一起形成社会多元共治的栏目；是第一个直接深度参与城市治理、为全国提供探索城市治理与基层工作“样板”的栏目。节目直面市民个体与公共领域的分歧，为广大市民与城市管理者搭设了公开、透明、平等、务实的对话平台，形成了一项解读政策法规、展示政府形象、培养公民意识、引导多方参与的问题解决机制，有效推动了相关问题的解决。节目播出后取得了巨大的社会反响和舆论共鸣，收视多次位列省级卫视同时段前三，覆盖人数超32.7亿，荣获第二十九届中国新闻奖一等奖和第二十八届北京新闻奖一等奖等多个奖项，并得到国家广播电视总局的高度肯定，被评为全国创新创优节目。《向前一步》也被写入2019年和2020年北京政府工作报告，并列入北京市折子工程。主创人员：徐滔、邵晶、李潇、刘虓、秦晓明、岳月、石璐娃、王任飞等。

《最美中轴线》 综艺季播类节目。北京广播电视台卫视频道每周六20:20播出，时长70分钟，共11期。《最美中轴线》是北京卫视于2021年第三季度周末黄金时段重磅推出的一档大型“文化+音乐”全景式呈现中轴线文化魅力的音乐真人秀。节目围绕元大都的源起、钟鼓楼、万宁桥、景山、正阳门等多处中轴线景点展开采风录制，以“一音一世界，一步一中轴”为核心，用中轴线上的元素和线索开启“拾音”之旅，讲述美丽动人的中轴线故事。节目开播后，累计收获全网热搜160个，微博主话题词阅读量近20亿，相关子话题阅读量总量超21亿，全平台视频累计播放量近19亿。开播后，节目收视率持续升高，在索福瑞全国35城收视1.83%，外地贡献率87%，在省级卫视同时段及晚间栏目排名中均多次位列前三，在晚间黄金档中位列融合传播影响力第一。主创人员：徐滔、邵晶、郭畅、黄蒂一、王兆海、侯思羽、任浩获、李静、崔幸、孙雨露、高帅、席海燕。

《味道掌门》 美食人文纪录片。北京广播电视台生活频道每周五19:45–20:15首播，时长30分钟。节目深入挖掘了数十家北京老字号餐饮背后的手艺、文化、典故、情怀，充分展现了北京这座美食文化之都的独特魅力。节目基于美食但又不止于美味，而是把格局拉大，将镜头聚焦于这座城市和生活在这里的人，以北京城市生活及城市精神为主色调，精心制作北京城市气息特别浓郁的生活截面，以美食述人生，以美食绘城市，以美食见精神，以美食之名打造有厚度、有精度、有温度的北京城市名片。节目播出以来，电视端同时段收视竞争排名名列前茅，搜狐、咪咕、腾讯、Youtube等视频网站以及新加坡方面先后购买该节目版权。主创人员：王昆、赵雪莲、姜瑾、卢文龙、郭杨等。

《欢天戏地》 戏曲类节目。北京广播电视台文艺频道每周四19:30播出，时长50分钟。《欢天戏地》2021之《校园国粹先锋》是北京广播电视台文艺频道中心和北京市教委合作推出的一档电视戏曲公开课，旨在全面提高大中小学生对中国传统戏曲文化的了解和审美。2021年播出的第二季电视戏曲公开课采用现场开讲和线上参与方式，主要目标受众是大学生和青年朋友，每堂课以一个贴近当代年轻人生活的现实话题为切入点，引出一个或多个传统经典大戏。第二季节目请来了30所大专以上学校的师生代表共同参与“戏曲云交流”，和艺术家们一起聊聊戏曲里的那些事，增强了参与性和互动性，学习和传播的效果更加突出。节目播出以后，整个系列被推向“学习强国”平台，进行再度传播，取得了良好的社会效益。主创人员：孔洁、马鸥、王雅娟、马强、杨静、陈曲、阴磊、王尧、邵振坤。

《书画里的中国》 大型文化季播节目。

北京广播电视台青年频道中心主创，2021年4月23日至6月25日在北京卫视每周五晚间黄金档首播。第一季共10期，每期时长约1小时。该节目通过解读国宝级书画隐藏的文化密码，挖掘国宝级书画背后的历史故事，品味国宝级书画蕴蓄的美学内涵，展现国宝级书画传承的民族精神。节目以轻纪录、漫综艺的形式，带领观众进入经典书画的世界，每期聚焦一个和当下观众心灵相通的情感主题，并选取国宝级书画进行讲述。《书画里的中国》是北京广播电视网络视听发展基金2021年度广播电视作品摄制宣推类扶持项目。节目播出以来获得观众以及业内广泛好评，并获评2021年第二季度北京市广播电视创新创优节目、北京广播电视台2021年度优秀电视文艺节目类电视文艺专题节目三档。主创人员：张苏、蓝霖、徐剑、乔鲁京。

《花儿向阳　童心向党——庆祝中国共产党成立100周年全国少儿晚会》　少儿晚会。北京广播电视台卡酷少儿频道6月1日18:18首播，时长92分钟。该晚会是国家广播电视总局部署制作的唯一一档全国性的建党百年主题少儿节目，晚会以孩子为主角，来自全国各地2000多名儿童齐聚北京，通过童声合唱、舞蹈、戏曲、舞台剧、朗诵、创意表演等多种节目形式，运用故事化的表达、动画AR等多样的艺术表现方式，以儿童视角、儿童语言致敬建党百年。晚会首播在索福瑞全国35城组核心受众人群收视总份额达2.44%，全网阅读点击量达到30万人次，微博端“花儿向阳　童心向党”话题阅读量近400万。主创人员：韦小玉、秦新春、周方、张宾、李严、赵磊、李菲菲、王淳、杨钊等。

优秀节目

《问北京》　舆论监督类栏目。北京新闻广播“问北京”微信公众号每日编发，一日至少推送两次。

《我们出发吧》　新闻资讯类节目。北京广播电视台文艺广播每周一至周日7:30播出，每期时长90分钟。

《974 LIVE SHOW》　综艺娱乐类栏目。北京广播电视台音乐广播每周六、周日22:00播出，每期时长120分钟。

《乐行京津冀》　专题服务类栏目。北京广播电视台京津冀之声每周一至周日17:00–18:00播出，次日11:00–12:00重播，每期时长60分钟。

《982直播夜》　专题服务类节目。北京广播电视台青年广播每周一至周五19:00–21:00播出，每期时长120分钟。

《京城十二时辰》　综艺纪实类节目。北京广播电视台卫视频道每周五21:18播出，每期时长60分钟。

《冬梦之约》　综艺竞技类节目。北京广播电视台卫视频道每周五21:08播出，每期时长70分钟。

《首都晚间报道》　新闻资讯类节目。北京广播电视台新闻频道每天22:00–22:40播出，每期时长40分钟。

《蜜蜂计划》　专题服务类节目。北京广播电视台财经频道每周一、三、五21:30播出，每期时长30分钟。

《2021国粹＋水路戏路——大运河年度戏曲精品大汇（第二季）》　戏曲类节目。北京广播电视台文艺频道每周日19:30播出，每期时长50分钟。

优秀融媒体节目

《我为群众办实事之接诉即办》　新闻纪实类节目。北京广播电视台卫视频道每周二21:00播出，每期时长30分钟。节目以蹲点日记的形式，跟随北京市各委办局局长、处长的脚步，真实记录局处长深入一线为民办实事的全过程。节目通过展现北京市各委办局响应全面深化改革的要求，推进国家治理体系和治理能力现代化的探索，贯彻“我为群众办实事”“接诉即办”的工作理念。节目微博话题阅读量27亿，视频播放量近4亿次。主创人员：李潇、刘彪、石璐娃、陈梦圆、李一桐、刘径驰、王轩。

《“理想照耀中国”——庆祝建党百年“双100”系列融媒报道》 融媒体报道。该节目由国家广播电视总局指导，由全国50家电视台联合制作，重访全国100多个独具特色的红色地标和重要纪念地，共同制作100场新媒体直播及100条经典短视频，全方位、多角度地向观众立体呈现中国共产党百年奋斗历程，共同庆祝建党百年。节目于2021年3月23日至6月30日在北京广播电视台新闻频道以及全国50家电视台和新媒体平台同步播出。《理想照耀中国》系列网络直播全网播放量超过3亿人次，获评国家广播电视总局第二季度优秀新闻作品。主创人员：张庆、李大功、田刚、曹宁、薛宇洁、陈博、高长悦。

互动H5《百年寻梦，2021请回答》 这是北京广播电视台新闻频道中心新媒体团队向建党百年献礼推出的一款手绘原创H5作品，于2021年七一前夕推出。作品以“寻梦—发现—回信”为逻辑主线，通过“小百”“小年”两个卡通人物的寻梦之旅，完成对历代共产党追梦人曾有过的梦想的回溯，由此勾勒出百年间波澜壮阔的革命、建设、改革、复兴的伟大发展画卷，引申出一代代共产党人的“百年梦想”汇聚成中华民族伟大复兴的“中国梦”的创作主题，而结尾两位共产党伟人的一场跨越百年的时空对话，则将情绪推向高潮。《百年寻梦，2021请回答》入选“2021女记者短视频融合创新优秀案例”以及2021年第三季度北京市优秀融媒体新闻作品。最终作品页面点击量近30万人次，荣获北京新闻奖融合报道三等奖。主创人员：田刚、邓力、孙迪雅、潘灿、吴文娟、韩育延、陈博、谭敬。

《冲刺100天，我们准备好了》 直播节目。北京冬奥会倒计时100天特别节目《冲刺100天，我们准备好了》于2021年10月27日9:00—11:30在北京广播电视台冬奥纪实频道播出，时长150分钟。特别节目以绿色、共享、开放、廉洁四大办奥理念为主题，梳理回顾六年来冬奥会筹备重大事件，着重介绍“相约北京”测试赛的最新进展、防疫措施、冬奥会场馆运营，以及外国参赛运动员对于测试赛的实时反馈等内容。特别节目在北京冬奥组委办公园区、延庆区融媒体中心、张家口广播电视台设立分演播室，与北京广播电视台内主演播室通过卫星直播进行四地平行对播互动，全面覆盖三大赛区。节目播出后得到了来自北京冬奥组委以及各相关单位领导的认可和表扬。节目同步在“北京时间”等新媒体平台直播，阅读量观看量达到了600万人次。主创人员：王速、唐骏飞、滑小毛、张亚军、郑天尧、王浴浩等。

H5《歌唱北京——第二届歌唱北京优秀作品集》 首发时间2021年11月10日。第二届歌唱北京优秀作品集，以H5的表现方式助推优秀歌曲传播，提升歌唱北京活动影响力，唱响新时代北京赞歌。页面以长城、天坛为背景体现北京特色，页内集合了20首优秀歌曲，以节目单形式点击进入，播放优秀歌曲MV，以唱片方式播放优秀歌曲音频，达到随看随听随唱的互动效果，并利于转发分享。互动访问量超过162万。主创人员：齐建彤、张文华、万思余、李佳。

北京广播电视台名牌栏目一览表

栏目名称	播出时间	播出频率频道
新闻热线	每周一至周日6:19－6:27（长版）、7:25－7:30（短版）	新闻广播FM100.6、AM828
一路畅通	每天7:30－9:30；17:00－19:00	交通广播FM103.9
雄鸡唱晓	每周一至周日7:00	体育广播FM102.5
教育面对面	每天17:45－19:15	音乐广播FM97.4
打开文化之门	每周一至周五10:00－11:00	文艺广播FM87.6
我是规划师	每周一21:10－21:50	BRTV北京卫视、BRTV新闻
最美中轴线	每周六20:20	BRTV北京卫视
书画里的中国	每周五21:00	BRTV北京卫视
民法典通解通读	周一至周五21:15	BRTV科教
天下财经	每周一至周五19:30－20:00	BRTV财经

北京北广传媒数字电视有限公司

《风物东方》 专题服务类节目。节目在北京北广传媒数字电视有限公司“中华特产”频道播出，每周一期，每期时长15分钟。该栏目分为频道资讯和风物推介两个板块。“频道资讯”主要报道农产品展会信息和特产行业动态等行业资讯；“风物推介”全方位展示农产品特色、原产地风貌以及与特产相关的人文、历史、文化故事等内容。主创人员：邵君（责编）。

《钓行》 专题服务类节目。节目在北京北广传媒数字电视有限公司“四海钓鱼”频道播出，每周一期，每期时长15分钟。是一档发现城市钓鱼生活的节目。内容以节目嘉宾走访全国各地城市，走到水边，走进钓具店，走访钓场，用多角度记录一个城市的钓鱼生活，通过对不同城市钓鱼人、渔具店、钓场三方面的展现，传播钓鱼生活及钓技钓法。主创人员：徐智（责编）。

《湖库突击队》 专题服务类节目。节目在北京北广传媒数字电视有限公司“四海钓鱼”频道播出，每周一期，每期时长25分钟。是一档以轻松幽默的态度享受野钓生活的真人秀纪录片。节目以休闲钓鱼人的主视角带入，从钓鱼环境到钓具饵料，再到钓技钓法，让更多的普通钓鱼人感受钓鱼乐趣。主创人员：徐智（责编）。

《鱼浪大鱼争霸赛》 专题服务类节目。节目在北京北广传媒数字电视有限公司“四海钓鱼”频道播出，每周一期，每期时长25分钟。是一档记录连续24小时在自然水域中钓获野生大鱼的栏目。节目拍摄地点选在全国26个不同地区的湖库或者河流，节目核心魅力在于野生状态“搏大鱼”；同时也展现神州大地不同的地域特点和风土人情。节目内容既有白天垂钓也有夜钓，无论刮风、下雨，节目都有展现。大鱼、小鱼、常见鱼、未知鱼，让观众眼界大开；突发、紧张、刺激，野味十足。哪里有大鱼？哪站鱼最大？时时破纪录，期期有悬念。主创人员：徐智（责编）。

《寰行迹》 专题服务类节目。节目在北京北广传媒数字电视有限公司“环球旅游”频道播出，每周一期，每期时长 15 分钟。栏目涵盖吃住行游乐购等，多角度深层次捕捉旅游经济热点，剖析旅游产业趋势，为旅游爱好者提供旅游资讯服务。主创人员：徐萌、曾梦兰（责编）。

《小导游大视界》 专题服务类节目。节目在北京北广传媒数字电视有限公司“环球旅游”频道播出，每周一期，每期时长 20 分钟。《小导游大视界》是一档旅游教育类节目，让孩子们参观浏览名胜古迹的同时还能亲口讲述其环境、风貌及历史背后的故事。主创人员：徐萌、曾梦兰（责编）。

北京城市电视名牌栏目一览表

栏目名称	首播时间	栏目时长	播出频道
城市播报	2010年	3分钟、1分钟	北广传媒城市电视、移动电视、地铁电视
演艺罗盘	2009年	2分钟	北广传媒城市电视、移动电视
城市视觉志	2018年	50秒	北广传媒城市电视
城事发布	2019年	1分钟	北广传媒城市电视
学习进行时	2020年	1分钟	北广传媒城市电视

北京北广传媒移动电视有限公司

《红色印迹　星火燎原》 新闻专题类。北广传媒移动电视 6:00—23:00 播出，时长 5 分钟，共 100 集。北广传媒移动电视联合国内 11 家移动电视机构推出百集融媒产品《红色印迹　星火燎原》。在宣传中国共产党百年艰辛历史以及辉煌成就的同时，拉近与受众的距离，同步推出 H5 互动答题游戏，实现公交屏幕上下屏内容关联、移动电视大屏与乘客手机小屏互动。互动答题活动为受众精心准备了小礼品，学党史、得礼物，营造了浓郁的学习氛围，也为受众提供了实惠，实现了宣传与服务的良好结合。主创人员：梁自珍、杨帆、薛霞、阎絮、隗炜、孙宇、刘军、邢艺龙。

《百年初心　京华寻迹》 图文专栏类节目。北广传媒移动电视 6:00—23:00 播出，共播出海报 164 张，总计播出 47000 次。移动电视推出“百年初心　京华寻迹”主题宣传栏目，用图片重温历史、缅怀先烈，全面营造学习党的百年奋斗历史的浓厚氛围。在讲述历史的同时，向观众提供各个红色经典地标的位置、乘车路线等使用信息，使受众学党史的同时，也获取了实用的内容。主创人员：梁自珍、杨帆、王宇、孔源源。

《逛逛服贸会》 新闻专题类节目。北广传媒移动电视 6:00—23:00 播出，时长 3 分钟，共 20 集。融媒产品以 32 寸大屏全屏方式播出，屏幕上半部分视频以主持人带领观众探馆、逛展的形式展开，下屏推出H5有奖互动游戏吸引观众积极参与。突出本届服贸会数字化特色，展示数字服务领域最新发展前沿、最新成果和最新应用场景，让更多的观众了解服贸会盛况。主创人员：梁自珍、杨帆、阎絮、隗炜、孙宇、刘军、于雪颖。

《百变巴斯》 融媒H5互动。北广传媒移动电视6:00–23:00播出，该节目利用新媒体平台，配合智慧媒体改造，推出电动车安全使用互动问答、“遇见秋天邂逅你”摄影作品征集活动等H5系列融媒产品，通过活动传递政府声音、丰富荧屏内容，活动参与量近千人次。主创人员：梁自珍、宋若微、于雪颖。

北京北广传媒城市电视有限公司

《健康北京》 新闻专题类栏目。北广传媒城市电视、移动电视、地铁电视播出，时长1~2分钟。该栏目是城市电视和北京市卫生健康委员会倾力打造的一档新栏目。栏目以健康北京科普知识为主题素材，结合健康北京宣传重点，以海报、宣传片、集成视频栏目的形式，在全媒体上形成持续、广泛传播，形成常态化播出，推动北京卫生健康事业高质量发展。

新媒体节目

《奋斗！在幸福路上》 专题类栏目。北广传媒城市电视播出，时长1~2分钟。该栏目由中国扶贫基金会、北京扶贫支援办指导，为活动提供官方支持背书。城市电视携手媒体伙伴地铁通成相应资源，共同刊播“奋斗！在幸福路上”——乡村振兴事迹成就影像征集的作品，合力打造户外全传播。主创人员：郭北溟、巫菁菁、杨洋春子等。

朝阳区融媒体中心

《话说朝阳群众》 专题服务类栏目。在数字801频道播出，时长30分钟。《话说朝阳群众》是北京市朝阳区融媒体中心制作的一档大型融媒系列栏目，以朝阳群众为主人公、以朝阳热点话题为主线索，以“话”为题、以“说”为表现形式，讲述朝阳故事。节目选取初心不改的反诈民警王佳、贫困山区支教的老师张钧、积极传播奥运文化的退休志愿者陶振国等一系列的朝阳区的优秀人物，通过主持人刘颖的讲述，运用跟拍、情景再现等手法，展现朝阳群众敬业奉献、热心公益、敬老爱亲、乐于助人等精神，并通过栏目大力推广与宣传，提高大家学习楷模、争做先进模范的意识和决心。主创人员：朱文悦。

《健康朝阳》 专题服务类栏目。在数字801频道播出，时长8分钟。《健康朝阳》

板块作为由朝阳区卫健委与朝阳区融媒体中心联合主办的一档健康栏目，是一档兼具新闻性、知识性、教育性和服务性的电视专栏节目。为改变传统电视节目的局限性，拓展栏目外延，丰富栏目信息量，增强栏目服务，增加栏目功能和吸引力提供了更切实可行的解决方案。朝阳融媒体中心将进行全新改版升级，并将《健康朝阳》板块单独拿出设计新栏目，这也符合卫健委提出的大卫生、大健康理念，有利于扩大健康知识和健康理念的宣传，扩大卫生系统工作的影响力。《健康朝阳》在数字801频道播出的同时，还可以借助我台网站媒介进行宣传，将每期内容都上传到"北京朝阳新闻网""北京朝阳App"进行网络链接，也可以通过《朝阳报》进行纸媒宣传，是朝阳区唯一一档集电视、报纸、网站于一身的健康节目。可根据卫健委旗下各医疗单位特点，量身定制宣传方案。主创人员：张翔。

海淀区融媒体中心

《海淀新闻》 新闻资讯类节目。BRTV（BTV）新闻频道海淀时段、海淀数字频道每晚19:30播出，时长15分钟。《海淀新闻》是海淀区融媒体中心的主打电视新闻栏目，多年来始终坚持把握正确的舆论导向，围绕区委、区政府的中心工作，宣传全区经济和各项社会事业的发展与成就，及时报道老百姓关心的热点问题，每天源源不断的新闻作品为其带来了良好的社会声誉。

《创新中关村—核心区》 专题服务类栏目。BRTV（BTV）新闻频道海淀时段、海淀有线电视802频道每周三晚20:00播出，时长15分钟。该栏目全面反映、深度报道和权威发布核心区及海淀的建设成就、最新资讯，不断满足广大电视观众对核心区及海淀园建设资讯的需求，为核心区及海淀的建设发展，营造良好的社会舆论环境，进一步提升核心区和海淀园在北京乃至全国的辐射力、影响面和关注度。

《海淀风物志》 专题服务类节目。在BRTV（BTV）新闻频道海淀时段、海淀数字频道每周二20:00播出，每期时长15分钟，每周二晚8点在海淀有线电视802频道播出，每期时长10分钟。该栏目记者深度走访海淀区革命和文化圣地，捕捉和感触那些模糊的历史痕迹、饱览峥嵘岁月留下的丰厚精神遗产。通过记录式拍摄，体验海淀民俗风物，传递海淀风土人情，向观众科普当期主题民俗的基本知识或者述说百姓的身边故事，得到了广泛关注。

丰台区融媒体中心

《丰台新闻》 新闻资讯类栏目。1986年12月开播，BRTV（BTV）新闻频道及丰台有线803数字频道，周一至周六19：42首播，时长10分钟。该栏目旨在发现丰台之美、展现丰台变化，关注丰台热点，围绕丰台区委区政府重点工作，及时发布丰台时政、经济、社会、文化、民生等最新资讯，聚焦群众身边事，讲述百姓故事。《丰台新闻》节目质量进一步提升，与中国传媒大学主持播音学院签订“区域融媒体中心新闻播音实践创作与指导”课题合作；策划开展“奋斗百年路　启航新征程”“妙笔生花看丰台”“为群众办实事”等系列宣传。

开设了“奋斗百年路　启航新征程”及子栏目“学党史　悟思想　办实事　开新局”。通过“创卫进行时”专栏，重点报道我区创建国家卫生区的工作进展、工作成果和典型人物。在“有事您说话”等新闻栏目，关注创卫工作，加强综合报道。加强创文明城区、创森林城市的新闻报道，“两区”建设也是《丰台新闻》重点宣传报道工作。主创人员：乔晓鹏、王慧平、葛毅、木星、毕迎春、李梦、齐科、牛金明。

石景山区融媒体中心

《法治聚焦》 新闻专题、电视杂志类节目。节目于2000年开播，在石景山电视台数字804频道周日晚19:50播出，每期时长15分钟。栏目主要报道石景山区法治领域热点事件，以独特的新闻视角、第一时间的现场报道以及真实、鲜活的法治案例独树一帜，第一时间发布法治信息，解读法治案件。主创团队：新闻采编中心。

《石景山新闻》 新闻资讯类栏目。节目于1992年4月创立，在石景山电视台数字804频道周一至周日19：30播出，时长20分钟。栏目是广大百姓了解石景山的窗口，以宣传城市形象，回应百姓关切，及时发布政府重大声音，随时了解百姓民生新闻为服务宗旨，为广大受众提供石景山最新鲜的新闻资讯。2019年10月1日《石景山新闻》改版，从原来的12分钟增加到20分钟，加上《今日视点》10分钟专题新闻栏目，打造“新闻半小时”。实现了新闻男女主播对播，并利用融媒体改造后的背景大屏，实景、多机位拍摄，节目包装制作升级。主创团队：新闻采编中心。

《今日视点》 新闻资讯类节目。节目在2019年10月1日首播，每周一至周六在石景山电视台数字804频道19:50播出，时长10分钟。栏目主要深入报道石景山区最新鲜的新闻资讯，让广大受众更加深入地了解石景山的资讯。主创团队：新闻采编中心。

门头沟区融媒体中心

电视栏目

《门头沟新闻》 新闻资讯类栏目。BRTV（BTV）公共（新闻频道）门头沟时段，每天晚上19:35首播，时长15分钟。《门头沟新闻》是一档以服务区委区政府和地区百姓，为大众提供时政新闻及民生服务类资讯的电视新闻，包含时政新闻和社会新闻，主要宣传中央及市区各项重要会议精神、方针政策、决策部署，展现地区发展变化，体现各级党委、政府惠民、惠企举措，推介地区优质资源，回应地区百姓关切，展示群众幸福生活。作为地区唯一的官方电视新闻类节目，在重要会议精神传达、政策宣传解读、重要信息通报等方面具有权威性，同时借助自主平台门头沟融媒App，实现大小屏联动，百姓通过手机可随时收看新闻内容，深受地区百姓欢迎和关注。主创人员：蓝盛斓、王正、耿伟、康金洁、闫吉、马燊、何依锋、陈凯、谢琪锦、杨铮、张欣皓、高佳帅、杨爽、郭映虹、姚宝良。

《门头沟·视点》 专题服务类栏目。BRTV（BTV）公共（新闻频道）门头沟时段，每周一19:45左右首播，每日三次重播（整周重播），时长10~15分钟。《门头沟·视点》以“看成就、听民声、谈发展”为宗旨，是一档围绕区委区政府中心工作，及时关注全区阶段性重点工作和区委区政府推出的关系百姓民生的重大举措和取得成效的专题栏目。栏目对所关注的重点工作及时跟进、及时报道，形成了快、准、深的栏目风格。栏目通过记者现场调查，跟踪报道，嵌入式体验等灵活多样的方法采编制作。全区百姓可以通过栏目及时了解到区委区政府的方针政策，架起了百姓与政府之间沟通的桥梁，在区内有一定的受众群体。主创人员：胡金旺、蔡森、赵云鹏、安振宇、孟佳、高晴。

《门头沟·视点》栏目截图

《我爱门头沟》 生活资讯类栏目。BRTV（BTV）公共（新闻频道）门头沟时段，每周五晚20:15首播，时长10分钟左右。《我爱门头沟》通过“大小屏”联动方式，让传统电视媒体与新媒体联动，碰撞出精彩内容。首先，打破平台壁垒，创新传播形式。既修补短视频内容浅显无深度的短板，又弥补了传统电视媒体节目形式老套、陈旧的缺陷，实现融媒新思路。其次，内容贴近性强，激发情感共鸣。节目开播以来取得了良好的社会效益，获得北京市广电局《收听收看报告》专刊通报表扬。主创人员：高蕾、段云朝、陈喆、李超、杜潇羽、刘畅。

《我爱门头沟》栏目播出中

新媒体节目

“门头沟融媒”微信公众号　“门头沟融媒”微信公众号是门头沟区融媒体中心在微信平台的官方账号，主要提供时政新闻及民生服务类资讯、信息。2021年优秀融媒体节目《对话“最美‘两山’理论守护人”》于2021年8月6日在“门头沟融媒”公众号、“门头沟融媒”App、“门头沟新闻”首播，共播出10集，播出时长总计20分18秒。作品推出后，学习强国、北京日报客户端、门头沟融媒等新媒体平台播放量超1000万次，收到了良好的传播效果。主创人员：策划李季、闫菲。采写李季、闫菲。制作黄彬（视频）、刘潇雅（海报）。

《对话“最美‘两山’理论守护人”》视频海报

“门头沟融媒”短视频　“门头沟融媒”短视频主要以时政新闻、民生热点、文化韵章、直播活动为内容主体，通过抓好短视频制作和运营，抓住直播、短视频这一火爆“风口”，打造既有网络流量更有文化含量的短视频节目，为百姓提供更多有思想、有温度、有品质的优质文化产品供给，让门头沟融媒体中心成为本土文化传播新高地。

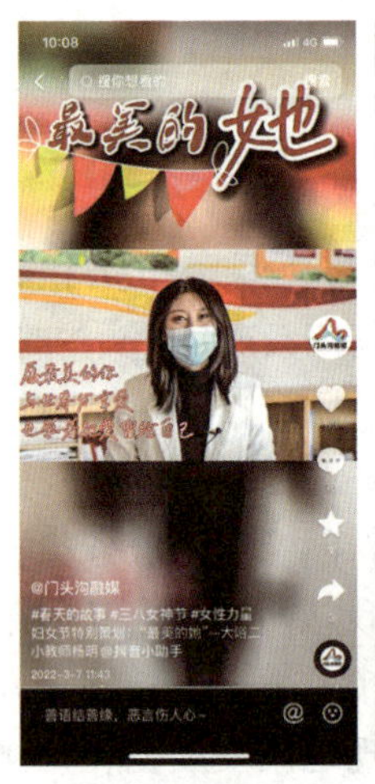

《“门头沟融媒”短视频》栏目截图

“门头沟融媒”App　2019年9月，“门头沟融媒”App正式上线运行，主要发布门头沟区相关政务、民生、社会新闻等信息，并可在线查询政务服务、生活服务，助力推介门头沟区特色资源，宣传门头沟区良好形象。“门头沟融媒”App日均推送量20篇新闻资讯，下载量已达到7.3万次，日均浏览量4万人次。

“门头沟融媒”App正式上线运行

房山区融媒体中心

电视栏目

《房山新闻》 新闻资讯类。房山电视台有线、无线频道播出，首播时间19:36，时长15分钟。《房山新闻》是房山区委区政府的喉舌，是宣传房山区改革开放、经济发展、社会进步的重要窗口。强化主打新闻的概念，运用新闻背景、组合报道等方式体现编辑思想。改进时政新闻报道，精简一般意义的会议新闻，加大资讯新闻的报道量，彻底改造现有新闻叙述方式。该节目是房山电视台收视率较高的新闻节目，是展示房山形象、推介房山资源的窗口，也是外界了解房山的重要媒体平台。2021年《房山新闻》先后推出《奋斗百年路 启航新征程》《扬帆“十四五” 奋力谱新篇》《“两区”建设 房山在行动》《“创城”进行时》等栏目，得到了全区上下的高度认可和一致好评。

《今日关注》 社会新闻类。房山电视台有线、无线频道播出，首播时间19:58，时长15分钟。《今日关注》是一档多板块、突出热点、形式新颖的融服务信息、民生话题于一体的新闻资讯类栏目。重点报道全区发展建设中的热点、焦点、动态，说百姓话，服务市民生活，让观众在最短的时间内了解周围的世界；以时尚、文明的语言，讲好房山故事，关注百姓民生，为房山经济社会建设发展营造良好社会氛围。该栏目因为富有超强的故事性、趣味性、实用性以及浓郁的风土人情，已经成为房山老百姓心中脍炙人口的一档民生类新闻节目。节目自开播以来，引发了本地电视民生新闻的风潮，受到群众一致好评和热烈欢迎。

《都市生活》 生活服务类。房山电视台有线、无线频道每周二、周四晚19：58播出，时长10分钟。栏目是房山电视台推出的一档生活服务类经济栏目，栏目以面向都市民众，服务都市生活，凸显都市风采为定位，把时尚与消费以及健康生活理念有机地结合在一起，贴近百姓，服务百姓，是百姓的消费指南和生活好帮手。节目形式灵活多样，内容涉及教育、科技、商业、建筑、旅游、饮食、流行时尚、娱乐健身、养生技巧等方方面面，能让观众多角度地感受现代都市生活的点点滴滴。该栏目开播11年，累计播出了1000多期，时长超过10000分钟。栏目受众群体广泛，得到社会各界广泛认可，成为百姓喜闻乐见的一档区域主流媒体生活服务品牌。

广播栏目

《房山新闻》 新闻资讯类节目。FM 107每周一至周五19:35播出，时长5~10分钟。节目定位以时政要闻和民生新闻为主。全面、广泛、深入地报道房山区主要领导的活动、会议，及发生在房山区的时政、经济、科教、文化、体育、社会等各个领域广大人民群众普遍关心、关注的时政要闻及民生新闻，充分反映房山区的经济社会发展和市民的幸福生活。该节目以宣传党和政府的声音，传播民生大事小情为主，弘扬主旋律、传播正能量，为推动“一区一城”新房山高质量发展、加快实现厚积薄发做好宣传报道工作。

《“北京房山”在线》 直播专题访谈类节目。FM 107 每周三 10:00 播出，时长 35 分钟。节目是一档全新融媒体视听节目，上线“听见广播”视听平台和北京房山 App，是传统广播与“听见”广播的创新融合。通过直播可视化、电台主持人 IP 化、场景全覆盖及商业模式升级等多重创新，打破传统广播地域限制，实现可听可见、双向互动的全面升级，传统广播与“听见”广播的内容融合、渠道融合、技术融合、产品融合以及市场融合，打造新闻宣传新高地。设置《问政房山》《美丽房山》《房山好音乐》《房山惠生活》等板块。该节目从 2021 年 5 月 12 日正式推出，节目一经播出就占有了非常大的市场份额，在“北京房山”App 的播出量和重播量，一度达到 2 万次，获得了较高的关注度和影响力。《“北京房山”在线》节目承载了房山区人民广播电台的主要宣传窗口职责，是区融媒体中心媒体融合后的一个具有试点性的，并取得成功的融媒体节目。

《歌声中的党史》 文艺专题类节目。FM 107 每周一至周五上午 6:25，时长 5~10 分钟。《歌声中的党史》是 2021 年献礼建党百年推出的一档全新栏目，每天播出一期节目，播出一首革命歌曲。革命歌曲，是时代的旋律，是人民的心声，是党百年辉煌历程的赞歌。在每期节目中，片头加创作背景阐释加整首革命歌曲，使听众充分了解其中的艺术风格、历史意义、创作原因等，并受到感染和鼓舞。节目展播这些革命歌曲，讲述其创作背景及其中蕴含的革命历史故事，旨在通过本节目，宣传介绍这些革命歌曲，并结合党史学习教育，加大宣传力度，为建党百年营造良好氛围。节目采用广播艺术手段，以“淡入、渐起、渐弱、叠加”等方式，将每一首革命歌曲完整地展示到听众耳中，达到情景交融、令听众仿若身临其境的效果。节目既具有良好的教育意义，又具有艺术感染力。

通州区融媒体中心

电视栏目

《副中心新闻》 新闻资讯类栏目。在通州电视台高清综合频道、公共频道每晚 19:30 首播，次日早 8:00、午 12:00 重播，时长约 20 分钟。该栏目立足副中心建设大局，围绕副中心功能定位和发展方向，同时辐射京津冀，紧扣重大节点，充分考虑民生需求，深度挖掘、跟进展示、系统推介，全面讲好副中心故事，展现副中心高质量发展成果和百姓声音。同时，该栏目在区域媒体融合中发挥引领作用，打通和新媒体衔接渠道，共享新闻素材，同步推出，并成立首个区县级融媒体中心航拍团队，不断创新形式，提升全媒体人员素质，实时发出最权威最全面的副中心声音。主创人员：于亚辉、吴小强、吕建杰、王子寅、李跃、陈冬菊、裴丽娜、韩银丽、郑实、山筱楠、吕雪莹、李梦园、山筱楠、张桐、孙颖、王赫、刘佳妮、王乙晴、刘小辉、王鹏威、李增辉、王治家、付涛、田晟印、苗志坤、李岳、李文东、韩强、李磊、石靖楠、周思思、邹艳艳、李佳桐、王超、张斌、朱广帅。

《融汇副中心：文明通州》 专题服务类栏目。通州电视台高清综合频道，公共频道每周六 20:00 播出，时长 8~10 分钟。该节目为通州区委宣传部与北京市通州区融媒体中心合办专题栏目。打造以反映副中心各个行业建设发展动态和形象宣传为主的电视联办品牌栏目。主旨为树立副中心形象，打造副中心品牌。栏目以城市副中心建设为依托，致力于展现控规后的北京城市副中心在软实力与硬实力方面的不断发展。深入挖掘各行业、各部门、各群体为城市副中心建设做出的贡献，为北京城市副中心打下坚实的思想基础。主创人员：编导郑育娟、李骁，摄像李晶、李大龙、漆永、刘向阳。

《融汇副中心：最美的她》 专题服务类栏目。在通州电视台高清综合频道，公共频道每月第四个周五 20:00 播出，时长 10 分钟。该节目为通州区妇女联合会与北京市通州区融媒体中心合办专题栏目。每月一期，全年共 12 期。随着女性就业、生活方式等日益多元化，越来越多的女性在城市副中心的建设中发挥了半边天的作用。多年来，通州区妇联立足北京城市副中心建设工作大局和妇联工作职能，统筹各级妇联在结合各自工作实际、严格遵守疫情防控工作要求的情况下，每月开展丰富多彩的活动。主创人员：统筹策划董继东，责编郑育娟，编导曹伟，摄像李晶。

新媒体节目

通州区融媒体中心播音主持管理部积极发挥宣传优势，全员出动，为建设北京国际消费中心城市助力，策划推出新媒体系列短视频《魅力副中心带您来打卡》，通州区融媒体中心主持人带大家打卡西海子公园、绿心网球酒店、台湖公园等城市副中心的网红地标，用精练幽默的语言传达城市副中心一派欣欣向荣的景象。本系列短视频目前播发 60 余期，收到广大市民的一致好评。视频不仅丰富了市民的精神文化生活，还为建设北京国际消费中心城市助力。主创人员：石靖楠、张琛、张斌、冉帅、刘小辉、王超、邹艳艳、李佳桐、朱广帅。

顺义区融媒体中心

广播栏目

《顺义新闻》 新闻资讯类栏目。FM92.9 每天 18:00 首播，时长 15 分钟。顺义本土新闻类节目，内容围绕顺义区委区政府中心工作，围绕顺义区贯彻落实全国及北京市重大会议工作，围绕与顺义区百姓生活密切相关的内容进行新闻宣传报道。节目突出广播特点，用通俗的语言，生动的音响为听众提供鲜活的新闻。节目在当地影响较为广泛，受到有车一族的欢迎。主创人员：刘连茹、路致远、赵福艳、丁越、张坤、陈婕、邹一婧。

《民法典百问百答》 专题服务类栏目。顺义人民广播电台（FM92.9）2021 年 12 月 4 日起每天 16:55 播出，时长 5 分钟，共计 100 集。《民法典百问百答》由顺义区融媒体中心与顺义区司法局联合制作，分别制作了常规版和精华版，针对民法典100个法条进行详细的以案释法，分别通过顺义人民广播电台和顺义普法公众号进行融合传播。节目主创人员：张雨欣。

《名医坐诊》 专题服务类节目。顺义人民广播电台（FM92.9）每周一16:30播出，时长30分钟。《名医坐诊》是顺义区融媒体中心联合顺义区卫生健康委联合开办的以普及健康知识、推进慢病防治为主要职责的健康科普栏目。栏目定期邀请区内外知名专家就市民常见病、多发病进行知识普及和问题解答，每周一期。主创人员：尹伟、张悦、焦英杰、唐诗、张雨欣。

电视栏目

《顺义新闻》 新闻资讯类栏目。1994年开播，在顺义一套、顺义二套每晚19:30播出，时长15分钟。栏目自1994年开播以来，一直是顺义百姓关注的新闻节目。多年来《顺义新闻》始终立足顺义发展，充分发挥喉舌功能，影响社会舆论，记录顺义变化，讴歌发展成就，凝聚党心民心，架起政府与群众沟通的桥梁。随着顺义经济社会各项事业的发展，顺义新闻更加注重从百姓视角解读新闻事件和大政方针，更加关注人民群众生活，突出贴近性。拥有“我的故事”“信息直通车”“新闻资讯”等长期栏目以及“多彩新春”“新春暖流”“新年展望”“优化营商环境”“创建全国文明城区”“创城我参与”“战‘疫’日志”“走向小康生活”等临时性专栏。主创人员：付涛、朱明福、郑彧森、陈哲、白燕燕。

《奋斗百年路 启航新征程》党史学习教育“一把手访谈”系列专题片 专题服务类栏目。2021年7月26日至8月25日顺义电视台一套7:50播出，时长5~8分钟。在党史学习教育中，顺义区融媒体中心充分发挥新闻舆论引导作用，邀请全区各镇街党（工）委书记走进演播室，推出“一把手”访谈节目《奋斗百年路 启航新征程》。节目聚焦民生，探讨基层治理中的难点问题、共性问题，挖掘各镇街在党史学习教育过程中的特色亮点，为全区“我为群众办实事”实践活动的开展提供了值得借鉴的经验和做法，让党史学习教育活动走深、走实。节目在顺义全媒体平台播出，并以“北京顺义扎实推进党史学习教育”卡片专题形式，在全国分享顺义党史学习教育经验。主创人员：孙艳洁、方攀、李东华、李朔峥、孙丽琼、张立丽、刘峥、刘伟、熊威、刘一凡、季笑然、张晓凯、侯凯、何鑫。

《永远跟党走》微视频 专题服务类栏目。2021年5月25日至6月15日顺义电视台一套7:50播出，时长5分钟，共4期。为庆祝中国共产党成立100周年，顺义区融媒体中心推出《永远跟党走》系列微视频，节目以对话英雄人物、重温历史事件为主线，以历史画面和现场出境的形式，讲述了顺义区第一位共产党员李昆、顺义第一批党支部、抗日堡垒焦庄户以及顺义娃娃连血染庞山的故事，追寻红色足迹，感悟初心使命。节目先后在学习强国、北京时间发布，其中系列报道第一集《顺义区第一位共产党员李昆》获得北京市广播电视局“红色视听之旅”融媒行动优秀短视频，并获得北京市广播电视媒体融合发展扶持资金1万元。主创人员：孙艳洁、李东华、李朔峥、刘峥、熊威、刘一凡、季笑然、张晓凯、侯凯、何鑫。

昌平区融媒体中心

广播节目

《乐享时光》 文化类直播节目。昌平人民广播电台2021年5月31日改版开播，在FM103.1兆赫每周一至周五上午09:00—10:00播出。《乐享时光》节目分为生活服务资讯、书香生活、古今燕平、美文分享、话题互动几个板块。电台主播以昌平本土历史文化为依托，邀请听众在早上的这段时光，一起品味书香，感受历史。节目开播以来，积累了一大批读书爱书的听众。为全区广大书友们搭建了一个展示交流互动的平台。主创人员：武红雪、吴彩彬、田智夫、魏晓宇。

《新闻悦读听》 新闻资讯类直播节目。昌平人民广播电台2021年5月31日开播，在FM103.1兆赫每周一至周五中午12:00—13:00播出。《新闻悦读听》节目分为区属新闻、全国市属新闻、新闻大家说互动板块。涵盖广播消息、录音报道等，为听众带来新鲜翔实的新闻资讯和社会热点，纵览时事民生，关注昌平大事小情。节目开播以来，日均播出区属新闻15条、全国市属新闻15条，真正做到了新闻信息的及时全面传播，每期一个热点时事话题，更是将难理解的政策信息，通过主播浅显易懂的话语进行了更好的普及和传达，信息传达更接地气，听众互动交流效果良好。主创人员：武红雪、吴彩彬、李晓洁、初瑞林。

《1031畅行晚高峰》 交通类直播节目，昌平人民广播电台2021年5月31日开播，在FM103.1兆赫每周一至周五下午17:00—18:00播出。与区气象局和交通支队联合，为听众带来区域气象服务信息和最新路况，双主播以轻松的话题开展互动，陪伴出行人的下班时光。节目播出以来，电台个性化节目主持风格凸显，主播IP效果明显提升，实时路况和贴心服务信息将更多交通法规政策、汽车保养知识和服务送到了听众的耳边。主创人员：武红雪、吴彩彬、王勤、崔昕頔、梁禹。

电视节目

《北京雪花　情系高原》 人物专题。应雪花是北京市昌平区长陵学校的一名英语教师，2019年她随北京市首批“组团式”教育援藏团队到达了西藏拉萨，成为北京市第一位援藏的英语教师。应雪花创造性地在课堂上引入“歌舞式英语”教学法，不断增强学生学习兴趣。2021年是西藏和平解放70年，从“山区”到“高原”，从祖国首都到大美西藏，一批批援藏干部默默在雪域高原挥洒汗水，只为让祖国的花朵美丽绽放。2021年，应雪花被评为北京市扶贫协作先进个人、北京市优秀共产党员。主创人员：王子珺、陈贺、宋超、孙铭阳、闻涛、王亚琦。

《昌平区“两区”建设进行时》 访谈节目。2021年是“十四五”开局之年，为贯彻市、区关于建设中国（北京）自由贸易试验区和国家服务业扩大开放综合示范区的工作部署，昌平区融媒体中心录制了《昌平区“两区”建设进行时》系列访谈节目8集，对“两区”建设重点工作进行宣传报道，为昌平区“两区”建设创作舆论氛围。栏目先后邀请昌平区“两区”办、区科委、经信局、投促中心等8家单位的主要领导参与访谈，介绍各单位“两区”建设工作。主创人员：李康、宋超、张靖雯、陈贺。

《昌平足迹——庆祝中国共产党成立100周年特别节目》 专题节目。为庆祝中国共产党成立100周年，广播电视台专题部策划制作了系列短视频《昌平足迹》，共60集。栏目回顾中国共产党在昌平发展壮大的历程，讲述近年来昌平的发展变迁，凝聚起共产党员与广大群众艰苦创业的历史丰碑。《昌平足迹》第一部分“星火燎原”，讲述中国共产党在昌平的发展历程；第二部分“使命担当”，聚焦昌平区基层党组织在新时代发挥党组织力量的先进典型；第三部分“榜样力量”，讲述昌平党员“不忘初心、牢记使命”的事迹。主创人员：专题部全体人员。

新媒体节目

《奋斗百年路　启航新征程》 新闻资讯类栏目。2021年，是中国共产党成立100周年。新媒体中心充分发挥自身优势，运用北京昌平App、北京昌平微信公众号、北京昌平微博等宣传平台，开设《奋斗百年路　启航新征程》专栏，深入宣传昌平在党建引领下的重大事件、党史故事及英雄模范人物和各级党组织、广大党员干部在各条战线、各个领域、各项工作中取得的成绩、做出的巨大贡献，通过讲述老故事、挖掘新故事，记录历史伟业，展现百年风华，生动鲜活地讲好昌平在党的领导下忠诚履行职责使命的生动实践和辉煌成就。主创人员：刘春儿、刘静、李昕、韩洁静、张媛媛、王青蓝、刘梦祺、张博宇、程思杰。

《咱的事儿有回复了》 新闻问政栏目。《咱的事儿有回复了》专栏依托北京昌平App问政频道，通过媒体、区网信办、职能部门三方联动，聚焦群众“急难愁盼”问题，选取关注热度高的热点问题，秉承“你留言，我留心。你有问题和建言，我有态度和责任”的服务理念，搭建网民与政府职能部门的沟通桥梁，促进双方良性互动对话，传播正能量，共画网上网下同心圆。2021年，共刊播254篇报道，围绕住房、教育、出行等群众关心的热点问题，督促部门担当作为，狠抓落实。主创人员：王青蓝、韩洁静。

《疫情防控，昌平全力以赴》 新闻资讯类栏目。2021年10月22日，昌平区出现多例本地确诊病例，新媒体中心各宣传平台第一时间开设《疫情防控，昌平全力以赴》专栏，及时、准确报道中央、市、区防控疫情的重大举措，生动呈现抗疫一线涌现出的抗疫故事和战疫人物，展现我区各部门、各单位精准精细、从严从快落实各项防控措施的强大合力，全力以赴保障人民群众生命安全和身体健康。该轮疫情后，在疫情防控常态化下，栏目持续聚焦本市疫情防控形势和政策，及本区疫情防控举措、疫苗接种、核酸检测等工作。据统计，2021年，共刊发相关新闻488篇。主创人员：刘春儿、刘静、李昕、韩洁静、张媛媛、王青蓝、刘梦祺、张博宇、程思杰。

昌平区融媒体中心品牌栏目一览表

栏目名称	首播时间	播出频率频道
昌平新闻	每日晚7:30	昌平电视台综合频道
真情故事	每周一晚7:50	昌平电视台综合频道
古今昌平	每周三晚7:50	昌平电视台综合频道
视角	每周四晚7:50	昌平电视台综合频道
真情故事	每周一晚8:00	昌平电视台综合频道
法治昌平	每周二晚8:00	昌平电视台综合频道

（续表）

栏目名称	首播时间	播出频率频道
古今昌平	每周三晚8:00	昌平电视台综合频道
视角	每周四晚8:00	昌平电视台综合频道
花开未来	隔周周五晚8:00	昌平电视台综合频道
相约	每周六晚8:00	昌平电视台综合频道

（续表）

栏目名称	首播时间	播出频率频道
时空关注	周一至周六晚8:20	昌平电视台综合频道
乐享时光	每周一至周五9:00—10:00	昌平人民广播电台
新闻悦读听	每周一至周五12:00—13:00	昌平人民广播电台
1031畅行晚高峰	每周一至周五17:00—18:00	昌平人民广播电台

大兴区融媒体中心

广播栏目

《这里是大兴》 新闻资讯类节目。每天 7:00—7:30、12:00—12:30、19:30—20:00 播出，时长 30 分钟。节目报道身边人、身边事，记录区域历史，传播地方文明，呈现新鲜立体的全景大兴，打造有深度、有温度的广播新闻。主创人员：房晓鹏、靳石萌、袁媛、宫咏梅、杨景然、于蕾、杨颖、相阳、曹蕾、苏浩、曹译文、张鋆。

《音乐随心听》 综艺益智类节目，周一到周日 11:00—12:00 播出，时长 60 分钟。节目以“在繁忙的都市中，给你的耳朵做 SPA”为标语，每天都有新鲜的音乐主题以及精彩纷呈的音乐资讯，为听众带来高品质的听觉享受。主创人员：张婷婷。

《乌鱼来了》 综艺益智类节目，周一到周日 8:00—9:00 播出，时长 60 分钟。栏目的主题为冷知识互动问答，将知识性、趣味性、互动性等多种元素融入其中。主持人和听众每天早上作为对手展开一场“猫鼠游戏”，直播过程中挑战自我、碰撞智慧、交流思想，传播正能量，使听众在上班路上拥有良好收听体验。主创人员：袁媛、吴晋昊、于思淼、苏浩。

电视栏目

《大兴新闻》 电视新闻栏目。1995 年 1 月开播，大兴一套栏目周一至周日 19:35—19:55 播出，时长 20 分钟。该栏目以时政新闻为主要内容，通过时政新闻的“民本化”处理，突出“我们跟您最近”的节目理念，追求新闻报道更贴近、更迅捷、更生动之效果。栏目重要新闻报道配发“新闻背景”“新闻链接”“记者手记”等附加内容，以满足受众对资讯的深层次、多样化的需求，使时政新闻更具震撼力和影响力。主创人员：马宪颖、王娇、汪俊涛、米雪梅、计剑桥、廉海涛、杨朝杰、孙冉、孙继锋、戴玉涛、李虹洁、石青、苏健、王靓、张有鑫、张鋆、曹征、张东东、王剑锋、玉亮、罗燕东、李凯、彭京赣、高立刚。

《言之有理》 专题服务类栏目。栏目以化解百姓之难、关心百姓之忧作为立根之本，旨在帮助群众解决热点、难点问题。通过搭建对话平台，实现百姓、职能部门、专家学者等多方参与共同解决难题，提供全方位、多角度的政策解读，沟通解决矛盾问题，对接12345市民热线，推进“接诉即办”向“未诉先办”的深化，搭建起政府与群众之间的贴心桥，在电视台、抖音、快手等矩阵平台全方位推送，受益群众超10万人。主创人员：马宪颖、王娇、麻强、张莉、李鹏。

新媒体节目

“北京大兴”微博 新闻资讯类。2021年“北京大兴”微博，结合微博热搜话题，发布民生、时政、便民服务、科技等全方位选题，总共发布1.26万条，总阅读量5.56亿，微博粉丝量已达146.4万。2021年上半年在全市99家政务微博影响力中排名前十，在16区政务微博影响力排名第二。主创人员：马宪颖、王娇、赵亮、涂玲、王静思。

“这里是大兴”微信公众号 新闻资讯类。2021年“这里是大兴”微信公众平台以重点报道疫情新闻、接诉即办、扫黑除恶、优化营商环境等内容为主。截至2021年12月，用户关注为108996人，共发送推文3267条，总阅读量5805694人次。主创人员：马宪颖、王娇、赵亮、张晶晶、张凯莉、林雨萱、董小晨。

“北京大兴”App客户端 新闻资讯类。2021年，中心积极与大兴区经信局、大兴区政务服务局、建行北京支行合作，完成“北京大兴”App改版升级，承载“新闻+政务+服务”等功能，优化新版“北京大兴”App的新闻资讯、公共服务、政务服务等功能，设立新闻资讯、网络问政、接诉即办等共14个板块栏目，新增不动产业务视频咨询功能，并接入新时代文明实践中心“点单派单”系统，实现了集“看、查、办、问、评”于一身，运用智能语音导航系统的“开口办事”功能，实现7×24小时在线查询瞬时自动回复，并提供精准个性化服务的“千人千面功能”，打造智慧政务新模式。上线大兴号模块，截至年底已有80家单位入驻，发布信息2090余条。平台加大内容生产力度，目前App原创内容日更量约25条，转载内容日更量约30条，实现了区内重大信息在新闻栏目中的首发。通过多种形式，深入全区各镇街、社区、学校等，开展媒体推广活动，截至2021年年底App客户端下载量为1855525次，实名注册量为1608186人次。共发布各类新闻10069条，总阅读量554.8万人次。主创人员：马宪颖、王娇、麻强、张莉、姚尧、苏金喆、任立非、王若辰。

怀柔区融媒体中心

广播栏目

《怀柔山水等你来》 直播专题类栏目。2021年6月4日开播，直播节目。怀柔人民广播电台FM101.3频率每周五上午10:45播出，节目采取直播形式，每周一期，每期50分钟。节目设置等您来、魅力怀柔、新闻全接触等板块，结合怀柔区“十四五”发展规划，以国际会都、中国影都、怀柔科学城、正在创建的全国卫生城市四只“金凤凰”为工作着力点，讲好怀柔故事，传播怀柔声音，与您一起遇见最美的怀柔。主创人员：李晓红、任欢、吴晶晶、苏晓。

《红色经典传唱》 音乐类节目。2021年1月5日开播，怀柔人民广播电台FM101.3频率每周三中午12:00播出，每周一期，每期23分钟。节目宗旨为大力发扬红色传统、传承红色基因，赓续共产党人精神血脉，讴歌中华民族实现伟大复兴的奋斗历程，选取经久不衰的红色经典歌曲见证和传唱中国共产党一百年来所取得的伟大成就。主创人员：苏晓。

电视栏目

《民有所呼　我有所应》 电视新闻类栏目。2019年3月开播。北京电视台BRTV（BTV）新闻频道怀柔时段每月不定期播出，时长约5分钟。该栏目从怀柔区各镇乡街道办理群众诉求的案例中提炼新闻素材，通过详尽的事实和深入的分析，对群众拨打12345市民服务热线的原因和属地政府相关部门的解决过程进行了关注。整档节目不仅在属地政府和群众之间起到了沟通桥梁作用，还宣传了一批“吹哨报到”“接诉即办”工作中的好干部，让群众看到了党员的先锋模范作用，提升了群众生活的幸福感和满意度。主创人员：崔丹、贾贤。

《相约科普》 电视新闻类栏目。2021年4月开播。北京电视台BRTV（BTV）新闻频道怀柔时段每月不定期播出，与区科协合办。时长约5分钟。该栏目围绕怀柔科学城建设工作，瞄准2021年怀柔区科技活动周、区科委开展科普进社区活动、“科学讲堂·社区科普行动”等工作进行动态报道。2021年，播出20期。主创人员：崔丹、贾贤。

平谷区融媒体中心

广播栏目

《柴老说平谷》 专题服务类栏目。调频89.2兆赫，每周播出两期，时长10分钟，《柴老说平谷》于2017年7月开始播出，至2021年共播出节目494期。节目以平谷悠久历史文化内容为引导，推广平谷历史文化知识为主体，让广大听众真实了解并学习平谷历史文化。节目内容由柴福善老师讲述“自然的故事、人文的故事、历史的故事、现实的故事”从而汇成平谷的故事，全方位展示平谷历史的浩瀚鲜活，受到听众好评。2021年《柴老说平谷》栏目制作了《且由墓志话查家》《平谷的村落》《新年特辑》《平谷方言》《平谷古树》《平谷鼓书》等系列节目。主创人员：荆丹丹、张晓创。

《美丽乡村》 专题服务类栏目。频道为FM89.2，每周五播出一期，时长10分钟。栏目于2018年11月开始播出，至今已播出节目170多期。《美丽乡村》以推进生态人居、生态环境、生态经济和生态文化建设，创建宜居、宜业、宜游的“美丽乡村”为主题，秉持“共建美丽乡村、共享美好生活”的栏目宗旨，通过主持人跟随采访，真听真看真感受，展示全区乡村生态美景，环境、人文发展，以及疫情防控下的村庄发展经验，休闲农业，推介最有特色的乡村旅游资源，全景式描绘新乡村画卷，让听众足不出户就能领略平谷乡村的自然之美、人文之美，受到听众朋友好评。主创人员：任虹俐、崔俊。

《善行至美》 专题服务类栏目。频道为FM89.2，每周三播出一期，时长10分钟。《善行至美》栏目于2018年11月开始播出，至2021年年底已播出164期。《善行至美》是平谷电台一档关注典型人物事迹，弘扬真善美的栏目，向老百姓宣传平谷各行各业具有奉献精神的人物，倡导能吃苦敢担当的社会正能量。这些平谷真人真事中有冲在一线的病毒检测师，有不畏严寒将生死置之度外的卡口战士，有日夜备课的新主播教师，也有孝老爱亲带养母出嫁的道德模范，人物类型多种多样。2021年《善行至美》为庆祝中国共产党成立100年，推出“红谷故事”系列，号召广大群众学党史忆初心，坚定不移跟党走。《善行至美》选取的精彩故事背后留给听众的是一分又一分感动，一分又一分激励，从而倡导大众向模范学习，达到媒体的道德教化作用，为共建“和谐平谷”贡献媒体力量，受到听众朋友好评。主创人员：荆丹丹。

电视栏目

《平谷新闻》 新闻资讯类栏目。播出频道PGTV−1，PGTV−2，时长15分钟。《平谷新闻》以平谷地区本土新闻信息权威发布为基础，着眼于经济社会发展对新闻信息服务的要求，及时、准确传递区委、区政府的相关决策和公共信息；关注民生，突出反映社情民意；围绕“三区一口岸”功能定位，打造高大尚平谷，满足全区人民享受优质新闻信息服务的需要。2021年《平谷新闻》共播出新闻5500条，在市级以上电视媒体播出140条，其中央视新闻和新华社播出22条。主创人员：李肖英、李东亮、张云辉。

《警法在线》 专题服务类栏目。每周播出一期，每期时长15分钟。栏目一直致力于守好意识形态领域主阵地，牢牢把握话语权和主动权，积极参与社会综合治理工作，创造良好的舆论氛围。为更好发挥栏目的作用，我们加强了传统媒体与新媒体主动融合，贯彻落实习近平法治思想，传播优质法治文化，栏目以案说法，做好宪法、民法典等普法宣传工作，在重要的时间节点上对群众进行防火、防骗、防抢、防盗、打击非法集资和传销、反恐、禁毒等安全教育。弘扬伟大建党精神，《平安卫士》特别节目在微信微博同期发布，基本实现了台网实时同播，集中展现政法队伍风采，得到群众好评。主创人员：于刚、李晓燕、孙晓光、于海生、赵怡斌。

“幸福平谷”微信公众号 由平谷区委宣传部主办、平谷区融媒体中心负责实施。工作日每天推送两次（上午、下午各一次），周末及节假日每天推送一次，全天应急推送一次。“幸福平谷”聚焦平谷区委区政府的中心工作，坚持聚人气、强互动，传播正能量。2021年，“幸福平谷”推出“小年策划”“除夕策划”“年度盘点策划”“党代会策划”“助力冬奥”等特别策划，加强与粉丝互动，提升社会关注度，引导新闻舆论。持续推出《平谷区疫情防控情况通报》《不文明行为曝光台》《党史小课堂》等专题系列报道，进一步提升新媒体品牌影响力。运用新媒体传播方式，筑牢疫情防控网上防线，累计发布疫情防控相关文章1120篇，占总发文篇数的25.45%，其中包括公告通知类、防疫人物事迹类、疫苗接种宣传视频类、以案说法类等多种类型。2021年度，粉丝突破13万，平台活跃度良好，累计阅读量近600万次；累计发文647期，共计4401篇文章；累计阅读量 5935191 次，覆盖人群 1810862 人，分享转发 128024 次。主创人员：马振水、冉金洁、杜鹏辉、岳清禹、康健、张硕、于丽丽、赵泽润。

密云区融媒体中心

广播栏目

《音乐随身听》 听众互动类音乐节目。在密云人民广播电台 FM94.1 每天 13:15 和 17:00 播出。2014 年 6 月 1 日开播至今，“音乐随身听”QQ 听众群、微信公众号、新浪微博等互动平台吸引听众粉丝近 20 万，该节目曾荣获 2017 年度、2019 年度北京市优秀播音与主持作品奖。《音乐随身听》与以往的音乐类节目相比，有较大的颠覆与突破，在内容上以传统的电台点歌为主线，同时每期节目的子板块《科普小课堂》与密云区科学技术协会合作，通过科普与音乐巧妙地融合，向受众普及科学知识，提高了节目的内涵。每逢五四青年节，《音乐随身听》特别制作的《新时代青年说》系列节目，就会邀请众多优秀青年代表走进直播间畅聊心声，内容涵盖生态文明建设、弘扬传统文化等，结合青年代表们喜欢的音乐作品阐述时代观点，展示青春作为，凸显新时代青年使命与担当，达到了寓教于乐与听众口碑双赢的效果。主创人员：张博研。

《音乐随身听》主创人员张博研正在录制节目

《工会在身边》 服务类专题节目。是密云人民广播电台与密云区总工会联办的一档节目，在频道 94.1 兆赫每周五 18:15 播出，时长 15 分钟。节目开设了《政策法规》《职工维权》《职工服务》《劳模风采》等子栏目。《工会在身边》节目自开办以来，为保证节目质量，每周与密云区总工会商讨节目播出内容，做到对全区工会工作了然于胸，编辑出了符合密云区定位的工会节目。该节目充分发挥电台媒体对工会工作的推动作用，增强全区工会组织的影响力，引导并动员全区职工积极投身区内各项建设，为密云经济社会以及文化建设又好又快发展做出应有的贡献。栏目秉承初心，当好职工的“娘家人”，为职工送去温暖，为职工排忧解难。主创人员：牛薇。

《教育园地》 教育类专题节目。节目在频道 FM94.1 每周日 18:15 首播，周一 7:38、9:15、11:45 重播，时长 15 分钟。节目内容以聚焦密云青少年教育热点，关注校园生活，推广家庭教育优秀理念，展示学生才艺风采为主，该栏目设置“校园动态”“好书分享”“今天我登台”“小演说家”等板块。不定期邀请小嘉宾来到录音间和主持人搭档主持，为学生提供展示才艺的平台。栏目以积极健康的内容、轻松的节奏、广泛的参与度受到广大学生及家长、老师的关注喜爱。节目在部分密云中小学校园广播站转播，在校园听众中形成关注热度。随着新媒体的发展，栏目不定期进行视频直播，增加了参与性和趣味性。主创人员：王晓宇。

《教育园地》主创人员王晓宇正在录制节目

电视栏目

《密云新闻》 新闻资讯类栏目。每天晚上19:38在密云电视台一套首播，当晚22:00重播，第二天分三个时间段重播，时长15分钟。节目内容包括时政、经济、生态、社会、文化等。栏目由多个部门通力协作共同完成，时政部、联合采访部、要闻部记者负责新闻采集制作，播音部负责节目播音主持，技术部负责灯光和设备调试，包装制作部负责整期新闻编辑制作。主创人员：齐如柏、翟一兵、王猛、王果、闫妍、邵红。

《创城进行时》 综述和深度报道类栏目。自2021年6月开播已连续播出16期，隔周三20:01播出，每期节目时长15分钟。栏目采取演播室访谈、街头随拍、文明活动跟拍、主题策划等多种形式，设置“创城要闻”“文明实践”“知识解读”“文明随手拍”等板块，通过内容鲜活、形式新颖的递进式、面对面的报道，全方位多角度呈现密云的创城故事。制作了《凝心聚力出实招　文明创城扬风帆》《广宣传　严整治　文明交通不停步》《文明养犬　让城市更文明》《与密云朋友的一天》等节目；用接地气儿的叙述方式，鲜活的典型事例，讲述并传播着文明城区理念、文明生活习惯，将栏目打造成展现密云创城工作的重要窗口。《创城进行时》强化栏目的自主策划。在河南寨镇策划并举办《讲移民故事　话幸福生活　谈创城责任》沙龙活动，讲述重要回信一年来，在创建全国文明城区的大环境下，“移民三代”何秀玲、“土专家”郑凤祥、“草莓姐”王涛和“创城代言人”张启在工作生活等方面发生的新变化，以及对创城责任的履行情况。全媒体平台播发专题报道《讲移民故事　话幸福生活　谈创城责任》，展现密云区50万水库儿女善作善成，以文明之约，共赴美好生活的生动画卷。主创人员：杨理光、赵雪松、吴婷、张鑫、祝新欣、张文、秦一博。

文字编辑和技术编辑正在制作《密云新闻》节目

《创城进行时》栏目采访道德模范李国福（右1）

《寻访入党介绍人》 专题服务类节目。“寻访入党介绍人”系列报道由密云区委组织部、区委宣传部指导，是密云区融媒体中心庆祝建党百年重点原创策划的节目，通过在密云寻访党员及他们的入党介绍人，从“入党介绍人”小切口讲述党员代际传承，阐释革命薪火相传、永葆先进性的精神内涵。从2021年3月底公开线索征集，6月21日播发首篇报道，到10月11日播发最后一篇报道，每期节目在《密云新闻》中播出，播出时长约3分50秒，共有43位党员接受了采访。“寻访入党介绍人”是广播电视、新媒体、报纸同步播发的融合报道，综合加工文字、图片、短视频等采访素材，形成广播电视新闻、网络短视频、新媒体文章等融媒体内容，在宜居密云App及官方微博、微信公众号、密云电视台、密云人民广播电台、《密云报》等平台展示传播，取得良好社会反响。主创人员：杨理光、戴琪果、张欣、黄婧、赵丽、卢安拿、李芸倩、陈瑶、孟晨冉、王浩、孙征、杨笑哲、蔡立君、王朝、刘通、张艺、史明月、聂颖、蒋卓洋。

《寻访入党介绍人》节目中四位不同年代的税务党员重温入党誓词

新媒体节目

《一封穿越时空的家书》 专题类节目。2021年是中国共产党成立100周年，密云区融媒体中心精心策划，推出H5作品——《一封穿越时空的家书》，于6月29日15:33播出。在策划采编过程中，密云区融媒体中心注重强化选题策划、优化切入视角、精炼文本语言、细化设计方案等，最终决定以英雄母亲邓玉芬的曾孙任宏伟写给她的一封家书为切入点，运用手绘、音视频、图文等表现形式，弘扬爱国精神，唤醒家风温情。作品中的主人公任宏伟既是邓玉芬的曾孙，也是一名共产党员。英雄母亲邓玉芬对他而言，不仅是先烈，还是他的家人。七一前夕，任宏伟选择用最传统的情感沟通方式书信，告诉他的太奶奶，中国共产党迎来了百年华诞，以及小家大国的变化，表达了对亲人的思念和对革命先烈的告慰。该作品为适应互联网传播量身打造，将单调枯燥的数据制作成受众喜闻乐见的新闻产品，坚持正确的舆论导向，积极宣传党的主张，突出时代精神，贴近生活、贴近实际、贴近群众，唱响主旋律、传播正能量，形式和角度新颖，给受众强烈的冲击感和沉浸感。作品以小见大，故事性强、感染性强，制作精良，其创作理念、生产方式、传播手段等方面

《一封穿越时空的家书》H5截图

都顺应了融媒体发展的需求，符合媒体融合特点，体现了深度融合。主创人员：杨理光、张鑫、王浩天、田思雨、杨皓月、刘思祺、闫妍、刘志伟、宋晓磊。

《创城进行时：今天礼让斑马线了吗》 专题类节目。北京市自 2021 年将“驾驶机动车行经斑马线不礼让行人，驾驶非机动车不在非机动车道行驶、逆行，行人不按照交通信号通行”等不文明行为列入重点整治对象，《北京市文明行为促进条例》正式开始实施。密云公安分局联合区融媒体中心围绕交通治理主题开展宣传教育直播共 7 场，累计观看人次达 241 万，旨在提升市民自觉遵守交规并树立安全第一的意识，适应城市文明现代化的进步需求，始终把文明交通作为城市文明形象的标志，着力建设打造良好的交通出行环境。

《创城进行时：今天礼让斑马线了吗》栏目截图

本场直播反映出密云区交通治理以来的显著成效，大部分市民逐渐有意识地遵守交通规则，自觉礼让行人，为密云创城建设奠定了坚实基础。此次直播通过“宜居密云”官方微博、微信平台播放，截至直播结束全网播放量达 54.7 万次。除直播外，密云区融媒体中心还利用密云电视台、“宜居密云”微信公众号等融媒体平台侧面报道。在直播前后，宜居密云官方微博、微信、手机客户端配合发布直播预告，直播回顾图文报道，累计阅读量达 2.3 万次。主创人员：杨理光、刘志伟、刘思祺、郑宇、蔡东樾、贾华瑞。

《与密云朋友的一天：寻找密云新年俗》 专题类栏目。2021 年春节期间，密云区融媒体中心推出《与密云朋友的一天》密云新年俗慢直播六期，时长 633 分钟。直播内容主要围绕“密云新年俗”展开，每场直播，密云融媒主持人带网友寻找不同的新年俗。直播累计观看量达 223.5 万次。主创人员：杨理光、刘志伟、蔡东樾、郑宇、刘思祺、穆蕊、祝新欣、秦一博。

《与密云朋友的一天：寻找密云新年俗》节目截图

密云区融媒体中心名牌栏目一览表

栏目名称	首播时间	播出频率频道
科普五分钟	每天7:50	FM94.1兆赫
密云新闻	每天7:23	FM94.1兆赫
我爱国粹	每天14:15	FM94.1兆赫
今日密云	每天18:15	FM94.1兆赫
密云新闻	每天19:38	密云一套
创城进行时	隔周三20:01	密云一套

延庆区融媒体中心

广播节目

《延庆新闻》 新闻资讯类节目。延庆人民广播电台每天18:00播出，时长9分钟，全年播出365期。广播《延庆新闻》是司机、中老年人等群体了解延庆区重要新闻事件、各项大事及政策的主要媒体，是延庆区宣传渠道的有效补充。主创人员：主编/主播刘杨、于谨歌、周雯露、渠晨，监制刘杨、赵才。

《冬奥连着我和你》 专题服务类栏目。延庆人民广播电台每周一21:40播出，时长9分钟。栏目共分三大板块，每期节目播出当下最新冬奥资讯，让听众时刻了解冬奥进展，并为听众普及冬奥知识，让听众了解冬奥、了解冰雪运动项目。节目最后为冬奥故事，记者亲自挖掘延庆当地的冬奥人物，从冬奥建设者到冬奥服务保障人员，生动地讲述了延庆本地不同岗位人群积极参与服务保障冬奥的生动事迹。在全区营造了人人都是东道主、同心同向迎盛会的浓厚氛围。主创人员：主编/主播渠晨，监制刘杨、赵才。

电视节目

《延庆新闻》 新闻资讯类节目。延庆综合频道每天20:00播出，时长15~20分钟。该栏目是延庆区融媒体中心唯一一档原创日播电视节目，全年播出365期，总播出时长超100小时。2021年共开设65个专栏，内容涵盖了“党史学习教育”“我为群众办实事”“决战决胜冬奥会 建设最美冬奥城”“贯彻落实区党代会精神”“抗击疫情·众志成城”等各个方面，播出各类挂牌新闻近2000条，总新闻条数超3000条。主创人员：编辑赵倩女、肖克、徐春雨等，记者丁宁、张彭程、张顺延等，主持人杨竣翔、彭晨、周雯露等，后期王婧、王琳、高亚男，制片人冯亚玲、刘杨、杨竣翔。

《最美冬奥城》 专题服务类栏目。延庆综合频道每周四20:20播出，时长12~15分钟。2021年2月4日是2022年北京冬奥会开幕倒计时一周年，延庆区融媒体中心紧紧围绕服务保障冬奥会筹办举办，制作推出《最美冬奥城》，栏目共分三大板块：“冬奥资讯”板块，发布权威的体育运动消息；“冬奥知识”板块，普及冬奥体育知识；“我与冬奥”板块，记录延庆人与冬奥梦的融合发展，使观众感知冬奥会给生活带来的变化。栏目记者亲自挖掘延庆当地的冬奥人物，从冬奥建设者到冬奥服务保障人员，生动地讲述了延庆本地不同岗位人群积极参与服务保障冬奥的生动事迹。《最美冬奥城》在全区营造了人人都是东道主、同心同向迎盛会的浓厚氛围。同时，“我与冬奥”板块在北京卫视冬奥纪实频道和学习强国等平台播出，进一步扩大了影响力，让全国乃至全世界的观众了解冬奥，了解最美冬奥城——延庆。主创人员：编导彭晨、渠晨，记者陆旭、张佳誉，主持人彭晨、渠晨，后期高亚男，制片人李岩、张莹、刘杨。

《聚焦时分》 专题服务类栏目。延庆综合频道每双周周六20:20播出，时长12~15分钟。2021年《聚焦时分》栏目紧紧围绕延庆区“接诉即办”“每月一题”开设《聚焦时分——2021接诉即办》特别节目。今年共播出节目19期。紧紧围绕百姓关心的热点和难题问题，与各职能部门紧密合作，从延庆区接诉即办工单入手，推动解决百姓身边急难愁盼问题解决。节目通过“接诉即办回头看”“延庆乡亲议事汇”“普法微课堂”等板块说百姓事、让百姓说事。先后播出了《办实事解民忧　小小路灯暖民心》《看病拿药有难处　社区医院“小众需求”“大众考量”》《电动车充电莫忽视　防范火灾于未“燃”》等节目。利用电视和新媒体平台广泛传播，取得了很好的传播效果，并在推动问题解决和普法教育中起到了重要的作用。主创人员：编导彭晨、肖克，记者苏浩、夏子豪，主持人彭晨、周雯露，后期郄美强，制片人冯亚玲、张莹、杨竣翔。

新媒体节目

《教师节特辑　莘莘学子心　难忘恩师情！老师，我想对您说……》　专题服务类节目。节目在北京延庆微信、北京延庆客户端2021年9月10日播出，时长8分钟。在教师节这个特别的日子里，融媒体中心新媒体部采访报道了延庆幼儿园、小学、中学、高中的学生，表达对老师的祝福和感谢，同时学生们也表达了自己想成为一名老师的愿望。主创人员：编导卫京京、闫二苗，记者李思洁、杨鑫畅、罗汉，后期闫二苗、吴冰歌，制片人卫京京。

《“中秋月圆夜，片语寄深情”来自最美冬奥城延庆的祝福！》　专题服务类节目。在北京延庆微信、北京延庆客户端2021年9月21日播出，时长8分钟。2021年最美冬奥城·延庆的中秋节与往年有着很大的不同，这座有着“全国文明城区”称号的长城脚下美丽家园即将迎来冬奥测试赛，在这样的时刻，延庆区融媒体中心携手环球新意广场举办中秋节特别活动“中秋月圆夜·片语寄深情”。融媒体中心为百姓提供了一个可以表达自己心愿、说说心里话的平台，通过征集文字、视频和采访，制作了《“中秋月圆夜，片语寄深情”来自最美冬奥城延庆的祝福！》节目。主创人员：编导卫京京、闫二苗，记者李思洁、杨鑫畅、蒋慧颖，后期闫二苗、吴冰歌，制片人卫京京。

《延庆乡亲，防疫宝典来啦》　专题服务类节目。该节目在北京延庆微信、北京延庆客户端2021年8月16日播出，时长50秒。节目以朗朗上口的“防疫宝典”和可爱的延延卡通形象，让人一看就记住了疫情防控期间需要注意的事项。短视频提醒人们在疫情防控期间需要注意的事项有哪些。主创人员：编导卫京京、闫二苗，后期吴冰歌，制片人卫京京。

延庆区融媒体中心名牌栏目一览表

栏目名称	首播时间	播出频率频道
延庆新闻	每晚20:00	BRTV（BTV）新闻延庆时段
最美冬奥城	每周四晚20:20	BRTV（BTV）新闻延庆时段
聚焦时分	每周六晚20:20	BRTV（BTV）新闻延庆时段
延庆新闻	每晚18:00	FM92.8
冬奥连着我和你	每周一晚19:30	FM92.8
生活导航	每周一晚18:10	FM92.8

媒体融合与智慧广电

2021 年北京广电媒体融合发展情况综述

2021 年，北京市广播电视媒体融合取得了新成绩。北京广播电视台重点建设的“北京时间”“听听 FM”等新媒体平台有新的发展，“北京时间”融媒体平台被评为 2021 年度全国广播电视媒体融合先导单位。北京市 17 家区级融媒体中心实现“信息网络传播视听节目许可证”全覆盖，形成“北京东城”“西城家园”“北京朝阳”“掌上海淀”“北京丰台”“北京石景山”“门头沟融媒”“北京房山”“北京大兴”“融汇副中心”“北京顺义”“北京昌平”“平谷融媒”“北京怀柔”“北京延庆”“宜居密云”“尚亦城”等 App 移动客户端群。

一、完善顶层设计，引领首都广电媒体深度融合发展。北京市广播电视局出台《关于加快推进北京市广播电视媒体深度融合发展的三年行动计划（2021—2023）》。这一计划认真贯彻中央、国家广电总局和北京市相关文件精神，立足广电媒体融合发展特点，突出首都媒体融合发展特色，力求行动计划方向明确、任务明晰、重点突出、举措到位、保障有力，具有较好的指导性、针对性和现实性，为首都广播电视媒体融合发展提供正确指引和有力支持。北京市广播电视局根据中央和北京市的整体部署，指导北京广播电视台及相关区融媒体中心制订广播电视媒体融合发展工作计划。

二、聚焦主题主线，坚持以内容建设为根本。为庆祝中国共产党成立 100 周年，加快推进北京市广播电视媒体深度融合发展，北京市广播电视局策划开展“红色视听之旅”融媒行动。组织调动市主要媒体和 17 家区融媒体中心，按照“探寻革命旧址”“重温历史事件”“对话英雄人物”“云游红色景点”“聚焦改革发展”“绽放冬奥风采”等六大主题，征集 200 余部融媒短视频作品，在“北京时间”平台集中展播，并评选出 30 部优秀作品。这次活动是围绕中心工作设置议题、统筹市区两级媒体、打造融媒传播矩阵的一次创新尝试。由于主题鲜明、整体发力、多渠道传播，作品的融合传播力大幅提升，得到群众和媒体的广泛关注，新华网、光明网、凤凰网、广电时评、国家广电智库等多家媒体转发报道，为庆祝建党百年营造了良好氛围。国庆节前夕，北京市广播电视局联合津云、冀云继续开展“京津冀红色视听之旅”融媒行动，在“北京时间”和第二届中国广电媒体融合发展大会展示区循环展播三地优秀短视频，绘就京津冀红色视听文化图谱。

2021 年 6 月，北京市广播电视局开展“红色视听之旅”融媒短视频征集活动

三、打造品牌活动，搭建全国媒体融合交流合作平台。10 月 13 日至 15 日，举办第二届中国广电媒体融合发展大会。大会由国家广播电视总局、北京市人民政府指导，中

共北京市委宣传部、北京市广播电视局主办。国家广播电视总局副局长、党组成员朱咏雷，北京市委常委、宣传部部长莫高义，中华全国新闻工作者协会党组成员、书记处书记吴兢出席启动式并致辞。本届大会以“视听引领 融合未来”为主题，设置16场活动和4大展区，邀请到近200位专家学者进行演讲对话，有26个省、自治区、直辖市的局台网领导以及行业代表等近500人参加大会。中央广播电视总台、北京日报、北京广播电视台等多家主流媒体对大会进行报道。

创办首届新视听媒体融合创新创意大赛。大赛由国家广播电视总局和中华全国新闻工作者协会指导，北京市委宣传部、光明日报社、北京市广播电视局、北京市新闻工作者协会等单位主办，设置技术创新、内容创新、模式创新三个赛道，旨在打造具有全国示范引领意义的媒体融合交流合作平台。

四、加强技术支撑，赋能融媒体中心持续发展。面向全国开展媒体融合创新技术与服务应用遴选推广计划，评选出40个优秀项目和100个入库项目在第二届中国广电媒体融合发展大会集体亮相，推动6个项目在20家融媒体中心落地应用。遴选推广计划在很大程度上解决媒体和技术企业信息不对称、共性技术重复建设、成本高等问题，为融媒体中心发展提供可行的技术支撑。

五、强化示范引领，树立北京品牌、总结北京经验。开展2021年北京市广播电视媒体融合先导单位、典型案例、成长项目征集评选活动。创新性采用终评路演的形式，通过选手现场展示和专家提问打分，评选出2021年度市级广播电视媒体融合先导单位4家，典型案例8个，成长项目8个，形成项目库，集中展现北京广播电视媒体融合的发展成果。“北京时间”“听见广播”等两个项目分别被评为全国广播电视媒体融合先导单位和成长项目。

2021年5月28日，北京市广播电视媒体融合先导单位、典型案例、成长项目终评会路演

（北京市广播电视局媒体融合发展处）

2021年北京广播电视台媒体融合发展情况

2021年，北京广播电视台落实媒体融合发展三年行动计划，加快实施移动优先战略，全面推动主力军挺进主战场，基本实现采编播人员全媒体转型和大小屏融合传播，开创了首都新型主流媒体建设的全新局面。

一、创新体制机制，激发融合动力

2021年5月，北京广播电视台出台《北京广播电视台加快推进媒体深度融合发展三年行动计划》，明确提出构建以“北京云”为支撑，以“北京时间”“听听FM”客户端为龙头，以“京视健康”等专业客户端为侧翼，以融媒账号矩阵为助力的“1+2+4+N”媒体融合新发展格局。在此基础上，“北京时间”“听听FM”以及相关职能部门、各频道频率制定实施方案、配套政策和实施细则，形成“1+N”计划方案实施体系。在落实三年行动计划过程中，探索建立频道频率全媒体绩效考核制度，对电视频道在“北京时间”供稿数量、广播频率在“听听FM”上收听数据实行量化考核，新媒体平台相关指标考核比重达到50%以上，推动频道频率工作重心向新媒体方面转移。同时，设立1600万元媒体融合专项资金，鼓励采编制作人员向新媒体平台提供优质稿件，有效激发采编制作人员的融媒创作热情和频道频率的融媒生产潜能。截至2021年年底，全台各频道频率与“北京时间”“听听FM”均已建立融媒互动产品生产机制，各频道频率、栏目和主持人入驻“北京时间”和“听听FM”账号数已接近400个，全台采编人员全媒体转型基本完成。此外，还挂牌成立北京广播电视台首批13家工作室，赋予工作室人、财、物等多方面自主权利，进一步释放资源潜力、拓展创新空间，为推进媒体融合发展创造更加有利的内部条件。

二、做强自有平台，构筑核心优势

北京广播电视台重点打造“北京时间”“听听FM”两大自有网络平台，加快培育全台媒体融合发展的龙头引擎。

“北京时间”定位于为全网用户提供综合服务的智慧融媒体平台，客户端累计下载量已达4200万，为2021年全国广播电视媒体融合先导单位。“北京时间”与北京广播电视台内各频道深度合作推出12个垂类频道，以差异化媒体内容供给充分满足不同类型用户的使用需求。“北京时间”积极探索“新闻+政务商务服务”的媒体融合发展模式，与市公安局、市金融局、市大数据管理局等政府部门合作推出接诉即办、生活消费、医疗、景点预约参观等民生服务，与首都博物馆、中国电影博物馆合作推出“首博食间”等系列文创IP。“北京时间”还分别面向短视频和视频直播领域推出短视频品牌“时间视频”和直播品牌“时间直播”。“时间视频”全平台流量达37.79亿次、矩阵粉丝量超2290万，“时间直播”直播活动近3000场、全网观看量超4.3亿次。

“听听FM”着力构建以“音频互动”为主要特征的专业音频服务平台，客户端下载量达到1800万，日活跃用户超过50万。“听听FM”面向亲子、老年两个细分群体策划推出《小虎爱推理》《爸妈潮生活》等融媒原创产品，同时优化升级“互动聊天室”功能，推出“抢答”“投票”“点赞”“抽奖”等创新玩法，用户黏性和活跃度不断增强。“听听FM”与国家开放大学、北京市文物局、首都博物馆、北京人艺、北京公交集团、快手等单位开展一系列内容生产、品牌宣传等方面合作，深耕博物馆、园林、北京公交车等场景化音频消费市场，推出“北京之声”系列音频导览服务。“听听FM”发起成立全国“融媒体声音联盟”，现有成员包括23个省市的100余家电台，并与阿里、华为公司开展车联网业务合作，抢抓驾驶场景下业务创新和市场开发机遇。

三、拓展融媒传播，重塑发展格局

北京广播电视台围绕重大主题、热点议题，加强融媒选题策划，精心组织创作生产，推出一批高质量的融媒产品。专题节目《我为群众办实事之接诉即办》引发网络热议和广泛好评，微博话题阅读量超27亿次，视频总播放量达4亿次，成为建党百年宣传现象级传播的代表之一。冬奥口号推广歌曲《一起向未来》

新版 MV 全网曝光量近 184 亿次，推动全国共唱冬奥歌曲热潮持续升温，成为服务北京冬奥会、奉献北京冬奥会的经典范例。

截至 2021 年，北京广播电视台春节联欢晚会连续八年蝉联省级卫视同时段收视冠军，微博主话题阅读量累计超 90 亿次，海外新媒体平台累计点击数超 1.1 亿次。同时，北京广播电视台研发推出全国首个 8K 超高清移动客户端，为用户创造全新的高清晰、沉浸式、互动式使用体验。

“北京时间”运用世界级高仿真语态和微表情深度学习模型核心技术，研发推出全国首个广播级智能交互真人数字人“时间小妮”。

以内容和技术为双重驱动，北京广播电视台加快构建全媒体传播渠道，各频道频率、节目栏目在第三方平台共开设各类新媒体账号 600 余个，粉丝量过 100 万的账号超过 50 个，《养生堂》《生命缘》等栏目的抖音号粉丝量超 1000 万，新闻微博矩阵、“时间直播”微博号、“法治进行时”抖音号等账号粉丝量近 1000 万。

（北京广播电视台）

2021 年北京广播电视台媒体融合发展案例

一、时间小妮

“时间小妮”是北京广播电视台“北京时间”推出的广播级智能交互真人数字人。“时间小妮”以北京广播电视台主持人徐春妮为原型，通过采集她的形象和声音素材，采用世界一流的人工智能视频合成技术，集人工智能、深度学习、卷积神经网络学习技术于一体，特别是采用世界级高仿真语态和微表情深度学习模型核心技术，实现 TTS 合成、Face 微表情 Motion 肢体动作的丝滑匹配，让计算机复刻出与徐春妮真人高度相似的 30 帧 / 秒的“4K 超高清 AI 数字人”，形象气质、语音语调、肢体动作与真人相似度高达 97%。该产品在 2021 年 10 月 13 日召开的第二届中国广电媒体融合发展大会省级广电创新运营峰会上发布。

“时间小妮”可以支持跨平台 API 接口，具备播报型、应答型两种 AI 数字人的 SDK 调用能力，支持 2D/3D 背景模板、数据模板、AR/VR 包装植入，实现与用户进行实时对话，支持识稿、备稿、编排，支持对音频、视频、文本、图片、音乐、模型、字幕等相关数据集合，进行预处理批量化合成输出，可以满足 7×24 小时工业化连续内容生产和视频服务，具有每天 1000 条视频内容的输出能力。

“时间小妮”在智能播报、政务服务、会展服务、公益推广等领域落地应用。例如

图为《时间小妮看奥运》节目二维码

北京冬奥会期间，在电视端BRTV冬奥纪实频道《冬奥早新闻》节目，“时间小妮”完全代替真人主播；在移动端“北京时间”上，由“时间小妮”主持的融媒节目《时间小妮看奥运》收获网友和业内专家的一致好评。此外，在“北京时间”App和相关政务渠道，“时间小妮”作为推广大使宣传12345接诉即办优秀案例，传递市民的真实反馈、树立良好的政府形象。

二、北京时间“接诉即办”平台

2021年11月，北京时间“接诉即办”平台与北京市12345市民热线服务中心网络渠道全线贯通，聚合北京广播电视台频道、频率与网络平台资源，网台联动，搭建视频投诉平台，致力于未诉先办，一键转诉，实时跟踪办件进度，实现“民有所呼，我有所应”的智慧服务，搭建起北京广播电视台“民有所呼，我有所应”网络新环境。用户只要打开北京时间App，拿起手机随手拍，填写诉求内容一键提交，对于符合接诉即办处理范围的诉求将直接由12345转办处理，网友还能上传图片、视频作为诉求补充资料，平台不仅承载第一时间来诉转办的功能，还将北京市各项政务举措与接诉即办的高频咨询相衔接，及时通过内容输出回应关切。

此外，北京时间“接诉即办”平台派遣记者深入调查了解市民诉求，以短视频、图文等形式报道诉求进展，从而推进诉求进程、分解市民服务热线的应诉压力，促进群众对政府工作的理解，推进群众诉求快速响应。北京时间接诉即办团队在平台打通后，不仅与市政务服务局12345市民热线服务中心建立了良好的沟通机制，还和北京广播电视台内接诉即办相关栏目紧密结合，通过自身平台媒体介入推进案例，真正做到为“北京时间”用户解决诉求。

三、北京之声

“北京之声”是由北京广播电视台联合北京市文博机构、园林绿化、街道街区等，共同推出的城市有声导览标准化体系。项目通过打造“博物馆电台”“园林电台”“胡同电台”等多种有声矩阵，助力北京博物馆之城、历史古都、文化名城建设，并使之成为北京享誉世界的声音名片。

2021年7月，北京广播电视台与北京市文物局签署共建北京“博物馆之城”的战略合作协议，其中一项重要内容就是推动建设“北京之声·博物馆”项目，搭建云端“有声博物馆”矩阵。项目依托北京广播电视台高水准音频制作能力，以北京广播电视台官方音频客户端“听听FM”和项目专属小程序“听听北京之声”为主体，提供移动收听收看、场景导览推送、专家专业讲解、特定人群版本、留言互动打卡等功能，助力博物馆服务升级，为群众游览博物馆提供新方式。

截至2021年年底，“北京之声”项目已入驻北大红楼、中国人民抗日战争纪念馆、香山革命纪念地旧址、北京白塔寺、北京石刻艺术博物馆、孔庙和国子监博物馆等多家博物馆。

图为北京之声小程序二维码

（北京广播电视台）

2021年海淀区融媒体中心“掌上海淀”客户端应用情况

海淀区融媒体中心开办的“掌上海淀”移动客户端定位是海淀区为民、为企服务“总入口”，功能包括新闻发布、视频直播、智慧社区、接诉即办、用户画像、智能推荐、AI问答等模块，接通海淀通、医疗挂号、工商咨询、城市管理、应急疏散、养老助残等政务服务，既是网民的“掌上阅读器”，也是网民的“移动生活小管家”、随身的“政务服务办公室”。

“掌上海淀”移动客户端的主要功能是：

一是统一身份认证，提升居民办事体验。按照“集约、体验、响应、智能、融合”的原则，由海淀区融媒体中心牵头，构建海淀区统一身份认证体系。通过“一端接入，多端服务”的形式，无缝融合全区各单位移动服务应用，确保用户一次注册、一次登录、一次认证便可获得多平台服务，在提升居民办事效率的同时提升居民对客户端的使用体验。除接入海淀通“一网通办”服务事项外，“掌上海淀”移动客户端还接入9家区属单位的16项本地化应用服务。

二是数据支撑，深入对接城市大脑。成立“海淀区智慧城市融媒实验室”，探索“掌上海淀”移动客户端运营与区级城市大脑建设相结合，将区级融媒体中心掌握的渠道、用户与城市大脑建设中的数据、应用相结合，例如与海淀区IOCC指挥平台、香山停车预约平台、城市大脑用户体验中心、城市大脑新应用新场景发布、优质案例全媒体征集等结合，做好城市运行的“耳目喉舌”，收集、解决市民身边的城市问题。同时，深入描绘用户画像，了解用户行为偏好，主动推送给城市大脑指挥中心，为区委区政府精准研判提供数据支撑。

三是扎根社区，增值服务留用户。将“掌上海淀”移动客户端作为社区信息枢纽引导群众、服务群众的前沿应用，坚持“汇聚新闻精心、社区资讯贴心、组织活动暖心、自主发布可心”，扎根社区，深入互动，在线上搭建社区智能问答、社区便民服务地图、社区问答服务字典、老年人服务专线、青少年朋友圈等暖心功能；在线下对接社区活动中心，实行线上报名、线下打卡签到，通过组织开展多样化、适合不同群体的线下活动，吸引、汇聚民众热情参与，同时对接周边商户资源向群众提供可持续的增值服务，形成政府、街镇、社区、商户、群众共同参与、共同运营发展的良好态势。

海淀区融媒体中心“掌上海淀”移动客户端定位界面

2021年，“掌上海淀”移动客户端累计服务辖区居民超180万次。

（海淀区融媒体中心）

丰台区创新第五届中国戏曲文化周融合宣传报道

2021年10月1日—7日，第五届中国戏曲文化周在丰台区北京园博园举办。10月7日，在第五届中国戏曲文化周闭幕式上，丰台区融媒体中心和丰台区文化创意产业促进中心、央广网联合推出“云端戏台等你来”第一届戏曲展演活动。丰台区融媒体中心创新第五届中国戏曲文化周融合宣传报道，全网全媒点击量超过8000万次。

技术赋能，创新融媒体新视听产品。丰台区融媒体中心创新融媒体新视听产品，首次采用8K120帧的技术标准和国内自主研发的“子弹时间”特拍技术，监制完成首部8K戏曲公益宣传片《遇见·有戏》，在第五届中国戏曲文化周期间全媒发布，中央、市、区级媒体相互联动，产生同频共振的传播效应。北京城市电视8块户外大屏、6000块楼宇屏全城点亮，新华社英文客户端海外传播，全网累计浏览量超560万次，影响覆盖人群达1000万次，有效扩大国内和海外传播影响力，助推丰台“戏曲之城”品牌建设。

媒体联动，创新融合报道方式方法。打通媒体平台资源渠道，触发移动端内容先发优势，首次与云听、央广网、中国名牌、视觉中国、东方大剧院、城市电视联合成立融合报道中心，整合传统与新媒体平台的优质核心资源，发挥声音、影像、文字、图片、H5、网络直播、微视频、VLOG、户外大屏、楼宇屏的融合宣传报道虹吸效应，以矩阵式、多样态、立体化的融合宣传报道，形成一次采集、融合编辑、多元发布，学习强国北京学习平台、新华社客户端、北京号等30余家平台播发推送，全网累计发布推送综合新闻300余条，网络直播19场，图片直播8000余张，全网累计浏览量超1300万次。

多元参与，创新融媒传播渠道模式。敞开门搭建传播渠道，设置相关议题，借助多种渠道推介宣传，形成品牌传播力。丰台区融媒体中心动员300余名丰台辖区社区新闻发声人深入第五届中国戏曲文化周现场，以百姓的视角多样化地展示转发推送综合新闻和轶闻趣事。发挥与中国传媒大学新闻学院共建的“媒体融合创新工作室”作用，组建大学生短视频制作团队，以年轻人的视角发现戏曲之美，打造30余条“遇见”系列专题短视频，有效吸引青年受众的关注。在各平台统一设置“第五届中国戏曲文化周”开放式话题，吸引网友主动参与，引发热烈讨论。网友纷纷留言，通过交流互动，让受众成为最直接的传播推动力。“第五届中国戏曲文化周”话题登上微博热搜榜，北京丰台微博号单平台阅读量突破800万次，全网累计阅读量超3800万次。

搭建平台，创新主题宣传海外交流。与新华社合作外籍记者体验GLOBALINK短视

2021年10月1日，丰台区融媒体中心在第五届中国戏曲文化周开幕式上进行宣传报道

频，在新华社全球连线播发，被西方受众欢迎的海外社交媒体 youtube 转发后，单平台播放量超 10 万次。通过全球最大的图片网站 Getty 推送第五届中国戏曲文化周图文报道，覆盖全球120多个国家和地区形成长效传播。国际在线、雅虎、先驱日报、欧洲邮政公报等 10 余家海外媒体进行综合新闻报道，海外 200 余家媒体转载，覆盖亚、美、欧地区。在吸引海外受众注意的同时，推介具有中国特色的第五届中国戏曲文化周，全面提升主题宣传海外交流、国际传播能力和效果。

（丰台区融媒体中心）

2021 年大兴区媒体融合与智慧广电建设情况

2021 年 9 月，大兴区融媒体中心《关于加快推进大兴区媒体深度融合发展的实施方案》经大兴区委深改委会议审议通过。依托实施方案，深化融媒体改革，加快推进“融媒中心 + 国有公司”运行模式，做好国有公司注资和项目签约运行，实现可持续发展。2021 年 12 月，完成中心聘用人员转隶签约工作，实现平稳过渡。中心联合高等院校建立融媒实践基地，助推融媒人才培养和理论成果转化，为融媒发展注入新活力。

加速媒体融合，推进纵深发展。举办第三届全国政务新媒体座谈会，发起成立京津冀融媒体协同联盟，京津冀 30 余家融媒体中心共同签署《京津冀融媒体中心协同发展联盟宣言》，先后开展“携手京津冀，聚焦新国门‘我眼中的大兴’京津冀媒体大兴行”活动、京津冀高校最强大学“声”挑战赛、“聚焦京津冀　见证‘十四五’”协同宣传等系列活动，有力地推动京津冀区县融媒体中心协同发展，更好地为京津冀协同发展这一国家战略贡献融媒力量。

深化“融媒 +”，持续拓展平台。强化平台建设，不断提升媒体服务水平，依托“北京大兴”App 客户端，以“新闻 + 政务 + 服务 + 商务”为建设理念，在实现“融资讯、融政务、融生活、融未来”方面取得明显实效，上线区级、镇街事项 3000 余项，成为解决服务群众“最后一公里”的有力抓手，基本实现“一端在手　天下全有”的目标。截至 2021 年年底，“北京大兴”App 用户下载量已突破 186 万次，实名注册超 162 万，日活量最高超 5

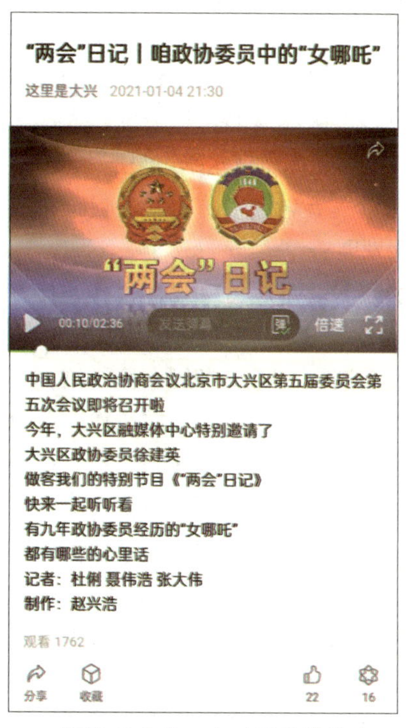

2021 年 1 月，大兴区融媒体中心北京大兴客户端报道区两会

万。同时，深化“三个中心”贯通发展模式，推进融媒体中心、新时代文明实践中心和政务服务中心建设，并于2021年推进大兴号和融媒体分中心建设，近百家单位入驻“北京大兴”App，基本实现区内全覆盖。

前沿融媒技术应用。2021年1月，大兴区融媒体中心按照北京市广播电视局《北京市地面数字电视700兆赫频率迁移工作方案》的要求，推进广播电视数字化和广电5G建设，大兴区融媒体中心正式启动地面数字电视频率迁移项目，大兴广播电视台数字频道DS-12已正常进行播出，大幅提升了节目播出质量和传输稳定性。

2021年12月，大兴区融媒体中心完成大兴区“三会”（区党代会、区人大会、区政协会）期间所有新闻报道的技术支持。在“三会”报道中运用直播、H5长图、AI主播、VLOG等前沿融媒体技术，推出“我的这五年”“两会日记”“两会声音”“两会访谈”等系列化、分众化、互动化融媒产品，形成全媒平台互动共享、同频共振的强大舆论声势。

（大兴区融媒体中心）

2021年通州区媒体融合与智慧广电发展情况

2021年，通州区融媒体中心在与北京日报社、北京广播电视台及各宣传业务平台负责人组成“编委会”的基础上，进一步加大与中央、市级媒体的合作力度，采取多种方式不断提高新闻报道水平。推出“行走京津冀”暨高质量发展融媒采访活动，促进京津冀地区协同发展。

加强与北京广播电视台合作，提升新闻节目质量。在与北京广播电视台密切合作中，建立选题会商和专线供稿机制，形成市区两级媒体垂直融合、横向协作、共融共享的内容生产体系。从原来的北京广播电视台新闻中心各栏目主编轮班制，改为主编、记者、摄像入驻制，形成深入合作。此外，还为北京卫视多档新闻栏目提供稿件和素材，与《北京您早》栏目进行多次直播连线。增强策划力度，提前谋划，增强新闻的时效性，紧密围绕市委、区委中心工作，跳出会议找新闻，增强重大活动的背景式报道，重大政策出台的解惑性报道，重大事件的跟踪式报道，亮点工作的经验性报道，重大节日的主题性报道。

紧跟副中心新闻事件报道，展示融媒体中心实力。在与北京广播电视台、北京日报社合作基础上，进一步加强与市级委办局的沟通交流，建立合作关系。增强与中央广播电视总台及其他市属媒体的合作关系，建立长效联系机制，打造全方位、多渠道、深层次传播效应。全年，在北京广播电视台、北京日报、学习强国等市级以上媒体平台发布共计1900余条新闻。其中，4月3日中央广播电视总台央视新闻频道的《新闻直播间》栏目，播出庆祝中国共产党成立100周年系列报道：《奋斗百年路　启航新征程——高水平高质量建设北京城市副中心》专题节目；5月6日第7版的《人民日报》刊发《北京城市副中心三大建筑初露“芳容”》，12月12日央视《新闻联播》头条播出《新征程开局“十四五”——打造蓝绿交织的北京城市副中心》的专题新闻，全面呈现北京城市副中心生机勃发的良好发展态势。

推出“行走京津冀”暨高质量发展大型融媒采访活动。2021 年 3 月开始，融媒体中心联合北京广播电视台、区委宣传部等单位加强通州与津、冀两地媒体特别是与天津武清、河北廊坊媒体的互动联系，让“京津冀协同发展”新闻数量有提升、质量有提高、角度更丰富，策划开展京津冀三地融媒联合采访活动。2021 年 12 月 1 日，经过数次方案调整，“行走京津冀”暨高质量发展大型融媒采访活动正式启动。启动仪式在“融汇副中心”手机客户端、北京时间、今日头条、新浪新闻等多个网络平台同步进行直播。启动仪式相关新闻信息被《北京新闻》《北京您早》《特别关注》等新闻栏目，及北京时间新媒体平台发布、转载 30 余次。包括天津武清、河北廊坊（及北三县）等地媒体在内，共发布相关信息 60 余条。

2021 年 11 月 25 日，通州区融媒体中心召开“行走京津冀”暨高质量发展大型融媒采访活动筹备会

（通州区融媒体中心）

2021 年顺义区融媒体中心媒体融合发展情况

2021 年，顺义区融媒体中心牢记职责使命，提高政治站位，强化顶层设计，坚持守正创新、“融”“通”并举，构建起全媒体矩阵联盟，实现区域宣传“大合唱”，并不断融入首都“大宣管”格局，媒体融合取得阶段性成效。

顺义区融媒体中心指挥调度中心

坚持“融”“通”并举，构建起全媒体矩阵联盟。顺义融媒在打造“3+8”（3 家传统媒体 +8 家新媒体）主流媒体传播矩阵的基础上，拓展融通广度，实现“三个维度”的融合：与北京市各区及内蒙古科左中旗等对口合作地区的融媒体中心对接合作，实现“横向融合”；与区内各政府机关、企事业单位等二级宣传平台对接合作，构建起全媒体矩阵联盟，实现“纵向融合”；与“学习强国”北京平台、北京日报北京号等中央、市级媒体及宣传平台互联互通，做到“贯通融合”，实现以区融媒为引领，60 多家单位及媒体“融”“通”一体、共赢发展的“大合唱”格局。

坚持移动优先，新型媒体与传统媒体优势互补。北京顺义 App 按照“新闻 + 政务 + 服务”的理念建设，基本实现“一机在手、顺义全有”。目前“粉丝量”达到 31 万余人。顺广传媒微信公众号认证为北京顺义微信公众号，年累计浏览量500余万次。推出北京顺义视频号，运行半年来，浏览量突破300万次。顺义电台原创广播剧《文明一家人》助力创建文明城区，获得多方肯定，荣获2021年第四季度北京市广播电视创新创优节目。

坚持高位谋划，优秀融媒作品竞相涌现。 2021年顺义融媒作品获北京新闻奖、北京市优秀广播电视节目等10余个市级奖项。电台新闻作品《顺义十二时辰》获第30届（2020年度）北京新闻奖二等奖。在2020年度北京市优秀广播电视节目评选中，顺义融媒制作的《产业扶贫让“土豆豆”变成“金豆豆”》等6部作品获奖，获奖数量居全市各区融媒体中心第二位。2部作品入围学习强国平台2021年第4期、第5期全国县级融媒体中心优秀作品双月赛。

坚持互联互通，与中央、市级媒体实现有效对接。 主动与人民网、新华网、光明网、“学习强国”北京平台、中央电视台、北京电视台、北京时间、北京日报北京号等中央、市级媒体及宣传平台沟通对接，报送优秀融媒作品。顺义融媒成为第一批入驻北京日报北京号的区级媒体，北京顺义官方发布荣获北京日报北京号2021年度最佳组织奖、最具成长力奖。2021年顺义融媒在以上平台发布作品9617篇。

（顺义区融媒体中心）

2021年北京经开区短视频和直播发展情况

2021年，北京经济技术开发区融媒体中心（以下简称“经开区融媒体中心”）通过顶层设计、流程再造，形成以尚亦城App为核心，《亦城时报》、“北京亦庄”微信公众号、“北京亦庄”政务微博、亦庄新闻（视频新闻）、经开区官网、强国号、头条号等为支撑，职能部门、街道、企业N家自媒体为延伸的“1+6+N”融媒体传播矩阵，并通过建立联合选题策划会，打通央、市、区、企一体化传播新通道，形成立体传播，为区域发展赋能。

一、媒体移动用户持续增加

2021年，尚亦城App下载量增长4万次，总注册用户突破110万人，年增长实现近300%，实名注册用户突破50万，内容已覆盖区内所辖56个社区信息和1098家规模以上企业的实时数据。微信、微博账号累计阅读量达到1.7亿次，微博粉丝量过百万，微信公众号粉丝数突破15万，同比增长13%。

二、短视频节目受青睐

与新华社联合制作的五四青年节短视频《习近平总书记关切事微访谈 青年人给2050年捎句话》得到新华社客户端首页置顶推荐，连续两天成为新浪微博热门话题，阅读量突破1.4亿次。五一国际劳动节原创短视频《新师傅》获新华社转发，人民日报客户端、央视频、北京日报客户端等多个权威平台转载，全网累计观看数量超百万次；《打卡麋鹿苑》等系列短视频获得北京广播电视台组织的《走进北京网红打卡地》之“拔草行动”VLOG挑战赛“最美VLOG”奖；《同心圆》获得北京日报客户端推送置顶，亦庄新城两街八镇融媒兄弟纷纷转载；《不负亦城好时光》等书香打卡片连续多日登上北京号推荐页。

在海外社交媒体平台脸书和推特上的账号开设半年，关注量就超过 10 万次。《外国人在亦城》系列创意视频连续两次在脸书平台获得超 10 万次的浏览量。在北京市政府新闻办主办的 2020 年“爱上北京的 100 个理由”短视频大赛中，北京经开区融媒体中心（北京亦庄融媒体中心）创作的《北京是我最爱的城市》获二等奖和最具网络人气奖，《我爱这里 这里是我的另一个家》获优秀奖，北京经开区融媒体中心获组织奖。在北京市广播电视局组织开展的“红色视听之旅”融媒大赛中，《新师傅》、非遗文化类纪录片《百年匠心》等 2 个作品获得项目扶持。

三、开展直播活动

1 月 28 日春运第一天，经开区融媒中心联动全国 20 余家主流媒体，进行“云探亲”接力直播。记者走进北京经开区内企业 GE 医疗、爱普益医学检验中心，倾听抗疫战线上的故事。直播在尚亦城 App、“北京亦庄”抖音、快手等多个平台同步播出，并由中国网、浙视频、厦门日报等 20 余家媒体多平台同步分发，共吸引全国 1000 多万网友在线观看。对北京亦庄创新发布 2021 年度首场发布会暨北京经开区“两区”建设方案专题发布会进行直播，全网总观看量超过 200 万人次；原创直播项目“就地过年”视频温暖 300 多万网友，人民日报、光明日报、中国网、央视频、中国青年网、北京日报、新京报、南方日报、长城新媒体集团等 20 多家全国主流媒体聚焦本场“就地过年”直播活动。

7 月 11 日至 12 日，北京出现入汛以来最强降雨过程，经开区融媒体中心精心策划 3 场系列直播报道《直击！北京经开区全力迎战强降雨》，新华社、央视频、北京日报、北京青年报、新京报、封面新闻等近 20 家全国主流媒体分发转载，引起网友热烈讨论。同时，本次直播被新华社抖音账号转播，全国网友纷纷向坚守在防汛岗位上的一线工作者致敬，为北京经开区的防汛工作点赞。

世界 5G 大会期间，经开区融媒体中心直播报道团队首次在世界级展会现场独立运作直播间，4 场直播、500 分钟专访、近 20 位嘉宾联动全国中央、省、市、区级主流媒体平台 50 多家，累计在线观看量突破 1350 万人次。世界机器人大会直播在线观看量突破 2300 万人次，直播平台以及直播弹幕也成为企业品牌形象提升的高速路，中建二局、北方华创等区内企业纷纷受益。

（北京经开区融媒体中心）

2021 年北京市智慧广电建设情况综述

2021 年，北京市广播电视和网络视听以“5G+8K”超高清创新应用为抓手，统筹推进智慧广电快速发展。开展高清与超高清电视建设、科技冬奥项目及云转播等项目研究应用，取得很好的实际效果，参加全国性大赛获得优异成绩。

一、高清与超高清电视建设情况

开展 4K 超清机顶盒推广。累计完成 4K 电视超高清机顶盒整转、市场化置换和销售

202.84万台。截至2021年年底，歌华有线电视高清交互注册用户577.98万户，其中，4K超高清用户202.84万户。高清交互数字电视平台传输数字电视频道225套，其中标清频道149套、高清频道72套、4K超高清频道3套、8K超高清频道1套；有线电视继续加强高清超高清内容引进，“4K视界”专区提供内容累计超过4560小时。歌华有线高清交互平台提供院线、教育、生活、健康、年华、营业厅、生活圈等多种栏目和服务应用。

8K试验频道开播。北京市广播电视局支持指导北京广播电视台为冬奥纪实超高清8K试验频道的开播做好技术和前期建设准备，组织专家召开频道建设项目论证会并提出建议，2021年12月底，实现北京广播电视台冬奥纪实8K超高清试验频道开播。该频道面向多渠道、多终端，以最高标准的影像呈现北京冬奥会的精彩画面，向全世界展示北京广播电视的科技水平。

二、推动科技冬奥项目落地

推进8K电视机100个示范点位部署，指导北京广播电视台建设8K试验电视频道和8K电视移动终端建设，完成冬奥专网北京段敷设任务，推动云转播“多地实时连线系统”和“实时跟拍系统”服务冬奥会重大活动，16项云转播及8K关键技术列入科技冬奥技术库。推动云转播技术应用在北京市广泛落地。

三、广电5G与全国一网建设

歌华有线公司高度重视广电5G建设一体化发展工作，2021年，按照中国广电集团统一部署，成立领导小组及工作专班，统筹和配合推进市场准备、核心网建设、客服体系建设、运营支撑系统建设及北京地区互联互通、700M清频等相关工作。2020年12月，歌华有线公司完成股份过户登记暨控制权变更，控股股东变更为中国广电网络股份有限公司，2021年3月，歌华有线公司全面完成管理权限交接。

四、参加全国性大赛取得好成绩

北京市参加国家广电总局首届广播电视和网络视听人工智能应用创新大赛，共有29个项目获得奖项。其中，“广播电视内容监管智能审核系统”“百度智能云多媒体内容审核系统”“基于人工智能的视频指纹计算与比对系统”“智能语音转写系统”“ZoomAI视频修复系统”“超高清视频智能修复”“爱奇艺AI电视果5S PLUS”7个项目获一等奖。北京市参加国家广电总局首届高新视频创新应用大赛，共有19个项目获得奖项。其中，“基于FOV编码和姿态感知动态音效的VR视频端到端系统”“广州市广播电视台超高清频道播控系统项目”（主要完成单位之一北京中科大洋信息技术有限公司）2个项目获得一等奖。以上两项大赛北京地区获奖数量、一等奖数量均位于全国各省市第一。

北京市企业参加第十四届中国电影电视技术学会科技进步奖评比，共有14个项目获得奖项。其中，“8K超高清电视制播呈现平台及应用”“基于视音频内容比对及异态监测的播出信号监控系统”“基于视音频内容比对及异态监测的播出信号监控系统”3个项目获一等奖，“基于监管控一体的智能化安全播出平台建设 ”等8个项目获二等奖，“中型三维声数字化IP录音车”等3个项目获三等奖。

（北京市广播电视局科技处 / 公共服务处）

2021年北京广播电视台智慧广电发展情况

2021年，为深入贯彻落实习近平总书记关于推进媒体融合发展的重要指示精神，北京广播电视台组建融媒体中心。融媒体中心协同北京新媒体集团按照《北京广播电视台加快推进媒体深度融合发展三年行动计划》要求，制定具体落实方案，围绕媒体融合重点工作，建立台内融合生产机制，重塑“北京时间”平台定位，压实意识形态责任，强化优质内容生产，以内容加服务的模式推进“北京时间”平台建设，以技术引领推动“北京时间”平台升级和北京IPTV智能大屏建设，聚力运营创新，有效探索移动优先、大小屏联动、台网深度融合路径。

2021年6月，“北京时间”融媒平台被评为北京市广播电视媒体融合先导单位。2021年9月，北京新媒体（集团）有限公司被市广电局认定为第二批北京市智慧广电重点实验室；12月，被评定为全国广播电视媒体融合先导单位。同月，北京新媒体集团北京时间有限公司被认定为国家高新技术企业并授予证书。

一、“北京时间”发展情况

“北京时间”以搭建主流权威信息平台为基础，着力打造大小屏联动，以“内容+服务”的底层逻辑，构建用户、受众与平台、大屏的强关联，加快打造内容、服务、产品、商业化的协同链路。“北京时间”在建设初期就以广泛使用云计算及大数据作为核心基础，网站和App全部使用组件化进行设计与搭建，支撑方向使用多级缓存技术，广泛使用推送、关键词提取、智能分类等AI技术辅助生产聚合。创新建立多租户PGC、OGC、UGC生产平台“时间号”平台配合自研的“一线App”，解决多种稿源的统一制作、统一管理、统一运营。截至2021年年底，“北京时间”已获得8项发明专利、10项计算机软件著作权。其中，5月，“北京时间智能分析系统V1.0”获得国家软件著作权登记证书。所有发明专利及著作权已完成成果转化，应用于“北京时间”各类产品及项目中并在线运行，为北京广播电视台智慧广电、媒体融合、深度融合工作做出卓越的贡献。

共建融合机制，共享融合活力。面向全台设立媒体融合专项资金，制定分配办法，形成激励机制，拉动优质内容向移动端倾斜；鼓励传统传媒人才与“北京时间”联合成立工作室，孵化爆款产品，打造优质IP，开拓新的业务领域和经济增长点；深耕全台优质资源，上线快讯、新知、法治、新艺、味道、金融、军情、球迷、影视、微剧场、微档案、文化大家谈等12个垂类频道专区，使传统节目与新媒体内容实现“一体策划、一体生产”，全力推动主力军进入主战场。

创新主题报道，形成破圈传播。“北京时间”在融合传播中发挥中流砥柱的作用。一是在建党百年宣传中，打造“1+1+2+N”全媒体视听传播矩阵，设置学党史频道，24小时直播全市党史知识竞赛活动，推出2款融媒互动H5产品，系列子专题报道，多平台矩阵传播效果显著；二是在冬奥会筹办报道中，以倒计时一周年为契机上线“冬奥”频道，依托线上线下资源联动助力“青少年迷你冬奥会”成功举办，携手“北京冬奥报道云联盟”，形成17家联合报道机制和联合宣推矩阵，点燃冬奥激情，讲好中国冰雪传奇故事；三是全视角报道北京市和全国两会、北京台春晚、“两区”建设、北京疫情防控等重大主题，推出一系列产生广泛社会影响的精品力作。

巩固自有品牌，构建全媒矩阵。“北京时间”继续做大做强自有IP。短视频品牌“时间视频”全平台流量已达37.79亿次，矩阵粉丝量超2290万。大批优质报道获人民日报、新华社、中央广播电视总台等转载。与腾讯、百度等端外平台达成系列优质头部内容合作项目，实现社会效益与经济效益双赢。2021年，直播品牌“时间直播”直播近3000场，全网观看量突破4.3亿次，全网粉丝数超690万，直播矩阵平台数达43家。独家直播《我为群众办实事之局处长走流程》《春节云看北京CBD》获得国家广电总局表扬。截至2021年年底，“北京时间”旗下官方端外账号达70个，全网粉丝总量超4300万，平均每月微博热搜上榜40余次。

打造智能交互，助推平台升级。“北京时间”探索将5G、AI、AR/VR等技术融入内容生产与交互体验，力争以技术引领做好用户服务。由融媒体中心及“北京时间”共同打造的中国首个广播级智能交互真人数字人“时间小妮”一经发布，迅速引起广泛关注。这是北京广播电视台在“人工智能与新闻采编深度融合”方面所取得的最新突破性成果。“时间小妮”正逐步接入“北京时间”客户端，与稿件系统、交互系统、数据系统深度结合，在端内提供新闻播报、知识讲解、交互问答、广告代言、客户服务等全方位交互服务，满足用户对资讯、政务、服务、商务的需求。

深耕本地服务，提升服务能力。一是与北京市12345市民服务热线联手，上线“接诉即办”视频接诉平台，致力于未诉先办，一键转诉，实时跟踪办件进度，实现“民有所呼，我有所应”的智慧服务，助力城市基层治理体系和治理能力现代化建设。二是依托全台资源优势及公信力，利用新技术和大数据的应用，锚定法律、教育、医疗、生活消费等领域成熟的服务应用，推出与百姓生活密切相关的系列服务。三是上线首都医科大学附属天坛医院线上挂号服务产品，帮助市民缓解“看病难”的问题。

探索多元发展，提升经营水平。“北京时间”深耕台内、整合台外、统筹社会力量，探索多种商业经营及变现路径。一是培育价值IP，与首都博物馆、中国电影博物馆、北京香山革命纪念馆等合作，孵化出“首博食间”等系列文创IP，实现可观销售收入。二是继续开拓电商业务，通过时间商城线上秒杀等活动，促进用户兑换各类实物及虚拟商品超万件，有效激发用户活跃度。三是举办“青少年迷你冬奥会”“妈妈的味道”等“线上+线下”相结合的品牌活动。

二、北京IPTV平台发展情况

北京IPTV事业发展中心助力媒体融合转型，实施智慧运营优先、融合创新驱动战略，强化内容生产，推动产品迭代，完善技术体系，拓展商业运营，提升本地服务能力。截至2021年年底，北京IPTV平台注册用户达290万。

构建智能运营平台建设，抢占智慧家庭入口。2021年7月30日，北京IPTV正式投放自有独立知识产权的UiOS新一代智能电视交互操作系统UiOS 4.0，实现“看过去、看现在、看将来”的功能，推出全新的内容推荐介绍与背景流无缝播放模式及直播、点播、应用无缝衔接的操作逻辑，为用户、合作伙伴及播控平台本身提供全新的、互联网化的交互操作体验，其中的智能推荐系统、IMOS智能弹窗系统、智能大数据系统协同互联，用户操作更便捷、使用更流畅、交互更友好，极大地优化了用户体验与系统能力，进一步推动了客厅智慧家庭入口建设。

基于点播智能互动线性编排系统技术，上线“随心看”专区。在直播点播化和点播流化的媒体融合大背景下，打通直播和点播关联体验方式，使用户在直播和点播两种收看方式之间无缝快速互动切换，促进流量转化效率，提升用户活跃度和订购转化，创建全新产品模式；基于平台积累的大量用户行为数据，在开发出国内领先的“青荷大数据”系统的基础上，推动智能运营逐步实现。采用深度学习、自然语言处理等先进的机器学习算法和多维度分析数据，进行内容“智能推荐”系统开发。该功能可为用户提供精准、高质、差异化节目，从而实现“千人千面”；与运营商侧智能消息系统对接，进行智能语音功能开发，推动 IPTV 在智能语音与智慧家庭的融合场景下的发展。

助力冬奥传播，开展北京地区首次 8K 示范项目。为使北京 IPTV 服务融入新发展格局，借助北京冬奥会北京广播电视台冬奥纪实 8K 超高清试验频道开播契机，于 2021 年 12 月开展交互式网络电视 8K 超高清播控技术研发与示范应用，到年底实现在 IPTV 系统中传输直播 8K 频道的能力，实现 8K 机顶盒认证、鉴权，用户管理、EPG 支持 8K 分辨率及界面展示系统、网络体系优化、QOS 服务质量保证等功能，并进行北京地区 150 个示范点通过 IPTV 收看北京冬奥会 8K 信号的试验示范播出工作。为确保最终用户体验良好，北京 IPTV 研发团队与北京移动建立应急联合开发工作机制，全流程打通技术瓶颈，保障 2021 年 12 月 31 日在北京广播电视台冬奥纪实 8K 超高清试验频道开播时，同步登陆北京 IPTV。

赋能传统媒体融合创新，重构收视评价体系。基于平台积累的大量用户行为数据，开发出国内领先的“青荷大数据”系统，数据可采用深度学习、自然语言处理等先进的机器学习算法和多维度分析，进而推动内容“智能推荐”系统开发。结合北京广播电视台内容生产重点需求，推出个性化实时数据系统。已可为自身业务发展及合作伙伴、北京广播电视台各频道中心提供精准、深度、可信、有价值的数据服务。从宏观统计、收视基础、收视派生、收视贡献、动态分析和点播回看、定制化深度挖掘等维度，输出数据核心能力，为业务实践提供指导和依据，探索数据为传统媒体改革提供服务的新路径。北京 IPTV“青荷大数据”系统被北京市广播电视局评为“2020 年及 2021 年北京市推动智慧广电发展专项重点奖励项目”。

打造巩固自有垂直品牌，推出“随心看”点播流专区。在产品形态上，北京 IPTV 主要提供以直播、点播和自制点播流、专区、专题等多种形态的内容产品服务。打造“淘电影”“淘剧场”“淘娱乐”“淘 BABY”“BABY 淘奇包”“淘精彩”“4K 超清”“大健康”等“频道 + 点播”专区模式的“淘”系列品牌。2021 年 7 月，引入虚拟云时播技术，推出“随心看”专区，打通直播和点播关联体验方式，使用户可在直播和点播两种收看方式之间快速互动切换。同时，平台积极引入具有资质的内容运营方，上海百视通、浙江华数、湖南芒果等品牌均已入驻，更适应用户专业化、个性化需求。

发挥主流媒体作用，传播主流舆论声音。2021 年是中国共产党成立 100 周年。在建党百年宣传中，北京 IPTV 推出大型专题《信仰的力量——影像中的中国共产党精神图谱》庆祝建党 100 周年 · 100 部红色影视剧及 100 个短视频展播活动，借助丰富的影像资料，通过不同的影视作品、不同的历史时期、不同的人物故事、不同的展现维度，全面回溯中国共产党成立100年来披荆斩棘的光辉历程，深入解读中国共产党成立100年来形成的伟大精神图谱，多维度多角度诠释中国共产党成立百年来的辉煌历史。在全民抗疫时期，推出大型系列特别报道，以“频道直播+专区专题专栏点播”的组合传播模式，全方位报道北京及全国抗击疫情进展。在疫情反弹时，快速组织内容，配合“减少外出聚会”“非必要不出京”等倡导，普及抗疫知识，助力北京打赢疫情防控阻击战。为保障全市中小学生通过IPTV能及时收看市教委统一发布的电教课程，推出“空中课堂”专区，获得市教委高度好评。策划推出北京市和全国两会、北京台春晚、“两区”建设、神舟系列飞船发射专区、第十一届北京国际电影节等相关报道，通过首页首屏焦点位、首页横飞字幕、省级重点卫视等直播频道跳转引流，并对此后的点播和短视频模块进行持续推荐，使传播效果最大化。

推动北京市文惠券活动全面覆盖，满足市民精神文化需求。北京IPTV与市文资办创新合作，打造大屏、手机智能化惠民生态体系，为北京市文惠券建立专属IPTV商城，通过与市文资办文惠卡发券平台和运营商业管理平台对接，实现用户在线自动领取、自动核销文惠券的功能。2021年3月18日至10月22日文惠券使用期间，通过文惠券订购的用户总单数达27726单，实际订单总额436.36万元，为用户实际优惠46.07万元，将政府的文化惠民政策落实到百姓客厅电视屏中。北京IPTV文惠券功能荣获“2021年北京市广播电视媒体融合典型案例”。

（北京广播电视台）

北京广播电视台8K App建设情况

8K App定位为全国首个5G+8K的高新视频平台，展现超高清内容在移动端的极致体验，构建一个全新视频生态体系服务品质生活，也是北京广播电视台8K超高清试验频道进行互联网化的手段。建设思路是“高水准、深着力、新方向”。

一、8K App产品定位

第一，8K App代表北京广播电视台超高清节目制作与移动端播放的最高技术水准，客户端上内容清晰度更高，画面更精细，带给用户极致的视觉体验，同时也是践行“全息媒体”推出的沉浸式、更美视听5G高新体验的创新服务产品。

第二，8K App代表主流媒体在移动互联网上的引领性作用，围绕移动端的内容生产和传播创新方向，体现内容生产的专业性的同时，充分贴近群众服务群众，做全媒体时代的“通联部”，以开放平台调动一切积极因素，将各级机构单位和用户都作为资源整合起来，真正打造一套可运行、可运营、可持续运作的视听生态体系。

第三，在信息技术革命和自主创新上，8K App是一种模式上的探索，在内容生产和信息传播领域引入更多前瞻性的研究和应用，驱动信息传播发展链条，从单一化传播向互动式传播转变，从单一信息渠道向多元转变，从单一内容形式向多样化转变，内容信息量在高度、广度和深度上都得到提升。

二、8K App 功能亮点

8K App 实现的功能亮点可概括为“超、多、全、新”等关键词，具体阐述如下：

一是超高清、超视距、超沉浸。8K App 研发集成为国内首款真正支持 4K/8K 超高清视频的播放器，弥补行业市场空白。用户不仅可以超视距感受超高分辨率的视频和高动态范围的色彩展示，还可以双指放大画面观看细节，通过小屏幕获得源于自然、超于自然的视觉感受，真正实现“青翠欲滴、心生欢喜”的超沉浸效果。

二是多频道、多视角、多互动。8K App 实现电视节目多频道同播，除普通的同播外，还增加多视角直播和慢直播等，用户可以随意切换视角观看直播，也可以随时加入直播参与互动，实现分镜头远程控制直播或慢直播，实践新的传播互动模式。

三是全用户、全场景、全样态。8K App 通过技术赋能丰富内容生产制作发布全样态，聚焦高新视频应用场景拓展和用户体验优化，让普通用户做出专业的效果，让复杂的工作变得触手可得。开拓 PUGC 用户生产模式，提供老片修复、增帧去噪等美化增强工具集，无论是个人还是专业拍客都可以制作超高清视频，提高普通用户对高品质高画质视频内容的生产能力，满足全用户在多个场景下的使用需求，实现高品质创作生产和全场景融合应用。

四是新玩法、新模式、新技术。8K App 创新推出视频订单悬赏的功能，用户通过客户端对轻娱乐视频进行积分悬赏，个人或者专业拍客接单进行相关内容拍摄，实现全新的视频供给模式。同时新增 VR 视频、互动视频、裸眼 3D、720° 全景等视频模式，身临其境的沉浸感受使体验有真实感、环境有代入感、用户有交互感。

三、8K App 项目成果

8K App 项目实现国内首个“5G+8K”高新视频平台的初始目标。在技术平台的建设上构建一系列平台级能力，打造并实现一个支持超高清内容播放的移动客户端，构建一套开放的移动开发框架，建设成一套智能化的内容处理平台。申请包括超高清媒体数据的播放交互方法等专利、软件著作权 10 项。此外，项目专班探索融合媒体发展的新思路、新认知，为进一步加强北京广播电视台融合媒体产品规划和技术研发储备和培养人才。

截至 2021 年年底，8K App 采用敏捷迭代开发的工作模式，完成 50 多端和平台端的升级工作，实现产品基础版原型，并在台内进行内测工作，用户安装量约 1200 人。

（北京广播电视台）

北京 IPTV 智能语音项目上线——开启智慧家庭生活方式

北京智能语音项目于 2021 年年初上线，用户可搭配智能设备（如智能音响、智能语音遥控器等）使用语音控制、语音搜索等业务功能。该项目在北京联通侧已实现商用，正在北京电信和北京移动侧搭建中，可为用户提供交互智能语音的用户体验，让用户抛开遥控器也可以体验IPTV业务，提升用户使用满意度。

用户在初次使用时，需要将北京IPTV盒子和智能语音设备进行绑定，之后就可以通过智能语音设备与北京IPTV盒子进行语音交互操作，让用户抛开遥控器也可以随时随地观看电视。每次用户使用智能语音交互时，智能语音设备首先会将用户的语音发送至对应的智能语音平台，平台会将语音通过语音识别技术转化为语音文字，再将语音文字通过自然语言处理技术进行切分，形成系统可以识别的语意进行机器识别，之后将识别出的结果指令通过智能语音平台发出至智能消息管理平台，经过智能消息管理平台的消息处理后下发至北京IPTV播控平台，最终由北京播控平台将消息下发到北京IPTV机顶盒消息SDK执行，并调用北京IPTV APK接口展示EPG界面。

北京智能语音项目可以为用户提供多种智能语音交互操作，满足用户日常观看电视各场景需求。在使用直播场景时，用户可以对智能语音设备说频道名称、频道号进行直播频道的切换，例如，用户说“北京卫视”“21频道”等；同时，用户也可以对智能语音设备说对应指令进行直播频道的时移，例如，用户说“快退10分钟”等。在使用点播场景时，用户可以对智能语音设备说片名、演员姓名进行点播的语音搜索，例如用户说“战狼2”“刘德华的电影”等。此外，还可以进行组合搜索，比如用户可以对智能语音设备说“吴京演的长津湖”等。在操作类场景中，用户说“首页”“暂停播放”“快进10分钟”“大点声”都可以进行对应的跳转。

随着北京IPTV业务的快速规模发展，业务和系统复杂度不断增多，借助智能语音交互技术的突破性发展，可以极大降低用户使用北京IPTV业务的学习成本，为用户提供交互智能语音的用户体验，增强用户使用黏性和满意度。

（北京广播电视台）

北京IPTV“青荷大数据”系统被评为2021年度重点奖励项目

北京IPTV“青荷大数据”系统被北京市广播电视局评为“2021年北京市推动智慧广电发展专项重点奖励项目”。

为实现IPTV智能化运营要求，提升用户使用体验，进行IPTV系统智能化升级。基于北京IPTV平台积累的大量用户行为数据，开发出国内领先的“青荷大数据”系统，数据可采用深度学习、自然语言处理等先进的机器学习算法和多维度分析，进而推动内容“智能推荐”系统开发。经与北京广播电视台研发部深入沟通，结合北京广播电视台内容生产重点需求，北京IPTV“青荷大数据”为台内容生产提供数据服务，丰富台数据来源，赋能反哺媒体融合发展。

“青荷大数据”系统基于北京IPTV全量用户收视行为数据，电脑端、移动端双场景应用，十秒数据刷新，每个数据均保证记录，数据来源可溯源，与大数据国家标准协同，从宏观统计、收视基础、收视派生、收视贡献、动态分析和点播回看等维度，输出55项核心指标。基于全量数据源，系统既能输出传统小样本统计方法无法精准给出的绝对型指标，如收视用户数、收视时长、收视次数等，又能输出收视率、收视份额、节目到达指数、节目留存率、节目忠诚度、用户流入流出指数等比率型指标，探索数据为传统媒体改革提供服务的路径。

基于海量数据，北京广播电视台各频道、各栏目将能够获得用户分群数据，为更好地服务舆论宣传、经营管理提供可靠的依据。北京广播电视台原数据系统是基于采样调查数据之上的推论数据，只能提供各频道播出后24小时以上的数据结论，原系统全市采样终端为2500个。现IPTV提供各频道实时和播出后24小时的全量数据，数据来源为每个使用IPTV收看电视的终端，全市共260万个。原采样模型中只要有少量用户数据被污染就会引发推论结论被影响的情况，现采样来源为全部用户，统计结论真实准确。

同时，宣传效果的评估、广告价值的兑现、节目版权的价值等等，都需要数据支撑。北京IPTV大数据在实践中树立行业权威，在多次合作中与运营商、合作方的数据对比下，因真实、客观、准确多维度反馈运营结果，加强合作方对北京广播电视台数据信心。

（北京广播电视台）

歌华有线公司承建北京市区级政务大数据平台

2021年，歌华有线公司承建的北京市区级政府智慧广电服务基层治理政务大数据平台项目（简称“政务大数据平台”），不但能满足北京市区级政府开展“吹哨报到”“接诉即办”工作所需的服务需求，还能够助力区级政府开展数据治理、可视化分析、移动端展示等多个业务领域。该项目获得2021年北京市推动智慧广电发展专项资金奖励。

一、平台架构

政务大数据平台包含区级政府公开大屏展示系统、智慧大数据处理分析平台和移动端展示系统分析平台。2021年，政务大数据平台完成政府公开大屏展示系统建设并稳定运营，同时还启动智慧大数据处理和移动端展示系统分析平台建设。

（一）政府公开大屏展示系统

政府公开大屏展示系统数据结合物联网技术、GIS地图技术，将各区监控、人地物事组织、事件等在地图上进行立体、多维展示，形成工作一张图等，通过观测各项数据指标及预警信息能够提前预判、发现、解决问题。

1. 整体情况展示。包含内部监督数据分析

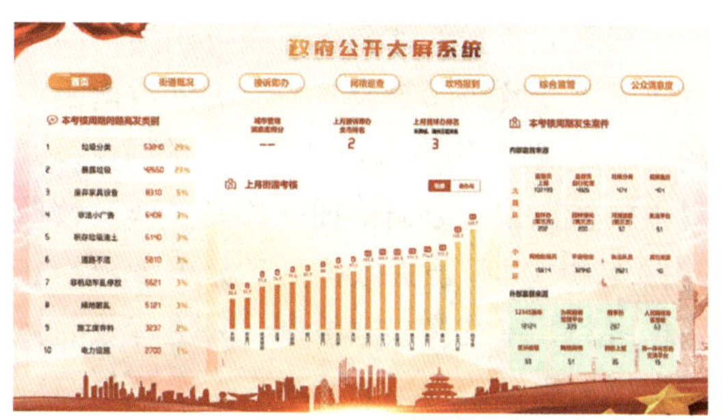

政府公开大屏整体情况展示

和外部监管数据分析，实现本考核周期问题高发类别分析和展示，综合监管的数据展示。

2. 街道概况。包括各街道案件发生数量、类别分析和展示整体。

3. 接诉即办。包含上月接诉即办各街道排名、每月接诉即办来电趋势分析、晚 6 点到次日 9 点前的接诉即办数据、前十类诉求事件处置阶段、回访的分析和展示。

4. 网格巡查。包括网格巡查案件情况、每月网格巡查案件变化趋势、网格巡查案件来源分析。

5. 吹哨报到。包括街道吹哨事件及各被吹哨部门报到情况展示及成绩展示。

6. 综合监管。街道考核、委办局考核成绩分析和展示。

7. 公众满意度。包括城市管理满意度时间变化、上月公众满意度分析、城市管理满意度前五名分析和展示。

（二）智慧大数据处理分析平台

该平台实现资源全覆盖，整合和汇聚多源海量数据资源，包括政务外网数据、政务内网数据、互联网数据等，形成信息资源库，统筹统管，构建全局数据地图。建立政务大数据中心，通过对外网和内网特有的数据进行采集、清洗、整合、汇聚、分析、挖掘、提炼，形成主题数据库。智慧大数据处理分析平台通过 AI 中心的数据挖掘技术，利用全面的、高质量的数据资源，实现监管督查、态势预测、风险预警和数据挖掘等功能。

智慧大数据处理分析平台可以为辅助领导决策、党政协同等业务系统提供数据服务的基础设施，利用资源全打通的大数据体系，提供数据汇聚、数据治理、数据管理及数据挖掘等服务。智慧大数据处理分析平台建立数据服务共享交换权限机制，采用有效的技术支撑，确保数据服务共享交换全流程的可监控、可追溯。

智慧大数据处理分析平台

（三）政务公开移动端展示系统

移动端展示系统是大屏展示系统的移动版，便于用户通过手机端实现数据的查询与业务的办理。在功能方面与大屏展示系统功能一致，包含整体情况展示街道概况、接诉即办、网格巡查、吹哨报到、综合监管、公众满意度等几个功能。在数据可视化展示方面，依托手机端应用系统，便于用户灵活操作，时效性强。

二、政务大数据平台使用效果

2021 年，政务大数据平台累计记录区街两级发现问题 30 万件左右，结案率 90.78%，环比下降 0.29%。记录便民事项共计 12 万件，办结率 99.30%。12345 市民服务热线电子派单直派和转派到相关区级处置 10 万余件，约占区级便民事项总案件 81.72%，办结率 99.93%。城市管理群众满意度总体平均得分为 83.49 分，其中，生态环境评价最高，满意度得分为 89.47 分；秩序环境评价最低，满意度得分为 78.35 分。

政务大数据平台助力区级政府整合 12345 市民服务热线诉求，优化响应机制，更好地实现“民有所呼，我有所应”，有效促进“接诉即办”工作落到实处，充分发挥了智慧广电建设赋能国家治理体系和治理能力现代化。

（北京歌华有线电视网络股份有限公司）

网络视听

2021年北京市网络视听管理情况综述

2021年，北京市广播电视局围绕庆祝中国共产党成立100周年主线，组织完成网络视听精品创作、全面建成小康社会主题宣传、创新创优管理模式等重点工作。截至2021年年底，北京市持有信息网络传播视听节目许可证机构133家，另有32家重点网络视听机构的平台纳入备案制管理。全年，共审核重点网络影视剧规划备案5807部，审核网络影视剧剧本218部1137集；核发上线备案号268部，其中网络剧66部1524集，网络微短剧17部367集，网络电影158部，网络动画片27部384集；审核备案网络综艺85档929集，网络纪录片22档111集，网络视听专题节目45档440集；受理审核网上引进境外影视剧230部，核发发行许可证207部，其中境外电视剧35部554集，境外电影120部、境外动画片52部14222分钟；审核单场次直播2145场，多场次直播927场。

一、开展主题宣传活动

围绕庆祝中国共产党成立100周年，充分发挥“北京新视听”网络视听新媒体宣传矩阵传播优势，做好首页首屏首条和节目编播工作，开展“信仰的力量——传承中国共产党精神图谱”红色影视剧展播活动，持续推送《百炼成钢：中国共产党的100年》系列短视频。聚焦2022北京冬奥主题，利用短视频、直播等形式，介绍北京冬奥会场馆建设、赛事安排、冰雪运动知识等内容。抖音、快手等重点平台通过“百年京张路　筑梦冬奥行”等主题活动，吸引网友广泛参与互动。北京市广播电视局组织15家重点平台开展“犇跑吧！新视听”线上迎春活动。451部9651集优质网络视听节目“限时转免”，丰富京冀两地群众文化生活，点击量11.5亿次，“转免价值”折合人民币5892万元。“我在北京过大年”短视频征集活动累计播放量达到1.6亿次，“牛年新气象　欢喜过大年”专场直播答题吸引75万名网友参加。做好首都文化传播“网红”工作，共组织遴选6人成为第一批入库“网红”。

二、引领网络视听精品创作

围绕“十四五”规划、打赢脱贫攻坚战、庆祝中国共产党成立100周年及北京冬奥会、冬残奥会等重大主题，提前部署，提早行动，通过“三个关口”前移（题材规划关口前移、立项创作关口前移、备案审查关口前移），对创作问题早发现、早纠正，打通三支队伍（规划论证队伍、审查审核队伍、评优评奖队伍），做到“引一把、领一把、扶一把”，立足“北京模式”开展一系列网络视听节目精品创作。

一是主动策划，立足实际谋篇布局。组织召开北京网络影视剧高质量发展专家研讨会和重点网络影视剧专题研讨会，邀请行业专家学者建言献策。组织平台和制作机构策划《生死协议》《飞吧，冰上之光》《浴血无名川之奔袭》《藏草青青》等重大题材网络影视剧。二是靠前指导，精品佳作排兵布阵。组织上线播出网络剧《约定》《那一天》，网络电影《草原上的萨日朗》《绿皮火车》《浴血无名川》《我来自北京之玛尼堆的秋天》，网络纪录片《劳生不悔》等一批唱响主旋律、传递正能量的网络精品，彰显主力军实力。

三是树立标杆，引领网络电影发展。不断深化完善精品创作“北京模式”，多部影片赢得主旋律题材好口碑，获得经济效益社会效益双丰收，在行业内形成网络电影精品看北京的良好态势。网络电影《浴血无名川》观影人次1075.3万，累计分账3355万元。《藏草青青》豆瓣评分7.7，上线后微博话题阅读量近4700万次，短视频播放量超过4亿次。四是评奖评优，扶持基金激励创作。充分发挥基金效能，从主题内容、立意导向、艺术表现、制作水平等多个维度评选优秀作品并给予扶持奖励，鼓励创作人员，激发创作活力。完成2021北京广播电视网络视听发展基金评审，评选出网络电影《毛驴上树2倔驴搬家》等57个项目，扶持奖励资金2070万元。2021年，在国家广电总局公示的各类推优评奖中，北京市广播电视局推荐的作品在全国各省中位列第一，101部作品入选国家广电总局各类推优评奖获奖名单，其中，网络动画片、网络剧、网络纪录片、网络综艺节目等56个项目获得国家广电总局季度、年度推优评奖。

2021年4月2日，网络电影《浴血无名川》在爱奇艺独家上线播出

2021年2月24日，网络纪录片《劳生不悔》在爱奇艺独家上线播出

三、开展违规内容专项整治

开展违规内容专项治理行动，确保网络视听内容健康向上。督导全市重点网络平台清理不良视频78.86万条，处置违规账号12.64万个，确保重大政治活动和敏感节点首都网络视听安全。落实八部委对直播网络生态治理工作要求，统筹多支力量加强直播监看力度，开展直播间PK、直播间违规播放影视剧、未前置备案开展直播节目、直播明星八卦绯闻等专项治理行动，查处违规直播2762起，处理账号1683个。组织专家团队对短视频平台传播的4000余部网络微短剧进行专项监看和集中审查，对内容违规项目做下线重编或下线禁播处理。

净化网络文艺生态，提升内容监管效能。一是严管网络综艺节目。联合北京市委网信办、市场监管局等，编制完成选秀类网络综艺、流量明星和“饭圈”问题调研报告，印发《关于进一步加强网络综艺节目创作播出管理的通知》，严格实施网络综艺节目规划备案和上线备案管理制度，偶像养成类节目不立项、不播出。二是压紧压实平台主体责任。联合国家广电总局网络司、监管中心开展安全大检查，规范行业发展秩序。开展压实网络视听平台主体责任大调研，研究编制网络视听行业合规手册，探索网络原创节目自审试点工作。三是持续清理违法失德艺人视频。排查清理郑爽、吴亦凡等违法失德和丑闻劣迹艺人相关作品、节目、短视频等视听内容。强化与新浪微博、百度等平台的联动对接，稳妥有序处理热点舆情信息，确保网络视听舆情态势平稳可控。

组织北京市属平台参加网络视听审核员培训8期，组织网络原创影视剧和综艺创作人员培训2期，帮助视听平台和制作机构人员精准把握管理要求，不断提升导向意识、媒介素养和专业能力。加强对电商主题直播活动、演唱会、音乐会、综艺节目直播的审核把关。围绕“快速响应、积极应对、满意解决”的工作思路完成827件“市民服务热线12345”信访举报件的处理工作。

四、指导协会创新发展

指导北京网络视听节目服务协会举办第二届第二次理事会，吸纳行业中坚力量，会员单位涵盖内容制作、信息科技、社交网络、直播与MCN机构、垂直应用、市场研究等多个领域，46家新会员单位加入，协会会员单位总数达211家。指导协会打造“北京新视听”新媒体传播矩阵，快手粉丝超过47万，抖音粉丝超过10万。指导协会启动专业委员会建设，完成《电视剧片4K制作基准》团体标准的制定；推进落实基于短视频、直播与MCN专业委员会的行业研究报告项目。

（北京市广播电视局网络视听节目管理处）

2021年北京市持有“信息网络传播视听节目许可证”机构一览表

序号	许可证号	开办单位	播出名称	登录地址/下载名称	接收终端
1	0105094	华奥星空科技发展有限公司	华奥星空	www.sports.cn	计算机
			华奥星空	客户端软件下载	手机等手持终端设备
			华奥星空	sports.cn	手机等手持终端设备
2	0103032	中广亚广播信息网络有限公司	中广网	www.catv.net	计算机
3	0103028	北京广播电视台	北京网络广播电视台	www.brtn.cn	计算机
			歌华手机电视	—	手机等手持终端设备
			歌华互联网电视	—	电视机
4	0104056	北京千龙新闻网络传播有限责任公司	千龙网	www.qianlong.com	计算机
5	0104053	北京在线九州信息技术服务有限公司	天天在线	www.116.com.cn	计算机
6	0104054	北京歌华有线电视网络股份有限公司	歌华TV	www.gehua.net	计算机
7	0105081	北京歌华文化发展集团	新视界	www.dvod.com.cn	计算机

（续表）

序号	许可证号	开办单位	播出名称	登录地址/下载名称	接收终端
8	0105087	北京联合网视文化传播有限公司	联合网视	www.uitv.com.cn	计算机
9	0105097	乐视网信息技术（北京）股份有限公司	乐视视频	www.le.com	计算机
			3G乐视网	—	手机等手持终端设备
			乐视视频	le.com	
10	0105093	北京雷霆万钧网络科技有限责任公司	tom宽频站	www.tom.com	计算机
11	0108231	北京光线易视网络科技有限公司	E视网	www.ewang.com	计算机
			E视网	客户端软件下载	手机等手持终端设备
12	0108272	网乐互联（北京）科技有限公司	听伴	www.tingban.cn	计算机
13	0107195	中共北京市委干部理论教育讲师团	宣讲家网	www.71.cn	计算机
14	0108246	北京优朋普乐科技有限公司	优朋影视	www.voole.com	计算机
15	0108296	北京网尚文化传播有限公司	VV8网尚宽频	www.vv8.com	计算机
16	0108251	北京网罗天下生活科技有限公司	100度享乐网	www.100du.com	计算机
17	0108267	酷溜网（北京）信息技术有限公司	酷6网	www.ku6.com	计算机
			酷6网	ku6.com	手机等手持终端设备
18	0108275	北京青年报网际传播技术有限公司	北青网	www.ynet.com	计算机
			北青视频	ynet.com	手机等手持终端设备
19	0108270	北京时越网络技术有限公司	悠视网	www.uusee.com	计算机
20	0108258	迈视（北京）网络传媒技术有限公司	迈视网	www.maxtv.cn	计算机
21	0108259	北京搜狐互联网信息服务有限公司	搜狐	www.sohu.com	计算机
22	0108290	北京风行在线技术有限公司	风行网	www.fun.tv	计算机
			风行视频+	客户端软件下载	手机等手持终端设备
23	0108283	优酷信息技术（北京）有限公司	优酷	www.youku.com	计算机
			优酷	youku.com	手机等手持终端设备

（续表）

序号	许可证号	开办单位	播出名称	登录地址/下载名称	接收终端
24	0108268	北京花房科技有限公司	6.cn	www.6.cn	计算机
			六间房	客户端软件下载	手机等手持终端设备
25	0108308	北京华艺汇龙网络科技有限公司	艺通网	www.etoote.com	计算机
			艺通视频	etoote.com	手机等手持终端设备
26	0110536	北京偶偶网络科技有限公司	偶偶网	www.ouou.com	计算机
27	0108265	北京动艺时光网络科技有限公司	Mtime视频	www.mtime.com	计算机
			Mtime时光网	mtime.cn	手机等手持终端设备
28	0108284	北京万方数据股份有限公司	万方视频	www.wanfangdata.com.cn/	计算机
29	0108278	北京智汇游信息技术有限公司	17173视频	www.17173.com	计算机
30	0108271	新传在线（北京）信息技术有限公司	新传宽频	www.zhibo.tv	计算机
31	0108274	北京搜房科技发展有限公司	搜房网视频	www.fang.com	计算机
				客户端软件下载	手机等手持终端设备
32	0108291	北京捷报互动科技有限公司	捷报网	www.jeboo.com	计算机
33	0108298	暴风集团股份有限公司	暴风影音	播出服务器网址：http://moviebox.baofeng.net/newbox1.0/index/index_1.html	计算机
			暴风影音	baofeng.com	手机等手持终端设备
			暴风影音	客户端软件下载	
34	0108292	北京中视互动科技发展有限公司	互动宽频	www.citv.cn	计算机
35	0110516	北京百度网讯科技有限公司	Baidu视频	www.baidu.com	计算机
			Baidu影视		
			Baidu贴吧		

（续表）

序号	许可证号	开办单位	播出名称	登录地址/下载名称	接收终端
36	0108309	北京勤能通达科技有限公司	勤能影视	www.tvquan.cn	计算机
37	0108319	北京晨报社	晨报视频	www.morningpost.com.cn	计算机
38	0109404	北京和讯在线信息咨询服务有限公司	和讯视频	www.hexun.com	计算机
39	0109359	北京华星互联文化传播有限公司	如意影视	www.165tv.com	计算机
40	0109343	同方股份有限公司	清华同方学堂	www.edu−sp.com	计算机
41	0108325	北京摩苍科技发展有限公司	摩视网	www.shanlink.com	计算机
42	0110549	粉娱（北京）科技发展有限公司	粉娱网	www.fenyucn.com	计算机
			粉娱视频	fenyucn.com	手机等手持终端设备
43	0109388	赛尔网络有限公司	校园梦网	www.cdream.com.cn	计算机
44	0109368	北京三进宇通通信设备有限公司	三进宇通音乐网	www.rock3g.cn	计算机
45	0109360	北京互动百科网络技术有限公司	百科视频	www.baike.com	计算机
46	0109362	北京酷我科技有限公司	酷我音乐	www.kuwo.cn	计算机
			酷我音乐	客户端软件下载（名称：酷我音乐）	手机等手持终端设备
47	0109376	北京天空世纪信息技术有限公司	天空宽频	www.tvsky.tv	计算机
48	0109379	北京空中信使信息技术有限公司	空中网视频	www.kongzhong.com	计算机
49	0109389	北京卡酷传媒有限公司	KAKU酷视听	www.kaku.tv	计算机
50	0109377	北京文国网络技术有限责任公司	文国V视	www.veduchina.com	计算机
51	0110427	掌中微视（北京）科技有限公司	微视网	www.kinpower.com.cn	计算机

（续表）

序号	许可证号	开办单位	播出名称	登录地址/下载名称	接收终端
52	0109380	华友世纪通讯有限公司	Hawa音乐	www.hawa.cn	计算机
53	0109390	中传视友（北京）传媒科技有限公司	视友	www.cuctv.com	计算机
			视友	cuctv.com	手机等手持终端设备
54	0110515	北京汉高华网络科技有限公司	欢喜首映	www.huanxi.com	计算机
55	0110576	原上草网络信息技术（北京）有限公司	原上草	www.igroot.com	计算机
56	0109405	北京华通京信通信技术有限公司	腾空网	www.tengkong.com	计算机
			腾空视频	tengkong.com	手机等手持终端设备
57	0109500	北京飞宇电脑技术有限公司	飞宇视频	www.feiyu.com.cn	计算机
58	0109406	北京网高科技股份有限公司	今日财界	www.17ok.com	计算机
			今日财界	17ok.com	手机等手持终端设备
				客户端软件下载	
59	0110517	北京北纬通信科技股份有限公司	北纬30度	www.bw30.com	计算机
60	0110533	共青团北京市委员会	青檬网络	www.qmoon.net	计算机
61	0110525	北京中录国际文化传播有限公司	中录宽频	www.zlvod.cn	计算机
62	0110524	金银岛（北京）网络科技股份有限公司	金银岛视频	www.315.com.cn	计算机
63	0110542	北京中润互联信息技术有限公司	8169	www.8169.com	计算机
64	0110556	北京新媒视讯科技有限公司	新频道	www.xinpindao.com	计算机
				客户端软件下载	手机等手持终端设备
65	0110545	北京小度互娱掌讯科技有限公司	远景视频	www.handinfo.cn	计算机
66	0110563	游艺星际（北京）科技有限公司	哈啪咪	www.hapame.com	计算机

（续表）

序号	许可证号	开办单位	播出名称	登录地址/下载名称	接收终端
67	0110538	北京小唱科技有限公司	火星	www.xiaochang.com	计算机
68	0110534	北京比邻星空科技有限公司	颐家视听	www.e–jjj.com	计算机
69	0110551	优活联盟（北京）科技有限公司	优活联盟	www.yoholm.com	计算机
70	0110531	北京新东方迅程网络科技股份有限公司	新东方在线	www.koolearn.com	计算机
71	0110543	北京易车信息科技有限公司	易车	www.yiche.com	计算机
72	0110553	北京车之家信息技术有限公司	汽车之家	www.autohome.com.cn	计算机
			汽车之家	autohome.com.cn	手机等手持终端设备
73	0110554	北京富华创新科技发展有限责任公司	金融界视频	www.jrj.com	计算机
			金融界视频	m.jrj.com.cn	手机等手持终端设备
74	0110418	北京豆网科技有限公司	豆瓣网	www.douban.com	计算机
			豆瓣	douban.com	手机等手持终端设备
75	0110544	北京爱奇艺科技有限公司	爱奇艺	www.iqiyi.com	计算机
			爱奇艺	iqiyi.com	手机等手持终端设备
76	0110484	北京红番茄联众通信技术有限公司	荪苔视频	www.300hu.com	计算机
77	0110552	北京智德典康电子商务有限公司	爱卡汽车网	www.xcar.com.cn	计算机
78	0110583	北京瑞奥视科技有限公司	瑞网	www.today365.com.cn	计算机
			瑞网	客户端软件下载	手机等手持终端设备
79	0111605	工控网（北京）信息技术股份有限公司	工控网	www.gongkong.com	计算机
80	0110446	北京天方金码科技发展有限公司	天方听书网	www.tingbook.com	计算机
81	0110461	北京宇晨亿荣网络科技有限公司	酷燃视频	www.krcom.cn	计算机

（续表）

序号	许可证号	开办单位	播出名称	登录地址/下载名称	接收终端
82	0110557	北京艾斯凯国际民族文化传播有限公司	宅猫	www.maoer.com	计算机
83	0110428	北京康隆盛科技有限公司	乐看	www.lekan.com	计算机
84	0110550	北京新网视信传媒科技有限公司	橙果娱乐	www.chengo.com.cn	计算机
85	0110569	北京赛鸽天地广告有限公司	赛鸽天地	www.saigefan.com	计算机
			赛鸽天地	rpw.com.cn	手机等手持终端设备
86	0110535	北京华思维泰克科技有限公司	维洱	www.v2to.com	计算机
87	0110562	北京雷盟盛通文化发展有限公司	V族网	www.vzuu.com	计算机
88	0110568	北京画娱天下科技有限公司	画娱宽频	www.hydiy.cn	计算机
89	0110537	北京梦之窗数码科技有限公司	糖豆网	www.tangdou.com	计算机
			糖豆网	tangdou.com	手机等手持终端设备
90	0110582	北京联想调频科技有限公司	联想阳光在线	www.lenovo.net	计算机
91	0110581	北京万企科技有限公司	TT视频	www.cew.cn	计算机
92	0110588	北京清大世纪教育投资顾问有限公司	清大学习吧	www.eee114.com	计算机
93	0110453	大地时代文化传播（北京）有限公司	大地传播	www.dadifilm.com	计算机
94	0110587	完美世界（北京）网络技术有限公司	完美音乐在线	www.wanmei.com	计算机
95	0110416	北京库客音乐股份有限公司	库客数字音乐图书馆	www.kuke.com	计算机
96	0110426	北京凯铭风尚网络技术有限公司	YOKA视频	www.yoka.com	计算机
97	0110437	北京太极国际体育发展有限责任公司	太极体育网	www.21tjsports.com	计算机

（续表）

序号	许可证号	开办单位	播出名称	登录地址/下载名称	接收终端
98	0110460	北京君合百纳通信技术有限公司	亮了网	www.liangle.com	计算机
99	0110413	北京宽客网络技术有限公司	音悦网	www.yinyuetai.com	计算机
			音悦网	yinyuetai.com	手机等手持终端设备
100	0110475	北京天天宽广网络科技有限公司	酷米网	www.kumi.cn	计算机
101	0110438	北京世纪超星信息技术发展有限责任公司	超星尔雅学术视频	www.superlib.com	计算机
102	0110567	北京优视米网络科技有限公司	时间的朋友	www.umiwi.com	计算机
103	0110424	芝麻开门网络数字技术（北京）有限公司	芝麻开门视频	www.zmkm.org.cn	计算机
104	0110448	北京德法利投资有限公司	中彩视频	www.zhcw-1.com.cn	计算机
105	0110452	北京中童联合资讯服务有限公司	中童在线	www.looklook.cn	计算机
106	0110471	北京《瑞丽》杂志社有限公司	瑞丽视频	www.rayli.com.cn	计算机
107	0110594	中体彩彩票运营管理有限公司	竞彩网	www.sporttery.cn	计算机
			竞彩网	m.sporttery.cn	手机等手持终端设备
108	111612	华录出版传媒有限公司	东东007	www.dongdong007.com	计算机
109	111614	新星出版社有限责任公司	声动网	www.singdoo.com	计算机
110	0111622	国家大剧院	国家大剧院精彩演出视频	www.chncpa.org	计算机
111	0113658	北京卓众出版有限公司	第一工程机械网视频	www.d1cm.com	计算机
112	0108269	京华时报社	京华网	www.jinghua.cn	计算机
113	0114665	北京广播集团有限公司	菠萝网	www.bolo.cn	计算机

（续表）

序号	许可证号	开办单位	播出名称	登录地址/下载名称	接收终端
114	01110559	北京中期移动传媒有限公司	都市宽频	www.361cc.com	计算机
115	0105136	第一视频通信传媒有限公司	V1.CN	www.v1.cn	计算机
			V1.CN	—	手机等手持终端设备
116	01010560	中数寰宇科技（北京）有限公司	易视腾视频	www.ysten.tv	计算机
				www.koomatch.com	
			视加	—	手机等手持终端设备
117	101320001	北京市朝阳区融媒体中心	朝阳融媒	客户端软件下载（名称：北京朝阳）	手机等手持终端设备
118	101320002	北京市东城区融媒体中心	东城融媒	客户端软件下载（名称：北京东城）	手机等手持终端设备
119	101320003	北京市海淀区融媒体中心	海淀新闻	www.bjhdnet.com	计算机
			海淀新闻	客户端软件下载（名称：掌上海淀）	手机等手持终端设备
				bjhdnet.com	手机等手持终端设备
120	101320004	北京市大兴区融媒体中心	北京大兴	客户端软件下载（名称：北京大兴）	手机等手持终端设备
121	101320005	北京市房山区融媒体中心	房山融媒	www.funhillrm.com	计算机
			房山融媒	客户端软件下载（名称：北京房山）	手机等手持终端设备
122	101320006	北京市平谷区融媒体中心	平谷融媒	客户端软件下载（名称：平谷融媒）	手机等手持终端设备
123	101320007	北京市石景山区融媒体中心	北京石景山	客户端软件下载（名称：北京石景山）	手机等手持终端设备
124	101320008	北京市延庆区融媒体中心	北京延庆融媒体	客户端软件下载（名称：北京延庆）	手机等手持终端设备
				yanqingrmzx.com	

（续表）

序号	许可证号	开办单位	播出名称	登录地址/下载名称	接收终端
125	101320009	北京市密云区融媒体中心	微视密云	客户端软件下载（名称：宜居密云）	手机等手持终端设备
126	101320010	北京市昌平区融媒体中心	昌广传媒	www.cprt.com.cn	计算机
			北京昌平	客户端软件下载（名称：北京昌平）	手机等手持终端设备
127	101320011	北京市门头沟区融媒体中心	门头沟融媒	客户端软件下载（名称：门头沟融媒）	手机等手持终端设备
128	101320012	北京市通州区融媒体中心	通州广播电视台	www.fzxrm.com	计算机
			通州广播电视台	客户端软件下载（名称：融汇副中心）	手机等手持终端设备
129	101320013	尚亦城（北京）科技文化集团有限公司（北京亦庄融媒体中心）	尚亦城	客户端软件下载（名称：尚亦城）	手机等手持终端设备
130	101320014	北京市怀柔区融媒体中心	怀柔融媒	www.huairtv.com	计算机
			怀柔融媒	客户端软件下载（名称：北京怀柔）	手机等手持终端设备
131	101320015	北京市丰台区融媒体中心	妙笔生花看丰台	客户端软件下载（名称：北京丰台）	手机等手持终端设备
132	101320016	北京市西城区融媒体中心	西城融媒	客户端软件下载（名称：西城家园）	手机等手持终端设备
133	101320017	北京市顺义区融媒体中心	顺义融媒	www.bjsytv.com	计算机
			北京顺义	客户端软件下载（名称：北京顺义）	手机等手持终端设备

（北京市广播电视局媒体融合发展处）

2021年北京市网络剧发展情况

2021年，北京市生产网络剧66部1524集，较2020年的66部1515集作品数量保持比较平稳发展的状态，在疫情防控的大环境下，生产力及制作水准均较为稳定。呈现以下几个特点：

一、现实题材剧踊跃发展，主流与青春双呈现

2021年，北京市属网络视听平台为大众放送大量描绘时代生活、关照社会现实的优质网络剧，涌现一系列如首部网络献礼剧《约定》、建党百年题材《那一天》等优质剧集。相比电视剧，网络剧的主旋律创作更加突出地展现青春力量，如《再见，那一天》由李光洁、蒋欣、胡军主演，讲述当代刑警关爱曾经失足的社会边缘人、精神情怀得到传承的故事，从一位刑满释放人员胡广来出狱后重获新生的视角，表现刑满释放人员用诚实劳动创造美好生活之路，也表达了对人与人之间信任、理解的热诚呼唤。冬奥题材的《爱在粉雪时光》，讲述一对因误会而分手的初恋情人，因滑雪再次产生交集，以滑雪运动为双方事业的契机，在现代职场与感情中谱写浪漫邂逅，并以滑雪比喻人生，聚焦主人公的成长，表现一群年轻人对梦想和爱情的追求，在职场的努力打拼与互相扶持，表现当代青年人的追梦理想和向善向上精神情怀。作品中滑雪元素契合冬奥会的宣传和引导主题，展现滑雪运动魅力，推广滑雪运动，贴近都市生活气息、青春气息，体现出积极的思想内涵和乐观的人生态度。这些青春主旋律网络剧是立体化讲好中国时代故事的体现，为庆祝中国共产党成立100周年、全面建成小康社会贡献网络文艺力量。

二、高质量网剧占比提升，热度与口碑双丰收

在网络剧整体产量平稳的大环境下，头部优质内容数量提升。口碑与热度的趋同效应更加明显，观众对内容本身的回归、市场的成熟与用户审美提升，有思想、有内涵、有立意的剧集内容获得高播放量和大众青睐。如医疗题材的《脑海深处》聚焦神经外科领域，讲述医生尽职尽责、全心全意挽救生命的故事，剧情设置专业性较强，当代都市生活气息浓郁，映现医务工作者面对疑难杂症的忐忑与努力，面对患者家庭的情感和道义，引发观众对身心健康、生命期望的深度思考，同时具有较强的医学科普价值，为国内网络影视剧行业提供医疗行业题材示范。该剧上线以来实现超2000万次播放，位居爱奇艺电视剧飙升榜前十、独播网剧榜第六，引发巨大的社会反响。全国首部检察技术题材悬疑网络剧《真相》还原一线检察工作，演绎出检察技术人员运用先进的专业技术手段协助检察官突破疑难案件瓶颈，攻克“零口供”案件的精彩故事。该剧凸显技术证据在司法实践中的重要性，也成功地刻画出一群专业尽责、维护正义的新时代检察技术人员群像，具有一定社会价值。整体来看，用户观感进一步成为衡量作品综合影响力的重要维度，对行业起到优化促进作用。

三、网络微短剧表现突出，规范与创新双发展

自2020年国家广播电视总局发布《关于进一步加强电视剧网络剧创作生产管理有关工作的通知》以来，整体要求反对内容“注水”，规范集数长度；网络剧拍摄制作提倡不超过40集，鼓励30集以内的短剧创作。在政府和市场的双重导向下，集数去水大势所趋，加上短视频平台市场逐渐饱和，长视频平台内容亟须创新，网络微短剧成为长短视频平台的新发力点。

对于网络微短剧来说，无论是长视频平台向短视频流量高地进行内容占位，还是短视频平台向优质影视制作上游跃进，网络微短剧这一网络文艺形式都极具竞争优势，甜宠、穿越、都市、爱情、古装成为“内容主力”，也有悬疑、动画等新题材类型涌现，发展愈加趋向多元化。为规范网络微短剧创作、推进网络微短剧高质量发展，北京市广播电视局举办“送专家到企业”快手专场网络微短剧创作培训会，就题材规划、内容审核、推优评奖等方面给予创作人员指导。

（北京市广播电视局网络视听节目管理处）

2021年北京市网络电影发展情况

2021年是网络电影进入大众视野的第七个年头，在这六年时间里，网络电影规模飞速增长，票房成绩也不断在刷新，更在新冠肺炎疫情全球大流行的局势下，成为稳固、助力长视频内容市场的重要角色，呈现更为优质多元化的发展趋势。

一、推出主旋律题材影片

2021年，北京市各网络视听节目制作机构围绕全面建成小康社会、打赢脱贫攻坚战、庆祝中国共产党成立100周年及北京冬奥会、冬残奥会等重大主题，开展一系列网络视听节目精品创作工作，主题多样、内涵丰富，有聚焦抗美援朝的《浴血无名川》，致敬在国家危难之际挺身而出、无私奉献的人民英雄；有聚焦脱贫攻坚的《草原上的萨日朗》《绿皮火车》《我来自北京之按下葫芦起来犁》《我来自北京之福从天降》《我来自北京之玛尼堆的秋天》《藏草青青》等，彰显基层干部一心为民服务的执着和奉献精神，展现党和政府的政策给人民生活带来的巨大变化；有聚焦抗击新冠疫情的《凡人英雄》，展现出“抗疫”洪流中既平凡又温暖的人性之光。观众不再局限于强娱乐的单一审美，先前扎堆拍摄的奇幻、恶搞、娱乐也不再是票房保证，反是现实主义题材、主旋律题材网络电影表现亮眼，在分账票房破千万的68部影片中占到17部，这些作品用符合网络传播规律的方式传递主流价值观，引领不迎合，启迪不说教，达到良好宣传效果。

二、引领行业发展方式

2021年，北京不断深化完善精品创作“北京模式”，多部主旋律题材影片赢得好口碑，获得经济效益社会效益双丰收，在行业内形成网络电影精品看北京的良好态势。《浴血无名川》观影人次1075.3万人，累计分账3355万元，填补网络电影军事题材的空白，

是近年来为数不多的敢于正视战争残酷性，并成功张扬军人血性，塑造中国军队官兵英雄群像的影片。《藏草青青》以北京青年到藏区支教为主题，上线后，豆瓣评分7.7，微博话题阅读量近4700万次，短视频播放量超过4亿次。

2021年1月，北京市属网络视听平台爱奇艺调整网络电影分账规则，推出点播付费分账模式；2月，王宝强主演的电影《少林寺之得宝传奇》以PVOD模式（Premium Video on Demand：高端视频点播，指影片能以接近于院线同期上映的时间上线流媒体平台的付费点播形式）上线爱奇艺、优酷和腾讯，开启网络电影的春节档。PVOD模式补充电影发行渠道，为优质影片提供更广阔的市场空间。

2021年，优酷网络电影建立多元化分账模式，创新档期排播策略。为了内容得到更多资源服务、触达更多用户，开放拼播模式；为了让更多内容享受流量福利，优酷汲取电影院线发行经验，推出网络电影档期概念，更接近观众需求。

三、多部影片获推优和评奖

在2021年国家广电总局公布的各类推优评奖结果中，北京推荐的作品在全国各省中位列第一。其中，《我来自北京之炖大鹅》等3部网络电影入选国家广电总局2020年“弘扬社会主义核心价值观　共筑中国梦”主题原创网络视听节目征集推选和展播活动优秀节目；网络电影《我来自北京之福从天降》入选国家广电总局2021年第一季度优秀网络视听作品推选活动优秀作品；《浴血无名川》等3部网络电影入选国家广电总局2021年第二季度优秀网络视听作品推选活动优秀作品；《草原上的萨日朗》等10部网络电影入选总局2021年“弘扬社会主义核心价值观　共筑中国梦”主题原创网络视听节目征集推选和展播活动优秀节目。

（北京市广播电视局网络视听节目管理处）

2021年北京市网络综艺发展情况

2021年，以爱奇艺、优酷、抖音、快手为代表的北京市重点网络视听平台，在精品创作“北京模式”的引领带动下，不断开拓网络综艺节目的题材类型和表现形式，推出一大批社会效益和经济效益统一的优秀节目。

一、爱奇艺制作播出的综艺节目

2021年，爱奇艺上线的重点综艺节目共41档474期，覆盖语言、经营体验、戏剧、情感、职场观察、喜剧、推理、文化等多类型，关注时代潮流风向和年轻人的兴趣点，在时代新人风貌、时代幸福生活和时代潮流风尚三个维度进行创新，观照社会现实，注重价值引领，彰显人文关怀，实现同频共振。

关照现实，深耕圈层文化。《一年一度喜剧大赛》以贴近年轻人语境的创作方式，聚焦职场、家庭、婚恋、社交等热点议题，通过素描喜剧、音乐剧、默剧、漫才等不同类型的作品，让观众在欢笑声中感知生活的点滴。《一年一度喜剧大赛》播出后，豆瓣评分8.5，成为喜剧赛道“年度黑马”，被包括《人民日报》、光明网评论在内的多家媒体报道，引发强烈的社会反响。《上班啦！妈妈》以新时代职场女性视角切入，聚焦职场妈妈，展现她们在当今所面临的情感、事业、家庭等多种真实问题，呈现女性在成为妈妈这一角色后，自我挑战、自我突破、自我价值实现的新时代女性精神。同时，通过节目呼吁大众消除对职场妈妈的偏见，给予她们更多的关注、理解和保障。"登场了"系列是爱奇艺以更年轻态的方式走近传统文化，带动青年自觉成为传统文化的亲身体验者与传播者的系列作品。《登场了！洛阳》以观众喜闻乐见的综艺创新形式、年轻视角表达，多维度立体呈现洛阳的独特文化内涵，让传统文化魅力浸润年轻人，影响更多年轻人热爱传统文化，并产生文化自信。《舞蹈生》关注青年舞者，用舞蹈表达文化，用舞蹈传达情感。节目展现多种中国传统舞蹈，为观众提供多重视听享受。

加大创新扶持力度，激发创作活力。真人秀《戏剧新生活》，让戏剧创作生产及戏剧文化从小众舞台走进大众视野。节目以趣味的方式还原戏剧人的生存现实，通过环节的设置、机制的呈现，展现的不是冷冰冰的戏剧现实，而是充满活力的生活，这种呈现能够让观众在欢乐中感受戏剧人的专业素养和生活状态，加速戏剧人才步入大众视野的进程。《戏剧新生活》播出后，全国多家剧院自发以条幅形式为节目应援助力，感谢节目对戏剧人现状的关注和呈现，社会影响力显著，也带动了更多年轻用户关注戏剧文化。迷综"三部曲"关注年轻人潮流社交方式，通过经典 IP 角色扮演、沉浸式推理，传递正向价值观。第一部《萌探探探案》，在剧本设计上以大众熟知的 IP 剧为基础，设计故事倒推、情节重现、逻辑再造等多元主题，在经典影视场景中引入户外真人秀、棚内游戏竞技的实景拍摄，打破戏剧和综艺的边界，带给观众极强的沉浸感和带入感。第二部《奇异剧本鲨》在内容层面做差异化的布局，聚焦不同观众的观看需求，在节目的推理难度与类型场景上都有更多的拓展，节目除在空间维度上进行多年代、多主题的实景还原，还采取进行时态的叙事模式，让观众深度进入节目的推理环境中，获得真实的沉浸式演绎体验。第三部《最后的赢家》在场景构建以及剧本难度上再度升级，打造城市级别的大型沉浸式实景推理，并结合各具风情的地域特色场景与元素的解谜形式，将推理剧情与城市文旅融合，节目强大的逻辑性、扣人心弦的故事内容和嘉宾身临其境的表演向观众呈现电影级的观看效果。另外，《开拍吧》通过还原剧本创作到演员匹配、寻找投资、拍摄制作、影片上映、市场反馈的创作流程，扶持新锐青年导演成长成才。节目以综艺的形式呈现真实的电影工业化流程，让大众有机会深入了解电影生态体系。在收获观众喜爱的同时，《开拍吧》获得包括新华社、光明日报、中国日报、中国青年报等在内的权威媒体肯定。

季播节目续集持续领跑，优势赛道继续发力。2021 年，爱奇艺综艺节目《少年说唱企划》《哈哈哈哈哈 2》《做家务的男人 3》《喜欢你我也是 2》等项目，继续做出平台的独特风格和特色。

二、优酷制作播出的综艺节目

2021 年，优酷围绕"青年文化""传统文化""冬奥文化"三大主题，覆盖体育、歌舞、观察、喜剧四类题材，出品 25 档原创综艺节目，其中 6 部作品获国家广电总局、北京市广播电视局优秀作品扶持表彰，并依托扎实的内容生产能力全部出海，覆盖五大洲近 200 个国家。

青年文化综艺带，展现青春奋进群像。

2021年，优酷重点打造《这！就是街舞4》《这！就是灌篮4》《师父！我要跳舞了2》《“拳”力以赴的我们》等青年体育主题网络综艺，涵盖街舞、篮球、拳击等多个运动项目，在展现坚持不懈、永不言败、团队协作等体育竞技精神的同时，倡导阳刚之美，力求激发屏幕前更多青年观众跟随节目一起“动”起来、“燃”起来。“街舞”系列已连续四季网络评分超过9分，第四季的全网热搜超过1000个。节目将“琴”“棋”“诗”“苏绣”“武术”等中华文化元素融入编舞之中，深度探索中国传统及民族舞蹈与潮流街舞的跨界融合，通过世界各国青年街舞运动员之间的交流互鉴，将中国街舞文化输出到全世界。“街舞”系列节目帮助很多年轻人实现梦想。“街舞”播出4季以来，原本小众的“中国街舞文化”走向大众、走向世界，据不完全统计，全国培训机构较播出前增加300%。“灌篮”播出3季以来，共计帮助33名球员被国内顶级篮球赛事CBA球队选中，进入职业赛场，节目成为众多篮球少年的圆梦舞台。

传统文化综艺带引领“国潮”新风尚。2021年，优酷采用年轻化的叙事手法、网络化的传播手段，推出流行与传统音乐碰撞的《中国潮音》、传承非遗文化的《指尖上的非遗》等传统文化综艺，在年轻人群体中形成“国潮”新风尚。《人民日报》为《中国潮音》点赞。截至收官，节目共斩获全网热搜热榜875个，微博主话题阅读量超过59亿次；《指尖上的非遗》以非物质文化遗产的传承和创新为核心，选取北京兔儿爷、北京面人郎等6种有代表性的非遗项目，让更多青年观众关注非遗、爱上非遗。截至收官，节目相关微博话题总阅读量达到1.7亿次。

以青年题材为载体，开展中外文化交流。优酷响应国家加强“国际传播能力建设”的号召，持续加大加深海外布局力度。2021年，优酷整合《这！就是街舞》《这！就是灌篮》等优质网综节目，以街舞、篮球等年轻化、潮流化、国际化的作品，开展中外文化交流，让更多海外青年人感受到中国魅力。伴随着《这！就是街舞》越南版的播出，“街舞”IP实现中国网综节目模式海外落地“零的突破”！“街舞”越南版在越南胡志明市电视台（HTV）、越南有线电视官方在线新闻频道（VTV cab News）及YouTube播出当天，即取得越南全国电视台同时段收视率第一名；节目YouTube播放量超过1000万次。

三、抖音制作播出的综艺节目

2021年，抖音进入综艺市场，开始自制综艺，出品《非常静距离》《开场白》《很高兴认识你》等重点网络综艺节目，以讲述青春奋斗故事，弘扬青春正能量作为制作节目的宗旨。

用细节感人，抖音综艺走心真诚。纪实类真人秀节目《很高兴认识你》由周迅、阿雅两位姐姐每集邀请一个飞行嘉宾，探访全国各地有趣的素人，以“故事和旅行治愈现代人焦虑”为主题，呼吁众人“从心发现生活”。挖掘年轻人的情感需求，构建与年轻人情感深层沟通的心理场，与年轻人形成共鸣，帮助更多年轻人在轻松、愉悦的氛围中实现自我“和解”。《很高兴认识你》获2021年北京广播电视网络视听发展基金优秀网络视听节目奖励项目。全新版《非常静距离》成为增加真人秀内容，集合户外和深度访谈为一体的节目。节目采用“纪录+访谈”模式，让观众通过嘉宾的故事分享，从中感受人生历练、正确价值观，树立阳光、活力、美好的人生态度。节目正片播放量0.66亿次，短视频播放量9.5亿次。

加大文化综艺发展，传递青年正能量。抖音推出一档新的文化思想演讲节目《开场白》，旨在关注青年大学生的精神世界，为非名校大学生带来公益性质的高品质演讲，激励青年人“从自立走向自信”，一起践行“少年强则国强”的文化使命。节目通过走进全国各省市地区的“非著名”大学，为普通高校大学生带来有价值的演讲和对话，为他们未来的发展贡献一份特殊的力量。

四、快手制作播出的综艺节目

2021年起，快手在综艺节目领域开启长视频内容探索，筹备推出《岳努力越幸运》《超Nice大会》《11点睡吧》《时空店铺》等网络综艺节目。其中，《岳努力越幸运》是“明星美食挑战综艺”，也是国内首档短视频美食社交综艺。该档节目“短视频+中视频+直播”多形态组合播出，开创综艺节目的新模式。节目中岳云鹏和孙越作为固定嘉宾，携手观众耳熟能详的明星，以及快手达人，通过任务挑战、互动游戏、交流访谈及品尝当地美食等社交过程，带领用户体验地域传统文化。《岳努力越幸运》自2021年9月23日开播至收官，节目话题视频观看量突破87亿次，单日相关话题视频播放超1.8亿次，节目总覆盖人数超3亿。此外，《超Nice大会》是由快手出品的首档破壁解压脱口秀，该节目直面“凡尔赛”“外貌焦虑”“社恐”等人们日常生活中的社会现象，每期节目以脱口秀形式呈现话题，透过不同嘉宾的视角和经历给观众带来全新感悟，其辛辣的表达形式为节目增添无数可能性。《超Nice大会》共播出8期，每期平均直播观看量达8000万次，节目相关视频播放达58.2亿次。

（北京市广播电视局网络视听节目管理处）

2021年度北京市网络视听节目优秀案例

一、网络剧（4部）

《约定》 36集网络剧《约定》由北京爱奇艺科技有限公司出品，是爱奇艺为2020年中国全面建成小康之年打造的系列精品献礼剧。该剧分为六个故事：《青年有为》《青春永驻》《年夜饭》《向往》《来碗鸭血粉丝汤》《非常夏日》。这些故事从普通老百姓的视角，聚焦社会民生议题，对农村电商脱贫致富、养老和社会保障、年轻人创业、教育振兴、体育竞技以及大国工匠等方面展开探讨，记录改革开放以来人民群众美好生活的变迁。

《青年有为》由温豪杰策划，卫立洲导演，田良良编剧，于朦胧、李墨之、朱戬、韩烨、王若溪、孟阿赛出演。《青春永驻》由巨兴茂导演，李志超编剧，岳丽娜、卜冠今、董勇、骆明劼、张鑫、李嘉辉出演。《年夜饭》由刘殊巧导演，刘成龙编剧，乔杉、张子贤、叶青、吴优出演。《向往》由王为导演，任鹏远、周鉴葵编剧，韩昊霖、樊雨洁、范明、周洁琼、倪虹洁、李勤勤出演。《来碗鸭血粉丝汤》由陈权导演，陈权、谢思兵编剧，李雪健、徐帆、周小斌、张开泰、黄浚良、牛犇出演。《非常夏日》由夏晓昀导演，张忌、邱婷、朱琪编剧，陆毅、曾黎、景研骏、刘佳、杨新鸣、林鹏、刘洁出演。2021年2月8日，该剧在爱奇艺平台上线播出。

《约定》入选2021年北京广播电视网络视听发展基金优秀网络视听节目扶持奖励项目；为国家广播电视总局2021年“弘扬社会主义核心价值观 共筑中国梦”主题原创网络视听节目征集推选和展播活动入选作品，获国家广播电视总局2021年第一季度、年度优秀网络视听作品推选活动优秀作品荣誉。

《那一天》 18集网络剧《那一天》由北京爱奇艺科技有限公司出品。该剧由两个故事单元组成，以“坚持信仰、坚守信念”为主题。《再见，那一天》（6集）讲述当代刑警关爱曾经失足的社会边缘人，精神情怀得到传承的故事。《了不起的D小姐》（12集）讲述民国时期富家女成长为信仰坚定的中国共产党地下工作者的故事。

该剧由刘震云总策划。《再见，那一天》由黄伟导演，金璐编剧，李光洁、胡军、蒋欣主演；《了不起的D小姐》由夏晓昀导演，张忌编剧，张婧仪、牛骏峰主演。2021年9月21日，在爱奇艺平台上线。

该剧入选2021年北京广播电视网络视听发展基金优秀网络视听节目扶持奖励项目，为国家广播电视总局2020年下半年“网络视听节目精品创作传播工程”扶持项目。《再见，那一天》获国家广播电视总局2021年度优秀网络视听作品推选活动优秀作品荣誉。

《脑海深处》 12集网络剧《脑海深处》由造梦东方（北京）影业有限公司出品。该剧讲述神经外科医生日常面对病患的各种疑难杂症和复杂手术，在各自岗位上尽职尽责、全心全意挽救生命的故事，歌颂新时期甘于为人民服务，为国际友邻医疗教育事业贡献的医务工作者。

该剧由赵琦导演，王泊宁（王凌寒）、刘冠军为制片人，季雯编剧，陈姝含、欧阳云尉、李茂桂联合编剧，姚谦任音乐总监，田牧宸、王匡、白一弘、孙思瀚、谭杰希主演。2021年4月28日，该剧在爱奇艺平台上线播出。实现超2000万次播放，位居爱奇艺电视剧飙升榜前十、独播网剧榜第六，引发巨大的社会反响。

该剧为2021年北京广播电视网络视听发展基金优秀网络视听节目扶持奖励项目。

网络剧《脑海深处》海报

《爱在粉雪时光》 24集网络剧《爱在粉雪时光》由北京鸿浩影视文化有限责任公司出品。该剧为响应国家“三亿人参与冰雪运动”的号召而创作，剧目直观地向观众展现滑雪的魅力，努力推广滑雪运动，助力2022年北京冬季奥运会。

该剧由梁昊导演，郭晓婧编剧，曾柯琅、高旻睿、许晓诺主演。2021年10月26日2022年北京冬奥会倒计时百天之际，该剧在爱奇艺上线播出。该剧入选“八个一”冬奥主题精品创作工程，为2021年北京广播电视网络视听发展基金扶持奖励项目。

二、网络电影（10部）

《浴血无名川》 网络电影《浴血无名川》

（96 分钟）由北京海空雄鹰影业有限公司出品。该网络电影讲述抗美援朝时期，杜川率领侦察排深入敌后消灭敌炮兵观察哨失联，师长派出孟大关带队三排寻找并接应侦察排。双方在敌后汇合，在此过程中，侦察排发现敌军重炮营重要目标。最终，在团队配合下，李青呼叫炮火，炸毁美军炮营，解除部队最大威胁，完成侦察排和三排的任务。该片由宁海强监制，赵宁宇文学策划，翌翔、郭勇导演，张虎编剧，董振振为制片人，李东学、任天野、张光北、付枚、郝汉、张露、曲家辉主演。2021 年 4 月 2 日，在爱奇艺平台上线播出。

该片入选 2021 年北京广播电视网络视听发展基金扶持奖励项目，为国家广播电视总局 2021 年“弘扬社会主义核心价值观　共筑中国梦”主题原创网络视听节目征集推选和展播活动入选作品，获国家广播电视总局 2021 年第二季度优秀网络视听作品推选活动优秀作品荣誉。

《草原上的萨日朗》　网络电影《草原上的萨日朗》（90 分钟）由北京高兴文化传媒有限公司出品。该网络电影取材于全国人大代表赵会杰的生活，是一部以中国农村脱贫攻坚工作为主题，讲述内蒙古赤峰市小庙村赵会杰，毛遂自荐出任村支书带领村民勤劳致富的真实感人故事。影片体现了一位女村支书的责任感和使命感，她一心为民，舍小家顾大家的无私奉献情怀，通过不懈努力带领村民脱贫致富，得到家人的理解和村民的爱戴。该片由尚永峯导演，虞竣达为总制片人，段云潇、文淇、刘思博、梁鸣、颜冠英、辛鹏、吕星辰、霍卫民主演。2021 年 3 月 21 日，在爱奇艺平台上线播出。

该片入选 2021 年北京广播电视网络视听发展基金扶持奖励项目，为国家广播电视总局 2021 年“弘扬社会主义核心价值观　共筑中国梦”主题原创网络视听节目征集推选和展播活动入选作品，获国家广播电视总局 2021 年第二季度、年度优秀网络视听作品推选活动优秀作品荣誉。

《绿皮火车》　网络电影《绿皮火车》（100 分钟）由北京华承云智影业有限公司出品。电影以贵州苗族聚居地为背景，讲述大时代中几位小人物在命运中挣扎、为梦想而奋斗的故事。穿行于莽莽群山中的绿皮火车既是故事的叙事线索，也是一种饱含希望的象征。片中人物真实可信，生动鲜活，最为可贵的是，这些不断遭遇挫折的小人物，最终给人带来希望。影片对时代变革中偏远地区人们的命运做出深刻揭示。该片由王瑶、韩春婕编剧，章思锋导演，郑奇、张璐瑶、豆艺坤、黄飞主演。2021 年 4 月 6 日，在爱奇艺平台上线播出。

该片获国家广播电视总局 2021 年第二季度优秀网络视听作品推选活动优秀作品荣誉，入选国家广播电视总局 2020 年第三季度重大题材项目库。

网络电影《绿皮火车》海报

《我来自北京之玛尼堆的秋天》 网络电影《我来自北京之玛尼堆的秋天》（84分钟）由北京长信影视传媒有限公司出品。影片讲述援藏扶贫干部、志愿者们响应党中央号召，从大都市来到高原藏区，为当地的扶贫事业贡献自己的爱心和热量，甚至生命的故事。他们团结各方援藏力量，与当地村民一起，最终完成脱贫任务。该网络电影由岳丽娜导演并主演，张焕引为总制片人，李春海为制片人。2021年10月12日，在爱奇艺上线播出。

该片入选2021年北京广播电视网络视听发展基金扶持奖励项目，入选国家广播电视总局2020年下半年“网络视听节目精品创作传播工程”扶持项目。

网络电影《我来自北京之玛尼堆的秋天》海报

《藏草青青》 网络电影《藏草青青》（118分钟）由北京奥创世纪网络影视发行有限公司出品。影片以北京青年到藏区支教为主题，用朴素平实的手法讲述教师韩松从最初想去边远地区支教镀金，到最后决定扎根藏区、把全身心献给孩子的支教历程，彰显援藏青年教师继承支教人的光荣传统。该片由陈怀夫导演，陈怀夫、王恒编剧，范家其、旺卓措主演。2021年11月5日，在爱奇艺平台上线播出。

该片入选国家广播电视总局2021年“网络视听节目精品创作传播工程”扶持项目，获国家广播电视总局2021年度优秀网络视听作品推选活动优秀作品荣誉。

《生死阻击》 网络电影《生死阻击》（90分钟）由北京淘梦网络科技有限公司出品。该片改编自真实事件，讲述抗战时期某军分区副司令员李致远和特务营长陆天泽，率领弱势兵力伪装大部队阻击数倍于己的敌军，最终在马家堡全部壮烈牺牲，掩护主力部队和兵工厂成功转移的热血故事。该片由高希希监制，吴静任总制片人，曾辉摄影，李幼斌、史兰芽、王韬主演。2021年10月2日，在爱奇艺上线播出。该片入选2021年北京广播电视网络视听发展基金扶持奖励项目。

网络电影《生死阻击》海报

《冲出战俘营》 网络电影《冲出战俘营》（80分钟）由北京奇树溢彩文化传媒有限公司出品。该片讲述抗日战争胜利前夕，身为国民党军官的费东西，被抓入日军战俘营，在经历一系列的折磨之后，被八路军游击队所救，最终被八路军精神感化，决定加入八路军，一同对抗日军的故事。该片由刘轩狄导演，颢东、杨玉婷任总制片人，崔走召编剧，李东学领衔主演，王铭、任鹏、郭九龙、罗佩、山崎敬一、李彦锋、高海龙、郭野、周三友、王国华主演。2021年11月12日，在爱奇艺平台上线播出。该片入选2021年北京广播电视网络视听发展基金扶持奖励项目。

网络电影《冲出战俘营》海报

《凡人英雄》 网络电影《凡人英雄》（110分钟）由优酷信息技术（北京）有限公司出品。影片以“抗疫”为主题，通过讲述三个平凡人物从遭受个人生活烦恼困扰到自觉投身抗击新冠疫情的心路历程，真实地表现了武汉疫情期间普通百姓的生存状态和社会心理变化，展现出“抗疫”洪流中既平凡又温暖的人性之光。该片由姚文逸执导，喻恩泰、衣云鹤、陈昊领衔主演，白泽泽、小爱、陈芋米、吴优主演，2021年11月26日，在优酷平台上线播出。

影片入选2021年北京广播电视网络视听发展基金扶持奖励项目，获国家广播电视总局2021年第四季度、年度优秀网络视听作品推选活动优秀作品荣誉。

《石榴熟了之一拍到底》 网络电影《石榴熟了之一拍到底》（72分钟）由北京上立文化传媒有限公司出品。影片以喜剧手法讲述几个小人物追求梦想过程中的各种喜怒哀乐，在职业道路上从迷失走向成熟的过程，旨在表现当代维吾尔族青年的真善美与坚韧不拔的创业精神。作品以小人物的奋斗历程为叙事主线，表达新时代影视工作者应以服务群众、服务社会为己任，构建自己的职业方向，体现了新疆青年单纯、阳光、美好、善良的人生价值观和向上向善、全力以赴帮助他人的真挚情怀。该片由马史导演，徐晓编剧，叨叨主演。2021年7月14日，在腾讯平台上线播出。

该片入选2021年北京广播电视网络视听发展基金扶持奖励项目。

网络电影《石榴熟了之一拍到底》海报

《胡同交响曲》 网络电影《胡同交响曲》（64分钟）由北京初一拾悟文化发展有限公司出品。该片以运河文化为背景，通过一对年龄相差半个世纪的忘年交，在意外同处一个屋檐的机缘下，由于文化背景、时代差异、性格习惯以及思维方式等方面带来的巨大反差及新旧矛盾，一老一少在实现自己梦想的路上，每一次摩擦都促进双方对彼此的了解，每一次融合都进一步加深两个人的关系，最终彼此接纳、融洽、互助、合作，反映中国新时代浪潮下，每一个平凡的中国人，如何生活、如何守护我们古老的文化，向世界传递中国梦。该片由宛锋导演，王文林、殷文艺主演，2021 年 8 月 21 日播出。

该片入选 2021 年北京广播电视网络视听发展基金扶持奖励项目。

网络电影《胡同交响曲》海报

三、网络综艺节目（6 部）

《戏剧新生活》 10 集网络综艺节目《戏剧新生活》由北京爱奇艺科技有限公司出品。该节目集结 8 位国内最优秀的戏剧人，通过无限接近现实的情景设置，打造一场关于戏剧生态的真实实验，充分展现戏剧人的初心和奋斗。节目在题材和体裁上大胆创新，将真人秀综艺与戏剧题材进行结合，对于观众认识戏剧、走进剧场进而热爱戏剧有一定的感召作用。在艺术上，有较强的戏剧张力和人物群体肖像特色，并刻画出生动细腻的人物性格。节目主题明确，结构完整，叙事脉络、环节设置清晰，具有较强的思想性、艺术性和一定的观赏性。对于戏剧艺术的传播、对于戏剧领域专业精神的弘扬具有一定的正向价值。

该节目由温沁函总导演，陆放总编剧，黄磊、赖声川、乔杉主持，刘晓晔、修睿、吴彼、赵晓苏、刘晓邑、丁一滕、刘添祺、吴昊宸为主要嘉宾。2021 年 1 月 16 日，在爱奇艺平台上线播出。并入选 2021 年北京广播电视网络视听发展基金扶持奖励项目，获国家广播电视总局 2021 年一季度优秀网络视听作品推选活动优秀作品荣誉。

《指尖上的非遗》 网络综艺节目《指尖上的非遗》由优酷信息技术（北京）有限公司出品。该节目立足网络视听特色，打造非遗传承，创新网络微综艺，邀请非遗传承人及青年艺人，共同开启一场匠人与艺人之间的文化碰撞，并借力优质青年艺人的巨大影响力，引领更多年轻人关注非遗、喜爱非遗。《指尖上的非遗》创造性地采用闯关模式，以青年人喜爱的明星作为线索，以人

网络综艺节目《指尖上的非遗》海报

学一学习一毕业为框架，串联起一个个非物质文化遗产项目和故事。把非遗项目与生活结合，给古老传承赋予时代意义，实现传统文化的创造性转化和创新性发展。该节目于2021年1月10日在优酷平台上线播出，并获国家广播电视总局2021年第一季度、年度优秀网络视听作品推选活动优秀作品荣誉。

《一年一度喜剧大赛》 网络综艺节目《一年一度喜剧大赛》是由北京爱奇艺科技有限公司出品的原创喜剧竞演综艺。节目邀请25组喜剧小团队进行作品竞演。黄渤、徐峥、于和伟、马东、李诞作为导师，与参赛选手共同创作喜剧作品，最终角逐年度喜剧社团。该节目以贴近年轻人语境的创作方式，聚焦职场、家庭、婚恋、社交等热点议题，通过素描喜剧、音乐剧、默剧、漫才等不同类型的喜剧作品，让观众在欢笑声中感知生活的点滴。该节目于2021年10月15日在爱奇艺平台播出，并获国家广播电视总局2021年第四季度、年度优秀网络视听作品推选活动优秀作品荣誉。

《这！就是街舞4》 网络综艺节目《这！就是街舞4》由优酷信息技术（北京）有限公司出品。节目邀请各国青年舞者展开跨国文化交流。在这个全新打造的“街舞世界杯”，世界各地的街舞运动员将汇聚中国，感受中国街舞文化的发展和进步，让世界看到中国的实力和魅力。该节目的播出，恰逢街舞正式成为全运会、亚运会甚至奥运会正式比赛项目。为扩大中国街舞在世界舞蹈领域的影响力，探索用街舞展现中国年轻一代精神面貌开展国际传播的新途径。该节目于2021年8月14日在优酷平台上线播出，并获国家广播电视总局2021年第三季度、年度优秀网络视听作品推选活动优秀作品荣誉。

网络综艺节目《一年一度喜剧大赛》海报

网络综艺节目《这！就是街舞4》海报

《向往的国潮》 网络综艺节目《向往的国潮》由北京百度网讯科技有限公司出品。该节目以非物质文化遗产为主要呈现内容，通过年轻化、潮流化的方式，寻求传统艺术的当代表达，呈现古老技艺的新活力。每集时长28分钟左右，小巧精致，节奏适当，内容丰富，既能够循序渐进地完成非遗技艺的介绍，也突出这些国家级非遗传承人的地位，使得国潮单品的创作过程更为郑重。节目能够联动线上线下，通过传统艺术、当代设计、家居展览等多种元素的跨界融合，打造完整的国潮IP产业链，传递出非遗传承人精益求精、坚持专注、谦卑自省的工匠精神，展现了传统匠人传承千百年的执着坚守，体现了中华民族最深沉的精神追求。2021年5月19日在百度App、秒懂百科平台上线首播，2021年8月11日在爱奇艺平台播出，并获国家广播电视总局2021年第三季度优秀网络视听作品推选活动优秀作品荣誉。

网络综艺节目《向往的国潮》海报

《这！就是灌篮4》 网络综艺节目《这！就是灌篮4》由优酷信息技术（北京）有限公司出品。该节目是一档青春篮球成长竞技真人秀。节目聚集三位CBA知名国民教练以及现役国手组成常驻教练团，集结优秀球员，通过五个赛段，见证年轻球员的追梦之旅，挖掘中国篮球实力新人。该片旨在为国内外篮球爱好者提供展现自我、多元交流、追逐梦想的优质平台，让其能够在层层考验与训练之中，磨炼自身意志，培养协作精神，实现自我突破。在赛制设置、技术手段、表现形式等方面，《这！就是灌篮4》以尊重篮球竞技规则和文化为基础，进行综艺化创新表达。节目以零观看门槛推广篮球运动、带动全民运动热潮，推动又一项青年潮流文化的大众化传播。该节目于2021年8月26日在优酷平台上线播出，并获国家广播电视总局2021年第三季度优秀网络视听作品推选活动优秀作品荣誉。

网络综艺节目《这！就是灌篮4》海报

四、网络纪录片（10部）

《棒！少年》 6集网络纪录片《棒！少年》由北京爱奇艺科技有限公司出品。该网络纪录片讲述外号“游侠”的宁夏困境少年马虎，被招进千里之外北京京郊一家棒球爱心基地。在这里马虎遇到和他有相似命运的其他小伙伴，他们打架、冲撞、调皮捣蛋，却又因共同的身世困境惺惺相惜，彼此搀扶创造生活的希望。少年们在人生的河流中逆水行舟，基地的大人也在为他们撑伞遮阳。纪录剧集《棒！少年》关注少年成长，呈现一群贫困少年因为棒球结缘而共同成长的真实励志故事。

该片龚宇为出品人，许慧晶任导演，王晓晖任总监制，杨海涛、齐康、陈爱华任总制片人，张硕、宁玉琪、朱一泓为制片人，李点石为剪辑指导。该片于 2021 年 7 月 27 日在爱奇艺独家上线播出。该片入围广州国际纪录片节剧集版复评长名单，获西湖国际纪录片节 IDF 优秀系列纪录片奖，获国家广播电视总局 2021 年第三季度、年度优秀网络视听作品推选活动优秀作品荣誉。

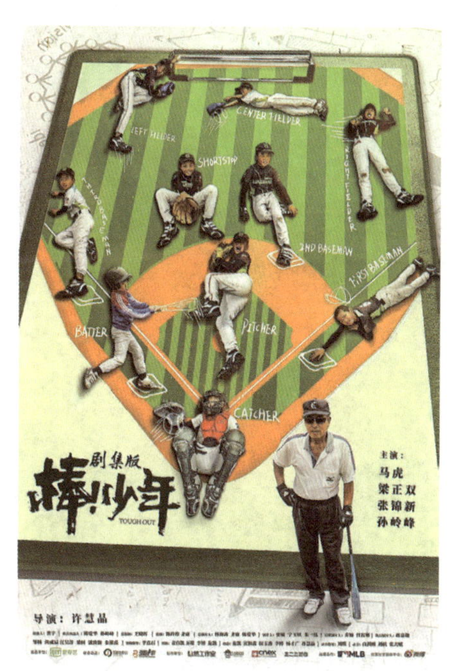

网络纪录片《棒！少年》海报

《劳生不悔》 6 集网络纪录片《劳生不悔》由北京爱奇艺科技有限公司出品。该片以“精准扶贫”为主题，记录发生在云南省怒江州、四川省凉山州、贵州省黔东南州的 3 组真实的扶贫故事。关注“医疗扶贫”“旅游扶贫”“易地搬迁”“教育扶贫”“电商扶贫”等不同扶贫维度。在云南怒江，有三名来自珠海的帮扶医生，他们在怒江东西部，不辞辛苦，从零搭建，为居民的生活带来了福祉；四川凉山“悬崖村”在驻村第一书记的带领下，村民逐渐自省，生活发生翻天覆地的改变；贵州盖宝村，在“网红直播”的大环境下，第一书记吴玉圣与他组建的“浪漫侗家七仙女”网红直播团队，在为脱贫致富而不断努力着。该片以乡村中真实的贫困人员在被帮扶中的起伏经历，侧面凸显国家的扶持、扶贫干部的无私奉献，刻画出一群可爱又坚强的时代榜样群像。该片出品人为龚宇，王强、黄婉露、杜海导演，王晓晖总监制，周浩、齐康、张悦监制，杨海涛为总制片人，张硕、宁玉琪为制片人。2021 年 2 月 24 日在爱奇艺上线播出。

该片入选 2021 年“弘扬社会主义核心价值观　共筑中国梦”主题优秀网络视听节目推选及展播，获国家广播电视总局 2021 年第一季度、年度优秀网络视听作品推选活动优秀作品荣誉，入选北京广播电视网络视听发展基金 2021 年度扶持项目（第一批）。

《离不开你》 6 集网络纪录片《离不开你》由北京爱奇艺科技有限公司出品。该片一共 6 集，分别以衰老、寻找、临终、导盲犬、救助、心愿为议题，讲述人与宠物密不可分的故事。不同于以往记录宠物萌趣的题材类型，《离不开你》从第三人称视角给予观众最真实、最客观的画面。面对重病宠物，主人在选择安乐死以后，痛苦挣扎着告别；陪伴多年的宠物走失后，主人苦苦寻找未果，渐渐学会放下与告别；执行完最后一次任务，导盲犬与主人也不得不面临着分别……《离不开你》通过讲述人与宠物之间的亲密关联，记录了普通中国人的日常故事，近距离观察和了解当下社会，从而揭示每一个生命都值得我们尊重，每一份信任都会让世界变得更美好。宠物引领我们进入一个更慈爱、更温柔的世界，我们也会在与宠物的互动中体会到生命的价值与美好。

该片由杜兴担任导演、制片人，陈琴为执行制片。龚蕾导演，杜鹏剪辑。该片于2021年9月16日在爱奇艺上线播出。

《离不开你》入选国家广电总局2021年度优秀网络优秀视听作品，获第十一届光影纪年中国纪录片学院奖。

网络纪录片《离不开你》海报

《一路象北》 3集网络纪录片《一路象北》由优酷信息技术（北京）有限公司出品。2021年4月，发生在中国云南省的一群亚洲象从原栖息地西双版纳傣族自治州向北迁徙的事件备受关注。《一路象北》通过3集15分钟的纪录片深入记录亚洲象北移现象，展现中国保护自然、与动物和谐相处的态度以及生态文明建设的最新成果。摄制组与云南前线指挥部共同协作，与象群“近距离”接触，观察并还原它们的生活习性，捕捉最可爱、最激烈的瞬间。结合专家分析，深度解析象群迁徙原因、行为踪迹、生存环境等问题。通过象群之间、人象之间的故事讲述，带领观众关注环境保护、人文关怀等话题。该剧由张伟总监制，黄林霏监制，康成业导演，于2021年8月25日在优酷上线播出。

《一路象北》获国家广播电视总局2021年第三季度、年度优秀网络视听作品推选活动优秀作品荣誉，入选北京广播电视网络视听发展基金2022年度扶持（第一批）优秀网络视听节目，在2021年中美电影节上荣获“中华文化国际传播力奖”，获第十九届中国（广州）国际纪录片节金红棉“中国故事优秀纪录短片”。

网络纪录片《一路象北》海报

《追光者2：奋斗的青春》 30集网络纪录片《追光者2：奋斗的青春》由优酷信息技术（北京）有限公司出品。该片是为庆祝建党100周年而创作的网络系列微纪录片。节目通过聚焦新时代下"追光者们"青春岁月的奋斗故事，展现中国共产党党员扎根于社会土壤、躬耕于人民群众的精神光芒。他们在科技研发、扶贫攻坚、全球战疫、基础教育、生态保护、文化生活、基础建设等领域，燃烧青春岁月，追求信仰之光。一代又一代的追光者，以青春之我成就青春中国。节目以追光者的普通而不平凡的青春岁月，体现建党百年来一代又一代共产党员初心为始、长风破浪的不懈坚持，彰显当代中国人历经挫折而信念如磐的精神内核，展现新时代"追光者"在奋斗中的闪光面貌。

该网络纪录片张伟是总监制，刘扬监制，周逵、杜兴任总导演。2021年6月28日上线播出。

《追光者2：奋斗的青春》入选国家广播电视总局2021年度网络视听精品合集，获国家广播电视总局2021年度优秀网络视听作品推选活动优秀作品，获金树国际纪录片节"向光而行"微纪录片征集特等奖。

《最美中国　第六季》 9集网络纪录片《最美中国　第六季》由优酷信息技术（北京）有限公司出品。《最美中国》系列纪录片为优酷自制项目，2016年上线播出至2021年积累了大量忠实观众，赢得极佳的传播口碑，前五季曾荣获2017年国家新闻出版广电总局"中国梦"主题原创网络视听节目推选展播活动优秀纪录片奖、2017年原北京市新闻出版广电局优秀网络视听节目评选优秀网络纪录片奖等多个奖项。《最美中国　第六季》通过展现当代年轻人在各领域的传承、创新、坚持，以环保、树立民族文化自信和勇于追梦的故事引发新时代年轻人的共鸣，为建党百年和新中国成立72周年献礼。这里有接过父辈的"枪"，用不同的方式守护着可可西里的年轻人秋培扎西，也有一支由普通人组成的纯粹的公益组织"蓝天救援队"的成员们，还有用涂鸦启迪留守儿童的艺术家，等等，这些在各个领域勇于追梦的年轻人，向我们充分展示了民族文化的自信，带领观众领略一幅关于中国人的美好画卷。《最美中国　第六季》总导演乔岩，监制狄欣，制片人陆康，于2021年11月2日在优酷平台上线播出。

该纪录片获国家广播电视总局2021年第四季、年度优秀网络视听作品推选活动优秀作品荣誉。

《神奇的老字号》 8集网络纪录片《神奇的老字号》由浙江天猫技术有限公司、优酷信息技术（北京）有限公司出品。该片是一部讲述京杭大运河沿线老字号故事的纪录片，该片由商务部牵头、6省商务厅联动、26市商务局宣传部响应，并携手多平台（天猫、优酷、老字号协会等）推进制作、播出。该片以京杭大运河为主线，从浙江到北京，通过老字号前世今生、市井故事的挖掘演绎、年轻一代的视听语言，发掘新一代网红老字号创新节目。节目通过纪实拍摄的方式，全方位、多角度地呈现一个个鲜明的老字号品牌，让更多的年轻人了解它们、爱上它们，帮助老字号品牌焕新。该片总出品人董本洪、杨光，总监制施兰婷，总制片人和雪婷，制片人杨鹏、汪钰伟，总导演程工。该片于2021年9月17日，在Bilibili、优酷、爱奇艺、抖音上线播出。

《神奇的老字号》获国家广播电视总局2021年度优秀网络视听作品推选活动优秀作品，获国家广播电视总局2021年第四季度优秀国产纪录片推优。

网络纪录片《神奇的老字号》海报

《战疫启示录》 1集网络纪录片《战疫启示录》由北京抖音信息服务有限公司出品。该网络纪录片是对新型冠状病毒的全新解读、对人物的独特展现，展现我们能从战疫中汲取的有效经验，相信在众志成城的精神下，人类终将战胜病毒，迎接健康未来。该片精准呈现在此次战疫中被应用到的最新技术人工智能、5G技术及大数据等，这些新兴技术应用到各种全新开发的应用程序中，如智能机器人、追踪应用程序、医疗报告分析以及热成像体温检测等。同时，这部纪录片也温情展现武汉人民在抗击疫情的几个月中所展开的一场新型冠状病毒与至善人性间的漫长而艰辛斗争。该纪录片于2021年1月22日在西瓜视频上线播出。

该纪录片获国家广播电视总局2021年第一季度、全年优秀网络视听作品推选活动优秀作品荣誉，获北京广播电视网络视听发展基金优秀网络视听节目奖励类二等奖。

《百年巨匠——建筑篇》 8集纪录片《百年巨匠——建筑篇》由百年巨匠（北京）文化传播有限公司等出品。《百年巨匠》纪录片是中国第一部聚焦20世纪为中华文明做出突出贡献的大师巨匠的大型系列人物传记纪录片，《百年巨匠——建筑篇》是《百年巨匠》第二季的开篇之作。该项目被列入国家广电总局“十四五”纪录片重点选题。建筑篇聚焦詹天佑、茅以升、梁思成、杨廷宝四位近现代中国建筑工程领域的开创者和奠基人，以影像传记多角度展现他们不凡的人生历程和卓越的学术造诣，展现近现代中国建筑事业的发展和建筑文化的演进，从近现代中国建筑史的独特视角展现中华优秀文化的中国特色、中国风格、中国气派，展现中华文化的永久魅力和时代风采。该片的总顾问蔡武、胡振民、龚心瀚、王文章，出品人左中一、韩子勇、姜海清、杨京岛，总策划杨京岛，总监制向云驹、张宁、赵捷、杨京岛，总制片人杨京岛、陈正拜，制片人李萍萍，特约顾问赵学敏、俞惠煜、闫崇年、杨晓阳、范存刚、王文军，建筑篇顾问傅熹年、张锦秋、许溶烈，学术主持人王贵祥、黎志涛、史文义、茅玉麟，影视顾问刘效礼、张同道、夏蒙。

该片于2021年4月19日起，陆续登录北京卫视、广东卫视、海南卫视、中教一套、山东卫视、河北卫视、山西卫视、陕西卫视、宁夏卫视、四川卫视、云南卫视、广西卫视、黑龙江卫视、青海卫视、新疆卫视、上海纪实、深圳公共等各大省级卫视与爱奇艺、优酷、腾讯、Bilibili、搜狐、咪咕等平台台网同播，获国家广播电视总局2021年度优秀网络视听作品推选活动优秀作品荣誉。

《你好，儿科医生》 8集网络纪录片《你好，儿科医生》由北京字节跳动科技有限公司、中广天择传媒股份有限公司出品。该纪录片采用隐藏式、非干预式云台拍摄和纪实跟踪结合的手法，通过记录每年接诊患儿数

网络纪录片《你好，儿科医生》海报

超百万的湖南省儿童医院三大科室、八名主要医师的工作日常，将真实、鲜活、生动的儿科生态呈现于荧幕之上。每集跟踪两三位病患的就诊故事，融合儿科医生、患者家属的不同视角，展现普通家庭在面对疾病时的众生百态，在面临困难时的坚韧与温暖。

纪录片《你好，儿科医生》由王运辉导演，于 2021 年 7 月 24 日独家上线西瓜视频播出，累计播放量超过 5000 万次，全网曝光量超 8 亿次，抖音话题播放量达 5.6 亿次，相关话题 24 次登上抖音热搜、热榜；同时获得 200 余篇微信公众号发文推荐，联动 6 位名人微博直发、转发儿科医生相关推介内容，共获得网友 53994 次转发，38405 次评论，188842 个点赞，引发观众共鸣。获国家广播电视总局 2021 年度优秀网络视听作品推选活动优秀作品荣誉。

2021年北京市审核网站引进电影、电视剧和动画片情况

全年受理审核北京市网络视听持证服务机构报审的网上境外影视剧230部。核发发行许可证207部，其中电影120部，电视剧35部554集，动画片52部14222分钟，通过率90.0%。不通过23部，其中电影16部，电视剧6部95集，动画片1部240分钟，不通过率10.0%。

2021年北京市审核网站引进境外电影情况一览表

序号	中文片名	产地	时长（分钟）	引进单位	许可证号	发证日期
1	《幸福的馨香》	日本	124	北京风行在线技术有限公司	（京）剧审网字（2021）第0001号	2021–01–08
2	《停不了的爱》	中国香港	70	北京爱奇艺科技有限公司	（京）剧审网字（2021）第0002号	2021–01–08
3	《超速驾驶》	法国	93	北京爱奇艺科技有限公司	（京）剧审网字（2021）第0003号	2021–01–08
4	《白昼冷光》	美国	85	北京爱奇艺科技有限公司	（京）剧审网字（2021）第0005号	2021–01–08
5	《奇幻人生》	美国	105	北京爱奇艺科技有限公司	（京）剧审网字（2021）第0006号	2021–01–08
6	《不需要邮费》	美国	95	北京爱奇艺科技有限公司	（京）剧审网字（2021）第0007号	2021–01–08
7	《乘列车前行》	日本	117	中数寰宇科技（北京）有限公司	（京）剧审网字（2021）第0008号	2021–01–08
8	《北方的金丝雀》	日本	122	中数寰宇科技（北京）有限公司	（京）剧审网字（2021）第0010号	2021–01–08

（续表）

序号	中文片名	产地	时长（分钟）	引进单位	许可证号	发证日期
9	《我家执事如是说》	日本	90	中数寰宇科技（北京）有限公司	（京）剧审网字（2021）第0011号	2021–01–08
10	《三条友饮醉走》	中国香港	87	中数寰宇科技（北京）有限公司	（京）剧审网字（2021）第0012号	2021–01–08
11	《狮神决战》	新加坡	115	北京爱奇艺科技有限公司	（京）剧审网字（2021）第0013号	2021–01–18
12	《狮神决战之终极一战》	新加坡	100	北京爱奇艺科技有限公司	（京）剧审网字（2021）第0014号	2021–01–18
13	《总是有爱在隔离》	中国香港	90	北京爱奇艺科技有限公司	（京）剧审网字（2021）第0016号	2021–01–22
14	《容基耶尔女士》	法国	109	北京搜狐互联网信息服务有限公司	（京）剧审网字（2021）第0017号	2021–01–22
15	《牙买加的歌与魂》	法国	85	北京搜狐互联网信息服务有限公司	（京）剧审网字（2021）第0021号	2021–02–04
16	《有爱的座敷童子》	日本	109	中数寰宇科技（北京）有限公司	（京）剧审网字（2021）第0023号	2021–02–04
17	《恋恋笔记本》	美国	123	北京爱奇艺科技有限公司	（京）剧审网字（2021）第0024号	2021–02–04
18	《让他走》	美国	105	北京爱奇艺科技有限公司	（京）剧审网字（2021）第0026号	2021–02–09
19	《黑色大丽花》	美国	121	北京搜狐互联网信息服务有限公司	（京）剧审网字（2021）第0027号	2021–02–09
20	《王子寻妃记2》	美国	103	北京爱奇艺科技有限公司	（京）剧审网字（2021）第0037号	2021–03–10
21	《麻雀变王妃2》	美国	96	北京风行在线技术有限公司	（京）剧审网字（2021）第0038号	2021–03–10
22	《海鸥食堂》	日本	102	北京风行在线技术有限公司	（京）剧审网字（2021）第0039号	2021–03–10
23	《卖房子的女人：回来了》	日本	114	北京风行在线技术有限公司	（京）剧审网字（2021）第0040号	2021–03–10

（续表）

序号	中文片名	产地	时长（分钟）	引进单位	许可证号	发证日期
24	《二宝驾到》	意大利	97	北京风行在线技术有限公司	（京）剧审网字（2021）第0041号	2021-03-10
25	《父亲》	塞尔维亚	119	中数寰宇科技（北京）有限公司	（京）剧审网字（2021）第0044号	2021-03-17
26	《卡拉什尼科夫（AK-47）》	俄罗斯	102	北京爱奇艺科技有限公司	（京）剧审网字（2021）第0046号	2021-03-26
27	《宝贝男孩》	美国	93	北京搜狐互联网信息服务有限公司	（京）剧审网字（2021）第0047号	2021-03-26
28	《正义联盟：扎克·施奈德版》	美国	240	北京搜狐互联网信息服务有限公司	（京）剧审网字（2021）第0050号	2021-04-01
29	《双重预约》	日本	49	北京搜狐互联网信息服务有限公司	（京）剧审网字（2021）第0051号	2021-04-01
30	《蜂蜜》	土耳其	103	北京搜狐互联网信息服务有限公司	（京）剧审网字（2021）第0052号	2021-04-09
31	《小秘密》	巴西	107	北京搜狐互联网信息服务有限公司	（京）剧审网字（2021）第0053号	2021-04-09
32	《安娜·卡列尼娜》	美国	100	北京爱奇艺科技有限公司	（京）剧审网字（2021）第0054号	2021-04-20
33	《轻松小熊和小薰》	日本	90	北京爱奇艺科技有限公司	（京）剧审网字（2021）第0055号	2021-05-12
34	《夺命公路》	荷兰	85	中数寰宇科技（北京）有限公司	（京）剧审网字（2021）第0056号	2021-05-12
35	《双面克莱尔》	法国	101	北京风行在线技术有限公司	（京）剧审网字（2021）第0057号	2021-05-19
36	《混出新高度》	法国	104	北京风行在线技术有限公司	（京）剧审网字（2021）第0058号	2021-05-19
37	《最长的一周》	美国	86	北京风行在线技术有限公司	（京）剧审网字（2021）第0059号	2021-05-19
38	《藏色之物》	意大利	115	优酷信息技术（北京）有限公司	（京）剧审网字（2021）第0062号	2021-05-24

（续表）

序号	中文片名	产地	时长（分钟）	引进单位	许可证号	发证日期
39	《猎捕艾玛》	南非	102	优酷信息技术（北京）有限公司	（京）剧审网字（2021）第0063号	2021-05-24
40	《扎马》	阿根廷	110	北京爱奇艺科技有限公司	（京）剧审网字（2021）第0064号	2021-05-24
41	《阿拉丁与神灯2》	法国	98	迈视（北京）网络传媒技术有限公司	（京）剧审网字（2021）第0069号	2021-06-11
42	《致命勘探》	美国	98	北京风行在线技术有限公司	（京）剧审网字（2021）第0073号	2021-06-22
43	《为黛西小姐开车》	美国	99	北京风行在线技术有限公司	（京）剧审网字（2021）第0075号	2021-06-22
44	《奇迹》	日本	128	北京风行在线技术有限公司	（京）剧审网字（2021）第0076号	2021-06-22
45	《初吻50次》	日本	114	北京风行在线技术有限公司	（京）剧审网字（2021）第0077号	2021-06-22
46	《我失去影子的那一天》	叙利亚	94	北京风行在线技术有限公司	（京）剧审网字（2021）第0080号	2021-06-22
47	《爱之情照》	美国	106	优酷信息技术（北京）有限公司	（京）剧审网字（2021）第0082号	2021-06-30
48	《如沐爱河》	法国	109	北京风行在线技术有限公司	（京）剧审网字（2021）第0083号	2021-06-30
49	《少女与狼》	法国	110	中数寰宇科技（北京）有限公司	（京）剧审网字（2021）第0084号	2021-06-30
50	《诉讼》	法国	115	中数寰宇科技（北京）有限公司	（京）剧审网字（2021）第0085号	2021-06-30
51	《升级》	澳大利亚	100	优酷信息技术（北京）有限公司	（京）剧审网字（2021）第0086号	2021-06-30
52	《最后的前线》	俄罗斯	90	北京爱奇艺科技有限公司	（京）剧审网字（2021）第0087号	2021-06-30
53	《南国野兽》	美国	93	中数寰宇科技（北京）有限公司	（京）剧审网字（2021）第0088号	2021-06-30

（续表）

序号	中文片名	产地	时长（分钟）	引进单位	许可证号	发证日期
54	《比邻星》	法国	107	迈视（北京）网络传媒技术有限公司	（京）剧审网字（2021）第0089号	2021–07–09
55	《圣诞快乐》	法国	116	迈视（北京）网络传媒技术有限公司	（京）剧审网字（2021）第0090号	2021–07–12
56	《叫我第一名》	美国	100	北京爱奇艺科技有限公司	（京）剧审网字（2021）第0091号	2021–07–12
57	《大地》	美国	89	北京爱奇艺科技有限公司	（京）剧审网字（2021）第0093号	2021–07–12
58	《爱犬的奇迹》	日本	124	北京搜狐互联网信息服务有限公司	（京）剧审网字（2021）第0097号	2021–07–23
59	《乐高大电影》	澳大利亚	101	北京爱奇艺科技有限公司	（京）剧审网字（2021）第0100号	2021–08–06
60	《他们有什么》	美国	101	优酷信息技术（北京）有限公司	（京）剧审网字（2021）第0101号	2021–08–06
61	《亚利桑那》	美国	101	优酷信息技术（北京）有限公司	（京）剧审网字（2021）第0102号	2021–08–06
62	《法拉利：不朽的竞速》	英国	91	优酷信息技术（北京）有限公司	（京）剧审网字（2021）第0103号	2021–08–06
63	《晨曦将至》	日本	139	北京字节跳动科技有限公司	（京）剧审网字（2021）第0104号	2021–08–06
64	《黄金罗盘》	英国	113	北京爱奇艺科技有限公司	（京）剧审网字（2021）第0109号	2021–08–18
65	《缘分天注定》	加拿大	90	北京爱奇艺科技有限公司	（京）剧审网字（2021）第0111号	2021–08–18
66	《击剑女孩》	俄罗斯	114	北京搜狐互联网信息服务有限公司	（京）剧审网字（2021）第0113号	2021–08–25
67	《重力小丑》	日本	119	北京搜狐互联网信息服务有限公司	（京）剧审网字（2021）第0114号	2021–08–25
68	《臆想成病》	法国	107	北京搜狐互联网信息服务有限公司	（京）剧审网字（2021）第0115号	2021–08–25

（续表）

序号	中文片名	产地	时长（分钟）	引进单位	许可证号	发证日期
69	《辣身舞》	美国	96	北京爱奇艺科技有限公司	（京）剧审网字（2021）第0116号	2021–08–30
70	《孤筏重洋》	英国	118	北京搜狐互联网信息服务有限公司	（京）剧审网字（2021）第0117号	2021–09–14
71	《男孩们回来了》	澳大利亚	104	北京搜狐互联网信息服务有限公司	（京）剧审网字（2021）第0118号	2021–09–14
72	《囚徒》	美国	153	北京爱奇艺科技有限公司	（京）剧审网字（2021）第0122号	2021–09–14
73	《决杀令》	中国香港	94	北京字节跳动科技有限公司	（京）剧审网字（2021）第0125号	2021–09–28
74	《飞狐外传》	中国香港	122	北京字节跳动科技有限公司	（京）剧审网字（2021）第0126号	2021–09–28
75	《达格纳姆制造》	英国	113	北京搜狐互联网信息服务有限公司	（京）剧审网字（2021）第0127号	2021–09–28
76	《女佣》	智利	104	北京搜狐互联网信息服务有限公司	（京）剧审网字（2021）第0129号	2021–09–28
77	《约车惊魂夜》	美国	79	北京风行在线技术有限公司	（京）剧审网字（2021）第0130号	2021–10–20
78	《钻石大盗》	美国	106	北京风行在线技术有限公司	（京）剧审网字（2021）第0131号	2021–10–20
79	《锡尔斯玛利亚》	法国	123	北京风行在线技术有限公司	（京）剧审网字（2021）第0132号	2021–10–20
80	《名侦探赛大爷》	智利	84	北京搜狐互联网信息服务有限公司	（京）剧审网字（2021）第0137号	2021–10–26
81	《撞车》	德国	106	北京字节跳动科技有限公司	（京）剧审网字（2021）第0138号	2021–10–26
82	《鲸骑士》	德国	90	北京字节跳动科技有限公司	（京）剧审网字（2021）第0139号	2021–10–26
83	《珍珠》	法国	79	北京风行在线技术有限公司	（京）剧审网字（2021）第0140号	2021–10–26

（续表）

序号	中文片名	产地	时长（分钟）	引进单位	许可证号	发证日期
84	《铁血拍档（讨债人2）》	美国	97	中数寰宇科技（北京）有限公司	（京）剧审网字（2021）第0142号	2021-10-26
85	《非法入境》	法国	97	北京字节跳动科技有限公司	（京）剧审网字（2021）第0143号	2021-10-26
86	《无所依靠》	美国	92	优酷信息技术（北京）有限公司	（京）剧审网字（2021）第0146号	2021-11-03
87	《无处的男孩》	英国	98	北京搜狐互联网信息服务有限公司	（京）剧审网字（2021）第0148号	2021-11-03
88	《最危险的路》	法国	109	中数寰宇科技（北京）有限公司	（京）剧审网字（2021）第0152号	2021-11-05
89	《逃狱兄弟2》	中国香港	90	北京爱奇艺科技有限公司	（京）剧审网字（2021）第0153号	2021-11-05
90	《娜娜2》	日本	130	北京搜狐互联网信息服务有限公司	（京）剧审网字（2021）第0154号	2021-11-05
91	《沉默》	加拿大	93	中数寰宇科技（北京）有限公司	（京）剧审网字（2021）第0155号	2021-11-05
92	《宽宥》	美国	112	优酷信息技术（北京）有限公司	（京）剧审网字（2021）第0156号	2021-11-15
93	《史泰登岛国王》	美国	120	优酷信息技术（北京）有限公司	（京）剧审网字（2021）第0157号	2021-11-15
94	《怪兽训练营》	美国	95	北京爱奇艺科技有限公司	（京）剧审网字（2021）第0168号	2021-12-06
95	《画家虎妈》	英国	91	北京搜狐互联网信息服务有限公司	（京）剧审网字（2021）第0169号	2021-12-10
96	《罗兰终典》	法国	74	北京搜狐互联网信息服务有限公司	（京）剧审网字（2021）第0170号	2021-12-10
97	《奥逊·威尔斯：大师视野》	英国	110	北京搜狐互联网信息服务有限公司	（京）剧审网字（2021）第0171号	2021-12-10
98	《抱歉打扰》	美国	111	优酷信息技术（北京）有限公司	（京）剧审网字（2021）第0172号	2021-12-10

（续表）

序号	中文片名	产地	时长（分钟）	引进单位	许可证号	发证日期
99	《查令十字街84号》	英国	99	北京搜狐互联网信息服务有限公司	（京）剧审网字（2021）第0174号	2021-12-10
100	《影子写手》	法国	128	北京字节跳动科技有限公司	（京）剧审网字（2021）第0175号	2021-12-10
101	《迷雾》	美国	126	北京字节跳动科技有限公司	（京）剧审网字（2021）第0176号	2021-12-10
102	《夺命手术》	美国	84	北京字节跳动科技有限公司	（京）剧审网字（2021）第0178号	2021-12-23
103	《替身演员》	法国	85	中数寰宇科技（北京）有限公司	（京）剧审网字（2021）第0179号	2021-12-23
104	《逃离比勒陀利亚》	英国	106	中数寰宇科技（北京）有限公司	（京）剧审网字（2021）第0180号	2021-12-23
105	《高手过招》	中国香港	84	中数寰宇科技（北京）有限公司	（京）剧审网字（2021）第0181号	2021-12-23
106	《飞天拳》	中国香港	87	中数寰宇科技（北京）有限公司	（京）剧审网字（2021）第0182号	2021-12-23
107	《天生赛车手》	新西兰	89	优酷信息技术（北京）有限公司	（京）剧审网字（2021）第0183号	2021-12-23
108	《今生今世》	美国	93	优酷信息技术（北京）有限公司	（京）剧审网字（2021）第0184号	2021-12-23
109	《野性精神》	美国	87	优酷信息技术（北京）有限公司	（京）剧审网字（2021）第0187号	2021-12-23
110	《当C遇上G7》	中国香港	85	中数寰宇科技（北京）有限公司	（京）剧审网字（2021）第0188号	2021-12-23
111	《告别有情天》	英国	134	北京搜狐互联网信息服务有限公司	（京）剧审网字（2021）第0193号	2021-12-24
112	《我最好的朋友》	法国	94	中数寰宇科技（北京）有限公司	（京）剧审网字（2021）第0194号	2021-12-24
113	《猎豹行动》	法国	107	北京搜狐互联网信息服务有限公司	（京）剧审网字（2021）第0195号	2021-12-24

（续表）

序号	中文片名	产地	时长（分钟）	引进单位	许可证号	发证日期
114	《银河系守卫》	俄罗斯	90	北京爱奇艺科技有限公司	（京）剧审网字（2021）第0196号	2021–12–24
115	《夏日之炎》	瑞典	80	北京搜狐互联网信息服务有限公司	（京）剧审网字（2021）第0197号	2021–12–24
116	《再现康宁汉》	法国	93	北京搜狐互联网信息服务有限公司	（京）剧审网字（2021）第0198号	2021–12–24
117	《世界新闻》	美国	126	优酷信息技术（北京）有限公司	（京）剧审网字（2021）第0199号	2021–12–24
118	《靶心》	印度	146	北京爱奇艺科技有限公司	（京）剧审网字（2021）第0200号	2021–12–28
119	《女仁医》	印度	134	北京爱奇艺科技有限公司	（京）剧审网字（2021）第0201号	2021–12–28
120	《哆啦A梦：大雄的宇宙英雄记》	日本	101	中数寰宇科技（北京）有限公司	（京）剧审网字（2021）第0203号	2021–12–28

2021年北京市审核网站引进境外电视剧情况一览表

序号	中文剧名	产地	集数	长度/集（分钟）	引进单位	许可证号	发证日期
1	《世界上的另一个我》	泰国	18	45	北京字节跳动科技有限公司	（京）剧审网字（2021）第0004号	2021–01–08
2	《神秘博士（第十二季）》	英国	10	50	优酷信息技术（北京）有限公司	（京）剧审网字（2021）第0009号	2021–01–08
3	《五口之家》	美国	10	60	北京搜狐互联网信息服务有限公司	（京）剧审网字（2021）第0018号	2021–02–04
4	《失忆24小时》	中国香港	27	45	优酷信息技术（北京）有限公司	（京）剧审网字（2021）第0019号	2021–02–04
5	《真相捕捉》	美国	6	75	优酷信息技术（北京）有限公司	（京）剧审网字（2021）第0022号	2021–02–04
6	《郊狼（第一季）》	美国	6	60	北京搜狐互联网信息服务有限公司	（京）剧审网字（2021）第0025号	2021–02–04

（续表）

序号	中文剧名	产地	集数	长度/集（分钟）	引进单位	许可证号	发证日期
7	《家政妇三田》	日本	11	50	北京风行在线技术有限公司	（京）剧审网字（2021）第0043号	2021-03-17
8	《老友记（第十季）》	美国	18	22	中数寰宇科技（北京）有限公司	（京）剧审网字（2021）第0045号	2021-03-17
9	《时间的针脚》	西班牙	11	80	北京搜狐互联网信息服务有限公司	（京）剧审网字（2021）第0048号	2021-04-01
10	《加害者追踪调查》	日本	6	52	北京搜狐互联网信息服务有限公司	（京）剧审网字（2021）第0049号	2021-04-01
11	《老友记（第三季）》	美国	25	22	北京风行在线技术有限公司	（京）剧审网字（2021）第0060号	2021-05-19
12	《忒修斯之船》	日本	10	45	优酷信息技术（北京）有限公司	（京）剧审网字（2021）第0065号	2021-05-24
13	《和我结婚吧》	日本	10	23	北京搜狐互联网信息服务有限公司	（京）剧审网字（2021）第0066号	2021-05-24
14	《人生海海》	英国	6	60	优酷信息技术（北京）有限公司	（京）剧审网字（2021）第0067号	2021-05-27
15	《四重奏》	日本	10	60	优酷信息技术（北京）有限公司	（京）剧审网字（2021）第0068号	2021-05-27
16	《情链》	泰国	35	40	优酷信息技术（北京）有限公司	（京）剧审网字（2021）第0070号	2021-06-11
17	《老友记（第五季）》	美国	24	22	北京风行在线技术有限公司	（京）剧审网字（2021）第0074号	2021-06-22
18	《法律至上1》	日本	11	50	北京爱奇艺科技有限公司	（京）剧审网字（2021）第0095号	2021-07-23
19	《法律至上2》	日本	10	50	北京爱奇艺科技有限公司	（京）剧审网字（2021）第0096号	2021-07-23
20	《城之源》	泰国	30	45	优酷信息技术（北京）有限公司	（京）剧审网字（2021）第0098号	2021-07-23
21	《今天不上班》	日本	10	45	优酷信息技术（北京）有限公司	（京）剧审网字（2021）第0099号	2021-07-23

（续表）

序号	中文剧名	产地	集数	长度/集（分钟）	引进单位	许可证号	发证日期
22	《生活大爆炸（第二季）》	美国	23	20	优酷信息技术（北京）有限公司	（京）剧审网字（2021）第0107号	2021–08–18
23	《生活大爆炸（第三季）》	美国	23	20	优酷信息技术（北京）有限公司	（京）剧审网字（2021）第0108号	2021–08–18
24	《老友记（第六季）》	美国	25	25	北京风行在线技术有限公司	（京）剧审网字（2021）第0110号	2021–08–18
25	《爱的幸运星》	泰国	16	65	北京搜狐互联网信息服务有限公司	（京）剧审网字（2021）第0141号	2021–10–26
26	《飞虎之壮志英雄》	中国香港	30	45	优酷信息技术（北京）有限公司	（京）剧审网字（2021）第0144号	2021–11–03
27	《家族荣耀》	中国香港	30	45	优酷信息技术（北京）有限公司	（京）剧审网字（2021）第0145号	2021–11–03
28	《江户小姐，爱在令和》	日本	10	45	北京搜狐互联网信息服务有限公司	（京）剧审网字（2021）第0149号	2021–11–03
29	《3B的恋人》	日本	10	24	中数寰宇科技（北京）有限公司	（京）剧审网字（2021）第0161号	2021–11–23
30	《求婚大作战》	日本	11	50	优酷信息技术（北京）有限公司	（京）剧审网字（2021）第0162号	2021–11–30
31	《紧急救命2》	日本	11	50	优酷信息技术（北京）有限公司	（京）剧审网字（2021）第0163号	2021–11–30
32	《紧急救命3》	日本	10	52	优酷信息技术（北京）有限公司	（京）剧审网字（2021）第0164号	2021–11–30
33	《图书馆员（第四季）》	美国	12	40	优酷信息技术（北京）有限公司	（京）剧审网字（2021）第0165号	2021–11–30
34	《蒙心匿爱》	泰国	28	45	优酷信息技术（北京）有限公司	（京）剧审网字（2021）第0202号	2021–12–28
35	《紧急救命》	日本	11	52	优酷信息技术（北京）有限公司	（京）剧审网字（2021）第0204号	2021–12–31

2021年北京市审核网站引进境外动画片情况一览表

序号	中文剧名	产地	集数	长度/集(分钟)	引进单位	许可证号	发证日期
1	《Q版猫和老鼠（第一季）》	美国	13	30	北京搜狐互联网信息服务有限公司	（京）剧审网字（2021）第0015号	2021-01-18
2	《Q版猫和老鼠（第二季）》	美国	13	30	北京搜狐互联网信息服务有限公司	（京）剧审网字（2021）第0020号	2021-02-04
3	《乐高幻影忍者》	丹麦	32	11	北京字节跳动科技有限公司	（京）剧审网字（2021）第0028号	2021-03-10
4	《乐高好朋友：女孩在行动》	丹麦	20	11	北京字节跳动科技有限公司	（京）剧审网字（2021）第0029号	2021-03-10
5	《乐高城市大冒险》	丹麦	20	11	北京字节跳动科技有限公司	（京）剧审网字（2021）第0030号	2021-03-10
6	《乐高侏罗纪公园之困难重重》	丹麦	2	22	北京字节跳动科技有限公司	（京）剧审网字（2021）第0031号	2021-03-10
7	《乐高悟空小侠之英雄出世》	丹麦	1	45	北京字节跳动科技有限公司	（京）剧审网字（2021）第0032号	2021-03-10
8	《乐高悟空小侠》	丹麦	10	11	北京字节跳动科技有限公司	（京）剧审网字（2021）第0033号	2021-03-10
9	《泽塔奥特曼》	日本	28	25	北京字节跳动科技有限公司	（京）剧审网字（2021）第0034号	2021-03-10
10	《恐龙火车第四季：恐龙火车之地心旅行》	新加坡	20	11	北京字节跳动科技有限公司	（京）剧审网字（2021）第0035号	2021-03-10
11	《恐龙火车第五季：恐龙火车之社交旅行》	新加坡	22	11	北京字节跳动科技有限公司	（京）剧审网字（2021）第0036号	2021-03-10
12	《彩虹轻骑队之超级营救》	爱尔兰	13	22	北京搜狐互联网信息服务有限公司	（京）剧审网字（2021）第0042号	2021-03-17

（续表）

序号	中文剧名	产地	集数	长度/集（分钟）	引进单位	许可证号	发证日期
13	《Q版猫和老鼠（第三季）	美国	39	30	北京搜狐互联网信息服务有限公司	（京）剧审网字（2021）第0061号	2021–05–19
14	《睡衣小英雄（第一季）》	英国	52	11	北京搜狐互联网信息服务有限公司	（京）剧审网字（2021）第0071号	2021–06–11
15	《彩虹轻骑队之神秘使命》	爱尔兰	13	22	北京搜狐互联网信息服务有限公司	（京）剧审网字（2021）第0072号	2021–06–11
16	《小狼乐宾（第一季）》	法国	39	7	优酷信息技术（北京）有限公司	（京）剧审网字（2021）第0078号	2021–06–22
17	《玛莎和熊（第三季）》	俄罗斯	26	7	北京字节跳动科技有限公司	（京）剧审网字（2021）第0079号	2021–06–22
18	《博人传：火影忍者新时代2021新篇章（第1~10回）》	日本	10	24	优酷信息技术（北京）有限公司	（京）剧审网字（2021）第0081号	2021–06–24
19	《海绵宝宝 （第12季21~26集）》	美国	6	22	北京爱奇艺科技有限公司	（京）剧审网字（2021）第0092号	2021–07–12
20	《博人传：火影忍者新时代2021新篇章（第11~13回）》	日本	3	24	优酷信息技术（北京）有限公司	（京）剧审网字（2021）第0094号	2021–07–12
21	《樱桃小丸子（第五季上）》	日本	13	24	北京字节跳动科技有限公司	（京）剧审网字（2021）第0105号	2021–08–06
22	《博人传：火影忍者新时代 2021新篇章（第14~16回）》	日本	3	24	优酷信息技术（北京）有限公司	（京）剧审网字（2021）第0106号	2021–08–06
23	《小怪兽成长日记：蹒跚学步（第二季）》	日本	26	5	北京字节跳动科技有限公司	（京）剧审网字（2021）第0112号	2021–08–25
24	《小彼索》	日本	11	4	北京搜狐互联网信息服务有限公司	（京）剧审网字（2021）第0119号	2021–09–14
25	《车宝四兄弟（第三季1~16集）》	俄罗斯	16	5	北京爱奇艺科技有限公司	（京）剧审网字（2021）第0120号	2021–09–14

（续表）

序号	中文剧名	产地	集数	长度/集（分钟）	引进单位	许可证号	发证日期
26	《博人传：火影忍者新时代2021新篇章（第17~19回）》	日本	3	24	优酷信息技术（北京）有限公司	（京）剧审网字（2021）第0121号	2021–09–14
27	《入间同学入魔了》	日本	23	24	北京爱奇艺科技有限公司	（京）剧审网字（2021）第0123号	2021–09–18
28	《RE–MAIN：少年与水球（上）》	日本	4	25	优酷信息技术（北京）有限公司	（京）剧审网字（2021）第0124号	2021–09–18
29	《VIP宠物（第一季）》	西班牙	13	7	优酷信息技术（北京）有限公司	（京）剧审网字（2021）第0128号	2021–09–28
30	《博人传：火影忍者新时代 2021新篇章（第20~22回）》	日本	3	24	优酷信息技术（北京）有限公司	（京）剧审网字（2021）第0133号	2021–10–20
31	《奥特银河格斗 巨大阴谋》	日本	10	12	北京字节跳动科技有限公司	（京）剧审网字（2021）第0134号	2021–10–20
32	《暴风恐龙战队（第一季）》	俄罗斯	52	7	优酷信息技术（北京）有限公司	（京）剧审网字（2021）第0135号	2021–10–20
33	《RE–MAIN：少年与水球（中）》	日本	4	25	优酷信息技术（北京）有限公司	（京）剧审网字（2021）第0136号	2021–10–20
34	《博人传：火影忍者新时代 2021新篇章（第23~25回）》	日本	3	24	优酷信息技术（北京）有限公司	（京）剧审网字（2021）第0147号	2021–11–03
35	《宝宝快递（第2季）》	美国	25	30	北京爱奇艺科技有限公司	（京）剧审网字（2021）第0150号	2021–11–03
36	《米奇妙妙大冒险》	美国	36	30	北京爱奇艺科技有限公司	（京）剧审网字（2021）第0151号	2021–11–03
37	《RE–MAIN：少年与水球（下）》	日本	4	25	优酷信息技术（北京）有限公司	（京）剧审网字（2021）第0158号	2021–11–23
38	《博人传：火影忍者新时代 2021新篇章（第26~28回）》	日本	3	24	优酷信息技术（北京）有限公司	（京）剧审网字（2021）第0159号	2021–11–23

（续表）

序号	中文剧名	产地	集数	长度/集（分钟）	引进单位	许可证号	发证日期
39	《车宝四兄弟（第三季17~32集）	俄罗斯	16	5	北京爱奇艺科技有限公司	（京）剧审网字（2021）第0160号	2021-11-23
40	《博人传：火影忍者新时代 2021新篇章（第29~31回）》	日本	3	24	优酷信息技术（北京）有限公司	（京）剧审网字（2021）第0166号	2021-12-06
41	《泡泡孔雀鱼（第五季）》	美国	13	30	优酷信息技术（北京）有限公司	（京）剧审网字（2021）第0167号	2021-12-06
42	《加菲猫的幸福生活（第三季）》	法国	52	11	优酷信息技术（北京）有限公司	（京）剧审网字（2021）第0173号	2021-12-10
43	《旋风战车队》	美国	20	30	优酷信息技术（北京）有限公司	（京）剧审网字（2021）第0177号	2021-12-10
44	《加菲猫的幸福生活（第五季）》	法国	4	11	优酷信息技术（北京）有限公司	（京）剧审网字（2021）第0185号	2021-12-23
45	《小恐龙可可奈（第二季）》	德国	52	12	北京搜狐互联网信息服务有限公司	（京）剧审网字（2021）第0186号	2021-12-23
46	《加菲猫短片》	法国	24	3	优酷信息技术（北京）有限公司	（京）剧审网字（2021）第0189号	2021-12-24
47	《亮亮和晶晶（第一季）》	美国	20	30	优酷信息技术（北京）有限公司	（京）剧审网字（2021）第0190号	2021-12-24
48	《亮亮和晶晶（第二季）》	美国	20	30	优酷信息技术（北京）有限公司	（京）剧审网字（2021）第0191号	2021-12-24
49	《虎兄豹弟（第二季）》	俄罗斯	26	11	优酷信息技术（北京）有限公司	（京）剧审网字（2021）第0192号	2021-12-24
50	《愤怒的小鸟（第一季）》	芬兰	52	3	北京爱奇艺科技有限公司	（京）剧审网字（2021）第0205号	2021-12-31
51	《愤怒的小鸟：猪猪传（第一季）》	芬兰	31	1	北京爱奇艺科技有限公司	（京）剧审网字（2021）第0206号	2021-12-31
52	《愤怒的小鸟：Stella（第一季）》	芬兰	13	6	北京爱奇艺科技有限公司	（京）剧审网字（2021）第0207号	2021-12-31

（北京市广播电视局网络视听节目管理处）

技 术

2021 年北京市广播电视科技工作综述

2021 年，北京市广播电视局直面前沿技术发展给广播电视网络视听科技、安全播出和公共服务工作带来的新问题、新挑战，聚焦主责主业，勇于开拓创新，完成全年各项工作。

一、完善安全播出工作

（一）完善安全播出保障工作机制。首次聘任安全播出管理、网络安全、供配电方面的 9 名专家与局领导、工作专班组成检查工作组，对全市 32 家安全播出责任单位开展三轮专项检查。落实“一横一纵”安全保障管理机制，协调市网信办、市公安局、市经信局等部门加强横向协商，与国家广播电视总局监管中心、各区文旅局等加强纵向信息通报，及时进行监测监管和预警处置。

（二）以查促改加强跟踪问效。建立“两案三表三清单”工作机制，召开市、区两级广播电视安全播出问题整改专题会议，逐一分析 122 项具体问题，对共性问题研究提出解决方案，立行立改，对 14 项涉及财政资金未能立即完成整改事项，全部采取强化人防、技防等有效措施，持续挂账督办。

（三）把网络安全防护作为重中之重。按照“三结合”工作机制，全面统筹网络安全管理。深度参与公安部、广电总局以及市网安部门组织的攻防演练。对北京广播电视台、歌华有线公司等重点单位开展网络安全专项检查，部署流量监测探针。组织专业机构抽取播出系统、IPTV 系统等 9 个有代表性系统进行专业测评，组织演练 30 余场。

（四）全面做好重大活动服务保障工作。重要保障期间，值班值守、安全播出指挥部值守与三级 24 小时带班齐抓共管，网络安全专家共同参与，全市值班值守达到 10400 余人次。七一天安门广场庆祝中国共产党成立百年活动保障中，参与完成广场 LED 显示屏央视信号转播、核心要素的音响保障、献词团人员 FM 耳返系统部署、拍摄整理新闻宣传素材等重要工作。

二、推进新技术应用

一是编制《北京市广播电视和网络视听“十四五”时期科技发展专项规划》。组织专家分析广电科技发展的新形势、新任务，围绕媒体融合发展、智慧广电网络、广电公共服务、新业态新模式、智慧监管手段、科技创新生态 6 个方面梳理 39 项重点任务 20 个重点研究方向。

二是设立全国首支 8K 超高清视频制作专项扶持资金。鼓励支持北京地区的单位围绕中华优秀传统文化、北京文脉传承和时代变迁、重大活动庆典、北京冬奥会冬残奥会筹备、群众性体育赛事和娱乐活动等开展 8K 节目制作生产，开展“三库”建设。2021 年共扶持作品 57 部，累计时长 220 小时，涉及单位 21 家，扶持资金 2500 万元。

三是参与国家广电总局重点实验室建设。4K/8K 超高清电视应用创新实验室一期建设完成，有序开展三维声端到端转播试验、云转播仿真测试试验等工作，编制《云转播技术白皮书》。联合国家广电总局规划院组建 8K 超高清标准制定工作组，发布一项超高清国际标准、两项行业标准，完成编解码器技术要求和测量方法等四项标准报审稿。指导优酷申报“高新视频高性能云互动创新国家广播电视总局实验室”。

四是加快推进科技冬奥重点项目实施。联合市经信局推进部署8K电视机示范点位建设，指导北京广播电视台建设8K试验频道和8K移动终端，完成冬奥专网北京段敷设任务，推动云转播“多地实时连线系统”和“实时跟拍系统”服务冬奥会重大活动，16项云转播及8K关键技术列入科技冬奥技术库。

三、搭建广电科技交流合作平台

举办世界5G大会·5G新视听论坛，组织参加线上“一带一路”广电科技发展论坛和新加坡国际广播电视展（BA2022）等活动，北京市广电科技企业踊跃参加。参加国家广播电视总局两项大赛创造佳绩，人工智能应用创新大赛北京地区企业获奖项目29个，高新视频创新应用大赛北京地区企业获奖项目20个，北京地区获奖数量、一等奖数量均位于全国各省市第一。

2021年6月，市广电局领导检查七一建党百年天安门广场庆祝活动大屏转播保障工作

［北京市广播电视局科技处（公共服务处）］

2021年北京市广播电视局科技委工作情况

北京市广播电视局科学技术委员会（以下简称“局科技委”）成立于2004年，是由国家广播电视总局科技委指导，北京市广播电视局党组领导的广播电视科技决策咨询机构。主要负责围绕国家广播电视总局和市委市政府重点任务，开展北京市广电科技事业建设、重大科技工程、科技人才培养等问题研究，为北京市广播电视局党组决策提供参考依据。参照国家广播电视总局科技委机构设置，局科技委内设机构由主任委员、副主任委员、委员和特邀委员组成，每届任期四年，主任委员由局分管技术领导担任。局科技委下设电视、广播、有线、无线四个专业委员会，局科技委及各专业委由全市广电系统技术领导和技术骨干组成，委员人数由各专业委根据实际情况确定。

2021年，北京市广播电视局科技委在国家广播电视总局科技委的指导下，聚焦主责主业，勇于开拓创新，围绕全年重点工作，完成编制规划、竞赛选拔推荐、职业技能培训、政策宣讲等工作内容。

2021年完成的主要工作：

一、编制完成《北京市广播电视和网络视听“十四五”时期科技发展专项规划》

组织专家分析广电科技发展的新形势、新任务，围绕媒体融合发展、智慧广电网络、广电公共服务、新业态新模式、智慧监管手段、科技创新生态6个方面梳理39项重点任务20个重点研究方向。

二、组织参加全国竞赛和奖项评比

组织参加全国广播电视技术能手竞赛。按照竞赛通知精神，于7月底开展技术能手竞赛培训。结合疫情防控要求，培训小班授课，注重实际操作，邀请国家广电总局、中国传媒大学及行业专家进行基础理论授课，并邀请一线技术骨干进行模拟实际操作指导。为最大限度增强培训效果，首次搭建线上学习平台，上传老师授课资料，保障学员可以通过不同方式学习。培训结束，分批次分专业组织全国广播电视技术能手竞赛北京赛区预选赛。为增加备赛选手知识储备，不仅组织往届选手经验交流会，同时提供丰富的图书学习资料作为奖励。在2021年（第26届）全国广播电视技术能手竞赛决赛中北京市广播电视局推荐的刘爽等三名参赛选手表现突出全部获奖，其中广播中心专业获一等奖，创造近6年北京市选手最好成绩，北京市广播电视局在全国42个组织单位中获团体二等奖第二名。

鼓励支持制作播出机构、科技企业参评其他全国奖项。依托各类平台及时推送全国各类奖项评比公告，鼓励支持各单位参加比赛，展示北京市广播电视网络视听科技发展最新成果。在国家广电总局首届高新视频创新应用大赛中，北京市相关单位参加项目中共有19个获奖，其中：一等奖2个，二等奖8个，三等奖9个。北京市各单位在中国电影电视技术学会奖、王选新闻科学技术奖、优秀“新闻科技论文”等行业奖项评选中均榜上有名。

三、政策标准宣贯情况

依托北京市广电局官网、公众账号等平台，认真宣传贯彻国家广电总局各类标准，要求各单位结合实际认真贯彻落实。2021年，全年共传达国家广电总局各类标准政策53份，征求意见10余份。组织线上政策推广培训会，面向企业宣传推介北京市8K超高清视频制作专项扶持政策等。依托自有北京市广电科技企业服务微信群，传达、宣贯总局、北京市各类奖励扶持政策和行业标准，应邀入群企业已经近百家。自微信群组建以来，定期在群内转发各类政策消息，分享培训内容。

（北京市广播电视局科技委）

北京市广播电视局推动云转播技术应用情况

根据科技冬奥工作专班工作部署，北京市广播电视局按照“简约、安全、精彩”的办赛要求，推动冬奥云转播与技术应用，全力服务保障冬奥会、冬残奥会举办。

一、云转播技术研发和标准制定

依托部市合作共建的4K/8K超高清电视技术研究和应用国家广电总局重点实验室，搭建云转播技术测试环境，开展云转播仿真测试试验等应用测试，验证云转播端到端系统的技术可行性。开展市科委冬奥专项“国际云转播（北京）中心技术方案及仿真测试环境搭建”课题研究，完成云转播标准草案《云转播系统技术要求——总体部分》的制定，并向国家广播电视总局申报。

二、开展云转播技术应用征集

组织征集到4家单位16项云转播及5G+8K相关技术应用。其中，5G云转播背包技术、自由视角技术被评定为国际先进技术，超高清云转播技术、5G云转播背包技术、无人混合采访技术、自由视角技术确定在北京冬奥会开幕式及比赛期间应用，服务冬奥宣传展示。

三、推动云转播技术应用落地

在“相约北京”冬奥测试活动中，于五棵松体育中心、国家体育馆、首都体育馆和国家速滑馆等4个主要场馆测试轻量化赛事云转播、远程无人混合采访、远程新闻发布厅3大应用场景。

为门头沟区纪念建党百年暨“两优一先”表彰大会提供云转播服务，完成老干部采访和异地联合宣誓活动，为表彰大会提供新的互动形式和转播形式。完成海南琼北文旅（石家庄）推介会网络直播活动，提供由现场拍摄、云端导切、互联网分发组成的全流程服务，基于云转播系统将信号分发到各个媒体平台，展现推介会精彩画面。

四、云转播技术应用于冬奥转播

一是5G云转播背包服务北京冬奥会开闭幕式。北京冬奥会开幕式暖场环节“多地实时连线”应用超高清云转播技术和5G云转播背包技术，在冬奥会开幕式前，已完成黑龙江哈尔滨、新疆阿勒泰、江苏南京等地点的实时连线演练，在开幕式的暖场环节将演练素材播放在鸟巢的两个大屏幕上，并通过电视直播画面呈现给观众。参与闭幕式中央广播电视总台新闻特别报道《双奥之城一起向未来》直播节目，直播时长6小时。应用5G云转播背包技术实现北京冬奥会闭幕式“移动跟拍”，直播期间，为该节目提供三路高质量直播信号画面，一路鸟巢全景转播机位、一路主火炬景观转播机位和一路记者采访移动跟拍机位。

二是自由视角技术服务雪上赛事拍摄。在北京冬奥会张家口云顶滑雪公园空中技巧滑雪和单板滑雪U型池两项比赛中，应用“自由视角”制作服务。比赛期间，完成空中技巧滑雪和单板滑雪U型池两项赛事全部13场比赛的自由视角/子弹时间拍摄服务，OBS（奥林匹克转播服务公司）转播公共信号共播出162个镜头，总时长1122秒。这是首次由中国公司为奥运会提供自由视角拍摄服务，也是首次由中国公司提供的自由视角信号作为奥运公共信号向全球播出。

三是INFO AV系统服务冬奥新闻发布。INFO AV系统（北京冬奥会多语种音视频新闻发布系统）应用5G超高清云转播技术，采用云端远程制作方式，前端覆盖冬奥会全部17个场馆，可同时支持5场并发的新闻发布会视频直播，每场直播支持8个音轨的同声传译。

从2022年1月30日北京冬奥会首场正式新闻发布至2月20日北京冬奥会闭幕，在22天的时间内通过云的方式对17个异地场馆进行249场新闻发布会的视频直播以及点播下载，总时长8049分钟。直播结束后40秒左右即可提供点播素材并可以下载到本地供进一步编辑使用。项目的应用提升了2022年北京冬奥会和冬残奥会视频服务水平。本届冬奥会的单场发布会视频服务流量相当于东京奥运会的6到8倍，深受媒体记者广泛关注。

［北京市广播电视局科技处（公共服务处）］

8K 超高清试验频道制播系统建成

8K 超高清试验频道制播系统项目是北京广播电视台 2021 年重点技术项目之一。北京广播电视台电视节目制作中心承接 8K 后期展示机房改造及 8K 工作室技术系统的设计、搭建及运行。该项目从 2021 年 6 月初立项，到 11 月 15 日系统搭建集成完毕投入试运行，共耗时 6 个月。机房区域总建筑面积约为 $175m^2$。

一、系统架构

该项目建设由 8K 工作室机房、调色间、中央存储机房三个部分组成，均建设于演播楼中。8K 工作室机房建设面积约 $75m^2$，提供共享协同制作能力，部署 12 个后期制作工位，6 个编导工位。调色间建设面积约 $11m^2$，需要布置专业调色环境，具备调色、节目质量控制及 8K 节目审看和展示功能。

8K 工作室系统作为北京广播电视台 8K 超高清电视试验频道开播初期内容拍摄与后期制作业务的主要载体，前期使用 8K 全画幅摄影机进行高质量 RAW 数据采集，辅以延时摄影机和慢直播系统进行快速素材收录。后期系统以大容量高速中央存储为核心，配备剪辑调色工作单元、精编和图像增强工作单元、高端调色工作单元，组成异构协同工作生产网。每个站点均可直接对 8K 原格式进行多层实时编辑，支持 JPEG XS、R3D、ProRes、XAVC 单文件等多格式混合编辑，调色后以 8K 50P HLG ProRes422 编码格式输出成品节目文件，通过安全网关提交到播出系统存储，实现网络化备播。全流程 DIT 负责数据备份和管理，素材分发和处理，节目质量控制和交付，实现总体控制资源配置，统筹安排生产进度，兼顾成本、效率与质量、安全。

二、技术特点

一是大容量高速中央存储。物理容量 6PB 的中央存储，采用光纤通道传输，支持 12 个站点双 32Gb 光纤接入，提供不低于 30GB/s 的总读写带宽，系统支持 Mac、Windows、Linux 三种系统的异构接入，满足 8K 异构协同生产技术需求。二是高端调色系统。支持 8K RAW 格式的 8K 50P/60P 实时调色系统，提供 8K HDR 制作统一色彩管理方案。内置高性能存储，有效容量不低于 400TB、带宽不低于 5GB/s，满足 8K 实时读写要求。具备多层 8K RAW 文件实时调色能力，可同时完成 HDR 和 SDR 两个版本的 8K 节目调色，满足 8K 高精度调色与质量管理需求。具备节目质量控制及 8K 节目审看和展示功能。三是“5G+8K+AI”远程调色协作办公模式。基于高速网络技术，实现远程协作，依托于先进的色彩管理技术，实现在移动平台与主调色系统的调色时间线互联互通，并能呈现准确的 SDR/HDR 色彩还原，用于移动外场的节目制作及节目审看。四是 8K 多格式多层实时编辑。每个站点均可直接对 8K 原格式进行多层实时编辑，支持 JPEG XS、R3D、ProRes、XAVC 单文件等多格式混合编辑。五是人工智能图像增强。部署人工智能图像增强系统，支持 4K/8K 高效批量化智能增强处理。六是 8K 网络化备播。8K 50P HLG ProRes422 编码格式节目备播文件，通过安全网关提交到播出系统存储，实现网络化备播。

三、系统功能

8K 工作室既能生产冬奥宣传片、8K 春晚、8K 纪录片、专题片等技术要求高、生产周期长、后期编辑包装复杂的高质量、高水平节目，同时又能承担短平快的常规 8K 节目生产任务，实现规模化产能，以创新驱动，融合高新视听技术，打造行业领先品牌。按照使用需求，改造完成的机房区域还设置开敞式编辑办公区、小设备间、审看室、调色室等功能用房。设计遵循实用、经济、美观、绿色、环保、节俭的总体原则，在材料选型、色彩样式、家具、软装、导视等综合及整体效果的呈现上，体现 8K 超高清试验频道的现代感和融合性。

四、系统使用效果

8K 工作室系统积累 8K 素材超过 100 小时，制作完成原生 8K 精品节目 50 小时以上，包括《极致中国》、《8K 紫禁城》、《北京古建》、《自然背景》系列、《北京国际时装周》、《北京广播电视台春节联欢晚会》等优秀纪录片、专题片和综艺节目。此外，应用人工智能修复和增强技术制作 8K 节目及 App 内容推送超过 20 小时，共支撑频道播出 8K 自制节目 174 期，总时长近 972 小时；为“京 8”App 提供高质量视频内容推送超过 5000 条；支撑冬奥户外 8K LED 大屏内容播放超 150 小时。2021 年 12 月 31 日开播的北京广播电视台 8K 超高清试验频道，作为国内第一家 24 小时常态化播出的 8K 超高清频道，每天至少首播 1 小时自制 8K 节目内容。

2021 年 11 月 15 日，北京广播电视台 8K 超高清试验频道制播系统及机房建成试运行

（北京广播电视台电视节目制作中心　李达）

冬奥纪实 8K 超高清试验频道播出系统的设计与创新技术应用

2020 年 12 月，北京广播电视台完成 8K 核心制播系统建设项目总体规划，从采集拍摄、制作包装、播出传送、接收呈现等业务环节进行探索与尝试。2021 年 8 月，8K 核心制播系统播出中心和编码传输项目进行招标采购；11 月中旬，系统搭建完毕进入测试运行。2021 年 12 月 31 日，北京广播电视台冬奥纪实 8K 超高清试验频道正式开播。

一、概述

冬奥纪实 8K 超高清试验频道以播送域为中心，建设从节目文件备播、信号汇聚到播出控制及编码传送的全流程业务平台，实现 8K 制播业务标准化、流程化。信号域全面支持浅压缩、轻量化信号格式，文件域支持JPEG XS、PRORES、SUVC、单文件XAVC等多格式混合制播，面向歌华有线、IPTV、手机App、大屏多终端进行编码传送。2022年北京冬奥会和冬残奥会期间，作为全市20块公众大屏、200个社区8K电视终端以及8K手机应用的集中播控平台，24小时全天候播出，全程转播8K冬奥赛事，点亮8K科技冬奥应用示范， 凸显北京广播电视台“主动担当，勇于创新”的风范。

二、系统架构

8K超高清试验频道的播送域总体按照三层架构设计，由平台层、服务层和应用层组成。平台层整合基础资源，服务层提供能力支撑，应用层实现业务逻辑。同时，与制作域通过服务调用接口完成互联互通。应用层包括文件整备、节目播出和编码传输三个功能区域。

文件整备功能区以8K节目存储为核心，完成播出节目单编制、节目文件导入、存储、备播、技审/内审等业务功能。文件导入来源既有制作域生成的自制节目，也支持外部介质导入，边界处设置针对性的安全防护措施。通过内容管理对节目素材进行调度和管理，能够对播前的节目进行技术审查和内容审查。支持流程化网络备播的同时，具备介质载体的播出端应急播出。

节目播出功能区以SMPTE ST 2110标准框架下的信号汇聚平台为核心，采用ST2110-22浅压缩视频流结合JPEG XS格式，应用基于ST2110@2022-7标准实现链路实时容错，进行信号交换、处理和播出。基于SDN的IP矩阵采用精确的调度流表控制，在一个调度核心系统内完成。内部采用软件定义网络方式进行流管理控制，边界处采用网关设备进行协议转换，所有8K信号均以IP组播流的方式在同一系统内进行调度分发。信源端可接入外来8K外场赛事信号、4K信号上变换为8K信号、8K主/备播出通道、三备播出通道等信号。外来信号通过IPG网关转换为符合平台统一标准的IP信号再接入系统进行调度处理。IP信号调度锁定PTP同步精准时钟，满足全域系统的统一调度和授时，实现全系统、全流程信号的可管、可控、可监、可处理。

编码传输功能区将主备路输出信号进行多格式编码压缩与传输，采用AVS3编码格式、100Mbps码率，向歌华有线、IPTV平台、科技冬奥展示大屏传输信号，并为8K手机应用推送适配的视频流，满足多种传送方式的需要。

三、技术创新点

播送域全流程应用ST2110-22浅压缩视频流结合JPEG XS格式，围绕相关技术关键点开展技术创新，研制适应业务场景应用的关键技术设备，完成8K超高清试验频道新型播送系统。

1. 全面支持JPEG XS格式。播送域在ST2110-22浅压缩视频流协议下提供对于JPEG XS格式的全面支持，对比非压缩视频信号流在8K超高清的应用，浅压缩方案具有明显优势：在传输延迟上达到行级标准，最低编解码延迟可做到32行；在画面质量上与同码率传统制作格式基本相当；在实现复杂度上算法简单，编解码效率高；在处理并行度上适合多种承载平台，特别适合GPU并行计算。

研制支持JPEG XS格式编解码的网关设备，将外来信号转换为JPEG XS Profile High格式进入IP矩阵进行调度分配；开发支持JPEG XS格式的IP多画面监看和内容技审软件，通过GPU运算实现HDMI2.1接口输出。JPEG XS浅压缩方案达成节目素材质量与网络传输带宽之间的平衡，可以在显著节约网络消耗的情况下达成图像视觉无损。

2. **多格式文件混合播出**。现阶段规模化 8K 内容生产尚处于探索阶段，输出统一文件格式比较困难。在北京广播电视台应用场景下，8K 制作工作室输出格式为 PRORES 422 LT/2.7Gbps，非编网络输出格式为 JPEG XS/2Gbps，外购节目则多数为 XAVC/2Gbps 文件格式。为简化系统架构和处理环节，避免转码带来的资源消耗、画质损失和效率降低，定制研发了播出服务器对多种文件格式的解码能力，不同格式源文件混合播出并统一输出为 ST2110-22 JPEG XS 信号。8K 多格式混播服务器端兼容 JPEG XS、PRORES、SUVC 、XAVC 等文件格式，实现多格式混播输出。支持外来 JPEG XS 信号二入一出净静切换，包括信号与信号、文件与文件、文件与信号之间的净静切换，实现 JPEG XS 格式单流输出到信号汇聚平台。

3. **播出通道异构设计**。采用完全独立于主 / 备播出通道的异构三备播出设计方案。同样基于 ST 2110-22 JEPG XS 标准，三备播出服务器仅做输入信号与本地文件的解封装而无须编解码，输出的流信号进入支持图文功能的 IP 网关设备，利用其硬件性能完成视频解码、图文叠加和编码输出等业务需求。这种轻量化的应用模式，减少播出服务器自身的编解码压力，简化播出服务器设计并有利于提升整个播出通道的稳定性，适配 8K 应用场景。

4. **双维度信号监测比对**。在信号通路关键节点实现基于节目内容和传输码流两个维度的监测比对，并使用不同策略进行应急切换。在内容层面，支持 4 路 8K JPEG XS 2Gbps 超高清信号内容比对，也可以将自动技审结果的文件格式、黑场、静帧、静音等做调用，用于后期图像一致性比对时参考。如果画面内容异常，可通过 SDN 控制 IP 矩阵切换应急通道播出。在信号流层面，采集编码器后信号进行比对。如果传输码流异常，可做主 / 备路信号流的应急切换。相对以往仅限于基带输出信号末级的一致性比对 / 切换功能，将应用范围从播控中心拓展到编码传输环节。同时，将一致性检测比对信息针对不同岗位及工作需要进行信息展示，从技术手段辅助提升安全播出保障能力。

（北京广播电视台播出中心　肖春艳）

北京广播电视台 2021 春晚
采用 4K 录制并开展 5G+8K 录制试验

2021 年北京广播电视台春节联欢晚会（以下简称“2021 春晚”）于 2021 年 2 月 12 日（大年初一）在北京卫视频道播出，2021 春晚蝉联全国省级卫视春晚收视八连冠，同时在网络端取得骄人成绩。

2021 春晚是北京广播电视台连续第 4 次使用超高清 4K 技术进行拍摄制作。全台技术部门配合文艺频道中心全程参与 2021 春晚策划与实施，做好录制技术保障工作，实现全国省级电视台春晚的 3 个第一次，即：第一次 4K 超高清 / 高清同播制作流程，第一次 8K 版春晚录制，第一次 5G+8K 云直播试验。

这次录制对筹建北京广播电视台 8K 试验频道的系统原型是一次很好的试验与验证。

全领域统筹，发挥大型活动统筹管理优势。制订《2021 北京广播电视台春节联欢晚会录制技术方案》，协调台内外资源完成 2021 春晚录制系统的选型，统筹做好录制系统搭建，确保录制顺利完成。

全 4K 收录，讯道数、素材量创历年之最。2021 春晚使用的 27 台摄像机全部按照“2021 春晚录制标准”进行选型，共收录 31 路 4K 超高清信号，其中：13 路为常规讯道机；12 路为特种设备，包括天眼、伸缩摇臂、隐形轨、升降轨道、两线飞猫、单线垂直飞猫、斯坦尼康、无人机；2 路为超高速摄影机；3 路为虚拟植入 AR 合成信号；1 路 PGM 信号。共使用 8 台 4K 多通道录像机，每台可同时收录 4 路 4K 信号，6 天拍摄共收录 320TB 素材。

全程 5G+8K 录制试验，成为全国省级电视台第一次 8K 春晚录制。在技术管理部统筹下，电视节目制作中心、信息网络管理中心、播出中心、转播传送中心等多部门通力合作，在佳能、强氧、新华三、瑞得霖科、维视动力、纶斯科技、地球山、新奥特、数码视讯、索贝等 10 余家软硬件供应商共同协作、联合研发下，完成 6 机位拍摄及收录试验，实现全国省级电视台首次春晚的 8K 录制及制作，对筹建的 8K 试验频道进行试验与验证。完成全国省级电视台首次 5G+8K 春晚云直播试验，通过 5G 编解码传输系统，将春晚录制现场的 8K 信号实时通过 5G 网络回传到北京广播电视台国贸办公区进行直播试验。

全面屏，内容设计点亮晚会。以“中轴线”为理念设计 360° 全景沉浸式舞美，整个录制现场被超大屏幕所覆盖。舞台正上方吊装的多角度移动矩阵屏，在提升舞台视觉观赏性的同时，给设计与实施增加难度与挑战。技术团队直面时间紧、任务重、4K 文件渲染生成时间长等困难，凭借多年以来总结的实践经验，完成各项设计任务。

全质量控制，发出技术最强声。依据“2021 春晚录制标准”，指导转播车进行系统搭建及参数配置；在转播车上设立现场质量控制岗，全程把控录制质量；后期前置，剪辑师全程参与录制环节，每日完成当天素材的上载、对线与校验，确保录制质量及收录完整。

2021 年 2 月，北京广播电视台 2021 春晚项目组人员在 8K 收录试验监看区监看

（北京广播电视台）

北京 IPTV 智能电视交互操作系统 UiOS 升级

2021 年 7 月 30 日，北京 IPTV 正式投放自有独立知识产权的 UiOS 开发的新一代智能电视交互操作系统 UiOS 4.0，并在北京联通、电信、移动三家运营商平台逐步投放。该系统实现“看过去、看现在、看将来”的功能，推出全新的内容推荐介绍与背景流无缝播放

模式及直播、点播、应用之间无缝衔接的操作，为用户、合作伙伴及播控平台提供全新的、互联网化的交互操作体验。推出采用虚拟点播流技术的“随心看”专区，对接AI人工智能算法实现千人千面的智能推荐，与IMOS智能弹窗系统、智能大数据系统协同互联，实现更精细的内容排布、更直观的展现形态、更顺畅的交互体验。

北京IPTV UiOS 4.0操作界面沿用北京IPTV悬浮式操作菜单，实现应用之间无缝切换、流量之间相互导流、用户引导能力增强等互联网化运营、操控逻辑。在用户体验方面，重点打造连续触发式操作体验，通过智能推荐系统增加“Z轴”的立体叠层推送（即智能推荐系统根据用户画像个性推荐），为用户打造专属于自己的大屏。在运营方面，通过拓展UiOS的宽度和广度，发挥无缝衔接的优势，强化直播与点播场景的联结、内容与周边产品的辐射、长视频与短视频的互补和带动，深度融合智能推送和广告展现形态，打通内容与电商间的智慧通路。

UiOS4.0系统实现多屏互动、VIP产品体系、产品优惠等运营功能；采用“主备EPG集群异地灾备+E-liveAPK”的安全方案，同时引入智能拨测系统，加大测试审核力度，保障北京IPTV的播出安全；完成与ISOP智能运营管理平台、BI大数据采集分析系统、智能搜索和智能推荐系统、IMOS智能信息运营系统、用户中心、点播智能互动线性编排系统等运营系统的良好配接，大幅提升用户体验和运营效果；通过与运营商进行智能语音操控系统的研发，使北京IPTV作为智慧家庭语音交互入口，成为智能家居控制中枢。2021年年底，为满足首都市民使用超高清电视观看北京2022冬奥会和冬残奥会的需求，UiOS4.0操作系统与Android 10.0系统适配，实现8K超高清直播在IPTV平台的播出，为用户呈现更佳的视听体验。

北京IPTV UiOS 4.0提供更加数字化、信息化、智慧化的服务，打造更具商业价值的互联网化综合服务平台，用户操作更便捷、使用更流畅、交互更友好，极大地优化了系统能力与用户体验。

（北京广播电视台）

北京数字付费频道高清播出系统建成

为推动北京数字付费电视频道标清转高清工作，北京歌华传媒集团有限责任公司旗下北京北广传媒数字电视有限公司于2021年6月建设完成支持12个频道的高清数字付费频道播出和备播系统，实现全天24小时对有线、卫星、互联网等多路高清节目传输和分发。

高清数字付费频道播出平台，核心系统采取4个播出岛作为主要播出业务支撑系统，可以充分优化播出岗位工作流程，实现一人多职、权责分明、相互支撑、故障快速处置，

北京数字付费电视高清播出和备播监控机房

构建全文件化、全媒体域的播出分发平台，将原有的仅能满足传统电视节目生产播出的技术系统和业务流程进行再造，以适应媒体融合发展业态下的业务流程支撑需求。

该平台周边业务支撑系统，由节目素材自动技审系统、异构第三备份播出系统、TS码流视音频监播系统、全媒体直播分发综合业务系统组成。节目素材自动技审系统可实现频道节目制作单位的素材技术指标快速机器审查，降低人员漏判误判风险。异构第三备份播出系统避免单一播出系统可能造成的风险，并可提供代播业务。TS码流视音频监播系统能确保播出系统全流程可管可控。全媒体直播分发综合业务系统能满足国家广电总局对于媒体融合发展的相关要求，可实现4G/5G直播服务及互联网等多平台的节目信号输送，实现媒体融合汇聚分发。

（北京歌华传媒集团有限责任公司）

北京城市电视户外大屏播出控制系统建成

一、项目背景

北京城市电视户外大屏播出控制系统于2018年10月正式开始建设，2021年8月2日完成系统平台的最终验收。该系统通过整合本地行业资源，不断做大、做强户外媒体，为北京城市电视的发展及升级换代提供新发展模式。

二、平台简介

北京城市电视户外大屏播出控制系统以中央广播电视塔机房为总控单元，通过歌华有线PTN专网向各块大屏传输节目数据，各大屏播放节目内容大体相同，也有部分个性化内容的播放。播出控制系统与内容制作平台模块和直播信号连接，完成播出素材的存储管理、模板管理、节目单管理、播出终端管理、播出监控等业务。另外，配套设备还有在线转码系统、离线转码系统、网络设备、网络安全防护设施、配套服务器、存储、工作站等，各系统发挥各自功能，协同工作，最大限度服务大屏联播业务。

安全性方面，系统硬件平台满足主备机信号自动切换、播控硬件设备故障自动提示报警、播出内容建立三级审核机制的要求；功能性方面，系统可实现各屏体自定义播出内容上载、支持4K分辨率的节目内容播出等功能，进一步提升安全播出的稳定性及可靠性，实现内容播出的开放性及多样性，增强平台的效率性及可扩展性。

另外，该系统还可实时在线为用户提供严格准确的节目播出日志和统计报表服务，并支持图形化报表输出，用户可直观地了解节目内容播出情况。在国家重大时事、重大活动直播时，系统可提供最高4K分辨率信号同步直播。在举办大型场地活动或需要网络直播信号时，系统可支持互联网信号源作为电子显示屏所在地直播源信号。如遇预警信息、突发事件时，可将视频、图片、字幕等多种形式内容第一时间将信息发布到屏体上显示。此外，北京城市电视公司作为北京市广播电视的安全播出责任单位，拥有完善的安播制度、网络安全制度、各项应急预案及工作流程制度，配备了专业的安全播出团队，为户外大屏联播网的安全可靠运行保驾护航。

三、项目发展情况

截至2021年年底，北京城市电视户外大屏联播网除拥有自主产权的5块户外大屏外，还通过户外大屏播出控制系统陆续接入社会上7块户外大屏终端，为业务经营的多样性、安全传输和播出的可靠性提供坚强有力的支持。

（北京北广传媒城市电视有限公司）

歌华有线打造北京冬奥会有线电视服务科技亮点

歌华有线公司作为北京2022年冬奥会及冬残奥会官方有线电视服务供应商，推进冬奥有线电视专网建设，坚持技术引领、科技创新，紧抓广电5G发展机遇，谋划为赛事服务展现“数字低延时直播”和“无线CATV传输”有线电视服务科技亮点。

一、“数字低延时直播”技术

歌华有线“数字低延时直播”技术，即在所有竞赛场馆部署专业技术系统，利用专门的超低延时编解码技术，攻克数字信号直播延时高的难题，并按照北京冬奥组委会要求达到350ms以下，可以更好地满足所有竞赛场馆内的报道需求，为国家体育场、国家游泳中心、首都体育馆、国家速滑馆、五棵松体育中心、国家体育馆、国家雪车雪橇场馆、国家高山滑雪场馆、首钢大跳台9个场馆提供赛事直播服务和技术保障，实现冬奥会史上首次以数字方式提供更低延时、更高清晰度的视频服务。

1. 系统架构

本系统使用数字电视技术完成场馆赛事信号的超低延时直播。为了尽可能低的延时目标，低延时直播系统采取分布式部署方式，在每个场馆内均部署一套低延时直播系统，基于场馆局域网网络环境完成业务数据的传输，并利用冬奥专网在歌华大厦汇集各场馆的系统运行数据，实时监控每个场馆的系统运行，保障信号的安全稳定传输。

2. 运行流程

低延时直播系统在各场馆综合区获取OBS（奥林匹克广播服务公司）提供原始赛事信号，赛事信号格式为1080i分辨率、50帧率的SDI基带信号。每个场馆需传输2~5路数量不等的直播节目，覆盖终端不超过300端。

原始赛事信号通过SDI传输系统送入低延时编码服务器中，经由超低延时编码即刻输出至本地超低延时分发节点，然后经过接入网中的OLT传输至ONU设备中，再由机顶盒解码播放。编码后的信号通过有线数字网络分发至馆内电视机，全流程不超过350ms。

每个场馆均以集群方式部署2台具备低延时流媒体分发功能的服务器，每台配备双万兆网卡，确保单台服务器具备10Gbps的分发能力。通过冗余部署的方式确保赛时播出安全，2台低延时流媒体分发服务器在任意一台出现宕机时，业务可以自动切换，确保整体服务能力不受影响。

3. 关键技术

超低延时编码技术：超低延时编码器支持逐行及隔行的输入格式，支持H.264等编码格式，每帧编码时延小于20ms，整体编码时延不超过 60ms。

超低延时流媒体分发技术：底层基于 WebRTC 技术，在收到编码后的码流后，将在不做任何缓冲的情况下将码流传送至接入的终端设备，同时基于终端接入的实际网络情况，低延时媒体服务器通过选择合适的拥塞控制、FEC 编码及丢包重传机制实现整体系统极佳的抗抖动性，转发时延不超过 80ms。

二、“5G 无线 CATV 传输”技术

歌华有线公司应用广电 5G 技术结合有线电视专网服务，打造“5G 无线 CATV 传输”，利用广电 5G 传输信号，使媒体工作者在自己的工位、看台座席等场馆内任何地方，通过笔记本电脑、手机、平板电脑等移动终端收看赛场实时画面，开展新闻报道，开创奥运会史上首次通过无线方式提供有线电视专网信号传输的先河。

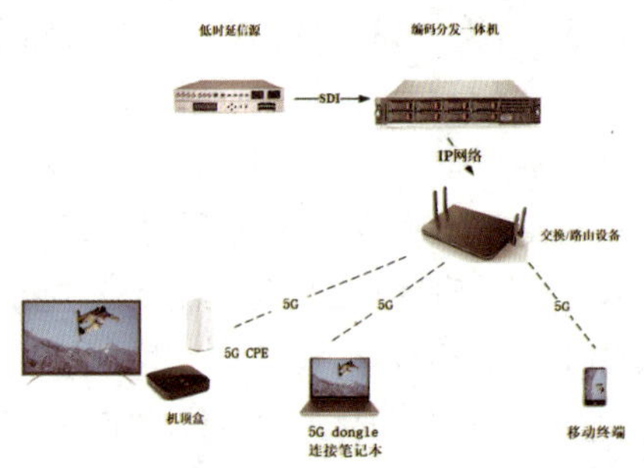

5G 无线 CATV 系统示意图

1. 应用优势

传统上，在体育赛事现场评论场景下，因对缩短转播时延要求高，所以仍多采用模拟系统，需要现场布线，并且赛后也无法利用；采用数字技术方式又会受编解码环节、传输环节等的制约，造成时延过长，呈现电视画面与现场不同步，尤其在现场解说场景下更突显其弊端。同时，在赛事直播类场景中，受限于场地或工作安排，媒体人员虽然在赛事场馆内，却往往无法亲临现场或处在最佳的观察角度。

歌华有线“5G 无线 CATV 传输”，搭建北京冬奥会无线 CATV 5G 专网，利用广电 5G 网络低时延特性，传输低延时信源，将端到端时延降低在 350ms 以内，使媒体人员通过手机、笔记本电脑（配合便携式 CPE）访问 5G 专用网络，登录低延时视频云，观看高清赛事直播，有效赋能媒体工作者开展赛事新闻报道工作。

2. 部署范围

根据北京冬奥会组委会指定，“5G 无线 CATV 传输”应用于首钢滑雪大跳台场馆，具体在场馆内的媒体中心、奥林匹克大家庭及休息室、看台指定区域，提供基于无线方式收看大跳台赛事低延时直播节目的服务。其中，在室内环境建设 5G 室内分布系统，提供广电 5G 网络覆盖；在场馆周边建设 5G 宏基站（4.9GHz）1 座，覆盖看台指定区域。

（北京歌华有线电视网络股份有限公司）

优酷信息技术（北京）有限公司“自由视角”视频技术介绍

自 2018 年开始，优酷信息技术（北京）有限公司（以下简称“优酷公司”）着手自

主研发“自由视角”视频技术，并于2019年正式立项推动该项技术在视听内容领域的落地与应用。截至2021年年底，优酷公司已经投资将近2700万资金用于该项目研发及应用，创造收入（2019—2021）共计近1200万元。

一、项目背景

随着互联网技术的高速发展，尤其是5G时代的到来，以及三维视觉与显示技术的进步，视频技术从“看得清”进入“看得真”的超高清和沉浸式虚拟现实时代，“内容+科技”的融合驱动力，已经成为推动网络视听高质量发展的重要路径。优酷公司植根于阿里巴巴技术优势，不断探索艺术与技术的融合创新，力求提升应用效率、降低技术门槛，助力内容产业数字工业化进程，更好地满足用户的精神文化需求。

二、项目功能

2022年，冬季奥运会首次在中国北京举办，这是新视频技术的绝佳展示机遇。优酷公司“自由视角”视频技术应用于科技冬奥重点专项——“冰雪项目交互式多维度观赛体验技术与系统”，优酷公司也成为冬奥赛事直播的重要技术服务单位。

基于此前网络综艺及篮球赛事直播的应用基础，该项目针对冬奥会冰雪运动的特点，在2021年进行新一轮的技术升级，突破虚拟现实（VR）视频和自由视角视频的节目拍摄、内容生成、高效编解码、自适应传输和交互式呈现等关键技术，研制VR和自由视角视频节目采集系统、内容生成系统、实时编解码器、自适应传输系统和交互式终端，进行端到端系统集成，建立一套交互式多维度观赛体验系统，并在有线电视网、电信网、5G网和互联网等平台实现示范应用。

该项目以建立交互式多维度观赛体验系统为目标，完全基于自主研发，突破VR视频和自由视角视频的采集、生成、表示、编码、传输和显示关键技术，形成相关国家/国际标准，面向北京冬奥会的冰雪运动项目开展示范应用，带动超高清和虚拟现实产业发展。

该项目首次采用完全自主研发的“自由视角”视频技术对北京冬奥会冰雪运动项目进行示范播出，用户可以自主交互连续改变视角和位置，突破传统的定点和被动式观赏赛事，革命性提升用户观赛体验。

在内容生产上，“自由视角”技术能够嵌入转播信号，可实现多角度、清晰的即时三维比赛细节还原。这一技术不仅可协助裁判更快速、精准地做出判罚，还能使运动员和教练员多角度直观回顾场上细节。特别针对冰球比赛，以重点镜头和氛围镜头为侧重，能够让观众感受到冰球赛事独特的魅力。

三、项目应用情况

该技术已经应用于《这！就是街舞》《这！就是灌篮》等专业竞技类网络综艺节目，以及CBA（中国男子篮球职业联赛）、CUBA（中国大学生篮球联赛）、北京冬奥会测试赛等体育赛事直播中，有效提升节目竞技场景的表现力，为用户带来线上观赏体育赛事的沉浸式体验，助力内容产业提质增效。

2021年4月，该项目在“相约北京”冬季体育冰上项目（冰球）测试活动中应用，在国家体育馆运行测试，对冬奥冰雪项目进行示范播出，用户可以自主交互连续改变视角和位置，突破传统的定点和被动式观赏赛事，提升用户观赛体验。项目组在国家体育馆中的U型架上部署40台相机，总长度达210米，通过三维重建和渲染，可以渲染输出任意时长和帧率的精彩特效片段，相当于1200台相机同时拍摄拼接的效果。

该项目成果形成VR和自由视角视频方

面的国家/国际标准，积累一批自主知识产权，优酷公司参与相关标准建设和专利申请。截至2021年年底，优酷公司“自由视角”视频技术已经累计申请国内外专利61篇，并且在AVS国家标准组中有6篇技术提案和6段核心测试用例被采纳，成为自由视角国家标准的撰写和制定的重要力量。

[优酷信息技术（北京）有限公司]

中国（北京）星光视听产业基地 XR虚拟制作协同创新平台建成使用

中国（北京）星光视听产业基地XR虚拟制作协同创新平台，是从传统的实物置景、现场录制、后期制作再分发的生产方式，向虚拟数字资产制作、虚实互动的“沉浸式”录制、云端在线制作分发的全流程数字化转变的平台。

一、XR虚拟制作协同创新平台组成

2021年5月，星光视听产业基地开始建设XR虚拟制作协同创新平台，建设地点位于星光影视园东区D座演播室中心600E演播室内，平台由定制的LED屏幕显示系统、XR实时渲染控制系统、摄像机追踪控制系统、灯光系统等几个部分组成。地屏结构为星光自主研发，可以承受汽车等大型道具设备重量，并针对多人节目设计2.5米的地屏延伸。摄像机追踪控制系统包含3个4K超高清机位的现场实时跟踪采集。XR实时渲染控制系统为disguise VX4，包括3D预演媒体服务器、实时渲染引擎，可将虚拟摄影机与真实摄影机运动信息匹配并把图像信息映射到LED屏幕上，实现拍摄主体与虚拟渲染拍摄背景的完美融合，并在范围外进行拓展，带给观众沉浸式全新震撼的视听体验。

二、XR虚拟制作协同创新平台使用情况

2021年6月，XR虚拟制作协同创新平台一期投入运营，至2021年年底完成19个剧组90天次XR虚拟节目制作任务，内容形式涵盖影视、综艺、舞台剧、线上演唱会直播、广告发布等。典型案例包括广东广播电视台4K综艺频道特别节目《红棉树下》、央视“119全国消防日”特别节目《中国骄傲》、刘德华认真工作40年抖音演唱会直播、央视娱乐创演型文化节目《少年的奇幻世界》等。XR虚拟制作可广泛应用于电影电视、综艺节目、戏剧演出、产品发布会、演唱会、音乐秀、真人秀、广告等各类视听内容制作领域，可实现后期制作前置化，既省去物理空间转换，也减少舞美、灯光、人力、时间等制作成本，

2021年10月，在星光视听产业基地XR虚拟演播室录制央视“119全国消防日”特别节目《中国骄傲》

大幅度地提升制作效率，是典型的、绿色环保的知识产权经济新业态。此外，平台还可以对旅游景区、文化公园、博物馆、会展中心等资源进行线上全方位立体展示，实现沉浸式科普文娱体验，打造新型的高科技文化科普教育培训基地。

（北京星光拓诚文化产业集团）

2021年延庆区融媒体中心全媒体演播室建设情况

延庆区融媒体中心全媒体演播室于2021年5月27日建成并投入使用。该演播室位于区融媒体中心新址（辰龙国际9号楼），占地面积约90m^2，分为实景制播区、虚拟绿箱区和导播区三个部分。该演播室符合“全高清、全功能、流程化、多景区”的设计理念，分别具有直播、虚拟现实交互、虚拟植入（AR）、4K三维跟踪虚拟仿真、8K拍摄录制、外场连线及新媒体接入交互等功能，是集单个和多个主持人、互动嘉宾、固定和流动主持为一体，适应全方位、多景区、多空间、多视点、多交流互动功能丰富的全媒体演播室。

实景制播区。全媒体演播室制作系统设计为4K兼容高清信号录制级别，采用真三维虚拟系统Datavideo TVS-3000作为核心设备，该系统支持4K/AR三维跟踪虚拟仿真，将传统的视频切换、虚拟演播、视频特效、图文字幕、推流及录制等制作流程统一到单台系统中，满足对操作、设备、空间、素材的要求，适合全媒体现场直播或录播节目。单机位可以生成6个虚拟机位，机位和路径、摇移拍摄时间可实时调整。可选四种不同特色运动方式完成任意两个虚拟镜头间的摇移过渡，避免传统模拟摇臂单调生硬的线性运动。可针对同一场景同时最多设置42个不同三维位置和角度的虚拟镜头，并在镜头间推拉摇移或特效切换。

虚拟演播室区。可以制作出真实演播室无法实现的效果，其空间不受物理空间限制，还可以引入大量虚拟特殊环境与道具，因此可创作出更丰富、更吸引人的节目，在很大程度上摆脱时间、空间和道具制作方面的限制。由于场景的制作、修改、保存等都在计算机上进行，制作和更换电子布景快捷简便，可节省大量的人力、物力、财力，而且缩短节目制作周期，提高演播室的利用率。

2021年5月27日，延庆区融媒体中心全媒体演播室建设完成并投入使用

项目投入使用后，提升了延庆区融媒体中心节目的内容质量和服务保障北京冬奥会节目的制作能力。同时，也可以使延庆区群众享受到高质量的网络、电视节目，进一步满足延庆公众对网络视听、电视等节目的收看新需求。

（延庆区融媒体中心）

2021年通州区“北京视听小站”项目建设情况

一、项目背景

通州区融媒体中心按照北京市广播电视局《关于做好北京新视听示范应用试点申报工作的通知》及通州区委宣传部具体部署，紧抓北京冬奥会和5G+8K发展契机，整合5G、互联网、广电、新媒体等行业的视听优势资源，打造具有区域特色的公共服务示范项目——通州“北京视听小站”试点项目，推动通州“北京视听小站”试点成为北京乃至全国超高清时代科技文化融合服务的引领者。

二、建设目标

通州区“北京视听小站”项目通过布局4K/8K超高清显示终端等视听体验设备，围绕新视听示范应用，创建集视听体验、文化宣传、党员教育、科学普及等于一体的具有北京城市副中心特色的“北京视听小站”示范，成为老百姓享受高质量视听体验的重要载体和新时期公共服务的特色平台。

三、建设方案

结合通州区域优势特点，创新区域性视听新体验，从设计、展示、保障等多角度、多层面入手，建设保障有力、服务规范、群众满意度高的具有区域特色的“北京视听小站”。一是结合5G高速率、低时延、广连接的技术特征，实现5G网络及高速宽带接入，贯通广播电视和网络视听，促进“北京新视听”高质量发展。二是以2022年北京冬奥会和冬残奥会赛事8K超高清试验频道播出为契机，布局4K/8K超高清显示终端等视听体验设备，充分发挥超高清内容在大屏显示上的质量优势，实现“5G+4K/8K”视频内容体验能力。三是借助5G技术优势，通过配备高新视频体验设备，聚焦5G+超高清视频应用，包括沉浸式视频、VR视频等应用体验，打造集党员教育、文化宣传、科学普及、体感游戏等在内的视听创新应用场景。四是提供广播电视和网络视听等方面服务保障，在开展区域性超高清赛事节目直播、点播等方面提供能力保障，体现智慧广电建设。

2021年，群众在通州区“北京视听小站”内体验滑雪运动

四、使用情况

截至2021年年底，通州“北京视听小站”项目体验者超过500人次，体验者体验效果良好，随着疫情逐步缓解，体验人次还会继续升高。

（通州区融媒体中心）

公共服务

2021 年北京市广播电视公共服务情况

2021 年，北京市广播电视局发布实施《北京市广播电视局关于加强广播电视网络视听公共服务体系建设的实施意见(2021 年—2025 年)》，开展多项公共服务重点工作，推动北京市广播电视公共服务内容创新发展。

1. 发布广播电视网络视听公共服务体系建设的实施意见。2021 年 6 月 23 日，正式印发《北京市广播电视局关于加强广播电视网络视听公共服务体系建设的实施意见(2021 年—2025 年)》，并自 2021 年 7 月 23 日起实施。实施意见包括总体要求、主要任务、组织保障 3 大部分，明确未来 5 年公共服务 6 大方面 30 个重点任务。

2. 建设北京视听小站。2021 年，北京市广播电视局发布首批“北京视听小站”试点工作方案和建设指引。“北京视听小站”采取政府主导、社会参与、市区共建、群众受益的模式，市广电局负责指导和监督管理，各区结合实际，打造特色化示范应用小站。首批“北京视听小站”试点在海淀、通州、石景山、延庆四区建设，部分小站于北京冬奥会前挂牌并对公众开放。举办主题活动十余场，为群众提供超高清、VR、AR 等视听科技体验。选取科技冬奥 8K 超高清示范社区，列入“北京视听小站”试点范围，丰富 8K 内容应用场景。

3. 开展北京视听零距离活动。2021 年，“北京视听零距离”公共服务系列活动围绕北京冬奥会、建党百年、科技助老、8K 超高清、精品创作等主题，举办 15 场线上线下活动，带动 50 余家行业单位参与其中，为东城、海淀、朝阳、延庆、昌平等地居民送去视听新技术、新内容、新服务、新体验，带动近万人关注“北京视听零距离”活动。

2021 年 10 月 22 日，在永远跟党走——“北京视听零距离”庆祝建党百年主题活动现场，观众使用“北京时间”App 里的“时间小妮”听新闻

4. 开展“共享新视听　同心过大年”活动。2 月 3 日，北京市广播电视局与河北省广播电视局以视频会议的形式举办京冀“共享新视听　同心过大年”活动启动会。充分利用中国(京津冀)广播电视媒体融合发展创新中心合作机制，共同推出“共享新视听　同心过大年”活动。活动内容：一是歌华有线公司向河北长城新媒体集团开放共享“空中课堂”教育资源，为河北中小学生居家学习提供优质服务。二是丰富群众居家过年的电视荧屏内容供给。协调北京广播电视台、完美影业、二十一世纪威克传媒、东方良友影视传媒等 14 家广播电视播出和制作机构，向河北捐赠包括电视剧、纪录片、动画片等 37 部优质影视版权内容。三是优酷、爱奇艺平台春节期间推出“北京新视听免费看专区”向北京、河北用户免费开放，对 451 部 9651 集会员专属节目进行“限时转免”。抖音、快手、

西瓜视频等平台推出“直播+”、短视频挑战赛等特色活动，吸引网民广泛参加互动。

2021年2月3日，京冀“共享新视听 同心过大年”活动启动会在北京市广电局会场举行

5.“京津冀之声”传播覆盖建设。2021年2月26日，“京津冀之声”广播正式开播。该广播是北京、天津、河北三地广电媒体共同打造的信息共享平台，并形成跨地区、跨媒体、多领域的京津冀融合媒体传播链。为推动“京津冀之声”惠及三地群众，经京津冀三地广电部门协调制订“京津冀之声”区域全覆盖三年行动计划（2021—2023），通过单频组网、多频转发、节目合作以及融媒体传播等方式扩大京津冀之声节目覆盖。2021年，通过原有台站节目转换，新设立广播台站实现“京津冀之声”在北京市中心城区、北京城市副中心、延庆北京冬奥会赛区、河北北三县的覆盖；另外北京广播电视台通过节目合作以及融媒体传播方式实现“京津冀之声”广播在河北省张家口北京冬奥会赛区的覆盖。

6. 完成地面无线数字化工程建设。2021年完成北京节目地面无线数字覆盖工程，实现12套中央电视节目、8套北京电视节目在远郊地区的覆盖。各区融媒体中心加强本地节目地面无线数字化工程建设，完成覆盖北京区域的中央、北京、各区电视节目模拟转数字化工作。同时在国家广电总局统一安排部署下，增加中央12套广播节目地面传输覆盖。

7. 推进有线电视网络传输建设。截至2021年年底，歌华有线实际用户614.67万户，其中光纤到户覆盖64万户，高清交互数字电视用户577.98万户（其中4K超高清用户202.84万户）。高清交互数字电视平台传输数字电视频道225套，其中标清频道149套、高清频道72套、4K超高清频道3套、8K超高清频道1套，“4K视界”专区内容累计超过4560小时。歌华有线高清交互平台提供院线、教育、生活、健康、年华、营业厅、生活圈等多种栏目和服务应用。

8. 北京广播电视台做好公共服务节目。一是持续跟进首都疫情防控最新情况，及时发布疫情动态、防控措施、出行提示等热点信息。推出“疫情防控我们在行动”主题报道，直播疫情防控新闻发布会60余场，策划《五大高频词 梳理本轮疫情》等特别节目，制作播出《科学佩戴口罩》等多版本疫情防控宣传片。“北京时间”上线《北京疫情防控最新动态》专题，总点击量超360万次，政策解读、舆论引导及时权威高效。二是配合“文明驾车 礼让行人”专项整治行动，全面做好主题报道、专题节目、公益宣传和融媒传播等工作。三是服务城市副中心建设和京津冀协同发展，发起成立“大运河城市广播联盟”，组建京津冀新媒体协作矩阵，微博粉丝达1500万，全网话题总阅读量超过5亿次。四是完善应急传播机制建设，重大应急突发事件及时响应。及时发布北京汛期雨情动态、户外体感、交通出行、防汛安全等各类提示信息，普及防灾减灾知识，为市民生活提供贴身服务。

9. 户外媒体助力公共文化服务示范区建设。截至2021年年底，歌华传媒集团所属机构共有公交电视屏幕20000块，地铁电视屏幕10000块，楼宇电视屏幕6000块及城市地标电视大屏8处9块，是北京市广播电视提供公共服务的平台。这些户外电视共播出公益宣传片、图片500余条，结合主题主线、重要时点播出庆祝建党百年、2021服贸会、北京冬奥会等系列主题宣传片，并长期播出新冠疫情防控、疫苗接种、垃圾分类、医疗保障、食品安全、文明观赛等公益宣传片，为北京市民提供日常公共文化服务。

10. 举办广播电视行业培训。组织两期线上北京新视听技术能力提升培训，北京广电系统各单位技术人员和网络视听行业从业人员，以及北京市广播电视局对口支援的新疆和田、西藏、青海、内蒙古等地广播电视机构1200余人次参加培训。课程内容涉及XR（扩展现实）、超高清节目制作实战、5G广播等广电发展趋势及日常工作相关内容，为进一步做好广电技术工作打下基础。2021年，京津冀新视听媒体融合学院在北京正式开班。全年举办两期研学班，吸引来自京津冀三地省级、地市级、区县级融媒体中心以及西藏、青海、新疆媒体融合等相关单位100余家机构共200余人参加，通过政策解读、趋势分析、案例展示、分组研讨、现场观摩等形式，提升参训人员的专业技能，促进三地之间的交流合作。

（北京市广播电视局、北京广播电视台、北京歌华传媒集团有限责任公司）

北京卫视《全面小康　全面解码》开创全媒体思辨问答公开课先河

由中共中央宣传部理论局、中共北京市委宣传部指导，北京广播电视台策划，北京卫视《档案》栏目制作的8集大型通俗理论电视节目《全面小康　全面解码》，于2021年2月21日—24日，在北京卫视、北京时间App上线播出，每晚播出两集。该片以独创的思辨问答公开课的形式，分别从8个角度拍摄成《千年梦圆》《何谓全面》《何以小康》《战略布局》《新发展理念》《摆脱贫困》《世界贡献》《新的征程》等节目，全面展现以习近平为核心的党中央团结带领全国各族人民，打赢脱贫攻坚战，阔步走向全面小康的胜利进程，以及中国全面建成小康社会的世界意义，解开中国之治的成功密码。2021年2月25日，全国脱贫攻坚表彰大会在京召开，北京卫视在2月25日晚特别安排《全面小康　全面解码》第二集《何谓全面》、第三集《何以小康》、第六集《摆脱贫困》、第七集《世界贡献》四集节目大体量的重播。该片播出后，不仅在理论界获得一致认可，而且在全社会获得广泛好评。

《全面小康　全面解码》打破以往传统通俗理论节目"理论单一输出"的模式，开创全媒体思辨问答公开课模式。节目一方面从中央党校（国家行政学院）、各大高校、国务院参事室、国家发改委、国资委、联合国开发计划署等机构邀请30多名权威专家、学者和一线工作者，组成平均年龄55岁的"解码人"团队，另一方面邀请20名来自社会和各大高校的青年，组成平均年龄22岁的"青年代表"队伍。通过"问"与"答"双向交流模式，权威专家与青年代表在课堂内形成真实、有效的交流场，通过“讲、听、论、辩、演”等多种对话方式，形成专家的思想深度与学生的问题锐度发生强烈的对撞和化学反应。这些青春洋溢、真情激荡的思想碰撞，让节目亲切、自然、充满活力，理论更接地气，更有说服力。

相关专家学者，从党的历史、党的理论的研究、宣传、教育、实践等方面对节目给予高度评价，一致认为该片在党的电视理论宣传通俗化、大众化、时代化上大胆创新、大胆探索、大胆实践，把重大理论和重大实践问题用社会各阶层易于接受的语言表达方式艺术地呈现于荧屏，既有理论高度，又能根植大地，是一部十分难得的片子。该片2月21日开播，在受到广大电视观众普遍欢迎和广泛好评的同时，也在广大网民中引起热烈反响，美兰德美誉度平均达到74.5%，始终位列纪录栏目融合传播指数榜第一名。

《全面小康　全面解码》播出截屏

该节目播出期间，全媒体互动持续高速增长。截至2月24日，节目首播全部结束后12小时，相关话题阅读量累计超8753.6万次，相关视频播放量累计超7055万次。此外，“北京时间”还同步直播，累计观看人次超过22.8万人次。

（北京广播电视台卫视频道中心）

《一起向未来》MV助力全社会关注北京冬奥会

受北京市委和北京冬奥组委委托，由北京广播电视台策划制作的北京冬奥会主题口号歌曲《一起向未来》新版MV，形成一个全民参与、全媒体传播、全社会响应、全舆论热议的现象级文化事件，在北京冬奥会筹办进入决战决胜阶段的关键时期，将全社会的冬奥激情推向新的高潮。《一起向未来》于2021年11月15日在全平台上线播出，至11月17日，48小时内全网总覆盖量累计达到75.15亿次，全网总互动量超过1071万人次，登上各大热搜榜单148个，超过800家媒体平台转发报道。

聚焦中国元素，呈现生活精彩。《一起向未来》新版MV没有走传统的拍摄冬奥运动的路线，而是另辟蹊径，寻访北京一家“民间冬奥博物馆”，拍摄20多位北京市民或民间团体，展示北京冬奥会图标制作成的葫芦烙画和“丝绫堆绣”技艺制作的冬奥手工艺品，展现冬奥精神和中国元素的自然融合，呈现北京冬奥带给生活的精彩。MV镜头里充满全民健身的场景和氛围，充满历史悠久、民间自发、花样百出的冰雪运动，充满人们用自己喜欢的方式迎接冬奥的欢乐和智慧。这样一个被冬奥精神浸透的北京城，鲜活地诠释什么是“共享”与“开放”的办奥理念，什么是充满烟火气的“一起向未来”。

以百姓为第一主角，化冬奥为全民乐事。《一起向未来》新版MV中，普通市民是当之无愧的真正主角，也是北京冬奥精神的最美实践者。MV中，歌手作为探访者出现，是博物馆馆主的配角。片中有民间艺术家龚虎彪，有设计中国队花样滑冰比赛服的北京服装学院教授刘莉，有参与冬奥会测试赛服务工作的首都公共文明引导员薛英，有石景山区苹果园街道的居民们，以及来自北京大学、清华大学、史家小学等冰雪运动社团的学生等。他们的笑脸，他们的身姿，他们的真情流露，是“三亿人参与冰雪运动”的鲜活写照。

电影级精良制作，网络化强力推送。新版MV全程采用电影级设备进行拍摄，保证一流制作水准，满足年轻受众日益提高的审美需求。MV策划设计普通市民与歌手一起唱响《一起向未来》并齐跳“手势舞”，各大新媒体平台跟进，掀起学跳“手势舞”的热潮。奥运冠军、影视演员、青年歌手、延庆海陀农民滑雪队、清华北大冰壶队、跑步爱好者、少年冰球队、北京医院医生、世纪坛医院护士、电厂路小学学生、冬奥志愿者、玉桥南里大妈等群体积极上传视频，仅“抖音”平台一家的“手势舞挑战赛”就吸引376万人参与和关注，为MV带来更多人气，也让冬奥气氛升温。

成为外交话题，获得全球赞誉。11月17日外交部新闻发言人赵立坚两次在微博上转发推荐《一起向未来》MV，并在当天下午召开的外交部例行记者会上评价：“通过一幕幕具有烟火气的画面，全方位展示了北京作为东道主和双奥之城的发展情况，展现了中国民众热切期盼冬奥的心情，正如歌曲所唱，‘一起来，一起向未来’。”外交部部长助理华春莹也在其个人推特账号上，向全世界推荐新版MV，中国驻多国使领馆的官方账号也纷纷在海外社交媒体上发文推荐。

《一起向未来》MV的火热引发媒体报道热潮。央视《新闻联播》报道新版MV的上线；人民日报经与北京广播电视台沟通，同时面向全球首发新版MV；《环球时报》以两个整版的篇幅详细报道MV中的百姓故事。此外，光明日报、学习强国、外交部发言人工作室、央视新闻、新华社、环球网、中国青年报、中国电影频道、新京报、京江晚报、湛江晚报等50余家主流媒体也都对新版MV的上线进行报道。

全民传唱北京冬奥会主题口号歌曲《一起向未来》

广大网友对《一起向未来》新版MV给予热情评价。“这版MV媲美2008北京奥运的《北京欢迎你》。”“新版MV聚焦平凡人筹备冬奥会斗志昂扬的身影，展现了北京冬奥会温暖的一面。”“看完新版MV真是百感交集，可谓人间炽热情，最抚凡人心。”“朝气蓬勃，唱响冬奥之歌，热情洋溢，拥抱冬奥之城！”

（北京广播电视台卫视频道中心　王寅）

交通广播开展“文明驾车　礼让行人”倡导实践活动

2021年9月8日上午，在上百名文明引导员、市交管局民警、志愿者、公交、出租、邮政快递、旅游客运、驾校等行业代表的共同见证下，“文明驾车　礼让行人”倡导实践活动在朝阳区悠唐购物中心东广场拉开序幕。此次活动融媒体传播手段之一——在手机端响应“文明驾车　礼让行人”倡议并线上答题活动，参与者达12000人。

“文明驾车　礼让行人”倡导实践活动由北京市交通部门联席会办公室、首都文明办、北京市交通委员会、北京市公安局公安交通管理局和北京广播电视台共同主办，由北京市公安局公安交通管理局、北京广播电视台交通广播中心联合承办。

市交通委、市交管局、北京广播电视台、首都精神文明建设委员会办公室、朝阳区委宣传部等相关单位领导参加启动仪式，并共同为活动揭幕。北京广播电视台交通广播中心领导介绍“文明驾车　礼让行人”倡导实践活动项目。北京交通广播主持人和市交管局主持人主持启动仪式。主持人为到场嘉宾讲述斑马线在北京这座城市中的发展故事。活动现场，首都文明引导员、市交管局民警、志愿者，公交、出租、邮政快递、旅游客运、驾校等行业代表及学生代表响应《“文明驾车　礼让行人”倡议书》。北京日报、北京青年报、北京卫视、北京新闻广播、中国警察网等十多家媒体现场对启动仪式进行报道。

伴随着“文明驾车　礼让行人”倡导实践活动正式启动，北京广播电视台交通广播中心打造的“文明驾车　礼让行人”线上活动页面也同步上线。该线上活动页面以答题为载体，通过响应倡议、每天线上答题、每周直播答题等形式，结合从几十元到上千元不等的油券、油卡等奖品，吸引用户参与“文明驾车　礼让行人”活动。该线上活动一直持续到11月底，活动期间每周六的《新闻晚知道》节目推出“文明驾车　礼让行人”融媒体特别节目，实现广播端、视频端及答题页面的深度联动。

在北京广播电视台广电技术中心的支持下，9月8日上午的《汽车天下》节目在活动现场的转播车内进行现场直播。主持人不仅向听众及时发布活动现场的最新消息，还邀请市交管局安监处领导、中国社会科学院大学法学院副教授和听众一起分享在礼让斑马线中每个交通参与者应该做出怎样的努力，从法理、文明的角度阐释“礼让斑马线”的重要意义。

在活动现场旁的十字路口，北京广播电视台交通广播中心开展多平台网络视频直播。主持人和市交管局呼家楼交通大队警长与志愿者、文明引导员等共同参与斑马线值守工作，并在视频直播中结合路口现场情况，向

北京广播电视台交通广播中心主持人采访交警

受众讲述如何正确礼让斑马线，以及每个交通参与者应该如何为守护斑马线做出自己的贡献。在北京广播电视台广播网络媒体中心的支持下，本次网络视频直播在微博、抖音、一直播、“听听FM”、微信等平台同步播出，总观看量近120万次。

（北京广播电视台交通广播中心　贾天阳／文　辛疆琦／图）

2021年中华世纪坛艺术馆认真履行社会责任

中华世纪坛艺术馆作为歌华传媒集团运营的公共服务文化场馆充分发挥展示、研究、教育功能，自觉履行国有企业公共服务社会责任。

2021年是“十四五”开局之年，是建党100周年大庆之年，也是全民迎接北京冬奥会和冬残奥会的一年。中华世纪坛艺术馆围绕中央及北京市的重点工作、重大活动，推出“时代楷模——致敬中国共产党百年华诞”主题影像展、“印记初心——庆祝中国共产党成立100周年大众篆刻作品展”“魅力冰雪——北京2022冬奥文化影像主题展”等重大主题展览项目，唱响时代主旋律，提高公众对国家大事的参与度。

同时，中华世纪坛艺术馆拓展业务新形式新方法，全年策划举办传统文化类、世界文化类、当代文化类、艺术科技类四大类共45个展览及活动项目，推出线上数字艺术展及活动网络直播23项，接待观众约54.4万人次，“中华世纪坛传统文化季2021”“从库尔贝、柯罗到印象派——来自法国诺曼底的光影世界”展、“遇见古埃及黄金木乃伊”主题展、“艺术云图”等众多项目获得社会广泛关注和赞誉。

此外，中华世纪坛艺术馆在公共教育领域大力开展公共美育活动，全年结合展览及活动项目开展社教活动369场，其中包括面向青少年群体，采用展厅导赏＋艺术工坊的形式举办博物馆教育活动53场。

2021年5月30日，“时代楷模——致敬中国共产党百年华诞”主题影像展在中华世纪坛开幕

志愿者服务方面，中华世纪坛艺术馆组织志愿者团队参与“拉斐尔的艺术——不可能的相遇”“见字如面——2020中华家风文化主题展”“时代楷模——致敬中国共产党百年华诞”主题影像展等十余个展览的志愿讲解。此外，中华世纪坛艺术馆还组织北京市各大院校志愿者参与2021年中国国际服务贸易交易会、北京国际设计周、北京国际摄影周等几个国家级重点项目的志愿服务保障工作，全年累计投入志愿者500余人次，完成讲解服务6500余场，服务观众累计10万人次。

（北京歌华传媒集团有限责任公司）

北京广播电视台承办“北京榜样”主题活动

“北京榜样”主题活动是首都地区培育和践行社会主义核心价值观的重大品牌，由北京市委宣传部、首都文明办主办，北京广播电视台承办。该活动自2014年举办以来，在全市宣传树立起一批“奋发向上，崇德向善”的“北京榜样”。截至2021年年底，全市16个区和北京经济技术开发区以及19个行业设立“北京榜样”子品牌，群众举荐的身边榜样已达44万人。2019年中宣部授予“北京榜样”优秀群体“时代楷模”称号。“北京榜样”宣讲团先后走进百所高校、企业、社区，进行上百场次宣讲，网上网下覆盖人群超过1亿。同时还开展数百场“学榜样　我行动”“关爱礼遇榜样”系列活动，榜样活动网络点赞量超过10亿人次。

一、聚焦2021年大事和年度热点选树榜样

2021年，“北京榜样”主题活动聚焦庆祝建党百年、筹办冬奥会等重大活动，讴歌最美、传扬新风，展示首都市民“热情开朗、大气开放、积极向上、乐于助人”的优秀品质。各区、各系统共58个单位向市级“北京榜样”库推荐候选人达1200余人，经过组委会办公室遴选评审，全年共有131组入选“2021北京榜样”周榜、61组入选月榜。2022年1月4日晚，“2021北京榜样”颁奖典礼举行。张礼、童朝晖、容易、杜兵建、杨倩、李宁、马里、张景怡、史晓刚、李永乐10人当选2021年度“北京榜样”年榜人物，北京冬奥会和冬残奥会延庆赛区核心区联合党委、香山革命纪念馆红色历史讲解员群体、北京冬奥宣讲团3个团体获得年度特别奖。

二、持续保持北京榜样宣传热度

北京广播电视台按照“融媒体、全时段、多载体、广覆盖”要求，协调中央、市属媒体和新媒体，宣传报道“北京榜样”事迹和主题活动情况，提高传播力，推动学习宣传工作常做常新，不断焕发新活力。

一是用好各级各类媒体平台。市属媒体每周、每月统一发布周榜、月榜人物名单。全年共在中央和市属媒体、新媒体累计刊播、刊发北京榜样原创报道2000余条，重点网站、新媒体转载数量超过20万条，持续保持北京榜样宣传热度。

二是拓展公益广告刊播渠道。策划推出“北京榜样”主题公益广告。北京公交、地铁、楼宇、北京西站候车厅近5万块媒体终端大屏，以及公交候车亭、地铁站台灯箱的全覆盖，让榜样“刷屏”京城。在歌华有线电视开机、回看、点播、综艺广告位推出公益海报，曝光量达1000万户次。

三是开辟众多基层宣传渠道。各区属广播、电视开设专栏，网站开设专题网页以及各种官方微博、微信发布“北京榜样”举荐动态信息。“北京榜样”子品牌设立单位、行业媒体、街乡镇、社区村和基层单位，普遍运用微信公众号开辟“北京榜样”专栏，一大批榜样人物通过新媒体走近百姓身边。

四是开展北京榜样巡讲活动。2021年组织北京榜样“走进百所高校、走近百万大学生”巡讲共60场，线上观看宣讲人数超过15万人，原创报道450篇次，累计辐射量超8000万人次。

（北京广播电视台新闻广播中心　李锐）

2021年歌华有线公司公共服务情况

2021年，作为国有文化企业，歌华有线公司坚持把社会效益放在首位，推动实现社会效益和经济效益相统一，做优做强高清交互平台，打造优质频道资源和综合信息便民服务。坚持不懈改进客户服务工作，提升服务能力和用户体验，推进公共服务数字化、信息化、智慧化取得新成效。

1. 做优做精，建设高品质内容服务平台。2021年，歌华有线网络引进优质频道资源，新增4套高清频道、1套4K超高清频道及12套回看频道，1套8K超高清电视试验频道落地。服务建党百年宣传，策划推出“辉煌100年”主题专栏；服务北京冬奥会宣传，上线“冬奥资讯”专栏。“免费专区”新增高清节目3400小时。“4K视界”专区内容累计超过4560小时。

2. 发挥优势，打造首都惠民服务平台。发挥北京教育资源优势，持续做好“空中课堂”常态化运营，并建设“双师课堂”教学服务平台。“空中课堂”与江西、新疆开通12个年级频道链路，向河北捐赠“名师驾到”课程；“双师课堂”响应国家教育改革政策，打造“软件+硬件+服务”一体化线上教学解决方案，将教育服务从家庭延伸到学校。美丽东城、党旗耀京华等应用服务平台持续运转；优化改版“清风北京”栏目，助力北京市纪委监委廉政宣传；家庭理财、电视图书馆等应用满足用户生活服务类多样化需求。

3. 播放公益广告，全频道滚动字幕应急信息发布。歌华有线围绕社会主义核心价值观、中华民族优秀传统文化、疫情防控、教育和养老等重点主题和内容，2021年全年在自有平台共播放公益广告10亿条次，荣获“2021年北京市新视听公益广告扶持项目一类传播机构”称号。歌华有线网络全频道滚动字幕为首都市民发布政府预警信息和相关公告，先后安排“春节、元宵节烟花爆竹禁放”“清明祭扫服务宣传”“防灾减灾日提示信息”“防空警报试鸣通知”“香山红叶观赏期预警”等多种预警类、服务类政府信息在全网发布，累计发布22条信息，滚动1000余次，覆盖全市300万机顶盒用户。

歌华有线高清交互平台公益广告

4. 提升“光明影院”社会影响力。完成104部无障碍电影制作；完成“百年百部”庆祝建党100周年无障碍电影主题策划工作；配合中宣部版权局推进《马拉喀什条约》在中国实施的相关工作；继续开展“光明影院”无障碍电影全国公益推广，向全国2244所特殊教育学校的32万残障学生赠送无障碍电影，协助北京市盲人学校举行“一月一影”无障碍电影公益放映活动，推进规模覆盖和社会影响力提升。

5. 坚持抓好用户服务工作。截至2021年12月31日，歌华有线公司96196客服热线接通率98.72%，用户满意度99.63%。此外，公司结合党史学习教育活动，开展长达半年的“尊老助老服务”活动，为老年用户提供“贴心八条”服务举措，取得良好效果；上线客服在线支付功能，帮助用户“少跑路”，提升用户服务体验；优化智能语音机器人系统，受理成功率由上线初期的19.8%提升至79.7%，有效提高业务高峰期受理能力；开通微信视频号、抖音、快手等平台账号，促进客服工作进一步提质增效。

进一步完善电子缴费渠道建设，实现电视端、PC端、移动端全面覆盖，形成网上营业厅、微信营业厅、掌上营业厅、电视营业厅等自有渠道和天猫旗舰店、支付宝等外部渠道的整体布局。

抓紧疫情平稳时间窗口，开展服务进社区工作，年内共开办服务进社区现场活动1000场，覆盖注册用户80万户。

（北京歌华有线电视网络股份有限公司）

光明优酷乡村艺术教室项目实施情况

针对国内一些边远地区乡村中小学缺乏文艺教育条件的现状，结合国家乡村振兴战略，光明网、中国妇女发展基金会和优酷信息技术（北京）有限公司在2019年初联合发起“光明优酷乡村艺术教室”公益项目，旨在依托光明网、优酷网的筹资、传播渠道及影响力，结合中国妇女基金会的采购及装修实施，为边远地区的中小学校捐建艺术教室、艺术课程相关设备，最大限度地帮助这些乡村学校提升艺术教育条件，促进中小学生德智体美全面发展。

该项目通过“互联网＋文艺”的模式，采取灵活的筹款方式，联动优酷公司自制节目，号召艺人捐赠物品在网络平台拍卖、会员购买分账、付费点播分账等方式筹集款项，向选定的乡村中小学捐赠艺术教室设施，打造出可持续的艺术教育公益平台，为乡村孩子们提供感受美、发现美、创造美的文艺环境。

优酷原创网络视听节目《这就是街舞》《益起追光吧》《青春京剧社》《这就是原创》《麻花特开心》《花花万物》《家族荣耀》《乡村爱情》《追光吧》《拳力以赴的我们》《师傅我要跳舞了》等纷纷加入“光明优酷乡村艺术教室”公益项目中，为项目积极筹款助力。

2021年12月，湖南省沅陵县麻溪铺镇千丘田小学“光明优酷艺术教室”投入使用

“光明优酷乡村艺术教室”公益项目加快实施取得可喜成果。截至2021年12月底，“光明优酷乡村艺术教室”项目在四川德格，河北滦平、张北、巨鹿，山西平顺，湖北仙桃，陕西宜君，新疆和田，北京通州以及湖南娄底、沅陵等地共捐建12间艺术教室，吸引近百位网络文艺工作者加入，帮助12所学校的数千名孩子走进美妙的艺术世界。

［优酷信息技术（北京）有限公司］

花房公司爱心捐助马塔学校学生

2021年5月11日，第四届“情暖童心”花房集团和马塔留守儿童学校集体生日活动在陕西省榆林市子洲县周硷镇马塔留守儿童学校举行，这是花房公司花椒直播第四年走进子洲县白于山区为马塔学校几百位留守儿童、残障儿童送上暖心的生日礼物。

从北京到榆林1600多公里的距离。位于陕西省榆林市子洲县大山深处的马塔学校是一所留守儿童学校，408名学生中最小的4岁，最大的14岁。他们当中有210名来自单亲家庭，12名孤儿、40名残障儿童更是把马塔当成自己的家。

本次活动由共青团榆林市委指导，北京花房科技有限公司、榆林市希望青少年发展基金会、共青团子洲县委员会、子洲县关工办主办。共青团榆林市委少先队总辅导员、市少工委主任王慧，子洲县委常委、宣传部长高燕，花椒直播公共事务副总监贾林等出席活动。

2021年5月11日，花房公司举办第四届“情暖童心”花房集团马塔留守儿童学校集体生日活动仪式

捐赠仪式上，花房公司为马塔学校捐赠5万元心愿礼包，并捐赠价值10万元的40台台式电脑和27台笔记本电脑，用于帮助马塔学校建设花房集团爱心电教室。

花椒直播公益领域的头部主播对活动进行全程直播，并在仪式结束后，走进马塔学校餐厅，与408名孩子一起举行集体生日派对，大家共同点蜡烛、唱生日歌、许心愿、分享蛋糕，喜悦和感动洋溢在每个人的脸上。这感人的一幕，随着两位主播动情的直播从花椒直播平台传递到远方。应主播热情邀约，马塔学校的孩子也初尝直播，腼腆入镜。一张张稚嫩的笑脸和朴实的话语让这样一次特殊的直播更多了一份沉甸甸的责任。

2021年5月11日，花椒直播主播对花房公司和马塔学校集体庆生日活动进行全程直播

花房公司利用平台优势参与扶贫和乡村振兴工作还在继续。

2021年8月18日，花房公司开展“心系马塔情暖童心”爱心捐助活动，花房员工积极响应，为即将步入新学年的马塔学校留守儿童送上暖心的“开学大礼包”。

本次花房公司“心系马塔情暖童心”爱心捐助活动以爱心资助、物品捐赠两种方式展开。花房员工通过爱心资助方式，将自己的爱心汇入花房公司的爱心账户中，可以为

40位生活困难的留守儿童资助伙食费。在花椒直播、六间房、HOLLA三个办公地点举行物品捐赠活动，活动号召大家带来闲置在家的干净衣物、文具等爱心物品，并特别“征集”135码到165码的运动服和33码到37码的运动鞋。提前准备多日的爱心员工带着精心挑选的爱心物品来到现场，有人带来孩子还没有穿过的崭新运动服，有人带来全新的书包。本次捐赠共收到来自近百名员工的捐款和捐物，衣物、运动鞋百余件，还有各种图书、文具若干，可爱的儿童手表、新奇的玩具也将带着花房下一代对马塔同龄人的关心和问候一起寄往远方。

（北京花房科技有限公司）

2021年大兴区融媒体中心公共服务情况

2021年，大兴区融媒体中心以全媒体一体化运行模式，全天候开展多种形式的公共服务。

坚持移动优先，用情讲好战疫故事。抗击新冠病毒疫情期间，围绕大兴区及北京其他区域疫情动态、“加强针”接种及3~11岁人群疫苗接种等重点内容，广泛运用海报、长图、短视频、微博等形式，策划制作多部有温度、有态度的融媒“硬核”产品。重点时期，新媒体平台临时增加日推频次，全媒体平台日均发布信息近百条。其中：北京大兴微博《刚刚！大兴区新冠肺炎疫情防控工作领导小组发布最新要求》阅读量超1300万次；《大兴区“加强针”接种开启重点行业、重点区域先铺开》阅读量超100万次；《大兴区天宫院街道疫情小区保供应》《北京大兴区新冠疫苗“加强针”昨天开始接种》等多条新闻在《新闻联播》《东方时空》等中央和市级媒体播发。

搭建对话平台，助力解决群众关键小事。作为2021年区政府重点工作和“我为群众办实事”工作任务之一，着力打造全市区级融媒体中心首档百姓与公共领域对话节目《言之有理》，协调协助解决多项涉及老旧小区改造、垃圾分类、环境治理、社区治理、创城创卫、水质改善等群众急难愁盼问题。完成年度7期节目录制任务，在电视、抖音、快手等融媒矩阵平台全方位推送，受益群众超10万人次。同时，协调区发改委疏整促资金1050万元，对参与《向前一步》和《言之有理》的镇街进行支持。

强化媒体监督，助推基层问题治理。创办《融媒内刊》《记者观察》等刊物，围绕垃圾分类、停车难、消防隐患等焦点、难点问题，深入开展媒体调查，真实反映社情民意，并与各镇街、部门建立问题反馈机制，强化问题整改与落实。刊登落实与反馈57次，推进重难点问题的解决。强化与公安、司法、信访、工商、应急等部门的合作，设置消费维权、平安大兴、看大兴、网上12345等板块，增设网上随手拍，加大问题曝光力度，通过“以曝促管”方式助力基层治理，努力打造社会治理体系的综合信息平台。

深化“融媒+”，持续拓展平台。依托“北京大兴”App，以“新闻+政务+服务+商务”为建设理念，在实现“融资讯、融政务、融生活、融未来”方面上线区级、镇街事项3000余项，成为解决服务群众“最后一公里”

的有力抓手，基本实现“一端在手 天下全有”的目标。截至2021年年底，“北京大兴”App用户下载量突破186万，实名注册超162万，日活量最高超5万。2021年推进大兴号建设，近百家单位入驻App大兴号，基本实现区内全覆盖。

（大兴区融媒体中心）

2021年通州区融媒体中心开展系列公益直播带货活动

2021年，通州区融媒体中心开启“我为群众办实事”系列公益直播带货活动。深入镇村、田间地头开展助农富农乐农公益直播带货活动，彰显媒体社会责任，以直播带货新模式，助力经济复苏，拉动农产品销售，实现经济效益和社会效益双丰收。

通州区融媒体中心面向全区各乡镇征集项目，从中筛选出适合直播的8个乡镇4大类具有一定地域特色的项目，包括漷县永乐店农产品类、西集镇精品民宿类、张家湾镇毛猴非遗类、宋庄镇咖啡陶艺体验类。活动帮助群众尽快为产品找到销路，为企业赢得实实在在的口碑，将公益传播与实际消费有机结合，让受助者尽快通过流量变现获得现金收益，进而实现良性运转目标。

通州区融媒体中心各相关部门全力以赴，起草活动方案，统筹部门，确定责任分工，联系乡镇，对接直播项目，提前采点，与嘉宾沟通，进行脚本采写、技术支持等等，开展公益直播带货活动。

第一场直播在永乐店的西槐庄村，大棚里支起设备，田埂上摆上桌子，直接带来近2000斤的销售量，也将西槐庄萝卜的品牌推广了出去。直播带来的宣传效果不到1个月，西槐庄村种植的萝卜全部销售一空。

第二场“我为群众办实事”公益直播带货走进西集镇沙古堆村的田里花间和向北精品民宿。随着北京城市副中心文旅产业的快速发展，承接环球影城外溢效应的精品民宿备受关注。通州区融媒体中心以“云”推介形式展示环球影城周边民宿的独特风貌，向广大网友发出这张城市副中心文旅产业的“新名片”。

第三场直播带货活动涉及一家祖传的香油磨坊。在直播之前的采点过程中，记者了解到香油磨坊还没有进行品牌注册，并因为地址更改需要重新领取营业执照。通州区融媒体中心人员马上协调相关部门，助力磨坊办理好所有相关手续。既让经营者合法合规，又让更多的消费者安心品尝到古法传承的好产品，取得很好的效果。

2021年12月3日，公益直播带货走进西集镇沙古堆村的田里花间精品民宿

（通州区融媒体中心）

电视剧

2021 年北京电视剧制作发行情况综述

2021 年北京电视剧创作生产认真践行精品创作“北京模式”，涌现出了一批思想精深、艺术精湛、制作精良的精品力作。

一、备案拍摄发行情况

2021 年，北京市持有电视剧制作许可证（甲种）的单位 7 家。北京地区制作机构申请备案公示剧目 613 部（次），经市广电局电视剧管理处初审上报 448 部，经总局审核备案公示共计 147 部，占比全国备案公示总数 30%，全国排名第一。同时，办理电视剧电子政务平台开户业务 201 批次，受理制作机构变更业务 31 批次。特殊题材开具协审函 61 批次、转立项开具接收函 11 批次。受理境外人员参与电视剧拍摄制作申请 29 批 71 人次，其中港台从业人员 54 人，外国从业人员 17 人。

2021 年，取得电视剧制作许可证（乙种）的电视剧 39 部（当代题材 30 个，近代题材 6 个，古代题材 3 个）共 2002 集。取得发行许可证的电视剧 41 部 1580 集（含总局终审 4 部 147 集），全国排名第一。在取得发行许可证的 37 部剧中，当代题材 28 部，占 76%，其中，当代都市题材 23 部，当代军旅题材 1 部，当代科幻 1 部，当代其他 3 部；近代题材 6 部，占 16%，其中，近代传奇题材 5 部，近代革命题材 1 部；古代题材 2 部，占 5%，其中，古代传奇题材 1 部，古代其他题材 1 部；现代都市题材 1 部，占 3%。

二、精品创作生产情况

2021 年不断完善和创新精品创作“北京模式”，落实“找准选题、讲好故事、拍出精品”要求，扎实推进精品创作。《觉醒年代》播出后，各界反响热烈，社会效益空前。《我们的新时代》《香山叶正红》《对手》《理想之城》《乔家的儿女》《生活万岁》《海洋之城》《生活家》及主题影视剧汇编《信仰的力量》等分别在央视八套、各一线卫视和头部视频平台开播，热映荧屏。《冰雪之名》《冬奥一家人》《欢迎光临》《鲲鹏击浪》《胡同》《情满九道弯》《表演者》《绿色誓言》等多题材电视剧陆续创作拍摄，服务措施和基金扶持精准到位，行业治理行之有效，精品创作“北京模式”得到了进一步深化。市广电局推荐的《玻璃杯》《三棵树》《胡同》获得总局电视剧引导扶持专项资金扶持，扶持数量在全国各省市排名第一。

在电视剧创作中，北京市广播电视局一是落实首善标准，聚焦“红色中国、文明中国、奋进中国、创新中国、美丽中国、平安中国”六个方向，组织召开电视剧精品创作体系建设系列座谈会，围绕精品剧的定义及时代价值，精品剧创作中的重点难点，政府管理部门如何更好地引导创作等问题深入探索。二是坚持服务引领，牢固树立以人民为中心的创作导向，以“六好”标准引领精品创作，加强“三会三课”和“一剧一策”，为重点项目召开研讨会，安排专家审看、座谈调研、协调资源等服务。调研完美世界、得闲影业、五元文化等重点影视制作机构，与爱奇艺、优酷等播出平台共同探索制播联动创新合作模式。2021 年北京广播电视网络视听发展基金按照新修订的章程和配套制度，共投入 9462 万元资助优秀电视剧、网络剧、网络电影、纪录片、动画片、广播电视节目等共计168个，覆盖广播电视网络视听创作生产全链条，取得显著的社会效益和经济效益。三是坚持内容引领，梳理未来五年重要时间节点，紧盯重要时间节点，加强统筹规划策划，不断丰富未来五年题材库。动态调整梳理重点电视剧种子库、项目库、片单库，策划评估多个重点题材。

三、行业平台交流情况

围绕建党百年、北京冬奥等重要事件和时间节点，聚集行业优势资源，采用“线上+线下”的模式，举办第28届、29届北京电视节目交易会，精心设置建党百年主题展、冰雪冬奥主题展、新剧推介会等活动，创新举办电视剧评论论坛、文娱领域综合治理论坛、影视金融发展论坛、影视法商论坛、青年制作人论坛、网络视听研讨会、影视IP文创展等。通过展览展示、商务洽谈、高峰论坛、新剧推介、项目推优等环节，持续发挥传递信息、推动创作、繁荣发展等方面的行业作用。

四、开展专项综合治理

落实片酬管理告知承诺制度，严把片酬关。先后召开7次电视剧告知承诺专题会，传达中宣部、总局和市广电局关于文娱治理的工作部署，要求各制作机构要严格落实片酬、题材、审美取向及演员选用等各项规定。对125部电视剧进行了相关规定和风险告知，重申了片酬管理、阴阳合同、偷逃税款等相关规定和处罚措施，并签署了承诺书。对58部内容审查阶段电视剧演员成本配置比例和主要演员片酬合同进行了备案审核。备案立项环节对耽美题材严格把关。重点对改编剧立项申报进行审核把关，同时，内容审查阶段严格把关，杜绝“娘炮文化”。利用秋交会平台，推动文娱领域综合治理。设置文娱领域治理论坛，以“强化职业道德，优化行业生态”为主题，从监管治理推进、职业道德教育和行业生态建设等多维度进行深入剖析，进一步引导电视剧从业者遵纪守法、崇德修身，营造良好行业生态环境。

（北京市广播电视局电视剧管理处）

2021年北京电视动画片、纪录片等制作发行情况综述

一、动画片生产情况

一是加大主题作品规划储备。2021年，完成电视动画片备案39部4119集38395.5分钟，审查发行22部884集5383.5分钟。开展民间经典故事动漫创作工程，储备11个项目推荐到总局。建立重点动画作品项目库，57个项目分别被纳入动画片种子库（11个）、项目库（32个）、片单库（14个）。

二是推进动画精品创新创优。加强动画精品创作指导，依托北京市影视动画协会开展重点选题征集报送，组织重点项目汇报会，对重点作品进行跟踪指导。开展动画作品评优评选，《三国演义》等4部动画片、秦新春、北京广播电视台卡酷少儿卫视分别获得优秀作品、优秀编剧和优秀播出机构，宣传管理处荣获优秀组织机构奖，奖项数量位列各省局第一。加强动画精品创作扶持，用好北京

市广播电视和网络视听发展基金，面向动画制作机构开展2次基金申报指导，并完成两批评选，对10个动画片进行扶持奖励。开展优秀动画作品文艺评论。发挥“京声京视”文艺评论阵地示范引领作用，依托学习强国、人民网、新华网等平台，积极推介北京优秀动画作品创作的好经验好做法。

三是积极推进“北京动画周”活动落地。开展动画大调研，先后走访了中国传媒大学动画学院、空速动漫、华映星球、利亚德等多家专注于动画内容创作、技术支持的近10家企业。积极推动“北京动画周”活动落地，在协会发起、市广电局推动下，2022年在中国动画诞生100周年之际，市广电局于7月中旬创办集展览展示、行业研讨、项目孵化、人才培训、交流交易、评优推优、互动体验于一体的“北京动画周”活动。

二、纪录片生产情况

一是制定《关于支持北京纪录片业高质量发展的若干政策》2021年行动计划，将“京九条”细化为55条具体举措，有序推进政策落地、项目落实。

二是《百年巨匠》等15部纪录片入选总局“十四五”纪录片重点选题。《播“火”——马克思主义在中国的早期传播》《黄河安澜》《档案里的中国》等9部纪录片入选总局庆祝建党100周年重点纪录片目录。《中国冰雪道路》《我的时代和我（第二季）》《百年巨匠——建筑篇》等多部纪录片入选总局“2021年优秀国产纪录片集锦”。《同心中国》《紫禁城》等3部纪录片入选北京市文化精品工程。

三是运行、用好“纪录片云上作品库”，推动《关于支持北京纪录片业高质量发展的若干政策》和北京纪录片管理“四项工程”不断落地落实。发挥好“云上作品库”题材规划“智慧”平台、推优评奖“展示”平台、精品项目“宣推”平台、创新管理“集成”平台的功能，用数据化、技术化手段创新纪录片管理服务手段。

四是围绕迎接党的二十大、北京“四个中心”建设、传承中华优秀传统文化、北京冬奥会等推进精品创作，电视纪录片《同心中国》《加油！现代化》《创新的使命》《黄河安澜》《冰上时刻》等已经成功制作并播出。

五是以“有理有剧”北京理论节目创新工程为牵引，以“三个计划”贯穿全年，推动北京纪录片理论创新不断提升。

（北京市广播电视局宣传管理处）

北京市电视剧和动画片发行许可情况统计表

2021年北京市国产电视剧发行许可情况一览表

序号	剧名	集数	时长/集(分钟)	制作单位	制作许可证号	题材	发行许可证号	发证日期
1	《觉醒年代》	43	45	北京北广传媒影视股份有限公司	甲第290号	重大革命	（广剧）剧审字（2021）第002号	2021–01–25
2	《爱雨满森林》	36	45	北京云端文化传媒股份有限公司	乙第02161号	当代都市	（京）剧审字（2021）第001号	2021–02–24

（续表）

序号	剧名	集数	时长/集(分钟)	制作单位	制作许可证号	题材	发行许可证号	发证日期
3	《守护人》	39	45	北京二十一世纪威克传媒股份有限公司	乙第02139号	近代传奇	（京）剧审字（2021）第002号	2021-03-21
4	《不抛弃遇上不放弃》	24	43	阿里巴巴影业（北京）有限公司	乙第02399号	当代都市	（京）剧审字（2021）第003号	2021-03-21
5	《大海港》	36	45	北京鸿文星光文化传媒有限公司	乙第02339号	当代其他	（京）剧审字（2021）第004号	2021-03-21
6	《婚姻的两种猜想》	37	45	北京慈文电影发行有限公司	乙第02405号	当代都市	（京）剧审字（2021）第005号	2021-03-22
7	《现代城》	40	45	北京纵横十五影视文化有限公司	乙第02411号	当代都市	（京）剧审字（2021）第006号	2021-04-02
8	《权与利》	40	40	北京名赫影视文化发展有限公司	乙第02308号	当代其他	（京）剧审字（2021）第007号	2021-04-07
9	《铁马豪情的日子》	50	45	北京森影好时光文化传媒有限公司	乙第02291号	现代都市	（京）剧审字（2021）第008号	2021-04-21
10	《生活家》	36	40	北京爱奇艺科技有限公司	乙第02450号	当代都市	（京）剧审字（2021）第009号	2021-05-11
11	《一剪芳华》	40	42	北京旭东雨辰文化传播有限公司	乙第02380号	近代传奇	（京）剧审字（2021）第010号	2021-05-31
12	《我们的新时代》	48	40	响想时代娱乐文化传媒（北京）有限公司	乙第02435号	当代其他	（京）剧审字（2021）第011号	2021-06-16
13	《舍我其谁》	42	45	完美世界（北京）互动娱乐有限公司	乙第02420号	当代都市	（京）剧审字（2021）第012号	2021-06-17
14	《夏梦狂诗曲》	50	45	北京金翼闪亮文化传媒有限公司	乙第02461号	当代都市	（京）剧审字（2021）第013号	2021-06-29
15	《世界微尘里》	22	40	北京爱奇艺科技有限公司	乙第02451号	当代都市	（京）剧审字（2021）第014号	2021-07-09
16	《乔家的儿女》	36	45	得闲影业（北京）有限公司	乙第02408号	当代都市	（京）剧审字（2021）第015号	2021-07-12
17	《理想之城》	41	43	北京聚海文化传媒有限公司	乙第02404号	当代都市	（京）剧审字（2021）第016号	2021-07-26
18	《梦见狮子》	30	40	北京爱奇艺科技有限公司	乙第02452号	当代都市	（京）剧审字（2021）第017号	2021-08-13

（续表）

序号	剧名	集数	时长/集(分钟)	制作单位	制作许可证号	题材	发行许可证号	发证日期
19	《星辰大海》	40	45	北京时代光影文化传媒股份有限公司	甲第346号	当代都市	（京）剧审字（2021）第018号	2021–08–20
20	《君九龄》	55	45	北京鸿文星光文化传媒有限公司	乙第02388号	古代其他	（京）剧审字（2021）第019号	2021–08–26
21	《九州斛珠夫人》	48	40	北京喜悦嘉行影视文化有限公司	乙第02344号	古代传奇	（京）剧审字（2021）第020号	2021–09–08
22	《流光之城》	40	45	北京慈文影视制作有限公司	乙第02424号	近代传奇	（京）剧审字（2021）第021号	2021–09–08
23	《表演者》	40	45	响想时代娱乐文化传媒（北京）有限公司	乙第02419号	当代都市	（京）剧审字（2021）第022号	2021–09–13
24	《守望苍穹》	35	45	北京鼎泰弘力影视文化传播有限公司	乙第02056号	当代科幻	（京）剧审字（2021）第023号	2021–09–16
25	《赖猫的狮子倒影》	33	40	北京爱奇艺科技有限公司	乙第02249号	当代都市	（京）剧审字（2021）第024号	2021–09–17
26	《往后余生》	32	45	北京光彩世纪传媒股份有限公司	乙第02428号	当代都市	（京）剧审字（2021）第025号	2021–09–27
27	《特战行动》	36	45	北京博纳影业集团有限公司	乙第02396号	当代军旅	（京）剧审字（2021）第026号	2021–11–16
28	《致勇敢的你》	36	36	北京嘉奕影视传媒有限公司	乙第02414号	当代都市	（京）剧审字（2021）第027号	2021–11–16
29	《你好，神枪手》	40	45	北京天浩盛世影业有限公司	乙第02416号	当代都市	（京）剧审字（2021）第028号	2021–11–22
30	《步云衢》	35	46	北京云端文化传媒股份有限公司	乙第02376号	近代传奇	（京）剧审字（2021）第029号	2021–12–02
31	《对手》	40	40	北京海东明日影视文化传播有限公司	乙第02415号	当代都市	（京）剧审字（2021）第030号	2021–12–08
32	《爱的二八定律》	40	45	北京正艺影视文化传播有限公司	乙第02431号	当代都市	（京）剧审字（2021）第031号	2021–12–17
33	《神经家族》	38	40	北京浩瀚星光影视有限公司	乙第02474号	当代都市	（京）剧审字（2021）第032号	2021–12–27
34	《长河落日》	46	45	北京嘉田胜景影视文化传播有限责任公司	乙第02154号	近代革命	（京）剧审字（2021）第033号	2021–12–27

（续表）

序号	剧名	集数	时长/集(分钟)	制作单位	制作许可证号	题材	发行许可证号	发证日期
35	《理想的房子》	40	43	北京左城右隅影视文化传媒有限公司	乙第02455号	当代都市	（京）剧审字（2021）第034号	2021-12-28
36	《放学以后（第一季）》	48	25	华夏视听环球传媒（北京）股份有限公司	乙第02468号	当代都市	（京）剧审字（2021）第035号	2021-12-28
37	《无间》	40	41	北京视艺通影视文化传媒有限公司	乙第02440号	近代传奇	（京）剧审字（2021）第036号	2021-12-29
38	《加油吧！程序员》	24	42	九夏星光（北京）文化传播有限公司	（京）字第14173号	当代都市	（京）剧审字（2021）第037号	2021-12-29
39	《第十二秒》	37	45	北京太平盛世文化传播股份有限公司	乙第02230号	当代涉案	（广剧）剧审字（2021）第012号	2021-03-29
40	《金瓶掣签》	32	41	北京品众佳艺文化传播有限公司	乙第02025号	重大历史	（广剧）剧审字（2021）第007号	2021-05-17
41	《香山叶正红》	35	40	北京北广传媒影视股份有限公司	甲第290号	重大革命	（广剧）剧审字（2021）第018号	2021-11-22

注：合计41部1580集（含总局终审4部147集）。

（北京市广播电视局电视剧管理处）

2021年北京市国产电视动画片发行许可情况一览表

序号	片名	集数	时长/集(分钟)	制作机构	许可证号	发证时间	题材
1	《酷杰的科学之旅——圆梦曲》	7	10	中科数创（北京）数字传媒有限公司	（京）动审字（2021）第001号	2021-03-15	科幻
2	《小鹿杏仁儿2》	52	7	北京梦之城文化有限公司	（京）动审字（2021）第002号	2021-03-17	童话
3	《丝路徜徉》	26	6	北京盛世祺源影视文化传播有限公司	（京）动审字（2021）第003号	2021-03-25	教育
4	《泰极熊之国学短句》	365	0.7	北京妙音动漫文化股份有限公司	（京）动审字（2021）第004号	2021-03-29	教育
5	《歪歪兔和她的朋友们》	32	11	北京歪歪兔教育科技有限公司	（京）动审字（2021）第005号	2021-04-14	童话

（续表）

序号	片名	集数	时长/集(分钟)	制作机构	许可证号	发证时间	题材
6	《好伙伴》	8	11	北京浩昊科技发展有限公司	（京）动审字（2021）第006号	2021-04-30	现实
7	《酷杰的科学之旅——母星危机》	7	10	中科数创（北京）数字传媒有限公司	（京）动审字（2021）第007号	2021-05-31	科幻
8	《冰雪守护者》	26	12	北京爱奇艺科技有限公司	（京）动审字（2021）第008号	2021-06-07	童话
9	《宇宙护卫队之钢甲霸王龙》	52	13	完美鲲鹏（北京）动漫科技有限公司	（京）动审字（2021）第009号	2021-06-07	童话
10	《喵喵遇见汪3》	51	7	北京百世师影视传媒有限责任公司	（京）动审字（2021）第010号	2021-06-07	童话
11	《嘟当曼第五季》	13	26	北京爱奇艺科技有限公司	（京）动审字（2021）第011号	2021-07-07	童话
12	《星岛猫》	24	10	北京星维国际文化科技发展有限公司	（京）动审字（2021）第012号	2021-07-29	童话
13	《漫虫记2》	26	14	北京承启文化传播有限公司	（京）动审字（2021）第013号	2021-09-01	童话
14	《薇薇猫的日常》	30	2	北京猫猫家文化传媒有限公司	（京）动审字（2021）第014号	2021-09-17	其他
15	《繁花似锦》	8	13	北京浩昊科技发展有限公司	（京）动审字（2021）第015号	2021-10-20	现实
16	《毛毛镇之冰雪加油队》	18	2.5	北京空速动漫文化有限公司	（京）动审字（2021）第016号	2021-10-20	童话
17	《粉妞妞和金豆豆》	26	10	悦动奇趣文化传播（北京）有限公司	（京）动审字（2021）第017号	2021-11-01	童话
18	《锡兰王子东行记》	26	12	北京卡酷传媒有限公司	（京）动审字（2021）第018号	2021-11-26	历史
19	《无敌鹿战队　第2季（上）》	20	12	北京爱奇艺科技有限公司	（京）动审字（2021）第019号	2021-11-26	童话
20	《毛毛镇第三季》	52	6.5	北京空速动漫文化有限公司	（京）动审字（2021）第020号	2021-12-28	童话
21	《宠物旅店（1~13集）》	13	12	北京猫猫家文化传媒有限公司	（京）动审字（2021）第021号	2021-12-28	教育
22	《我也会发明》	2	13	北京华映星球文化发展有限公司	（京）动审字（2021）第022号	2021-12-30	科幻

注：合计22部884集5383.5分钟。

（北京市广播电视局宣传管理处）

2021年北京市出品重点影视剧、动画片、纪录片介绍

一、影视剧

《觉醒年代》 43集重大革命历史题材电视剧《觉醒年代》由北京北广传媒影视股份有限公司、安徽华星传媒投资有限公司、优酷信息技术（北京）有限公司、上海克顿文化传媒有限公司、海宁新永胜影视文化有限公司出品。该剧以1915年《青年杂志》问世和1921年《新青年》成为中国共产党机关刊物为主线，展现了从新文化运动、五四运动到中国共产党建立这段波澜壮阔的历史画卷，讲述了觉醒年代的社会风情和人生百态。该剧以李大钊、陈独秀、胡适从相识、相知到分手，走上不同人生道路的传奇故事为基本叙事线，以毛泽东、周恩来、陈延年、陈乔年、邓中夏、赵世炎等革命青年追求真理的坎坷经历为辅助线，艺术地再现了一百年前中国的先进分子和一群热血青年演绎出的一段追求真理、燃烧理想的澎湃岁月，深刻地揭示了马克思主义与中国工人运动相结合和中国共产党建立的历史必然性。编剧：龙平平。导演：张永新。总制片人：刘国华。领衔主演：张桐、于和伟、侯京健、张晚意、马少骅。主演：朱刚日尧、曹磊、毕彦君、何政军、刘琳、夏德俊、李桓、尹铸胜、武笑羽、封新天、查文浩、林俊毅。该剧于2021年2月1日在中央广播电视总台综合频道首播，并在优酷、爱奇艺、央视频平台同步上线播出。该剧入选国家广电总局2021年度优秀海外传播作品、国家广播电视总局“2021中国电视剧选集”。

电视剧《觉醒年代》海报

《香山叶正红》 电视剧《香山叶正红》由中央电视台、腾讯影业、北广传媒影视、北京广播电视台、北京日报、中影股份、京视传媒、河北广电影视、腾阅文化、唐德影视出品。该剧主要围绕进京、和谈、渡江、经

电视剧《香山叶正红》海报

济建设、筹备政协、召开政协等多个事件，讲述了1949年北平和平解放后，毛主席带领中共中央从西柏坡入驻香山“进京赶考”，解放全中国、筹建新中国、搭建起新中国四梁八柱的故事。主创人员：由巴特尔执导，盛和煜、柳桦编剧，唐国强、言午、王伍福、郭连文、何林翰、张宁江、崔一梁、郜峰领衔主演，杨童舒友情出演。该剧于2021年11月22日在中央广播电视总台综合频道首播，并在央视频、腾讯视频、爱奇艺平台同步上线播出。该剧荣获“影视榜样·2021年度总评榜”年度特别贡献奖。

《我们的新时代》 48集电视剧《我们的新时代》由华策影视（北京）有限公司出品。该剧共6个单元，以真实人物为原型讲述了不同行业基层党员的奋斗故事。《美丽的你》讲述了社区志愿者创建美好家园，传递温暖力量；《腾飞》展现了大国工匠以匠心制造国之重器的艰难历程；《排爆精英》讲述了一名排爆手的成长史；《幸福的处方》描写了贵州苗乡一对母女两代村医的坚守与奉献；《因为有家》讲述大学生村官与过气主播巧用互联网振兴乡村的故事；《紧急营救》讲述了一支民间救援队的历练。该剧以小见大地反映了新时代的伟大风貌，书写了新时代党员的青春之歌。导演：刘海波、徐纪周、张挺、吕赢、库尔班江、吕行、五百。编剧：司徒芃丽、蔚捷、胡亚、张挺、鲁琦、韩辰辰、马郁、郑书聪、侯蓓、王小枪。演员：刘敏涛、王晓晨、王珞丹、李雪健、窦骁、奚美娟、吴倩、萨日娜、谭松韵、白敬亭、佟大为、陈赫。该剧于2021年6月16日在东方卫视、北京卫视首播，并在腾讯、优酷、爱奇艺上线播出。该剧入选中宣部2021年度文化产业发展专项资金支持项目，也是“理想照耀中国——国家广电总局庆祝中国共产党成立100周年电视剧展播”剧目，荣获初心榜“年度影响力电视剧”和“2021指尖榜剧集作品大赏”。

电视剧《我们的新时代》海报

《理想之城》 40集电视剧《理想之城》由北京爱奇艺科技有限公司出品。该剧讲述了造价师苏筱进入瀛海集团子公司天成建筑后，面对种种挑战，始终秉持“造价表的干净就是工程的干净”这一职业信仰，不忘初心，努力工作，从基层一路打拼到管理层的职场女性成长故事，展现了新时代女性的坚忍不拔与拼搏奋斗的精神面貌，同时也描绘了建筑行业的众生群像，从不同角度与观众产生情感联结，引发情绪共鸣。编剧：周唯（总）、罗虹。导演：刘进。总制片人：戴莹、张婷婷、夏晓辉、钱瑞。制片人：张妍、刘瑷语、梁亚斌、曹伟、肖文。主演：赵又廷、孙俪、于和伟、陈明昊、高叶等。该片于2021年8月12日在CCTV8、东方卫视首播，并在爱奇艺网络视听平台同步上线播出。该剧荣获北京广播电视网络视听发展基金2021年度扶持、国家广播电视总局2021年度优秀海外传播作品等。

《对手》 37集电视剧《对手》由北京爱奇艺科技有限公司、北京海东明日影视文化传播有限公司出品。该剧是国内首部以现代都市为落脚点的谍战剧，聚焦现实生活，以写实手法揭露真实的间谍与反间谍斗争的工作，讲述在一日三餐的柴米油盐之中，在普通城市的街头巷尾里，随时上演的明枪暗箭的斗争故事，以此提醒人们警惕防范间谍活动。同时，剧集也塑造了国家安全工作者专业、敬业、无私奉献的伟岸形象，是他们构筑成铜墙铁壁，保卫着国家和人民的安全。2021年11月1日是《中华人民共和国反间谍法》颁布七周年，电视剧《对手》在此时播出，有着更现实、更广泛、更重要的意义，对于国家反间谍安全教育的推广，也在无形中起到了积极作用。编剧：王小枪。导演：卢伦常。制片人：张海东。主演：郭京飞、谭卓、颜丙燕、宁理。该剧于2021年12月16日在CCTV8首播，并在爱奇艺同步上线播出。该剧获2021指尖榜年度剧集大赏“影响力电视剧”、2021新京报年度剧集榜“年度品质剧集”、2021文娱责任影响力年度盛典“时代征程奖剧集”。

电视剧《对手》剧照

《乔家的儿女》 36集电视剧《乔家的儿女》由得闲影业（北京）有限公司出品。该剧讲述的是乔家的母亲在生第五个孩子乔七七的时候去世了，父亲乔祖望是一个粗暴又自私的人，一成、二强、三丽、四美、七七，乔家的五个孩子，在艰苦的岁月里相依为命。乔一成作为长子，一路照顾着弟弟妹妹们长大，却又一路活在优秀的表哥齐唯民的阴影下。乔一成考上了师范大学，弟妹们也互相拉扯着长大了，这一家子逐渐脱离了贫困。生活的考验和照拂都不会缺席，几个人的学业、婚姻、工作都让乔一成操碎了心，而他自己的两次婚姻也牵动着这个大家庭的喜和忧。他们经历过痛苦的考验，也迎来过希望和温暖，一路走得跌跌撞撞又热热闹闹。说不上美满，也各有缺憾，就如乔一成所感触到的，虽然“各人有各人的泥潭”，但为了那向上的一点光明，大家都在努力生活。导演：张开宙。编剧：未夕。该剧于2021年8月17日在浙江卫视、江苏卫视、腾讯视频播出。该剧入围国家广播电视总局“2021中国电视剧选集”。

电视剧《乔家的儿女》海报

《八零九零》 39集电视剧《八零九零》

由华策影视（北京）有限公司出品。该剧讲述“阳光之家”是林奶奶创办的养老院，规模不大却很温暖，住着一群性格迥异的老人。林奶奶身患晚期肝癌，将养老院托付给孙女叶小妹。这时，油嘴滑舌的保健品推销员过三爽，安排爷爷住了进来，方便自己以家属身份出入，忽悠老人钱财。两个年轻人互相看不顺眼，成了一对欢喜冤家。他们的“90后”思维和热情，一方面给养老院注入了新的活力，另一方面却也跟老人们冲突不断。就这样，每一位老人背后隐秘而感人的故事，慢慢浮现出来。小年轻的世界和老年人的世界从最初的碰撞到最终的互相接纳，每个人的生活姿态都有所改变，更为积极。两个年轻人的理念不断升级，以“阳光之家”为依托，成立了家政公司和“阳光守望”志愿者团队，辐射到社区及周边助力“居家养老”。他们深化的不仅仅有养老服务，更有人与人之间的情感——亲情、友情以及两个年轻人的爱情。总出品人：赵依芳、张华立、傅斌星。总制片人：张灼、任旭。制片人：孙旭、陶勇。总导演：徐纪周。导演：易军。编剧：龙振宇、朱俊懿、邬雩儿。主演：白敬亭、吴倩、倪大红。该剧于2021年4月21日在湖南卫视和芒果TV网台同步播出。

电视剧《八零九零》剧照

《舍我其谁》 41集电视剧《舍我其谁》由完美世界（北京）互动娱乐有限公司出品。该剧讲述了天才青年围棋手盛景初，中国棋坛年轻一辈最有希望成为一代宗师的领军人物，幼时目睹双亲身亡，心理遭受重创，从此世界在他眼中失去全部的色彩。直到在一次比赛途中遇到程了，才第一次在她身上重新看到色彩，想尽办法接近程了，让她留在自己身边。程了用她“小太阳”般的个性和纯真的爱情，帮助盛景初逐渐打开心结，找回全世界的色彩。盛景初重新肩负起九州棋社传承围棋、振兴棋道的重任。随后却遭遇老师离世的重创，陷入深深的自责中，最终在程了和棋社众人的帮助下，彻底战胜心魔重回赛场，成为传承中国围棋精神的新生代力量。总制片人：杨抒、刘宁。导演：鞠觉亮（中国香港）、刘畅。总编审：刘畅。剧本总监：马佳。艺术总监：李玲。围棋顾问：聂卫平。编剧：王维维、陈淳、冯泽、俞君灿。主演：李兰迪、牛骏峰、韩玖诺、秦天宇、朱嘉琦、曹博。该剧于2021年9月8日在江苏卫视幸福剧场首播，并在优酷视频全网独播。

电视剧《舍我其谁》剧照

《生活万岁》 34集电视剧《生活万岁》由北京爱奇艺科技有限公司出品。该剧讲述了爱操心的曾家老爸帮助四个子女回归生活、理解生活、拥抱生活的故事。剧集将视角对准当代社会父母与儿女之间的关系和矛盾，立足充满烟火气的当代家庭生活现状，通过紧贴时代脉搏和人民群众日常生活的现实主义表达手法，描绘出“接地气”的家庭生活，以通俗的故事引发观众共情，让观众产生对现实的思考和情感上的慰藉。编剧：南飞雁、周小刚。导演：周小刚。制片人：谭君平。主演：刘威、王鸥、孙艺洲、代旭、陈艳茜。该剧于 2021 年 3 月 3 日在 CCTV8 首播，并在爱奇艺同步上线播出。该剧获北京广播电视网络视听发展基金 2020 年度项目剧本扶持。

电视剧《生活万岁》剧照

《生活家》 35 集电视剧《生活家》由北京爱奇艺科技有限公司出品。该剧讲述了一对平凡的母女利用生活的智慧，化解焦虑与困境，悉心经营自己的生活，成为真正的“生活家”的故事，旨在传递“生而平凡，活得灿烂”的积极向上的价值观。编剧：滕洋。导演：刘海波。主演：刘敏涛、文淇、邱泽。

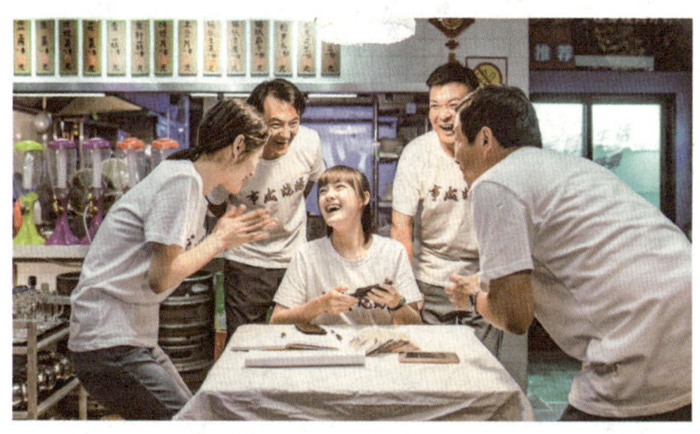

电视剧《生活家》剧照

制片人：钮继新、王业勋、王晶、姚远红。该剧于 2021 年 5 月 13 日在 CCTV8 首播，并在爱奇艺同步上线播出。

《暴风眼》 40 集电视剧《暴风眼》由嘉行传媒、青春你好传媒、完美世界影视出品。该剧讲述的是国安侦查员马尚执行一项特别侦查任务，奉命跟踪境外间谍陈灿前往双清市。在监控侦查的过程中，马尚发现陈灿只是跨国间谍组织中底层的小人物，该间谍组织倾巢出动，目的是盗取鼎华集团自主研发的“DS 材料人工合成技术”。由于案情特殊，上级直接将马尚下派到双清市，与市局展开并组侦查，行动代号为“暴风眼”。并组之后，马尚发现市局行动队队长居然是中学同窗安静，十年前安静不辞而别，让马尚一直难以释怀。随着侦查工作的推进，马尚和安静得悉代号“沉睡者”的间谍长期潜伏在鼎华集团内部，而且鼎华高层也存在被腐化收买的可能。历经重重考验，马尚和安静协力同心抽丝剥茧，多次于紧要关头力挽狂澜。最终，国安战士成功抓获“沉睡者”，并将其幕后间谍组织一网打尽，捍卫了祖国的利益与尊严。导演：于波。制片人：高琛。编剧：梁振华。主要演员：杨幂、张彬彬、刘芮麟、代斯、王东、王骁、石凉、施京明、章申、宁心、廖京生、易大千。该剧于 2021 年 2 月 23 日在东方卫视、浙江卫视首播，并

电视剧《暴风眼》剧照

在爱奇艺、腾讯视频同步上线播出。该剧荣获北京广播电视网络视听发展基金扶持作品，入选2020—2022年北京市重点电视剧片单，被评为2020第五届指尖传播影响力高峰论坛“最具期待剧集”。

（北京市广播电视局电视剧管理处）

《舒克与桃花》 40集电视剧《舒克与桃花》由海润影视制作有限公司、东阳悦文嘉瑞影视传媒有限公司、泛亚盛世文化产业投资有限公司、北京风雷动文化传媒有限公司出品。该剧讲述的是有志青年舒克救了假自杀的任性女孩陶花，为了帮忘年交陶树筹钱给女儿买结婚礼物，答应帮陶花假扮情侣气前任，不料将陶花母亲气病。为了不让老人病情恶化，两人骑虎难下假结婚，没想到陶花正是陶树隔阂多年的女儿，更没想到舒克和陶花处出了真感情。假结婚败露后，两人却开始真恋爱。舒克甚至为陶花放弃了出国学设计，转而帮助陶花子承母业，却遭人陷害被扫地出门，两人也因价值观差异而分手。舒克痛定思痛一路逆袭取得了事业上的成功，也成了陶花的冷面上司，其真实目的却是帮她夺回公司帮她成长；陶花因家族破产变得一无所有，受到教训变得成熟懂事，不计前嫌帮前任刘宇收获了幸福，更坚定了自己对舒克的爱，并最终帮助他完成了设计梦想。导演：张峰。编剧：于淼、吉虹、谢思兵。领衔主演：陈晓、颖儿。联合主演：王紫逸、孙松、啜妮、姜瑞佳。该剧于2021年1月1日在芒果TV首播。

（海润影视制作有限公司）

《星辰大海》 40集电视剧《星辰大海》由北京时代光影文化传媒股份有限公司出品。该剧主要讲述小镇孤女简爱孤身来到广州，在时代中奋斗，最终实现梦想并收获爱情的故事。本剧通过女主的感情经历与事业成长，表现当代女性对于爱情、婚姻、事业的思考，对于自尊、自立、自强的感悟。在改革开放的大潮中，简爱依靠自己的辛劳与智慧，通过奋斗迎来自己的幸福生活；在情感上，简爱坚持自我，彰显了现代独立女性的风采，恪守底线，不忘初心，最终赢得了尊严与爱情。而简爱事业上的风风雨雨，也是中国外贸从艰难起步到波澜壮阔，从受制于人到全球规范，从外贸导向到结构调整的历史缩影，展示了中国改革开放的历程，

电视剧《舒克与桃花》剧照

电视剧《星辰大海》海报

以及中国全球影响力的跃升过程。制片人：王锦。导演：余丁。编剧：苏晓苑。演员：刘涛、林峯。该片于2021年11月在湖南卫视、优酷播出。

（北京时代光影文化传媒股份有限公司）

二、电视动画片

《锡兰王子东行记》 26集动画片《锡兰王子东行记》由北京广播电视台卡酷少儿频道、北京卡酷传媒有限公司出品。该片是首部聚焦"海上丝绸之路"的原创动画片，以历史上郑和下西洋及锡兰国王子远涉重洋去往中国的故事为原型，讲述了主人公锡兰王子在中华文化魅力的感召下，出使中国学习先进的文化、科技，和旅途中结识的伙伴们一道踏上海上丝绸之路，完成使命的故事。编剧：刘彭。导演：李严、杨瑒、史江泓、李卓然、李菲菲、袁媛、王淳、帅领、张京、庞子栋、李骁、庄盘石、杨楚、高博、徐一超、李雪飞。该片于2021年12月20日在北京广播电视台卡酷少儿频道首播，入选国家广播电视总局"2017年度丝绸之路·影视桥项目"、"中国经典民间故事动漫创作工程"重点项目，获"2017年度中央文化产业发展专项资金"扶持。

《宠物旅店》 13集动画情景喜剧《宠物旅店》由北京猫猫家文化传媒有限公司、上海腾讯企鹅影视文化传播有限公司、广州艺洲人品牌管理股份有限公司联合出品。该片讲述了在宠物旅店里居住着店长罗宾、流浪猫乃乃、波斯猫琪琪、小狗狸狸和豚鼠布布。他们每天接待各种顾客和他们的宠物，提供优质的服务。无论开始有多么狼狈，前来寄宿的宠物还是会获得宾至如归的感受，和大家成为好朋友，得到关爱和支持。善良、包容和智慧，终能战胜一切困难。导演：郭斌。编剧：郭斌、孙甜。该片于2022年2月11日在腾讯视频独家播出。该片获得国家广播电视总局2021年第四季度优秀国产电视动画片推荐，入围2021年第十四届厦门国际动漫节金海豚奖最佳系列动画。

《薇薇猫的日常》 30集动画短片《薇薇猫的日常》由北京猫猫家文化传媒有限公司、上海腾讯企鹅影视文化传播有限公司、广州艺洲人品牌管理股份有限公司联合出品。该片讲述了薇薇猫凭借好心态和非凡的智慧，把生活打理得井井有条，好运便总是眷顾着他。在喧闹的都市里，他过着恬然自得的慢生活，内心富足地享受着每一天。永远充满热忱，对未来怀抱希望，对朋友付出真诚，对自己疼爱有加。导演：伟子、赵哲皓。编剧：孙甜、邹晗、黄钧研、吴英东、郑好、陈健锋、李泽宇、乌日娜。该片于2021年9月29日在腾讯视频独家播出。该片获得国家广播电视总局2021年第三季度优秀国产电视动画片推荐，入围2021"新光奖"中国西安第九届国际原创动漫大赛。

《毛毛镇之冰雪加油队》 18集电视动画片《毛毛镇之冰雪加油队》由北京空速动漫文化有限公司出品。该片由《毛毛镇》系列衍生，是一部动作喜剧类型的二维动画系列短片。本片以毛毛镇的小动物为主要角色，以冰雪运动为主题，每集讲述一个冬奥会比赛项目，旨在展示冰雪运动的魅力，引发观众对于冰雪运动的喜爱，为中国国家队加油。导演：刘柯伶。编剧：董奕琦。该片于2021年12月19日播出。播出的电视媒体有中国教育电视台、内蒙古少儿、甘肃少儿、济南少儿、重庆少儿、酒泉电视台、江苏教育电视台等。播出的新媒体有腾讯、爱奇艺、优酷、Bilibili、芒果、儿歌多多、儿歌点点、小米、宝宝巴士、KADA儿童、优趣等。该片荣获国家广电总局2021年第三季度优秀国产电视动画片，成为国家体育总局中国国家

队 /TEAM CHINA 专属动漫形象。

《无敌鹿战队　第 2 季（上）》　20 集电视动画片《无敌鹿战队　第 2 季（上）》由北京爱奇艺科技有限公司出品。该片讲述了由凯奇、娜娜、雷米以及多比四只小鹿组成的“无敌鹿战队”，在帮助他人的过程中勇敢冒险、化解危机的故事。在新一季中，四只小鹿的冒险旅程拓展到了太空、雪山、水晶洞等新场景，还结识了新的伙伴——拥有神奇水晶力量的晶晶。每当遇到各种新的危机与挑战，小鹿们都会团结协作，运用智慧与超能力量帮助动物们和城市居民，守护共同的家园。该片将娱乐与教育属性融合，讲述故事的同时融入常识认知、美学熏陶、情商培养等元素，传递给孩子们积极阳光、友爱团结、真诚勇敢的价值内涵。动画导演：包正勲。编剧统筹：李子勃。该片于 2022 年 1 月在爱奇艺播出。该片入选国家广电总局 2021 年第四季度优秀国产电视动画片。

（北京市广播电视局宣传管理处）

三、电视纪录片

《播“火”——马克思主义在中国的早期传播》　纪录片《播“火”——马克思主义在中国的早期传播》通过早期马克思主义在中国传播的真实历史描述，从国内“中华民族伟大复兴”和国际“百年未有之大变局”这两个大局着眼，以中国政治中心北京为基点，围绕北京 31 处红色旧址，透过毛泽东、周恩来、李大钊、陈独秀等著名人物的成长经历，融合铺陈中国共产党成立前后的国史、党史、世界史，以无可争辩的事实凸显北京作为新文化运动的中心、五四运动的策源地、马克思主义传播的主阵地、中国共产党诞生的主要孕育地之一的历史地位和时代价值。

纪录片《播“火”——马克思主义在中国的早期传播》海报

《中国冰雪道路》　纪录片《中国冰雪道路》从专业视角、大众视角、人文视角分别展现中国冰雪运动风雨征程的 70 年历史与情怀，旨在向全民推广冰雪运动、普及冰雪运动知识、带动全民参与冰雪运动热潮，进而推升中国整体的冰雪竞技水平。

纪录片《中国冰雪道路》海报

《我的时代和我》第二季　纪录片《我的时代和我》第二季，呈现了武磊、王一博、郎朗、谷爱凌、徐冰、崔宝秋、傅厚民、谭元元、黄成希 9 位当今世界各领域取得杰出成就的华人代表的工作生活片段，多维度、立体化地描绘出当今中国人通过奋斗彰显自我价值的积极正面形象。

纪录片《我的时代和我》第二季海报

《山水人和》 纪录片《山水人和》分别从保水、守山、富民的角度，回应习总书记的殷切嘱托，呈现北京的绿色发展，展现两山理论在密云的生动实践，用鲜活的人物故事配合高屋建瓴的专家解读，生动明晰地阐释了习近平总书记的生态文明观，体现了新时代的治国方略，展示了大国的生态智慧。

纪录片《山水人和》海报

《思想的田野：北京篇》 《思想的田野：北京篇》围绕北京“四个中心”的定位，由主持人谭江海、李扬薇带领歌手蔡国庆、拉脱维亚友人安泽、演员郝金明、编剧刘雁等，乘坐“思想号”大篷车行进到北京中轴线、中关村、“回天”社区、雁栖湖等不同地点，寻访故事嘉宾，挖掘普通人与北京城市建设之间不为人知的故事，还邀请市民登上大篷车，一起畅聊北京文化、北京变化。

《共和国·1949——中共中央在香山》 电视纪录片《共和国·1949——中共中央在香山》着眼国内国际，梳理重大历史事件，辅以权威讲述与采访，讲述了中共中央在北京香山时期做出的三大历史贡献。

电视纪录片《共和国·1949——中共中央在香山》海报

《黄河安澜》 纪录片《黄河安澜》呈现了在习总书记“挖掘黄河时代价值、讲好黄河故事”的号召下，在“治国必治黄”的理念指导下，黄河流域生态保护、水资源的节约集约利用、高质量发展等方面的成就。

纪录片《黄河安澜》海报

《红色记忆》　纪录片《红色记忆》邀请来自中央档案馆、中央党史和文献研究院、中共中央党史研究室等单位的专业、权威专家作为顾问团队，提供一手的资料文献，以图片、档案、实物、声音、影像、图表、图片等多种直观形式，解密大量未曾公开的历史档案，生动翔实地全景记录建党百年来的风云岁月，从政治、经济、文化、军事、外交等方面讲述中国共产党成立以来的伟大成就，生动再现历史场景。

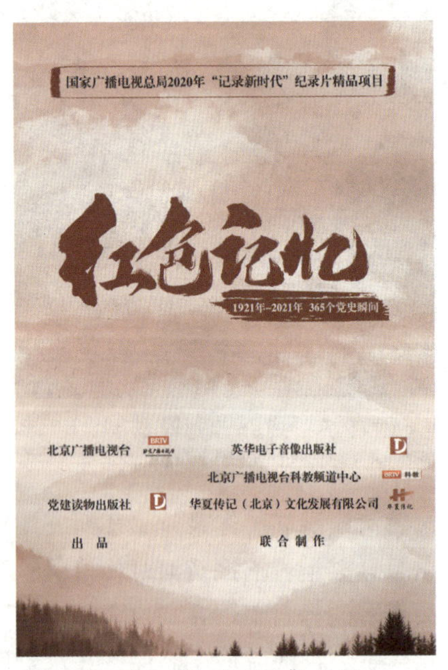

纪录片《红色记忆》海报

《一路百年》　纪录片《一路百年》以贯穿北京东西的大 1 路公交车为线索，讲述在中国共产党的领导下北京和国家的百年发展变迁。

纪录片《一路百年》海报

（北京市广播电视局宣传管理处）

《百年巨匠》　《百年巨匠》是中国第一部聚焦 20 世纪为中华文明做出突出贡献的大师巨匠的大型系列人物传记纪录片。《百年巨匠：建筑篇》是《百年巨匠》第二季的开篇之作。建筑篇聚焦詹天佑、茅以升、梁思成、杨廷宝四位近现代中国建筑工程领域的开创者和奠基人，通过影像传记多角度展现他们不凡的人生历程和卓越的学术造诣，展现近现代中国建筑事业的发展和建筑文化的演进，从近现代中国建筑史的独特视角展现中华优秀文化的中国特色、中国风格、中国气派。

纪录片《百年巨匠》海报

（北京市广播电视局宣传管理处）

书报刊出版

2021 年北京市广播影视书报刊一览表

公开出版物

类别	书报名称	主管单位	作者	出版单位
图书	《2021北京广播影视年鉴》	北京市广播电视局	北京广播影视年鉴编委会	北京出版集团北京出版社
周刊	《北京西城报》	西城区委宣传部	西城区融媒体中心	西城区融媒体中心、北京日报社
日报	《北京城市副中心报》	通州区委宣传部	通州区融媒体中心	通州区融媒体中心、北京日报社

内部出版物

类别	报刊名称	主管单位	主办单位
月刊	《北京广播影视》	北京市广播电视局	北京市广播影视协会、北京音像资料馆
季刊	《金色时光》	北京广播电视台	北京广播电视台
每周二刊	《新东城报》	东城区委宣传部	东城区融媒体中心
每周二期	《平谷报》	平谷区委宣传部	平谷区融媒体中心
周刊	《密云报》	密云区委宣传部	密云区融媒体中心
每周二期	《房山报》	房山区委宣传部	房山区融媒体中心

2021 年北京市广播影视书报刊简介

2021 北京广播影视年鉴

《2021 北京广播影视年鉴》是由北京广播影视年鉴编辑委员会编纂（北京市广播电视局主持，北京广播电视台、歌华传媒集团、北京市各区文旅局及融媒体中心等协编）的一部资料工具书，创刊于 2005 年，每年编纂一卷，2021 年卷由北京出版集团北京出版社公开出版发行。

《北京广播影视年鉴》全面反映北京市广播影视的基本情况和发展变化风貌，客观记述上一年全市广播影视业的新情况、新资料，为广播影视从业人员、教学科研人员、决策管理人员以及社会各界了解和研究北京市广播影视提供可靠信息。

《2021 北京广播影视年鉴》为第 17 卷，顺应广播电视事业、产业发展趋势，对栏目设置进行适当调整，增加媒体融合与智慧广电、网络视听、公共服务栏目，取消新媒体栏目，共有 18 个文字栏目：专项纪事、概况、大事记、频率频道、节目栏目、电视剧、媒体融合与智慧广电、网络视听、技术、公共服务、产业发展、典型经验、获奖作品、组织机构、受众调查、书报刊出版、统计、附录。全书 92.7 万字，发行 1100 册。国内书号：ISBN 978-7-200-16934-8。

（北京新视听发展中心）

金色时光

《金色时光》是北京广播电视台退休职工专刊，主要反映台改革发展情况、老干部工作动态及退休职工生活。是台里与离休职工、退休职工之间互通信息、交流情感的“家园”和“桥梁”。

2020 年年初，新组建的离退办将原电台和原电视台的《退休生活》《金色岁月》进行资源整合，推出《金色时光》，采用全新的装帧设计、栏目设置和彩色印刷，扩大了容量，增加了老同志编委。

杂志内容设置“拾金人生、多彩金秋、流光跃金、守护健康、金色信风、交流互动”等 6 大板块，分为 22 个栏目，并根据不同时期重点工作开设专栏。2021 年开设“永远跟党走——庆祝中国共产党成立 100 周年”“一起向未来”专栏，推出庆祝建党百年专刊。全年发稿 70 多篇，12 万多字，书画影印图片 200 余张。

杂志交流到市委宣传部老干部处、市委老干部局，《中国老年》与《北京老干部》杂志等单位。

（北京广播电视台）

新东城报

2021年，《新东城报》出刊104期，刊登稿件1800余篇，开设各类专栏55个，刊登专栏新闻报道500余篇，同比增长46%；刊登各类专题179个，同比增长38.8%。全年，《新东城报》围绕庆祝建党百年，开设“崇文争先谱新篇”“庆祝中国共产党成立100周年　寻访东城红色印记”等专栏、专题，深度报道党史学习教育情况、东城红色地标、为民办实事成效以及优秀共产党员故事等。持续推动疫情防控和疫苗接种宣传，关注各阶段疫苗接种情况。开设“防疫进行时”等专栏，推出“加快推进疫苗接种　全力构筑免疫屏障”专刊。《新东城报》进一步增强媒体融合报道，充分利用“统一策划、共同采集、分类编辑、多种生成、立体传播”的融媒体新闻生产传播链条，报纸与新媒体各平台深入互动，媒体融合报道优势更加凸显，全年共有近100篇报道附带刊登二维码，实现各类延伸报道同步呈现，报纸与新媒体平台形成优势互补，融合深度进一步加强。

（东城区融媒体中心）

新东城报

NEW DONGCHENG WEEKLY

习近平总书记在庆祝中国共产党成立100周年大会上的重要讲话在东城党员干部群众中引发热烈反响

牢记初心使命　开创美好未来

凝聚红色力量　书写壮美篇章

北京西城报

1992年1月《北京西城报》创刊，1995年5月《宣武报》创刊；2010年7月，原西城区新闻中心和原宣武区新闻中心合并后，《北京西城报》继续发行。2021年1月5日起，《北京西城报》从原来的每周三刊调整为每周两刊，每周二、周五出报，并将街道原有报纸宣传需求纳入《北京西城报》整体

北京西城报

BEIJING XICHENG NEWS

社会主义核心价值观

富强　民主　文明　和谐

自由　平等　公正　法治

爱国　敬业　诚信　友善

我区党员干部群众积极收听收看庆祝中国共产党成立100周年大会

为实现人民对美好生活的向往不懈努力

人民日报社论

铸就百年辉煌　书写千秋伟业

——热烈庆祝中国共产党成立一百周年

平安大街西城试验段至官园桥全新亮相

规划和统筹设计。2021 年 7 月 27 日起，由西城区委宣传部、西城区融媒体中心和北京日报社共同创办的《北京西城报》“街道专版”正式上线出报，在《北京西城报》每期原有四个公共版面基础上，每期新增四个“街道专版”。

（西城区融媒体中心）

北京城市副中心报

2021 年 10 月 19 日，《北京城市副中心报》正式公开出版发行。《北京城市副中心报》共四版，周五刊，紧扣城市副中心目标定位进行版面设置。

一版为要闻版，主要聚焦发生在城市副中心的重要政务活动及城市副中心建设的重大成就、全市性重大新闻等。围绕城市副中心重大工程、重点工作和京津冀协同发展，浓墨重笔，持续发力，开设“城市副中心生机勃发”“我为群众办实事”等栏目，充分展示全市上下团结一心、奋发有为，全力推进城市副中心建设发展的火热场景，挖掘、报道城市副中心发展建设成果。二版为新闻版，重点围绕加强“四个中心”功能建设、提高“四个服务”水平这个首都发展核心要义，充分展示城市副中心作为北京重要一翼，服务保障首都功能，发挥辐射带动作用。三版为综合版，主要承接通州区委机关报职能。四版为专副刊版，分设科创、文化、协同、城韵、热点、观察、人物、新思等主题版，适时或定期刊发，旨在充分挖掘和放大副中心城市特色，讲好副中心故事，以特色提升城市副中心的影响力、知名度和美誉度。

（通州区融媒体中心）

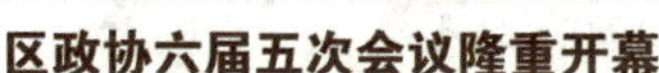
北京城市副中心报

2021年1月14日 星期四 农历庚子年十二月初二 今日八版

区政协六届五次会议隆重开幕

搭建通往城市副中心多层次交通体系

京哈高速等重要交通联络线即将启动改造

北京城市副中心生机勃发

城市副中心交通工程建设喜讯频传

城市副中心新增亿元以上企业200家

市场主体首破18万

平谷报

《平谷报》由中共北京市平谷区委宣传部主办，平谷区融媒体中心出版。《平谷报》出版日期为每周一、周四，印刷规格为对开八版全彩印刷，每期印数 17000 份。《平谷报》全年出刊 100 期，文字 200 余万字，照片千余幅。

2021 年，《平谷报》开设“庆祝中国共产党成立 100 周年”“创建文明城区　共筑首善北京”“创建‘基本无违建区’”等专版专栏 30 个，紧紧围绕区委、区政府的中心工作和重大决策部署，突出重点，关注热点，讲政治保平安，既报喜又报忧，坚决守好宣传阵地。

平谷报

PING GU BAO [京内资准字2010-L0042号]

感应时代脉动 记录精彩平谷

2021年3月 22 星期一 农历辛丑年二月初十

第22期（总第660期）

03专题 中国共产党为什么"能"

06专题 履职守初心 担当显本色

07焦点 三月春风暖 花香引客来

平谷报 PINGGUBAO 焦点 03

千里京蒙一家亲 九年结对助脱贫

平谷区助推商都县经济社会全面发展

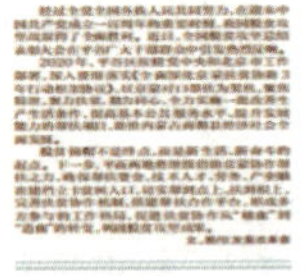

千里京蒙一家亲 九年结对助脱贫

马铃薯变"金蛋蛋" 带动群众增收致富

千里送人才 推动多领域技术进步

心系特色产品 消费扶贫助农增收

（平谷区融媒体中心）

密云报

《密云报》创刊于2005年3月25日，原名《生态密云》报，免费向全区赠阅。2010年，《生态密云》报正式更名为《密云报》。2017年9月4日，《密云报》正式改版为大报，并主动融入互联网，实现手机浏览。2018年7月2日，密云区融媒体中心挂牌成立，融合了密云电视台、密云人民广播电台、《密云报》三大传统媒体，同时整合和发展多个优质新媒体平台。2021年《密云报》共出版54期。

2021年，《密云报》版面调整，一版聚焦时政新闻和重点工程，二版、三版为聚焦社会民生的新闻版面，四版呈现当前宣传主题。新增加的新闻版面主动围绕创建文明城市的三年目标，策划编辑30余个“创城文明城市　密云进行时”专版，以聚合传播的效果宣传密云区在创建全国文明城区工作中的成效。同时，《密云报》不断探索改革，调整兼具时效性和全区工作实际的刊期，以及时呈现当周密云区政治经济动态和热点事件，及时满足读者阅读需求。

密雲報

MIYUN NEWS

2021年5月17日 星期一 《密云报》第574期 准印证号：京内资准字0707-L0126号

全党同志要做到学史明理、学史增信、学史崇德、学史力行，学党史、悟思想、办实事、开新局，以昂扬姿态奋力开启全面建设社会主义现代化国家新征程，以优异成绩迎接建党一百周年。

——习近平出席党史学习教育动员大会并发表重要讲话

2021密云生态马拉松圆满结束

区领导深入基层调研我为群众办实事

平安密云建设政法队伍教育整顿工作

开展好青少年党史教育 着重提高教育教学质量

区政府代表团赴库伦旗开展东西部协作结对帮扶工作

打造怀柔科学城东区主阵地 助力"两区"建设高质量发展

（密云区融媒体中心）

受众调查

2021 年北京广播市场竞争态势调查

2021 年，中国广视索福瑞媒介研究有限责任公司对北京地区的三大广播传媒机构——中央广播电视总台的中央人民广播电台（以下简称“中央台”）、中国国际广播电台（以下简称“国际台”），北京广播电视台广播端（以下简称“北京台”）的收听情况进行了调查，现将调查结果刊登于下。

一、北京广播市场发展情况

（一）市场整体：收听率保持稳定，车上收听率大幅回升

根据索福瑞测量仪北京地区收听数据显示，北京广播市场 2021 年整体收听率为 4.566%，较 2020 年同期上升 0.053 个百分点，涨幅为 1.17%。

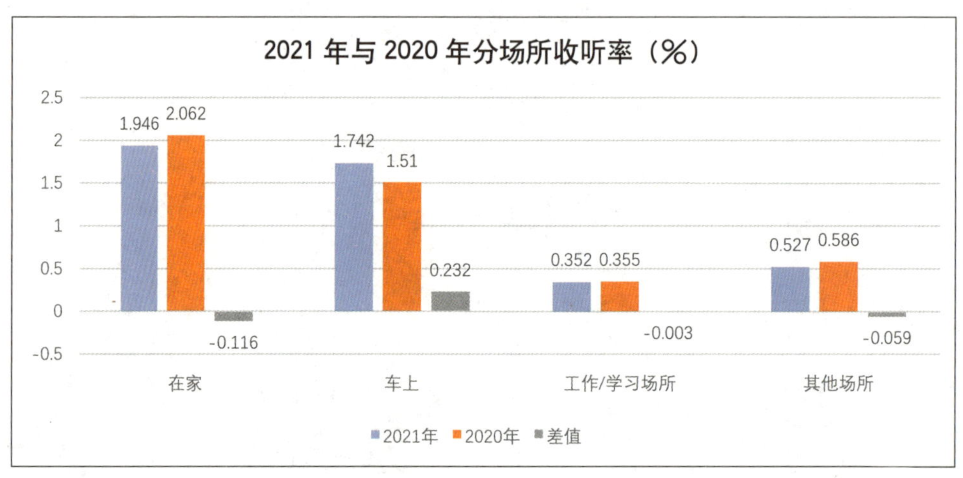

从分场所情况来看，2021 年在家收听率同比小幅下降 5.63%；随着疫情防控常态化，车上收听率大幅回升，涨幅超过 15%；工作/学习场所收听率下降 0.85%，较 2020 年基本持平；其他场所收听率同比下降 10.7%。

（二）分项数据：收听人群基本持平，收听时长、忠实度稳步增长，听众黏性增加

2021 年、2020 年北京地区广播市场全天收听表现

单位	2021年	2020年	2021比2020差值	2021比2020涨跌幅
到达率（000）	4772	4772	0	0
人均收听时长（听众）（分钟）	85.6	82.3	3.3	4.01%
忠实度	4.6	4.5	0.1	2.22%
人均收听段数	5	5	0	0
平均每段收听时长（分钟）	16.2	15.6	0.6	3.85%

2021年北京累计477.2万人曾收听广播，与2020年相比保持稳定；广播日均收听人数为366.5万人，同比减少15.6万人，降幅4.08%；人均收听时长方面，听众平均每天收听广播时长为85.6分钟，同比增加3.3分钟，增幅为4.01%。2021年人均收听段数依然为5段，与同期相比保持不变，每段收听时长由15.6分钟增至16.2分钟，增幅为3.85%。听众忠实度从2020年的4.5增至4.6，增幅为2.22%。

（三）分时段收听率：早、午、晚峰值时段上涨，早高峰时段上升显著

2021年北京广播市场全天48个30分钟时段，其中19个30分钟时段收听率上升，29个30分钟时段收听率下降。

具体来看，早晨6:00–8:30是全天增长净值最大的时段，30分钟增长净值均超过0.5个百分点，其中7:30–8:00时段同比增长净值超过1个百分点。午间12:00–15:00、晚间18:30–20:30收听率也有所增长。9:30–10:00是收听率下降净值最大的时段，同比下降0.435个百分点。

（四）分月收听率：上半年同比增长，涨幅较大，下半年同比下降

2021年分月收听率在1月即达到最高值4.822%，1—5月收听率均高于上年同期，稳定在4.7%左右。其中3月同比增幅为全年最大值，为17.03%。6月起收听率开始出现下降趋势，9月降至年度收听率的最低点4.23%，同比降低10.63%，10月开始逐渐回升，基本回归上年同期水平。

二、北京广播市场三大台竞争情况

（一）市场份额：北京台持续增长，中央台、国际台略有下降

2021年北京广播电视台广播端市场份额为74.497%，同比持续增长，较2020年上升1.639个百分点，增幅为2.25%。中央台2021年的市场份额同比下降1.338个百分点，降幅为6%，降至20.971%。国际台市场份额同比下降0.3个百分点，降幅为6.31%，市场份额降至4.452%。

（二）分项数据：听众规模持续萎缩，北京台收听时长逆势增长

2021年、2020年北京地区广播收听率、到达率、平均市场份额表

单位	频率	2021年	2020年	同比差值	同比涨跌幅
收听率（%）	北京台	3.402	3.288	0.114	3.47%
	中央台	0.958	1.007	−0.049	−4.87%
	国际台	0.203	0.214	−0.011	−5.14%
市场份额（%）	北京台	74.497	72.858	1.639	2.25%
	中央台	20.971	22.309	−1.338	−6.00%
	国际台	4.452	4.752	−0.3	−6.31%
到达率（000）	北京台	4766	4772	−6	−0.13%
	中央台	4611	4657	−46	−0.99%
	国际台	3950	4222	−272	−6.44%
人均收听时长（分钟）	北京台	49	47.4	1.6	3.38%
	中央台	13.8	14.5	−0.7	−4.83%
	国际台	2.9	3.1	−0.2	−6.45%

北京台2021年累计听众为476.6万人，同比下降0.6万人，降幅为0.13%；中央台听众规模从2020年的465.7万人减少至2021年的461.1万人，同比下降4.6万人，降幅为0.99%；国际台2021年的听众规模为395万人，同比下降27.2万人，降幅为6.44%。北京台、中央台2021年总体听众规模同比基本持平，国际台降幅较大。

三大台中，仅北京台人均收听时长同比增长。北京台2021年人均收听时长为49分钟，同比涨幅为3.38%；中央台人均收听时长为13.8分钟，同比减少0.7分钟，降幅为4.83%；国际台人均收听时长减少0.2分钟，降幅为6.45%，降至2.9分钟。

从整体的收听率和市场份额表现来看，北京台2021年收听率为3.402%，同比增长3.47%，市场份额由2020年的72.858%提升至74.497%，涨幅2.25%。虽然收听人数进一步减少，但在人均收听时长增长的带动下，北京台收听率持续稳步提升；由于听众规模和人均收听时长缩减，中央台、国际台收听率和市场份额均有所下降。中央台2021年收听率为0.958%，小幅下降4.87%，市场份额20.971%，降幅为6%；国际台收听率同比下降5.14%，降至0.203%，市场份额4.452%，降幅为6.31%。

（三）分场所收听：家中收听均有回落，北京台车上收听率大幅增长

随着疫情防控常态化，日常出行秩序逐渐恢复正常，家中收听情景减少，车上重新回归主要收听场所。从分场所同比收听率变化情况看，三大台在家的收听率同比均有所回落，其中北京台降幅为6.1%，中央台降幅最小，为3.19%，国际台降幅最大，为8.93%；北京台车上收听率较2020年大幅增长，增幅为22.32%，在三大台中保持较大领先优势。中央台车上收听率同比继续下滑，降幅为4.09%，国际台同比基本持平；北京台、国际台工作/学习场所收听率较上年同期有所上升，增幅分别为2.52%、6.25%，中央台工作/学习场所收听率有所下降，同比降低9.9%；三大台其他场所收听率同比均有回落，其中北京台降幅最大，为10.48%，中央台、国际台降幅分别为8.8%、9.09%。

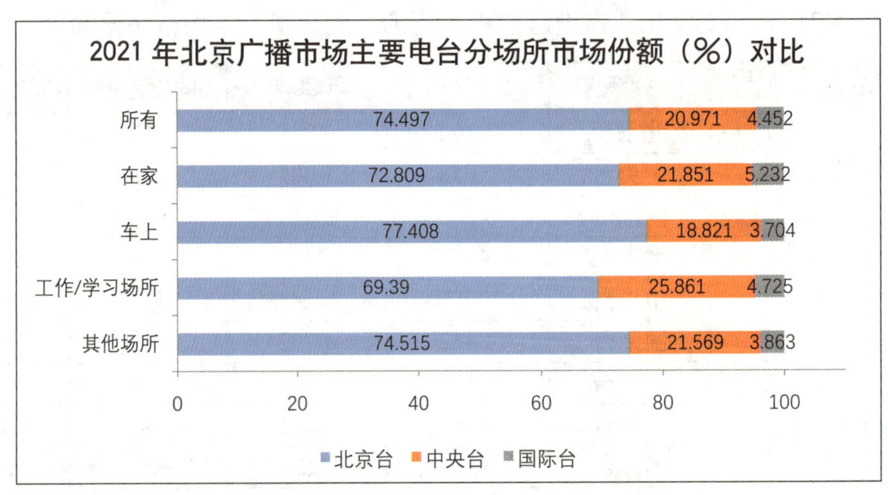

北京台牢牢占据车上收听市场，车上市场份额高于各场景均值2.911个百分点，在家市场份额则低于各场景均值1.688个百分点；中央台、国际台车上市场份额低于各场景均

值，在家市场份额高于各场景均值。

三、北京广播市场主要电台听众构成

（一）性别：北京台男女比例较为均衡，中央台、国际台男性比例超六成

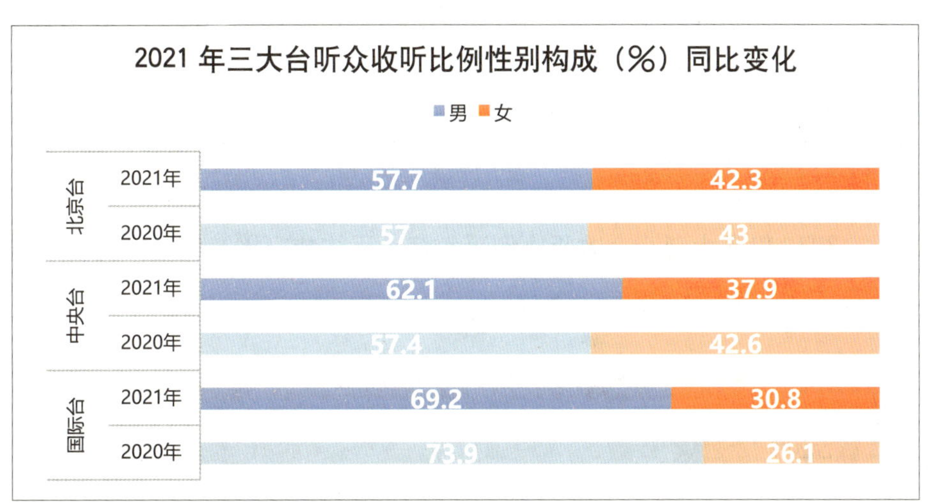

北京台2021年男女收听比例同比基本持平，男性比例为57.7%，增加0.7个百分点，女性比例降至42.3%，男女比例是三大台中最为均衡的；中央台男性听众比例同比增长较大，较2020年同期增加4.7个百分点，增至62.1%，女性听众占比为37.9%；国际台男性收听比例同比略有下降，为69.2%，但仍为女性听众数量的两倍以上，女性听众比例为30.8%，男女听众比例仍然悬殊。

（二）年龄：北京台、中央台听众各年龄段比例较为均衡，国际台听众老龄化明显

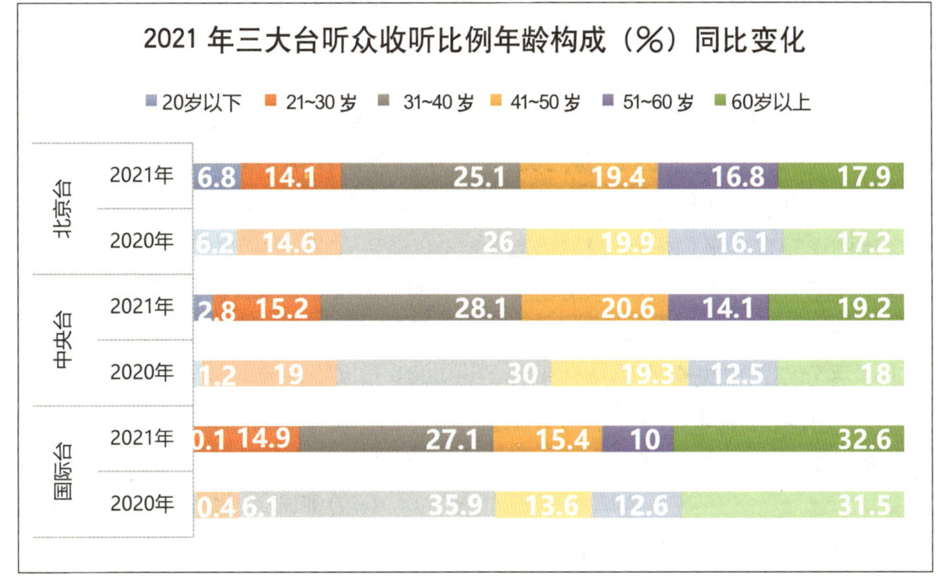

北京台30岁以下听众占全体听众比例在三大台中最高，为20.9%，较上年略有上升，中央台次之为18%，较上年下降2.2个百分点，国际台则同比小幅上升至15%；三大台31~40岁听众比例较2020年均有所下降，北京台在这一年龄段的听众比例最低为25.1%；41~50岁听众比例北京台、中央台均稳定在20%左右，国际台较上年略有增长至15.4%；北京台、中央台51~60岁听众比例同比小幅增长，国际台略有下降；三台60岁以上听众比例均有所增长，其中国际台这一年龄段听众比例超三成，老龄化最为明显。

（三）受教育水平：三大台均保持稳定，中央台高等学历听众收听比例三台中最高

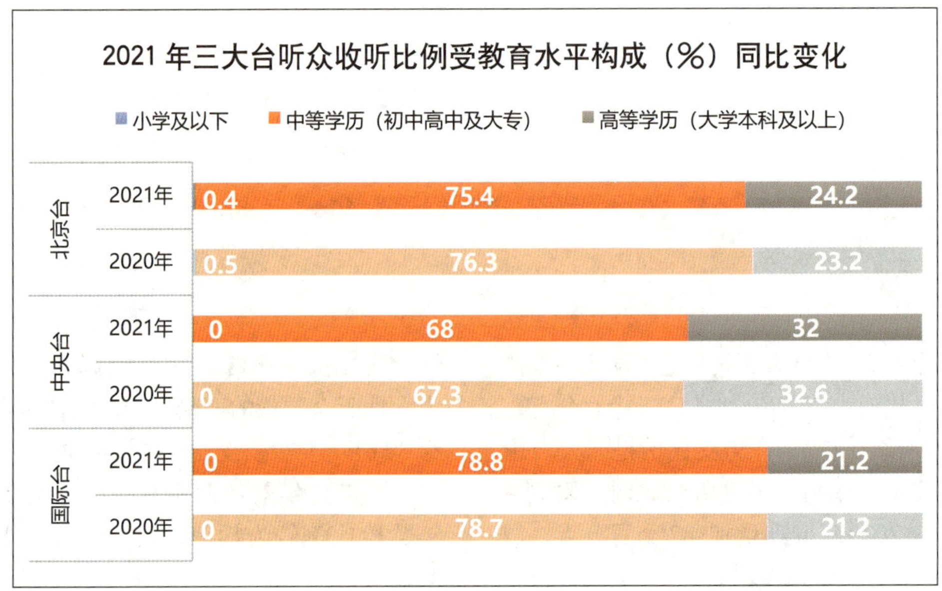

整体来看，三大台小学及以下听众比例几乎都趋近于0；中等学历听众收听比例北京台和国际台均超过75%，中央台为68%；三大台高等学历听众比例仍是中央台最高，为32%，北京台、国际台均超过20%。从2021年三大台听众受教育水平比例同比变化来看，三大台听众比例受教育水平构成均保持稳定，较上年同期变化较小。北京台中等学历听众收听比例略有下降，高等学历听众收听比例同比增加1个百分点；中央台则相反，中等学历听众收听比例略有增加，高等学历听众收听比例下降0.6个百分点；国际台基本保持不变。

（四）收入：中央台高收入人群收听比例较高

北京台、中央台2021年不同收入听众收听比例同比变化不大，国际台500元以下低收入人群比例上升，中等收入听众比例有所下降。横向来看，北京台2000元以下低收入听众收听比例是三大台中最高的；北京台、国际台2001~5000元中等收入听众收听比例在55%左右，中央台仅为44.6%；中央台5001~8000元中高收入听众比例为三台最高，超过30%，北京台、国际台均在24%左右；8001元以上高收入听众收听比例，中央台为13.2%，是三大台中最高的，北京台和国际台比例则均在9%左右。

（五）职业：北京台、中央台构成相似，国际台退休听众收听比例较高

中央台公务员和白领收听比例在三大台

中最高，为 50.1%，北京台次之，达 47.2%，国际台最低，为 42%；国际台退休听众收听比例达 32%，是三大台中最高的，北京台和中央台仅在 18% 左右；北京台和中央台工人收听比例均在 9% 左右，国际台则为 5.5%；北京台学生、官员和管理者收听比例都是三大台中最高的，分别为 10.7%、7.9%，中央台和国际台均在 7% 左右；三大台个体和自由职业者收听比例均在 5% 左右；无业和家庭主妇比例，北京台、中央台在 3% 左右，国际台仅为 0.6%。总体来看，北京台和中央台听众收听比例职业构成相似，国际台略有不同，退休听众收听比例更高。

四、北京广播市场各频率竞争态势

（一）市场排名：头部频率保持稳定，腰尾部频率涨势明显

北京广播市场 22 频率收听率、市场份额同比排名

频率	收听率（%）				市场份额（%）				排名		排名变化
	2021年	2020年	差值	差幅	2021年	2020年	差值	差幅	2021年	2020年	
北京交通广播	1.856	1.686	0.17	10.08%	40.64	37.358	3.282	8.79%	1	1	—
北京新闻广播	0.67	0.668	0.002	0.30%	14.68	14.792	−0.112	−0.76%	2	2	—
北京文艺广播	0.456	0.454	0.002	0.44%	9.987	10.066	−0.079	−0.78%	3	3	—
中央台中国之声	0.395	0.393	0.002	0.51%	8.661	8.701	−0.04	−0.46%	4	4	—
北京音乐广播	0.275	0.263	0.012	4.56%	6.024	5.816	0.208	3.58%	5	5	—
中央台经济之声	0.177	0.172	0.005	2.91%	3.879	3.802	0.077	2.03%	6	6	—
国际台环球资讯广播	0.158	0.171	−0.013	−7.60%	3.452	3.797	−0.345	−9.09%	7	7	—
中央台音乐之声	0.145	0.16	−0.015	−9.38%	3.178	3.542	−0.364	−10.28%	8	8	—
中央台文艺之声	0.079	0.101	−0.022	−21.78%	1.733	2.241	−0.508	−22.67%	9	10	↑
中央台中国交通广播	0.067	0.117	−0.05	−42.74%	1.464	2.584	−1.12	−43.34%	10	9	↓
中央台经典音乐广播	0.063	0.043	0.02	46.51%	1.378	0.946	0.432	45.67%	11	12	↑

（续表）

频率	收听率（%）				市场份额（%）				排名		排名变化
	2021年	2020年	差值	差幅	2021年	2020年	差值	差幅	2021年	2020年	
国际台劲曲调频	0.043	0.041	0.002	4.88%	0.933	0.903	0.03	3.32%	12	13	↑
京津冀之声	0.038	—	—	—	0.832	—	—	—	13	—	—
北京体育广播	0.036	0.055	−0.019	−34.55%	0.795	1.211	−0.416	−34.35%	14	11	↓
北京外语广播	0.031	0.027	0.004	14.81%	0.674	0.594	0.08	13.47%	15	14	↓
中央台老年之声	0.02	0.011	0.009	81.82%	0.443	0.254	0.189	74.41%	16	17	↑
北京故事广播	0.019	0.015	0.004	26.67%	0.409	0.322	0.087	27.02%	17	15	↓
北京城市广播	0.015	0.014	0.001	7.14%	0.33	0.311	0.019	6.11%	18	16	↓
中央台阅读之声	0.007	0.008	−0.001	−12.50%	0.161	0.168	−0.007	−4.17%	19	18	↓
北京青年广播	0.004	0.007	−0.003	−42.86%	0.097	0.163	−0.066	−40.49%	20	19	↓
中央台中国乡村之声	0.003	0.003	0	0.00%	0.073	0.072	0.001	1.39%	21	20	↓
国际台轻松调频	0.003	0.002	0.001	50.00%	0.067	0.052	0.015	28.85%	22	21	↓

与2020年相比，2021年排名在前五位的频率和位次均无变化。北京交通广播继续牢牢占据市场份额第一的位置，且市场份额创下自2016年来新高；北京新闻广播市场份额同比略有回落，排名保持第2位；北京文艺广播市场份额继续走低，排名第3位；中央台中国之声市场份额略降，排名仍列第4位；北京音乐广播市场份额同比有所回升，排名保持第5位不变。

2021年与2020年相比，排在第6至第10位的频率构成不变，位次略有变化。排名为第6至第8位的中央台经济之声、国际台环球资讯广播、中央台音乐之声位次均无变化，中央台文艺之声上升1位至第9位，超过中国交通广播。除经济之声市场份额同比略有增长外，其余频率同比均有所下降。

2021年新开播的京津冀之声排名第13位，处于腰部水平。相比前10位，排名在后12位的频率收听率和市场份额涨势更为明显。

2021 北京广播市场 22 频率市场份额

2021 年排名前五位的频率构成不变，市场份额之和由 76.733% 的高位进一步扩大至 79.992%，占据北京广播市场近八成份额。

（二）份额变化：半数频率份额上升，涨跌两极幅度明显

2021 年北京广播市场 22 个主要频率中，有 11 个频率市场份额同比提升。其中北京交通广播涨势最猛，市场份额同比上涨 3.282 个百分点，达到 40.64%；中央台经典音乐广播市场份额同比上升 0.432 个百分点；北京音乐广播市场份额同比上涨 0.208 个百分点，达到 6.024%。

10 个市场份额同比下降的频率中，中国交通广播下降净值最多，为 1.12 个百分点；中央台文艺之声次之，下降 0.508 个百分点；北京体育广播下降 0.416 个百分点；另外，中央台音乐之声、环球资讯广播也有 0.3 个百分点左右的明显下降。

（文中数据来源：索福瑞测量仪北京地区广播收听数据）

（北京广播电视台）

2021 年北京电视市场竞争态势调查

2021 年，中国广视索福瑞媒介研究有限责任公司对北京地区电视市场三大台组——北京广播电视台（以下简称“北京台组”）、中央广播电视总台（以下简称“中央台组”）、省级上星频道（以下简称“省级上星频道组”）以及其他频道组进行收视情况调查，现将调查结果刊登于下。

一、北京电视市场发展情况

（一）市场整体：全天及晚间时段开机率持续走低

索福瑞测量仪北京地区收视数据显示，北京电视市场 2021 年全天时段整体开机率为 8.78%，相比 2020 年下降 1.55 个百分点；晚间时段（18:00—23:00）开机率为 20.97%，同比下降 2.35 个百分点，下滑趋势逐年扩大。

（二）分项数据：观众规模持续萎缩，收视时长回落，忠实度持续下降

2021 年，北京地区观众平均到达率（千人）为 858.7 万人，比 2020 年下降 591（千人），比 2019 年下降 478（千人），呈现逐年下降的趋势。北京地区观众人均收视时长为 297 分钟，比 2020 年减少 29 分钟，比 2018 年减少 17 分钟。观众忠实度从 2020 年的 10.6 下降至 9.1，降幅 14.15%。

（三）分时段收视：全天均有不同程度下降，晚黄时段下滑净值最高

2021 年北京电视市场全天 48 个 30 分钟时段，时段收视率同比均有不同程度下降，下降净值为 0.05~3 个百分点，降幅为 4.44% 至 33.67%；全天时段收视率同比下降 1.55 个百分点，降幅为 15%。

早晨 4：30—8：00 及晚间 18：00—24：00 时段下降幅度较小，低于全天时段降幅；深夜 1：30—3：30 时段降幅最大，超过 30%。全天收视率下滑净值最高的为 20:00—20:30 收视峰值时段，同比下降 3 个百分点。

（四）分月收视：全年走势平稳，低于 2020 年同期水平

2021 年全年，北京地区观众收视率均低于 2020 年同期水平。随着疫情防控常态化，2021 年一季度北京地区观众收视率同比回落，但仍为全年收视最高水平。受春节假期影响，2 月为全年收视峰值 10.82%，同时同比下降净值也最大，达 4.54 个百分点。4 月至 12 月，北京地区观众收视率走势基本平稳，保持在 8.3% 左右；9 月收视略有波动，降至全年收视最低点 7.9%。

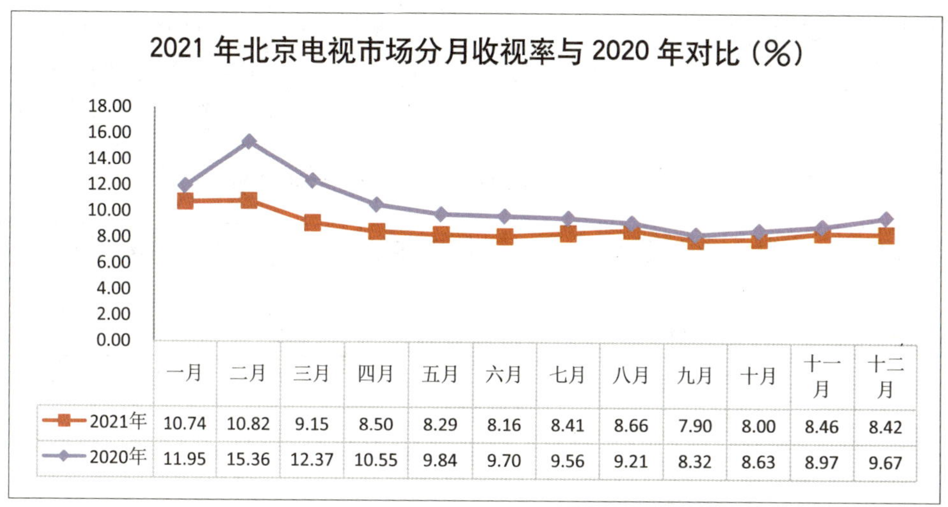

	一月	二月	三月	四月	五月	六月	七月	八月	九月	十月	十一月	十二月
2021年	10.74	10.82	9.15	8.50	8.29	8.16	8.41	8.66	7.90	8.00	8.46	8.42
2020年	11.95	15.36	12.37	10.55	9.84	9.70	9.56	9.21	8.32	8.63	8.97	9.67

二、北京电视市场三大台组竞争情况

（一）市场份额：全天时段均有下滑，省级上星频道组晚间时段略有回升

2021 年全天时段，北京地区三大台组中北京台组、中央台组与省级上星频道组市场份额均有不同程度下滑。2021 年北京台组市场份额 27.56%，同比下降 1.9 个百分点，降幅为 6.45%。中央台组 2021 年市场份额同比下降 0.23 个百分点，降至 27.13%，降幅为 0.84%。省级上星频道组市场份额同比下降 1.6 个百分点，降幅为 8.09%，市场份额降至 18.17%。此外，其他频道组市场份额 27.14%，同比提升 15.93%。

在晚间 18:00—23:00 时段，北京台组 2021 年市场份额 33.8%，相较 2020 年降幅 9.50%。中央台组晚间时段份额 25.86%，与 2020 年相比降低 2.12%。省级上星频道组市场份额 16.06%，同比增幅为 1.39%。

整体来看，北京台组市场份额 2021 年同比有所回落，晚间时段降幅较大；中央台组市场份额相较 2020 年略有下降，基本持平；省级上星频道组市场份额在北京市场持续下降，但晚间时段略有回升；其他频道组与 2020 年相比增长明显。

（二）分项数据：三大台组观众规模持续缩减，收视时长、收视率均有下降

2021 年北京电视市场整体观众规模同比继续下滑，三大台组观众规模均有不同程度的缩减。2021 年北京台组全年累计观众为 1885.8 万人，同比下降 44.7 万人，降幅为 2.32%，下降的净值和幅度均为三大台组中最大；中央台组观众规模从 2020 年的 1930.5 万人减少到 2021 年的 1897 万人，同比下降 33.5 万人，降幅为 1.74%；省级上星频道组 2021 年的观众规模为 1853.4 万人，同比下降 39.2 万人，降幅为 2.07%，缩减速度较 2020 年放缓。

2021 年北京电视市场人均收视时长整体有所回落，三大台组均有不同程度下降。北京台组 2021 年人均收视时长为 106 分钟，同比减少 10 分钟，降幅为 8.62%；中央台组人均收视时长同比减少 5 分钟，降幅为 4.42%，降至 108 分钟；省级上星频道组人均收视时长减少 9 分钟，降幅为 9.38%，降至 87 分钟。

从整体的收视率和市场份额表现来看，三大台组均有所下滑。北京台组收视率为 2.42%，下降 0.62 个百分点，降幅为 20.39%，市场份额 27.56%，降幅 6.45%；中

央台组收视率同比降幅15.90%，下降0.45个百分点，降至2.38%，市场份额同比基本持平，为27.13%，降幅0.84%；省级上星频道组收视率下降0.44个百分点，降至1.6%，降幅21.57%，市场份额降至18.17%，降幅8.09%，收视率与市场份额降幅均为三大台组中最大。

2021年北京电视市场三大台组收视表现

单位	频道	2021年	2020年	差值	涨跌幅
收视率（%）	北京台组	2.42	3.04	−0.62	−20.39%
	中央台组	2.38	2.83	−0.45	−15.90%
	省级上星频道组	1.6	2.04	−0.44	−21.57%
市场份额（%）	北京台组	27.56	29.46	−1.9	−6.45%
	中央台组	27.13	27.36	−0.23	−0.84%
	省级上星频道组	18.17	19.77	−1.6	−8.09%
到达率（000）	北京台组	18858	19305	−447	−2.32%
	中央台组	18970	19305	−335	−1.74%
	省级上星频道组	18534	18926	−392	−2.07%
人均收视时长（观众）（分钟）	北京台组	106	116	−10	−8.62%
	中央台组	108	113	−5	−4.42%
	省级上星频道组	87	96	−9	−9.38%

三、北京电视市场观众构成

（一）性别：中央台组男性观众占比较高，省级上星频道组女性观众占比增长较大

北京台组2021年男性观众比例为48%，同比增长0.8个百分点，女性比例降至52%；中央台组男性观众占比较高，2021年同比增长0.3个百分点，为52.8%；省级上星频道组2021年女性观众占比持续上涨，达到54.5%，男女比例进一步拉大。

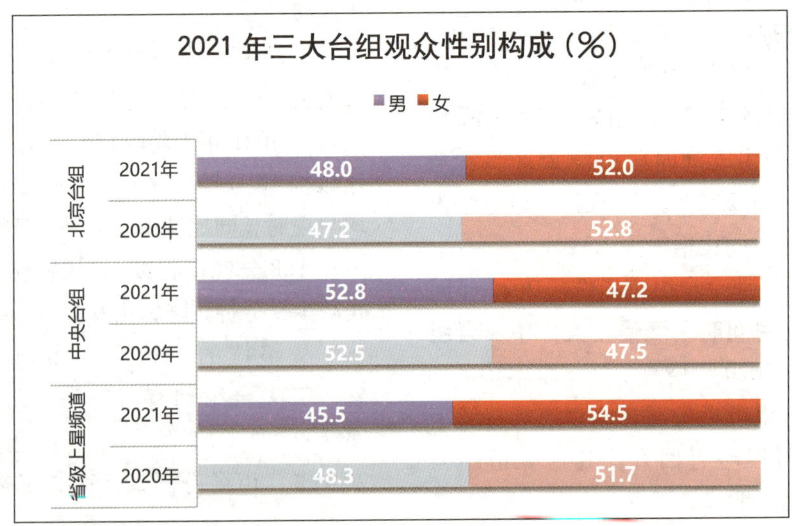

（二）年龄：北京台组、中央台组观众持续老龄化，省级上星频道组观众相对年轻

北京台组、中央台组 34 岁以下青少年观众占比继续减少，省级上星频道组 34 岁以下观众占比较 2020 年基本持平。北京台组 34 岁以下观众占比最少，为 10.9%，同比下降 3.4 个百分点，25~34 岁观众占比同比下降 2 个百分点；中央台组 34 岁以下观众占比为 11.3%，与 2020 年相比下降 0.6 个百分点；省级上星频道组稳定在 17.5%，基本保持不变。三大台组 35~44 岁观众比例均有减少，北京台组为 7.2%，中央台组为 8.9%，省级上星频道组为 12.1%，其中省级上星频道组下降净值最大，同比下降 1.7 个百分点。45~54 岁观众比例，北京台组、中央台组略有下降，分别为 18.4%、18.9%，省级上星频道组由 2020 年的 20.5% 增长至 2021 年的 20.7%。55 岁以上观众比例，北京台组、中央台组均超过 60%，其中北京卫视 55 岁以上观众占比最多，为 63.5%，省级上星频道组 55 岁以上观众比例由 2020 年的 48.2% 增长至 2021 年的 49.7%。

（三）受教育水平：北京台组高学历观众占比减少，总体变化较小

三大台组小学及以下观众比例均有增长，北京台组比例最低，为 9.1%；中等学历观众收视比例北京台组为 61.8%，高于中央台组和省级上星频道组；高等学历观众比例省级上星频道组最高，达到 34.6%，中央台组增至 33.6%，仅北京台组高学历观众占比减少，降至 29%。从 2021 年三大台组观众受教育水平比例同比变化来看，三大台组整体继续保持稳定。

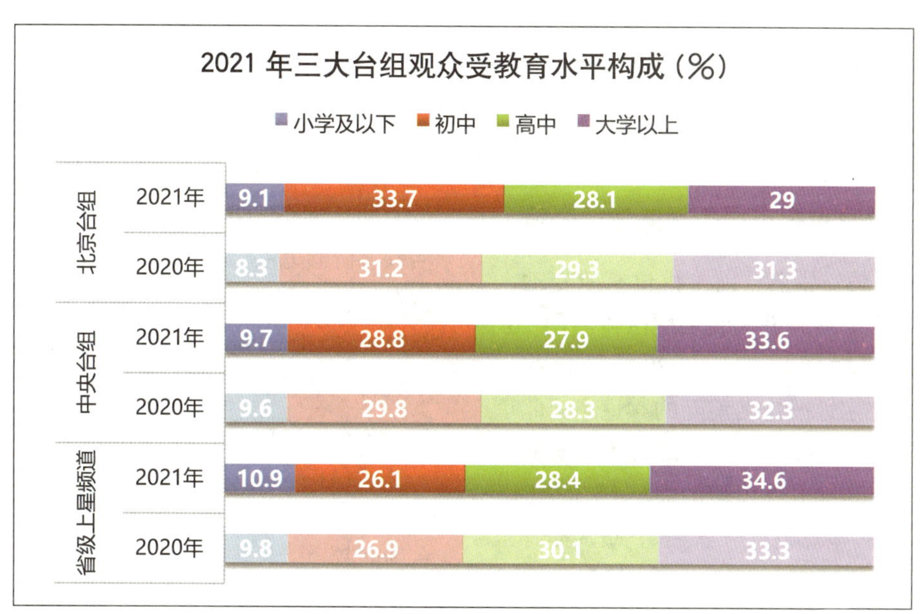

（四）收入：三大台组中高收入人群收视比例均有提升

中央台组、省级上星频道组观众收入构成继续优化，北京台组观众收入构成基本保持稳定。横向来看，北京台组、省级上星频道组 2000 元以下低收入观众收视比例略有增长，中央台组略有下降且在三大台组中占比最低，为 5.5%；三大台组 2001~5900 元中等

收入观众收视比例均有降低，其中北京台组最高为65.8%，中央台组为63.3%，省级上星频道组最低，仅占57.7%；三大台组5901元以上中高收入观众收视比例均有提升，中央台组最高，达到23.2%，同比提升5.3个百分点，北京台组、省级上星频道组分别占比19%、21.1%，同比分别提升2.6和2.4个百分点。

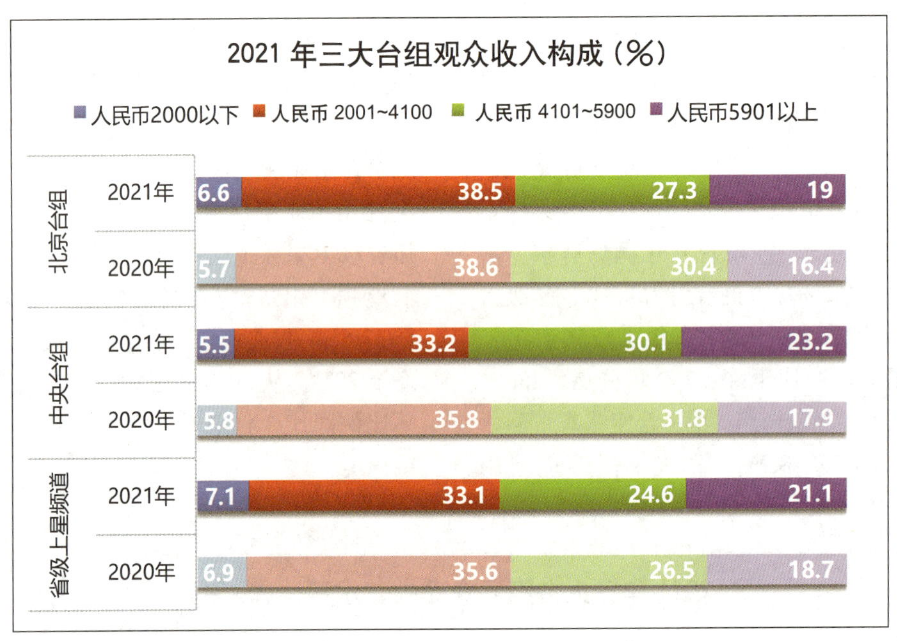

四、北京电视市场各频道竞争态势

（一）频道排名：前十排位有所变动，北京台组7个频道进入北京地区排名前20

具体到频道层面，与2020年相比，2021年在北京地区排名前五的频道中，北京卫视、北京台影视频道持续蝉联市场份额排名前两位，北京卫视市场份额从13.350%降至11.249%，影视频道份额从5.393%提升至5.895%；央视四套、央视八套市场份额同比均有所下降，但仍分别占据第3、第4位；央视综合频道份额从2.714%提升至2.938%，重回前五之位。

在第6至第10位中，央视新闻频道市场份额同比回落，排名降至第6位；北京台生活频道份额上涨至2.69%，排名保持在第7位；在奥运会利好带动下，中央台五套排名跃升至第8位，上升8位；湖南卫视保持在第9位；中央台六套排名下降2位，降至第10位；北京台文艺频道被浙江卫视反超，跌至第12位。

北京台文艺频道排名降至第12位；北京台科教频道排名下降2位，至第15位；北京台新闻频道、卡酷少儿频道排名各下降1位，分别至第19、第20位；北京台青年频道下降至第26位；北京台财经频道提升至第27位，上升11位；北京台冬奥纪实频道排名上升2位，列第35位。

2021 年北京地区所有频道排名前 20 位

排名	频道	收视率（%）	市场份额（%）
1	北京卫视	0.988	11.249
2	北京广播电视台影视频道	0.518	5.895
3	中央台四套	0.401	4.569
4	中央台八套	0.303	3.449
5	中央电视台综合频道	0.258	2.938
6	中央电视台新闻频道	0.247	2.811
7	北京广播电视台生活频道	0.236	2.69
8	中央台五套	0.213	2.431
9	湖南卫视	0.212	2.412
10	中央台六套	0.199	2.264
11	浙江卫视	0.183	2.079
12	北京广播电视台文艺频道	0.179	2.038
13	中央台三套	0.175	1.988
14	江苏卫视	0.166	1.894
15	北京广播电视台科教频道	0.156	1.774
16	上海东方卫视	0.117	1.327
17	深圳卫视（新闻综合频道）	0.11	1.252
18	中央台二套	0.108	1.229
19	北京广播电视台新闻频道	0.104	1.18
20	北京广播电视台卡酷少儿频道	0.087	0.985

（二）市场份额：北京卫视份额下降最多，北京台组 6 个频道份额上涨

在北京电视市场的 97 个频道中，有 37 个频道市场份额同比提升，17 个频道份额保持稳定。其中，央视五套涨势最猛，市场份额同比上涨 0.917 个百分点，达到 2.431%。北京台影视频道、央视三套、湖南卫视紧随其后，分别有 0.502、0.344、0.306 个百分点的提升。江苏卫视、浙江卫视等频道份额也有所上涨。

共有 43 个频道市场份额同比下降，其中 18 个频道的市场份额同比出现超过 0.1 个百分点的明显下降。北京卫视下降净值最多，为 2.101 个百分点；央视新闻频道次之，下降 0.898 个百分点；安徽卫视下降 0.488 个百分点。此外，上海东方卫视、央视四套、央视八套等频道份额也都出现下滑。

北京卫视全天时段市场份额环比下降明显，晚间品质剧场和 920 节目带时段相比 2020 年收视份额下滑明显，上午重播剧场和次晚间健康养生时段较 2020 年略有下降，频道全天时段市场份额 11.25%，降幅 15.73%。

北京台组 2021 年全天时段市场份额环比增长的频道为文艺频道、科教频道、影视频道、财经频道、生活频道、冬奥纪实六个频道。

其中，科教频道午间 12:00—15:00 时段市场份额环比上涨，下午剧场收视上涨，晚黄时段《记忆》等栏目收视增长明显，带动

频道市场份额上升至1.77%，增幅5.99%；影视频道上午重播剧场及英雄剧场收视环比有所下降，晚间首都剧场与2020年相比收视上涨，频道市场份额增至5.90%，增幅9.46%；财经频道全天市场份额环比均有不同程度上涨，17:30—19:00时段首播及精编栏目带动时段收视份额增长，频道市场份额上升至0.58%，增幅45.00%；文艺频道、生活频道、冬奥纪实频道市场份额环比稳中有升，增幅分别为1.54%、2.71%、1.91%。

2021年北京台组频道全天时段市场份额及排名同比变化

频道	收视率（%）		市场份额（%）				排名		
	2021年	2020年	2021年	2020年	差值	涨跌幅	2021年	2020年	变化
北京卫视	0.988	1.379	11.249	13.35	−2.101	−15.74%	1	1	—
文艺频道	0.179	0.207	2.038	2.007	0.031	1.54%	12	10	下降2位
科教频道	0.156	0.173	1.774	1.674	0.1	5.97%	15	13	下降2位
影视频道	0.518	0.557	5.895	5.393	0.502	9.31%	2	2	—
财经频道	0.051	0.042	0.58	0.404	0.176	43.56%	27	38	上升11位
生活频道	0.236	0.27	2.69	2.619	0.071	2.71%	7	7	—
青年频道	0.06	0.102	0.682	0.983	−0.301	−30.62%	26	22	下降4位
新闻频道	0.104	0.133	1.18	1.289	−0.109	−8.46%	19	18	下降1位
卡酷少儿频道	0.087	0.131	0.985	1.265	−0.28	−22.13%	20	19	下降1位
冬奥纪实频道	0.042	0.049	0.481	0.472	0.009	1.91%	35	37	上升2位

（文中数据来源：索福瑞测量仪北京地区电视收视数据）

（北京广播电视台）

组织机构

（统计截至 2021 年 12 月 31 日）

北京市广播电视局

领导成员：

党组书记、局长：杨烁
副局长：杨培丽
党组成员、副局长：张苏
党组成员、驻局纪检监察组组长：邹立华
党组成员、副局长：王志
党组成员、副局长：孔建华

内设机构：

办公室（安全监管办公室）、政策法规处、规划发展处（产业促进处）、行政审批处、宣传管理处、电视剧管理处、传媒机构管理处、网络视听节目管理处、媒体融合发展处、科技处（公共服务处）、财务处、人事处，另设机关党委、机关纪委、工会

部门领导：

办公室（安全监管办公室）：
主任：单志忠
副主任：刘保锋、夏超
政策法规处：
处长：王东迎　副处长：卢川
规划发展处（产业促进处）：
处长：王伟　副处长：石磊、何薇
行政审批处：
处长：刘华阳　副处长：王汝通
宣传管理处：
处长：王亦君　副处长：谭素云、徐莹
电视剧管理处：
处长：韩云升　副处长：许立国、朱洁
传媒机构管理处：
处长：李国新　副处长：谢杰、肖永哲
网络视听节目管理处：
处长：夏斐　副处长：崔乐
媒体融合发展处：
处长：荣学良　副处长：訾薇
科技处（公共服务处）：
处长：秦旭东　副处长：安凭、张楠
财务处：
处长：贾丁丁　副处长：孙益洁
人事处：
处长：解楠　副处长：张秋生、郎志伟
机关党委：
专职副书记：周旭民
机关纪委：
书记：孙小兵
工会副主席：姜威
驻局纪检组监察组：
副组长：李其利
地址：北京市东城区朝阳门内大街 55 号
电话：010－64081079
邮编：100010
网址：gdj.beijing.gov.cn

北京市广播电视局综合事务中心

领导成员：

主任：邵顺荣
副主任：杨子君、郑兵

内设机构：

行政管理科、离退休干部保障科、综合一科、综合二科

地址：北京市东城区朝阳门内大街 55 号
电话：010－64081266
传真：010－64081878
邮编：100010

北京市广播电视监测中心（北京市广播电视安全播出调度中心）

领导成员：

主任：钱富奎
副主任：朱祥锋、吉春

内设机构：

办公室、安全播出科、网络安全科

地址：北京市朝阳区建外大街 14 号
电话：010－65155241
邮编：100022

北京市视听节目监测中心（北京市广播影视作品审查中心）

领导成员：

主任：智黎明
副主任：路梅

内设机构：

网络视听节目监测科、网络视听作品审核科、广播电视作品审查科、综合科

地址：北京市东城区朝阳门内大街 55 号
电话：010－64081006
邮编：100010

北京新视听发展中心（北京音像资料馆）

领导成员：

主任：孙峰虎
副主任：段燕燕、赵晨

内设机构：

综合科、新视听发展科、资料研究科

地址：北京市东城区朝阳门内大街 55 号
电话：010-67230445
邮编：100010

北京市广播电视局宣传中心

领导成员：

主任：石东正
副主任：刘文东、刘哲

内设机构：

综合科、宣传科、大数据科

地址：北京市东城区朝阳门内大街 55 号
电话：010-64087374
邮编：100010

北京广播影视交流促进中心

领导成员：

副主任：董雪梅 （主持工作）

内设机构：

人才建设科（办公室）、基金管理科

地址：北京市东城区朝阳门内大街甲 55 号
电话：010-64081042
邮编：100010

北京市广播影视协会

领导成员：

理事长：李米莉
副理事长：姜宏志、黄瑨、李绍彪
秘书长：王亦君
常务副秘书长：刘颖

监事长：罗向京

监事：刘珊、马青梅

内设机构：

协会秘书处、综合管理部、活动联络部、学术管理部

地址：北京市朝阳区建外大街甲 14 号

电话：010–65244948

邮编：100022

北京电视艺术家协会

领导成员：

主席：李春良

副主席：于丹、刘家成、刘燕铭、吴刚、张光北、张国立、果静林、侯鸿亮、郝金明、贾忠华、龚宇、智黎明

驻会副主席兼秘书长：贾忠华

地址：北京市西城区前门西大街 95 号

电话：010–65158599

邮编：100031

北京广播电视台

领导成员：

党组书记、台长：余俊生

党组副书记、副台长、机关党委书记：韦小玉

党组成员、副台长：陈祥、李小明

党组成员、副总编辑：徐滔、艾冬云、边建、李秀磊

党组成员、副台长：彭司海（2021 年 11 月—）

副局级、工会主席：王卫东（工会主席 2021 年 12 月—）

台务会：

台务会成员、行政管理部主任（兼）：李晓晖

台务会成员、北京京视传媒有限责任公司董事长（兼）：秦华

台务会成员、北京广播集团有限公司董事长（兼）：李健

台务会成员、机关党委委员、技术管理部主任：毕江

内设机构：

19 个内设机构：办公室、总编室、技术管理部、研究室、人力资源部、计划财务部、审计部、广告管理部、运营管理部、行政管理部、基建办公室、安全保卫部、机关党委（党建工作办公室）、机关纪委、工会、离退休干部办公室、广播电视报新媒体中心、服务保障中心、固定资产管理部

33 个事业中心：融媒体中心、新闻广播中心、新闻频道中心、科教频道中心、财经频道中心、体育频道中心、卫视频道中心、文艺频道中心、影视频道中心、青年频道中心、生活频道中心、动画频道中心、纪实频道中心、北京国际电影节运行中心、交通广播中心、体育广播中心、故事广播中心、动听调频广

播中心、音乐广播中心、文艺广播中心、城市广播中心、外语广播中心、青年广播中心、网络传播中心、广播节目制作中心、节目研发中心、广告运营中心、广电技术中心、播出中心、电视节目制作中心、转播传送中心、动力中心、信息网络管理中心

部门领导：

职能部室

办公室：

副主任：王浩洁（主持工作）、王昕

总编室：

主任：孙巍　党支部书记、副主任（正处级）：宗燕红、李革（正处级）、史椰森（正处级）　副主任：陈雪瑾、高鸁、耿雪梅、刘莹

技术管理部：

主任：毕江（机关党委委员）　副主任：李湧、徐志军、高素萍

研究室：

主任：石群峰　副主任：王伟（正处级）、崔海丰

人力资源部：

主任：孟庆存（机关纪委委员）　副主任：刘晓辉、刘虎、马玉章

计划财务部：

主任：余维杰（机关纪委委员）　副主任：汪红、李淼、姜春海、王京梅

审计部：

主任：陈春梅（机关党委委员、工会副主席、工会经费审查委员会主任）　副主任：周久兰（正处级）、王辉

广告管理部：

主任：赵峥铮　副主任：张秋萍、罗燕萍

运营管理部：

主任：陈乐天、张帆（正处级）　副主任：刘方平、张蓉、李晓亭

行政管理部：

主任：李晓晖（兼）　副主任：纪勇、李晗、梁磊、李雅涛（副处级）

基建办公室：

副主任：朱晓宇（主持工作）、喻琳

安全保卫部：

主任：姚大禹　副主任：郑海涛（正处级）、王晶（正处级）　副主任：卢英锁

机关党委（党建工作办公室）：

机关党委专职副书记、党建工作办公室主任：杨秀英　副主任：平建学、孙书明、马兴、李江涛

机关纪委：

书记：侯召国（机关党委副书记）　副主任：林松雪（机关纪委副书记）、周志豪（机关纪委委员）

工会：

负责人、工会副主席：张常珊、罗霄（正处级）　工会副主席、女职工委员会主任：郝洪（正处级）　副主任：张苹　副主任、工会副主席：陈冬

离退休干部办公室：

主任：曹军　副主任：刘绍芬、游良婕、孟传妍

广播电视报新媒体中心：

主任：孙成刚　总编辑：张彪（正处级）、李浩（正处级）　副总编辑：翟涛

服务保障中心：

主任：郭长征　副主任：常斌、于进军、张业京

事业中心：

融媒体中心：

主任：潘全心　常务副主任：宗昊（正处级）　副主任：丁晓阳、陈彦旭（兼）

新闻广播中心：

主任：景兵　副主任：罗霄兵、张红力、

邢立新

新闻频道中心：

主任：张庆（机关党委委员） 副主任：黄瑨、王毅、张晓鲁、袁朴、李大功

科教频道中心：

主任：严崴 副主任：邱大卫、刘民、王勇

财经频道中心：

副主任：庄小红（主持工作）、李迎军、赵波、白平

体育频道中心：

主任：焦少波 副主任：宋健生、王少华、史月光

卫视频道中心：

主任：邵晶 副主任：张震

文艺频道中心：

主任：齐建彤

影视频道中心：

副主任：朱礼庆（主持工作）

青年频道中心：

主任：张苏 副主任：陈晔

生活频道中心：

主任：赵彤 副主任：任友红、白艳军、齐学耕

动画频道中心：

主任：秦新春 副主任：张宾、周方

北京国际电影节运行中心：

主任：崔岩

交通广播中心：

主任：蔡明可（机关党委委员） 副主任：延安、李哲勇、谢先进

体育广播中心：

主任：张冬林 副主任：焦钰晖

故事广播中心：

副主任：陈彦旭（主持工作）、孟庆煜（正处级） 副主任：李卓

音乐广播中心：

主任：唐琼 副主任：宋梓祯

文艺广播中心：

主任：陈晖 副主任：李琳、徐学军

城市广播中心：

副主任：张延红（主持工作）

外语广播中心：

主任：张晶宇 副主任：曹军生

青年广播中心：

主任：纪烈鸿 副主任：伍洲彤

广播网络媒体中心：

主任：郑金诗 副主任：边江

广播节目制作中心：

主任：吴曦 副主任：吕雪瑞、张友信、张丽、王金成

节目研发中心：

主任：刘晓隽 副主任：陈炳岩、孙超、郑晓慧

广告运营中心：

主任：马宏 副主任：李康、程军、殷宗林、张睿、方乐、王文献

广电技术中心：

主任：刘晓光 副主任（正处级）：张旭（兼）、王方（正处级） 副主任：刘爽、谷会敏

804 发射中心：

主任：张旭 副主任：邓亚程、王春平

播出中心：

主任：王立冬 副主任：金强、董秀琴

电视节目制作中心：

主任：周旭辉 副主任：王浩、孙海峰、陈嘉超

转播传送中心：

主任：郑星 副主任：韩士聪、叶志云

动力中心：

主任：王晓龙 副主任：刘颖

信息网络管理中心：

主任：林平 副主任：李程、芮浩

选调冬奥组委干部：

正处级干部：田丰（北京 2022 年冬奥会和冬残奥会组织委员会文化活动部体育展示处处长）

副处级干部：张硕（北京 2022 年冬奥会和冬残奥会组织委员会文化活动部体育展示处副处长）

副处级干部：顾杨（北京 2022 年冬奥会和冬残奥会组织委员会文化活动部体育展示处副处长）

副处级干部：杨晓轩（北京 2022 年冬奥会和冬残奥会组织委员会文化活动部体育展示处副处长）

副处级干部：柏广群（北京 2022 年冬奥会和冬残奥会组织委员会文化活动部仪式颁奖处副处长）

其他：

正处级干部（政协委员暂不退休）：陈晓海

直属企业（含参照管理）：

北京新媒体（集团）有限公司：

总经理：潘全心

北京广播集团有限公司：

董事长：李健　总经理：金鹏

北京电视产业发展集团有限公司：

董事长、总经理：张蓉

北京卡酷传媒有限公司：

董事长：秦新春　副总经理（主持工作）：李昊

北京京视传媒有限责任公司：

董事长：秦华　总经理：王文献

北京紫禁城影业有限责任公司：

董事长、总经理：金川

北京北视英特维文化传播有限公司：

董事长：毕江　总经理：陈嘉超

北京京视卫星传媒有限责任公司：

董事长：邵晶

北京京视电广传媒有限责任公司：

董事长：赵彤　副总经理（主持工作）：刘星

北京京视体育发展有限责任公司：

董事长：焦少波　副总经理（主持工作）：李晓玥

新纪实（北京）传媒投资有限公司：

董事长、总经理：严崴

北京国际电影节有限公司：

执行董事、总经理：崔岩

北京广播影视培训中心：

董事长：张磊　常务副主任：陈旭东

北京电视台培训中心：

理事长：孙海峰　校长：张硕

地址：北京市朝阳区建国路甲 98 号

电话：010−85338899

传真：010−65157259

邮编：100022

网址：http：//www.brtv.org.cn/

北京广播电视报社

领导成员：

社长：李浩（2021 年 9 月 27 日止）

总编辑：张彪（2021 年 9 月 27 日止）

注：2021 年 9 月 27 日，北京广播电视报社召开干部工作会议。会议宣布：经中共北京市委机构编制委员会批准，北京广播电视报社成为北京广播电视台内设机构“北京广播电视台广播电视报新媒体中心”。

领导成员：

主任：孙成刚
总编辑：张彪
副总编辑：翟涛

内设机构：

综合办公室、北广电工作室、北广人物工作室、运维部。编制92人，实有员工30人

地址：北京市东城区安乐林路18号
电话：010–67117161
传真：010–67134365
邮编：100075
网址：http://www.bgtv.com.cn

北京紫禁城影业有限责任公司

领导成员：

董事长、总经理：金川
副总经理：宋毅、赵跃东

内设机构：

办公室、财务部、电影部、内容运营·电视剧部、策划部，实有员工19人

地址：北京市朝阳区郎家园6号【3–3】8幢4层411室
电话：010–62019597/62014931
传真：010–62019597/62014931
邮编：100022

北京歌华传媒集团有限责任公司

领导成员：

党委副书记、总经理：戴维
党委副书记：左亦
纪委书记：夏晗
副总经理：郭章鹏（2021年8月24日调离）、罗晓军、余赑

内设机构：

集团总部设7个职能部室：办公室、党群工作部（人力资源部）、财务部、监察专员办公室、战略规划发展部、审计部（新设）、媒体管理部（安全生产办公室）

部门领导：

运营总监：滕家富
办公室主任：韦向晖
党群工作部主任：蔡廷杰
党群工作部副主任：朱慧珍
媒体管理部主任：刘彤
集团纪委副书记：刘江妹
财务部副主任：桂宏
战略规划发展部主任：高巍
战略规划发展部副主任：梁燚

集团直管下属二级企业：

北京歌华文化发展集团有限公司、北京北广传媒数字电视有限公司、北京瑞特影音

贸易公司、鼎视传媒股份有限公司、北京北广传媒影视股份有限公司、北京电视艺术中心有限公司、北京北广传媒移动电视有限公司、北京北广传媒城市电视有限公司、北京北广传媒地铁电视有限公司、北京音像有限公司、北京北广置业有限公司、北京北广新新传媒有限责任公司、北京歌华钟磬文化服务有限公司

地址：北京市东城区北小街青龙胡同1号歌华大厦8层

电话：010－84187399

邮编：100007

传真：010－84187500

网址：http://www.gehua.com/

北京歌华文化发展集团有限公司

领导成员：

党委书记、总经理：李丹阳

党委副书记：肖红

纪委书记：秦玉良

副总经理：黄春雷（集团党委委员）、王昱东、李斌

内设机构：

党委办公室、集团办公室、企业管理部、人力资源部、计划财务部、研究宣传部、国际交流部、纪检监察审计部

部门领导：

党委办公室：

主任兼集团工会主席：杨志华　副主任：周静

集团办公室：

主任：佟芳　副主任：陈平沙　安保总监：周金起

企业管理部：

主任：李丹　副主任：来欣

业务总监：李雪

人力资源部：

主任：朱会东　副主任：黄月欣　总监：李文武、陈雪超

计划财务部：

主任：李峰　副主任：苏京

研究宣传部：

主任：孙树公　策划总监：赵楠

研究总监：刘晨

国际部：

主任：李丹（兼）　业务总监：李舟

项目总监：朱明明　外联总监：陶彦汐

纪检监察审计部：

主任：纪赢　审计总监：赵林

直属企业：

北京国际设计周有限公司：

法定代表人、董事长：王昱东　总经理：安雅洁

北京歌华文化中心有限公司：

法定代表人、董事长、总经理：岳进

北京歌华展览有限公司：

法定代表人、董事长、总经理；岳进

北京歌华大型文化活动中心有限公司：

法定代表人、董事长：高颖

北京歌华文化资产管理有限公司：

法定代表人、董事长：秦玉良　总经理：朱珠

北京歌华开元大酒店有限公司：

法定代表人、董事长：马新军　总经理：

邵世骏

秦皇岛歌华营地文化传播有限公司：

法定代表人、董事长：岳进　总经理：宫丽娜

北京华北酒店管理有限公司：

法定代表人、执行董事、总经理：来欣

北京文化艺术有限公司：

法定代表人、执行董事、总经理：王利

北京歌华投资中心有限公司：

法定代表人、执行董事、总经理：周卫东

北京歌华美术有限公司：

法定代表人、执行董事、总经理：高颖

地址：北京市东城区北小街青龙胡同 1 号歌华大厦 14 层

电话：010−84186060

传真：010−84186001

邮编：100007

北京电视艺术中心有限公司

领导成员：

董事长：刘彤

总经理：张逸松

副总经理：沈然

艺术总监：郑晓龙

创作总监：李晓明

内设机构：

党建工作部、总经理办公室、财务部、策划部、项目部、技术部

下属工作室：导演工作室、制片人工作室

下属单位：北京电视艺术中心音像出版社有限公司

地址：北京市海淀区皂君庙甲 2 号

电话：010−62127625

传真：010−62115814

邮编：100098

北京歌华新新传媒有限责任公司

领导成员：

党支部书记、执行董事、总经理：李洪兴

副总经理：康宁

内设机构：

办公室、财务部、党建节目部、品牌拓展部

地址：北京市海淀区皂君庙甲 2 号

电话：010−56317171

传真：010−56317100

邮编：100098

北京音像有限公司

领导成员：

总经理：颜丙利

内设机构：

办公室、财务部、企划出品部、节目制作部、技术工程部，人员编制 18 人

地址：北京市东城区安乐林路 18 号
电话：010−67262518
传真：010−87268961
邮编：100075
网址：http://www.bavc.com.cn
电子邮箱：bavc@bavc.com.cn

北京瑞特影音贸易有限公司

领导成员：

执行董事、总经理：何公明
监事、市场部总监：顾炜
工程部总监：秦磊
财务部总监：孟春敏（返聘）
办公室主任：赵丽艳

内设机构：

市场部、工程部、财务部、办公室

地址：北京市朝阳区建外大街 14 号一层
电话：010−65155284/65159086/65287112/65287113/65158729−620~627
传真：010−65155285
邮编：100022
网址：http://www.ruite.cn

北京北广传媒数字电视有限公司

领导成员：

董事长、总经理：何公明
党支部书记：高巍
副总经理：艾禾

内设机构：

节目部、技术和安全播出保障部、市场运营部、创新业务部、财务部、综合办公室

地址：北京市海淀区皂君庙甲 2 号
电话：010−56317887
传真：010−56317980
邮编：100098
网址：http://www.bjdtv.com

北京北广传媒移动电视有限公司

领导成员：

董事长：牛振青（2021年9月起任职）
副总经理：梁自珍

内设机构：

党群工作部、办公室、资产财务部、客户服务部、节目部、技术保障中心、整合营销中心

地址：北京市东城区北小街青龙胡同1号歌华大厦A座809室
电话：010–59260500
传真：010–59260501
邮编：100007
网址：www.bj–mobiletv.com

北京北广传媒影视股份有限公司

领导成员：

董事长：刘国华

内设机构：

办公室、财务部、文学部、制作部、发行部

地址：北京市东城区东直门北小街青龙胡同1号歌华大厦B座821室
电话：010–59260180
传真：010–59260181
邮编：100007

北京北广传媒城市电视有限公司

领导成员：

董事长：罗艳红
副总经理：李伟
副总经理：闫新疆
总经理助理：崔娟娟

内设机构：

行政部、财务部、媒体运营部、媒体开发部、广告部、技术部、大屏部

地址：北京市东城区东直门北小街青龙胡同1号歌华大厦A801室
电话：010–59260088–8000（前台）
传真：010–59260066
客户专线：4007000086
邮编：100007
网址：http://www.citytv.com.cn
微信服务号：bj–citytv

北京北广传媒地铁电视有限公司

领导成员：

党支部书记：张燕云

总经理：王军

内设机构：

党群工作部、办公室、财务部、节目部、运营管理部、技术部

地址：北京市东城区北小街青龙胡同1号歌华大厦B座818室

电话：010-81486139

传真：010-84186139-8002

邮编：100007

鼎视传媒股份有限公司

领导成员：

总负责人：何公明

党支部书记：高巍

副总经理：艾禾

内设机构：

节目部、技术和安全播出保障部、市场运营部、创新业务部、财务部、综合办公室

地址：北京市海淀区皂君庙甲2号

电话：010-59260099

传真：010-59260138

邮编：100098

北京北广置业有限公司

领导成员：

支部书记、执行董事、总经理：裴成虎

副总经理：张克英

副总经理：马麟祥

内设机构：

办公室、财务部、前期部

授权管理单位：

北京现代电视艺术发展有限公司

北京市东方艺苑物资仓储服务有限公司

地址：北京市朝阳区崔各庄乡南影路2号综合楼

电话：010-64325207

传真：010-64325207

北京歌华有线电视网络股份有限公司

领导成员：

党委书记、董事长：郭章鹏
党委副书记、副董事长、总经理：卢东涛
党委副书记、副董事长、工会主席：马健
纪委书记：纪东来
党委委员、董事、总会计师：胡志鹏
党委委员、副总经理：康朝晖
副总经理：唐文伟
总工程师：曾春
副总经理：姜宏志
董事、副总经理、董事会秘书：韩霁凯
董事、副总经理：傅力军

内设机构：

战略投资部、党群工作部、纪检监察部、办公室、行政部、人力资源部、财务部、营帐中心、规划设计部、计划建设部、维护管理部、重要用户保障部、物资管理部、传送部、网管中心、信息部、集团客户部、市场营销部、融媒体运营中心、媒资管理部、大样本数据中心、稽核管理部、总工办、播控部、法务部、安全保卫部等26个直属部门

另设：城中、朝阳、海淀、丰台、石景山、门头沟、房山、大兴、通州、顺义、昌平、怀柔、密云、平谷、延庆15个分公司；北京歌华有线工程管理有限责任公司、歌华有线数字媒体有限公司、北京歌华益网科技发展有限公司、涿州歌华有线电视网络有限公司、歌华有线投资管理有限公司、北京歌华视讯文化有限公司、燕华时代科技发展有限公司7个一级控股子公司；北京歌华益网广告有限公司、北京歌华有线客户服务信息咨询有限公司2个二级控股子公司

部门主任：

纪检监察部：
主任：刘宇明、张恒　副主任：赵为民
稽核管理部：
主任：于铁静　副主任：乔晓欢
党群工作部：
主任：方丽　副主任：赵永芳、尤敏强
办公室：
主任：杨云　副主任：何琦、郑军港
行政部：
主任：张为尧　副主任：郁建明
人力资源部：
主任：张宁　副主任：张宇航、王晓芳
财务部：
主任：李铭　副主任：杨启薇、孙清涛
法务部：
主任：朱瑞明　副主任：李勇
营帐中心：
主任：史言　副主任：李燃、郝英
信息部：
主任：沈文　副主任：王霍南、刘立军
规划设计部：
主任：黄枫　常务副主任：黄国安
副主任：顾志强、刘光
计划建设部：
主任：满全安
常务副主任：孟宇明　副主任：娄海滨
维护管理部：
副主任：于金升（暂时主持工作）、李航
重要用户保障部：
主任：马刚

物资管理部：
主任：顾志强　副主任：杨楠
传送部：
主任：汤军
副主任：李军炜、席群、李镡、郑璇
播控部：
主任：陈森　副主任：孙博、邹海川
网管中心：
主任：林霖
副主任：魏柏林、周捷、潘铭、杨阳
总工办：
主任：董原　副主任：黄超、贺飞
安全保卫部：
主任：康朝晖（兼）
媒资管理部：
主任：张晓鲁
副主任：丁晓旭、李雷、李兰、敖海平
大样本数据中心：
主任：张俭　副主任：吉钰丽
融媒体运营中心：
主任：姜宏志（兼）　常务副主任：沈彤
副主任：胡佚、张城瑞
战略投资部：
主任：黄铁军　常务副主任：吴春燕
副主任：李昂
市场营销部：
主任：陈慕风
副主任：孙国维、李越、刘娜
集团客户部：
主任：庄永
副主任：时晨阳、葛原、郝建斌
基建工程办公室（临时机构）：
主任：贺磊
城中分公司：
总经理：吴建林
副总经理：贾文杰、石连成、王波
朝阳分公司：
总经理：鞠维铭　常务副总经理：邹玉华
副总经理：范雪峰、马涛
海淀分公司：
总经理：马鑫　常务副总经理：权晓宇
副总经理：王星
丰台分公司：
总经理：王军
副总经理：孙灵芝、刁立军、徐玢
石景山分公司：
总经理：黎江　副总经理：王彬、卓志祥
通州分公司：
总经理：石江明　常务副总经理：宋宝贵
副总经理：李星梅
昌平分公司：
总经理：赵宏伟　常务副总经理：李庆江
副总经理：樊京胜
顺义分公司：
总经理：郭国林
副总经理：王晓光、李洁
大兴分公司：
总经理：田秋
副总经理：代国平、周晓平
房山分公司：
总经理：郑林　副总经理：李国童
门头沟分公司：
总经理：王艽军　副总经理：徐长江
怀柔分公司：
总经理：王志亚
副总经理：黄宇东、彭光清
密云分公司：
总经理：刘夫涛
副总经理：周继旺、尹强
平谷分公司：
总经理：李明生
副总经理：赵宇、代保付
延庆分公司：
总经理：王国庆　副总经理：翟立飞

涿州歌华有线电视网络有限公司：
董事长：韩霁凯（兼） 总经理：赵寿强
副总经理：孙广智、刘悦
北京歌华有线工程管理有限责任公司：
董事长：唐文伟（兼） 总经理：王琰
副总经理：沈德忠、夏鹏
北京歌华有线数字媒体有限公司：
董事长：胡志鹏（兼） 总经理：刘严
副总经理：郭伟、赵宇绯
北京歌华有线客户服务信息咨询有限公司：
董事长：康朝晖（兼） 总经理：钱正
常务副总经理：闫宝利
副总经理：杨治义、张海英
北京歌华益网广告有限公司：
董事长：姜宏志（兼） 总经理：张晓耕
副总经理：赵文
北京歌华益网科技发展有限公司：
董事长：韩霁凯（兼） 总经理：王芳
副总经理：刘昕
歌华有线投资管理有限公司：
常务副总经理：吴春燕（兼）
东方嘉影电视院线传媒股份公司：
董事长：姜宏志（兼）
总经理：张婕 总工程师：李清

截至 2021 年 12 月 31 日，公司实有员工 3479 人（含分公司及主要子公司外派人员）

地址：北京市东城区北小街青龙胡同 1 号歌华大厦 7 层
电话：96196
邮编：100191
网址：http://www.bgctv.com.cn

北京中广传播有限公司

领导成员：

总经理：丁文辉

内设机构：

党务综合部、财务部、业务部、技术运维部

地址：北京市海淀区香山碧云寺门外 2 号平房
电话：010−62872993
邮编：100093

北京市东城区文化和旅游局

领导成员：

党委书记：胡国伟
局长：向旭东
副局长：郑芳（2021 年 9 月调离）、宋叙、骆桦（2021 年 4 月免职）、郑亚东（2021 年 5 月免职）、马庆军、贾宇恒（公安局挂职）、俞浩（2021 年 8 月任职）
执法大队长：付东亮（2021 年 4 月退休）田晓东（2021 年 8 月任职）

内设机构：

行政办公室、党群办公室、规划科（研究室）、公共服务科、大型活动科、行业管理科、产业发展科、安全与应急科（假日办）、

文物管理科、行政审批科、艺术科、非物质文化遗产科、财务科、人事科

所属单位：

北京市东城区文化市场综合执法大队、北京市东城区文化馆、北京市东城区图书馆、北京市东城区文物研究中心、北京市东城区文物保护和管理中心、北京市东城区文化旅游推广中心、北京市东城区非物质文化遗产保护中心、北京市东城区图书馆会议中心、北京市钟鼓楼文物保管所、北京市东城区羊市口文化站、北京市东城区文化馆剧场、北京市东城区花市电影院、北京市东城区天坛南里文化娱乐中心、北京东方国际文化交流中心

地址：北京市东城区崇文门外大街7号第二文化馆

电话：010–67091091/67091092

传真：010–67091090

邮编：100062

邮箱：dcqwhw@bjdch.gov.com

北京市西城区文化和旅游局

领导成员：

党组书记、局长：靳真

党组副书记、副局长（正处）：岑运东

党组成员、副局长：林小牧、赵廉

副局长：古杨利

西城区文化市场综合执法大队队长：董伟民

内设机构：

办公室、政策法规科（研究室）、行政审批科、产业发展科（文创科）、公共服务科、非物质文化遗产科、文物科、文化建设科、对外交流与合作科、文化活动科、行业管理科、安全与应急科（假日办）、财务审计科、党群工作办公室、人事科、离退休干部科

地址：北京市西城区后广平胡同26号

电话：010–66561230

传真：010–66561231

邮编：100035

北京市朝阳区文化和旅游局

领导人员：

党委书记、局长：高春利

副局长：刘芳、张爱军、王勇刚、王令

执法大队长：周升华

内设机构：

办公室、法制宣传科、行政审批科、公共服务科、文物管理科、产业发展科、行业管理科、安全与应急科、财务审计科、组织人事科

所属行政执法机构：北京市朝阳区文化市场综合执法大队［下设办公室（法制办）、一分队、二分队、三分队、四分队、五分队］

下属事业单位：北京市朝阳区文物管理

所、北京市朝阳区图书馆、北京民俗博物馆、北京朝阳京剧文化艺术中心

地址：北京市朝阳区东三环北路 36 号

电话：010–65014855

传真：010–65086844

邮编：100026

北京市海淀区文化和旅游局

领导成员：

党组书记：孙鹏利

党组副书记、局长：陈静

党组成员、副局长： 卫东、柳阑、蔡曦亮、王森

内设机构：

办公室、公共服务科、宣传活动科、文物保护科、文物利用科、行业管理科、产业发展科、资源开发科、法制科、安全应急科、行政审批科、组织人事科共 12 个科室，此外还有一个执法机构，海淀区文化市场综合执法大队

地址：北京市海淀区颐和园路 12 号综合办公楼 601

电话：010–82617811

邮编：1000800

北京市丰台区文化和旅游局（加挂北京市丰台区文物局）

领导成员：

书记：史文彬

局长：樊维

副局长：胡丽、李颖全、刘井权

执法大队长：李正平

内设机构：

办公室、法制宣传科、公共服务科、文物管理科、行政审批科、行业监督管理科（安全生产科、环境保护科）、产业发展科、资源开发科、组织人事科、机关党委

所属行政执法机构：丰台区文化市场综合执法大队（下设综合科、执法一中队、执法二中队、执法三中队、执法四中队）

下属事业单位：丰台区文物管理所、丰台区旅游服务中心、丰台区文化馆、丰台区图书馆、丰台区基层公共文化指导中心（加挂丰台区非物质文化遗产保护中心牌子）

地址：北京市丰台区西四环南路 64 号

电话：010–83811361

传真：010–83811361

邮编：100071

北京市石景山区文化和旅游局

领导成员：

党组书记、局长：唐铭

党组成员、副局长：王振彪、白建其、黄杰

党组成员、文化市场综合执法大队队长：郝卫华

党组成员、副局长（挂职）：陈宜

一级调研员：郭平

二级调研员：郑彬

四级调研员：昭日格图

内设机构：

办公室、公共服务科、行业管理科、安全科（假日办）、文物科、发展规划科、组织人事科（主体责任办）

地址：北京市石景山区石景山路 18 号

电话：010−68607158（办公室）

传真：010−88680857

邮编：100043

北京市门头沟区文化和旅游局

领导成员：

党组书记、二级巡视员：青华伟

党组副书记、局长：夏名君

党组成员、副局长、三级调研员：刘德才

党组成员、副局长：康鹏遥、单晓飞、张勇

副局长（挂职）：褚江川

一级调研员：阎保安

区文化市场综合执法大队大队长、二级高级主办：管瑞华

二级调研员：张银星

内设机构：

办公室、文物科、产业促进科、公共服务科、行业管理科（行政审批科）、安全与应急科（假日办）、财务审计科、人事科、宣传和法制科、区文化市场综合执法大队

下属事业单位：

永定河文化博物馆、区文物事业管理所

地址：门头沟区门头沟路 8 号

电话：010−69843315

传真：010−69860988

邮编：102300

邮箱：mtgwlj@bjmtg.gov.cn

北京市房山区文化和旅游局

领导成员：

局长：李冠华
副局长：刘开平、谭瑾、高峰、曹楠（挂职）
执法队队长：黄胜勇
工会主席：马占昌
区文化活动中心主任：李清梅

内设机构（直属单位）：

办公室、综合科、产业发展协调科、公共事业管理科、文物科、行政审批科、安全与应急科、房山区文化市场综合执法大队、房山区文化活动中心、房山区文物保护所、房山区旅游发展中心、房山区旅游服务中心

地址：房山区良乡西潞南大街甲 12 号
电话：010–69352012
传真：010–69352106
邮编： 102488
网址：http://www.bjfsh.gov.cn

北京市通州区文化和旅游局

领导成员：

党组书记、局长：张华
副局长：杨根萌、王凤荣、王冬生、马俊艳、盖畅
执法队长：彭绍常

内设机构：

办公室、公共服务科、政工科、文物保护科、规划发展科、行业管理科（行政审批科）、文化行政执法队（下设法制科、执法一队、执法二队、执法三队、执法四队）

直属单位：

通州区文化馆、通州区图书馆、通州区博物馆、通州区文物管理所、通州区旅游咨询服务中心、通州区新华书店

地址：北京市通州区中仓街道车站路 27 号
电话：010–80574413
传真：010–80574674
邮编：101100

北京市顺义区文化和旅游局

领导成员：

党组书记、局长、一级调研员：申志红
党组成员、文联主席：王辉
二级巡视员：姜蒙
党组成员、副局长：于伯宇、叶志建
党组成员、文化市场综合执法大队大队长、三级调研员：张永山
党组成员、文联副主席：高秀香

工会主席、三级调研员：杭志强

内设机构：

办公室、党建工作科、产业发展科、行业管理科、安全应急科、公共服务科、市场推广科、机关党委、机关纪委

所属行政执法机构：

文化市场综合执法大队，下设一分队、二分队、三分队、法制科

下属单位：

旅游产业发展服务中心、旅游市场推介中心、旅游咨询服务中心、文化馆、图书馆、博物馆、文物管理所、电影放映服务中心、焦庄户地道战遗址纪念馆

下属自收自支事业单位：影剧院

下属国有企业：新华书店

地址：北京市顺义区石园大街 10 号院

电话：010–69429918

传真：010–81496681

邮编：101300

北京市昌平区文化和旅游局

领导成员：

党组书记、局长：张海明

党组成员、副局长：李万升、张凤英、胡南、沈玉江

党组成员、执法大队队长：刘庆华

内设机构：

办公室、政工科、公共服务科、文物管理科、产业发展科、行业管理科、消费促进科、安全管理科

直属单位：

昌平区文化市场综合执法大队、昌平区文化馆、昌平区图书馆、昌平文物管理所（昌平区博物馆）、昌平区大运河白浮泉遗址管理服务中心、昌平区文化旅游服务中心、昌平区新华书店

地址：北京市昌平区府学路 10 号

电话：010–69742257

传真：010–80110182

邮编：102200

网址：http://www.bjchp.gov.cn

北京市大兴区文化和旅游局

领导成员：

党组书记、局长：耿晓梅

二级巡视员：彭文

二级调研员：颜淑敏、周武军

党组成员、副局长：石磊、高巍

党组成员、文化市场综合执法大队队长：胡德华

副局长：周雪峰

工会主席：张洁

四级调研员：王自丰、侯志、郝泽宏（借调冬奥组委工作）

内设机构：

综合办公室、公共文化科、规划发展科、产业发展科、市场管理科、人教科、内审科、监察科、宣传科、行政执法队

下属单位：

图书馆、文化馆、文物所、北京市大兴区文化活动服务中心（北京市大兴区电影发行放映管理中心）、新华书店

地址：北京市大兴区永华南里16号

电话：010-81298911

传真：010-81296721

邮编：102600

北京市怀柔区文化和旅游局

领导成员：

党组书记、副局长：周为

党组副书记、局长：夏占利

党组成员：张广春

党组成员、副局长：雷杰、田正科、郭大鹏、刘雅静

副局长：罗东

文化市场综合执法大队队长：张久敏

四级调研员：钟宏城、武学兵

内设机构：

行政科室：办公室、公共服务科、产业发展科、行业管理科、文物保护科、政工科

文化市场综合执法大队

事业科室：演艺活动服务中心、乡村旅游管理服务中心、旅游咨询服务中心、旅游市场推广中心

直属企、事业单位：

文化馆、图书馆、博物馆、电影发行放映服务中心、文物管理所、新华书店

地址：北京市怀柔区迎宾北路7号

电话：010-69623483

传真：010-69633250

邮编：101400

北京市平谷区文化和旅游局

领导成员：

书记、局长：孙立姝

副局长：路大勇、徐震涛（2021年9月离任）、独抒

文化市场综合执法大队队长：孟红霞（2021年7月—）

内设机构：

办公室、公共服务科、产业发展和市场推广科、行业管理科（安全生产综合管理科）、文物管理科（行政审批科）

直属单位：

北京市平谷区文化市场综合执法大队、北京市平谷区图书馆、北京市平谷区文化馆、北京市平谷区文物管理所、北京市平谷区文化发展服务中心、北京市平谷区旅游发展服务中心、北京市平谷区文化旅游综合服务中心、北京市平谷新华书店有限公司

地址：北京市平谷区府前西街1号

电话：010-69962871

邮编：101200

邮箱：whwbgs@bjpg.gov.cn

北京市密云区文化和旅游局

领导成员：

党组书记、局长：赵志政

党组成员、副局长：郭红梅、胡书英、王永库

党组成员、四级调研员：柴军

党组成员、执法队大队长：付海江

一级调研员：郭成德

三级调研员：李卫革

内设机构：

办公室、财务室、政策研究中心、安全管理和审批科、产业发展科、民俗旅游发展服务中心、公共服务与宣传科、策划市场营销中心、人才发展中心、党建科、机关纪委、机关工会、文化市场综合执法大队

直属单位：

文化馆、图书馆、文物管理所、博物馆、大剧院

地址：北京市密云区城后街20号

电话：010-69043175

传真：010-69072399

邮编：101500

北京市延庆区文化和旅游局

领导成员：

党组书记、局长：洪炜

党组副书记、二级调研员：张静

党组成员、副局长、二级调研员：尤宝军

党组成员、副局长：刘满利、祁明东

党组成员、文化市场综合执法大队队长：胡一鸣

副局长：张娟（挂职）

二级调研员：闫建利

四级调研员：节红霞、闫玲、曾小军

内设机构：

办公室、公共服务科、行业管理科、产业发展科、文物遗产科（行政审批科）、安全与应急科（假日办）、人事科、文化市场综合执法大队

直属单位：

延庆区文化旅游宣传推广中心、延庆区全域旅游发展研究中心、延庆区民俗休闲产业服务中心、延庆区文化馆、延庆区图书馆、延庆区博物馆（延庆区文物管理所）、延庆区文化旅游综合服务中心

地址：北京市延庆区妫水北街72号

电话：010−69146491

邮编：102100

北京经济技术开发区工委宣传文化部

领导成员：

部长：赵雅娟

常务副部长：暂无

副部长：闫英、王涛、王磊

融媒体中心总编辑：边远松

融媒体中心主任：齐萱

内设机构：

综合办公室、文明宣教处、新闻宣传处、网信处、文化文物旅游处、文化产业处、出版广电处、媒体融合发展处

地址：北京经济技术开发区荣华中路15号博大大厦

电话：010−67880171

传真：010−67880171

邮编：100176

北京市东城区融媒体中心

领导成员：

党组书记、主任：王继志

党组成员、副主任：魏晓颖、郭佳

内设机构：

办公室、总编室、采访科、摄影科、摄像科、平媒制作科、视频制作一科、视频制作二科、新媒体一科、新媒体二科

地址：北京市东城区东四北大街265号

电话：010−67189465

传真：010−67189465

邮编：100007

邮箱：dcxwzxgyyx@bjdch.gov.cn

北京市西城区融媒体中心

领导成员：

党组书记、主任：周翔（区委宣传部副部长兼）

党组成员、副主任：李仲天、杜宇琛、张海涛

内设机构：

党群科、办公室、总编室、采访科、外宣科、摄影科、摄像科、新媒体科、编辑科、视频编导科、网络技术科、两刊编辑部

地址：北京市西城区太平桥大街107号11—13层

电话：010−66237773

邮编：100032

邮箱：qrmtzx@bjxch.gov.cn

北京市朝阳区融媒体中心

领导成员：

党组书记、主任：孙帅

党组副书记、副主任：梁雪琴

党组成员、副主任：刘振山、任艳华

内设机构：

综合办公室、人事科、财务科、总编室、新闻外宣科、舆情数据应急科、平面管理科、视频管理科、新媒体运行管理科、安全播出科、技术保障及设备管理科、媒资档案管理科

地址：北京市朝阳区六里屯西里3号

电话：010−65025172

传真：010−65022498

邮编：100026

网址：https：//chynews.bjchy.gov.cn/

北京市海淀区融媒体中心

领导成员：

党组书记、主任：佟志伟

党组成员、副主任：张庆洁、卫东、张东旭

内设机构：

办公室、电视上载审核科、媒资室、要闻部、编辑制作部、新闻采访一部、新闻采访二部、专题部、技术播出部、播音主持部、动漫制作部、事业发展部、人事科、财务科、特刊部、新媒体事业部、政务网站运营科、网络监测指导科、全媒体指挥调度科、期刊和规划发展科、行业协调指导科、技术服务保障科

地址：北京市海淀区西四环北路11号海淀区政府第二办公区

电话：010-88437116

传真：010-88487250

邮编：100195

网址：http://www.bjhdnet.com

北京市丰台区融媒体中心

领导成员：

党组书记、主任：乔晓鹏（区委宣传部副部长兼）

党组成员、副主任：王慧平、卢劼、刘宇

内设机构：

综合办公室、党建办公室、研究培训部、财务管理部、指挥调度部、融合报道部、策划编辑部、信息发布部、群众工作部、技术保障部、融合产品部、品牌合作部

地址：北京市丰台区西四环南路64号

电话：010-63814361

传真：010-63814362

邮编：100071

网址：http://www.bjftrt.com.cn

北京市石景山区融媒体中心

领导成员：

党组书记、主任：王国强

党组副书记：刘长成

党组成员、副主任：徐晓洁、谭一兵

内设机构：

党群工作部、行政办公室、财务部、总编室、融媒采编中心、新媒体制作部、视频制作部、图文制作部、时事评论部、专题节目部、客户端运营部、技术保障部

地址：北京市石景山区古城大街61号

电话：010-68840434

传真：010-68840434

邮编：100043

邮箱：sjsgdzxbgs@163.com

北京市门头沟区融媒体中心

领导成员：

党组书记、主任：苏燕平

党组成员、副主任：王幸国、蓝盛斓、李鹏

内设机构：

办公室、财务部、总编辑部、采访部、专题部、技术部、策划部、新媒体部、纸媒部、播出部、电台部

地址：北京市门头沟区新桥大街36号
电话：010-69843348
传真：010-69843348
邮编：102300

北京市房山区融媒体中心

领导成员：

党组书记、主任：路建华（区委宣传部副部长兼）

党组成员、副主任、机关党委书记：朱惠强

党组成员、副主任、工会主席：马琳

副主任：武宏

党组成员、刊播部主任、机关党委委员：史跃鹏

党组成员、新闻部主任、机关党委副书记、机关纪委书记：王超

内设机构：

办公室、人力资源部、财务部、总编室、宣传办公室、新闻部、社会部、科教部、文艺部、刊播部、融创部、技术保障部、安全保障部、评审部、广告部

地址：北京市房山区西潞南大街6号
电话：010-69384937
传真：010-69370104
邮编：102488
网址：http://www.funhillmedia.com/

北京市通州区融媒体中心

领导成员：

党组书记、主任：焦善鸣

党组成员、副主任：王雪征、王小利、于亚辉

内设机构：

办公室、财务科、政工科、技术部、播出部、总编辑部、视频编辑部、融媒体评审部、播音主持管理部、外联合作部、音频编辑部、融媒经营部、平面媒体部、新媒体部、融媒采访部、融媒制作部（16个科室）

地址：北京市通州区新华东街256号
电话：010-69545860
传真：010-69545860
邮编：101100

北京市顺义区融媒体中心

领导成员：

党组书记、主任：杨进军

党组成员、副主任：杨文武、巫俊

党组成员、工会主席：王会永

内设机构：

顺义区融媒体中心内设策划调度科、信息采集一科、信息采集二科、新闻编辑一科、新闻编辑二科、产品发布科、监测评价科、成果运用科等19个科室

地址：顺义区拥军路4号
电话：010-69466677
传真：010-69463670
邮编：101300
网址：http://www.bjsytv.com/

北京市昌平区融媒体中心

领导成员：

党组书记、主任：刘晓梅
党组成员、副主任、工会主席：刘大宾
党组成员、副主任：田东伟
党组成员、办公室主任：王晓治

内设机构：

办公室、宣传科、政工科、财务科、技术科、总编辑部6个机关科室，下设广播电视台、平面媒体中心、新媒体中心、媒体采访中心、媒体事务中心5个正科级事业单位，开办北京市昌北文化传媒有限责任公司和北京永安城影视传媒有限责任公司2个全资公司

地址：北京市昌平区南环东路1号
电话：010-69746088
传真：010-69742578
邮编：102200
网址：http://www.cprt.com.cn

北京市大兴区融媒体中心

领导成员：

党组书记、主任：马宪颖（区委宣传部副部长兼）
党组副书记：侯晨侠
党组成员、副主任：汪俊涛、王娇、李强、柴通

内设机构：

办公室、后勤保障科、总编室、采访一部、采访二部、新媒体部、编发一部、编发二部、联络推广部、媒资管理部、技术发展部、制作播出部、人事教育科、内部审计科、财务管理科

地址：北京市大兴区兴政街7号
电话：010-69244977/69204416
传真：010-69244977
邮编：102600
邮箱：rmtzxbgs@bjdx.gov.cn

北京市怀柔区融媒体中心

领导成员：

党组书记、主任：刘剑

副主任：杨桂霞、刘金凯（2021年6月退休）、翟明杰（2021年9月调入）、石金虎

内设机构：

办公室、总编室、采访部、播音主持部、新闻专题部、制作部、电台部、通联部、《怀柔报》编辑部、《怀柔报》副刊部、客户端部、策划运营部、新媒体编辑部、网络视频部、评论部、总工办、技术部、播出部、演播室运营部、信息安全部、媒资部、事业发展部、汤河口广播电视转播站、人事科（机关党委〈党建工作科〉）

2021年3月30日，根据中共北京市怀柔区委办公室、北京市怀柔区人民政府办公室关于印发《北京市怀柔区融媒体中心机构职能编制规定》的通知要求，区融媒体中心内设18个科级部室：

办公室、总编室、新闻采访部、节目制作部、节目包装部、电台部、通联部、《怀柔报》编辑部、《怀柔报》副刊部、客户端部、策划运营部、新媒体编辑部、总工办、技术部、播出部、演播室运营部、事业发展部、政工科

（因事业单位改革，暂未执行）

地址：怀柔区府前街19号

电话：010－69632646

传真：010－69644232

邮编：101400

邮箱：gdzx@bjhr.gov.cn

北京市平谷区融媒体中心

领导成员：

党组书记、主任：张长志

党组副书记：王久武

副主任：于刚、马振水、邱胜章、贾春节

内设机构：

办公室、政工科、财务科、总编室、新闻采编科、专题科、广播科、文艺科、报纸编辑科、新媒体科、播音科、技术科、播出科、产业发展科

地址：北京市平谷区旧城街8号

电话：010－69961255

传真：010－89983716

邮编：101200

邮箱：pggdzx@bjpg.gov.cn

北京市密云区融媒体中心

领导成员：

党组书记、主任：郭生海
党组成员、副主任：陈宝国、廖玉熊
享受副处级待遇：石晓访

内设机构：

办公室、党建部、财务部、人力资源部、总编辑办公室、时政采访部、社会采访部、生态采访部、视频编辑部、音频编辑部、纸媒编辑部、网媒编辑部、专题部、播音主持部、播出部、广告部、通联部、技术部、媒体资源管理部、媒体研发部、保障部、“村村响”广播部

地址：北京市密云区西大桥路 18 号
电话：010–89096037
传真：010–89095645
邮编：101500
邮箱：rongmtzhx@bjmy.gov.cn

北京市延庆区融媒体中心

领导成员：

党组书记、主任：胡玖梅
党组成员、副主任：冯亚玲
挂职副主任：孔宁（至 2021 年 4 月）
四级调研员：张振龙（协助中心主任工作）

内设机构：

办公室、总编室、策划部、融合发展部、外宣通联部、融媒采访部、音视频制作部、图文制作部、新媒体部、技术保障部

地址：北京市延庆区高塔街 73 号
电话：010–69103462
传真：010–69103462
邮编：102100
邮箱：yqtv102100@sina.com

北京经济技术开发区融媒体中心

领导成员：

党委书记、董事长、总编辑：边元松
党委副书记、总经理、主任：齐萱
党委委员、副总经理：朱天博
执行总编辑：张金萍
执行主任：赵昆
副总编辑：王泱、李立婷
编委：蒋科平

内设机构：

政务新闻中心、产经新闻中心、城市新闻中心、融媒平台实验室、新视听实验室、编务办公室

地址：北京经济技术开发区荣华中路15号博大大厦19层

电话：010—67887507

邮编：100176

邮箱：bdanews@163.com

北京星光拓诚文化产业集团有限公司

领导成员：

董事长、总经理：陈洋

常务副总经理：陈勇军

内设机构：

集团总部下设产业运营中心、产业发展中心、人力资源、财务管理、企业管理、质量和风险控制等部门

集团下设装备研发、传媒服务、园区建设、招商企服、物业管理、项目管理、文旅教育等核心子公司

地址：北京大兴区西红门镇北兴路（东段）2号星光影视园A座一层

电话：010—60285000

传真：010—60299729

邮编：100162

网址：http://www.yingshiyuan.com

北京市怀柔区文化产业发展促进中心

领导成员：

党组书记、主任：于德利

党组成员、副主任：温来生、王青俊

党组成员：李洪英

内设机构：

综合部、招商部、项目部、活动部

地址：怀柔区杨宋镇凤瑞一园三号院甲5号楼1层102室、103室

电话：010—69680036

邮编：101400

邮箱：wczx@bjhr.gov.cn

中国（北京）高新视听产业园

领导成员：

党总支书记、总经理：张志祥

副总经理：王东、于斌、黄南希、李志兵、武斌、和川、丁一文

内设机构：

综合管理办公室、经营管理部、战略投资部、工程维修中心、财务管理部、人力资源部、品质管理部、安全管理部、市场拓展部、

审计法务部、信息中心

地址：北京市经济技术开发区宏达北路十二号A座6层

电话：010–67880116

邮编：100176

邮箱：yzzy@etownestate.com

北京百度网讯科技有限公司

领导成员：

执行董事：李彦宏

监事：崔姗姗

经理：梁志祥

内设机构：

人事部、财务部、公共事务部、公关部、内容风险管理部、技术部、短视频业务部等

地址：北京市海淀区上地十街10号百度大厦

电话：010–59928888

传真：010–59920000

网址：www.baidu.com

北京爱奇艺科技有限公司

领导成员：

执行董事、经理、法定代表人：耿晓华

监事：王晓晖

内设机构：

总编室、财务部、法律部、市场部、内容运营部、会员业务事业部、广告销售部、人力资源中心、技术产品中心

下设子公司：

北京爱奇艺科技有限公司杭州分公司

北京爱奇艺科技有限公司上海长宁分公司

北京爱奇艺科技有限公司深圳分公司

北京爱奇艺科技有限公司重庆分公司

北京爱奇艺科技有限公司上海分公司

地址：北京市海淀区海淀北一街2号11层1101

电话：010–62677171

传真：010–62677000

邮编：100027

网址：www.iqiyi.com

优酷信息技术（北京）有限公司

领导成员：

总裁：樊路远

总编辑：张丽娜

党委书记：杨伟光

内设机构：

内容中心、技术中心、运营中心、会员中心、品牌市场、法务部、财务部

地址：北京市朝阳区望京东园四区4号楼

电话：010–58851881

传真：010–56972838

邮编：100102

北京花房科技有限公司

领导成员：

首席执行官、党支部书记：于丹

公共事务副总裁、总编辑：鲁林

内设机构：

公共事务部、投资部、财务部、产品运营部、技术部、人力资源部

地址：北京市朝阳区酒仙桥路甲10号3号楼15层17层1701–48A

电话：010–57111097

北京搜狐互联网信息服务有限公司

领导成员：

首席执行官：张朝阳

内设机构：

版权影视中心、产品技术中心、安全与数据处理部、会员业务部、市场部、员工服务中心、财务、法务、人力资源

门户网站：搜狐（https：//www.sohu.com）

视听播出平台：搜狐视频（https：//tv.sohu.com）

移动客户端：搜狐新闻、搜狐视频

地址：北京市海淀区科学院南路搜狐媒体大厦

电话：010–56602142

传真：010–56412835

北京新东方迅程网络科技股份有限公司

领导成员：

董事长：俞敏洪

法定代表人兼总经理：孙东旭

内设机构：

产品部、运营部、财务部、法务部、行政部

地址：北京市海淀区海淀东三街2号新东方南楼18层

电话：010–62609090

邮编：100080

北京智者天下科技有限公司

领导成员：

创始人、首席执行官：周源

合伙人、首席技术官：李大海

首席财务官：孙伟

党委书记、总编辑、副总裁：秦亚洲

内设机构：

业务研发中心、技术中台、安全与治理中心、社区业务事业部、政府事务部

地址：北京市海淀区学院路甲5号1幢三层1#厂房3–010

服务热线：400–919–0001

邮编：100083

北京思维造物信息科技股份有限公司

领导成员：

董事长：罗振宇

总经理：李天田

副总经理：邓鑫鑫

内设机构：

总经办、总编室、课研中心、产品研发中心、后台支持中心等

地址：北京市朝阳区西大望路1号1号楼6层701

电话：010–85897509

传真：010–85897509

邮编：100025

北京光线传媒股份有限公司

领导成员：

法人代表：王长田

内设机构：

总裁办、财务部、内审部、法务投资证券部、人力行政部、品牌部、项目部、发行营销部、创意视频及网络内容部、影视技术部、光线影业、青春光线营业、小森林影业、五光十色影业、英事达、光线经纪、实景娱乐

地址：北京市东城区和平里东街11号航星科技园3号楼3层

电话：010–64516000

传真：010－84222188

邮编：100013

网址：http://www.ewang.com

北京华谊兄弟娱乐投资有限公司

领导成员：

法人：王忠磊

总经理：王忠磊

内设机构：

管理部、制作部、营销部、发行部、财务部

地址：北京市朝阳区新源南路甲 2 号北京华谊兄弟娱乐投资有限公司

电话：010－65805800

传真：010－85648131

网站：www.huayimedia.com

海润影视制作有限公司

领导成员：

法人、董事长：刘燕铭

内设机构：

总裁办、制作部、发行部、法务部、文学部、宣传部、财务部、策划部、行政部

地址：北京市朝阳区安慧北里安园 5 号

电话：010－64897799

传真：010－64935440

邮编：100101

网址：http://www.hairunmedia.com

北京京都世纪文化发展有限公司

领导成员：

董事长：尤小刚

副总经理：董煊、王正华

内设机构：

经营部、宣传部、演艺经纪部、影视基地、办公室、财务部

地址：北京市东城区广渠门外广渠家园名敦道商厦 4 号楼 1206 室

电话：010－67110812

传真：010－67177299

邮编：100022

网址：http://www.zjdtv.com

北京鑫宝源影视投资有限公司

领导成员：

总经理：丁芯
副总经理：王驿
财务总监：赵雅丽
艺人总监：刘红梅
新媒体中心：焦红艳

内设机构：

总经办、财务部、广告部、发行部、演艺部、新媒体中心、编辑部、制作部、法务部、行政部

地址：北京市朝阳区北苑路 86 号院 311 号楼
电话：010－57805288
传真：010－57561288
邮编：100101

大唐辉煌传媒有限公司

领导成员：

董事长：王辉
总经理：袁春雨

内设机构：

文学策划部、制作部、电影事业部、新媒体部、发行部、娱乐营销部、艺人经纪部、宣传策划部、财务部、人力资源及行政部、法务部

地址：北京市朝阳区青年路 4 号和院文创园 A 栋 4 层
电话：010－82961395/82961399
传真：010－82961396
邮编：100123
网址：http://www.dthh.com.cn/

北京东王文化发展有限公司

领导成员：

董事长：张晓武
总经理：范杰
办公室主任：于莉

内设机构：

发行部、宣传部、演艺经纪部、办公室、财务部

地址：北京市朝阳区朝外大街 3 号山水广场 B 座 1102 室
电话：010－65516017
邮编：100020
邮箱：dwwh2601@sina.com
网址：http://www.bjdwwh.cn

四达时代通讯网络技术有限公司

领导成员：

董事长兼总裁：庞新星

内设机构：

董事会办公室、总裁办公室、监审部、人力资源中心、财务中心、商务中心、行政事务部、法务中心、投资管理部、公共事务部、宣传部、品牌市场部；商业智能部、产品部、软件研发中心、大视频事业部、智能终端事业部；海外拓展中心、海外拓展支持部、项目管理中心、项目融资部、媒体数字化部、技术中心、基建工程部、技术支持部、运维中心；销售中心、物流中心、运营中心、融合电商事业部、广告中心、南非地区部、东非地区部、西非英语地区部、西非法语地区部、中非法语地区部、红酒事业部；版权经营中心、译制配音中心、传媒技术中心、制作中心、体育节目中心、中文频道、国际影视频道、非洲本地语频道、Guide Channel、OTT 内容运营部

地址：北京经济技术开发区科创十四街 5 号院

电话：010−53012998

传真：010−53012997

邮编：100176

网址：http://www.startimes.com.cn/

北京东方飞云国际影视股份有限公司

领导成员：

董事长：白彩云

总经理：白月飞

副总经理：白絮飞、陈振斌

综合办公室总监：柯丽芳

财务部总监：尉赟

影视后期总监：郭洋

内设机构：

财务部、行政部、后期制作部、宣传部

地址：北京市房山区拱辰街道卓秀北街绿地诺亚方舟北区 1 号楼 12 层

邮编：102445

邮箱：940745697@qq.com

网址：www.z.dongfangfeiyun.com

完美世界（北京）互动娱乐有限公司

领导成员：

完美世界影视负责人：曾映雪

内设机构：

财务部、制作部、投资部、宣传部、发行部、行政部、评估部、人事部

子公司工作室：鑫宝源、完美蓬瑞、青春你好、刘宁工作室、完美远方、李峥工作室、柏年禾沐、完美映像、丝语工作室、完美高甜、完美加码

地址：北京市朝阳区望京东路 1 号院完美世界影视 D 座

电话：010−57805744

传真：010−57805780

邮编：100102

网址：www.pwpic.com

北京时代光影文化传媒股份有限公司

领导成员：

董事长：王锦

总经理：许振

常务副总：王梓

副总经理：张铧、胡磊、赵凯、秦风华、刘莹

艺术总监：马润建

内设机构：

董秘办、总经办、财务部、行政部、后期部、项目部、宣传部、制作部、艺人经纪部

地址：北京市朝阳区建外街道郎家园 10 号东郎电影创意产业园 D102

电话：010−85175355

传真：010−85175227

邮编：100022

网址：http://www.sdgytvdrama.com/

获奖作品

北京市广播影视协会2020年度
优秀广播电视节目评选结果

序号	单位	节目名称	项目
广播新闻			
1	北京广播电视台	本市首家三甲医院开通互联网诊疗	短消息
2	北京广播电视台	国家大剧院实现全球首次“8K+5G”舞台演出直播	短消息
3	北京广播电视台	新发地市场今天正式复市，进场货车突破一千辆	长消息
4	北京广播电视台	京雄城际铁路全线开通运营，智能化创新展现中国智慧	长消息
5	北京广播电视台	2020珠峰高程测量登山队成功登顶并开展测量工作　运用多项先进技术创世界首次	长消息
6	北京广播电视台	防疫一天“7张表”，形式主义何时了？！	评论
7	北京广播电视台	与时间赛跑——北京抗疫故事	专题
8	北京广播电视台	这一年，大兴机场的声音记忆	专题
9	北京广播电视台	纪念中国人民广播事业诞生80周年特别节目——和人民在一起	专题
10	北京广播电视台	一个军医的抗美援朝	专题
11	北京广播电视台	外卖小哥“拼命”配送，冰冷算法中如何寻求温度?	专题
12	北京广播电视台	马首回家	专题
13	北京广播电视台	“丹宸永固”的温度——走进紫禁城建成600年展	专题
14	北京广播电视台	北京医疗队驰援武汉随行采访日记	专题（系列报道）
15	北京广播电视台	《我的前线》系列	专题（系列报道）
16	北京广播电视台	北京24小时	专题（系列报道）
17	北京广播电视台	司机如厕停车难连续报道	专题（连续报道）
18	北京广播电视台	民法典，将怎样改变我们的生活	新闻访谈
19	北京广播电视台	《北京新闻》2020年1月25日	新闻节目编排
20	北京广播电视台	《交通新闻》	栏目
21	北京广播电视台	原来你是这样的北斗	组织策划

（续表）

序号	单位	节目名称	项目
22	大兴区融媒体中心	北京首例大跨度防尘天幕在大兴投入使用	短消息
23	大兴区融媒体中心	村里来了“大管家”	长消息
24	房山区融媒体中心	邮局也能买到药	广播长消息
25	昌平区融媒体中心	驻昌企业首创“核酸监测采样车”日监测量可达6000人次	短消息
26	昌平区融媒体中心	三年巨变，何来“回天力”？	广播评论
27	延庆区融媒体中心	北京2022年冬奥会延庆赛区四大场馆全面完工	长消息
28	延庆区融媒体中心	新起点新作为　创城永远在路上	广播评论
29	怀柔区融媒体中心	《科学一百年　奋斗每一天》《只争朝夕抓落实》《敢于担当有魄力》《动真碰硬顶得住压力》《勇毅笃行、保持战略定力》《善作善成有能力》《改革创新增活力》	广播评论
30	怀柔区融媒体中心	怀柔区助力企业3天落户投产　“硬核”科技支持新冠肺炎疫情防控	消息类
31	平谷区融媒体中心	接诉即办　“四民”机制改水润民心	长消息
32	顺义区融媒体中心	北京自贸区国际商务服务片区挂牌 顺义占片区总面积59%	短消息
33	顺义区融媒体中心	顺义十二时辰	专题新闻特写
34	通州区融媒体中心	城市副中心点对点助力企业复工复产　跨省连夜运送务工人员返岗复工	长消息
		电视新闻	
1	北京广播电视台	京雄城际今天全线开通　助力雄安新区建设千年大计	短消息
2	北京广播电视台	5分钟生命接力救回中年男子	短消息
3	北京广播电视台	春天里的团圆	长消息
4	北京广播电视台	25年来永定河北京段首次实现全线有水　今天水头冲过市界	长消息
5	北京广播电视台	首支北京市属医院支援武汉医疗队出征	长消息
6	北京广播电视台	一家三口齐战疫	长消息
7	北京广播电视台	疏解整治促提升行动实施4年　北京3000余条背街小巷旧貌换新颜	长消息
8	北京广播电视台	本市粮食生产企业开足马力保供应	长消息
9	北京广播电视台	中国抗疫的国际价值　第二集　人民至上	评论
10	北京广播电视台	勠力同心建首善——习总书记视察北京六周年特别报道	专题（系列报道）
11	北京广播电视台	走进北京网红打卡地	专题（系列报道）
12	北京广播电视台	嫦娥回家	专题
13	北京广播电视台	接诉即办——大暴雨中的大栅栏	专题

（续表）

序号	单位	节目名称	项目
14	北京广播电视台	独家调查：直播带货到底是谁的狂欢？	专题
15	北京广播电视台	瞳镜之旅	专题
16	北京广播电视台	驻村第一书记	专题
17	北京广播电视台	生命缘·永生	专题（纪录片）
18	北京广播电视台	医者：追疫	专题（纪录片）
19	北京广播电视台	平凡大妈柳素霞	新闻访谈
20	北京广播电视台	打出一片血色天空	新闻访谈
21	北京广播电视台	《都市晚高峰》2020 年 3 月 31 日	新闻节目 编排
22	北京广播电视台	《向前一步》	栏目
23	北京广播电视台	《法治进行时》	栏目
24	北京广播电视台	《红绿灯》	栏目
25	北京广播电视台	北京卫视疫情防控特别节目	组织策划
26	北京广播电视台	决战 2020 助力脱贫攻坚	系列报道
27	北京广播电视台	“平安归来，像 12 年前一样！”他俩支援汶川地震时相恋如今奋战抗疫一线	长消息
28	北京广播电视台	聚焦鄱阳湖汛情　现场直击：圩堤最大决口成功封堵合拢	新闻现场直播
29	北京北广新新传媒有限责任公司	独居老人的“亲闺女”	电视专题
30	北京北广新新传媒有限责任公司	以案为鉴：警惕“好兄弟”　公权莫乱用	电视专题
31	北京北广新新传媒有限责任公司	同心抗“疫”	系列报道
32	北京北广新新传媒有限责任公司	“老校长下乡记”	系列报道
33	北京北广新新传媒有限责任公司	抓好关键小事　物业管理调研行	系列报道
34	北京北广新新传媒有限责任公司	疫无情　人有爱	系列报道
35	北京北广传媒移动电视有限公司	平谷大桃种到拉萨	专题
36	大兴区融媒体中心	大兴机场综保区获国务院批复　全国唯一跨省市综合保税区正式设立	短消息
37	丰台区融媒体中心	丰台区三名新冠肺炎患者治愈出院　一名女性患者成功捐献血浆为北京首例	长消息
38	房山区融媒体中心	以文促旅　以旅彰文　文旅融合拓宽小康路	长消息
39	门头沟区融媒体中心	横穿绿化带“抄近道”　无视安全与文明	长消息

（续表）

序号	单位	节目名称	项目
40	门头沟区融媒体中心	《话说门头沟》	社教栏目
41	海淀区融媒体中心	“就是要给你大大的宠爱！”：魏公村小区棚改项目回迁安置房今天正式交付	长消息
42	昌平区融媒体中心	记昌平疾控人的一天	新闻专题
43	昌平区融媒体中心	特色楼门文化：靓了环境　近了邻里	短消息
44	延庆区融媒体中心	牢记初心　创城永远在路上	电视新闻专题
45	密云区融媒体中心	走出“迷茫”的脱低书记老金	长消息
46	密云区融媒体中心	纪念密云水库建成 60 周年特别节目：足迹	系列报道
47	怀柔区融媒体中心	雪夜坚守一线　疫情不退值守不退	短消息
48	怀柔区融媒体中心	奔小康：小民宿成就大梦想	长消息
49	平谷区融媒体中心	分类垃圾去哪了	新闻专题
50	顺义区融媒体中心	产业扶贫让“土豆豆”变成“金豆豆”	长消息
51	顺义区融媒体中心	《战疫有我》系列报道	系列报道
52	朝阳区融媒体中心	朝阳群众战“疫”时刻	新闻专题
53	通州区融媒体中心	《聚焦副中心》	栏目
54	石景山区融媒体中心	新闻特写：祖孙三代　共圆安居梦	专题类
		广播境外	
1	北京广播电视台	北京小伙短视频讲述家门口的变迁	境外专题
2	北京广播电视台	千里之行，始于足下	境外专题
3	北京广播电视台	埃德加·斯诺的北京缘	境外专题
		电视境外	
1	北京广播电视台	来自武汉的报道	境外播出专题（系列纪录片）
2	北京广播电视台	医者 2020：抗击新冠肺炎人物影像志	境外播出专题（系列纪录片）
3	北京广播电视台	北京中轴线	境外播出（专题）
		媒体融合	
1	北京广播电视台	疫情防控下的北京新高考系列移动直播	移动直播
2	北京广播电视台	国旗下每一种声音都让我们泪流满面	短视频现场新闻
3	北京广播电视台	小心你的手机正在被窃听	短视频专题报道
4	北京广播电视台	金环日食大直播	融合创新
5	北京广播电视台	以乐之名　把爱传递——全球华人青年音乐家接力音乐会	融合创新
6	北京广播电视台	遥望火星致敬科学经典	融合创新

（续表）

序号	单位	节目名称	项目
7	北京广播电视台	探秘“大鱼”星火站：鱼肚里的中国风三选一？邀你一锤定音	移动直播
8	北京北广新新传媒有限责任公司	回声：北京向抗疫院士致敬	短视频专题报道
9	北京北广传媒城市电视有限公司	向着幸福出发——脱贫攻坚·共奔小康优秀影像作品展	融合创新项
10	丰台区融媒体中心	情满丰台·月下共吟“最是人间好时节”中秋网络视听朗诵会	融合创新
11	房山区融媒体中心	无眠无休　战“疫”有我	短视频专题报道
12	门头沟区融媒体中心	绿水青山里的脱低致富之路	融合创新
13	海淀区融媒体中心	凌晨 4 点的海淀 | 直击现场，病毒检测的紧急任务！ 凌晨 4 点的海淀 | “粮草”疾行，补给线上依然在战斗 凌晨 4 点的海淀 | 派出所战“疫”，你从未见过的现场！	短视频专题报道
14	昌平区融媒体中心	图鉴丨谢谢你，每一位平凡的昌平人！	融合创新
15	顺义区融媒体中心	直击丨顺义核酸检测现场！寒夜里的坚守与执着！	融合创新
16	朝阳区融媒体中心	给这位朝阳转运点 90 后小哥哥点赞！	短视频现场新闻
17	石景山区融媒体中心	编号 103！后会有期！	融合创新
广播文艺			
1	北京广播电视台	《泥土里长出的歌》	音乐节目
2	北京广播电视台	《山河无恙　武汉重启》	音乐节目
3	北京广播电视台	《北京小曲寻歌人》	音乐节目
4	北京广播电视台	《冰雪冬奥　相约北京》	音乐节目
5	北京广播电视台	《走近汪曾祺》	文学节目
6	北京广播电视台	《歌里听戏：孽海记》	戏曲节目
7	北京广播电视台	《出征：北京市援鄂医疗队员的战疫实录》	长篇连播
8	北京广播电视台	《英雄儿女之歌》	综艺节目
9	北京广播电视台	抗疫纪实广播剧《但愿人长久》	广播剧
10	北京广播电视台	刘绍棠经典运河故事之瓜棚柳巷	广播剧
电视文艺			
1	北京广播电视台	职场是个技术活（第四期）	电视综艺节目
2	北京广播电视台	2019 北京榜样·最美警察主题活动揭晓仪式	电视综艺节目
3	北京广播电视台	第二十四届京张心连心文艺演出	电视综艺节目

（续表）

序号	单位	节目名称	项目
4	北京广播电视台	第十届北京国际电影节特别节目梦圆·奋进	电视综艺节目
5	北京广播电视台	时代新人说——我和祖国共成长演讲大赛决赛	电视综艺节目
6	北京广播电视台	校园国粹先锋之旗装戏的魅力	电视戏曲节目
7	北京广播电视台	山里娃冰球队	电视纪录片
8	北京广播电视台	英雄	电视纪录片
9	北京广播电视台	逐梦冬奥的少年	电视纪录片
10	北京广播电视台	音乐大师课　第四季　第六期	少儿电视节目
11	北京广播电视台	第五届诚信北京 315 特别节目——诚信聚力　全民战疫	电视文艺专题节目
12	北京广播电视台	养生堂：新型冠状病毒防控指引十八讲　第一期	电视科普节目
13	北京广播电视台	病毒拜拜	优秀原创歌曲节目
14	北京广播电视台	密云水库	电视广告节目
15	北京广播电视台	鼠　你最幸福	电视广告节目
16	北京广播电视台	上新了·故宫　第三季　第一期	电视艺术片
17	北京北广传媒移动电视有限公司	对弈	电视广告节目
		广播播音主持	
1	北京广播电视台	《北京新闻》	滕莹石（滕欢）郭兆龙（兆龙）
2	北京广播电视台	主播约您来跑步——故宫	宋扬
3	北京广播电视台	一路畅通之哪些经典无法超越	郭炜、李嘉佳
4	北京广播电视台	与抗疫英雄做校友——张定宇	姚迪
5	北京广播电视台	嫦娥探月记	刘甜甜
6	昌平区融媒体中心	时间，最懂人心	李阳、李娜
7	延庆区融媒体中心	美丽延庆新农村	于谨歌
8	怀柔区融媒体中心	恋上怀柔	吴晶晶
9	平谷区融媒体中心	《平谷新闻》	马希卓、谢颂扬
10	顺义区融媒体中心	青春之花在疫情一线绽放　第一集　白衣执甲护荆楚	张雨欣
11	通州区融媒体中心	听钟南山爷爷的话　做副中心好少年	王超
		电视播音主持	
1	北京广播电视台	春妮的周末时光：仰望星空，逐梦苍穹	徐春妮（春妮）
2	北京广播电视台	北京冬奥会倒计时 500 天特别节目	李杨薇
3	北京广播电视台	老师请回答：世界艾滋病日特别节目	刘洪悦（悦悦）

（续表）

序号	单位	节目名称	项目
4	北京广播电视台	《北京新闻》	王晓佳（王小佳）
5	北京广播电视台	论道金融街：全球变局　把握未来机遇	李杰
6	门头沟区融媒体中心	寻找门头沟的“年味”——妙峰咯吱	杨央
7	海淀区融媒体中心	《海淀新闻》	孟凡惠
8	昌平区融媒体中心	白衣执甲逆风行	李康
9	延庆区融媒体中心	《延庆新闻》12 月 14 日	渠晨
10	密云区融媒体中心	《密云新闻》	王瑷珲、杨洋
11	怀柔区融媒体中心	一把手谈科学城：专访渤海镇党委书记彭明卫	赵明霞
12	平谷区融媒体中心	基层防控工作的一天	段文超
13	朝阳区融媒体中心	情暖夕阳霞满天	杨荣
14	通州区融媒体中心	“我是副中心党员——桶前值守晨夕计划” 新时代文明实践推动日直播活动	邹艳艳
15	石景山区融媒体中心	《石景山新闻》	穆青

（北京广播影视协会）

北京广播电视网络视听发展基金
2021年度扶持项目汇总表

第一批

一、电视纪录片扶持及奖励作品名单（14部）

序号	项目名称	申报单位	作品类别
1	《百年回响》	北京影画起源影视文化传媒有限公司	剧本扶持
2	《大国种子》	北京木子合成影视文化传媒有限公司	剧本扶持
3	《吉人自有天相》	北京三多堂传媒股份有限公司	剧本扶持
4	《冰雪道路》	北京三多堂传媒股份有限公司	剧本扶持
5	《密云水库——“习近平给建设和守护密云水库的乡亲们的回信”一周年》（暂定名）	北京广播电视台	摄制宣推
6	《一路百年》	北京鼓润影视文化传媒有限公司	摄制宣推
7	《让世界看见我》	北京欣欣向阳影视文化发展有限公司	摄制宣推
8	《黄河安澜》	北京广播电视台	摄制宣推
9	《百福记》	北京三多堂传媒股份有限公司	摄制宣推
10	《天桥传奇》	北京剧之源文化传媒有限公司	摄制宣推
11	《星空瞰华夏》	五洲传播出版传媒有限公司	播出奖励
12	《百年巨匠——京剧篇》	百年艺尊（北京）文化传播有限公司	播出奖励
13	《两个人的合作社》	北京三多堂传媒股份有限公司	播出奖励
14	《医者》	北京广播电视台	播出奖励

二、电视动画片扶持及奖励作品名单（3部）

序号	项目名称	申报单位	作品类别
1	《繁花似锦》	北京浩昊科技发展有限公司	摄制宣推
2	《幸福路上——打走蛩蛩怪》	北京广播电视台	播出奖励
3	《无敌鹿战队　第1季》	北京爱奇艺科技有限公司	播出奖励

三、广播电视作品扶持及奖励作品名单（25部）

序号	项目名称	申报单位	作品类别
（一）广播节目（11个项目）			
1	《见证初心·中国精神》系列新闻述评	北京广播电视台	剧本扶持
2	《永远跟党“走”》声音赛道系列活动	北京广播电视台	剧本扶持
3	《“冬奥故事40人40事”——冬奥小记者的双语讲述》	北京广播电视台	剧本扶持
4	《见证初心·百集京华党史故事》	北京广播电视台	摄制宣推
5	《一路奔冬奥》	北京广播电视台	摄制宣推
6	《从南到北，走·读中轴线》	北京广播电视台	摄制宣推
7	超长广播剧《咱身边的〈民法典〉》	北京广播电视台	摄制宣推
8	广播连续剧《你是我的眼》	北京广播电视台	播出奖励
9	《春天的脚步——开启新篇章》习近平视察北京七周年特别节目	北京广播电视台	播出奖励
10	重大突发新闻事件首发预案实施项目《整点快报》栏目	北京广播电视台	播出奖励
11	《交通新闻》	北京广播电视台	播出奖励
（二）电视节目（11项目）			
1	《炎黄少年》	北京广播电视台	剧本扶持
2	《“多彩生活　我看行”——2021年“百姓零距离”系列节目》	北京广播电视台	剧本扶持
3	《花儿向阳　童心向党——庆祝中国共产党成立100周年少儿文艺晚会》	北京广播电视台	摄制宣推
4	《信仰的力量》	北京广播电视台	摄制宣推
5	《诚信北京3·15晚会》	北京广播电视台	摄制宣推
6	《民法典通解通读》	北京广播电视台	摄制宣推
7	《2021年北京广播电视台春节联欢晚会》	北京广播电视台	播出奖励
8	《绿水青山萌游记之童心绘梦》	北京广播电视台	播出奖励
9	《上新了·故宫》第三季	北京广播电视台	播出奖励
10	《走进北京网红打卡地》	北京广播电视台	播出奖励
11	《穿越吧少年》红色穿越之旅	北京广播电视台	播出奖励
（三）融媒体（3个项目）			
1	《“大声喊　新年好”北京广播电视台广播跨年融媒传播行动》	北京广播电视台	播出奖励
2	《北京话匣子》	北京广播电视台	播出奖励
3	《非遗文化合集》	北京市朝阳区融媒体中心	播出奖励

四、电视剧项目扶持及奖励作品名单（15 部）

序号	项目名称	申报单位	项目类别
1	《三棵树》	网剧传媒（北京）有限公司	剧本
2	《海外救援》	北京纯真年代影视文化传媒有限公司	剧本
3	《我心有歌》	海润影视制作有限公司	剧本
4	《又见南锣》	北京应昊影视有限公司	剧本
5	《胡同》	北京弋鹭影视传媒有限公司	剧本
6	《表演者》	响想时代娱乐文化传媒（北京）有限公司	摄制宣推
7	《我们的新时代》	响想时代娱乐文化传媒（北京）有限公司	摄制宣推
8	《绿色誓言》	北京长江文化股份有限公司	摄制宣推
9	《理想之城》	北京聚海文化有限公司	摄制宣推
10	《觉醒年代》	北京北广传媒影视股份有限公司	奖励
11	《三叉戟》	北京天马映像影业有限公司	奖励
12	《什刹海》	维乐嘉禾（北京）影业文化有限公司	奖励
13	《战火熔炉》	优酷信息技术（北京）有限公司	奖励
14	《月是故乡明》	北京华映万像文化传媒有限公司	奖励
15	《幸福里的故事》	北京幸福影视有限公司	奖励

五、网络视听节目扶持及奖励作品名单（23 部）

序号	项目名称	申报单位	项目类别
网络剧（2部）			
1	《约定》	北京爱奇艺科技有限公司	奖励
2	《棋魂》	北京爱奇艺科技有限公司	奖励
网络电影（7部）			
1	《中国飞侠》	北京奇树有鱼文化传媒有限公司	摄制宣推扶持 奖励
2	《浴血无名川》	北京海空雄鹰影业有限公司	摄制宣推扶持 奖励
3	《虎门销烟》	白马流星（北京）网络传媒有限公司	摄制宣推扶持
4	《毛驴上树2倔驴搬家》	北京奇树有鱼文化传媒有限公司	摄制宣推扶持 奖励
5	《我来自北京之玛尼堆的秋天》	北京长信影视传媒有限公司	摄制宣推扶持
6	《凡人英雄》（暂定名）	优酷信息技术（北京）有限公司	摄制宣推扶持
7	《生死阻击》	北京淘梦网络科技有限责任公司	剧本扶持

（续表）

序号	项目名称	申报单位	项目类别
网络纪录片（7部）			
1	《劳生不悔》	北京爱奇艺科技有限公司	奖励一档
2	《追光者·脱贫攻坚人物志》	优酷信息技术（北京）有限公司	奖励一档
3	《冬去春归2　原地生长》	优酷信息技术（北京）有限公司	奖励二档
4	《山·水·道——西山永定河文化带考》	北京爱奇艺科技有限公司	奖励二档
5	《战疫启示录》	北京字节跳动科技有限公司	奖励二档
6	《奇妙之城》	优酷信息技术（北京）有限公司	奖励三档
7	《生命里2：活到一百岁》	优酷信息技术（北京）有限公司	奖励三档
网络综艺节目（3部）			
1	《戏剧新生活》	北京爱奇艺科技有限公司	奖励一档
2	《登场了！敦煌》	北京爱奇艺科技有限公司	奖励一档
3	《很高兴认识你》	北京微播视界科技有限公司	奖励二档
网络视听专题节目（2部）			
1	《梅毅说中国史两晋南北朝》	优酷信息技术（北京）有限公司	奖励
2	《君品谈》	北京天盈九州网络技术有限公司	奖励
网络短视频系列节目（2部）			
1	《北京冬奥场馆巡礼》	北京广播电视台	奖励
2	《寻羊记》	北京快手科技有限公司	奖励

第二批

一、电视纪录片扶持及奖励作品名单（15部）

序号	项目名称	制作单位	扶持/奖励
剧本扶持类（2个项目）			
1	《协和百年》	北京广播电视台	剧本扶持
2	《最好的一程》	北京如意文化科技有限公司	剧本扶持
摄制宣推类（8个项目）			
1	《天眼》	北京发现纪实传媒有限公司	摄制宣推扶持
2	《真实生长》	北京西米视觉文化传媒有限公司	摄制宣推扶持
3	《青春之我》	北京时空纪录文化传播有限公司	摄制宣推扶持
4	《花样年华》	北京广播电视台	摄制宣推扶持
5	《海拔4800》	北京如意文化科技有限公司	摄制宣推扶持
6	《这里是中国》第四季	北京中视雅韵文化传播中心	摄制宣推扶持
7	《双奥印记》	北京广播电视台	摄制宣推扶持

（续表）

序号	项目名称	制作单位	扶持/奖励
8	《中国滑雪医生》	北京广播电视台	摄制宣推扶持
播出奖励类（5个项目）			
1	《智慧中国：前沿科学》	五洲传播出版传媒有限公司	播出奖励
2	《小小少年》	北京五星传奇文化传媒股份有限公司	播出奖励
3	《西藏医事》	北京如意文化科技有限公司	播出奖励
4	《我爱中国造》	中新同创（北京）文化发展有限公司	播出奖励
5	《我的时代和我》第二季	北京三多堂传媒股份有限公司	播出奖励

二、电视动画片扶持及奖励作品名单（7部）

序号	项目名称	制作单位	扶持/奖励
剧本扶持类（1个项目）			
1	《嘟当曼 第5季》	北京爱奇艺科技有限公司	剧本扶持
摄制宣推类（3个项目）			
1	《怪奇的虫洞》第一季	北京空速动漫文化有限公司	摄制宣推扶持
2	《喵喵遇见汪3》	北京百世师影视传媒有限责任公司	摄制宣推扶持
3	《宇宙护卫队之钢甲霸王龙》	完美鲲鹏（北京）动漫科技有限公司	摄制宣推扶持
播出奖励类（3个项目）			
1	《叮叮咚咚毛毛镇》第一季	北京空速动漫文化有限公司	播出奖励
2	《宇宙护卫队3》	完美鲲鹏（北京）动漫科技有限公司	播出奖励
3	《冰雪守护者》	北京爱奇艺科技有限公司	播出奖励

三、广播电视作品扶持及奖励作品名单（20部）

序号	项目名称	制作单位	扶持/奖励
（一）广播节目（8个项目）			
剧本扶持类（1个项目）			
1	庆祝中国共产党成立100周年融媒体纪实性报道“百年·百岁”	北京广播电视台	剧本扶持
摄制宣推类（6个项目）			
1	京声京视（2022年度）	北京广播电视台	摄制宣推扶持
2	《北京会客厅》	北京广播电视台	摄制宣推扶持
3	“同唱一首歌”——庆祝中国共产党成立100周年主题活动暨融媒体报道	北京广播电视台	摄制宣推扶持
4	相约冬奥会——北京体育广播系列冬奥短音频节目	北京广播电视台	摄制宣推扶持

（续表）

序号	项目名称	制作单位	扶持/奖励
5	全国应急广播协作网音频内容生产	北京广播电视台	摄制宣推扶持
6	“轨道上的京津冀”大型采访报道	北京广播电视台	摄制宣推扶持
播出奖励类（1 个项目）			
1	交通新闻热线	北京广播电视台	播出奖励
（二）电视节目（10个项目）			
剧本扶持类（2个项目）			
1	《京城十二时辰》（暂定名）	北京广播电视台	剧本扶持
2	《同城记》	北京广播电视台	剧本扶持
摄制宣推类（3个项目）			
1	《探秘独角兽》	北京广播电视台	摄制宣推扶持
2	《七色光之火星穿越漫游记》	北京广播电视台	摄制宣推扶持
3	《书画里的中国》	北京广播电视台	摄制宣推扶持
播出奖励类（5个项目）			
1	《2021科学跨年之夜》	北京广播电视台	播出奖励
2	《花儿向阳　童心向党——庆祝中国共产党成立100周年全国少儿晚会》	北京广播电视台	播出奖励
3	庆祝中国共产党成立100周年优秀电视剧重点推介特别节目	北京广播电视台	播出奖励
4	《信仰的力量》	北京广播电视台	播出奖励
5	《春妮的周末时光》“北京中轴线”系列节目	北京广播电视台	播出奖励
（三）融媒体项目（2个项目）			
播出奖励类（2个项目）			
1	广播剧《播火者》	北京广播电视台	播出奖励
2	《中国读本里的魅力中国》	北京广播电视台	播出奖励

四、电视剧项目扶持及奖励作品名单（12 部）

序号	项目名称	公司名称	扶持/奖励
	剧本扶持类（6部）		
1	《冰雪之名》	北京文投剧制影视文化有限公司	剧本扶持
2	《120移动急诊室》	北京空中银河影视文化有限公司	剧本扶持
3	《玻璃杯》	北京腾讯影业有限公司	剧本扶持
4	《冬奥一家人》	北京中奥泰和文化传媒有限公司	剧本扶持
5	《九道弯》	煌程影业（北京）有限责任公司	剧本扶持
6	《来吧宝贝》	北京完美世界影视有限公司	剧本扶持

（续表）

序号	项目名称	公司名称	扶持/奖励
摄制宣推扶持类（5部）			
1	《大漠魂》	伟雄文化传媒（北京）有限公司	摄制宣推扶持
2	《胡同》	北京弋鹭影视传媒有限公司	摄制宣推扶持
3	《乔家的儿女》	得闲影业（北京）有限公司	摄制宣推扶持
4	《太阳出来了》	北京紫禁城影业有限责任公司	摄制宣推扶持
5	《谢谢你医生》	北京喜悦嘉行影视文化有限公司	摄制宣推扶持
播出奖励类（1部）			
1	《我们的新时代》	响想时代娱乐文化传媒（北京）有限公司	播出奖励

五、网络视听节目扶持及奖励作品名单（34 部）

序号	项目名称	项目类别	申报机构	扶持/奖励
网络剧（3部）				
1	《那一天》	网络剧	北京爱奇艺科技有限公司	摄制宣推扶持
2	《爱在粉雪时光》	网络剧	北京鸿浩影视文化有限责任公司	摄制宣推扶持
3	《脑海深处》	网络剧	造梦东方（北京）影业有限公司	奖励
网络电影（9部）				
1	《狙击英雄》	网络电影	北京奇树有鱼文化传媒有限公司	剧本扶持
2	《飞吧，冰上之光》	网络电影	北京黑岩星球文化传媒有限公司	剧本扶持
3	《1944：冲出战俘营》	网络电影	北京爱奇艺科技有限公司	剧本扶持
4	《重启地球》	网络电影	北京奇树有鱼文化传媒有限公司	摄制宣推扶持
5	《胡同交响曲》	网络电影	北京初一拾悟文化发展有限公司	摄制宣推扶持
6	《草原上的萨日朗》	网络电影	北京高兴文化传媒有限公司	奖励
7	《一呼百应》	网络电影	北京美视众乐影业有限公司	奖励
8	《石榴熟了之一拍到底》	网络电影	北京上立文化传媒有限公司	奖励
9	《十四天》	网络电影	北京新片场传媒股份有限公司	奖励
网络动画片（2部）				
1	《大运河传奇第一季》	网络动画片	北京声影动漫科技有限公司	剧本扶持
2	《李林克的小馆儿》	网络动画片	北京什悦传播有限公司	奖励
网络纪录片（1部）				
1	《当选择来找我》	网络纪录片	北京搜狐互联网信息服务有限公司	奖励一档
网络综艺节目（3部）				
1	《上班啦！妈妈》	网络综艺节目	北京爱奇艺科技有限公司	奖励二档

（续表）

序号	项目名称	项目类别	申报机构	扶持/奖励
2	《奇葩说》第七季	网络综艺节目	北京爱奇艺科技有限公司	奖励二档
3	《奋斗吧！主播》	网络综艺节目	优酷信息技术（北京）有限公司	奖励二档
网络短视频系列节目（14部）				
1	《追光的人》	网络短视频系列节目	北京新片场传媒股份有限公司	奖励一档
2	VR短视频《遵义会议》	网络短视频系列节目	未来新视界教育科技（北京）有限公司	奖励一档
3	《大健康》	网络短视频系列节目	北京广播电视台	奖励一档
4	《党史来啦》系列动画	网络短视频系列节目	北京千龙新闻网络传播有限责任公司	奖励一档
5	《问道岐黄——字里藏医》	网络短视频系列节目	北京广播电视台	奖励一档
6	《扶贫光影流转，攻坚精神长存》	网络短视频系列节目	北京奇树有鱼文化传媒有限公司	奖励一档
7	《冬奥吉祥物故事》	网络短视频系列节目	北京广播电视台	奖励一档
8	《特教｜折翼天使守护人》	网络短视频系列节目	北京千龙新闻网络传播有限责任公司	奖励一档
9	《“京彩”网络正能量系列短片》	网络短视频系列节目	北京千龙新闻网络传播有限责任公司	奖励二档
10	《就地过年》	网络短视频系列节目	北京新片场传媒股份有限公司	奖励二档
11	《上山》	网络短视频系列节目	北京新片场传媒股份有限公司	奖励二档
12	《“京华红色精神”系列节目》	网络短视频系列节目	中共北京市委干部理论教育讲师团	奖励二档
13	《纪念抗美援朝70周年！全景重现人民志愿军出国作战之路》	网络短视频系列节目	北京千龙新闻网络传播有限责任公司	奖励三档
14	《英雄赞歌》	网络短视频系列节目	北京新片场传媒股份有限公司	奖励三档
网络音频节目（2部）				
1	《从白面书生到中国汽车工业脊梁——饶斌》	网络音频节目（广播剧）	华视嘉德国际文化传媒（北京）有限公司	奖励一档
2	《小虎爱推理之河西迷途》	网络音频节目（广播剧）	北京讯听网络技术有限公司	奖励一档

（北京市广播电视局电视剧管理处）

2021年北京市新视听公益广告扶持项目终评结果

第一批

类别	排名	作品名称	机构名称
电视类			
一类	1	《致敬平凡》	北京广播电视台
	2	《带上你的眼睛》	北京身未动心已远传媒文化有限公司 五洲传播出版传媒有限公司
	3	《说唱百年》	北京广播电视台
	4	《密云水库》	北京广播电视台
	5	《万家灯火万事利》	北京中艺博悦文化传媒有限公司
	6	《路》	北京中智瀚金文化传媒有限公司
二类	7	《民族团结心向党》	北京艺典堂文化传播有限公司
	8	《文明交流　灿烂辉煌》	五洲传播出版传媒有限公司
	9	《革命者》	北京光线传媒股份有限公司
	10	《抗疫英雄》	新京报我们视频
	11	《老师我可以抱抱你吗》	北京市昌平区融媒体中心
	12	《辉煌历程　百年荣耀》	北京市大兴区体育运动学校
	13	《多读一本好书》	央影（北京）传媒有限公司
	14	《海嘎少年的夏天》	北京微播视界科技有限公司
	15	《信仰之光　映剧百年》	北京广播电视台
	16	《“宪”在生活》	北京市门头沟区融媒体中心
	17	《建党百年　信仰弥坚》	中共北京市委老干部局 北京柏雅传媒广告有限责任公司
	18	《残疾人健康促进行动》	北京市卫生健康委员会
三类	19	《伴我同行》	北京市大兴区体育运动学校
	20	《爱需要一生陪伴》	北京艾普拉斯文化发展有限公司
	21	《我都吃完了　你呢？》	北京广播电视台
	22	《致敬每一个自己》	人民日报数字传播
	23	《空调调高一度电》	北京市委宣传部 北京广播电视台
	24	《浴血无名川》	北京海空雄鹰影业有限公司
	25	《庆祝建党100周年之行舟篇》	大兴融媒体中心

（续表）

类别	排名	作品名称	机构名称
三类	26	《诵读百年路　展阅新征程系列之一》	北京广播电视台
	27	《抛物如抛雷》	北京市大兴区体育运动学校
	28	《追光者：脱贫攻坚人物志系列之一》	优酷信息技术（北京）有限公司
	29	《一起加油未来》	中国扶贫基金会月捐发展部
	30	《腾飞　北京大兴国际机场》	北京广播电视台
	31	《老党员的初心使命　公益广告》	大兴融媒体中心
	32	《致敬每一段历程》	人民日报数字传播
	33	《弘扬传统美德》	北京市大兴区体育运动学校
	34	《筑梦》	北京坤和万维广告有限公司
	35	《初心》	央影（北京）传媒有限公司
	36	《“中秋电话亭”系列策划之一》	新京报我们视频
广播类			
一类	1	《山河无恙　英雄不朽》	北京广播电视台
	2	《守住幸福》	北京广播电视台
	3	《百岁老人的入党夙愿》	北京广播电视台
	4	《追问的声音》	北京广播电视台
	5	《求救电话》	北京广播电视台
	6	《英雄大爱　光耀中国》	北京广播电视台
二类	7	《再唱山歌给党听》	北京新晏文化发展有限公司
	8	《安全驾驶 3秒钟50米》	北京广播电视台
	9	《北京之魂　中轴线》	北京广播电视台
	10	《写给动物的一封情书》	北京广播电视台
	11	《好人品　最硬的底牌》	北京市小靓文化传媒有限公司
	12	《红心献给党》	北京新晏文化发展有限公司
	13	《领航》	北京广播电视台
	14	《保护北京雨燕　守护共同家园》	北京广播电视台
	15	《党在第一线》	北京广播电视台
	16	《党史文物　精神永存》	北京新晏文化发展有限公司
	17	《时代英雄　精神信仰》	北京新晏文化发展有限公司
	18	《被“偷窥”的我们》	北京广播电视台

（续表）

类别	排名	作品名称	机构名称
三类	19	《地球是艘船》	北京广播电视台
	20	《聆听西藏：回声跨跃70年》	北京广播电视台
	21	《放下手机　看看美好的世界》	北京广播电视台
	22	《凝聚奋斗力量　共筑中国梦想》	北京市小靓文化传媒有限公司
	23	《我心向党》	延庆区融媒体中心
	24	《与中国梦共融　伴中华腾飞》	北京故事先声文化传媒有限公司
	25	《家书》	北京新晏文化发展有限公司
	26	《致敬时代最可爱的人　传承中国精神》	北京新晏文化发展有限公司
	27	《地球需要你的呵护》	北京广播电视台
	28	《坚守岗位　物流快递篇》	北京广播电视台
	29	《传家宝里的绿色新生活》	北京广播电视台
	30	《舌尖上的野味》	北京广播电视台
	31	《劳动模范是什么》	北京广播电视台
	32	《请放低您的音量》	北京广播电视台
	33	《植绿四十年　变迁迎新篇》	北京广播电视台
	34	《支付安全隐患无处可藏》	北京广播电视台
	35	《假如人类从地球上消失》	北京广播电视台
	36	《共创人类与动物和谐共存的美好家园》	北京广播电视台
机构类			
一类	1	北京广播电视台	
	2	北京歌华有线电视网络股份有限公司	
二类	3	优酷信息技术（北京）有限公司	
	4	人民日报数字传播有限公司	
	5	北京微播视界科技有限公司	
三类	6	北京市大兴区融媒体中心	
	7	北京北广传媒移动电视有限公司	
	8	北京市昌平区融媒体中心	

第二批

类别	排名	作品名称	报送单位
电视类			
一类	1	《几代人的冰雪梦》	北京悠视文化传媒有限公司
二类	2	《车窗》	五洲传播出版传媒有限公司
	3	《中国红》	北京普奥斯塔网络科技有限公司
	4	《传承经典　助梦冬奥》	北京广播电视台
	5	《学党史继往开来》	北京北广传媒数字电视有限公司
三类	6	《薪火相传》	电影频道节目中心 央影（北京）传媒有限公司
	7	《冬奥热爱生活每一面　小蜗牛》	北京广播电视台
	8	《2022北京冬奥会公益广告　徐梦桃篇》	北体传媒科技（北京）有限公司
	9	《北京冬奥起航2022精彩继续》	北京市朝阳区融媒体中心
	10	《去拼　为了成为更好的自己》	北京广播电视台
	11	《筑梦同行　点亮盛世华光》	北京市大兴区融媒体中心
	12	《一起来》	北京坤和万维广告有限公司
广播类			
一类	1	《奥运印记·燃情冰雪》	北京广播电视台
二类	2	《税收助力冬奥》	北京市朝阳区税务局北京定安文化传媒中心
	3	《文明观赛》	北京市小靓文化传媒有限公司
	4	《唱支山歌给党听》	北京市小靓文化传媒有限公司
三类	5	《越来越好》	北京市小靓文化传媒有限公司
	6	《冰雪北京》	北京悦库时光文化传媒有限公司
	7	《品读红色家书　汲取前行力量》	北京市小靓文化传媒有限公司
	8	《双奥之城　北京》	北京悦库时光文化传媒有限公司
	9	《精益求精保障冬奥　工匠精神奉献初心》	北京新晏文化发展有限公司
	10	《各行各业齐努力　参与冬奥你我他》	北京市大兴区融媒体中心
	11	《问心》	北京新晏文化发展有限公司

2021年度北京市广播电视收听收看优秀作品评选结果

序号	作品名称	奖项名称	获奖部门及人员
1	《北京您早》	优秀新闻栏目	北京广播电视台新闻频道
2	《主播在线》		北京广播电视台新闻广播
3	《冬梦之约》第一季	优秀综艺节目	北京广播电视台卫视频道
4	《京城十二时辰》		北京广播电视台卫视频道
5	《我是规划师》第一季	优秀季播节目	北京广播电视台新闻频道
6	《我的桃花源》第二季		北京广播电视台卫视频道
7	《民法典通解通读》	优秀法制栏目	北京广播电视台科教频道
8	《七色光》	优秀青少栏目	北京广播电视台卡酷少儿
9	《青年说》		北京广播电视台青年广播
10	《档案》	优秀科教栏目	北京广播电视台卫视频道
11	《教育面对面》		北京广播电视台城市副中心之声
12	《这里是北京》	优秀文化栏目	北京广播电视台新闻频道
13	《运河之上》		北京广播电视台城市副中心之声
14	《2022》	优秀体育栏目	北京广播电视台冬奥纪实频道
15	《雄鸡唱晓》		北京广播电视台体育广播
16	《向前一步》	优秀社会民生栏目	北京广播电视台卫视频道
17	《老年之友》		北京广播电视台城市副中心之声
18	《养生堂》	优秀健康养生栏目	北京广播电视台卫视频道
19	《健康加油站》		北京广播电视台城市副中心之声
20	《京津冀大格局》	优秀财经栏目	北京广播电视台财经频道
21	《金融街午餐会》		北京广播电视台财经频道
22	《为你喝彩》	大宣管优秀栏目	北京广播电视台卫视频道
23	《整点快报》		北京广播电视台新闻广播
24	《冬梦之约》第二季	冬奥主题十佳节目	北京广播电视台北京卫视
25	《哇，冰球》		北京广播电视台卡酷少儿频道
26	《欢乐正前方》		北京广播电视台交通广播
27	《徐徐道来话北京》		北京广播电视台交通广播
28	《冰雪荣耀：大声唱冬奥　一起向未来》		北京广播电视台音乐广播

（续表）

序号	作品名称	奖项名称	获奖部门及人员
29	《诗话冬奥》	冬奥主题十佳节目	北京广播电视台体育广播
30	《飞扬向未来》		北京广播电视台科教频道
31	《飞扬向未来》		北京广播电视台新闻频道
32	《飞扬向未来》		北京广播电视台冬奥纪实频道
33	《盛会》		北京广播电视台冬奥纪实频道
34	《冰雪荣耀：北京冬奥会特别节目》		北京广播电视台新闻广播
35	《冰雪荣耀：北京冬奥会特别节目》		北京广播电视台体育广播
36	《冰雪荣耀：北京冬奥会特别节目》		北京广播电视台文艺广播
37	《冰雪荣耀：北京冬奥会特别节目》		北京广播电视台京津冀之声
38	《冬奥百科》	冬奥主题宣传优秀作品	北广传媒移动电视
39	《冬奥场馆揭秘》		北广传媒移动电视
40	《冬奥来了》		北广传媒移动电视
41	《老党员的最后心愿》	建党百年优秀作品	通州区融媒体中心
42	《话说红色门头沟》系列作品		门头沟区融媒体中心
43	《平安记忆　红色大兴》		大兴区融媒体中心
44	《北方的红星》		丰台区融媒体中心
45	《红耀海淀谱新篇》		海淀区融媒体中心
46	《这里是朝阳》		朝阳区融媒体中心
47	《党史我来讲》		经开区融媒体中心
48	《他乡亦故乡》	全面小康优秀作品	石景山区融媒体中心
49	《小康路上话民生》		怀柔区融媒体中心
50	《只为人民健康　平谷医护人员坚守“战疫”一线》	疫情防控优秀作品	平谷区融媒体中心
51	《第四轮核酸检测全部阴性龙泽园街道9个小区今天零时解封》		昌平区融媒体中心
52	《100秒看顺义》	形象传播优秀作品	顺义区融媒体中心
53	《逐光》		房山区融媒体中心
54	《与密云朋友的一天（2021）》		密云区融媒体中心
55	“东城探秘”系列视频《探访原北大数学系楼》	融合传播优秀作品	东城区融媒体中心
56	《都市阳光》		西城区融媒体中心

（续表）

序号	作品名称	奖项名称	获奖部门及人员
57	《冬奥一家人》	冬奥主题宣传优秀作品	石景山区融媒体中心
58	《北京东城：冬奥唱起来，一起向未来！》MV		东城区融媒体中心
59	《唱响冬奥|和北京冬奥一起向未来！西城区文化馆邀您跳起来、舞起来~》MV		西城区融媒体中心
60	《助力冬奥！这项迎冬奥的活动在房山启动啦！》		房山区融媒体中心
61	《冬奥小课堂》		丰台区融媒体中心
62	《music！来~跟朝阳群众一起唱“冬奥”》		朝阳区融媒体中心
63	《用光讲好“双奥之城”故事，北京经开区创意光影为北京冬奥会增添靓色》		经开区融媒体中心
64	《北京2022年冬残奥会倒计时100天主题活动举行，市委书记蔡奇致辞》		密云区融媒体中心
65	《我与冬奥》		延庆区融媒体中心
66	《昌平新闻》“冰雪微课堂”		昌平区融媒体中心
67	《雪车》		平谷区融媒体中心
68	《你我同行　助力冬奥　学冬奥知识　赢精美奖品——冬奥知识有奖问答活动》		大兴区融媒体中心
69	《冬奥项目小知识》		门头沟区融媒体中心
70	《倒计时200天！海量高清“剧透”家门口的冬奥会！》		顺义区融媒体中心
71	《冬奥模考》		怀柔区融媒体中心
72	《冰雪运动热校园》		通州区融媒体中心

（北京市广播电视局宣传管理处）

2021年北京市优秀少儿广播电视节目名单

序号	节目名称	制作机构
广播节目		
1	听听糖耳朵——了不起的中国人系列节目	北京广播电视台文艺广播中心
2	编辑部的故事“六一”系列节目	北京广播电视台新闻广播中心
3	教育面对面	北京广播电视台城市广播中心
电视节目		
1	花儿向阳　童心向党——庆祝中国共产党成立100周年全国少儿晚会	北京广播电视台动画频道中心
2	2021北京市中小学生公共安全开学第一课	北京广播电视台新闻频道中心
3	感谢身边有您	北京广播电视台动画频道中心
4	2021卡酷动画春晚	北京广播电视台动画频道中心
5	老师请回答	北京广播电视台卫视频道中心
区级及其他		
1	小记者大视界　创城创卫我发现（电视节目）	大兴区融媒体中心
2	传承优良家风、共享快乐阅读——亲子讲故事（广播节目）	顺义区融媒体中心
3	教育园地（广播节目）	密云区融媒体中心
4	小导游大视界（电视节目）	北京北广传媒数字电视有限公司
5	学通房山（电视节目）	房山区融媒体中心
6	FIM时光（电视节目）	昌平区融媒体中心

（北京市广播电视局宣传管理处）

2021年北京市广播电视创新创优节目名单

序号	节目名称	制作机构
第一季度		
广播节目		
1	《今晚我们说电影》"百集红色经典电影展播"特别系列节目	北京广播电视台文艺广播中心
2	《运河之上》特别节目——穿越千年，追寻文明之光	北京广播电视台城市广播中心
3	《编辑部的故事》新春特别节目"温度"系列访谈	北京广播电视台新闻广播中心
4	《徐徐道来话北京》"庆祝中国共产党成立100周年"特别节目	北京广播电视台交通广播中心
5	《奥运有范儿》	北京广播电视台体育广播中心
6	《航空在线——冲出大气层》	北京广播电视台交通广播中心
7	"大声喊　新年好"北京广播电视台广播跨年融媒传播行动	北京广播电视台
电视节目		
1	《我是规划师》	北京广播电视台新闻频道中心
2	2021年北京广播电视台春节联欢晚会	北京广播电视台文艺频道中心
3	《全面小康　全面解码》	北京广播电视台卫视频道中心
4	《我是大医生》	北京广播电视台卫视频道中心
5	《冬梦之约》	北京广播电视台卫视频道中心
6	《气象观天下》	北京广播电视台科教频道中心
7	《香山181天》	北京广播电视台新闻频道中心
区级节目		
1	《爱我东城》系列微视频	东城区融媒体中心
2	《让爱回家》系列视频	丰台区融媒体中心
3	庆祝中国共产党成立100周年	东城区融媒体中心
4	《坚持绿色发展　建设美丽房山》	房山区融媒体中心
第二季度		
广播节目		
1	广播剧《播火者》	北京广播电视台文艺广播中心
2	最近我读的书——2021世界读书日特别报道	北京广播电视台京津冀之声
3	《青年说党史》	北京广播电视台青年广播中心
4	《歌声献给党》	北京广播电视台音乐广播中心

（续表）

序号	节目名称	制作机构
5	《红墙下的忠诚故事》	北京广播电视台青年广播中心、北京时间
6	《百年筑梦·正青春》	北京广播电视台
7	《行走在阅读的时空里》	北京广播电视台故事广播中心
	电视节目	
1	《我为群众办实事》	北京广播电视台卫视频道中心
2	花儿向阳　童心向党——庆祝中国共产党成立100周年全国少儿晚会	北京广播电视台动画频道中心
3	《书画里的中国》	北京广播电视台青年频道中心
4	《永远跟党走　建功新时代》	北京广播电视台新闻频道中心
5	《信仰的力量》	北京广播电视台青年频道中心
6	养生堂——“感动北京·最美家医”特别节目	北京广播电视台卫视频道中心
7	《民法典通读解读》	北京广播电视台科教频道中心
8	京津冀大格局——“花开京津冀”系列节目	北京广播电视台财经频道中心
	区级节目	
1	这里是朝阳——建党百年特别节目	朝阳区融媒体中心
2	古今昌平——古建匠心	昌平区融媒体中心
3	百年接续奋斗　航天梦托举中国梦	丰台区融媒体中心
4	话说红色门头沟——一个山村　一张批示	门头沟区融媒体中心
5	重温红色故事：赤胆忠心为人民　智勇双全筑功勋	通州区融媒体中心
	第三季度	
	广播节目	
1	《一路畅通》冬奥特别策划“一路奔冬奥”第二季——从东京望北京	北京广播电视台交通广播中心
2	《千里舟行下江南》	北京广播电视台交通广播中心
3	《值得珍存的味道》	北京广播电视台交通广播中心
4	《北大红楼》	北京广播电视台文艺广播中心
5	《百年风流》	北京广播电视台文艺广播中心
	电视节目	
1	《最美中轴线》	北京广播电视台卫视频道中心
2	《京城十二时辰》	北京广播电视台卫视频道中心
3	《为你喝彩之恰百年风华》	北京广播电视台卫视频道中心
4	《师父！我要跳舞了》	北京广播电视台动画频道中心
5	《岁月为证》	北京广播电视台财经频道中心
6	《味道掌门》	北京广播电视台生活频道中心
	区级节目	
1	《科普时刻》	顺义区融媒体中心

（续表）

序号	节目名称	制作机构
2	创城VLOG：别样的垃圾分类驿站	门头沟区融媒体中心
3	“月圆人团圆南　北话中秋”联动直播	丰台区融媒体中心
4	党史进校园系列	昌平区融媒体中心
5	下足“绣花功夫”　推进城市精细化管理	通州区融媒体中心
第四季度		
广播节目		
1	《大声喊　新年好》	北京广播电视台
2	《打开文化之门》“中轴线的微时光”系列节目	北京广播电视台文艺广播中心
3	一路奔冬奥　一起向未来——冬奥开幕倒计时100天特别直播	北京广播电视台交通广播中心
4	《上新了，北京地铁》	北京广播电视台新闻广播中心
5	《编辑部的故事》“长津湖”特别节目	北京广播电视台新闻广播中心
6	《青年说》“我为改革献一策”对话青年公务先锋系列	北京广播电视台青年广播中心
7	“爱北京，唱起来！”第二届歌唱北京优秀歌曲国庆特辑	北京广播电视台音乐广播中心
电视节目		
1	《冬梦之约（第二季）》	北京广播电视台卫视频道中心
2	《一起向未来》	北京广播电视台卫视频道中心
3	《最美中国戏》	北京广播电视台卫视频道中心
4	《向前一步》	北京广播电视台卫视频道中心
5	《2022 迎冬奥BRTV环球跨年冰雪盛典》	北京广播电视台
6	《洞见金融街·闭幕圆桌　愿景2022》 金融街论坛十周年特别节目	北京广播电视台财经频道中心
7	《一师亦友》	北京广播电视台科教频道中心
8	《探秘冬奥场馆》	歌华传媒集团
区级节目		
1	广播剧《文明一家人》	顺义区融媒体中心
2	《延延带你看冬奥》	延庆区融媒体中心
3	《真情故事——北京雪花　情系高原》	昌平区融媒体中心
4	《与密云朋友的一天（2021）》	密云区融媒体中心

（北京市广播电视局宣传管理处）

2021年北京市优秀融媒体新闻作品名单

序号	作品名称	制作机构
第一季度		
1	《中美高层战略对话的现场翻译是她》	北京广播电视台 新闻频道中心
2	《2021北京市两会系列融媒体报道 》	北京时间
3	《留在北京过大年》	北京广播电视台 青年频道中心
4	《北京脊梁中轴线》第一季	北京广播电视台 广播网络中心
5	《留京过年，请回答》	北京广播电视台 新闻频道中心
6	《密云新年俗慢直播》	密云区融媒体中心
7	《党建知识小问答，你能答对几题！》	朝阳区融媒体中心
8	《震撼！海淀城市大脑“中枢”，全景首次曝光！6000多万条数据动态运转分析……》	海淀区融媒体中心
9	《昌平两会您都关心啥？听听区长怎么说》	昌平区融媒体中心
10	《让爱回家：爸爸妈妈请放心　北京过年挺好的》	丰台区融媒体中心
11	《2021，在东城，打开你的新年幸运签》	东城区融媒体中心
第二季度		
1	《5.1天津解放桥开桥直播》	北京广播电视台 京津冀之声
2	《追寻百年印记　打卡红色之旅》	北京广播电视台 广播网络媒体中心
3	《只需打1针！一剂次新冠疫苗在海淀区开打》	北京广播电视台 交通广播中心
4	《#声音里的红色记忆#这些声音，是李大钊革命的秘密武器！》	北京广播电视台 新闻频道中心
5	《我在太空安个家》	北京广播电视台 科教频道中心
6	《“画”说身边的党员》	北京广播电视台 新闻频道中心
7	《北京东四八条这个院子，周总理来过两次，单雾翔驻足沉思……》	北京广播电视台 新闻频道中心
8	《住房公积金五种用途　用好能省几十万》	北京广播电视台 财经频道中心
9	《一封穿越时空的家书》	密云区融媒体中心

（续表）

序号	作品名称	制作机构
10	《我在城市副中心为党送祝福》	通州区融媒体中心
11	《我是警察，我来救你！延庆公安分局民警巡逻途中奋不顾身，舍己救人！》	延庆区融媒体中心
12	《接诉即办的昌平温度（速度、态度、力度）》	昌平区融媒体中心
13	《我为冬奥倒计时》	延庆区融媒体中心
14	《英雄母亲邓玉芬》	丰台区融媒体中心
第三季度		
1	《从封闭到解封——国兴家园新冠疫情隔离纪实》	北京广播电视台 新闻广播中心
2	《点亮头像　庆祝建党百年》	北京广播电视台 广播网络媒体中心
3	《肖若腾赛后第一时间与父母视频通话》	北京广播电视台 体育广播中心
4	《“百岁老人话百年”系列短视频》	北京广播电视台 生活频道中心
5	《百年寻梦，2021请回答》	北京广播电视台 新闻频道中心
6	《“画”说身边的党员》第二季	北京广播电视台 新闻频道中心
7	《一哥带你看奥运》	北京广播电视台 新闻频道中心
8	《独家直播，正阳桥镇水兽考古大发现》	北京广播电视台 新闻频道中心
9	《教育部推行5+2教育模式》	北京广播电视台 财经频道中心
10	《记者直击火灾后现场：电动自行车电池充电酿灾祸　市民停车充电需遵法律法规》	通州区融媒体中心
11	《直击顺义核酸检测现场！寒夜里的坚守与执着！》	顺义区融媒体中心
12	《手绘长图，百年历程看昌平》	昌平区融媒体中心
13	《卢沟桥畔　一场跨越年龄的对话》	丰台区融媒体中心
14	《100秒看顺义》	顺义区融媒体中心
第四季度		
1	《虎仔逛冬奥》	北京广播电视台 体育广播中心
2	《冬奥正前方》系列短视频	北京广播电视台 广播网络媒体中心
3	《哦，你是这样的北京》	北京广播电视台 新闻广播中心
4	《“环京通勤早高峰”体验报道》	北京广播电视台 交通广播中心

（续表）

序号	作品名称	制作机构
5	《110秒爬上160米山坡！冬奥场馆里的这个“神器”厉害了！》	北京广播电视台新闻频道中心
6	《我是规划师》第二季新媒体系列	北京广播电视台新闻频道中心
7	《我在太空安个家系列六——神舟十三飞天纪实》	北京广播电视台科教频道中心
8	《一起向未来》歌曲MV	北京广播电视台卫视频道中心
9	《2021琉璃河考古新发现》	北京广播电视台新闻频道中心
10	《嘿，易烊千玺邀你来K 歌！和北京冬奥一起向未来！》	北京广播电视台新闻频道中心
11	《逛逛服贸会》	北广传媒移动电视
12	《众志成城　齐心战疫》系列微视频	东城区融媒体中心

（北京市广播电视局宣传管理处）

2021年北京市优秀广播电视新闻作品名单

序号	节目名称	制作机构
第一季度		
广播新闻作品		
1	《百年院落陷尴尬，文保单位谁来保？》	北京广播电视台 新闻广播中心
2	《共赴冬奥之约——北京冬奥会倒计时一周年特别节目》	北京广播电视台 体育广播中心
3	《新修订的志愿者条例，能为“志愿社会”带来什么》	北京广播电视台 城市广播中心
4	《新春走基层特别节目“最美奋斗者”》	北京广播电视台 交通广播中心
电视新闻作品		
1	《居民自主垃圾分类情况调查》	北京广播电视台 新闻频道中心
2	《草原打井人》	北京广播电视台 新闻频道中心
3	《首都经济报道——“数字王府井　冰雪购物节”数字人民币试点体验活动特别报道》	北京广播电视台 财经频道中心
4	《两会云访谈：蹄疾步稳促发展　北京推进城市更新》	北京广播电视台 新闻频道中心
5	《“两区”建设对话一把手》	北京广播电视台 新闻频道中心
6	《全面小康　全面解码》	北京广播电视台 卫视频道中心
区级广播电视新闻作品		
1	《缅怀身边好人——蒲黄榆派出所社区民警刘安（上下集）》	丰台区融媒体中心
2	《“雪游龙”惊艳亮相　国家雪车雪橇中心举行首场比赛》	延庆区融媒体中心
3	《新冠疫苗接种　记者现场体验vlog（1）》	门头沟区融媒体中心
4	《一起在北京过年吧》	昌平区融媒体中心
5	《乡村产业兴旺　吸引青年人回乡创业》	密云区融媒体中心
6	《春节不停工　地铁建设者用劳动和汗水迎佳节》	海淀区融媒体中心
第二季度		
广播新闻作品		
1	《见证初心·百集京华党史故事》	北京广播电视台 新闻广播中心

（续表）

序号	节目名称	制作机构
2	《我的双奥我的城》	北京广播电视台 体育广播中心
3	《垃圾分类一周年，城市文明新起点》	北京广播电视台 城市广播中心
4	《“我的骑行日记——北京市慢行系统全体验”系列直播》	北京广播电视台 交通广播中心
5	《麒麟科学奖小微水体治理的科创路》	北京广播电视台 京津冀之声
电视新闻作品		
1	《党旗在一线飘扬》	北京广播电视台 新闻频道中心
2	《寻踪百年辉煌》	北京广播电视台 卫视频道中心
3	《网红列车画中游》	北京广播电视台 新闻频道中心
4	《百年历程》	北京广播电视台 新闻频道中心
区级广播电视新闻作品		
1	《“天使妈妈”白春爱的母亲节》	通州区融媒体中心
2	《夜培训点亮农民梦》	延庆区融媒体中心
3	《绝壁观鸟　监测觅踪》	密云区融媒体中心
4	《71盏路灯照亮1090户居民回家路》	丰台区融媒体中心
第三季度		
广播新闻作品		
1	《医者仁心　扶贫稳边》	北京广播电视台 新闻广播中心
2	《伟大的旗帜》	北京广播电视台 体育广播中心
3	《“出发吧　新学年”——2021开学季特别节目》	北京广播电视台 城市广播中心、交通广播中心
电视新闻作品		
1	《“奋斗百年　同心向党”系列报道》	北京广播电视台 新闻频道中心
2	《“豫见”系列报道》	北京广播电视台 科教频道中心
3	《传承之“胡同交警”》	北京广播电视台 新闻频道中心
4	《冬奥冲刺看延庆》	北京广播电视台 体育频道中心

（续表）

序号	节目名称	制作机构
5	七一特别直播报道《奋斗百年　同心向党》	北京广播电视台 新闻频道中心
区级广播电视新闻作品		
1	《老党员的最后心愿》	通州区融媒体中心
2	《用生命诠释责任　顺义公交司机全力护航乘客安全》	顺义区融媒体中心
3	《坚持绿色办奥理念　北京第一座70兆帕加氢站在延庆投入使用》	延庆区融媒体中心
4	《百年辉煌心向党》	房山区融媒体中心
5	《第四轮核酸检测全部阴性　龙泽园街道9个小区今天零时解封》	昌平区融媒体中心
6	《东城探秘——探访原北大数学系楼》	东城区融媒体中心
第四季度		
广播新闻作品		
1	《如此“满意”失民意，“人民至上”怎落地？！》	北京广播电视台 新闻广播中心
2	《信用医疗，新方式能否带来新体验》	北京广播电视台 城市广播中心
3	《莫斯科“六大”会址见证百年风云》	北京广播电视台 外语广播中心
4	《永远的双奥之城》	北京广播电视台北京体育广播中心、新闻广播中心、交通广播中心、城市广播中心、京津冀之声和听听FM联合制作播出
5	《见证初心·赓续精神血脉》	北京广播电视台 新闻广播中心
电视新闻作品		
1	《我家门前办冬奥》	北京广播电视台 新闻频道中心
2	《我国110千伏电缆国产绝缘料挂缆成功》	北京广播电视台 新闻频道中心
3	《鼓楼前》	北京广播电视台 新闻频道中心
4	《此生无悔入华夏》	北京广播电视台 新闻频道中心
5	《让手机成为新农具》	北广传媒移动电视
区级广播电视新闻作品		
1	《密云区迎来候鸟迁徙高峰》	密云区融媒体中心
2	《抗美援朝老兵郑守忠：走得再远也不能忘记来时的路》	海淀区融媒体中心
3	《中国精神》第一季	顺义区融媒体中心

（北京市广播电视局宣传管理处）

北京市广电局2021年优秀网络视听作品推选活动优秀作品目录

序号	片名	类别	申报机构	奖项
1	《我是余欢水》	网络剧	得闲影业（北京）有限公司	总局2020年“弘扬社会主义核心价值观　共筑中国梦”主题原创网络视听节目征集推选和展播活动优秀节目
2	《重生》	网络剧	优酷信息技术（北京）有限公司	
3	《我来自北京之铁锅炖大鹅》	网络电影	优酷信息技术（北京）有限公司 北京长信影视传媒有限公司	
4	《登峰》	网络电影	青年电影制片厂	
5	《花儿照相馆》	网络电影	北京淘梦网络科技有限公司	
6	《我是科学人》	网络纪录片	北京朗知网络传媒科技股份有限公司	
7	《第一线》	网络纪录片	中国人口宣传教育中心 优酷信息技术（北京）有限公司	
8	《最美中国　第四季》	网络纪录片	优酷信息技术（北京）有限公司	
9	《冬去春归·2020疫情里的中国》	网络纪录片	优酷信息技术（北京）有限公司	
10	《瑜你台上见》	网络综艺节目	北京爱奇艺科技有限公司	
11	《时间告诉我·东方符号》	网络综艺节目	北京搜狐互联网信息服务有限公司	
12	《益起追光吧》	网络综艺节目	优酷信息技术（北京）有限公司	
13	《四海鲸骑　第二季》	网络动画片	北京爱奇艺科技有限公司	
14	《窝窝》	网络动画片	李萌	
15	《为了更好的你》	短视频	北京快手科技有限公司	
16	《共和国警察故事》	短视频	乾鹏印象国际文化传媒（北京）有限公司	
17	《逆行中的她们》	短视频	北京快手科技有限公司	
18	《铁道游击队》	网络音频节目	北京凯声文化传媒有限责任公司	
19	《约定》	网络剧	北京爱奇艺科技有限公司	总局2020年第三季度重大题材网络影视剧项目库入选作品
20	《沪上十年》	网络剧	艾瑟弗（北京）国际文化创意有限公司 湖北戌德影视文化传媒有限公司	
21	《中国飞侠》	网络电影	北京奇树有鱼文化传媒有限公司	
22	《凡人英雄》	网络电影	优酷信息技术（北京）有限公司	
23	《绿皮火车》	网络电影	北京华承云智影业有限公司	
24	《我来自北京之玛尼堆的秋天》	网络电影	北京长信影视传媒有限公司	

（续表）

序号	片名	类别	申报机构	奖项
25	《摩天大楼》	网络剧	联播聚客（北京）国际传媒有限公司	总局2020年第三季度优秀网络视听作品推选活动优秀作品
26	《毛驴上树2倔驴搬家》	网络电影	北京奇树有鱼文化传媒有限公司	
27	《老大不小》	网络电影	北京爱奇艺科技有限公司	
28	《星空瞰华夏》	网络纪录片	五洲传播出版社	
29	《冬去春归2·原地生长》	网络纪录片	优酷信息技术（北京）有限公司	
30	《告诉世界我可以》	网络纪录片	优酷信息技术（北京）有限公司	
31	《幸福实验室》	网络纪录片	优酷信息技术（北京）有限公司	
32	《脱贫先进人物高丽萍》	短视频	新片场传媒股份有限公司	
33	《“八一”特别策划｜岁月静好　因为有你　致敬中国军人》	短视频	五洲传播出版社	
34	《沉默的真相》	网络剧	北京爱奇艺科技有限公司	总局2020年第四季度优秀网络视听作品推选活动优秀作品
35	《棋魂》	网络剧	北京爱奇艺科技有限公司	
36	《中国飞侠》	网络电影	北京奇树有鱼文化传媒有限公司	
37	《利剑行动》	网络电影	北京爱奇艺科技有限公司	
38	《追光者·脱贫攻坚人物志》	网络纪录片	优酷信息技术（北京）有限公司	
39	《相遇在中国》	网络纪录片	五洲传播出版社	
40	《最美中国　第五季》	网络纪录片	优酷信息技术（北京）有限公司	
41	《一部咖啡里的脱贫故事》	网络动画片	中国搜索信息科技股份有限公司	
42	《曹星原·中国美术50讲》	网络音频节目	北京思维造物信息科技股份有限公司	
43	《“快手状元”十九届五中全会专场直播答题活动》	其他	北京快手科技有限公司	
44	《重生》	网络剧	优酷信息技术（北京）有限公司	总局2020年度优秀网络视听作品推选活动优秀作品
45	《我是余欢水》	网络剧	得闲影业（北京）有限公司	
46	《沉默的真相》	网络剧	北京爱奇艺科技有限公司	
47	《中国飞侠》	网络电影	北京奇树有鱼文化传媒有限公司	
48	《我来自北京之铁锅炖大鹅》	网络电影	优酷信息技术（北京）有限公司	
49	《毛驴上树2倔驴搬家》	网络电影	北京奇树有鱼文化传媒有限公司	
50	《凌晨四点的武汉》	网络纪录片	北京快手科技有限公司	
51	《中国医生战疫版》	网络纪录片	北京爱奇艺科技有限公司	

（续表）

序号	片名	类别	申报机构	奖项
52	《第一线》	网络纪录片	优酷信息技术（北京）有限公司	总局2020年度优秀网络视听作品推选活动优秀作品
53	《冬去春归》	网络纪录片	优酷信息技术（北京）有限公司	
54	《告诉世界我可以》	网络纪录片	优酷信息技术（北京）有限公司	
55	《最美中国　第五季》	网络纪录片	优酷信息技术（北京）有限公司	
56	《追光者·脱贫攻坚人物志》	网络纪录片	优酷信息技术（北京）有限公司	
57	《看见》	短视频	北京快手科技有限公司	
58	《瑜你台上见》	网络栏目	北京爱奇艺科技有限公司	
59	《对白》	网络栏目	优酷信息技术（北京）有限公司	
60	《相信未来　在线义演》	网络直播	优酷信息技术（北京）有限公司	
61	《“快手状元”十九届五中全会专场直播答题》	网络直播	北京快手科技有限公司	
62	《约定》	网络剧	北京爱奇艺科技有限公司	总局2021年第一季度优秀网络视听作品推选活动优秀作品
63	《迷雾追踪》	网络剧	优酷信息技术（北京）有限公司	
64	《我来自北京之福从天降》	网络电影	北京爱奇艺科技有限公司	
65	《戏剧新生活》	网络综艺节目	优酷信息技术（北京）有限公司	
66	《指尖上的非遗》	网络综艺节目	北京春秋四海影业投资有限公司	
67	《劳生不悔》	网络纪录片	北京爱奇艺科技有限公司	
68	《战疫启示录》	网络纪录片	北京字节跳动科技有限公司	
69	《奇妙之城》	网络纪录片	优酷、潜影文化	
70	《云中居三子》	网络动画片	北京爱奇艺科技有限公司	总局中国经典民间故事动漫创作工程（网络动画片）2020年重点扶持项目
71	《兔儿爷》	网络动画片	星视长河（北京）文化传媒有限公司	
72	《凯叔·喵学堂》	网络动画片	北京华思维泰克科技有限公司	
73	《浴血无名川》	网络电影	北京爱奇艺科技有限公司	总局2021年第二季度优秀网络视听作品推选活动优秀作品
74	《草原上的萨日朗》	网络电影	北京爱奇艺科技有限公司	
75	《绿皮火车》	网络电影	北京华承云智影业有限公司	
76	《李林克的小馆儿（上）》	网络动画片	北京什悦文化传播有限公司	
77	《百年巨匠——建筑篇》	网络纪录片	百年艺尊（北京）文化传播有限公司	

（续表）

序号	片名	类别	申报机构	奖项
78	《小狼乐宾》第一季	网络动画片	优酷信息技术（北京）有限公司 法国Xilam Antmation	总局2020—2021年度中外电视（网络视听）合拍项目扶持作品
79	《梦想协奏曲》（原《王妃日记》）	网络剧	北京艺鼎传奇文化传播有限公司 泰国Skyline Real有限公司	
80	《约定》	网络剧	北京爱奇艺科技有限公司	总局2021年“弘扬社会主义核心价值观 共筑中国梦”主题原创网络视听节目征集推选和展播活动优秀节目
81	《我才不要和你做朋友呢》	网络剧	湖南快乐阳光互动娱乐传媒有限公司	
82	《棋魂》	网络剧	北京爱奇艺科技有限公司	
83	《脑海深处》	网络剧	造梦东方（北京）影业有限公司	
84	《浴血无名川》	网络电影	北京海空雄鹰影业有限公司	
85	《扫黑英雄》	网络电影	北京爱奇艺科技有限公司	
86	《毛驴上树2倔驴搬家》	网络电影	北京奇树有鱼文化传媒有限公司	
87	《草原上的萨日朗》	网络电影	东扩文化传媒（北京）有限公司	
88	《老大不小》	网络电影	北京爱奇艺科技有限公司	
89	《利剑行动》	网络电影	北京爱奇艺科技有限公司	
90	《生死时刻》	网络电影	北京美视众乐影业有限公司	
91	《一呼百应》	网络电影	北京美视众乐影业有限公司	
92	《月亮船》	网络电影	快手科技	
93	《中国飞侠》	网络电影	北京奇树有鱼文化传媒有限公司	
94	《冬去春归2》	网络纪录片	优酷信息技术（北京）有限公司	
95	《劳生不悔》	网络纪录片	北京爱奇艺科技有限公司	
96	《追光者·脱贫攻坚人物志》	网络纪录片	优酷信息技术（北京）有限公司	
97	《最美中国5》	网络纪录片	优酷信息技术（北京）有限公司	
98	《相信未来　在线义演》	网络综艺节目	优酷信息技术（北京）有限公司	
99	《蜉蝣日记》	网络动画片	中国传媒大学动画与数字艺术学院	
100	《李林克的小馆儿》	网络动画片	北京什悦文化传播有限公司	
101	《越女长歌》	网络动画片	中国传媒大学动画与数字艺术学院	
102	《因为是少年》	短视频	优酷信息技术（北京）有限公司	
103	《追光的人》	短视频	北京新片场传媒股份有限公司	

（北京市广播电视局网络视听节目管理处）

2021年北京市广播电视媒体融合先导单位名单

序号	单位名称
1	北京新媒体（集团）有限公司——北京时间融媒平台 （注：被评为全国广播电视媒体融合先导单位）
2	北京市延庆区融媒体中心
3	北京市朝阳区融媒体中心
4	北京市丰台区融媒体中心

（北京市广播电视局媒体融合发展处）

2021年北京市广播电视媒体融合典型案例名单

序号	单位	名称
1	北京市丰台区融媒体中心	丰台社区新闻发声人——让基层群众成为新时代传播正能量网红
2	北京广播电视台	“5G专网+VR”技术方案——2021北京两会全景直/录播
3	北京市石景山区融媒体中心	北京市石景山融媒体中心融媒体信息系统建设项目
4	北京广播电视台	2021北京广播电视台春节联欢晚会媒体融合传播
5	北京广播电视台	留在北京过大年
6	北京市海淀区融媒体中心	海淀融媒发布厅：北京首个区级“融媒+”线上发布平台
7	北京广播电视台	北京IPTV与政府文化惠民的融合创新
8	北京市昌平区融媒体中心	三维重构　系统集成　加快建成综合服务型媒体

（北京市广播电视局媒体融合发展处）

2021年北京市广播电视媒体融合成长项目名单

序号	单位	名称
1	北京广播电视台	北京时间《接诉即办》
2	北京广播电视台	智能信息运营系统（IMOS）
3	北京广播电视台	“一体化”发展战略下　聚力打造KAKU新媒体品牌矩阵
4	中广创思网络科技有限公司	“听见广播”融媒体平台 （注：被评为全国广播电视媒体融合成长项目）
5	北京广播电视台	《“画”说身边的党员》融媒体季播节目
6	北京城市广播副中心之声	“大运河城市广播联盟”融媒采访行动
7	北京日报社	北京日报客户端“京直播”
8	北京广播电视台	见证初心·百集京华党史故事

（北京市广播电视局媒体融合发展处）

“红色视听之旅”融媒行动优秀短视频名单

序号	申报单位	视频名称
一类		
1	北京日报	京畿红迹：这首歌你一定听过、会唱
2	北京广播电视台	“理想照耀中国”系列短视频《百年北大红楼：孕育红色理想　谱写红色序章》
3	新京报	百年百物|北京第一家个体餐馆工商执照：41年未改店名已传至第三代
4	北京青年报	打卡北京红色遗迹：李大钊烈士陵园
5	北京市西城区融媒体中心	“足迹”系列之消失在什刹海畔的秘密电波
6	北京市海淀区融媒体中心	《村里来了个“博士书记”》
7	北京市朝阳区融媒体中心	《“冰丝带”有哪些亮点？国家速滑馆抢先看》
8	北京市丰台区融媒体中心	《北方的红星》风暴
9	北京市延庆区融媒体中心	冬奥系列——延庆冬奥赛区
10	北京经济技术开发区融媒体中心	《新师傅》

（续表）

序号	申报单位	视频名称
二类		
1	北京日报	《100秒看“先驱者的奋斗——慈悲庵党的早期革命活动专题展”》
2	北京广播电视台	“理想照耀中国”系列短视频《北京首钢：百年首钢　百炼成钢》
3	北京广播电视台	《闪亮的足迹：李大钊故居》
4	北京歌华传媒集团有限责任公司	《马骏：用生命捍卫信仰》
5	新京报	百年百物|尺寸史无前例的大红灯笼　悬挂天安门见证开国大典
6	北京青年报	《打卡北京红色遗迹：一二·九运动》
7	北京市东城区融媒体中心	北京市东城区融媒体中心+探访东城区爱国主义教育基地系列——老舍纪念馆
8	北京市西城区融媒体中心	《西城老兵致敬战疫小战士》
9	北京市朝阳区融媒体中心	《追忆无名英雄》
10	北京市石景山区融媒体中心	《传承红色基因　弘扬革命精神》
11	北京市通州区融媒体中心	《追寻红色印记——抗震救灾修设备　危难之中显身手》
12	北京市顺义区融媒体中心	《永远跟党走：顺义区第一位共产党员李昆》
13	北京市房山区融媒体中心	《以信念之光　照亮奋斗之路》
14	北京市大兴区融媒体中心	《冰壶女孩　绽放时代光彩》
15		《老党员的初心使命》
16	北京市昌平区融媒体中心	《伟大的长征》
17	北京市怀柔区融媒体中心	《平北抗日第一枪》
18	北京市门头沟区融媒体中心	《毛主席电令保护门头沟矿区》
19	北京市密云区融媒体中心	《白乙化：英勇抗战　血沃幽燕》
20	北京经济技术开发区融媒体中心	《百年大业　传世匠心》

注：获得“红色视听之旅”融媒行动优秀短视频名单不再在各单位获奖名单中体现。2021年开展“红色视听之旅”融媒行动，评选出优秀融媒短视频30个，其中一类10个，二类20个，通过北京市广播电视媒体融合发展扶持资金对其进行奖励（媒体融合内容制作类）。

（北京市广播电视局媒体融合发展处）

2021年度北京市广播电视系统科技类奖项获奖情况

一、2021年（第26届）全国广播电视技术能手竞赛奖项

2021年，北京市广电局选拔推荐三名选手参加第26届全国广播电视技术能手竞赛，并全部获奖。其中：北京广播电视台刘爽获广播中心专业一等奖，北京广播电视台王志杰获网络安全专业二等奖，北京广播电视台何莹获电视中心专业三等奖。经综合考量，北京市广电局在全国42个组织单位中获团体二等奖第二名。

二、2021年（第26届）全国广播电视技术能手竞赛预选赛（北京赛区）奖项

2021年，北京市广电局开展第26届全国广播电视技术能手竞赛北京赛区预选赛，刘爽、王志杰、何莹分列广播中心、网络安全、电视中心专业第一名。

序号	姓名	工作单位	专业类别	名次
1	刘　爽	北京广播电视台	广播中心专业	第一名
2	王　暄	北京广播电视台		第二名
3	周瑾莹	北京广播电视台		第三名
4	王志杰	北京广播电视台广电技术中心	网络安全专业	第一名
5	李永波	北京歌华有线电视网络股份有限公司		第二名
6	阳　东	北京歌华有线电视网络股份有限公司		第三名
7	何　莹	北京广播电视台	电视中心专业	第一名
8	郭豪珺	北京广播电视台		第二名
9	曹　帅	北京广播电视台		第三名

三、首届高新视频创新应用大赛奖项

北京市广电行业相关单位参加广电总局举办的首届高新视频创新应用大赛，共有19个项目获奖。其中，一等奖2个，二等奖8个，三等奖9个。

序号	奖项	项目名称	主要完成单位	类别
1	二等奖	基于XR智能制作的多机位互动视频直播系统	北京爱奇艺科技有限公司	互动视频类
2	三等奖	AR实体沉浸式全景仿真演播室系统	南京广播电视集团 北京德火科技有限责任公司	沉浸式视频类
3	三等奖	用于沉浸式视频制作的MR混合现实演播系统	北京德火科技有限责任公司	

（续表）

序号	奖项	项目名称	主要完成单位	类别
4	一等奖	基于FOV编码和姿态感知动态音效的VR视频端到端系统	国家广播电视总局广播电视科学研究院 杭州当虹科技股份有限公司 北京博雅睿视科技有限公司	虚拟现实视频类
5	二等奖	5G+VR党建产品及解决方案	北京未来媒体科技股份有限公司 广播电视科学研究院成都研究院 新疆广电网络股份有限公司 南京睿悦信息技术有限公司 超级芯（江苏）智能科技有限公司	
6	二等奖	12K全景+三维声+5G：探访春天里的双清别墅	中广电广播电影电视设计研究院 深圳看到科技有限公司 北京时代拓灵科技有限公司 北京广播电视台新闻频道中心	
7	三等奖	“5G专网+VR”技术方案——2021北京两会全景直/录播	北京广播电视台 中国电信股份有限公司北京分公司 北京环视天下科技有限公司	
8	三等奖	吉林省广播电视网络虚拟现实视频应用项目	吉视传媒股份有限公司 北京吉视汇通科技有限责任公司 天驰传媒股份有限公司 吉林省行氏动漫科技有限公司	
9	二等奖	基于“云+端”IPTV云游戏互动娱乐平台	中国电信股份有限公司安徽分公司 北京鼎元科技有限公司	云游戏类
10	二等奖	云游戏平台	重庆有限电视网络股份有限公司 爱尚游（北京）科技股份有限公司	
11	三等奖	视博云5G超高清云游戏平台	北京视博云信息技术有限公司	
12	三等奖	天山云SDP流化系统	新疆广电网络股份有限公司 北京视博云信息技术有限公司	
13	一等奖	广州市广播电视台超高清频道播控系统项目	广州市广播电视台 国家广播电视总局广播电视科学研究院 北京中科大洋信息技术有限公司	超高清视频类
14	二等奖	冬奥纪实频道超高清制播系统建设项目	北京广播电视台 成都索贝数码科技股份有限公司	
15	二等奖	超高清视频重制项目	中央宣传部电影卫星频道节目制作中心 北京百度网讯科技有限公司	
16	二等奖	基于有线电视网的8K足球赛事端到端转播试验与测试	国家广播电视总局广播电视科学研究院 体奥动力（北京）体育转播有限公司 江苏省广电有线信息网络股份有限公司	
17	三等奖	七彩云4K超高清播出分发系统	云南广播电视台 北京正奇联讯科技有限公司	
18	三等奖	车载4K超高清融合生产平台	重庆广播电视集团（总台） 北京冠华信达科技有限公司 北京北方安恒利数码技术有限公司 北京星光陆通视音频广播技术有限公司	
19	三等奖	超高清媒体应用协同创新试验平台	济南广播电视台 北京格非科技股份有限公司 成都索贝数码科技股份有限公司	

四、首届广播电视和网络视听人工智能应用创新大赛奖项

北京市广电行业相关单位参加广电总局举办的首届广播电视和网络视听人工智能应用创新大赛，共有19个项目获奖。其中，一等奖7个，二等奖5个，三等奖7个。

序号	奖项	项目名称	主要完成单位	类别
1	一等奖	广播电视内容监管智能审核系统	国家广播电视总局监管中心 中国科学院自动化研究所 北京中科模识科技有限公司	01-智能内容审核类
2	一等奖	百度智能云多媒体内容审核系统	北京百度网讯科技有限公司	
3	二等奖	基于荔枝云私有云的人工智能应用体系	江苏省广播电视总台 北京中科大洋科技发展股份有限公司	
4	二等奖	融媒智控智能审核系统	央视国际网络有限公司 北京易橙天下科技有限公司	
5	三等奖	歌华数字媒体业务管理平台智能内容审核系统	北京歌华有线数字媒体有限公司	
6	三等奖	中国教育电视台全媒体教育内容智能审核服务	中国教育电视台 北京钛氪新媒体科技有限公司	
7	三等奖	融合媒体内容审查与检索系统	中广电广播电影电视设计研究院 北京中科模识科技有限公司 北京飞搜科技有限公司	
8	一等奖	基于人工智能的视频指纹计算与比对系统	国家广播电视总局广播电视规划院 北京中广恒通科技有限公司	02-智能效果评估类
9	二等奖	融媒体多模态数字内容智能效果评估平台	北京中科闻歌科技股份有限公司	
10	三等奖	安徽省县级融媒体中心省级技术平台舆情管控	安徽皖云传媒科技股份有限公司 北京智慧星光信息技术有限公司	
11	二等奖	中量引擎	北京中量质子网络信息科技有限公司	03-智能推荐类
12	三等奖	“问题路由”算法推荐技术	北京智者天下科技有限公司	
13	一等奖	智能语音转写系统	中央广播电视总台技术局 北京中科大洋科技发展股份有限公司 科大讯飞股份有限公司	04-智能剪辑类
14	一等奖	ZoomAI视频修复系统	北京爱奇艺科技有限公司	05-视频修复类
15	一等奖	超高清视频智能修复	北京广播电视台 福建帝视信息科技有限公司	
16	三等奖	基于人工智能深度学习算法的超分辨率视频修复技术	北京数码视讯科技股份有限公司	
17	三等奖	中国广电青岛5G高新视频园区4K AI高清影视修复系统	青岛影视科技与艺术学会 三维六度（北京）文化有限公司 青岛西发广电传媒科技有限公司	
18	一等奖	爱奇艺AI电视果5S PLUS	北京爱奇艺科技有限公司	06-智慧广电终端类
19	二等奖	中国商用音频云	乐播新瑞（北京）科技有限公司	

五、2021 年度中国电影电视技术学会奖项

（一）人才类

北京广播电视台电视节目制作中心主任、高级工程师周旭辉获得 2021 年度中国电影电视技术学会“全国杰出广播影视科技工作者”称号。

北京广播电视台 804 发射中心主任张旭、北京中视广信科技有限公司视频业务部技术总监范胜利、新奥特（北京）视频技术有限公司运营商事业部副总经理夏超军获得 2021 年度中国电影电视技术学会“全国优秀广播影视科技工作者”称号。

（二）项目类

北京市广电行业相关单位参加第十四届中国电影电视技术学会科技进步奖评选，共有 14 个项目获奖。其中，一等奖 3 个，二等奖 8 个，三等奖 3 个。

序号	项目名称	完成单位	获奖等级
1	8K超高清电视制播呈现平台及应用	中央广播电视总台 上海交通大学 广东博华超高清创新中心有限公司 上海海思技术有限公司 海信视像科技股份有限公司 京东方科技集团股份有限公司	一等奖
2	基于AVS3的广播级8K超高清实时硬件编码器	国家广播电视总局广播电视科学研究院 杭州当虹科技股份有限公司 北京博雅睿视科技有限公司	
3	基于视音频内容比对及异态监测的播出信号监控系统	中央广播电视总台 北京捷成世纪科技股份有限公司	
4	基于监管控一体的智能化安全播出平台建设	北京广播电视台	二等奖
5	基于IP架构的主备全链路4K超高清频道播控系统	广州市广播电视台 北京中科大洋信息技术有限公司 国家广播电视总局广播电视科学研究院	
6	中央广播电视总台新一代4K IP化移动外场制播平台	中央广播电视总台 北京艾嘉博瑞系统技术有限公司	
7	全流程IP化超高清节目生产传播系统	腾讯科技（北京）有限公司	
8	浙江卫视全程动态实时编播体系	浙江广播电视集团 北京正奇联讯科技有限公司	
9	人工智能在北京广播电视台媒资系统的应用与拓展	北京广播电视台 成都云帆数联科技有限公司	
10	全媒体版权监测与盗版处置技术研究及应用	国家广播电视总局广播电视科学研究院 中国科学院自动化研究所 北京中视瑞德文化传媒股份有限公司 腾讯科技（北京）有限公司	
11	5G 高新视频——沉浸式视频技术白皮书（2020）	中广电广播电影电视设计研究院 北京万达文旅规划设计院有限公司 北京邮电大学 北京天文馆 北京歌华有线电视网络股份有限公司	

（续表）

<table>
<tr><th>序号</th><th>项目名称</th><th>完成单位</th><th>获奖等级</th></tr>
<tr><td>12</td><td>中型三维声数字化IP录音车</td><td>中央广播电视总台
北京世纪睿科系统技术有限公司</td><td rowspan="3">三等奖</td></tr>
<tr><td>13</td><td>面向融合媒体运营的安全策略治理技术研究及应用</td><td>国家广播电视总局广播电视科学研究院
上海广播电视台
北京安博通科技股份有限公司</td></tr>
<tr><td>14</td><td>基于有线电视网的8K足球赛事端到端转播方案研究与试验</td><td>国家广播电视总局广播电视科学研究院
体奥动力（北京）体育传播有限公司
江苏省广电有线信息网络股份有限公司苏州分公司</td></tr>
</table>

（三）论文类

北京广播电视台参加 2021 年度中国电影电视技术学会广播影视科技优秀论文奖评选，共有 9 篇论文获奖。其中，一等奖 1 篇，二等奖 5 篇，三等奖 3 篇。

<table>
<tr><th>序号</th><th>论文题目</th><th>推荐单位</th><th>获奖等级</th></tr>
<tr><td>1</td><td>《电视台信息系统运行维护服务能力建设》</td><td rowspan="9">北京广播电视台</td><td>一等奖</td></tr>
<tr><td>2</td><td>《5G时代数字地面电视广播的应用与发展规划》</td><td rowspan="5">二等奖</td></tr>
<tr><td>3</td><td>《基于N-PaaS核心平台的融合新闻云生产系统构建》</td></tr>
<tr><td>4</td><td>《电台融合型制播平台“讯听云”架构设计》</td></tr>
<tr><td>5</td><td>《4K点亮BTV春晚——2019北京电视台春节联欢晚会全4K录制技术介绍》</td></tr>
<tr><td>6</td><td>《彩色矩阵在体育转播中的应用》</td></tr>
<tr><td>7</td><td>《2019BTV春晚大屏及AR视效制作技术分享》</td><td rowspan="3">三等奖</td></tr>
<tr><td>8</td><td>《解析国内首部户外8K纪录片〈极致中国——川西秘境〉制作流程》</td></tr>
<tr><td>9</td><td>《浅谈光线气氛场在舞台虚拟植入设计中的重要性——从6.21〈金环日食全媒体大直播〉虚拟植入视觉设计说起》</td></tr>
</table>

六、2021 年“王选新闻科学技术奖”

北京市广电行业相关单位参加中国新闻技术工作者联合会举办的 2021 年“王选新闻科学技术奖”评选，共有 5 个项目获奖。其中，一等奖 1 个，二等奖 2 个，三等奖 2 个。

<table>
<tr><th>序号</th><th>项目名称</th><th>主要完成单位</th><th>获奖等级</th></tr>
<tr><td>1</td><td>北京广播电视台冬奥纪实4K超高清同播频道建设项目</td><td>北京广播电视台</td><td>一等奖</td></tr>
<tr><td>2</td><td>8K超高清转播技术及显示产业发展研究</td><td>北京市广播电视局
国家广播电视总局广播电视科学研究院</td><td rowspan="2">二等奖</td></tr>
<tr><td>3</td><td>基于监管控一体的智能化安全播出平台建设</td><td>北京广播电视台</td></tr>
</table>

（续表）

<table>
<tr><th>序号</th><th>项目名称</th><th>主要完成单位</th><th>获奖等级</th></tr>
<tr><td>4</td><td>北京市广播电视局广播电视节目监管系统</td><td>北京市广播电视局
中视士德数据科技（北京）有限公司</td><td rowspan="2">三等奖</td></tr>
<tr><td>5</td><td>电视台信息系统运行维护服务能力成熟度模型研制及应用</td><td>国家广播电视总局广播电视规划院
北京广播电视台</td></tr>
</table>

七、2021年优秀“新闻科技论文”

北京广播电视台参加中国新闻技术工作者联合会举办的2021年优秀“新闻科技论文”评选，共有5篇论文获奖。其中，二等奖2篇，三等奖3篇。

<table>
<tr><th>序号</th><th>论文名称</th><th>推荐单位</th><th>获奖等级</th></tr>
<tr><td>1</td><td>《电视台信息系统运行维护服务能力建设》</td><td rowspan="5">北京广播电视台</td><td rowspan="2">二等奖</td></tr>
<tr><td>2</td><td>《基于N-PaaS核心平台的融合新闻云生产系统构建》</td></tr>
<tr><td>3</td><td>《5G时代数字地面电视广播的应用与发展规划》</td><td rowspan="3">三等奖</td></tr>
<tr><td>4</td><td>《8K超高清电视产业发展与在IPTV领域落地的摸索与探究》</td></tr>
<tr><td>5</td><td>《浅谈光线气氛场在舞台虚拟植入设计中的重要性——从6.21〈金环日食全媒体大直播〉虚拟植入视觉设计说起》</td></tr>
</table>

八、第九届全国服务农民、服务基层文化建设先进集体

主办单位	奖项名称	获奖部门
中央宣传部、文化和旅游部、广电总局	第九届全国服务农民、服务基层文化建设县级融媒体中心和基层广播电视机构先进集体	北京歌华有线数字媒体有限公司、北京市昌平区融媒体中心

（北京市广播电视局科技处）

获总局 2021 年季度广播电视创新创优节目一览表

奖项名称	获奖作品	类别	制作机构
2021 年第一季度广播电视创新创优节目	《今晚我们说电影》《运河之上》	广播节目	北京广播电视台
	《冬梦之约》《我是规划师》	电视节目	北京广播电视台
2021 年第二季度广播电视创新创优节目	《我为群众办实事》	电视节目	北京广播电视台
	《花儿向阳　童心向党——庆祝中国共产党成立 100 周年全国少儿晚会》	特别节目	北京广播电视台牵头，全国各省广播电视台联合制作
2021 年第三季度广播电视创新创优节目	《北大红楼》《千里舟行下江南》	广播节目	北京广播电视台
	《恰百年风华》《最美中轴线》	电视节目	北京广播电视台
2021 年第四季度广播电视创新创优节目	《打开文化之门》《编辑部的故事》	广播节目	北京广播电视台
	《一起向未来》《最美中国戏》	电视节目	北京广播电视台

（北京市广播电视局宣传管理处）

获总局 2021 年季度优秀国产纪录片推荐目录名单

奖项名称	获奖作品	申报单位
第一季度国产纪录片入选名单	《寻路乡村中国》	北京江桥国际传媒有限责任公司
	《中国冰雪道路（出发篇）》	北京三多堂传媒股份有限公司
	《生命缘》之《健康中国的实践者》	北京广播电视台
	《一支疫苗的诞生》	北京广播电视台
第二季度国产纪录片入选名单	《一直看着你来的路口》	北京欣欣向阳影视文化发展有限公司
	《百年巨匠——建筑篇》	百年巨匠（北京）文化传播有限公司
	《我为冬奥制战衣》	北京广播电视台冬奥纪实频道
第三季度国产纪录片入选名单	《山水人和》	北京广播电视台
	《花样年华》	北京广播电视台冬奥纪实频道

（续表）

奖项名称	获奖作品	申报单位
第四季度国产纪录片入选名单	《了不起的店铺》	阿里巴巴（中国）网络技术有限公司
	《共和国医者——李桓英》	北京广播电视台
	《迎篮而上的女孩》	优酷信息技术（北京）有限公司
	《最美中国6》	优酷信息技术（北京）有限公司
	《离不开你》	北京拾级而上文化传媒有限公司
	《紫禁城》	北京广播电视台
	《我在敦煌》	北京嘉世传媒有限公司

（北京市广播电视局宣传管理处）

获总局2020年度国产纪录片及创作人才扶持项目一览表

序号	作品名称	版权单位	制作单位	报送单位
一、优秀系列片类				
1	《大工告成》	中央广播电视总台	中央广播电视总台影视剧纪录片中心、北京三多堂传媒股份有限公司	中央广播电视总台
2	《文学的故乡》	中央广播电视总台	中央广播电视总台影视剧纪录片中心、北京同道真实文化传媒有限公司	中央广播电视总台
3	《〈生命缘〉来自武汉的报道》	北京广播电视台	北京广播电视台卫视频道中心	北京市广播电视局
4	《中国（第一季）》	湖南广播电视台卫视频道、湖南快乐阳光互动娱乐传媒有限公司、北京伯璟文化传播有限公司	北京伯璟文化传播有限公司	湖南省广播电视局
二、优秀理论文献片类				
1	《英雄》	北京广播电视台、深圳市腾讯计算机系统有限公司	北京广播电视台卫视频道中心	北京市广播电视局
三、优秀长片类				
1	《我们的动物邻居》	中央广播电视总台	中央广播电视总台影视剧纪录片中心、北京五星传奇文化传媒股份有限公司	中央广播电视总台

（续表）

序号	作品名称	版权单位	制作单位	报送单位
2	《登峰》	中央广播电视总台	中央广播电视总台影视剧纪录片中心、中央新闻纪录电影制片厂（集团）、北京发现纪实传媒有限公司	中央新闻纪录电影制片厂（集团）
四、优秀短片类				
1	《北斗》	中央广播电视总台、北京神舟航天文化创意传媒有限责任公司	中央广播电视总台影视剧纪录片中心	中央广播电视总台
2	《楹联里的中国》	中央广播电视总台	北京科学教育电影制片厂、北京科影传媒有限公司	中央新闻纪录电影制片厂（集团）
3	《山里娃冰球队》	北京广播电视台	北京广播电视台体育频道中心	北京市广播电视局
4	《当你老了》	北京三多堂传媒股份有限公司	北京三多堂传媒股份有限公司	北京市广播电视局
五、优秀国际传播类				
1	《江河情缘》	人民日报社新媒体中心	北京三千岸文化传媒有限公司	人民日报社
2	《高考 2020》	中国报道杂志社	中国报道杂志社、五洲传播中心、国家地理频道、优酷信息技术（北京）有限公司	中国外文出版发行事业局
3	《成长进行时》	北京同道真实文化传媒有限公司	北京同道真实文化传媒有限公司	北京市广播电视局
4	《百年巨匠——梅兰芳（国际版）》	百年巨匠（北京）文化传播有限公司	百年巨匠（北京）文化传播有限公司	北京市广播电视局
5	《与古为友》	探索数娱（北京）商务咨询有限公司	五洲传播出版传媒有限公司、探索数娱（北京）商务咨询有限公司、深圳腾讯计算机系统有限公司	五洲传播出版社
六、优秀导演类				
1	金霞、冯勇、王璐等（《承诺》）	中央广播电视总台	中央广播电视总台影视剧纪录片中心、北京科学教育电影制片厂、北京发现纪实传媒有限公司	中央新闻纪录电影制片厂（集团）
2	张建珍等（《中国医生》）	北京乐正文化传播有限公司、北京爱奇艺科技有限公司	北京乐正文化传播有限公司	北京市广播电视局
3	刘军卫、金灵（《大工告成》）	中央广播电视总台	中央广播电视总台影视剧纪录片中心、北京三多堂传媒股份有限公司	北京市广播电视局
4	王宇、万若若（《与古为友》）	探索数娱（北京）商务咨询有限公司	五洲传播出版传媒有限公司、探索数娱（北京）商务咨询有限公司、深圳腾讯计算机系统有限公司	五洲传播出版社
七、优秀撰稿类				
1	李金炜（《门捷列夫很忙》）	中央广播电视总台	中央广播电视总台影视剧纪录片中心、中央新闻纪录电影制片厂（集团）、北京发现纪实传媒有限公司	中央新闻纪录电影制片厂（集团）

（续表）

<table>
<tr><th>序号</th><th>作品名称</th><th>版权单位</th><th>制作单位</th><th>报送单位</th></tr>
<tr><td>2</td><td>邓建永（《中国（第一季）》</td><td>湖南广播电视台卫视频道、湖南快乐阳光互动娱乐传媒有限公司、北京伯璟文化传播有限公司</td><td>北京伯璟文化传播有限公司</td><td>湖南省广播电视局</td></tr>
<tr><td colspan="5">八、优秀摄像类</td></tr>
<tr><td>1</td><td>武政国、王澍、刘世乐等（《登峰》）</td><td>中央广播电视总台</td><td>中央广播电视总台影视剧纪录片中心、中央新闻纪录电影制片厂（集团）、北京发现纪实传媒有限公司</td><td>中央新闻纪录电影制片厂（集团）</td></tr>
<tr><td>2</td><td>王龙飞、徐澎、张亮等（《我的硬核社区》）</td><td>北京三多堂传媒股份有限公司、北京爱奇艺科技有限公司</td><td>北京三多堂传媒股份有限公司</td><td>北京市广播电视局</td></tr>
<tr><td>3</td><td>周芳（《潜行天下》）</td><td>北京泡泡海洋文化有限公司</td><td>北京泡泡海洋文化有限公司</td><td>北京市广播电视局</td></tr>
<tr><td colspan="5">九、优秀制作机构类</td></tr>
<tr><td>序号</td><td>机构名称</td><td colspan="3">报送单位</td></tr>
<tr><td>1</td><td>北京伯璟文化传播有限公司</td><td colspan="3">北京市广播电视局</td></tr>
<tr><td colspan="5">十、优秀播出机构类</td></tr>
<tr><td>序号</td><td colspan="2">播出机构名称</td><td colspan="2">报送单位</td></tr>
<tr><td>1</td><td colspan="2">北京广播电视台北京卫视频道</td><td colspan="2">北京市广播电视局</td></tr>
<tr><td colspan="5">十一、优秀组织机构</td></tr>
<tr><td>序号</td><td colspan="4">机构名称</td></tr>
<tr><td>1</td><td colspan="4">北京市广播电视局宣传管理处</td></tr>
</table>

（北京市广播电视局宣传管理处）

获总局2021年度优秀国产电视动画片及创作人才扶持项目评审结果

作品名称	奖项名称	获奖部门及人员
锡兰王子东行记	优秀动画作品	北京广播电视台卡酷少儿频道
毛毛镇之冰雪加油队		北京空速动漫文化有限公司
宠物旅店（1~13集）		北京猫猫家文化传媒有限公司 上海腾讯企鹅影视文化传播有限公司 广州艺洲人品牌管理股份有限公司
无敌鹿战队第2季（上）		北京爱奇艺科技有限公司
—	优秀导演	北京广播电视台　李严
—	优秀编剧	北京空速动漫文化有限公司　董奕琦
		北京爱奇艺科技有限公司　项丹
—	优秀美术	北京猫猫家文化传媒有限公司　郭斌 北京空速动漫文化有限公司　王漪
—	优秀播出机构	北京广播电视台卡酷少儿频道
锡兰王子东行记	优秀国际传播作品	北京广播电视台卡酷少儿频道
—	优秀组织机构	北京市广播电视局宣传管理处

（北京市广播电视局宣传管理处）

获总局2021年度电视剧引导扶持专项资金剧本扶持项目一览表

序号	项目名称	申报机构
1	《玻璃杯》	北京腾讯影业有限公司
2	《三棵树》	网剧传媒（北京）有限公司
3	《胡同》	北京戈鹭影视传媒有限公司

（北京市广播电视局电视剧管理处）

获总局2021年度电视剧引导扶持专项资金“深入生活、扎根人民”倾斜项目一览表

序号	项目名称	申报机构
1	《胡同》	北京戈鹭影视传媒有限公司

（北京市广播电视局电视剧管理处）

获总局2021年度优秀少儿节目名单

作品名称	奖项名称	获奖部门及人员
《听听糖耳朵——了不起的中国人》	优秀广播节目（精品节目）	北京广播电视台
《2021北京市中小学生公共安全开学第一课》	优秀电视节目（精品节目）	北京广播电视台
《花儿向阳　童心向党——庆祝中国共产党成立100周年全国少儿晚会》	特别节目	北京广播电视台
—	优秀组织机构	北京市广播电视局宣传管理处

（北京市广播电视局宣传管理处）

2021年度北京广播电视台获奖作品一览表

主办单位	作品名称	获奖等级	获奖部门及人员
一、第三十一届中国新闻奖（2021年11月7日）			
中华全国新闻工作者协会	《生命缘·永生》	一等奖	主创：徐滔、邵晶、李潇、刘虓、侯雷钢、张杰、肖远洁 编辑：邵晶、刘虓、石璐娃
中华全国新闻工作者协会	《来自武汉的报道》系列报道	三等奖	主创集体：徐滔、邵晶、李潇、刘虓、赖一锐、刘书含、李晓东、王晓晖、刘径驰、王轩、姚雅琪、肖远洁、刘影慧、郭洪泷、杨懿丁、侯雷钢、张杰、王一
中华全国新闻工作者协会	《2020脱贫攻坚——阿中邀你助力奔小康》	三等奖	主创：田刚、孙迪雅、吴文娟、陈博、霍天舸 编辑：张庆、李大功
二、中国广播电视大奖2019—2020年度广播电视节目奖（2021年11月29日）			
国家广播电视总局	《5G技术助力国产机器人完成全球首场骨科实时远程手术》	—	主创：韩萌
国家广播电视总局	《外卖小哥“拼命”配送，冰冷算法中如何寻求温度？》	—	王楠
国家广播电视总局	《交通新闻》	—	交通广播中心
三、第30届（2020年度）北京新闻奖（2021年8月8日）			
北京市新闻学会	《防疫一天“7张表”，形式主义何时了？！》	一等奖	记者：姚天宇（姚柏言） 编辑：刘芳、李青芮
北京市新闻学会	《与时间赛跑——北京抗疫故事》	一等奖	韩萌、马骏
北京市新闻学会	《北京医疗队驰援武汉随行采访日记》	一等奖	王劲清
北京市新闻学会	《首支北京市属医院支援武汉医疗队出征》	一等奖	记者：樊煜、田雪吟 摄像：王一 编辑：樊煜、田雪吟、王一

（续表）

主办单位	作品名称	获奖等级	获奖部门及人员
北京市新闻学会	《勠力同心建首善——习总书记视察北京六周年特别报道》	一等奖	策划：徐京玲、张晓鲁 统筹：梁雪松 记者：郭艳红、孙烁、李烨、胡知奂、王伟、王丽晓 摄像：龚飞、韩鹏健、王绪龙、张鹏雷、张虎、楚健 编辑：梁雪松、郭艳红、孙烁、李烨、胡知奂、王伟、王丽晓
北京市新闻学会	《接诉即办——大暴雨中的大栅栏》	一等奖	主创：李晓颖 编辑：张庆、丁晓阳
北京市新闻学会	《向前一步》	一等奖	总监制：徐滔 总制片人：邵晶 制片人：李潇、刘14 主编：刘书含、秦晓明、王任飞、岳月、杨彦君、高笑冉、石璐娃 记者：赖一锐、刘影慧、王晓晖、刘径驰、孔令淼、刘微、苏抒、尤鑫、李小龙、王轩、孔德源、张颖勉 摄像：王振、侯雷钢、肖文、张杰、焦健康、张鹏、唐克、邱岳 配音、责编：解非 后期导演：张育文、李鑫、柏晓维、李予民 编辑：徐滔、邵晶、李潇
北京市新闻学会	《生命缘·永生》	一等奖	主创：徐滔、邵晶、李潇、刘虓、侯雷钢、张杰、肖远洁 编辑：邵晶、刘虓、石璐娃
北京市新闻学会	《本市首家三甲医院开通互联网诊疗》	二等奖	韩萌
北京市新闻学会	《新发地市场今天正式复市，进场货车突破一千辆》	二等奖	赵明聪
北京市新闻学会	《民法典，将怎样改变我们的生活》	二等奖	主创：闫子昂、章维 编辑：章维
北京市新闻学会	《一个军医的抗美援朝》	二等奖	成强
北京市新闻学会	《司机如厕停车难连续报道》	二等奖	主创：陈常松 编辑：程艳、王敏
北京市新闻学会	《京雄城际今天全线开通　助力雄安新区建设千年大计》	二等奖	记者：刘旭 摄像：王岩 编辑：刘旭、王岩
北京市新闻学会	《25年来永定河北京段首次实现全线有水今天水头冲过市界》	二等奖	记者：兰玲 摄像：李洋、贾伟峰 编辑：兰玲

（续表）

主办单位	作品名称	获奖等级	获奖部门及人员
北京市新闻学会	《嫦娥回家》	二等奖	主创：严崴、杨子云、赵鹏、王文博、耿志宏 编辑：赵鹏
北京市新闻学会	《走进北京网红打卡地》	二等奖	总执行：张庆、徐京玲、丁晓阳、袁朴 制片人：李光军、李丹、田刚、马迟 编导：贾增远、李烨、邓力
北京市新闻学会	《平凡大妈柳素霞》	二等奖	制片人：张民 主编：吕雅堃 编导：林丹 编辑：林丹
北京市新闻学会	《来自武汉的报道》	二等奖	总监制：徐滔 总制片人：邵晶 制片人：李潇、刘斌 记者：赖一锐、刘书含、李晓东、王晓晖、刘径驰、王轩、姚雅琪、肖远洁、刘影慧、郭洪泷、杨懿丁 摄像：侯雷钢、张杰 后期导演：王一 编辑：徐滔、邵晶、李潇
北京市新闻学会	《北京小伙短视频讲述家门口的变迁》	三等奖	戴蔚然
北京市新闻学会	《北京新闻》2020年1月25日	三等奖	朱峰、覃倩
北京市新闻学会	《京雄城际铁路全线开通运营，智能化创新展现中国智慧》	三等奖	宗晓畅
北京市新闻学会	《这一年，大兴机场的声音记忆》	三等奖	主创：王博、刘萤萤 编辑：刘萤萤
北京市新闻学会	《北京24小时》	三等奖	王梦宇、王乐陶、任晨光
北京市新闻学会	《疏解整治促提升行动实施4年　北京3000余条背街小巷旧貌换新颜》	三等奖	记者：刘欣 摄像：何海东
北京市新闻学会	《一家三口齐战疫》	三等奖	记者：陈思如、郭艳红 摄像：王晓龙、李昂、王绪龙 编辑：陈思如、郭艳红、王晓龙、李昂、王绪龙
北京市新闻学会	《北京中轴线》	三等奖	策划：黄瑨 总导演：李欣 编导：张晓达、宋敏怡、陶洁丽 声音指导：姚银壮 配音：谭江海 制片：夏婷寅子、王霞 编辑：李欣、张晓达、宋敏怡

（续表）

主办单位	作品名称	获奖等级	获奖部门及人员
北京市新闻学会	《医者2020》 抗击新冠肺炎人物影像志	三等奖	导演：魏齐、罗中苑、王怡雯、陈坤 摄像：肖庆峰、付晟、晋广起 后期：杨盛、欧苗 撰稿：陈坤 总撰稿：郭晓东 制作总监：邬海文 总导演：于菲、李向显 总制片人：于菲 总策划：韦小玉、赵彤、任友红
北京市新闻学会	独家调查《直播带货到底是谁的狂欢？》	三等奖	主编：刘春艳、李晥、杨苗 编辑：李晥、杨苗、叶海
北京市新闻学会	《中国抗疫的国际价值》第二集　人民至上	三等奖	总制片人：黄炜 执行制片人：胡杰、郝霖 总导演：廖祎蕾 主编：吴志勇 导演：王思凡、张晶秋、王玥 后期导演：胡杰、廖祎蕾、郝霖、王思凡、张晶秋、王玥、王海、吴炳彦、张聪、孙闵一 编辑：胡杰、郝霖、廖祎蕾、吴志勇、王思凡、张晶秋、王玥、王海、吴炳彦、张聪、孙闵一
北京市新闻学会	《国旗下每一种声音都让我们泪流满面》	三等奖	记者：武奕、吕梓源、梁雪松 编辑：武奕、吕梓源、梁雪松
四、第33届中国经济新闻奖（2021年12月24日）			
中国经济传媒协会	2020服贸会融合报道	一等奖	北京广播电视台
中国经济传媒协会	《手机里的消费陷阱》系列报道	二等奖	苏宁、于川梓、任晨光、姚柏言、李独伊、刘芳
中国经济传媒协会	《公开募集基础设施证券基金　一个多方共赢的举措》	三等奖	李烨、刘靖、梁雪松
中国经济传媒协会	《天下财经》	三等奖	集体
中国经济传媒协会	《财富时间》大型融媒体证券财经直播节目	三等奖	集体
五、第十七届北京市宣传人民代表大会制度好新闻评选活动			
市人大常委会办公厅与市人力资源和社会保障局、市新闻工作者协会共同举办	《六年　只为一个议题》	一等奖	张晓鲁、肖艳萍、匡莉、许光杰

（续表）

主办单位	作品名称	获奖等级	获奖部门及人员
市人大常委会办公厅与市人力资源和社会保障局、市新闻工作者协会共同举办	《万名代表查三边垃圾分类带头干》	二等奖	陈星、苑秋宝
市人大常委会办公厅与市人力资源和社会保障局、市新闻工作者协会共同举办	《京津冀协同发展开启新篇章》	二等奖	李亚红、张晓燕、马春梅、王骁、王遇、白磊
市人大常委会办公厅与市人力资源和社会保障局、市新闻工作者协会共同举办	《北京历史文化名城如何“活起来”？》	二等奖	孙媛
市人大常委会办公厅与市人力资源和社会保障局、市新闻工作者协会共同举办	录音新闻《市人大常委会专题询问本市院前急救工作》	二等奖	郭晋旭
市人大常委会办公厅与市人力资源和社会保障局、市新闻工作者协会共同举办	“我的2021”人大系列短视频之《北京市今年预计改造老旧小区300个》	二等奖	陈霈、杨晓宇
市人大常委会办公厅与市人力资源和社会保障局、市新闻工作者协会共同举办	北京时间《10位人大代表，带你读懂2021北京政府工作报告》融媒产品	二等奖	北京时间
市人大常委会办公厅与市人力资源和社会保障局、市新闻工作者协会共同举办	《代表：千钧建议用“脚”写》	三等奖	张晓鲁、肖艳萍、匡莉、王强
市人大常委会办公厅与市人力资源和社会保障局、市新闻工作者协会共同举办	《中轴线上话北京》	三等奖	张楠
市人大常委会办公厅与市人力资源和社会保障局、市新闻工作者协会共同举办	《关注民生　关注热点 北京团代表即将出发听取政府工作报告》	三等奖	樊煜、李琪、张师琦、田雪吟

（续表）

主办单位	作品名称	获奖等级	获奖部门及人员
市人大常委会办公厅与市人力资源和社会保障局、市新闻工作者协会共同举办	《韩永进：让文化凝聚强国的力量》	三等奖	陈星、朱虎、宋恒宇
市人大常委会办公厅与市人力资源和社会保障局、市新闻工作者协会共同举办	录音新闻《古都风貌有了更加细致明确的法规保护》	三等奖	郭晋旭
市人大常委会办公厅与市人力资源和社会保障局、市新闻工作者协会共同举办	两会同期声系列短视频	三等奖	樊煜、田雪吟、张师琦、李琪、王一
六、2021年北京市社会主义核心价值观主题微电影（微视频）评选			
市委党史学习教育领导小组办公室	《中国梦365个故事——原打井人》	三等奖	北京广播电视台
七、2020年度全国政法优秀新闻作品			
中央政法委	《堕落的村书记——石凤刚黑社会性质犯罪团伙覆灭记》	三等奖	王勇、郭玉林、王卓、沈博、杨波、高健
八、第六届平安中国“三微”大赛			
中央政法委	《奋进！新时代首都政法铁军》	十大短视频奖	严崴、王勇、郭玉林、田兆威、徐光、李越
九、技术类			
获奖名称	**作品名称**	**获奖等级**	**获奖部门及人员**
中国新闻技术工作者联合会王选新闻科学技术奖	高标清同播时代基于监管控一体的智能化安全播出平台建设	二等奖	毕江、王立冬、金强、董秀琴、王进、白国涛、李良、孟伟、尹成程、张潇丹、韩强、官健
国家广播电视总局2020年度全国广播电视和网络视听行业青年创新人才	—	—	芮浩
市直机关工委和团市委北京市机关第五届青年技能大赛	《高山滑雪混合团体》	贡献奖	何晓琳、赵博、孙琪
	《魅力北京冬奥——冰雪文化介绍人》	贡献奖	冯志远、魏伯寅、张金秋
	《速度滑冰女子1000米》	三等奖	杨盛
	《单板滑雪女子U型场地技巧》	贡献奖	祝子龙

（北京广播电视台）

2021年度北京广播电视报社获奖作品一览表

主办单位	作品名称	奖项名称	颁奖时间	奖项等级	获奖部门及人员
北京市新闻学会	《湖北之声方舱广播疫情中武汉最美的声音》	北京专业新闻奖	2021年5月11日	一等奖	《北京广播电视报》编辑部　陈文
北京市新闻学会	《BTV〈创新北京〉记者亲历“嫦娥”回家》	北京专业新闻奖	2021年5月11日	二等奖	《北京广播电视报》编辑部　刘颖
北京市新闻学会	《莫把低俗当通俗》	北京专业新闻奖	2021年5月11日	二等奖	《北京广播电视报》编辑部　夏茂平

（北京广播电视报社）

2021年度歌华有线公司获奖作品一览表

主办单位	作品名称	奖项名称	颁奖时间	获奖等级	获奖部门及人员
北京市广播电视局	基于智慧广电服务基层治理政务大数据平台项目	2021年北京市智慧广电发展专项资金奖励项目服务承载类资金专项奖励	2021年9月	—	北京歌华有线电视网络股份有限公司
北京市广播电视局	“歌华生活圈”精准供给公共服务平台项目	2021年北京市智慧广电发展专项资金奖励项目服务承载类资金专项奖励	2021年9月	—	北京歌华有线数字媒体有限公司
国家广电总局	歌华数字媒体业务管理平台智能内容审核系统项目	首届广播电视和网络视听人工智能应用创新大赛	2021年5月	智能内容审核类三等奖	北京歌华有线数字媒体有限公司

（北京歌华有线电视网络股份有限公司）

2021年度北京电视艺术中心有限公司获奖作品一览表

主办单位	作品名称	奖项名称	颁奖时间	获奖部门及人员
中国电视剧制作产业协会、首都广播电视节目制作业协会	《不说再见》	第28届北京电视节目交易会（2021春季）“京榜剧献”值得期待创新力电视剧	2021年4月	北京电视艺术中心有限公司
北京市文化发展中心	《弦鼓声声——华北民间曲艺采风集》（参与出版）	北京宣传文化引导基金资助项目	2021年10月	北京电视艺术中心音像出版社有限公司

（北京电视艺术中心有限公司）

2021年度北京北广传媒移动电视有限公司获奖作品一览表

主办单位	作品名称	奖项名称	颁奖时间	获奖部门及人员
中国侨联	《侨心向党永远跟党走》	“追梦中华·百年赤子心”全球华侨华人短视频征集和展示优秀音乐作品奖	2021年10月	北京移动电视
北京市妇女联合会 首都女新闻工作者协会	《让手机成为新农具》	2021女记者短视频主题新闻优秀案例	2021年12月	隗炜

（北京北广传媒移动电视有限公司）

2021年度北京北广传媒城市电视有限公司获奖作品一览表

主办单位	作品名称	奖项名称	获奖等级	获奖部门及人员
中央广播电视总台新闻新媒体中心	—	第三届“你好，新时代”青年融媒体作品大赛	优秀组织奖	城市电视公司
北京市广播电视局	“向着幸福出发”户外扶贫主题宣传	2020年度北京市广播电视收听收看优秀作品评选	融媒传播优秀作品	城市电视公司
北京市广播电视局	《城市发布》	2020年度北京市广播电视收听收看优秀作品评选	惠民服务优秀作品	城市电视公司
北京市广播电视局	《学习进行时》	2020年度北京市广播电视收听收看优秀作品评选	理论宣讲优秀作品	城市电视公司
《亚洲户外》	—	第18届中国户外传播大会组委会百强媒体供应商评选	“市区LED大屏头部媒体”称号	城市电视公司
	“向着幸福出发”脱贫作品影展	第18届中国户外传播大会组委会第六届金场景营销案例评选	铜奖	城市电视公司
	—	第18届中国户外传播大会组委会优秀企业家评选	“优秀企业家”称号	罗艳红
中国传媒大学广告学院IAI广告研究所	—	IAI国际广告奖评选	2021年度最具影响力媒体	城市电视公司

（北京北广传媒城市电视有限公司）

2021年度东城区融媒体中心获奖情况一览表

主办单位	作品名称	奖项名称	颁奖时间	获奖等级	获奖部门及人员
环球网	《你不知道的“亢慕义斋”》	第二届“追寻先烈足迹”短视频征集展示活动机构推选优秀作品	2021年1月	—	东城区融媒体中心
中共北京市委宣传部 中共北京市委讲师团	“北京东城”微信公众号	2020年度北京市百姓宣讲优秀微传播奖	2021年3月	—	东城区融媒体中心
“学习强国”学习平台	《胡同里的幸福》	2021年第1期全国县级融媒体中心优秀作品双月赛	2021年4月	一等奖	东城区融媒体中心
“学习强国”学习平台	《笑怼BBC的北京东城硬核店主又出金句……这就叫大国自信！》	2021年第1期全国县级融媒体中心优秀作品双月赛	2021年4月	一等奖	东城区融媒体中心
光明网、北京师范大学新闻学院	—	2020年区县融媒体中心优秀案例	2021年4月	—	东城区融媒体中心
新华通讯社新闻信息中心	—	新华社融媒体产品优秀传播奖	2021年7月	—	东城区融媒体中心
北京纪实影像周组委会	《老胡同的尘封档案》	2021年首届“城市印纪”城市形象片（短视频）征集活动网络推优作品	2021年10月	—	东城区融媒体中心
“学习强国”学习平台	《电视剧〈觉醒年代〉主演带您打卡北京东城“觉醒年代”线路》	2021年第4期全国县级融媒体中心优秀作品双月赛	2021年10月	二等奖	东城区融媒体中心
首都精神文明建设委员会办公室	《礼在北京让出文明》	“冬奥有我 文明服务”窗口文明服务全网短视频征集大赛	2021年12月	优秀作品奖	东城区融媒体中心
北京市突发事件应急委员会办公室 北京市安全生产委员会办公室	—	2021年北京市“应急宣传进万家”工作优秀新闻报道单位	2021年12月	—	东城区融媒体中心
北京市突发事件应急委员会办公室 北京市安全生产委员会办公室	—	2021年北京市“应急宣传进万家”工作优秀新闻报道个人	2021年12月	—	张菁

（东城区融媒体中心）

2021年度西城区融媒体中心获奖情况一览表

主办单位	作品名称	奖项名称	获奖等级	获奖部门及人员
“学习强国”学习平台	《足迹系列》	2021年第3期学习强国全国县级融媒体中心优秀作品双月赛	一等奖	西城区融媒体中心
北京市外办	《古今辉映 典范西城》	“北京·国际范儿”短视频大赛	优秀作品奖	西城区融媒体中心

（西城区融媒体中心）

2021年度海淀区融媒体中心获奖情况一览表

主办单位	作品名称	奖项名称	颁奖时间	获奖等级	获奖部门及人员
“学习强国”学习平台	《海淀扶贫印迹》系列纪录片	2021年第2期全国县级融媒体中心优秀作品双月赛	2021年6月	一等奖	佟志伟、张庆洁、范杰、刘畅、朱家齐、韩金庭、闫子琦、王紫、刘仁、鲁特、刘志宇、曹洋锦、周逸飞、闫春蕊、罗英西、王冀蒙
中国新闻出版研究院全国县级融媒体中心能力建设年会组委会	—	入选2021年全国县级融媒体中心能力建设十大典型案例	2021年12月18日	荣誉证书	海淀区融媒体中心
首都纪录片发展协会	《援疆援藏帮困助困》	公益爱心企业	2021年10月	荣誉证书	海淀区融媒体中心
北京市突发事件应急委员会办公室 北京市安全生产委员会办公室	—	2021年北京市“应急宣传进万家”优秀新闻报道单位	2021年12月	荣誉证书	海淀区融媒体中心
“学习强国”学习平台	《北京海淀区再添一座科技公园》	2021年第一期全国县级融媒体中心优秀作品双月赛	2021年4月	三等奖	张紫瑜

（海淀区融媒体中心）

2021年度丰台区融媒体中心获奖情况一览表

主办单位	作品名称	奖项名称	颁奖时间	获奖等级	获奖部门及人员
北京市广播电视局	《情满丰台　月下共吟——“最是人间好时节”中秋网络视听朗读会》	收听收看优秀作品	2021年2月	融合传播优秀作品	丰台区融媒体中心
北京市广播电视局	《我们一定能战胜疫情》等抗疫宣传短视频	疫情防控优秀作品	2021年2月	疫情防控优秀作品	丰台区融媒体中心
北京市人民政府新闻办公室	《意大利少年的中国文化之旅》	“爱上北京的100个理由”主题短视频大赛	2021年5月	二等奖	丰台区融媒体中心
“学习强国”学习平台	《北方的红星》	2021年第3期全国县级融媒体中心优秀作品双月赛	2021年8月	三等奖	丰台区融媒体中心
“学习强国”学习平台	《卢沟桥畔一场跨越年龄的对话》	2021年第4期“学习强国”全国县级融媒体中心优秀作品双月赛	2021年10月	一等奖	丰台区融媒体中心

（丰台区融媒体中心）

2021年度石景山区融媒体中心获奖情况一览表

主办单位	作品名称	奖项名称	颁奖时间	获奖等级	获奖部门及人员
北京市广播电视局	《话说石景山》系列音频节目	北京市区级融媒体中心收听收看优秀作品评选	2021年2月5日	文化传播优秀作品	石景山区融媒体中心
北京市广播电视局	《创城惠民三年看变化》主题报道	被评为特色宣传优秀报道	2021年2月5日	特色宣传优秀报道	石景山区融媒体中心
北京市广播电视台	—	走进北京网红打卡地“拔草行动”VLOG挑战赛“最美VLOG”	2021年1月	—	石景山区融媒体中心
北京日报社	北京石景山区官方发布	北京号最具传播力奖	2021年3月	—	融媒体中心新媒体制作部

（石景山区融媒体中心）

2021 年度房山区融媒体中心获奖情况一览表

主办单位	作品名称	获奖名称	颁奖时间	获奖等级	获奖部门及人员
北京市突发事件应急委员会办公室 北京市安全生产委员会办公室	—	2021年北京市“应急宣传进万家”优秀新闻报道单位	2021年	市级奖项	房山区融媒体中心
北京市突发事件应急委员会办公室 北京市安全生产委员会办公室	—	2021年北京市“应急宣传进万家”优秀新闻报道个人	2021年	市级奖项	田永超
北京市突发事件应急委员会办公室 北京市安全生产委员会办公室	—	2021年北京市“应急宣传进万家”优秀新闻报道个人	2021年	市级奖项	庞艳芳

（房山区融媒体中心）

2021 年度通州区融媒体中心获奖情况一览表

主办单位	作品名称	奖项名称	颁奖时间	获奖等级	获奖部门及人员
市广播电视局	脱贫攻坚系列作品	2020年度脱贫攻坚优秀作品	2021年2月	—	通州区融媒体中心
市广播电视局	融汇副中心App“京津冀”专题	2020年度特色宣传优秀报道	2021年2月	—	通州区融媒体中心
市委宣传部	通州时讯微信公众号	2020年度北京市百姓宣讲优秀微传播奖	2021年3月	—	通州区融媒体中心
“学习强国”学习平台	《爱上大运河》	2021年第5期全国县级融媒优秀作品双月赛	2021年11月30日	三等奖	通州区融媒体中心

（通州区融媒体中心）

2021年度顺义区融媒体中心获奖情况一览表

主办单位	作品名称	奖项名称	颁奖时间	获奖部门及人员
北京新闻奖评选委员会	《顺义十二时辰》	第三十届北京新闻奖二等奖	2021年8月	张坤、丁越、陈婕、刘连茹
新华社新闻信息中心等单位	《顺义这片四色樱花花海免费开放，快来打卡》	"四季旅行"项目第一季"春天摄影大赛"	2021年6月	隋馨睿
新华社新闻信息中心等单位	《仲春透芳意，顺义舞彩浅山春景藏不住》	"四季旅行"项目第一季"春天摄影大赛"	2021年6月	隋馨睿
新华社新闻信息中心等单位	《梨花枝头俏争春，顺义舞彩浅山踏青正当时》	"四季旅行"项目第一季"春天摄影大赛"	2021年6月	隋馨睿
北京市广播电视台	《祥云小镇》等系列微视频	走进北京网红打卡地"拔草行动"VLOG挑战赛"最美VLOG"	2021年1月	郭金玉、张洁丽、季元媛、王汀、隋馨睿、李祎、孙梦莹、杨奕、王嘉宇、梅子钰、王昊

（顺义区融媒体中心）

2021年度大兴区融媒体中心获奖情况一览表

主办单位	作品名称	奖项名称	颁奖时间	获奖等级	获奖部门及人员
北京新闻奖评选委员会	《大兴机场综保区获国务院批复　全国唯一跨省市综合保税区正式设立》	2021年度北京新闻奖三等奖	2021年8月8日	北京新闻三等奖	采访部：李凯、范鹏、计剑桥
新浪微博	—	2020年度政务微博战"疫"优秀案例	2021年3月	—	新媒体部：@北京大兴政务微博号

（大兴区融媒体中心）

2021年度密云区融媒体中心获奖情况一览表

主办单位	作品名称	奖项名称	颁奖时间	获奖等级	获奖部门及人员
北京市广播电视局	《密云水库建成60周年》特别策划	特色宣传优秀报道	2021年2月5日	优秀作品奖	杨理光
北京市广播电视局	宜居密云App“在线访谈”	融合传播优秀作品	2021年2月5日	优秀作品奖	杨理光、刘志伟、刘思祺、蔡东樾、郑宇
新华社新闻信息中心、音视频部与百度App、百家号、好看视频	《特色烧饼》	“小康中国·千城早餐”	2021年3月25日	优秀奖	张晓娜、赵丽、孟晨冉、杨笑哲
北京市人大常委会办公厅、市人力资源和社会保障局、市新闻工作者协会	《密云人大一年间》	第十七届北京市宣传人民代表大会制度好新闻	2021年10月	三等奖	杨理光、宋晓磊、陈瑶、张鑫、王浩天、王鹤杨
“学习强国”学习平台	《潮白河生态补水让北京密云水清岸绿景更美》	“学习强国”全国县级融媒体中心优秀作品双月赛（北京地区）	2021年8月20日	优秀作品奖	张晓娜、赵丽、孟晨冉
“学习强国”学习平台	《罗其花：十年服务不忘初心　甜蜜事业助蜂农走上致富路》	“学习强国”全国县级融媒体中心优秀作品双月赛（北京地区）	2021年8月20日	优秀作品奖	黄靖、吴经纬
“学习强国”学习平台	《与密云朋友的一天——生态密云乘“机”而飞》	“学习强国”全国县级融媒体中心优秀作品双月赛（北京地区）	2021年12月	优秀作品奖	秦一博、张鑫
新华社新闻信息中心、新华社音视频部、新浪新闻、自然资源部	《密云梨花开　踏青正当时》	“四季旅行”项目第一季“春天摄影大赛”	2021年9月1日	春日最美风景	张晓娜、杨笑哲、赵丽、孟晨冉

（密云区融媒体中心）

2021年度北京经济技术开发区融媒体中心获奖作品一览表

主办单位	作品名称	奖项名称	颁奖时间	获奖等级	获奖部门及人员
“学习强国”学习平台	《炬光》	2021年“学习强国”平台全国县级融媒体中心优秀作品双月赛	2021年5月28日	二等奖	经开区融媒体中心
“学习强国”学习平台	《外国人在亦城》	2021年“学习强国”平台全国县级融媒体中心优秀作品双月赛	2022年2月	三等奖	经开区融媒体中心

（北京经济技术开发区融媒体中心）

2021年度北京光线传媒股份有限公司获奖情况一览表

主办单位	作品名称	奖项名称	颁奖时间	获奖等级	获奖部门及人员
中国文学艺术界联合会 中国电影家协会 厦门市人民政府	《革命者》	第34届中国电影金鸡奖·最佳美术	2021年12月	国家级	—

（北京光线传媒股份有限公司）

典型经验

北京广播电视冬奥宣传收获新经验

北京2022年冬奥会和冬残奥会是我国重要历史节点的重大标志性活动，是展现国家形象、促进国家发展、振奋民族精神的重要契机。北京市广播电视局坚持首善标准，坚持守正创新，出色地完成了北京冬奥和冬残奥的宣传报道，出新出彩、服务精心，保障了冰雪盛事。

一、构建冬奥宣传全媒体传播格局

一是突出顶层设计。市广电局把冬奥主题宣传纳入年度规划，列入督导重点。成立北京广电领域冬奥主题宣传工作领导小组，主要领导亲自调度督查，利用“四会三提示”讲评部署，运用广播电视扶持基金激励奖励，结合各类推优评优突出冬奥主题。《相约冬奥会》等主题广播电视节目获得基金扶持；《冬梦之约》获总局2021年创新创优节目推优；《我为冬奥制战衣》《花样年华》《中国冰雪道路（出发篇）》等纪实影像作品获总局2021年通报表彰。二是完善宣传机制。依托北京新视听“大宣管”格局，联结全市广播电视主媒体主阵地，建立广电冬奥主题宣传引导联盟，印发《北京市广播电视局关于进一步做好2022年北京冬奥会和冬残奥会宣传工作的通知》，实现市区两级同步、大屏小屏同时、户外移动同推，做到全覆盖、全时段、全媒体。三是做强文艺评论。利用“京声京视”文艺评论品牌专栏，开展跟进式、伴随式的文艺评论，撰写发布冬奥宣传专题评论文章58篇，在首都广播电视公众号、中国艺术报、学习强国、新华网、人民网、光明网等平台上受到广泛关注。融入中宣部冬奥宣传引导反馈机制，开展广电冬奥主题宣传日评工作，出刊《北京广电领域冬奥主题宣传日报》24期，整理冬奥宣传亮点104条，《北京广电领域冬奥主题宣传快报》43期，梳理特色工作133条，覆盖北京广播电视台电视端、广播端、新媒体端以及北京市16+1区融媒体中心冬奥主题宣传相关内容。

二、打造冬奥宣传主阵地

一是做强宣传平台。市广电局指导北京广播电视台打造“2+2+4”冬奥报道矩阵，即北京卫视、交通广播两个龙头平台，北京时间、听听FM两个融媒体平台，冬奥纪实频道、新闻频道、新闻广播、体育广播四个核心频道频率。指导北京广播电视台严格遵守冬奥版权规定，采取海量新闻报道、大型直播节目、现场赛事转播、新媒体产品推介等方式，全程转播冬奥赛事，全面呈现冬奥新闻，全力报道中国军团，全景展示办奥能力，讲好各国奥运健儿激情拼搏的故事，讲好中国人民热情好客的故事，讲好“双奥之城”保障赛事运行的故事，讲好全球人民共享奥运荣光的故事。二是做优专题专栏。指导北京广播电视台新闻频道制作推出系列节目《一起看冬奥》，打造脱口秀形式的冬奥特别节目《直击冬奥》，集全台之力做好《北京新闻》《我家门前办冬奥》等固定专题板块，普及冬奥知识，营造冬奥氛围。与北京市科委和清华大学等机构共同合作，研究开发AI手语智能播报系统，《北京您早》配备手语播报的冬奥专题节目，24家媒体专题进行报道，新华社、凤凰卫视、澎湃新闻等给予高度评价。冬奥纪实频道、新闻频道、北京时间并机播出《梦想飞扬——北京2022年冬奥会火炬传递专题报道》，将专题片的质感、实时报道的现场感巧妙糅合，使历史悠久的奥林匹克精神和源远流长的中华文明交汇交融，社会反响强烈。新闻广播冬奥特别节目《冬奥之约 中国之诺》发布《智能冬奥，硬核科技 不负重托》的音频报道，持续展现本届冬奥会“绿色、共享、开放、廉洁”办奥理念，多维度立体化讲述中国办奥故事。广泛宣传北京冬奥会对于推进区域基础设施建设、提升城市品质、促进群众性冰雪运动发展的重要作用，冬奥纪实频道推出《京张高铁冬奥列车开启55天赛时运输服务》，《北京您早》发布《国企助力“双奥之城” 扮靓全国“首个冬奥社区”》，生活频道《生活这一刻》发布《冬奥“京”彩：我为冰狂“老炮儿”亮绝活 冰上画五环》。三是做亮品牌节目。组织指导北京广播电视台策划设计冬奥大型主题节目，覆盖冬奥宣传全程。宣传预热阶段，指导北京卫视先后推出《一起向未来》《冬梦之约》《飘雪的日子来看你》等综艺真人秀节目，以“冰雪＋综艺”的形式，创新推广冰雪运动、传递奥运文化，推动体育文化的创造性转化与创新性表达，助力“三亿人参与冰雪运动”从愿景走向现实。指导冬奥纪实频道推出纪录片栏目《双奥之城》，全年92期节目围绕“双奥故事”“科技奥运”两大主题内容创作，记录冬奥会筹办进程，聚焦冬奥背后的建设者与护航者，以真实影像讲述京畿大地冰雪运动的精彩故事。宣传升级阶段，指导体育广播、新闻广播等多频率联合听听FM播出《永远的双奥之城——北京奥运遗产全记录》系列报道，精心制作2022迎冬奥BRTV环球跨年冰雪盛典，延续打造“冬奥特色”“冰雪气质”，奉献出冰雪质感的视听文艺盛宴。宣传高潮阶段，指导北京卫视转型升级为“奥运综合频道”，依托超大体量演播室直播、大型冰雪奥运主题季播节目、全媒体互动营销矩阵等特别策划，全程追踪冬奥赛事情况，全景展现冬奥期间北京的城市之光以及北京市民的奥运热情。推出大型冬奥主题新闻直播节目《北京向未来》，开播以来创造多个新闻第一和独家，连续保持全国收视冠军，新媒体端话题词总阅读量超过8亿，短视频播放量达4000万，收获全网热搜百余个。四是做实冬奥频道。指导北京冬奥纪实频道实现标清、高清和4K超高清三同播，覆盖全国34个中心城市和224个地级城市，8K试验频道正式开播。开幕式后创新编排，保留《天天体育》《2022》两档新闻栏目，增加《早间新闻》和两档滚动新闻，推出4小时直播《2022北京冬奥会开幕式特别节目》，全力投入冬奥会赛事转播报道，每天完成直播任务总时长13~14小时。

三、利用纪录片、动画片宣传冬奥

市广电局注重发挥纪录片“京九条”题材规划引领作用，用好北京纪录片云上作品库智慧管理功能，指导北京制作播出机构储备、策划、推出一批优秀冬奥题材电视纪录片，如《花样年华》、《我让冰嬉活起来》、《山里娃冰球队》、《白色跑道》、《大约在冬季》（原名《中国冰雪道路》）、《盛会》（北京2022年冬奥会开幕式纪录片）、《冰雪荣光》（冬奥会颁奖广场建设历程纪录片）、《我要打冰球》等。向国家广电总局推荐的《指尖上的冬奥情缘》《冰火钢城》等11部电视纪录片获得推优。指导北京广播电视台历时3年拍摄的北京2022年冬奥会开幕式纪录片《盛会》，于2022年2月4日开幕式结束后第一时间在北京冬奥纪实频道首播，“北京时间”App播放量超过40万，Bilibili站播放量已经达到1058万，Bilibili站评分9.9。在电视动画冬奥宣传上，指导北京卡酷频道连续两年推出冬奥冰雪主题卡酷动画春晚，原创26集全国首部冬奥题材定格动画《冰雪冬奥村》，将冬奥会比赛项目和冬奥体育精神融入剧情，受到观众好评和收视效果双丰收。指导动画制作机构推出电视动画片《毛毛镇之冰雪加油队》，片中的5个主角被国家体育总局授予“TEAM CHINA 中国国家队专属动漫形象”，2021年12月全网上线热播，还登陆央视少儿频道、卡酷少儿频道，在全国近40个城市频道陆续播出。在青少年主题节目创作上，指导北京广播电视台开发全国首档少年燃动冰雪成长体验大型季播节目《哇！冰球》，中国视听大数据收视率位列同时段所有省级卫视前十。“酷虎队”17名小将受邀参加由总局指导，爱奇艺、优酷、腾讯等8大网络视听平台共同主办的“2022中国网络视听年度盛典”节目录制，节目手机端观看直播用户达1.1亿。指导制作少儿冬奥知识科普动漫情景剧《七色光之冬奥漫游记》，采用“真人动漫情景剧+冰雪运动知识动画科普+中国冰雪运动健儿拼搏故事+小朋友群采”的丰富形式，展现冬奥比赛项目、介绍中国冬奥冠军、普及冰雪运动知识，首期节目CSM索福瑞35城和63城4~14岁核心收视率均位列同时段所有省级卫视第一。

四、多媒体联动唱响冬奥主旋律

一是发挥中国（京津冀）广播电视媒体融合发展创新中心功能，落实《京津冀新视听战略合作协议》具体举措，启动京津冀“携手迎冬奥　同心过大年”活动，向天津和河北捐赠《筑梦冬奥》《激情冰雪　相约冬奥——迎接北京2022年冬奥会特别节目》等15部纪录片、电视节目播出版权。京津冀融媒体中心在自有客户端及所属第三方平台（含快手、抖音、今日头条、微博、微信等）账号统一发布话题为“携手迎冬奥　同心过大年”的短视频，在营造迎冬奥、庆新春浓厚氛围的同时，进一步强化京津冀三地融媒体中心协同发展，做大做强京津冀广播电视融媒矩阵。着力打造冬奥直播矩阵。指导“北京时间”联动北京冬奥组委、新闻频道中心、河北长城新媒体集团、北京冬奥云转播公司等单位，推出3路冬奥主题慢直播《云看首钢滑雪大跳台　一起盼奥运》《张家口冬奥村（冬残奥村）的日夜》和《云游中国丨张家口国家跳台滑雪中心（雪如意）》，吸引近百万网友在线观看。组织指导北京广播电视台新闻广播、体育广播、交通广播、城市广播副中心之声、京津冀之声5台及听听FM、北京广播微信视频号等多个自有新媒体平台，推出融媒体音视频直播《冰雪荣耀——北京冬奥会火炬传递特别报道》《双奥之城　冰雪荣耀——北京广播电视台北京冬奥会开幕式特别节目》《冰雪相约　一起向未来》等节目，广播各频率和新媒体矩阵共播发报道近1600篇，推出原创短视频180余条，新媒体产品总阅读量和播放量超2.5亿次。二是统筹市区两级媒体资源，实现共享宣传资源，丰富宣传圈层，拓展宣传渠道，形成“1+17+N”广电融合传播态势。利用每周区级融媒体中心宣传例会，传达冬奥宣传精神，部署冬奥报道任务，组织区级融媒开设了一系列展形象、长知识、接地气、聚人气的专题专栏和互动话题，相继推出《冬奥有我》《一起向未来》《走近冬奥》《冬奥知识讲堂》《喜迎冬奥》《冬奥来了》《冬奥知识小科普》《我与冬奥》《冬奥加速度》《喜迎冬奥会》《我和密云朋友的一天之寻找冰雪乐趣》《我在门头沟　冬奥有我》《冬奥小将向前冲》等40余个专题专栏以及“筑梦冬奥”“相约冬奥”“冬奥有我”“我为冬奥点赞”“服务冬奥”“为冬奥坚守”“冬奥唱起来　一起向未来”等若干微博互动话题，从不同维度全面丰富冬奥文化宣传内容，点燃冬奥氛围。指导“北京时间”联合各区融媒体中心推出“双奥之城·看典”大型融媒体直播，采取“一天一主题、一图一故事”图片+访谈直播的创新形式，讲述“北京双奥之城”的故事，13场直播，全网总观看量达到3300多万次。三是指导北京广播电视台“北京时间”发挥台网融合新媒体优势，通过原创图文和短视频、直播、融合报道、专题、互动等多种形式，全方位、多角度紧跟冬奥报道节点，提高网民对北京冬奥会的关注热度。从2018年开始，“北京时间”App 3次改版冬奥专题，开设冬奥频道，截至2021年年底，共发布北京冬奥相关稿件2000余篇，制作冬奥宣传原创稿件和特色产品300余条，总点击量2000多万次。在习总书记到北京考察2022年冬奥会和冬残奥会筹办进程的宣传报道中，采用网站PC端和App端首页、首屏头条置顶的模式，总点击量达50多万次。指导北京广播电视台新闻中心与“北京时间”直播合作，推出融媒体直播《走进冬奥村丨探访冰雪健儿们温暖的家》，在15家网络平台同步推广，全网观看量突破151万次。四是指导北京广播电视台依托微博、抖音等多渠道进行创意传播，围绕重点话题及冬奥实时热点发布多个资讯短视频、创意短视频和节目视频，通过跨平台联合发酵。据不完全统计，仅1月31日至2月12日，累计收获50余个全网热搜，覆盖体育、政务、新闻、生活、娱乐、媒体等多个圈层，70余个微博话题阅读量破百万，单个话题词最高阅读量超2亿。北京卫视策划推出的新媒体话题“28岁的武大靖长着50岁的脚”，一天内在微博、抖音2个平台均位列热搜第1名，微博话题阅读量超2亿，超过100家媒体跟进报道，包括环球时报、中国日报、中国青年报、工人日报、中国新闻周刊、瞭望东方周刊等媒体发声助力，触达人群超3.98亿。

（北京市广播电视局宣传管理处）

“北京时间”建设网台融合新业态

“北京时间”客户端（App）和网站（www.btime.com）于2016年4月12日上线。作为北京首个市级融媒体平台，由北京新媒体（集团）有限公司负责运营，是北京广播电视台所属的新媒体重要平台。“北京时间”坚持移动优先发展战略，立足首都资源，聚焦京津冀协同发展，服务现代化综合治理，参与智慧城市建设，致力于打造融合新闻资讯、政务通达与民生服务于一体的新型主流新媒体平台。截至2021年年底，客户端下载量超4000万，全网覆盖用户近1亿，形成电视、广播、新媒体一体化的采编、融合传播新业态。

“北京时间”开播后，坚持与北京广播电视台各频道频率共建深度融合生态，全台各相关节目中心同步运营广播电视频道和新媒体垂类频道，使传统节目与新媒体内容实现“一体策划、一体生产”的深度融合。各频道频率依托自身优势资源在“北京时间”端内进行垂类内容生产，全力推动主力军进入主战场。同时，“北京时间”还依托北京广播电视台各频道频率、优质的音视频资源，不断推出融合创新产品，打造优质精品IP，推出“时间视频”“时间直播”“时间财经”“时间号”为代表的特色融媒品牌。截至2021年年底，“北京时间”旗下北京时间官方账号、时间直播、时间视频、时间财经共拥有端外账号32个，覆盖全网十余家主流互联网平台，累计粉丝超3700万。

一、坚持“新闻立网”

“北京时间”始终坚持“新闻立台、新闻立网”的原则，重大主题宣传报道从来不缺席、不落后。如在建党百年宣传中，“北京时间”打造了“1+1+2+N”全媒体视听传播矩阵，设置学党史频道，开办24小时融媒体全景直播，开展全市党史知识竞赛，推出2款融媒互动H5产品，以及系列专题报道；在冬奥会筹办报道中，以倒计时一周年为契机，上线冬奥频道，线上线下资源联动举办“青少年迷你冬奥会”，携手“北京冬奥报道云联盟”，形成联合报道机制和联合宣推矩阵，点燃冬奥激情，讲好中国冰雪故事。

二、培育自有品牌

“北京时间”围绕品牌内容培育，建立体系化的传播渠道，激发用户参与、分享和传播。一是建立“时间视频”渠道，凭借主打短视频产品，全网累计粉丝超过2100万，稳居全国泛资讯短视频第一阵营。二是沟通“时间直播”渠道，主打具有强烈时间刻度和现场感的直播频道及沉浸式全景“慢直播”，全网覆盖超640万人，30余家直播单位参与“北京时间直播矩阵”。三是打通“时间财经”渠道，发挥财经专业领域优势，建立全媒体、跨平台的财经媒体生态。四是开通“时间号”渠道，专注于垂类内容打造，在街区治理、文化教育等领域打通为民服务的最后一公里。其中，在直播方面，推出“我为群众办实事之局处长走流程之送外卖的处长有话说”全媒体直播，形成“直播＋短视频＋图文＋话题”矩阵式传播，实现主流价值观的破圈传播。关注民生热点，跟进北京及全国疫情防控发布会，“北京时间”推出“直击北京最后一个封闭小区解封”直播，对北京“双减”政策等进行直播发布及互动，从内容层面与用户产生价值观共鸣、情感共振。

三、共建台网融合生态

“北京时间”拿出专项资金，拉动优质内容向互联网汇集、向移动端倾斜。鼓励全台主力军积极创新，孵化一批集融合型内容生产与经营主体于一身的工作室，大力推出新的爆款产品、打造新的强大IP、开拓新的业务领域和增长点。深耕全台优质资源，上线快讯、法治、影视、金融、球迷、味道、军情、新知、微剧场、微档案、文化大家谈等垂类频道专区，使传统节目与新媒体内容实现“一体策划、一体生产”，不断提升内容广度与深度，更加精准地吸引和服务受众。

四、打造智能交互产品

为了让用户获得耳目一新的使用体验，“北京时间”积极探索将5G、AI、AR/VR等技术融入内容生产与交互体验，打造中国首个广播级智能交互——真人数字人“时间小妮”。“时间小妮”是以北京广播电视台主持人春妮为原型，通过形象和声音素材打造出的AI合成女主播，这是北京广播电视台在人工智能与新闻采编深度融合方面所取得的最新突破。“时间小妮”会逐步接入“北京时间”客户端，与稿件系统、交互系统、数据系统深度结合，在端内提供新闻播报、知识讲解、交互问答、广告代言、客户服务等全方位交互服务，满足用户对资讯、政务、服务、商务的需求。

五、深耕本地服务

"北京时间"上线的"接诉即办"平台，是北京市委、市政府与民众之间的"连心桥"，是基于政务服务、城市基层治理的新举措。"北京时间"与北京市 12345 市民服务热线联手，聚合北京广播电视台频道、频率与网络平台资源，网台联动搭建视频"接诉即办"投诉平台，致力于未诉先办，一键转诉，实时跟踪办件进度，实现"民有所呼、我有所应"的智慧服务，助力城市基层治理体系和治理能力现代化建设。

此外，"北京时间"依托北京广播电视台资源优势及公信力，锚定法律、教育、医疗、生活消费等领域成熟的服务应用，获取平台接口，打通用户体系，实现在"北京时间"一键登录政府服务平台，直接访问，通达服务。"北京时间"推出与百姓生活密切相关的系列服务，涉及生活缴费、医院挂号、社会保障、交通管理、教育资源查询、社区便民措施等，努力建设成为首都城市治理平台、民生服务平台。其中，"北京时间"上线的首都医科大学附属天坛医院线上挂号服务端口，最大程度帮助市民缓解"看病难"的问题。

六、提升品牌信誉

一是以"品牌 + 用户 + 文创"为核心，建立"品牌输出 + 用户拉新 + 经营创收"三位一体的市场窗口，与首都博物馆、中国电影博物馆、北京香山革命纪念馆等机构建立合作关系，孵化出"BRTV 首博食间""光影食间"等系列文创 IP。二是以"北京地标 + 北京文化 + 北京媒体"为核心理念，多渠道开拓"北京时间"电商业务，建设商城系统，打造出"时间诚品""时间文创"等电商品牌。三是以"内容 + 品牌"为依托，与市关工委、市青联等单位，联手成功举办"青少年迷你冬奥会""妈妈的味道"等"线上 + 线下"相结合的品牌活动，使内容得到延展，打造全场景运营。此外，"北京时间"准备通过建设知识付费系统，打造金融、法治、教育、健康等垂类商业 IP 的市场化及创新商业模式，通过社群运营、场景互动等多种方式，提升经营发展水平，为"北京时间"的持续良性运转创造经济保障。

七、建设自主可控平台

"北京时间"独立自主研发包括制作发布系统、时间号系统、用户中心系统、互动系统、关联推荐系统、App 应用、网站应用、M 站应用等 42 个核心系统及应用，不断探索及应用前沿互联网技术。对微服务、大数据、8K 直 / 点播、VR、5G、AI 等也在进行研究和应用。"北京时间"获得国家级"高新技术企业证书"，依托雄厚的研发能力获得并授权信息关联方向、垃圾识别方向、推广检测方向、新闻分类方向等 8 项发明专利，并获得 10 项软件著作权、4 项作品著作权、24 项商标著作权。

（北京市广播电视局媒体融合发展处）

第十一届北京国际电影节宣传亮点多

第十一届北京国际电影节宣传围绕“新机·新局”主题，突出“云上北影节”特色，精心布局，快速反应，实时推进。2021 年 6 月全面启动，联合近 2000 家媒体、十几个合作团队和供应商，精心策划线上线下宣传活动，全网收获超 340 个热搜热榜，超 4200 家媒体和平台参与报道，其中国内主流媒体报道超 6.1 万篇，海外媒体报道近 9000 条，全网相关信息超 372 万条，联动国内外、省内外 8 万块屏幕硬广，整体覆盖超 74 个国家及地区、25 种语言，宣传数据超越往届北影节和 2021 年国内其他电影节。

第十一届北影节的宣传，展现了五大亮点：

亮点一：有高度——主流媒体权威定调，融媒体宣传广泛触达。中央媒体与市属媒体渠道沟通，跨省宣传和海外宣传实现新突破。一是以人民日报为龙头，多渠道深度合作。打破往届常规报道形式，拓宽合作渠道。首次与文艺部进行深入合作，加强文艺评论，提升报道的高度和深度，并通过协调部与人民日报多个部门建立合作，实现超 300 次媒体报道。在全国各地 2 万台“人民日报电子阅报栏”轮播北影节宣传片，宣传深度、广度取得突破。二是与中央广播电视总台早沟通多策划，获得全力支持。充分借助北影节主办方中央广播电视总台力量，与总编室全面对接，用足用好全台宣传资源。第十一届北影节在央视《新闻联播》播出 2 次，《焦点访谈》《面对面》等栏目进行了专题报道，央视频、央视网、CGTN 多语种平台全程专题推荐。三是以南方报业集团为代表，打开跨省宣传新局面。与南方报业等外省市权威主流媒体达成深度合作，积极拓展羊城晚报、上海新闻在线等百余家外省市媒体，宣传覆盖全国 34 个省、自治区、直辖市和特别行政区。四是继续加强与市属主流媒体合作，形成密集宣传阵势。借助北京广播电视台和北京日报、新京报、北青网等市属媒体节目栏目和全媒体矩阵资源优势，积极协调版面报道，开设北影节专区，多角度、深挖掘报道。五是加大外宣力度，实现国际传播高度聚焦。整合组建 1400 家外宣媒体矩阵，外宣报道近 9000 条，覆盖 74 个国家和地区、25 种语言。此外，与新华社合作在纽约时代广场大屏投放一周国际版宣传片，与国际在线合作，首次邀请“丝路大 V”到电影节现场打卡传播，丰富外宣传播形式，增强国际传播的亲和力和实效性，展示丰富多彩、生动立体的中国形象。

亮点二：有深度——垂类媒体多角度挖掘，入围影片首次“出圈”。深度挖掘北影节内涵，侧重专业权威文艺评论。一是强化文艺评论，拓宽媒体合作深度广度。邀请中国电影评论学会会长饶曙光、知名影评人周黎明等专家、学者，桃桃淘电影、悦幕电影观察、虹膜等知名自媒体参与宣传策划选题，40 余篇原创稿件多角度深度剖析北影节专业亮点，140 余篇北影节重点资讯转载吸引专业人士、资深影迷关注。二是宣传重点突出，树立“天坛奖”权威。明确主竞赛单元影片这一宣传重点，加强与媒体的策划沟通，侧重影片质量报道，首次将“天坛奖”公布入围影片推上热搜榜；组织专业媒体观影、打分，预测获奖情况，成为国内首个创立官方场刊的电影节，体现了北影节专业化发展、比肩欧洲三大节的决心；“大V”约稿向“天坛奖”影片倾斜，面向大众解读、推介影片，制作大量物料传播获奖结果，宣传权威性，提升影响力。三是电影KOL发声，形塑北影节文化品牌。组织47家主流媒体、国内一流电影类专业媒体，对130余位嘉宾进行64场专访、11场群访，发布原创报道180余条。

亮点三：有流量——设置多角度社交话题，用正能量内容撬动高流量传播。实时寻找“沾泥土、带露珠、冒热气”的传播点，多维度发酵话题，实现全网超340次热搜，是第十届北影节的14倍。一是策划预设，联动微博、抖音等媒体合力助推，使“巩俐姜文同台”等话题引发热议。精准判断开、闭幕式传播爆点，在播出前精心制作开幕式老艺术家发言引巩俐、陈坤感动落泪，闭幕式刘晓庆和陈坤、陈道明和葛优、巩俐和姜文三组嘉宾发言等短视频物料，引发全网媒体矩阵强力播报。从细微处见真情，以正能量内容引发共鸣，撬动高流量传播。二是现场挖掘，引导艺人主动发声带动媒体报道，“张颂文与荣梓杉‘父子’互动”等幕后故事吸引关注。开幕式红毯现场，敏锐发现、现场策划张颂文与荣梓杉这对荧幕父子关于身高等话题的互动。经与双方团队沟通，现场记录这一独家新闻点，并引导艺人主动发博，带动媒体报道，衍生话题“荣梓杉比张颂文高了”“张颂文荣梓杉合照”登上热搜。

亮点四：有专业性——策划高品质宣传物料，以电影化手法提高电影节形象。下大功夫提升宣传物料品质，视觉包装电影化，展示北影节专业化形象。一是转变海报设计思路，奠定良好宣传基础。主海报设计改变以往由设计公司主导提案的创作模式，转变为组委会主导，提早介入前期创意设计，及时给予调整意见，有效提高了设计效果和时效。第十一届主海报“合力生光”在立意、主题、色调、创新和贴合时代背景等方面都有较好的提升，得到业内外普遍认可。二是策划融媒传播产品，短视频领域持续发力。将传播价值作为策划的重要标准，突出专业化、国际化、电影化和高品质、多互动、强口碑。根据不同媒体调性和需求，制作了近百张长图海报、230余条短视频，打造出多个适合融媒传播的爆款短视频系列。以易烊千玺主宣片、Variety影人氛围感大片、抖音“随光寻戏”大片等为代表的爆款物料引发关注，借助国内外媒体报道和爱奇艺开屏、微信朋友圈、纽约时代广场大屏等融媒体渠道，进一步扩大宣传范围，实现全网主话题阅读量超61亿人次，登上340个热搜热榜。

亮点五：有人情味——运用以小博大的传播技巧，立体塑造北影节形象。丰富宣传方向，从大传播到强传播、从强传播到巧传播，以受众共情角度挖掘、传播台前幕后故事，立体塑造北影节形象。一是红毯全方位输出引热议。在红毯前后流线上增设多个抓拍点位，满足观众对影人花絮的观看需求。开幕红毯输出的近70支“台前幕后”短视频，带动官方微博浏览超1400万次，官方抖音播放超7200万次，抖音话题播放量近1亿次，相关话题登陆全网100个热搜热榜。二是开闭幕式精华发酵燃爆点。闭幕式暨颁奖典礼录播现场，敏感察觉到短片《一代影人再相聚》点燃现场气氛，极易引发受众共情，立即准备该环节卡段视频，在闭幕式当天全网推送，以电影人情怀抢占视频号、朋友圈私域流量，以“回忆杀”抢占抖音公域流量，实现有效宣传裂变，实现官方抖音播放量超1400万次、官方视频号观看量破800万次，并登陆4大热搜热榜。三是“随手拍”包装传播造氛围。

密切关注嘉宾现场动态，利用手机及时记录暖心时刻。如张颂文在新闻发布会后，又特意返回会场向组委会工作人员致谢；评奖工作结束后，陈坤奔向巩俐拥抱道别；大师班结束后，巩俐、赵又廷为了和娄烨导演打招呼、道别，一起在卫生间外等待……嘉宾在幕后互动的种种瞬间被手机捕捉、传播，既重现了电影人台前幕后可敬、可爱的瞬间，也让大众侧面感受到北影节“电影圈过年”的专属氛围，备受网友关注和好评。四是礼遇媒体记者促感情。通过开发媒体预约小程序、提供茶歇等线上线下手段，改善提高媒体参与体验。首次举办媒体答谢宴，向合作媒体颁发证书，进一步拉近情感距离，增强媒体对北影节大家庭的归属感。

（北京广播电视台北京国际电影节运行中心）

广播节目《见证初心·百集京华党史故事》特色鲜明

2021年是中国共产党成立一百周年。从4月12日到8月27日，《见证初心·百集京华党史故事》这一广播融媒体产品历时3个多月播出完毕，画上圆满的句号。

这套报道汇聚了北京广播电视台广播端的重要策划和采编力量，由新闻广播牵头，交通广播、城市广播副中心之声、体育广播等近40位编辑记者联合采制，5大广播频率在早晚高峰时段联袂播出，“北京新闻广播”等新媒体端同步推送，是北京广播电视台广播端为庆祝建党百年献上的一套精品力作。

这套作品的主打产品首先就是广播端的100集精品节目。节目分为“丰碑”“记忆”“道路”“旗帜”“堡垒”五大板块。

第一板块：《永远的丰碑》20集，突出“显以勒功”，以北京地区户外凝结或铭记红色历史的楼、堂、场、馆、墓、碑、亭等为主要叙事由头。

第二板块：《珍藏的记忆》22集，突出“隐以永铭”，以北京地区纪念馆、博物馆中珍藏的革命文物为主要叙事由头。

第三板块：《伟大的道路》18集，突出“求索之路”，以毛泽东、邓小平、习近平等走过的路、乘过的车等交通设施为象征，讲述领袖们为中国人民寻找救亡图存之路、开辟富民强国之路的艰辛历程。

第四板块：《飘扬的旗帜》30集，突出“时代先锋”，以北京地区近年来涌现，特别是2021年“七一”受表彰的优秀共产党人为主要叙事由头。

第五板块：《坚强的堡垒》10集，突出“先进支部”，以北京地区百年党史中涌现的优秀党组织、党支部为叙事对象，展现群体形象。

百集作品4月中旬到8月下旬在广播端和新媒体端同步推出，形成以“七一”为轴心，纵贯“五一”“八一”等重要时间节点的音频版党史宣传浪潮。

《见证初心·百集京华党史故事》亮点突出，特色鲜明。特色之一是体量大、触角广、涵盖面全、史料准确权威，是广播端首次大规模钩沉、梳理、抢救性记录北京地区的百年党史。

从第一集《北大红楼》到最后一集《冬奥组委延庆运行中心党支部》，涵盖了百年党史。每个板块每个题目均精挑细选，经得住历史检验和史料推敲。编辑记者以“走转改”的方式走基层，访故地、采人物、悟历史、写精神，对一些历史见证者、先烈后人做抢救性采访，采访到大批珍贵史料。

《见证初心·百集京华党史故事》的“历史部分”与中共北京市委党史研究室合作，核实历史资料、解读深刻内涵；“当代部分”与市委组织部积极沟通，确定先进个人和党支部名单。这样就具有了权威性，为首都干部群众深入学习党史，尤其是了解北京历史上的先进人物和光辉业绩，提供了一套简明扼要、生动鲜活的编外教材，便于反复收听、互动分享，钩沉历史，激励当代，涵养情怀，启迪未来。

随着报道的深入，多个比较专业的官方平台转载相关内容，这说明节目的权威性获得了广泛的认可。比如，“北京大学图书馆”转载《亢慕义斋藏书：播撒马克思主义的红色火种》，“首钢园”转载《首钢：敢为人先的钢铁巨人》，等等。“平安北京”转载《“工作人员”佩条：保卫开国大典，佩条见证忠诚》，这是郑建明采访参加开国大典安保任务乔长煜老人的故事。

特色之二是创作遵循新闻性原则、故事性原则和广播特色原则。

百集故事穿越党的百年历程，前半部分很多故事比较老，但这次的报道抓住“新”字。或者以最新发生的事件为由头切入，或者引入新发现的史实，或者精选新的场景或细节，或者寻找新的讲述者，采用新的叙事角度。总之一句话——不能炒冷饭，篇篇要有新意。

百集故事的每一集均尽可能地讲述一到两个典型故事，围绕故事展开叙事，尽可能用典型音响说话，走进典型现场，描述典型场景，伴随式记录现场音响，采撷情理交融的讲述声音。统计来看，单篇报道平均涉及采访对象5人，使用同期声9处，典型音响3个，制作精良。每篇稿件修改和打磨都不下5遍，最大限度做到篇篇精品。

特色之三是打造多样态融媒体产品，实现“台”“网”共做，“声”“影”融合。

与广播端同步推出百篇京华党史故事图文音视频报道。图文音视频报道融媒叙事的方式使一些历史、现场照片和视频有了展示的空间，补足了广播纯声音叙事的先天缺陷。网友的反响也很好，有的网友每天都在追。

多样化的融媒体产品还包括百集京华党史故事网络音频专辑，与广播节目同步推出。另外，还有重点篇目短视频点映手册、北京党史故事地图等H5互动产品。这些是基于广播节目内容衍生的产品，与其节目故事结合在一起，寓教于乐，形成互动。

截至2021年8月25日，各平台图文产品的点击量累计达到180多万次，音频产品播出41500余次。其中宗晓畅记者手记《人民的广播，声音的丰碑》在“学习强国”平台推送后，单篇阅读量达25万次，点赞数过万。

《见证初心·百集京华党史故事》举广播端之力，采写记者仅有不到40人，在广播端的节目样态有特色、有创新、有质量，新媒体产品是不断尝试中前行探索的，借助北京广播电视台媒体融合大势，稳步推进，也为大型主题报道开辟了新的道路。

该项目入选国家广播电视总局建党100周年重点广播电视节目，入选北京市视听文化引导基金扶持项目和广播电视媒体融合成长项目。在2021年第二季度，获得北京市优秀广播电视新闻作品奖。

（北京广播电视台新闻广播中心　邢立新）

《我为群众办实事之接诉即办》不断创新

北京广播电视台北京卫视频道组织精干力量，精心策划、制作、推出全国第一个“为群众办实事”专题节目《我为群众办实事之接诉即办》。该档节目在“真”字和“实”字下功夫，察实情、办实事、求实效。播出的12期节目，在各大新媒体平台收获热搜98个，微博话题阅读量27亿人次，视频播放量近4亿次。人民日报、新华社、中央广播电视总台等中央主要媒体纷纷刊文支持，广大网友好评如潮，舆论对节目中呈现的党员干部形象给予高度好评，节目成为重大主题宣传的创新之作。

一、内容开门见山：直面真问题、寻求真答案，形成极具价值的“北京方案”

《我为群众办实事之接诉即办》在内容上敢啃硬骨头，敢拔硬钉子。局处长们找准了群众“急、难、愁、盼”的痛点和难点，带着一个个具体问题出发，带着一个个诉求回来，收获了城市治理的新思路和新办法。

《我为群众办实事之接诉即办》解决的并非“不痛不痒”的小麻烦，而是备受关注的大问题。邀请到市人社局徐熙局长、市住建委王飞主任、市规自委张维主任、市政务服务管理局张革局长、市交通委谢正光主任、市城管委邹劲松主任等7位一把手参与到拍摄中来，推进每一个具体问题得到实质解决，并为同类疑难问题总结出珍贵的“北京方案”，真真正正做到了察实情、办实事、求实效。无论是针对大学毕业生推出的“1+N”新政，还是针对房产证办理的“无错优先、容缺办理”创新机制，都超越了同类型节目“好人好事”的报道内容，更有温度、更具智慧、更富远见、更见格局。

二、形式独树一帜：过程真生动、结果真满意，彰显首善之区的治理水平

不同于5~10分钟的常规专栏体量，《我为群众办实事之接诉即办》的时长达到了30分钟，采用新闻纪录片的节目形式，不是简单的报道成果，而是呈现解决问题的全过程。

进行时、沉浸式、故事化的报道方式，让解决问题的过程鲜活生动，让观众看得到王林处长体验外卖工作12小时后，坐在北京灯火阑珊的街头独自感叹；看得到郭青松主任在寻访档案无果时，独自坐在马路边的难过叹息；看得到张宝超处长站在拒绝老旧小区管道改造的住户门外，发自内心的焦急；看得到詹奕处长在为小区贴上房产证办理公告后，转身时眼中闪烁的泪花。

解决疑难问题的过程从来不会一帆风顺，党员干部的日常工作从来不会波澜不惊，但《我为群众办实事之接诉即办》恰恰用一种平实的镜头语言，将这扣人心弦的过程完整呈现给观众，于无声处听惊雷，静水之下探急流，让群众看到了首都干部的韧劲，感受到北京市委、市政府的情怀，领略到首善之区的风貌。

《我为群众办实事之接诉即办》独特生动的报道形式，让党员干部与群众完成了“双向换位”。干部换位群众，体验生活，改进工作；群众也通过纪录片的视角，真切体会到城市治理者在处理每一个复杂问题时所付出的艰辛和努力。

不仅是群众深受触动，上海市人社局赵永峰局长在参加“2021上海民生访谈”时，谈起“北京市人社局副处长体验外卖小哥”，说道：“将来我也要去！”《我为群众办实事之接诉即办》已经在全国范围内深入人心，彰显出首善之区的治理水平，更成为“为群众办实事”的标杆与楷模。

三、效果求真务实：视点真聚焦，机制真先进，展现北京破解历史遗留问题中的创新举措

《我为群众办实事之接诉即办》以“接诉即办”为着力点，紧密围绕接诉即办“每月一题”。12期节目，聚焦“房产证办理难题”“停车资源不足难题”“老年人就餐困难问题”“垃圾清运不及时问题”“小区物业管理问题”等，通过对接诉即办全流程工作过程的跟拍，充分体现“每月一题”的先进工作机制，在切实解决一类问题的同时，生动展示北京市“首接责任制”在破解历史遗留问题中发挥的巨大作用。

如通过“未雨绸缪”解决老旧小区漏水问题，“冬病夏治”解决老旧小区电动车隐患。两个主动治理的典型实例，形成典型范本，充分展现北京市各街乡镇、委办局从“接诉即办”向“未诉先办”的治理升级。

同时，栏目跟随市政务服务局、北京市民热线中心研究室李佳处长，参与调研《北京市接诉即办条例》的制定过程。当期节目历时近两个月的拍摄，通过鲜活典型的实例，客观呈现出条例制定前，接诉即办过程中遇到的难点和瓶颈，并通过探索优化、改革机制，定点解决问题，形成条例，彰显出“接诉即办”的治理效能。

媒体参与到《北京市接诉即办条例》的制定过程中，这在北京市关于“接诉即办”的相关报道中，是第一次。

四、影响力广泛深远：干部真体验、群众真感动，引发全媒体的“自主传播”

在《我为群众办实事之接诉即办》里，看不到刻板的采访，看不到生涩的概念，这里满载着一张张鲜活的面孔和一则则动人的故事。“听不如看、看不如干”在栏目中不是空洞的口号，而是一帧帧极其具象的画面：是人社局李成处长翻着档案去破解群众退休的难题；是住建委张宝超处长蹚着雨水去感受小区改造方案的盲区；是人社局王林处长骑着单车去测算需求与政策的距离；是规自委詹奕处长含着眼泪去思考提升效率与优化流程的意义；是毕业生服务中心赵琳主任乘着公交去寻找大学生与企业间的交集；是为了让居民在暴雨来袭前家中滴水不漏，顶着骄阳在房顶“未诉先办”的“天台书记”……正是这些真实的体验、生动的细节，在当下的融媒环境中感动了万千“挑剔”的网友，成为正能量的“自来粉”，主动转发、主动点赞，在全媒体形成了巨大声量。

这些来自党员干部的动人瞬间，这些来自人民群众的真挚感动，也让栏目的每一名记者在节目的制作过程中深受教育。当老旧小区的居民在完成上下水改造后，捧着一盆装着金鱼的清澈水缸，送给街道工作人员的时候；当年过七旬的老人拉着党员干部的手，邀请他来老年餐桌吃上一顿饺子的时候；当一位退休老党员拎着冰镇西瓜，喊天台上检查防汛隐患的“小杨书记”下来乘凉的时候；当拿到“大红本”的大爷，兴奋得像个孩子，给党员干部颁发“自制奖状”的时候，镜头后的记者都忍不住热泪盈眶。这是来自北京卫视《生命缘》《向前一步》的团队，曾记录过无数次无影灯下的生死博弈，也曾经千百次直面矛盾，在风雨中见证沟通的神奇，而在《我为群众办实事之接诉即办》的拍摄

过程中，他们再次深刻理解了“党建引领”的力量，再次亲身体会到“鱼水交融”的深情，再次明确“夜空中最闪亮的星”为我们指引的方向。

（北京广播电视台卫视频道中心　刘婋）

冬奥会主题口号歌曲《一起向未来》推广经验

北京广播电视台承担了北京2022年冬奥会和冬残奥会主题口号歌曲《一起向未来》新版MV的制作、推广任务。在短短两周时间内迅速完成MV拍摄、宣传方案策划、台内外资源对接等工作，确保新版MV于2021年11月15日如期发布，并于11月17日启动“全民唱响一起向未来”传唱活动。

“全民唱响”活动参与范围广泛。截至2021年12月26日，北京广播电视台共邀请30余个行业、近2000人参与传唱视频录制。活动全网总曝光量超168亿人次，总互动量超5288万次，总覆盖量近377亿人次，登上全网热榜488个，网络投稿4万余件，1200余家媒体和平台参与报道，社会各界反响热烈，将全社会的冬奥激情推向一个新的高潮。

主要做法：

MV创意策划破题。北京广播电视台深入分析“一起向未来”主题口号的精神内涵，创新了MV拍摄内容、剧情和切入角度，注重突出冬奥色彩，贴近百姓生活，引发群众共情共鸣。情节上，侧重描画北京百姓喜迎冬奥的工作、生活场景，书写属于人民群众自己的冬奥故事，展示北京各界迎冬奥的热情与激情。画面上，注重展现时代感、主题感，展现北京开放包容、现代时尚、底蕴深厚的城市特色，提升北京冬奥会的感召力。

同时，在MV中预埋了“手势舞唱跳”和“民间冬奥博物馆”两个传播点，及时发起“全民唱响一起向未来”传唱和“冬奥数字博物馆”两项延展活动，通过全民唱响活动、MV故事外放，多层次提升宣传声势，将全社会的冬奥激情推向新的高潮。

活动热度口碑破圈。“全民唱响”活动充分发挥知名人士、社会群体的示范带动作用，主动深入不同圈层的兴趣场景与文化爱好，邀请邓亚萍、杨扬、王濛、苏炳添、张伟丽、武大靖、汪顺、杨倩、全红婵、张家齐、孙一文、巩立姣、李雯雯、何雯娜、陈露、庞清、佟建、鲍春来、张楠、黄雅琼、郑思维等体育运动员，乔杰、孙泽洲、毛大庆、方秋子等院士、科学家、劳模，李谷一、蔡国庆、甄子丹、刘涛、戴玉强等文艺工作者和北京市直机关干部职工录制唱跳视频，并根据人物、团体特点提供个性化定制，策划出既具正能量又具艺术性、趣味感、生活化的表演形式。经过大中小学、艺术院团、残联、医护人员、志愿者、社区广场舞团体等各界人士的积极参与，特别是手语版、11月龄滑雪宝宝可爱版、乐器演奏版、大学生街舞快闪版、抖音达人创意变装版等“花式”演绎频出，使“全民唱响”活动实现多群体互动、全场景全人群覆盖。

很多素材一经发布即引发强烈关注。北京市直机关组织的《一起向未来》传唱活动别开生面，430多名干部职工踊跃参与，感情饱满，展现了机关干部盼望奥运、参与奥运、奉献奥运的精神面貌。中央芭蕾舞团、国家大剧院、北京交响乐团等知名院团结合各自特长进行的再创作，艺术水准高、制作精良，表达了文艺界迎接冬奥的热忱。大学生群体唱跳视频活力四射、创意十足，北京服装学院师生们身着为冬奥设计的系列服装，中央民族大学少数民族同学身着特色服饰，中央戏剧学院、中国传媒大学学生热情洋溢、活力满满，清华北大“学霸”们PK手势舞，不仅引起网友热烈讨论，还吸引外交部部长助理华春莹、新闻发言人赵立坚、驻贝尔法斯特总领事张美芳等在个人推特账号上发布、力荐。

利用传播渠道破势。“全民唱响”活动注重顺应全媒体时代潮流，打通线上线下传播路径，提供多维度应用场景。

利用主流媒体资源。联合《人民日报》官方微博全球首发MV，协调《环球时报》以两个整版深入报道MV里的百姓故事，中央广播电视总台《新闻联播》《东方时空》《中国新闻》《体育世界》等重点节（栏）目播出报道。新华社、光明日报、环球网、半月谈、中国青年报、北京日报、新京报、北京青年报、观察者网、南方报业等主流媒体深入阐释歌曲MV内涵，在客户端、版面、新媒体配合活动宣传，发起特色活动。中央广播电视总台和全国48个城市地方电台在重点栏目、重点时段播放、推荐MV。学习强国平台给予特别支持，设立“全民唱响歌曲《一起向未来》”专题，首页主推“全民唱响”活动。北京广播电视台更是调动全台资源，每日在《北京新闻》播放优秀传唱视频，各频道频率高频次宣传，全台新媒体账号矩阵式宣传，“北京时间”“听听FM”两大客户端设置站内专题页。此外，与“北京发布”“文旅北京”等政务新媒体账号矩阵联动，进一步增强活动的权威性和推广的有效性。

深化线上平台合作。整合67家头部社交、音乐、长短视频平台的开屏、专区、重点推荐等硬广资源，争取到亿级曝光推流、官方矩阵发布等资源，并与微博、抖音、快手、Bilibili等社交平台开展专项合作，策划百余个话题或事件，通过强互动性内容引导网友热议和舆论方向。微博官方运营侧发起“乐享冬奥”全民唱响活动页，20个矩阵账号每日配合分发以及话题传播；抖音邀约100位KOL参与传唱活动，话题播放量累计1.5亿次；快手发起“一呼百应”挑战赛活动，征集3.3万个作品，播放量高达5.5亿次；QQ音乐、网易云音乐两大音乐平台提供了重点位置推介或专题页，通过顶评论、发弹幕等新颖形式，输出主题口号歌曲的内涵价值、社会意义，增加推广的有效性和互动性。

打开海外宣传渠道。协调《环球时报》的脸书（Facebook）和推特（Twitter）官方账号同步发布《一起向未来》MV。《环球时报》英文版整版专题报道MV上线及人物故事。《人民日报》海外版大版面盛赞“全民唱响”活动成效，全面解析参演群众冬奥故事。《中国日报》进行MV英文专题发布，超700家海外媒体加入宣传，传播覆盖7个语种。在11月17日外交部部长助理华春莹、新闻发言人赵立坚推荐后，我国驻各国使领馆、外交官相继在脸书发文推介主题口号歌曲和优秀唱跳视频，邀请各国人民“一起向未来”。随着社交媒体的互动增加，主题口号歌曲在民间传播愈发广泛，优兔（YouTube）、照片墙（Instagram）等海外社交平台被《一起向未来》新版MV刷屏。

覆盖线下传播路径。协调数以百万计的歌华有线机顶盒开屏推介，全市公交、地铁、影院、商超、户外广场的上万块屏幕及全国30余所高校校内大屏播放《一起向未来》MV，实现传播上的多端跨屏，将歌曲MV和口号渗透到街道、社区、商圈、高校、家庭场景，进一步吸引广大基层群众自发参与主题口号及歌曲传播。

北京广播电视台联合各大媒体平台共同发力，通过《一起向未来》口号歌曲的宣传推广，进一步激发了全国观众与北京冬奥一起向未来的热情和激情。

（北京广播电视台北京国际电影节运行中心）

“声音戏剧”再现燃情年代
“声”临其境赓续红楼精神
——广播剧《北大红楼》特色突出

北京市委宣传部统筹部署、北京广播电视台制作的广播剧《北大红楼》，讲述百年前李大钊、陈独秀、毛泽东等从北大红楼里走出的革命者，传播马克思主义思想、建立中国共产党的故事。本文从剧本创作、演播阵容、音响制作、宣传推广四个方面介绍该剧特色：

一、原创剧本历时十个月，十六易其稿，兼具史料文献性及广播艺术性

严把党史关，500万字史料框架下的原创剧本。本剧是一部重大历史题材作品，由北京广播电视台副总编辑李秀磊担任总策划，文艺广播中心原创剧本，充分挖掘北京本地红色历史资源，查阅500多万字权威党史资料，严把党史关、艺术关，精心打磨，多次召开剧本研讨会、审稿会，李京盛、关玲等广播剧业界专家，金安平、马建钧等北京大学党史专家多次为剧本出谋划策、保驾护航。

剧本构思精巧、独具匠心，引发受众情感共鸣。剧本创作上，本剧将真实历史和戏剧性、故事性相结合，用艺术的、审美的方式呈现宏大主题，获得了广播业界专家好评。

本剧采用三幕剧形式，聚焦北大红楼这一主舞台，集中表现1919年到1921年这段关键性的历史阶段。本剧以五四运动前后李大钊等人探寻救国之路的革命活动为明线、以马克思主义的认识和传播过程为暗线，刻画出李大钊、陈独秀、毛泽东等百年前这些“新青年”在马克思主义早期传播中的思想认识轨迹，展现了中国共产党在北大红楼的孕育过程。

以上是创作中理性的布局，同时，创作还需要感性的内容去支撑。广播剧是听觉艺术，擅长“以情动人”，创作一部剧，首先要感动自己，才能感动别人。主创在阅读史料和北大红楼采风的时候，就被这些革命先驱的事迹感动了。这些百年前的文化精英，抛弃优越的教授生活，建立无产阶级政党，让劳苦大众当家作主，这种传承百年的家国情怀和思想境界，是一种特别的高尚情感。因此在人物刻画上，主创团队充分发挥广播剧善于表达人物情感的优势，主要塑造南陈北李，特别是三十出头的李大钊，这些年轻知识分子以天下为己任的青春热血、改造国家与社会的初心与使命，希望用激情澎湃的情感力量，打通百年历史，与当下的受众产生情感上的共鸣。

同时，本剧兼顾刻画了青年毛泽东的成

长过程，每一幕开头以青年毛泽东两次进京、思想变化的转折点为幕起段落。在制作中，采用湖南口音的普通话演播，方言强化突出伟人的声音形象，听众在这个最熟悉的伟人角色的带领下，切入百年红楼，引出红楼群像，设计独具匠心。

本剧结尾采用一段“声音蒙太奇”，将北大红楼和南湖嘉兴建党的场景交相呼应，展现出“红楼”和“红船”之间的历史必然联系，受到了专家的肯定。

二、录制阵容强大，“好声音”与北大学子共同演绎百年红楼往事

多位知名配音演员加盟。本剧特邀知名配音演员赵毅、季冠霖、宣晓鸣等主演，他们曾在影视作品《摔跤吧！爸爸》《甄嬛传》《让子弹飞》中“献声”，声音表现极具戏剧张力。

旁白李立宏，曾解说纪录片《舌尖上的中国》，他极具辨识度的声音，能迅速带领听众穿越时空，抵达百年前的历史现场。

现代北大人演绎百年前“北大人”。本剧在制作上力求形式创新，用百年后的北大师生，演绎百年前的北大人，以青春之声，再现 1919 年“五四运动”等著名场景，形式新颖，意义独特。

三、红色革命旧址实景采录，“混响卷积”技术打造“声”临其境的艺术感受

在声音制作上追求历史现场感。剧组赴李大钊故居、长辛店工人夜班通俗学校旧址，利用“混响卷积”技术，采集声场环境，在剧中还原声场，打造“声”临其境的效果。

四、紧扣时事热点宣传发布，多轮播出反响热烈

北京大学举办首播发布会，李大钊后人参与发布。2021 年 6 月 21 日首播发布会上，李大钊嫡孙李亚中与北大学子共同朗诵李大钊名篇《青春》，获人民网、新华网、《北京新闻》等媒体报道。

紧扣时事热点首播，听党史活动引发收听热潮。6 月 26 日，《新闻联播》报道了习总书记视察北大红楼的新闻。文艺广播中心当晚打通节目时段，在《新闻联播》结束后，立刻播出主创访谈节目，随后本剧正式首播。

“七一”期间，本剧在北京广播电视台多频率播出，并登陆“听听 FM”、学习强国等，以“听党史、悟思想、促融合”的独特形式，引发党员和群众收听热潮。

（北京广播电视台文艺广播中心　徐然）

“北京时间”融合推进疫情防控报道

新冠疫情多点爆发以来，北京广播电视台“北京时间”客户端，全方位、多角度宣传党中央、国务院和市委、市政府的决策部署，充分报道北京市各区、各系统的疫情防控工作，在“快”“全”“融”方面重点突围，发挥网络宣传引导和动员组织群众的作用。

一、快速响应，及时推送权威信息

2021 年 8 月 4 日，国家广播电视总局监管日报第 328 期，专题点评广电新媒体疫情防控宣传引导及时有效。点评中提到：“北京时

间”发挥快速反应、及时推送、权威发布的优势，有力有效做好疫情防控宣传引导。其中，在疫情速报及时发布权威信息方面，表扬“北京时间”首页实时更新每日新增病例数量和流调信息，解读本次疫情传播特点，方便市民及时了解疫情信息做好自身防护；澄清谣言服务群众稳定人心方面，“北京时间”首页推送《这些最新涉疫“信息”已辟谣！为什么谣言总是与灾难如影随形》，对“疫苗没用了”“北京生物的疫苗不如科兴的好”等谣言逐一分析澄清，鼓励群众接种疫苗科学防疫。

在新闻时效性方面，经与北京日报客户端（8月11日至8月15日）Push统计数据对比分析，“北京时间”在北京疫情新闻发布会后迅速形成综合稿件并做焦点推荐及Push推送，历次要点集合推送均早于北京日报。8月5日—15日期间，针对北京疫情新闻发布会的“要点汇总系列”阅读量共计57.5万次，其中8月11日《要点汇总｜8月11日北京疫情防控发布会：北京师生秋季返校要求公布》的单篇阅读量15万次。

此外，“北京时间”根据疫情防控的最新动态及用户关注的热点话题进行实时推送调整。如临近开学季，社会对高中小学返校规定等防疫政策关注度高，“北京时间”推送稿件《北京中小学能否按期开学？北京市教委：这个回答是肯定的》阅读量11.9万次。另外，用户对于疫情地区人员生活状况关注颇高，“北京时间”推送视频稿件《“云班会”让封控区两百余名小学生相聚》获9.8万次浏览，VLOG《【亲历者说】封闭多天后，朝阳国风上观小区怎么样了？》阅读量6.9万次。

截至2021年8月15日，“北京时间”累计发布各地疫情相关稿件300余篇，Push推送311条（含直播），以快速响应对疫情及时报道，并在报道中不断提升平台影响力。

二、全面发力，全媒体矩阵传播

“北京时间”在疫情防控报道中，通过图文、短视频、直播专题、及时推送及端外矩阵等渠道，以组合拳方式，全面做好疫情防控的相关报道，内容涵盖各地病例通报、风险等级更新、北京及京外疫情防控发布会直播及相关防疫政策宣传等。

“北京时间”先后对国务院联防联控新闻发布会和北京、上海、南京、河南等地的疫情防控新闻发布会进行了同步直播。截至2021年8月15日，39场直播在“北京时间”、今日头条、抖音、百度和新浪微博的观看量为752万次。同时，“北京时间”及时上线了“北京疫情防控最新动态”专题，汇集每日疫情防控发布会最新要点、防控措施、出行提示等，在客户端首屏重要位置呈现。

端外方面，“北京时间”通过“北京时间”官方微博、微信账号，以及“时间视频”等端外大号，将直播、重点信息及时同步以矩阵式发布。

三、融合策划，“1+1 > 2”创新联动

北京广播电视台各频道积极通过时间号平台对疫情相关信息进行发布，向“北京时间”供稿近500篇。各频道均发挥各自优势和特点进行策划及发布。如新闻频道时间号，发布稿件主要涉及疫情发布会、餐饮商超定点检查、出游信息提示等，均为原创稿件；卫视北京时间号发布稿件主要侧重医疗专家对疫情解读、记者实地探访等原创内容；生活频道时间号发布稿件主要涉及北京封闭小区隔离管控的最新情况、疫情防控下的便民措施等原创内容。

其中，“北京时间”与生活频道中心融合推送的《中高风险返京人员如何进行疫情防控？他们负责闭环转运！》视频，通过“北

京时间”官方微博创建话题，各账号同步转发，“中高风险返京人员如何进行疫情防控”话题关注度迅速升温，阅读量608.5万次，荣登“同城榜”第一名。

各频道的重点发力、融合策划，形成了在疫情防控报道中“1+1＞2”的传播效果。

“快”“全”“融”是“北京时间”在此次疫情防控报道中的显著特点。因为快速及时彰显媒体责任，因为全媒传播赢得更多关注，因为融合联动促进全台转型。

（北京广播电视台融媒体中心　宗昊）

“向着幸福出发！”活动完美收官

2021年4月26日，北京城市电视开展的“向着幸福出发！”优秀影像作品征集展映活动完美收官，并同步启动新一届“奋斗！在幸福路上”主题活动。

“向着幸福出发！”作为优秀影像征集展映活动，征集展映的是以决胜脱贫·共奔小康为题材的作品。这次征集展映活动自2020年9月15日启动以来，收到来自100余家企事业单位、社会组织的摄影爱好者投稿1600余件（套）。这些作品聚焦脱贫攻坚主战场，用视觉语言述说一幕又一幕精准扶贫的感人故事，用镜头定格一幅幅脱贫攻坚的永恒瞬间。经过专家遴选和评审，最终评选出一、二、三等奖，优秀奖和视频奖共计19件。活动征集展映期间，上百幅优秀影像作品通过遍布京城的楼宇电视、地标户外大屏和客流上千万的地铁媒体共同刊播，累计播出时长近36000分钟，触达人流超10亿人次，形成了声势浩大的户外全场景扶贫成果展示宣传矩阵。

2021年4月26日至5月15日，包括获奖作品在内的优秀扶贫摄影、短视频作品从户外荧屏走入线下展厅，在位于丰台区草桥东路的北京消费扶贫双创中心开启实体影像展览，吸引众多市民来到现场，立体化、全方位地感受全国脱贫攻坚工作取得的新成效、新成果。

为了切实做好巩固拓展脱贫攻坚成果同乡村振兴有效衔接的各项工作，让脱贫基础更加稳固，成效更可持续，北京城市电视在“向着幸福出发！”决胜脱贫·共奔小康优秀影像作品展基础上，发起“奋斗！在幸福路上”乡村振兴成就征集展映活动。活动定位从“精准扶贫”转向“乡村振兴”，从聚焦“帮扶”转向“脱贫”等主题，转向更丰富更深远的美丽乡村与新农村建设。同时延续户外展映的形式和声势，将活动系列化，打造“幸福”系列品牌活动IP，以更多元的形式展示乡村振兴成果。2021年，“奋斗！在幸福路上”乡村振兴成就征集到来自社会各界摄影作品2.1万余幅，400余条视频，话题观看量8800余次，在楼宇电视联播网、户外大屏联播网、地铁通成等平台日均播出总频次超600次/天，户外曝光总量超4.87亿次。在户外平台用影像讲述百姓奋斗收获幸福的故事。

（北京北广传媒城市电视有限公司）

海淀区融媒体“破圈”创新

430家中关村科学城领军企业参加的“才聚云端”线上招聘，有效把握企业需求的“你好，北区”交互活动，满足群众诉求的网络问政、接诉即办、党媒牵引计划……这一个个吸睛又实用的“破圈”创新应用均出自北京市海淀区融媒体中心之手。自2018年成立以来，海淀融媒逐步建立起“1（区融媒体中心）+29（街镇分中心）+N（委办局工作室）”组织体系，在技术的支撑与推动下，融合创新应用不断推陈出新。在中央媒体、市属媒体、商业平台林立的区域内，海淀融媒是如何创新、实现“破圈”的呢？

“破圈”创新应用瞄准传播与服务焦点

作为区级融媒，海淀融媒在品牌、渠道、人才等方面竞争优势不强，只有通过差异化发展才能体现出独特价值。通过3年的耕耘，海淀融媒形成了以“掌上海淀”为平台、海淀融媒矩阵为阵地的多元开放内容生产格局。以创新型产品的“首台套”落地应用和品牌推广为引领，形成高质量、可持续的发展模式。海淀融媒的发力关键在于“准”“深”“活”3个字。

“准”。把准区域脉搏跳动，实现全面出击和一点突破的平衡。海淀融媒精准把握政务要求，推出“才聚云端”等活动。2021年第二季“才聚云端”吸引了430多家企业参与。另外，海淀融媒有效把握企业需求，推出“你好，北区”等品牌传播活动，在中关村科学城北区深度参与产业化。在创新满足群众诉求方面，海淀融媒开展网络问政、党媒牵引计划等服务，在“掌上海淀”移动客户端上设置全新升级栏目“接诉即办”。

“深”。掌握市区级融媒“贴地飞行”，当好“群众的勤务员”才有出路。海淀融媒“贴地飞行”主要有三招：一是着力建构海淀人离不开的渠道，“掌上海淀”移动客户端构建应用场景，打造全区为民、为企服务“总入口”；二是联合相关部门做好政策解读，通过海淀融媒发布厅、一年近百场的网络直播使“新闻+政务”有新突破；三是运营海淀IP，密切跟进“三山五园”国家文物保护利用示范区建设、国际科技创新中心核心区建设、教育事业发展、对口帮扶等。

“活”。近年来，海淀融媒内容产品不断迭代，不断调整“估值”。船小好调头，尝试成本低。海淀融媒推出的新型全媒体交互式栏目《红耀海淀谱新篇》系列专题片，通过践行“两新两高”战略，全方位立体式展现了海淀区的发展征程。

传播与治理并行打造基层治理新平台

海淀融媒以“新闻+政务服务商务”为抓手增强造血机能，实施“内容+技术”双轮驱动战略。着力运营“海淀云”平台、“学习强国”海淀学习平台和“5G+4K/8K”高速传输超高清制播平台，通过抓好内容、能力、阵地三大建设，开展综合服务、社会治理两大工程，力求将海淀融媒从单纯的宣传平台转向党在基层的治国理政新平台。

增强阵地意识，与政务客户深度合作，提高海淀融媒覆盖面。海淀融媒大力建设下沉到街镇和社区的融媒体分中心，打造地区范围内协同发展传媒矩阵。上地街道分中心通过建立社区通讯员、融媒矩阵新闻观察员和企业信息员3支队伍，进行共建、共享、共治；工商联分中心在平台、技术、资源、内容等方面实现共享，做到重大题材和宣传报道一体联动、一体发声。

海淀融媒借鉴海淀“创新合伙人”思路，在“掌上海淀”客户端设立“接诉即办”栏目，集聚“合伙人”，共同为群众办实事。栏目除了海淀区城管指挥中心为指导单位外，还有不少相关互联网公司参与其中。

治理提升从内部开始。海淀融媒坚持效果导向，树立“数据管理就是指挥棒”意识，对重点发展的平台提高权重。2021年海淀融媒实行了新一轮的机构改革，打破原有的一线岗位划分，重新组建具备“采、写、编、评、摄”能力的全媒体记者队伍。海淀融媒使用自主开发的新媒体云服务平台“海淀云”，实现策、采、编、发、评全流程的可视化与精细化管理，并引入技术手段统计分析全网传播效果，传播占比在绩效考核权重中超过50%。

以技术为支撑驱动“两心”融合探索

通过集成海淀区新时代文明实践中心网络平台，海淀融媒进一步拓展建设新阵地。海淀区政府网站及“掌上海淀”App由海淀融媒承建运营。因此，在集成新时代文明实践中心网络平台时，实现多平台一体化建设，把海淀区新时代文明实践中心PC端和“掌上海淀”移动客户端完全打通，为多平台互动合作打下良好的基础。

海淀融媒与海淀区新时代文明实践中心联合推出电视栏目《文明风尚汇》，报道全区文明实践工作的方方面面，制作发布1322期；通过拍摄《海淀文明姐弟行》创意短片，倡导垃圾分类、绿色出行、光盘行动、志愿服务、文明养犬、排队一米线等良好文明习惯；推出大型融媒沉浸式系列直播《文明海淀大家行》，第一期重点关注“斑马线上的礼与法”，总观看量近200万。

三年磨一剑。海淀融媒立足于自身的生存环境与产业环境，“破圈”创新，探索差异化发展路径，形成“融媒＋社会治理”的特色模式，为区级融媒体中心加强自身建设、打造治国理政新平台提供了有益经验。

二级平台相关内容

北京海淀：“冬奥母女”绽芳华志愿服务展风采
海淀学习平台 19小时前

北京海淀城市志愿者：用最高标准描绘最美“蓝色风景线”
海淀学习平台 1天前

北京海淀：“冰球老男孩”30年后重燃青春梦
海淀学习平台 2天前

北京海淀冬奥文化广场满满科技范儿
北京学习平台 2天前

北京市海淀区构建三方共治治理体系
长安 3天前

全国经济强区扫描：北京海淀“冲刺”万亿GDP，宝安黄埔顺…
南方财经全媒体集团 3天前

北京海淀“广场舞达人”冬奥会开幕式上展风采
海淀学习平台 3天前

2021年10月12日，海淀区融媒体中心作为“学习强国”海淀学习平台的主办单位收到同意建设的批复，是北京市十七家区级融媒体中心中首家获批建设区级学习平台的单位。图为海淀学习平台页面

（海淀区融媒体中心）

顺义融媒推出五个“一百”学党史

2021年自党史学习教育开展以来，顺义区融媒体中心充分发挥电台、电视台、《顺义时讯》报纸、北京顺义微信公众号、北京顺义App等全媒体优势，以“百集栏目学党史、百堂课程讲党史、百位党员话初心、百名青年感党恩、百首红歌传精神”为主线，特别策划推出系列栏目、活动，引领广大党员干部群众一起学党史、悟思想、办实事、开新局，为庆祝中国共产党成立100周年营造良好舆论氛围。截至2021年12月31日，顺义融媒共刊播党史相关信息1150条，在学习强国北京平台、北京日报北京号、北京时间等市级及以上媒体及宣传平台共刊播党史信息500余条，累计点击量破千万，助推全区党史学习教育走深走实。

一、百集栏目学党史

顺义融媒围绕“奋斗百年路，启航新征程”，策划并陆续推出《顺顺学党史》《学党史　悟思想　办实事　开新局》《我为群众办实事》等系列栏目。《顺顺学党史》专栏通过新闻主播口述的方式，讲述百年大党的光辉历史，截至2021年12月底已播出290集。《百炼成钢》栏目以百年党史上发生的一个或多个重要事件为主要内容，聚焦和回放党史上的关键节点、关键事件，截至8月27日推出100集。《学党史　悟思想办实事　开新局》专栏集中展示全区党史学习教育动态及成果，截至12月底，刊登相关报道125篇。伴随《我为群众办实事》专栏，成立“我为群众办实事”记者走基层小分队，跟踪报道全区各单位开展“我为群众办实事”实践活动举措和成效。25个镇街党（工）委书记走进融媒演播室，畅谈党史学习教育贯彻落实情况以及“我为群众办实事”实践活动进展情况，在学习强国平台以“卡片专题”形式重点推介。《顺义发展巡礼》专栏，全面宣传了全区经济社会发展成就。同时，顺义电视台还推出了《永远跟党走·幸福一起来》访谈节目。各栏目、节目呈现出“一栏目一特色，多栏目多侧面”的特点，多方位、立体化地回顾和展示了中国共产党百年历史及顺义区在党的带领下取得的辉煌成就。

二、百堂课程讲党史

区委党校与区融媒体中心共同打造了《红色讲台微课堂》栏目，共播出24期。区政协和区融媒体中心联合开展“永远跟党走——政协委员学党史读书活动”，共播出46期。区委组织部、区党史地方志办公室、区档案馆、区融媒体中心联合策划《建党百年·顺义党史》专栏，集中展示顺义区党史。区委宣传部与区融媒体中心共同开展了“牢记初心使命建功第一国门”顺义区党史学习教育主题征文活动。

三、百位党员话初心

顺义电台《星空璀璨》栏目，以短音频形式讲述优秀共产党员生平，以永远铭记革命先辈的英名和丰功伟绩，播出100集。《誓言》专栏书写了顺义区一代又一代的优秀共产党员不忘初心、牢记使命，忘我奉献、服务人民的感人故事。4集微视频《永远跟党走》倾情讲述了顺义党员及党史故事，感悟初心使命。

四、百名青年感党恩

“我为妈妈献才艺”暨顺义区第七届青少年才艺大赛于5月10日启动，该届才艺大赛共吸引1300余名师生参与，来自108所学校的181个节目亮相北京顺义App，活动累计浏览量达50余万次。本次大赛以“向党的百年华诞献礼”为主题，通过才艺展示这种青少年喜闻乐见的方式，让感党恩、听党话、跟党走的思想在顺义广大青少年中植根。

由区委宣传部、区融媒体中心精心策划、录制的《心中的歌儿献给党》主题MV于“七一”前正式对外发布。MV通过“北京顺义”App、微信、微博、今日头条号，北京日报北京号，市委宣传部主办的北京市“永远跟党走”歌曲传唱活动，市委组织部举办的“全市党员教育电视片观摩交流活动”等平台集中推送后，累计点击量破百万次。市民纷纷通过平台点赞留言，如“没有共产党就没有新中国，跟着党，就是幸福的方向”等。

五、百首红歌传精神

顺义电台推出《百年歌声》栏目，以短音频形式制作百首红歌，自6月30日起播出，截至10月7日播出100集。通过红歌展播，引导全区人民从红歌中汲取精神力量，坚定永远跟党走和为共产主义事业奋斗的理想信念。

同时，各平台结合媒体特点也纷纷创新党史宣传教育报道形式，电台在“我为群众办实事”实践活动中，依托《大家帮助大家》栏目，联合区内13家单位，点对点直播服务百姓生活。电视台《顺义新闻》栏目增设手语播报，满足听障人士收看新闻节目的需求。电台还推出了广播剧《播火者》《中共中央在香山》，短音频《十一书》等，为全区党史学习教育营造浓厚氛围。

（顺义区融媒体中心）

全景记录冰雪盛会，生动展示中国答卷

在2022年北京冬奥会和冬残奥会举办期间，延庆区融媒体中心立足党媒职责，着眼大局多措并举，全平台协同发力，1月23日至3月16日，累计出动记者262组496人次，全平台共播发冬奥新闻3179条次。其中区级媒体（包括广播、电视、报纸、北京延庆微博、微信和App）共播发1760条次；在中央、北京市、全国重要省级卫视及新媒体政务号平台播发延庆赛区新闻2100余条次，打响融媒宣传主动仗。

一是加强选题策划，着眼“大宣传”，充分彰显大党大国魅力。中心主任连续主持召开9次总编专题会议，先后召开64次总编会策划选题，涉冬残奥新闻占日播新闻总量80%以上。冬残奥期间，全程关注延庆小伙冬残奥健儿陈建新比赛过程，拍摄留存珍贵素材。第一时间将陈建新夺冠的喜讯传递给全体延庆乡亲，相关新媒体文章阅读量已达17万次，喜讯红爆朋友圈。

二是全面展示成效，奏响“三部曲”，尽职尽责履行属地党媒宣传报道职责使命。全平台统一开办《冬奥来了》《冬奥有我》

《当好东道主 一起向未来》《主播说冬奥》等专题专栏，精心策划“我骄傲 我是冬奥火炬手专栏”“乐享冰雪”短视频，“一起滑雪”小游戏，“这里是延庆”以及“火炬接力”“赛事直击”“中国军团”“图说冬奥”等群众喜闻乐见融媒产品，传播广泛。并在北京延庆App上，开设“冬奥之家”板块，进行全面推广，累计发布信息970条，浏览量41833次。

三是做好媒体服务，借力“发强音”，生动讲好“一起向未来”的中国故事。聚力冬奥火炬、冬残奥火炬传递，在央视《新闻联播》、北京日报等媒体刊发新闻500余条次；北京延庆微博“中国体育代表团入场”阅读量达7600万，快手账号发布的《北京2022年冬奥会倒计时3天》播放量146.8万。利用延庆赛区新闻通气会契机，及时与东方、澎湃、凤凰等10余家重要媒体的记者建立日常联络，为冬残奥期间及后冬奥时期持续扩大延庆城市知名度积累更为广泛的媒体资源。

四是注入融媒科技，乐享新视听，凸显融媒体时代多平台协同的独特优势。充分利用北京延庆视听小站，让广大市民在现场体验VR、5G+8K超高清视听感受中，尽享冬奥、冬残奥盛会带来的冰雪运动之趣。打造城市“网红点”，冬奥城市文化广场西侧的超高清大屏，成为转播开闭幕仪式及各项赛事的宣传主阵地，三街道十社区的8K电视，给人们带来优质的视听享受，感受冰雪运动带来激情的同时，也成为居民学习奥运健儿自强不息、努力拼搏精神的视听大课堂。

五是“大屏”升级提质，“小屏”热度高，以正能量的优质内容产生大流量的传播效果。整合频道资源，重新调整播出安排，冬奥相关内容高达70%以上，推出《印象妫川》特别节目《这里是延庆》，提高国际友人对延庆人文、历史等方面的良好印象。开展“欢乐冬奥年”十大线上系列活动，吸引16万余人次参与，累计阅读量达到35万。

（延庆区融媒体中心）

丰台区融媒体中心建立“社区新闻发声人”机制

在推动区域媒体深度融合过程中，丰台区融媒体中心建立了“社区新闻发声人机制”，把党的优良传统和新技术手段结合起来，广泛动员社区居民参与基层宣传工作，发现身边有“温度”的人，讲述社区有“鲜度”的事，强化媒体与受众的联结，以开放平台吸引广大用户参与信息生产传播，让更多的基层群众成为新时代传播正能量的“网红”，助力基层社会治理和社区文化建设。

丰台区融媒体中心从2018年开始，先后在区委党校举办5期社区新闻发声人培训班。全区350多个社区（村）近1000名社区群众参加培训，初步建立起覆盖全区26个街镇的社区新闻发声人队伍，涵盖教师、航天科技工作者、社区工作者、企事业单位退休职工等各行各业人群。丰富的行业背景、较高的文化素养、不同的年龄层次，使这个群体更能反映地区居民百姓的心声，拓宽街道和社区工作的眼界和触角，最广泛地凝聚起群众力量，形成强大的地区向心力。

区域媒体深度融合发展的新主体。“社区新闻发声人”机制，实现了群众与媒体的深度融合，使群众真正成为最广泛的媒体人。这项机制，使党的群众路线的创新实践与全媒体时代推进媒体深度融合同频共振，凸显群众自治能力建设的媒体动能。“社区新闻发声人”用实践证明，把群众的积极性调动起来，让他们主动成为正能量、主旋律的宣讲员，有助于实现全程媒体、全息媒体、全员媒体、全效媒体的全媒体传播格局。“把话筒交给百姓”，组织和服务群众运用现代传播手段自觉讲好身边、社区富有正能量的故事。在这个过程中，最重要的是把“社区新闻发声人”真正“点亮”，唤起每个人的主体意识，实现每个人的人生价值。在此基础上，“社区新闻发声人”不仅仅是“点亮”自己，还主动“照亮”家人、朋友和社区邻里，尽可能地积极影响更多的人。

基层舆论引导的新方式。随着全媒体传播格局的形成，传统单向传递的宣传模式已经让位于全民参与的资讯互动、观点交锋、情感交流与价值认同，传播主体群众化，群众的主体意识显著增强，普通百姓的言行从未像现在这样广泛地影响着社会舆论。“社区新闻发声人”机制实现了“点亮一个人，照亮千百人，影响百万人”的人际传播效果。培育好、引导好“社区新闻发声人”，就会形成正能量的燎原之势，由个人延伸影响到家庭、邻居和亲友。社区居民吴文祺的儿子是中国农业大学的教授，也成为她的忠实“铁杆粉丝”，只要她有信息发布，儿子和他带的研究生群就会关注并转发“老妈”的消息。通过人人发声、口口相传、群群联动、情理并行、雅俗共赏，“社区新闻发声人”机制可以在短时间内生发出强大的舆论合力，从而形成“信息传递＋关系建构＋情感联动＋自治自理”的新型基层舆论引导方式。

推进社区治理现代化的新动能。近年来，北京市不断推动党建引领“接诉即办”机制往深里走、往实里走，成为首都基层社会治理总的端口。“接诉即办”同包括“社区新闻发声人”在内的群众自治品牌工程有着天然的血肉联系，来源于群众又服务于群众。“社区新闻发声人”队伍不仅规模不断扩大，作用也更加彰显，已经由讲好社区故事、引导社区舆论拓展到参与基层社会治理中来。在抗击新冠疫情期间，“社区新闻发声人”拿起手机、数码相机等进行记录和报道，带动越来越多的群众积极参加社区活动，主动参与社区治理。东高地街道“社区新闻发声人”自发结伴接种新冠疫苗，以亲身体验为例，为居民群众答疑解惑，呼吁大家一起“接种新冠疫苗，共筑免疫长城”。如今，“社区新闻发声人”工作已延伸到环境整治、养老驿站、助残脱贫、便民服务、智慧社区建设等方面，以及人大代表、政协委员征集意见建议活动等基层治理事务，通过“随手拍”微信群、街道微博、便民电话等多种渠道与社区居民互动，随时随地发现社区存在的问题，迅速反映到街道，工作人员得以快速排查整改，形成了富有亲和力、内化于心的高效社区治理共同体。

做好社区社会动员的新群体。“社区新闻发声人”机制作为走好全媒体时代的群众路线的生动实践，既是形成“线上线下相结合、内外宣传相衔接的主流舆论格局”的题中之义，又是激发基层社会动员活力源泉，也是以首善标准推动首都高质量发展的有益探索。2022 年初，丰台区出现冷链关联新冠疫情，全区封（管）控区信息无法有效传递，丰台区融媒体中心充分发挥“社区新闻发声人”协同动员能力，集中社区微治理力量，推出亲子、志愿者、新闻发声人 3 类公益系列微视频，发现群众身边疫情防控有“温度”的人，讲述社区抗击疫情有“鲜度”的事。发挥封（管）控区内信息“源泉”作用，开展融媒体宣传动员，充分动员“社区新闻发声人”走进现场，发现暖心故事，拍摄感人场景，挖掘热点新闻，讲述老百姓身边的故事，传递出封（管）控区的一线视频报道，让群众成为传递新时代正能量的“网红”，协助开展敲门工作，挨家挨户通知邻里积极参加核酸检测，最广泛地把群众动员起来，凝聚起共同打好疫情防控阻击战的强大合力。

（北京市广播电视局媒体融合发展处）

大兴融媒体中心加快推进“融媒中心＋国有公司”运行模式

大兴区融媒体中心自2018年6月挂牌，立足“主流舆论阵地、综合服务平台、社会信息枢纽”定位，再造策、采、编、发融媒采编体系，其发展经历了以下阶段：明确改革建设方向，创造新型传播体系，以内容生产促全面融合，加快推进“融媒中心＋国有公司”运行模式，完成国有公司注资和项目签约运行。2021年，大兴区融媒体中心建设进入2.0时代，各新媒体平台用户达700多万，阅读量、播放量累计突破50亿次。“这里是大兴”微信公众号每日三发，“北京大兴”微博和“北京大兴”App随时发布，日均发布信息200条，是2018年的5倍。“北京大兴”微博位居全国及北京市政务新媒体排行榜前列，2021年累计发布信息3万余条，阅读量超过19亿次，逐步构建“1+3+3+226+N”大传播格局。

顶层设计推动融媒改革方案出台实施。大兴区的媒体融合改革一直是区委区政府重点推动的内容，2021年将中央推进媒体融合向纵深发展的改革方案和北京实施方案的落实，纳入区委深化改革委员会会议，区领导亲自推动。9月份大兴区在全市率先制定完成加快推进媒体融合发展的实施方案，并通过区深改会审议正式下发文件落实。加快推进“融媒中心＋国有公司”运行模式，原中心聘用人员集体转制国有公司，实现平稳过渡，3个月公司实现创收200万元。大兴区融媒体中心建设正式步入2.0阶段，被中宣部列入区级融媒体中心建设典型案例。2021年12月29日，区委书记专题调研融媒体中心，对中心未来发展提出更高要求。

“开门办媒体”“一平台三协同”扩大影响力。大兴区融媒体中心建立以政务新媒体论坛为平台，协同政务新媒体，联盟协同京津冀，智库协同改革发展的模式。该中心连续三年成功举办全国政务新媒体座谈会，2020年成立大兴区融媒发展专家智库委员会，2021年发起京津冀融媒体中心协调发展联盟，参与全国县级融媒体中心智库委员会暨乡村振兴信息共享平台建设。成功举办“京津冀媒体大兴行”、京津冀高校最强大学“声”挑战赛、“聚焦京津冀 见证‘十四五’”协同宣传等活动。

App一端集纳，打造“四个中心”贯通新格局。以“新闻＋政务＋服务＋商务”为建设理念，深化“四个中心”贯通发展，即融媒体中心、新时代文明实践中心、政务服务中心和12345城指中心的贯通，与各镇街、部门建立问题反馈机制，有效发挥媒体“蓄水池”和“拦河坝”的作用，在“融资讯、融政务、融生活、融未来”方面取得明显实效。成功上线区级、镇街事项3000余项，目前用户下载量已突破189万，实名注册人数超168万人次，日活量最高超5万，基本实现“一端在手，天下全有”的目标。为各委办局、镇街设立融媒分中心，逐步形成“1+N”的多层多点分中心架构，开通“大兴号”80余个，发布新闻3000余条，总阅读量超50万。设置消费维权、平安大兴、看大兴、网上12345等板块，组建“大兴老街坊”社会记者队伍，打造人人参与的社会治理新格局。

“五化”组合促生产，讲好大兴新国门故事。“五化”即产品系列化、报道立体化、直播常态化、媒体平台化、联动经常化。一是创新讲好红色故事。组织主持人录制50期“我们一起学党史”短视频；推出5集文献专题片《平南记忆　红色大兴》，填补北京南部区域抗日和敌后工作史实的空白；自主打造15集原创评书《千年风雨话大兴》；推出“建党百年　百日打卡”活动，累计参与人数超20万人；推出建党系列“红直播”活动，打造大兴区党史学习教育网红打卡地图；在全平台开设多个专题专栏专刊，累计刊播、转载相关内容1000余条，总阅读量超500万。二是用心讲好新大兴故事。全力做好重点工作的策划宣传，开设30余个专题专栏，运用直播、H5长图、AI主播、VLOG等新形式、新技术，推出系列化、分众化、互动化融媒产品。围绕大兴区脱贫攻坚典型案例，制作小黑垡村纪录片《走向我们的小康生活》，并在“学习强国”平台推送。微电影《又见花明》被北京市委组织部评为优秀电教片一等奖。三是特色栏目探索“媒体＋治理”服务新模式。创办全市首档区级融媒体中心公众对话节目《言之有理》，聚焦接诉即办，录制节目7期，为政府、社会、群众搭建一个“依法理、说道理、讲情理”的公共对话平台，为破解基层治理难点痛点开拓了新的思路和注解。协调区发改委疏整促资金1050万元，解决多项涉及群众急难愁盼问题，受益群众超10万。

（北京市广播电视局媒体融合发展处）

中国（怀柔）影视产业示范区建设创造新经验

一、聚焦空间规划，科学擘画影都城市形态

对标国际一流影视城市设计标准，编制实施具有国际影响、时尚原色的中国影都“十四五”行动计划和杨宋镇“十四五”规划及街区控划。统筹规划功能布局，积极盘活存量、有序开发增量，加快启动08街区A地块开工建设，推进B地块土地一级开发，加速北京电影学院二期、中影二期、阿里文娱等重点项目进度，打造影视文化产业核心区、文旅融合产业区、文化娱乐综合消费服务区、科技创意生产区。规划建设国际学校、高端医疗、保险金融、特色旅游等服务机构，不断提升城市配套服务功能，实现空间格局更加优化、区域功能更加完善、土地利用更加集约、城市形态更加时尚，让中国影都“城”

色透星空、“底”色亮晶晶。

二、聚焦重点项目，优化中国影都产业布局

北京电影学院新校区一期投入使用，9月首批9个院系1400名师生入驻，二期工程可行性研究报告正在市发改委专家评审，计划2025年全部建成投用。中影基地二期计划建设包括中国剧场、电影主题公园等板块，同时建设高标准影院、商业、餐饮、酒店、停车等配套设施和科技艺术馆群，目前正在进行项目设计方案深化。博纳影业怀柔基地拟建设集总部管理、研发制作、大师团队工作室、会议活动、商务配套功能于一体的产业基地，下一步深化设计方案。阿里文娱基地拟建设综合演出艺术馆及互动艺术中心，打造集后台服务、内容制作、特效服务、产品研发、网络推广、交流展示为一体的多功能产业综合体。制片人总部基地二期0020地块开工建设，建成后将成为国内领先的影视文娱IP主题商业街区。08街区A地块开工建设，规划建设研发总部基地等。怀柔南站Tod站前广场以电影元素为核心，构建时尚消费、商务服务、泛文创休闲、旅游服务、产业聚落等“五大消费场景”，重点建设游客服务中心、影视主题生态公园、“未来世界”体验馆、国际交流中心、商务办公、商务酒店、服务式公寓等项目，尽快启动一级开发，逐步建成零时差把握国际时尚消费脉络的潮流新地标、消费新高地；B地块逐步完善中国影都城市形态、产业业态，建成具有国际影响力的国家级影视产业示范区。

三、聚焦数字经济，构建科影融合产业业态

紧盯首都影视文化发展优势和文化产业数字化发展趋势，依托怀柔科学城和中影、中公、博纳、阿里等头部企业以及华录、楚天云等大数据服务机构，聚焦创新影视、互动演艺、视听传媒、动漫游戏、创意设计、边缘数字等领域，完善产业链，促进新增长，努力构建数字制作、数字传播、数字交易、数字教育的“四新场景”，布局建设新兴产业研发基础平台、高科技拍摄基地、国际数字影视数据中心和版权保护交易中心，高标准建设影视数字产业高地，培育发展新型影视文化业态，全力打造全球数字经济标杆城市战略支点的桥头堡。2021年，云上视听文化传播、中数艺云科技、瑞丽（北京）数字娱乐等1000多家影视文化和科技企业集中落户中国（怀柔）影视产业示范区，楚天云运营基地等数字产业园区陆续投用，走影视与科技融合发展之路，中国影都的磁力进一步增强。

四、聚焦营商环境，提供量身定制精准服务

坚持以高质量发展为主题，推出跟踪重点企业、亲清管家等一系列政务服务措施，认清当前经济社会发展形势，把握好发展规律，持续优化营商环境，实行主动上门、定期走访，与企业实现同频共振，想企业所想、急企业所急，了解企业动态。2016年8月，影视产业示范区O2O创新创业服务平台正式运营，突出一站审批、宣传展示和管理服务三大功能，建立从企业注册、建设、运营到影视拍摄、制作、发行的全产业链服务体系。

五、聚焦“两区”建设，挂牌国际影视摄制服务中心

2018年5月30日，区政府与市新闻出版广电局共建的政务服务站在O2O平台正式运营，下放电影剧本（梗概）备案、国产电影片审查、设立广播电视节目制作经营单位

许可等15项影视审批事项，定期受理，先后为多家影视剧组提供一站式服务。为促进影视产业规范有序发展，更好地服务境内外影视摄制机构来怀开展拍摄、制作等业务，在市广电局等部门支持指导下，中国（怀柔）影视产业示范区成立了国际影视摄制服务中心，于2021年5月28日正式挂牌，重点围绕剧组接待、资源对接、政策咨询、手续办理、宣传推介等方面，梳理确定出服务中心5大类18项重点任务，提供市级政策咨询、审批受理和告知送达等31项服务事项，进一步完善服务流程，为境内外影视摄制项目提供一站式、高品质服务。

六、聚焦国际消费，打造中心城市“微中心”

全面培育影视文化+现代服务体系，推动科技、艺术、教育、商业、旅游等业态赋能，构建全新业态及商业模式，持续放大影视文化产业价值，塑造潮流新地标、消费新高地。聚焦国际交流、人才培养、文旅消费、影视制作等功能，重点打造以京沈客专怀柔南站Tod为核心，中影基地主题乐园、北京电影学院为主要商圈，香水城、制片人总部基地沉浸式商街、鹿世界、老爷车博物馆等为基点的“一核两圈十片区”消费空间，大力发展“首店经济”“影人经济”“网红经济”“夜间经济”“主题商街”，推动一批文化科技龙头企业和原创文化消费机构聚合发展，全力打造国际消费中心城市“微中心”。

七、聚焦品牌活动，中国影都影响力不断提升

一是自2015年开始，北京国际电影节相关板块长期落户怀柔。电影节七大板块中，开闭幕式、红毯、天坛奖评奖、电影嘉年华四个主板块落户怀柔，这些主体活动在全国和世界大大提高了怀柔优越生态、会展和影视功能的品牌影响力和怀柔城市知名度。同时还积极参加电影展映、电影市场和电影论坛三个板块。自2012年就在怀柔设分会场、2015年起全部移师怀柔的电影嘉年华，2021年以“科创怀柔，逐梦光影”为主题，围绕做足“夜游、夜娱、夜购、夜宴”的夜经济文章，引入昆仑决、瑞丽走秀等推出46项科影融合体验活动，打造“灯如昼，越夜越精彩，花如潮，越夜越狂欢”的影视文化盛宴，有力提高怀柔影视旅游的知名度，实现扬名气、聚人气、惠民生的目标。二是怀柔参与主办的北京电视节目交易会规模越来越大，品牌越来越响。北京电视节目交易会于2009年秋季签约落户怀柔，多年来，每季参会制作播出机构、推介的电视剧目和参会人数都不断扩大。三是积极参与国际服务贸易交易会和京港洽谈会等，探索国际影视交流合作。2006年北京国际文博会开始举办，怀柔区都以“中国影都”为主题亮相宣传；2021年在国际服务贸易交易会上成功召开怀柔专场发布会，签订合作项目12个，年内执行金额预计3亿元；与瀚海洛杉矶产业园加强论坛、项目和教育培训等方面合作。四是举办怀柔影视文创大赛。2018年成功举办怀柔区首届“竞技世界杯”影视文创大赛，实现北京首次在怀柔开设影视分赛区目标。五是深挖“来影都过周末”内涵，打造影都高品质文旅IP消费基地，持续丰富影都文化活动消费供给。六是全面打造“永不落幕的电影节”。中国（怀柔）影视产业示范区将倾力打造“世界级影视创意文化及消费力中心，全球沉浸式活力新地标”——北京市怀柔南站Tod项目，以弘扬中国文化魅力为使命，发展国际影视及创意文化消费为目标，展示中国影都“永不落幕”的影视文化新场景，激发首都国际消费中心城市新动能，打造专属中国的世界

级文化新动能示范名片。

八、聚焦空间供给，有效盘活影都闲置资源

建设新型城市文化空间，有利于提升城市文化品质，推动城市风貌提升和产业升级，增强城市活力和竞争力。2016 年，由影都文投建设的产业孵化平台“影创空间”正式投用，影创空间是市区两级共同打造的影视示范区孵化平台，是影都文投公司落实市场化运营影视示范区的首个项目，主要进行影视企业和影视 IP 的孵化，吸引上下游资源集聚，为影视人才和企业提供创作、创新、创业的优质环境。2021 年 3 月 31 日，怀柔新城 08 街区 A 地块和制片人总部基地 0020 地块开工建设，着力培育中国影都影视文化科技融合的高精尖产业生态，打造服务产业和人才聚集的新型城市形态。在加快推进土地开发的同时，对示范区内现有国有用地、农村集体建设用地进行摸底调查，建立资源项目库等服务平台和文化企业准入评估机制，引导区域现有低端低效企业有序盘活。采取分门别类分期分批样板引路逐个推进方式，大力盘活杨宋等区域闲置或待转型厂房土地空间资源，对重点地块回购，然后向重点影视企业和生产生活配套企业供应。依托现有工业遗存与基础设施，结合影视文化产业发展进行改造利用。充分利用市、区两级引导制造企业退出和转型政策，积极协调解决企业转型中遇到的审批立项、土地利用等方面难题。

九、聚焦生态底色，打造影都秀美生态环境

秉持“影视＋城”发展理念，构建产业高质量发展和乡村振兴城乡互补、协调融合的发展格局，打造“潮白水润、茂林修桐、美田弥望、影都雅韵”的秀美生态画卷和宜居生态影都。围绕风翔公园提升改造，规划建设影都绿芯。推出“影都花海”2.0 版本，扮靓怀柔南站、电影学院等新地标。结合中影二期项目，提升影都滨水活力。深挖美丽乡村、美丽街巷、美丽庭院内涵，聚焦“一村一策”和影都特色，完成四季屯、西树行等 9 个村美丽乡村建设。引入高端创新要素，以耿辛庄艺术家村为试点，建设一批科影主题小院。发展玫瑰庄园等高端农业，推动休闲观光、农业体验、亲子萌宠等业态融合，全面促进乡村振兴，扮靓影都生态底色。

[中国（怀柔）影视产业示范区]

统　计

2021年北京市广播电视和网络视听行业统计公报

2021年，首都广播电视和网络视听行业再上新台阶，以实实在在的工作成效服务北京社会经济发展大局，实现了“十四五”良好开局。

一、聚焦主题主线舆论宣传管理，彰显主阵地主力军作用

切实推进广播电视频道频率精简精办和高质量创新性发展。2021年全市共有公共频率频道45个（广播频率19个，电视频道26个），其中，北京广播电视台批准撤销了7个广播频率，现有10个广播频率。开办4K超高清频道1个、8K超高清频道1个、高标清同播公共频道25个（含14个区）。全年广播节目制作时间9.44万小时，同比下降16.46%；电视节目制作时间7.21万小时，同比下降5.50%；广播节目播出时间12.37万小时，同比下降29.11%；电视节目播出时间16.30万小时，同比增长20.30%，石景山、门头沟、房山、昌平、怀柔等区融媒体中心播出电视节目时间明显增长。

紧紧围绕学习宣传贯彻习近平新时代中国特色社会主义思想，精心组织习近平总书记重要活动、重要会议、重要讲话宣传阐释，巩固壮大广播电视主流舆论，新闻资讯类广播电视节目播出时间呈上升趋势。2021年北京市新闻资讯类广播节目制作时间1.78万小时，同比增长47.11%；播出时间2.20万小时，同比增长17.65%。新闻资讯类电视节目制作时间1.72万小时，同比下降3.37%；播出时间2.62万小时，同比增长14.41%。

组织全市广播电视系统围绕重大宣传节点，做好做亮正面宣传，推动新时代主流思想文化深入人心。由于撤销广播频率等原因，北京市专题服务类广播节目制作时间2.52万小时，同比下降15.44%，播出时间3.41万小时，同比下降8.33%；专题服务类电视节目制作时间2.66万小时，同比增长14.16%，播出时间4.70万小时，同比增长9.81%。围绕建党百年、冬奥、冬残奥会、中华传统文化、北京城市治理等，推出了一批聚焦主题主线、坚定文化自信、致力创新融合、坚持“三精”统一的优秀节目。涌现出《我的时代和我（第二季）》《百年巨匠——建筑篇》《中国冰雪道路》等一系列有深度、有温度的精品力作。电视公益广告节目播出时间0.93万小时，同比增长16.25%，占电视广告节目播出时间的61.18%，比去年增加了4.8个百分点。

聚焦全面建成小康社会、决胜脱贫攻坚，对农节目播出时间大幅增长，丰富城乡居民精神文化生活。2021年北京市制作对农广播节目时间216.27小时，播出时间901.48小时，比2020年增加504小时。制作对农电视节目时间238.27小时，播出时间2124.08小时，比2020年增加1977小时。大兴、海淀、门头沟等区融媒体中心播出对农节目时间显著增长。北京广播电视台推出了以《山水人和》《绿水青山萌游记之童心绘梦》等为代表的优秀作品，多角度展示建设小康社会进程中的优秀事迹，讴歌脱贫攻坚的伟大实践及成就。

二、深耕精品创作“北京模式”，京产文艺创作持续繁荣

围绕中国共产党成立100周年、决胜全

面小康、抗击疫情等重大宣传任务，持续加强选题规划，实现精品创作新突破。2021 年北京市制作发行电视剧 41 部 1580 集，影视剧类电视节目播出时间 3.94 万小时，同比增长 21.60%。《觉醒年代》《香山叶正红》等一批现实主义作品广受各界好评，其中《觉醒年代》荣获第二十七届上海电视节白玉兰奖，《觉醒年代》《香山叶正红》在“影视榜样·年度总评榜”中分别荣获“年度最佳剧集”和“年度特别贡献奖”称号。

扎实推进“记录新时代”纪录片创作传播工程，充分发挥纪录片“国家相册”作用，展现了北京的发展成就和传统文化的深厚底蕴。北京市制作纪录片 0.91 万小时，播出时间 1.02 万小时，同比增长 29.11%，推出了《播“火”——马克思主义在中国的早期传播》《了不起的店铺》《共和国医者——李桓英》《迎篮而上的女孩》《最美中国 6》《离不开你》《紫禁城》《我在敦煌》等优秀纪录片。

持续推进中国经典民间故事动漫创作工程等国产动画系列重点工程，生动阐发中华民族独特的思想内涵、人文精神、道德观念，传承弘扬社会主义核心价值观，传播中华美学风范。制作发行电视动画片 22 部 0.53 万分钟，播出时间 0.80 万小时；少儿广播节目播出时间 0.15 万小时，少儿电视节目播出时间 0.93 万小时。《毛毛镇之冰雪加油队》《冰雪守护者》《无敌鹿战队 第 2 季》等优质国产动画片受到少年儿童的喜爱。

立足北京全国文化中心和网络视听产业高地的独特定位，充分发挥“头雁效应”，网络视听和短视频实现快速发展。北京市网络视听机构新增购买及自制网络剧 461 部，其中新增自制网络剧 30 部，同比增长 15.38%。网络剧《约定》、网络电影《浴血无名川》、网络纪录片《劳生不悔》、网络综艺《戏剧新生活》等优秀网络视听作品在各大网络视听服务平台持续热播。

广播电视节目突出创新创优，“北京新视听”品牌影响力持续提升。综艺益智类广播节目制作时间 2.26 万小时，播出时间 4.36 万小时，同比下降 52.76%；综艺益智类电视节目制作时间 0.63 万小时，播出时间 0.78 万小时，同比增长 5.41%，推出了《跨界喜剧王（第五季）》《最美中国戏》《最美中轴线》《一起向未来》等优秀综艺节目。

三、深入推进全媒体传播工程建设，打造北京新视听媒体传播矩阵

扎实推进广播电视重点惠民工程建设，促进广播电视公共服务提质增效。截至 2021 年年底，北京市广播节目综合人口覆盖率、电视节目综合人口覆盖率 100.00%。乡村有线广播电视实际用户数 97.13 万户，同比增长 0.87%，乡村有线电视宽带、农村广播电视网络基础设施持续改善。

坚持数字化战略引领，以 5G+8K 科技创新为支撑，实现全媒体传播格局新突破。有线电视实际用户数 614.67 万户，其中高清和超高清用户 577.98 万户，占有线电视实际用户的 94.03%，比去年提高了 1.1 个百分点；交互式网络电视（IPTV）用户超过 280 万户，比去年增加 20 万户。北京市网络视听服务平台的互联网视频、短视频年度播放时长分别占全国播放时长的 63%、99%，“头部效应”明显。

四、总收入持续增长，新媒体业务收入增幅明显，持续释放发展动能

2021 年北京市广播电视和网络视听行业总收入 4448.87 亿元，同比增长 37.95%。其中，实际创收收入 4022.27 亿元，同比增长 38.22%；财政补助收入 32.02 亿元，同比增长 1.84%。

传统广播电视广告收入下降，新媒体广

告收入高速增长。全年广告收入1393.42亿元，同比增长98.17%。其中，传统广播电视广告收入66.30亿元，同比下降18.06%；广播电视和网络视听机构通过互联网取得的网络媒体广告收入1157.27亿元，同比增长148.63%。

有线电视落地费等传统业务收入下降，增值业务收入增长。有线电视网络收入23.44亿元，同比下降14.48%。其中，收视维护费、付费数字电视等传统有线电视网络业务收入9.60亿元，同比下降0.62%；落地费收入3.38亿元，同比下降55.17%；增值业务、集团客户业务等收入6.72亿元，同比增长4.02%。

电视购物频道收入下降，节目制作销售等收入呈现上升趋势。受直播电商等因素影响，电视购物频道收入6.81亿元，同比下降20.35%。内容市场逐步复苏，广播电视节目销售收入74.46亿元，同比增长32.54%；节目制作相关服务收入49.98亿元，同比增长68.51%。付费数字电视内容与播控收入1.17亿元，同比增长129.41%。

新媒体业务收入持续快速增长，成为带动产业发展重要引擎。全市新媒体业务收入2160.90亿元，同比增长27.12%。其中，IPTV收入1.45亿元，同比增长17.89%；OTT业务收入1.81亿元，同比增长49.59%；网络视听节目服务收入320.19亿元，同比增长6.94%；短视频、电商直播等其他新媒体业务收入1837.45亿元，同比增长31.43%，新兴业态对行业收入的带动作用进一步凸显。

五、创新全媒体人才培养模式，把好行业人才入口关，干部人才队伍建设再上新台阶

北京市广播电视从业人员12.59万人，同比增长16.04%，其中女职工5.97万，占比47.42%。从岗位上看，管理人员1.88万人，专业技术人员5.22万人，其他人员5.49万人，专业技术人员占比41.46%。从学历上看，研究生及以上学历1.74万人，本科及大专学历9.92万人，高中及以下学历0.93万人，大专及以上学历人员占比92.61%。从年龄上看，35岁以下人员8.66万人，36岁至50岁人员3.33万人，51岁及以上人员0.60万人，35岁以下人员占比68.78%。

2022年是党的二十大召开之年，是北京冬奥之年，也是实施“十四五”规划承上启下的重要一年。全行业继续坚定信心，保持定力，振奋精神，鼓足干劲，始终坚持首善标准的政治方向、坚持以人民为中心的工作导向、坚持追求卓越的价值取向，着力媒体融合建设、宣传文化阵地、网络视听文艺、惠民利民工程、智慧广电建设、安全监管防线、走出去品牌建设全方面提质升级，推动首都广播电视和网络视听高质量创新性发展。

注：1. 交互式网络电视（IPTV）用户指通过电信专网获取广播电视服务的用户。

2. 新媒体广告收入指广播电视和网络视听机构通过互联网网站、计算机客户端、移动客户端等取得的广告收入。

3. 新媒体业务收入指广电IPTV机构、持有“信息网络传播视听节目许可证”和备案管理的网络视听节目服务平台开展广电IPTV、网络视听节目服务及其他新媒体（新闻客户端、微信、微博、网站等）业务取得的收入，具体包括交互式网络电视（IPTV）收入、节目版权收入、用户付费收入、直播带货、直播打赏及平台服务费等。

2021 年广播电视播出机构及节目开办情况

项目	单位	数量
一、机构情况		
市级广播电视台	座	1
区广播电视台	座	10
区广播电视站	座	4
乡镇广播电视站	座	37
企事业广播电视站	座	9
二、开办广播电视节目情况		
公共广播节目	套	19
其中：市级	套	10
区级	套	9
付费广播节目	套	2
公共电视节目	套	26
其中：市级	套	11
区级	套	15
对外电视节目	套	1
付费电视频道	套	12

2021 年广播电视播出情况

指标名称	单位	合计	市级	区县
广播播出	—	—	—	—
公共广播节目	套	19	10	9
播出时间	小时	123731.47	75600.50	48130.97
播出自制节目时间	小时	77464.00	57797.83	19666.17
付费广播节目	套	2	2	—
播出时间	小时	17520	17520	—
电视播出	—	—	—	—
公共电视节目	套	26	11	15
播出时间	小时	162951.23	90732.00	72219.23
播出自制节目时间	小时	60206.05	38194.00	22012.05
电视剧播出数	部	1040	673	367
	集	34562	19370	15192
付费电视节目	套	12	12	—
播出时间	小时	105120	105120	—
对外电视节目	套	1	1	—
播出时间	小时	8760	8760	—

2021 年广播电视节目制作情况

项目	单位	广播节目	电视节目
制作广播电视节目时间	万小时	9.44	7.21
新闻资讯类	万小时	1.78	1.72
专题服务类	万小时	2.52	2.66
综艺类	万小时	2.26	0.63
广播（电视）剧	万小时	0.64	0.23
广告类	万小时	0.05	0.44
其他类	万小时	2.19	1.53
广播（电视）剧部数	部	11	41
广播（电视）剧集数	集	389	1580

2021 年广播电视播出传输情况

项目	单位	2021年
中短波转播发射台	座	1
	千瓦	150
调频、电视转播发射台	座	21
	千瓦	64.30
广播综合人口覆盖率	%	100
电视综合人口覆盖率	%	100
有线广播电视传输干线网络总长	万公里	22.24
有线广播电视实际用户数	万户	614.67
高清交互数字电视用户	万户	375.14
4K超高清用户数	万户	202.84
增值业务用户数	万户	93.14
农村有线广播电视实际用户数	万户	97.13
农村有线广播电视入户率	%	99.07
总人口	万人	2189.00
农村总人口	万人	272.60
总户数	万户	557.58
农村总户数	万户	98.04

2021 年北京市广播电视主要指标在全国的排位

项目	单位	全国总量	北京市	排位数	北京市所占比重（%）
资产总额	亿元	27022.36	5987.16	1	22.16
广播电视创收收入	亿元	9673.11	4022.27	1	41.58
其中：广告收入	亿元	3079.42	1393.42	1	45.25
有线电视网络收入	亿元	734.56	23.44	11	3.19
节目销售收入	亿元	438.24	74.46	2	16.99
新媒体业务收入	亿元	3501.04	2160.90	1	61.72
电视购物频道收入	亿元	115.61	6.81	7	5.89
有线电视实际用户数	万户	20423.18	614.67	18	3.01
数字电视用户数	万户	19634.49	614.39	15	3.13
高清电视用户数	万户	10897.27	577.98	8	5.30
增值业务用户	万户	6058.62	93.14	21	1.54
制作广播节目时间	万小时	812.17	9.44	27	1.16
制作电视节目时间	万小时	305.96	7.21	19	2.36
制作电视剧	部	194	41	1	21.13
	集	6736	1580		23.46
制作电视动画片	部	332	22	4	6.63
	万分钟	7.99	0.53		6.63
从业人员	万人	105.01	12.59	1	11.99

注：2021 年北京市节目销售收入全国排位第 2。浙江省排名第 1，销售额为 83.80 亿元。

2020—2021 年实际创收收入情况（按类别）

指标名称	实际创收收入（亿元）			占创收收入比重（%）	
	2021年	2020年	增速(%)	2021年	2020年
总计	4022.27	2910.07	38.22	100.00	100.00
广告收入	1393.42	703.13	98.17	34.64	24.16
广播广告收入	7.82	4.79	63.26	0.19	0.16
电视广告收入	58.47	76.12	−23.19	1.45	2.62
网络媒体广告收入	1157.27	465.46	148.63	28.77	15.99
其他广告收入	169.86	156.76	8.36	4.22	5.39
有线电视网络收入	23.44	27.41	−14.48	0.58	0.94
有线广播电视收视费收入	9.09	9.49	−4.21	0.23	0.33

（续表）

指标名称	实际创收收入（亿元）			占创收收入比重（%）	
	2021年	2020年	增速(%)	2021年	2020年
落地费收入	3.38	7.54	−55.17	0.08	0.26
有线电视机顶盒广告收入	0.30	0.28	7.14	0.01	0.01
付费数字电视频道收入	0.52	0.17	205.88	0.01	0.01
增值业务收入	3.20	2.68	19.40	0.08	0.09
电视回看时移业务收入	—	—	—	—	—
视频点播业务收入	0.36	0.32	12.50	0.01	0.01
互联网宽带接入业务收入	1.67	1.45	15.17	0.04	0.05
集团客户业务收入	3.52	3.78	−6.88	0.09	0.13
其他有线电视网络收入	3.43	3.48	−1.44	0.09	0.12
新媒体业务收入	2160.90	1699.87	27.12	53.72	58.41
交互式网络电视（IPTV）收入	1.45	1.23	17.89	1.62	1.62
互联网电视（OTT）收入	1.81	1.21	49.59	0.04	0.04
网络视听节目服务收入	320.19	299.4	6.94	7.96	10.29
用户付费收入	279.99	260.82	7.35	6.96	8.96
节目版权收入	35.83	34.29	4.49	0.89	1.18
其他新媒体业务收入	1837.45	1398.03	31.43	45.68	48.04
广播电视节目销售收入	74.46	56.18	32.54	1.85	1.93
付费数字电视内容与播控收入	1.17	0.51	129.41	0.03	0.02
节目制作相关服务收入	49.98	29.66	68.51	1.24	1.02
电视频道购物收入	6.81	8.55	−20.35	0.17	0.29
其他创收收入	312.09	384.76	−18.89	7.76	13.22

附　录

北京市“十四五”时期广播电视和网络视听发展规划

京广电发〔2021〕151号

“十四五”时期是我国全面建成小康社会、实现第一个百年奋斗目标之后，乘势而上开启全面建设社会主义现代化国家新征程、向第二个百年奋斗目标进军的第一个五年，也是北京市加强“四个中心”功能建设、提高“四个服务”水平、奋发有为推动首都新发展的关键时期。站在新的历史起点上，首都广播电视和网络视听应当大有作为，服务和融入新发展格局，努力实现转型升级，推进高质量发展，更好地发挥广播电视和网络视听在国民经济和社会发展中的重要作用。为深入贯彻习近平新时代中国特色社会主义思想和习近平总书记对北京重要讲话精神，全面落实党中央、国务院和北京市委市政府的决策部署，根据《中华人民共和国国民经济和社会发展第十四个五年规划和2035年远景目标纲要》《北京市国民经济和社会发展第十四个五年规划和二〇三五年远景目标纲要》《广播电视和网络视听“十四五”发展规划》《北京市“十四五”时期加强全国文化中心建设规划》《北京城市总体规划（2016年—2035年）》《北京市推进全国文化中心建设中长期规划（2019年—2035年）》《新时代繁荣兴盛首都文化的意见》《京津冀协同发展规划纲要》《关于加快推进媒体深度融合发展的意见》《关于推动广播电视和网络视听产业高质量发展的意见》《北京市智慧广电发展行动方案（2019年—2022年）》《北京市超高清视频产业发展行动计划（2019—2022年）》等制定本规划。本规划主要阐明“十四五”时期北京市广播电视和网络视听行业发展目标、主要任务和重大举措，是推进北京市广播电视和网络视听高质量发展的指导性文件。

第一章　指导思想

高举中国特色社会主义伟大旗帜，深入贯彻党的十九大和十九届二中、三中、四中、五中全会精神，坚持以马克思列宁主义、毛泽东思想、邓小平理论、“三个代表”重要思想、科学发展观、习近平新时代中国特色社会主义思想为指导，深入贯彻落实习近平总书记关于宣传思想工作的重要思想以及对北京重要讲话精神，增强“四个意识”，坚定“四个自信”，做到“两个维护”。积极适应新时代新形势新任务，紧扣高质量发展要求，贯彻落实新发展理念，服务和融入新发展格局，统筹推进“五位一体”总体布局，协调推进“四个全面”战略布局，立足首都城市战略定位，深入实施人文北京、科技北京、绿色北京战略，以“举旗帜、聚民心、育新人、兴文化、展形象”为使命，以推动行业转型升级、实现高质量发展为主线，以培育和弘扬社会主义核心价值观为根本，以满足首都人民群众精神文化需求为出发点，以加速广播电视和网络视听与新一代信息技术融合创新为驱动，以深化事业管理与产业促进为抓手，以谋划布局“五新”、推进“两区”建设为契机，勇于担当、敢于作为，创新舆论宣传和媒体传播方式，加快培育壮大新业态新模式，全面提升首都广播电视和网络视听围绕中心、服务大局能力，为夯实视听文化服务基础，推进全球视听产业中心及全国文化中心建设提供有力支撑和强劲动力。

第二章 基本原则

坚持党的全面领导。坚持维护党中央权威和集中统一领导，以政治建设为统领，坚持党管宣传、党管意识形态、党管媒体，坚持马克思主义新闻观，牢牢把握正确政治方向、舆论导向、价值取向，把党的意志、党的主张、党的部署贯彻到广播电视和网络视听工作全领域、各环节，建设广电姓党、绝对忠诚的宣传文化阵地。

坚持以人民为中心。把实现好、维护好、发展好最广大人民根本利益作为出发点和落脚点，坚持以人民为中心的工作导向，保障人民基本文化权益，扩大广播电视和网络视听服务覆盖面和实效性，满足人民群众多样化视听消费需求，提高人民群众文化生活品质，增强人民群众幸福感、获得感，以视听发展促文化繁荣，努力满足人民群众对美好文化生活和综合信息服务的新期待。

坚持新发展理念。坚定不移贯彻“创新、协调、绿色、开放、共享”新发展理念，落实“高质量发展”任务要求，培育竞争新优势，探索发展新模式，扎实推进北京广播电视和网络视听高质量发展，推动改革创新，提升工作法治化、制度化、规范化、标准化水平，构建现代化治理体系。

坚持创新驱动。遵循科技创新和产业发展规律，发挥首都数字经济先发优势，充分利用5G、云计算、大数据、人工智能、区块链等新一代信息技术，推动媒体深度融合发展和智慧广电建设，全面推进内容创新、技术创新、产业创新、业态创新和体制机制创新，为北京广播电视和网络视听行业发展提供创新动力。

坚持贯通发展。围绕首都城市战略定位，统筹推进事业和产业、内容创作和科技创新、广播电视和网络视听贯通发展，统筹协调发展速度与质量效益，不断增强发展的整体性和协调性，实现发展质量、结构、规模、速度、效益、安全相统一，推动广播电视和网络视听一个标准一体管理。

坚持服务全局。锚定全面建设社会主义现代化强国、实现中华民族伟大复兴中国梦的奋斗目标，全面加强前瞻性思考、战略性布局、整体性推进，围绕“一带一路”建设、京津冀协同发展等国家重大战略要求及北京2022年冬奥会、冬残奥会等重大活动保障，增强资源汇聚协同，构建开放联动的支撑能力，做到立足大局、服务全局。

第三章 发展目标

党的十九届五中全会对当前和今后一段时期文化建设作出了重大战略部署，锚定2035年我国将建成社会主义文化强国的远景目标。根据习近平总书记对北京重要讲话精神和《北京市国民经济和社会发展第十四个五年规划和二〇三五年远景目标纲要》，综合考虑广播电视和网络视听改革发展的形势和条件，“十四五”时期北京广播电视和网络视听行业将努力实现以下目标：

舆论引导能力、内容生产能力进一步提升，精品力作不断涌现，现代传播体系、主流媒体传播矩阵建设不断加强，媒体融合发展不断深化，“智慧广电”成为打造智慧城市、落实“五新”政策的重要支撑，公共文化服务水平进一步提升，产业集群优势凸显，引领作用显著，助推数字经济发展和服务“两区”建设能力持续增强，对外文化科技交流持续活跃，国际传播影响力不断提高，北京新视听在全国的示范引领地位逐渐凸显。

——主流媒体舆论引导能力显著增强。主流舆论阵地持续巩固，舆论引导能力进一步增强，广播电视和网络视听舆论宣传同频共振，正面宣传持续做大、主流舆论显著做强，宣传实效深入做优，传播力、引导力、公信力、影响力持续提升，广播电视媒体“头条”建设、网络视听新媒体“首页首屏首条”建设不断深化，“网上网下一体、内宣外宣联动”的广播电视和网络视听宣传体系持续健全完善，舆论导向作用、旗帜作用进一步凸显。

——优质内容创作生产能力不断提升。内容有效供给不断扩大，视听精品创作量质齐升，重大题材作品组织策划能力不断增强，精品创作“北京模式”对行业的引领效能不断提升，体现党的主张、人民心声、时代精神、首都特色的精品力作不断涌现。4K/8K超高清节目生产能力大幅提高，北京市视听制作机构年均生产4K超高清节目时长突破6000小时，北京广播电视台8K超高清电视试验频道建设完成，实施全国首个8K超高清视频制作扶持项目，北京成为世界一流的超高清影视制作基地。

——媒体融合发展进一步深化。广播电视和网络视听在信息内容、技术应用、平台终端、管理手段的共融互通进一步深化，高效联动的新型视听融媒体传播矩阵基本建立，融媒体品牌建设不断加强，媒体深度融合发展持续推进，示范引领效应逐步显现。

——现代传输体系持续优化。广播电视协同覆盖传输能力持续提升，有线电视网络整合和广电5G建设一体化发展加速推进。立体多样、融合发展的现代传输体系持续优化。实现对4K超高清直播频道、8K超高清试验频道开播的网络支撑，有线电视网络落地至少8套4K超高清频道，北京4K超高清电视用户服务能力覆盖500万户。

——智慧广电建设稳步推进。广播电视和网络视听智慧化程度进一步提升，涵盖内容生产、网络传播、功能承载、服务供给以及生态建设等环节的智慧广电创新应用体系基本构建，一批适应新场景的具有示范带动作用的新应用规模化部署，面向垂直行业的智慧化服务能力显著增强，对首都智慧化建设、首都城市治理能力和治理体系现代化的支撑、协同能力大幅提升。

——重大活动保障优质完成。确保北京冬奥会和冬残奥会高水平全平台的国际化宣传推广，完成“科技冬奥”重点项目研究及落地应用，实现2022年北京冬奥会、冬残奥会4K超高清电视全程直播，重点赛事、重大活动5G+8K超高清直播，建党百年、党的二十大及重大外事活动报道宣传高标准完成。

——公共服务体系提质增效。覆盖全市的广播电视和网络视听智慧化公共服务体系更加完善，公共服务逐步实现标准化、均等化、数字化、优质化、品牌化，市区两级应急广播体系建设完成，公共文化服务体系示范区建设有序推进，基本实现广播电视和网络视听公共服务人人通、移动通、终端通。

——安全保障和行业治理能力持续增强。广播电视和网络视听安全播出保障体系建设不断深化，面向融合媒体的内容监管能力显著提升，广播电视和网络视听关键信息基础设施安全防护能力持续增强，安全播出管理体制与运行机制进一步完善，广播电视和网络视听法律法规实施和地方立法工作有序开展，行业治理体系和治理能力现代化水平进一步提高。

——科技创新能力全面提升。行业科技资源配置持续优化，布局合理、定位清晰、特色鲜明的重点实验室研究集群基本形成，核心技术攻关、关键设备研发、国产标准孵化水平明显提高，围绕“卡脖子”技术瓶颈的集智攻关成效逐步显现，在支撑超高清应用推广、媒体深度融合、智慧广电创新发展的关键领域取得突破。

——**国际传播影响力显著提高**。北京市广播电视和网络视听机构全球业务布局持续推进，打造“北京优秀影视剧海外展播季”“视听中国·北京视听之夜”“相约北京·全球组团联展”三大“走出去”品牌活动，北京新视听海外协作联盟、“走出去”示范机构和译制基地海外传播引领作用不断加强，中国（北京）国际视听大会、中国国际服务贸易交易会北京新视听展等重大活动持续举办，面向全球的文化、技术输出能力进一步增强。

——**视听产业实现可持续增长**。视听产业规模不断壮大，产业结构不断优化，产业布局更趋合理，具有全球影响力的优质视听企业数量不断增加，北京市广播电视和网络视听行业 GDP 贡献率持续提升，覆盖视听全产业链、全要素的协同发展格局和贯通京津冀视听产业资源的“京津冀视听走廊”加速形成，一批优质视听企业实现上市，全球视听产业中心地位逐步确立。

第四章 重点任务

第一节 深化新型主流媒体建设，提高广播电视和网络视听舆论引导力

坚持党管媒体原则，全面增强阵地意识，牢牢把握正确舆论导向，做大正面宣传、做强主流舆论、做优宣传实效，提高主流媒体的传播力、引导力、公信力、影响力。适应媒体格局和舆论生态不断发生的深刻变化，深入推进广播电视在内容形式、传播手段方面的改革和创新，通过视听新媒体平台、大数据共享平台、网络社群平台等多样化的媒体平台，推进北京市广播电视媒体“头条”建设，鼓励头部网络视听平台深度参与网络视听新媒体“首页首屏首条”建设、宣传引导效能提升工程。加强日常新闻报道选题策划和联播展播，集中优势资源深入宣传重大事件、重大主题、重大典型，形成全媒体、多渠道协同高效的宣传合力，全面巩固壮大主流思想舆论阵地，发挥强化价值导向、塑造国家形象方面的排头兵作用。发挥“大宣传”格局效能，统筹组织视听媒体，积极参与全市公益宣传服务保障平台建设，发挥好主流媒体舆论引领、新闻报道、权威发布、政策解答、知识普及的作用，完成好全市各领域、各行业重点宣传任务。

舆论引导力提升工程

1.1 北京市新闻大数据共享平台。以北京广播电视台为主体，在现有广播电视媒体资产管理共享交换平台基础上实现资源共享，有效打破数据壁垒。形成科学、动态、精准的新闻宣传报道机制和协作机制，敏锐把握热点，引导社会舆论。用差异化的方式和手段增强新闻宣传报道的吸引力，实现精准传播、有效传播。

1.2 北京市广播电视和网络视听媒体“头条”建设工程。深化广播电视“头条”和网络视听媒体“首页首屏首条”建设，搭建北京新视听宣传矩阵，突出重点、打造亮点，全面展示党和国家各项事业取得的巨大成就。

1.3 宣传引导效能提升工程。切实增强导向意识和底线思维，围绕建党 100 周年、北京 2022 年冬奥会、冬残奥会、党的二十大等“十四五”时期重大活动，进一步发挥北京网络视听平台规模优势，主动策划设置主题，加强报道调控引导，增强受众互动参与，用人们喜闻乐见的方式传递主流声音、凝聚社会共识。

1.4 新型主流媒体集团建设。支持北京广播电视台、歌华传媒集团、视听新媒体头部机构，在继续稳固自身主营业务板块的基础上，坚持以融合发展、创新发展为主线，积极开发、应用新技术，提升传播能力和服务水平。通过建立完善与市场充分对接的体

制机制、管理体系和运营平台，增强市场竞争力，实现社会效益和经济效益同步提升。

第二节　推动高品质内容创作生产，提升文化内容产品影响力

坚持以人民为中心的创作导向，把社会主义核心价值观贯穿创作生产传播全过程，坚持思想精深、艺术精湛、制作精良相统一，推动广播电视和网络视听内容由数量规模增长为主向质量效益提高为主转变，以“建党百年主题创作”“‘1260’网络文艺精品创作工程”“首都影视精品创作生产扶持项目”为抓手，打造一批彰显时代特色、中国精神、北京风格的扛鼎之作，体现凝聚荟萃、辐射带动、创新引领作用，在精品创作上实现从“高原”到“高峰”的突破。加强全流程服务管理，建立健全精品生产“北京模式”的长效工作机制，优化精品创作资金引导扶持机制，构建高效统一的宣传机制，完善科学有效的评价、审查、管理机制。加大重点题材规划和创作引导力度，重视和加强文艺评论，创新优秀内容的宣传推广，支撑文化内容产品影响力全面提升。

视听内容精品创作工程

2.1　“1260”网络文艺精品创作工程。坚持“提质”与“控量”并举，围绕精品创作的“北京模式”，抓好选题规划，着力孵化“种子”项目，进一步提升“精耕细作”水平，每年至少抓好12部网络原创视听节目规划创作，未来五年累计孵化60部标杆级作品。

2.2　北京市广播电视和网络视听发展基金。遵循“把握方向、突出重点，面向社会、公开透明”的工作原则，立足精品创作“北京模式”，依据“好主题、好故事、好团队、好创作、好作品、好收成”的六好标准，充分发挥创作引导作用，面向视听剧本创作、生产摄制、宣传推广开展扶持和奖励。

2.3　首都影视精品创作生产扶持项目。依托北京创作名家聚集优势，从选题创意、剧本创作、拍摄制作、发行播映等全流程各环节引导、支持、把关，全面提升作品质量，加大对精品的扶持、奖励和推介力度，营造有益精品创作生产的良好环境。

2.4　北京市广播电视和网络视听综合评价体系研究。开展面向广播电视和网络视听内容的综合评价体系研究，用精品创作“北京模式”指导评价标准建设，研究构建覆盖思想性、艺术性、创新性、满意度、传播力和融合力六个维度的“北京新视听融合传播综合评价体系”，通过融合传播指数进行价值引导，推动内容精品创作。

2.5　北京市8K超高清视频制作专项扶持项目。用好北京市8K超高清视频制作专项扶持资金，突出先导性、孵化性，建立重点项目库，挖掘一批8K超高清重点影视项目予以支持。鼓励优秀8K超高清视频制作生产，撬动社会资本共同参与，引导和规范8K超高清视频制作，增加市场供应，不断满足市民精神文化需求和高质量超高清视听体验需求。

2.6　公益广告制播提升工程。发挥北京国际公益广告大会平台作用和公益广告专项资金杠杆撬动作用，集聚优秀创作团队，加大选题创意、脚本创作、拍摄制作、公益传播等全领域扶持引导，全面提升公益广告创作质量，扩展国际高端传播渠道，提升国际影响力。

第三节　加快推进媒体深度融合发展，构建共融互通的全媒体传播格局

坚持首善标准，深入推进广播电视和网络视听在信息内容、技术应用、平台终端、管理手段的共融互通，推进媒体融合向纵深

发展。坚持正能量是总要求、管得住是硬道理、用得好是真本事，推动首都广播电视媒体在技术创新、内容生产、服务运营、流程管理、人才培养等方面加快融合步伐。推动主力军全面挺进主战场，打造具有强大影响力和竞争力的新型主流媒体。持续推进中国（京津冀）广播电视媒体融合发展创新中心建设运营，着力打造集聚政务、服务、商务信息功能于一体的全国示范性省级新型主流媒体传播平台。协同推进区级融媒体中心建设，推进新时代文明实践中心、融媒体中心、政务服务中心“三个中心”贯通，逐步建立以内容建设为根本、先进技术为支撑、创新管理为保障的广播电视和网络视听全媒体传播体系。

媒体深度融合发展工程

3.1 新型视听融媒体传播矩阵。依托北京广播电视台，构建融媒生态系统，打造具有全国示范性的新型传播平台。发挥市级融媒体技术平台“总枢纽”作用，从技术、内容、服务等领域赋能媒体融合发展。加快调整区级融媒体中心传统广播电视业务，坚持移动优先、因地制宜，形成具有示范性的基层主流舆论阵地、综合服务平台和社区信息枢纽。

3.2 北京媒体融合能力提升工程。设立北京市广播电视媒体融合发展扶持资金，支持北京市媒体融合领域具有典型性、示范性和引领性的单位和项目。加快提升区级融媒体中心内容创新能力和服务聚合能力，支持各级融媒体中心拓展服务范围。

3.3 媒体融合创新大赛。按照“以内容建设为根本、先进技术为支撑、创新管理为保障的全媒体传播体系”的目标，设置内容、技术、模式等赛道，打造全国知名的媒体融合赛事品牌，通过比赛的形式整合资源，为全行业提供理念、技术、人才支撑。

3.4 媒体融合创新技术与服务应用遴选推广计划。坚持技术赋能，围绕5G、大数据、云计算、物联网、区块链、人工智能、超高清、AR/VR等技术，面向全国征集在媒体融合内容采集、生产、分发、接收、反馈、服务等全链条中的创新应用，推进优秀项目在北京地区落地应用。

3.5 媒体融合项目库建设。开展广播电视媒体融合先导单位、典型案例、成长项目征集评选和短视频征集评选工作，建立北京市广播电视媒体融合专家库、企业库、项目库，总结媒体融合北京经验，树立媒体融合北京品牌，发挥长远效益。

3.6 北京广播电视台融媒体品牌建设。坚持移动优先原则，深入推进“北京时间”建设运营。立足首都资源，聚焦京津冀协同发展，服务现代化综合治理，参与智慧城市建设，打造融合新闻资讯、政务通达与民生服务于一体的智慧融媒体平台。按照“立足北京、聚焦京津冀、辐射全中国”的原则，深入推进“听听FM”建设运营，打造以“音频社交”为主要特征的专业音频平台，构建具有广电属性、广播特征、社交功能的音频内容生态圈。

3.7 北京（丰台）媒体融合示范园区。结合丰台区融媒体中心新址建设，依托丰台区内产业承载空间，打造北京（丰台）媒体融合示范园区，培育一批有发展潜力、社会影响好、具备较强国际竞争力、具有自主知识产权的媒体融合示范品牌。以区域媒体深度融合推进城市品牌建设，带动新视听技术应用场景落地，为地区高质量发展带来新动力、新机遇。

3.8 北京智慧融媒创新中心项目。依托经开区融媒体中心，在原经济日报印务中心原址改造建设智慧融媒创新中心，规划建设“四中心＋办公区”，即融媒指挥中心、融媒内容生产中心、融媒演播中心、融媒直转播中心和共享办公空间，实现融媒生产与创新空间全面整合，打造央地合作新样板、全国县域融媒新实践。

3.9 户外媒体平台建设项目。建设覆盖全市的户外媒体发布平台，包括公交电视、楼宇电视、地铁电视、户外大屏等，实现电视直播、信息网格化发布和跨屏互动，满足受众跨屏、跨网、跨终端的收视和信息需求，对接全市广播电视台、融媒体中心资源，依托各类视听App的传播力，构建全市统一宣传发布矩阵，为首都的综合治理、精细化管理提供技术支撑。

第四节 加快实施智慧广电工程，推进广播电视智慧化升级

推动广播电视向智慧化发展，完善智慧广电节目制播体系，加快广播电视制播向IP架构融合演进，推动制播平台智慧化升级，推进超高清内容拍摄、制作、播出、传输和显示全技术链路贯通。提升智慧广电网络对超高清内容的承载能力，支持北京广播电视台冬奥纪实4K超高清频道（二期）、8K超高清试验频道建设，推动5G+8K超高清转播示范应用。实施“科技冬奥”重点项目，开展基于云转播、5G+8K的智慧广电创新应用。推广4K超高清机顶盒，加速提升超高清电视端到端业务支撑能力。引导开展高新视频内容生产和应用场景研究，促进高质量高规格高标准视听内容普及。推动智慧广电服务治理能力提升和治理模式创新，构建服务“街乡吹哨、部门报到”平台。促进智慧广电融入并支撑数字娱乐、文化旅游、教育培训、医疗健康、社会治理、应急防控、治安管理等垂直行业应用，加快广播电视从功能业务型向创新服务型转变，构建新场景、提供新服务、拉动新消费。

智慧广电建设工程

4.1 北京广播电视台冬奥纪实4K超高清频道（二期）建设。构建基于5G技术条件下的4K信号直播能力，满足4K超高清编辑、多格式混编等制作需求，大幅提高4K节目内容生产效率，满足4K超高清专题片、纪录片、大型综艺晚会等高端节目制作需求，实现剪辑制作与高端调色、环绕声音频制作系统内部连通。建设满足6讯道超高清4K节目直转播需要的演播室现场制作系统，对存储、媒资管理系统进行升级。

4.2 北京广播电视台8K超高清试验频道建设。为满足北京冬奥会、冬残奥会8K超高清转播需求，建设8K试验频道，对8K超高清电视采集、制作、播出、接收的整体技术方案可行性进行全面验证。联合产业链上下游共同打造整体生态，力求完成从8K拍摄、内容编辑、存储分发到终端播放的全流程贯通。

4.3 云转播平台建设。以服务北京冬奥会、冬残奥会转播为契机，推动云转播在我市体育赛事、文艺演出、教育活动等场景的广泛落地应用，促进市属媒体“全云化”融媒体建设改造，实现云上超高清、AI生产等技术能力，创新转播和观赛方式，打造体育消费新模式。积极推进冬奥融媒体专有云平台建设，支持和鼓励企业开展自有云服务平台建设，为影院、体育赛事、重大活动等行业客户和应用场景提供服务。

4.4 冬奥超高清5G+8K示范应用。协调奥林匹克广播服务公司与中央广播电视总台等有关单位，推动5G+8K超高清技术在冬奥会重点项目转播中的应用，推动5G+8K应用在影院、剧场等新场景落地，推动超高清相关行业标准制定。

4.5 “科技冬奥”重点项目。推动“冰雪项目交互式多维度观赛体验技术与系统”项目建设，研究制定有线电视网络传输

VR/360度全景节目技术方案，开展示范应用，提升观众观赛视听体验。推动“冬奥超高清8K数字转播技术与系统”项目建设，统筹协调各参与单位分工协作，扎实做好冬奥重大项目服务保障工作。

4.6 北京市智慧广电项目评选。按照科技创新、业态创新、技术应用、产业规模、业务模式、社会效益、经济效益、投资规模及综合评价等进行综合评定，奖励北京市广播电视和网络视听行业智慧广电重大项目和重点项目，推动北京市智慧广电建设和发展。

4.7 基于智慧广电服务“街乡吹哨、部门报到”工作平台。通过实施智慧广电建设，支撑党建引领“街乡吹哨、部门报到”工作机制，利用有线网络资源，选取应用试点区域，上线智慧化街道、社区工作平台，为开展吹哨报到及接诉即办工作提供有力平台支撑。以北京广播电视台新媒体平台“北京时间”为依托，通过“北京时间接诉即办”民生服务融媒品牌，服务支撑“民有所呼，我有所应”。

第五节 推进新型传输网络体系建设，增强网络综合承载及服务能力

以全国有线电视网络整合和广电5G建设一体化发展为重要抓手，积极参与5G网络建设，推进广电网络一体化融合发展，推进协同承载和互联互通，构建适应新时代的跨网、跨屏、跨终端多功能传输网络，全面提升广播电视网络业务承载能力，为北京“四个中心”建设提供基础网络支撑。加快推进全市有线电视网络升级，推动以互联互通平台为基础的有线电视网络智慧化、超高清化、光纤化、IP化改造，加快IPv6部署。进一步完善网络、机房、数据中心等基础设施建设和有线电视网络数据专网覆盖，增强有线电视网络的产品服务供给能力，提升广播电视网络面向超高清、VR/AR等高新视频业务的承载能力和内容支撑能力，促进广播电视和网络视听新业务深度参与数字经济建设。

新型传输网络建设工程

5.1 有线电视基础设施升级改造。加快传统有线电视传输网络基础设施数字化转型和光纤化、IP化改造，加快IPv6部署和应用。推进光纤宽带接入和超高清交互智能终端配置，进一步完善有线电视网络数据专网覆盖，不断提升有线电视网络对集客业务、宽带业务、数据业务、信息服务、高新视听业务的承载能力。推进冬奥会、冬残奥会赛事场馆有线广播电视机房、管道和网络等基础设施建设，全力保障赛事场馆信息服务需求。

5.2 北京广电5G网络建设。建设北京广电5G覆盖网络，探索广电特色的5G新业务，促进网络智慧化、融合化，提高网络建设水平与服务水平，研究有线与无线交互协同的北京市广电新媒体智慧服务网与城市信息化综合服务网络框架体系，打造有线无线交互协同的北京市广电新媒体智慧服务网与城市信息化综合服务网。

第六节 打造广播电视现代公共服务体系，助力公共文化服务示范区建设

深化智慧广电赋能公共服务，构建完善具有首都特色的高效化、智慧化广播电视和网络视听公共服务体系，着力提升公共服务标准化、均等化、数字化、优质化、品牌化水平。推进广电政务服务智慧化建设，实现线上线下互联互通、信息资源共建共享。提升广播电视公共服务承载网络宽带化、移动化、智能化水平，策划实施“智慧广电乡村工程”，夯实智慧广电公共服务支撑能力。加速市区两级应急广播体系建设，实现国家、市、区三级应急广播平台对接联动。创新实施公共服务惠民工程，发挥示范引领作用，

围绕百乡千村新视听示范工程、“视听零距离”、新视听助力受援地乡村振兴等重大项目，有序推进公共文化服务示范区建设。开展视听无障碍及适老化改造，促进视听深度服务助残助老公益事业。加大知识类、科普类网络视听内容供给，引导优秀网络视听内容和创新产品进社区、进学校、进农村。推动视听融入城市治理，深化与文化、旅游、教育、体育、卫生等系统的对接合作。

新视听公共服务工程

6.1 北京市广播电视公共服务体系建设。加强对北京市广播电视公共服务体系建设工作的组织领导和统筹协调，依据广播电视基本公共服务国家指导标准和行业标准规范，制定北京市广播电视网络视听公共服务体系建设实施意见，制定北京市广播电视基本公共服务实施标准，开展有线电视、IPTV、网络视听纳入基本公共服务清单研究论证。

6.2 广播电视基本公共服务均等化项目。通过新增广播电视转播台站发射设备、加强频率规划、规范运维管理等措施进一步提升地面数字电视无线覆盖均等化水平。市区两级协同，加强基础设施设备运维支持，确保重大惠民公共服务项目长效运行。鼓励有线电视运营商用市场置换方式加大4K超高清机顶盒推广力度，加强项目执行过程绩效检查考评，确保惠民政策落到实处。

6.3 智慧广电乡村工程。以智慧广电+公共服务+社会服务+城市管理+乡村治理为重点，创新广播电视公共服务内容和业务承载形式，推动广播电视公共服务由功能型向智慧型转型升级，提供更加优质的高清电视、交互广播电视服务，智慧教育、数字文化、远程医疗等综合信息服务以及智慧政务、智慧城管、智慧社区、应急响应等社会管理服务，为提高乡村和城镇精细化治理能力提供基础网络和平台支撑。

6.4 北京市应急广播系统建设。建设市、区、乡镇、村四级协同的全市应急广播系统，加速北京市应急广播融媒体传播平台建设，贯通国家、北京市、各区应急广播系统平台，满足乡镇和行政村的地域性应急信息发布和应急指挥需求，实现全天候、全方位、全时段的预警信息发布，有效提升政府应急管理能力。

6.5 百乡千村新视听示范项目——北京视听小站建设。推进北京百乡千村新视听示范工程建设，在各区符合条件的公共场所开展“北京视听小站”试点，围绕4K/8K智能终端、无障碍视听服务、云端体验等前沿科技落地应用，为群众提供更高质量的视听公共服务。

6.6 “视听零距离”公共服务体验项目。整合公共文化服务优质资源，开展“视听零距离”系列活动，推动北京广播电视和网络视听新业态、新服务、新功能向基层下沉，推动公共文化服务设施从“硬覆盖”向“软覆盖”延伸，提高公共服务的贴近性和精准性，打造具有首都特色的公共文化服务示范品牌。

6.7 视听无障碍及适老化改造公益项目。依托头部视听平台，加大“视听无障碍剧场”、“光明影院”及“网络视听适老化改造”等项目试点及推广应用，着力解决视听残障人群及老年人等特殊群体在使用网络视听产品和服务时遇到的困难，提升网络视听服务体验。

6.8 新视听助力受援地乡村振兴项目。推进支援合作地区播出机构制播能力建设，加大技术人员培训力度。开展远程课堂资源共享等工作。支持网络视听平台开展视听公益活动，通过广播电视节目、电视剧、纪录片、动画片、公益广告、短视频等多种形式，加大支援地区旅游资源、特色农业的宣传推广力度。

6.9 广电政务服务能力提升工程。加快推进“一网通办”和“一站式集中审批”系统建设，借助技术手段，提高政务服务水平和工作效率。依托市级融媒体技术平台、区级融媒体中心、“北京通”客户端，构建智慧化政务服务体系，建立应急响应、资源共享机制，提升社会管理服务响应速度和满意度，不断提高首都城市精细化治理和服务水平。

6.10 视听推普公益项目。依托北京语泽公益基金会，深入推动北京视听机构参与“石榴籽计划”公益活动，铸牢中华民族共同体意识，加强各民族交往交流交融，破除语言樊篱，促进各民族像石榴籽一样紧紧抱在一起，充分借助视听平台、资源在边疆地区、民族地区、欠发达地区加速推广普及国家通用语言文字，让各民族各地区儿童共享优质视听教育资源，积极实践普通话助力乡村振兴。

第七节 深化监测监管与行业治理体系建设，促进行业管理优化升级

牢固树立正确的安全观，坚持安全与发展并重并举，深化广播电视安全播出保障体系建设。充分利用人工智能、大数据、区块链等技术，建立完善面向有线网络、地面无线、卫星、互联网和移动通信网等不同媒介传播方式的监测监管，加强对短视频、网络直播等新兴业态管理，实现跨业务、跨网络、跨平台、跨终端的全方位、全过程、全覆盖、全天候智慧化监管。开展北京市网络视听节目管理条例地方立法工作，持续加强已有法规规章的修订完善。加强视听内容版权保护力度，优化内容审核管理机制，持续完善对未持证网络视听节目服务机构的备案制管理，加强广播电视网络视听内容安全审查，坚持统筹管理，统一标准，构建融合联动、上下贯通的首都网络视听建设和管理工作格局。完善联合惩戒机制，深入整治泛娱乐化、低俗庸俗媚俗、追星炒星、天价片酬、违规广告等群众反映强烈的问题，严禁丑闻劣迹者发声出镜。鼓励行业协会、联盟组织等社会力量参与网络视听综合治理，强化视听平台主体责任，提升行业自律。

视听管理优化工程

7.1 广播电视融合媒体智慧监管体系建设。构建系统完备、科学管用、运行高效的安全播出管理体系、安全播出监测体系、安全播出保障体系和网络安全监管体系，形成长效机制，持续提升安全播出和网络安全监测监管能力和保障能力。

7.2 数字化监管集控平台建设。全面整合北京市广播电视局业务信息系统数据，加强数据共享，挖掘数据价值，提升舆情风险研判、预判能力，配合相关业务处室推进“一网通办”优化政务服务体系建设，进一步开展应用场景研究，全面推进智慧广电大数据体系建设进程。

7.3 人工智能广播监管系统建设。持续强化防范打击非法插播转播、非法接收、非法落地，完善工作管理机制，积极推动基于人工智能和大数据分析的广播覆盖效果评估和监管系统规划建设，提高黑广播监测通报和协调行动效率，稳步推进“黑广播”“灰广播”打击整治工作，与执法部门、检测鉴定机构建立长效工作机制，持续维护首都地区无线电秩序。

7.4 作品智能审查系统建设。协同构建广播电视和网络视听作品智能审查系统，实现机器审核和人工审核相协同的智能审查模式，提高审查精度，提升工作效率，建立包括演员人脸识别、特殊图标图像等专题数据库，进一步支撑大数据分析，实现作品全生命周期管理。

第八节　强化科技创新平台和标准化建设，推动文化科技融合发展

贯彻落实国家科技创新体系建设总体要求，加强顶层设计、统筹规划，开展核心技术攻关、关键技术突破，推动建立开放、融合、智慧的新型广播电视技术研发平台，全面支持超高清电视技术研究和应用国家广播电视总局重点实验室、智慧广电重点实验室运行，建好用好北京网络视听研究院。建立8K超高清标准制定工作组，配合总局制定8K超高清标准并完善8K超高清标准体系，以标准引领带动业态创新。加快推进北京市广播电视技术标准和服务标准建设，持续推进基础性标准以及融合服务、互联互通等关键环节标准的研发。促进首都广播电视和网络视听科技资源集约化发展，鼓励和引导北京市科研机构、重点高校、头部企业等参与行业重大创新工程建设，推动科技成果转化，激发科技应用创新活力，全面推动北京新视听文化与科技融合发展。

视听科技创新工程

8.1　超高清电视技术研究和应用国家广播电视总局重点实验室。积极推进超高清电视技术研究和应用国家广播电视总局重点实验室升级建设，构建技术创新中心和多个子工作组，汇聚行业及超高清电视产业链上下游企业、创新团队和核心人才，着力建设研发支撑平台、资源汇聚平台、产业服务平台、协同攻关平台，布局建设国际一流的超高清技术及应用创新中心，全力推动我市超高清电视技术创新和产业发展。

8.2　智慧广电重点实验室。持续开展智慧广电重点实验室的评审工作，奖励支持智慧广电重点项目，遴选北京智慧广电典型应用场景。积极引导重点实验室在园区建设、技术攻关、转化应用等方面创新发展，孵化培育一批示范引领企业、智慧广电引领示范项目，进一步提升支撑智慧广电发展的高精尖科技硬实力。

8.3　北京网络视听研究院。坚持以内容建设为根本、先进技术为支撑、创新管理为保障，构建协同创新实验室，着力打造顶层设计的规划院、全域创新的发动机、文艺评论的风向标，为构建北京新视听提供坚实的智力支撑。

8.4　高新视频技术研究与标准制定。在部市合作框架下，联合推进超高清视频相关标准研究制定，开展以超高清、VR/AR、三维声等高质量新规格沉浸式视听服务关键技术研究，鼓励和引导企业加快建立系统、完善、开放的高新视频技术标准体系，积极参与行业技术标准和地方标准编制。以标准规范促进健康发展，持续推进基础性标准和融合服务、互联互通等关键环节标准的研发。

8.5　8K超高清标准体系建设。联合社会优势资源，建立8K超高清标准制定工作组，研究制定基础性、关键性8K超高清标准，建立完善8K超高清标准体系，支撑北京8K超高清企业创新发展，有效贯通北京8K超高清产业链，孵化8K超高清新业态，培育新的增长点增长极，助力拉动新消费。

第九节　加强国际传播能力建设，提升国际交往能力和影响力

强化“一盘棋”理念，以机制平台为支撑，以品牌活动为抓手，讲好中国故事，传播中华文化。加强对外话语体系建设，引导鼓励北京视听机构加快新模式、新产品、新内容的“出海”步伐。加强新媒体国际传播，借助短视频、网络直播等新兴业态加大内容投放，主动拓宽“走出去”的渠道和方式，积极运用国际化和本土化视听平台，开辟北

京声音国际传播新窗口。推进北京新视听国际交流示范机构和译制基地建设，遴选具有代表性的作品，进行多语种译制和展播。建好北京新视听海外协作联盟，充分利用国内国际、行业内外、政府民间多种对外交流渠道和活动平台，办好“北京优秀影视剧海外展播季”“视听中国·北京视听之夜”“相约北京·全球组团联展”等品牌活动，促进文化内容产品和技术服务交易，提升北京广播电视产业国际影响力。

国际传播力提升工程

9.1 北京市提升广播电视和网络视听业国际传播力奖励扶持专项资金。扶持广播电视和网络视听节目译制、版权输出，支持国际传播平台建设，培育具有国际竞争力的国际传播方阵，支撑文化中心和国际交往中心建设，展示北京形象，讲好北京故事，促进北京市广播电视和网络视听行业国际化发展，助力国家文化软实力提升。

9.2 北京优秀影视剧海外展播季。持续开展“北京优秀影视剧海外展播季·亚洲”“北京优秀影视剧海外展播季·欧洲”“北京优秀影视剧海外展播季·非洲”“北京优秀影视剧海外展播季·中东”活动。推荐优秀视听作品在展播地区视听平台播出，集中开展启动式、推介会等活动，推动北京影视精品国际传播。

9.3 视听中国·北京视听之夜。覆盖欧洲、亚洲、非洲、美洲等地区，开展北京优秀视听作品宣传、推介、展映，推动北京与各国视听行业开展合作交流，实现发展共赢。

9.4 北京新视听国际交流示范机构和译制基地建设。根据译配语种、覆盖区域、受众人群、译配产能等标准，在全市范围内遴选实力雄厚的“走出去”视听企业，评定示范机构和视听译制基地，充分发挥“走出去”头部企业的示范引领作用。

9.5 北京市广播电视科技企业“走出去”项目。依托国际知名展会作为推广平台，积极拓展广播电视和网络视听技术和产业合作，推动北京新视听技术、标准、装备、服务“走出去”，促进自主知识产权的技术、产品参与国际竞争，组织北京市新视听领域机构、企业、产业技术联盟和社会组织与国际标准组织、技术联盟开展深层次的技术交流，支持有实力的机构参与标准提案。组织召开“一带一路”广播电视科技发展论坛，构建“一带一路”广播电视科技交流合作机制。

9.6 中非媒体合作论坛。按国家广播电视总局中非合作论坛的相关工作部署，承办分论坛中非媒体合作论坛，深化中非媒体领域全方位合作，为推动中非新型战略合作伙伴关系的发展发挥积极作用。

9.7 北京新视听海外协作联盟。构建由视听领域国际传播相关的企事业单位、社团组织、高等院校、科研院所、专家学者等组成的协调性议事机构，开展视听国际传播理论及实践研究，发起或参与国际传播相关活动，打造专业、权威、具有号召力的国际传播交流平台。

第十节 推动产业集聚协同发展，支撑全球视听产业中心建设

以北京市城市总体规划和产业空间布局为基础，以建设全球视听产业中心为目标，推动广播电视和网络视听产业链上下游集聚协同形成雁阵效应，引导北京市广播电视和网络视听产业链关键环节优质资源、优势平台、优秀企业集中集约发展，面向内容制作、技术研发、集成应用领域，多元化培育一批符合高质量创新性发展方向的国家级、市级产业发展示范区和产业基地（园区），推进新视听重大基建工程规划建设，推进北京新

视听产业集群发展，加速贯通“京津冀视听走廊”。加强部市、市区联动合作，推进中国（北京）高新视听产业园、中国（北京）星光视听产业基地、中国（怀柔）影视产业示范区与市级视听产业园区梯次、协同发展。科学引导市级视听园区做大做优做强，探索研究市级视听产业园区评定标准，规范市级园区申报、认定、考核、退出等环节。加强产业园区规范化运营管理，优化营商环境，引导社会力量参与，充分发挥视听投资联盟的纽带和平台作用。引导推动视听行业优质独角兽、瞪羚、隐形冠军企业上市，加快形成分工合理、优势突出、特色鲜明的新视听产业集聚协同发展格局。推进广播电视和网络视听与电商、文化、教育、旅游、体育等相关产业的深度融合，培育数字经济新增长点。

产业高质量发展工程

10.1　中国（北京）高新视听产业园。依托北京经济技术开发区域内视听产业基础，整合视听内容制作、分发传播、用户服务、技术支撑、硬件制造、生态建设以及运营管理等领域资源，建设覆盖视听全产业链的产业园区，大力推动高新视频、融合发展、链条重构、平台云化等方面的研发、实践、应用，促进北京视听产业优势资源集聚，推动北京新视听高质量发展。

10.2　中国（北京）星光视听产业基地。丰富节目制播产业链，实现全媒体、全生态、全产业链媒体融合制作能力的提升，以视听内容创新和公共服务创新为核心，实施新视听产业平台改造、技术创新公共服务平台升级改造、新视听企业公共服务平台改造及基地综合环境改善治理工程。

10.3　中国（怀柔）影视产业示范区。依托中国（怀柔）影视产业示范区，围绕北京电影学院怀柔校区二期、中影基地二期、博纳影业怀柔基地、阿里文娱产业基地等重大项目实施打造中国影都，形成影视文化前沿产业集群，将怀柔区打造成为引领京津冀文化创意产业协同发展和国际文化交流合作的引领示范区。

10.4　大环影视城三期（北京新视听会展中心）。以北京新视听会展中心为牵引，以会展服务功能为主，建设大视听领域的标志性场所。推动国家文化大数据云平台、国家级视听产业基地、国家级媒体融合发展创新基地和新视听头部机构集中办公地向此集聚。

10.5　中国飞天大剧院。在北京南城中轴线附近规划建设中国飞天大剧院，引导国家级视听大奖在北京落地。形成融合大型颁奖典礼、电视综艺晚会、歌舞、舞剧、戏剧、音乐等多项演出功能于一身的文化重器。规划建设好星光大道等配套文化设施，力争使之成为北京南城地区的文化地标。

10.6　中国视听博物馆。研究论证和规划建设中国视听博物馆，通过对视听各领域成果的集中展示，体现视听行业整体发展水平和综合实力，以科技创新结合文化遗产，发挥区域文化服务功能，传播视听行业前沿科技与文化，利用高新视听技术打造人们体验艺术、文化遗产和历史传承的高端体验平台。

10.7　房山5G智慧广电产业园。与中国广电开展合作，参与中国广电国家级智慧广电产业园建设，围绕内容创意、生产与共享、媒体融合发展、智慧社区建设及推动智慧广电规模化、产业化发展，为智慧广电工程实施提供强大支撑动力和产业化基础。

10.8　北京视听小镇（北京智慧电竞赛事中心）。对北京日报次渠印务中心进行改造，聚焦视听游戏电竞产业，重点打造赛事产业、电竞教育、电竞生态、电竞新技术应用和电竞文化5个平台。

10.9 北京通州文化旅游区数字视听产业园。依托环球影城主题公园，聚集一批环球影城产业链中的头部企业和机构，以高精尖视听体验为特色，推动高精尖视听、网络游戏、可穿戴设备等产业特色化、差异化发展，充分利用环球影城的溢出效应，打造新型文体旅游融合发展示范区。

10.10 国风·新视听创意中心。以东城区禄米仓71号为总部基地，构建以视听数字内容生产为核心、国风内容版权综合运营为先导、数字内容场景创新应用为主导、视听前沿技术应用为支柱的新视听产业发展空间。项目布局新视听产业“内容+技术”“场景+体验”赛道，搭建新视听创意交流中心等产业要素服务平台，使之成为新视听产业发展的新地标。

10.11 门头沟中央广播电视总台超高清示范园。依托门头沟区与中央广播电视总台北京总站战略合作，参与建设中央广播电视总台超高清示范园，积极推动总台“5G+4K/8K+AI”战略实施，大力推进超高清电视领域的科技创新、成果转化和标准制定等工作，带动产业链上下游企业加速集聚，共同打造超高清产业创新发展的高地。

10.12 京合数字视听投资联盟。充分发挥京合数字视听投资联盟的平台和纽带作用，孵化和培育视听产业领域富有潜力的优质项目和企业，积极打造视听中国项目创投路演、视听投资人之夜、视听中国领军人才培养计划等品牌活动，提升视听领域投融资对接效率，服务视听产业发展。

第十一节 坚持节节对接、会会相融，提高北京视听会展品牌影响力

围绕国家重大发展战略，服务全国文化中心建设，统筹安排会展规划布局，坚持节节对接、会会相融，打造协同联动品牌宣传活动矩阵。加强组织指导，务实高效办展办会，办出特色、打出品牌。突出北京视听会展品牌特色，培育品牌价值，推动中国（北京）国际视听大会、中国广电媒体融合发展大会、中国国际服务贸易交易会北京新视听展、北京国际公益广告大会、北京电视节目交易会、北京纪实影像周市场化、专业化、国际化、高水平发展，打造产业高质量发展的风向标，不断扩大北京视听会展活动品牌影响力。

会展活动品牌提升工程

11.1 中国（北京）国际视听大会。集中展示视听领域内容、技术、业态创新的最新成果，通过云端线下一体化办会模式，为政府、企业、媒体、科研机构、专家学者等提供高级别对话平台，打造集政策解读、行业研讨、设备展示、产品发布、项目路演、投资交易于一体的国际视听会展品牌。

11.2 中国广电媒体融合发展大会。以主题论坛、推进会、研讨会、案例评选、成果发布、展览展示等多种方式，展示媒体融合发展成果，交流媒体融合发展经验，探讨媒体融合发展新路径，打造专业、权威、高端、务实的全国媒体融合交流合作平台，加快推进广电媒体深度融合发展。

11.3 中国国际服务贸易交易会北京新视听展。面向北京视听行业，主办北京新视听展，组织参展企业，设计展览方案，搭建展台展区，开展重要活动，全面展示视听行业内容、技术、产品、服务和体验活动等。打造汇聚视听内容、技术、业态，集会议交流、展览展示、专业活动于一体的综合盛会。

11.4 北京国际公益广告大会。着力彰显北京新视听特色，开展包括创意征集大赛、优秀作品展映展示、公益广告感恩盛典、主

题研讨会等系列活动，打造公益广告领域的国际交流盛会。

11.5　北京电视节目交易会。努力搭建国内最高效务实、最富活力的电视剧节目交易平台、理论研讨平台和表彰平台。节目交易涉及电视剧、网络剧、电影、动画片、纪录片、电视栏目及海外节目，举办高端论坛，并借助京榜剧献、专项推介、行业榜样年度盛典等活动，扩大交易规模及影响力，将交易会打造成为国内一流、国际知名的电视节目交易平台。

11.6　北京纪实影像周。开展纪实影像的展播展映、提案推荐、专业论坛、人才培训等系列活动，推动纪实影像内容创作、影像传播和交流。持续推进首都广播电视纪录片行业繁荣发展，为满足广大人民追求美好生活需要提供更多的精品力作，搭建交流平台，促进纪实影像人才的交流与项目的合作。

11.7　北京动画周。谋划举办政府指导、企业组织、社会参与的动画活动，举办电视动画展播展映、论坛交流、提案展示等活动，打造一个亚洲一流、世界知名的北京特色动画产业活动品牌。

第十二节　在协同合作上发力，推进京津冀视听高质量创新性发展

推进京津冀广播电视和网络视听一体化协同发展，创新跨区域产业合作机制，构建视听园区协同发展格局，打通“京津冀视听走廊”。以中国（京津冀）广播电视媒体融合发展创新中心建设为抓手，全面深化区域媒体融合。推进新型传播网络体系建设，增强网络综合承载及服务能力，提升京津冀广播电视网络超高清节目传输能力，全力保障2022年北京冬奥会、冬残奥会赛事高质量呈现。发挥北京市在网络视听领域的头雁效应，推进京津冀网络视听内容资源的协同开发和优势互补。加强平台互联互通，实现资源共建共享，进一步推动京津冀公共服务均等化发展。高标准办好“京津冀之声”，力争三年内分步实现三地全覆盖，努力将其办成京津冀协同发展的信息发布平台、成就展示平台、创新推进平台，打造成京津冀协同发展的宣传品牌。合作开展京津冀应急广播系统的顶层方案设计，实现应急广播指挥调度信息和覆盖资源共享。开展广播电视规划合作，建立频率管理协调机制，促进地区频率规范使用。

京津冀视听协同发展工程

12.1　京津冀视听走廊。依托“两区”建设，充分发挥北京市视听产业园区的示范引领作用，创新京津冀跨区域广播电视和网络视听产业合作机制，构建京津冀视听园区产业协同发展格局，连通河北省廊坊市大厂影视小镇、香河短视频基地，延伸至天津滨海新区视听产业集聚区，打通“京津冀视听走廊”，打造以北京南城为起点，经北京城市副中心（通州区）到河北省廊坊市北三县和天津市的视听产业聚集带，推动“十四五”期间京津冀地区广播电视和网络视听一体化协同发展。

12.2　中国（京津冀）广播电视媒体融合发展创新中心。发挥京津冀区域优势，推动横向联合、纵向联动，贯通广播电视和网络视听，做强做大主流舆论，构建具有京畿特色的全媒体传播格局。主要开展京津冀媒体融合协同发展相关的理论研究、模式探索、技术应用、项目孵化、区域协同等。

12.3　京津冀广播电视协同发展项目。积极推动京津冀广播电视协同发展，加强京津冀广播电视设备设施共享及频率统筹规划，办好“京津冀之声”调频广播，稳步推进京津冀的全域覆盖行动计划，提供京津冀地方特色的政务、交通、环境整治、产业协同等资讯服务，研究推进北京城市副中心、北三

县公共服务示范区建设。

12.4 京津冀新视听媒体融合学院。充分利用中国（京津冀）广播电视媒体融合发展创新中心的平台优势和资源优势，联合河北省广播电视局，依托国家广播电视总局研修学院，构建区域人才培养协作体，持续开展一系列研学项目，培养一批复合型、应用型融媒体人才，共同开拓成熟的人才孵化培养模式，推动产学研相结合，促进区域人才交流，为京津冀及全国广播电视媒体深度融合提供智力支撑和人才支撑。

第十三节 加强人才队伍建设，激发广播电视和网络视听发展活力

坚持党管人才、系统思维、高端引领、创新驱动，全面贯彻“人才是第一资源”的发展理念，加强广播电视和网络视听人才队伍建设。把政治标准放在选人用人首位，着力选拔和培养高素质、专业化的优秀人才。创新人才引进、培养、使用、评价、激励机制，最大限度激发和释放人才创新活力。完善首都视听优秀高端人才库建设，加快培养造就德才兼备、成绩突出、业界知名的高层次人才和优秀青年人才。紧紧围绕“举旗帜、聚民心、育新人、兴文化、展形象”的使命任务，努力打造政治过硬、本领高强、求实创新、能打胜仗的高素质专业化人才队伍。力争实现广播电视和网络视听新闻宣传、文艺创作、国际传播、经营管理、科技创新、工程技术、理论研究等领域人才队伍数量和质量的新突破。

视听人才队伍建设工程

13.1 北京市广播电视和网络视听行业领军人才、青年创新人才工程。牢牢把握广播电视和网络视听工作正确方向，着力选拔一批德才兼备、成就突出、业界公认的高层次杰出人才和优秀青年人才，为推动首都广播电视和网络视听行业高质量、创新性发展提供坚实的组织保证和人才支撑。

13.2 人才涵养工程。充分发挥政府引导作用，利用在京高等院校、专业机构人才培养优势和企业聚集效应，建立良好的人才培养、交流环境，推动北京市广播电视和网络视听行业有序健康发展，通过加强联合在京高校、专业机构，促进行业与企业联动，积极创造人才实习实训机会，联合培养人才，为新形势下广播电视和网络视听行业发展提供坚实的人才支撑和智力保障。

13.3 职业能力教育拓展工程。完善广播电视和网络视听专业技术人员继续教育培训，鼓励行业单位组织开展急需紧缺人才培养培训和专业技术人才继续教育，积极推广网络培训、远程教育等教学方式，努力形成首都广播电视和网络视听行业职业技能教育品牌。

13.4 执业资格管理和人才评价服务工程。进一步加强广播电视编辑记者和播音员主持人职业资格管理，探索研究网络视听平台从业人员纳入职称和资质评定，规范从业队伍和从业秩序。继续深化职称制度改革，健全人才评价体系，创新人才选拔、人才评优表彰和激励机制，利用北京市吸引高级文化人才来京创业的绿色通道，做好各类人才引进和管理服务工作。

第五章 保障措施

实现本规划，要在市委市政府的领导下，健全规划实施保障机制，更好地履行政府职责，最大程度激发各类主体的活力和创造力，确保规划目标任务落到实处。

第一节 加强组织领导，狠抓任务落实

切实加强党的领导，确保中央大政方针和决策部署在首都广播电视战线不折不扣落

地落实。加强规划内容的宣传引导，明确主要任务，推进重点项目，每年研究制定规划任务分解方案，强化主体责任、强化组织协调、强化督促检查、强化效果评估，确保各项任务和项目扎实开展、有序推进。建立统一高效的议事决策和协调联动机制，整合多方资源，强化内部协调，抓好总体部署、项目实施、效果评估等重要事项，为规划落实提供有力的组织保证。

第二节　落实资金保障，提升使用效率

提高资金落实能力，提前安排布置项目计划和经费预算，开辟多元化的投入渠道，强化规划任务实施的资金保障。通过设立专项资金、募集社会资金，加大对重点项目的支持力度。加强与市委市政府相关部门的沟通协调，充分利用财政政策、科技政策，积极争取政府购买、项目补贴、定向资助、贷款贴息等资金保障。开展广泛合作，发挥好京合数字视听投资联盟和各类文化科技基金作用，形成产业合力，吸引资金投入。合理、合规、高效地规划和使用资金，建立完善项目资金的预算、使用、核算、评估制度，提高预算编制质量，强化预算执行效率，提升经费管理效能，提高资金利用效率。

第三节　加强政策协调，形成有力支撑

推进科技创新、产业促进、税收管理等政策文件在视听领域的试点实施，加强规划与《北京市国民经济和社会发展第十四个五年规划和二〇三五年远景目标纲要》及北京市经济社会发展和文化改革发展重大政策的紧密结合，贯彻落实党中央国务院关于国家服务业扩大开放综合示范区、中国（北京）自由贸易试验区相关部署，围绕《关于加快培育壮大新业态新模式促进北京经济高质量发展的若干意见》，确保规划与新基建、新场景、新消费、新开放、新服务等政策有效对接。积极推进规划同北京市重大发展规划、空间规划相互协调，确保总体要求一致、空间配置和时序安排协调有序。配合落实国家广播电视总局关于舆论引导能力提升工程、新时代精品工程、智慧广电建设工程、视听中国播映工程、安全播出工程、管理优化工程等重点工作和试点推进，完善市级配套政策文件，确保规划重大项目围绕中心服务大局。

第四节　推进法治建设，营造良好环境

以习近平法治思想为指导，深入贯彻落实中共中央、国务院和北京市委市政府法治政府建设工作要求，加强首都广播电视网络视听领域法治建设，通过不断推进行业治理体系和治理能力现代化，全方位支撑规划实施。着力推动新兴领域立法，通过科学立法、民主立法、依法立法优化首都广播电视网络视听管理顶层设计，为规划实施提供制度支持。深入推进依法行政，坚持职责法定原则，严格落实重大行政决策程序制度，坚持严格规范公正文明执法，保障行政权力依法运行。全面清理规范行政审批中介服务事项和各类证明事项，围绕信用核查、信用承诺、分类监管、联合惩戒等重点工作，加强行业诚信体系建设，为规划实施创造公开透明、规范有序、公平高效的良好环境。

第五节　坚持项目驱动，促进提质升级

坚持以规划确定项目、以项目落实规划，发挥好重大项目对规划实施的支撑作用。健全重大项目储备库制度和推进机制，着眼事关全局的重大任务，规划一批、储备一批、实施一批、带动一批。督促实施主体按照“课题式设计、项目式管理、工程式推进、台账式督查、绩效式考核”的工作方法加紧实施重大项目，对纳入市规划的重大项目，优先支持开展可研论证、规划选址、预算编报、资金安排。积极争取国家相关部委和市委市政府的重视和支持，争取重大任务、项目、改革举措纳入上级发展规划，确保各项任务

实施有上级规划文件支撑。

第六节　强化队伍建设，提高人才素质

逐步改善人才队伍结构，积极建立与北京文化中心建设相适应的高端人才库，以新闻宣传、文艺创作、国际传播、经营管理、科技创新、工程技术、理论研究领军人才和青年创新人才为依托，打造形成首都广播电视和网络视听行业高层次人才梯队。发挥好各级视听协会的作用，凝聚广播电视和网络视听领域各类人才，汇聚起共同推进北京新视听高质量发展的蓬勃力量。加强人才培养和实践锻炼，从政策上、制度上、项目上、经费上支持优秀创新团队和青年人才。深化人事制度改革，健全人才选拔机制，为优秀人才服务北京市广播电视和网络视听行业发展提供良好环境。进一步加强广播电视编辑记者和播音员主持人执业资格管理，加快推进网络主播等从业人员资格准入制度机制建设，规范从业人员队伍和从业秩序。

北京市广播电视局

2021 年 11 月 3 日

北京市广播电视行业安全生产管理规定（试行）

京广电发〔2021〕164 号

第一章　总则

第一条　为加强北京市广播电视行业安全生产规范化管理，构建广播电视行业安全风险防控体系，全面落实单位安全生产主体责任，有效防止和减少生产安全事故，促进广播电视行业持续健康发展，根据《中华人民共和国安全生产法》《中华人民共和国消防法》等相关法律法规和北京市有关规定，制定本规定。

第二条　北京市行政区域内的广播电台、电视台、融媒体中心、广播电视转播台、发射台、影视基地、影视制作机构、网络视听企业等广播电视行业企事业单位（以下简称“单位”）安全管理工作适用本规定。

第三条　北京市广播电视行业安全生产工作坚持中国共产党的领导，应当以人为本，坚持人民至上、生命至上，把保护人民生命安全摆在首位，树牢安全发展理念，坚持安全第一、预防为主、综合治理的方针，从源头上防范化解重大安全风险。安全生产工作实行管行业必须管安全、管业务必须管安全、管生产经营必须管安全，建立健全生产经营单位负责、职工参与、政府监管、行业自律和社会监督的机制和党政同责、一岗双责、齐抓共管、失职追责的责任体系。

第四条　广播电视行业单位是安全生产的责任主体，应当遵守有关安全生产的法律、法规、规章和标准，加强安全生产管理，建立健全全员安全生产责任制和安全生产管理制度，加大对安全生产资金、物资、技术、人员的投入保障力度，改善安全生产条件，构建安全风险分级管控和隐患排查治理双重预防机制，健全风险防范化解机制，提高安全生产水平，保证广播电视制作、传输、播出等活动安全有序进行。

第五条　广播电视行业单位安全主要包括生产安全、消防安全、设备设施安全、治安安全及突发事件可能对人员造成伤害的安全威胁。

第六条　北京市广播电视局（以下简称“市广电局”）对本市广播电视行业单位的安全生产实施统一监督管理。其中，市广电局安全生产监管部门对行业安全生产工作实施综合监督管理，各单位（部门）在各自的职责范围内对有关领域的安全生产工作实施监督管理。各单位（部门）应当相互配合、齐抓共管、信息共享、资源共用，依法加强安全生产监督管理工作。

第二章　安全生产目标与职责

第一节　安全生产目标

第七条　广播电视行业单位应当根据自身安全生产实际，制定总体和年度安全生产目标，并纳入单位总体生产经营目标。单位应当明确目标的制定、分解、实施、考核等环节要求，按照所属部门在生产经营活动中所承担的职能，将目标分解细化为指标并组织落实。

第八条　广播电视行业单位应当定期对安全生产目标、指标实施情况进行评估和考核，并结合实际及时进行调整。

第二节　安全生产职责

第九条　广播电视行业单位应当建立健全并落实全员安全生产责任制。安全生产责任制应当明确安全生产主要负责人、分管安全生产工作负责人、各部门负责人、其他从业人员等全体人员的安全生产职责范围和考核标准等内容。

第十条　广播电视行业单位主要负责人是本单位安全生产第一责任人，对本单位的安全生产工作全面负责，履行下列职责：

（一）建立健全并落实本单位全员安全生产责任制，加强安全生产标准化建设；

（二）组织制定并实施本单位安全生产管理制度和操作规程；

（三）组织制定并实施本单位安全生产教育和培训计划；

（四）保证本单位安全生产投入的有效实施；

（五）每季度至少组织研究一次安全生产工作；

（六）组织建立并落实安全风险分级管控和隐患排查治理双重预防工作机制，督促、检查本单位的安全生产工作，及时消除生产安全事故隐患；

（七）每年应当按规定向从业人员通报单位安全生产工作情况；

（八）组织制定并实施本单位的生产安全事故应急救援预案；

（九）及时、如实报告生产安全事故；

（十）单位分管安全生产工作的负责人协助主要负责人履行安全生产职责，其他负责人对职责范围内的安全生产工作负责。

第十一条　广播电视行业单位的安全生产管理机构以及安全生产管理人员履行下列职责：

（一）组织或者参与拟订本单位安全生产管理制度、操作规程和生产安全事故应急救援预案；

（二）组织或者参与安全生产教育和培训，如实记录安全生产教育和培训情况；

（三）组织开展危险源辨识和评估；

（四）组织或者参与本单位应急救援演练；

（五）检查本单位的安全生产状况，及时排查事故隐患，提出改进安全生产管理的建议；

（六）制止和纠正违章指挥、强令冒险作业、违反操作规程的行为；

（七）督促落实本单位安全生产整改措施；

（八）督促本单位其他机构和人员履行安全生产职责，组织或者参与安全生产考核，提出奖惩意见；

（九）依法组织或者参与生产安全事故调查处理。

第十二条　全体人员安全生产职责应当根据单位业务变化、人员岗位调整等情况每年进行审核，适时调整更新，并保存记录。

第十三条　广播电视行业单位应当每年对安全生产责任制落实情况进行考核，考核结果作为安全生产奖励或者惩罚的依据。

第十四条　有下列情形之一的，单位应当签订安全生产管理协议，或者在有关合同中明确各自的安全生产管理职责：

（一）发包或者出租生产经营项目、场所、设备的；

（二）两个以上单位在同一作业区域内进行生产经营活动，可能危及对方生产安全的；

（三）委托其他单位从事爆破、吊装、挖掘、悬吊、建设工程拆除等危险作业，以及在有限空间内作业、动火作业、高处作业、带电作业、临近高压输电线路作业。

第十五条　安全生产管理协议或者安全生产管理职责应当符合下列要求：

（一）对到本单位现场服务或者作业的相关单位：应明确双方安全生产管理职责和各自管理的区域范围，包括现场管理、消防设施器材配置、设备安全管理、人员安全教育与培训、安全检查与监督、事故隐患排查、应急救援等职责和管理要求；

（二）对房屋租赁单位：应明确房屋日常消防管理、房屋结构、用途变更等事项的各自职责和要求。

第三章　安全生产管理机构与人员

第十六条　从业人员超过一百人的广播电视行业单位，应当设置安全生产管理机构或者配备专职安全生产管理人员；从业人员在一百人以下的广播电视行业单位，应当配备专职或者兼职的安全生产管理人员。

第四章　制度化管理

第一节　安全生产管理制度

第十七条　广播电视行业单位应当结合实际，建立健全下列安全生产管理制度：

（一）安全生产教育和培训制度；

（二）安全生产检查制度；

（三）安全风险分级管控制度；

（四）生产安全事故隐患排查治理制度；

（五）具有较大危险因素的生产经营场所、设备和设施的安全管理制度；

（六）安全生产资金投入或者安全生产费用提取、使用和管理制度；

（七）危险作业管理制度；

（八）特种作业人员和特种设备操作人员管理制度；

（九）危险化学品安全管理制度；

（十）消防安全管理制度；

（十一）劳动防护用品配备和使用制度；

（十二）安全生产奖励和惩罚制度；

（十三）生产安全事故报告和调查处理制度；

（十四）法律、法规、规章规定的其他安全生产制度。

第十八条　广播电视行业单位应当及时识别和获取适用有效的法律法规、标准规范，并应将适用相关要求及时转化为本单位的管理制度、操作规程，并及时传达给相关从业人员，确保相关要求落实到位。

第十九条　广播电视行业单位应当落实各项管理制度，建立健全工作档案。档案应当全面完整、翔实客观反映单位安全生产工作的基本情况，并根据实际变化及时补充、完善和更新。工作档案应当统一保管，专人负责，及时整理，备案审查。

第二十条　广播电视行业单位应当定期评估安全生产管理制度的适用性、有效性和执行情况，并根据评估结果，及时修订安全生产管理制度。

第二节　安全操作规程管理

第二十一条　单位应当依照法律、法规、规章和国家标准、行业标准，结合本单位业务流程、设备特点、岗位作业安全风险要求，编制适用的岗位安全操作规程，发放至相关岗位员工，并严格执行。

第二十二条　安全操作规程应当覆盖本单位生产经营活动的全过程和全部岗位。

第二十三条　安全操作规程应当明确安全操作要求、作业环境要求、作业防护要求、禁止事项、紧急情况现场处置措施等内容。

第二十四条　广播电视行业单位应在新技术、新材料、新工艺、新设备设施投入使用前，组织修订相应的安全生产操作规程。

第三节　安全生产教育培训

第二十五条　广播电视行业单位主要负责人和安全生产管理人员应当具备与所从事的生产经营活动相适应的安全生产知识和管理能力。

第二十六条　广播电视行业单位应当履行下列安全生产教育和培训的责任：

（一）对从业人员进行安全生产教育和培训，保证从业人员具备必要的安全生产知识，熟悉有关安全生产管理制度和安全操作规程，掌握本岗位安全操作技能，了解事故应急处理措施，知悉自身在安全生产方面的权利和义务；

（二）对新招用、换岗、离岗6个月以上的人员，以及采用新工艺、新技术、新材料或者使用新设备的人员，进行安全生产教育和培训；

（三）未经安全生产教育和培训合格的人员，不得安排上岗作业；

（四）建立安全生产教育和培训档案，如实记录教育和培训的时间、内容、参加人员以及考核结果等情况。

第二十七条　进行特种作业活动和操作特种设备，应当使用取得相应资格的特种作业人员和特种设备人员。

第二十八条　广播电视行业单位主要负责人、安全生产管理人员和从业人员每年接受的在岗安全生产教育和培训时间不得少于8学时。新招用的从业人员上岗前接受安全生产教育和培训的时间不得少于24学时。换岗的，离岗6个月以上的，以及单位采用新工艺、新技术、新材料或者使用新设备的，均不得少于4学时。

第二十九条　教育培训内容主要包括安全生产相关法律法规和规章，安全生产管理制度和操作规程，安全技术基础知识，作业场所和工作岗位存在的危险因素、防范措施以及事故应急措施，安全设备设施和劳动防护用品使用方法，安全生产事故的防范意识和自救互救知识，安全生产事故案例及其他需要掌握的安全生产知识。

第三十条　广播电视行业单位使用被派遣劳动者的，应当将被派遣劳动者纳入本单位从业人员进行统一管理，对被派遣劳动者进行岗位安全操作规程和安全操作技能的教育和培训。单位应当对进入本单位检查、参观、学习等外来人员进行必要的安全教育。

第五章　设备设施管理与作业安全

第一节　通用要求

第三十一条　广播电视行业单位应当根据广播电视设备相关技术资料和文件编制相应的安全使用和检查维护规程，对广播电视设备进行经常性的安全检查和维护。

第三十二条　广播电视行业单位应当对安全设备进行经常性维护、保养，并定期检测，保证正常运转。在有较大危险因素的设备设施上应当设置明显的安全警示标志。不得关闭、破坏直接关系生产安全的监控、报警、防护、救生设备设施，或者篡改、隐瞒、销毁其相关数据、信息。

第三十三条　广播电视行业单位应当委托具有专业资质的检测检验机构对特种设备及其附件进行定期检测检验。

第三十四条　广播电视行业单位应当将设备设施安全操作规程及应急操作指引张贴在设备设施附近的显著位置。

第三十五条　广播电视行业单位应当建立广播电视设备安全技术档案。安全技术档案应当包括以下内容：

（一）设备产品质量合格证明、安装及使用维护保养说明等相关技术资料和文件；

（二）设备的维护保养记录。

第三十六条　电器产品、燃气用具的安装、使用及电气线路的设计、敷设、维护保养、检测应当符合消防技术标准和管理规定。

第二节　演播录制设备

第三十七条　LED 大屏、拼接屏、透明屏、投影机、灯光、音响等设备应安装牢固，需要升降或者平移运动的，应设计专门机械装置，并做好防护措施，保障演出人员和观众的安全。

第三十八条　临时搭建和使用的演播设备、线缆应符合国家或者行业标准，敷设的线缆应绕开人行通道，无法绕开的，应采取加装防护槽板等防护措施。

第三十九条　演播室照明设备应满足下列安全要求：

（一）在演出过程中应当实时监控灯具的运行情况，对大型灯具、调光立柜等发热量大的设备，还应定期检查其通风装置；

（二）使用高温灯具应采取可靠的防火隔热措施，并固定在稳固的不燃材料支架上；

（三）临近幕布等易燃物的灯具应装设防火隔热材料。地排灯具不得直接与舞台地板直接接触，应铺设隔热材料或者采取隔热处理；

（四）布景道具上安装的灯具应使用冷光源；

（五）安装的灯具和连接导线应牢固可靠，吊装的灯具和效果器具应当加装保险装置；

（六）安装的灯具与布景道具、幕布之间安全距离应不少于 50 厘米。

第四十条　舞台机械应满足下列安全要求：

（一）应按照设备制造商提供的操作手册进行舞台机械设备的操作；

（二）使用演出场所升降台作为固定演出平面的，应选择能够机械锁定使用高度和承受台面最大净荷载的升降台；

（三）机械设备在运行过程中严禁设备上人员移动。机械臂下严禁有人停留、通过，运行范围边缘应设置警戒线或者警戒标志。严禁在机械臂运行时使用烟雾、干冰等影响视线的特殊效果；

（四）运行观众席中的升降台时，应在升降台四周安排专人监视设备及周围的情况；

（五）舞台地板上的活门打开时，应在活门周围设置醒目的警戒标志并有专人监视。

第四十一条　舞台吊挂系统应满足下列安全要求：

（一）采用铁丝、麻绳、尼龙绳等悬吊景具、道具、显示屏及其他设备的，应按照国家标准规定的最大载荷要求和安全的系结方式进行安装，并配有钢丝绳保护。悬吊设备的安装应牢固可靠，重量不得超过吊杆的额定载荷，并在吊杆额定载荷下均匀分布吊挂布景的重量；

（二）禁止直接在栅顶、天桥、马道上吊挂景具、道具；在栅顶、天桥、马道上进行作业的，应按照高空作业规范要求执行，作业所需工具和设备设施，应放置在安全防护收纳装置内，防止高空坠落。

第四十二条　拍摄使用的场景设施应满足下列安全要求：

（一）拍摄使用的场景设施设计和施工应当满足相关国家标准或者行业标准；

（二）悬吊或者放置的景具，运载运动及静止时应有安全保险措施，避免发生坠落、倾覆或者塌陷事故；

（三）场景设施中机械设备运动时有可能造成挤压、剪切、碰撞等危险的部位应采取相应的安全措施。使用电力驱动的机械设备，在其运动范围内有可能相互干涉或者有运行顺序要求的应有安全联锁措施；

（四）应选用合理的制景工艺，选材、制作应当安全可靠，避免演播过程中出现零部件松动、坠落，道具倾斜，场景垮塌等情况；

（五）大型布景应有防倾覆装置，设置有驱动装置的布景，其传动部件应设安全保护罩；

（六）舞美景具应使用非燃或者难燃材料制作，景片应做阻燃处理，并有耐火等级检测报告；

（七）临时搭建演出场所的布景、幕布等易飘的设施应装设耐受5级风以上的防飘装置。

第四十三条　拍摄使用的道具应满足下列安全要求：

（一）演播室内严禁使用可能造成人员伤害的各种冷、热烟花、彩带、彩花喷管等危险物品；

（二）使用干冰机、烟雾机、泡沫机等效果设备时，应采取防渗漏、防漏电措施并有专人监护；

（三）不得沿舞台纵深方向前后牵引和斜拉飞行器，飞行器使用应与其他设备保持不小于2米的安全距离，安全带等设备应安全可靠并有专人监护；

（四）录音棚内的道具设施应妥善布置，防止道具掉落。

第四十四条　拍摄现场动用明火或者使用电气设备的，在人员转场或者撤场时，应指定专人进行处置和看护，确认无安全隐患后方可离开。

第四十五条　演播室电力系统应满足下列安全要求：

（一）控制室、导播室、设备机房宜配置双路工艺电；具备直播功能演播室的导播室及其相应的设备机房主路应为UPS配电，并符合安全播出管理规定中UPS电源持续供电的时间要求；

（二）直播音视频系统设备应与其他设备（灯光、空调、动力等）分箱配电；

（三）演播室内电线主缆应当使用三相五线制，电缆直径不宜小于6平方毫米；

（四）严禁在电气箱、插座箱前，控制台上放置物品。

第四十六条　在摄影棚、演播室内或者影视园区（基地）外景地临时搭建舞台、观众席等演播设施的，应符合GB/T 36731《临时搭建演出场所舞台、看台安全》的有关规定。

第三节　播出传输设备

第四十七条　发射塔巡检维护应符合下列要求：

（一）发射塔日常巡检维护应包括天线、馈线、地基基础、上部结构、围护结构系统、防雷接地、拉绳、绝缘架等内容；

（二）竣工验收交付使用后每季度应至少进行日常巡检维护一次。当出现气象风压达到当地基本风压60%以上、六度以上地震、雷暴雨、火灾等情况时应增加一次日常巡检维护；

（三）发射塔除日常巡检维护外，应至少每五年对地基基础、上部结构、围护结构系统、防雷接地、拉绳、绝缘架等进行一次专业维护；

（四）发射塔运行维护应做好资料的归档，运行维护资料应完整、连续和准确，建立钢塔桅运行维护安全管理档案。

第四十八条　发射塔在专业维护和加固改造前，应由具备相应资质的单位对钢塔桅结构进行检测鉴定和加固改造设计。发射塔经验收合格投入使用后，使用单位应按设计要求的功能使用，未经设计许可或者技术鉴定，不得在钢塔桅结构上增挂天线及其他设施，不得改变各系统的原设计功能。

第四十九条　电气设备的操作按钮、压板，远、近操作断路器（开关）把手，断路器（开关）、隔离开关（刀闸）的分合位置、机构机械位置、转动方向、信号装置等指示部分，应指示明确。

第五十条　在位于高处的射频设备附近工作，应使用绝缘梯子等安全辅助工具，并采取措施防止人员跌落。

第四节　公用辅助设备设施

第五十一条　机房内应设置应急照明，照度满足正常工作需求且能维持30分钟以上，照明设备应定期检修。

第五十二条　数据中心机房、媒资存储机房建筑面积120平方米以上的磁带库、光盘库、重要的资料档案库应设置自动灭火系统，且采用气体灭火系统。

第五十三条　发射台内的发射机房应设置防火、防水、防高温高湿、防尘等安全设备设施。

第五节　作业安全

第五十四条　从业人员在作业过程中，应当严格落实岗位安全责任，遵守本单位的安全生产管理制度和操作规程，服从管理，正确佩戴和使用劳动防护用品。

第五十五条　单位进行吊装、悬吊、建设工程拆除等危险作业，以及在有限空间内作业、动火作业、高处作业、带电作业、临近高压输电线路作业，应当遵守下列规定：

（一）制定作业方案，按照管理权限审批；

（二）落实安全交底，向作业人员详细说明作业内容、主要危险因素、作业安全要求和应急措施等内容；

（三）安排专人进行现场管理，确认现场作业条件、作业人员上岗资格、身体状况符合安全作业要求，监督作业人员遵守操作规程，落实安全措施；

（四）配备与现场作业活动相适应的劳动防护用品，以及相应的安全警示标志、安全防护设备、应急救援装备；

（五）发现直接危及人身安全的紧急情况，立即采取应急措施，停止作业或者撤出作业人员。

第五十六条　存在有限空间的单位，作业审批、作业前准备、作业实施、作业结束等各阶段作业应符合DB11/T 852《有限空间作业安全技术规范》相关规定。

第六章　重点场所安全管理

第一节　通用要求

第五十七条　广播电视行业单位应当保障消防车通道、疏散通道、安全出口畅通，不得损坏、挪用或者擅自拆除、停用消防设施、器材，不得埋压、圈占、遮挡消火栓或者占用防火间距。

第五十八条　单位应当按照国家标准、行业标准配置消防设施、器材，设置消防安全标志，并定期组织检验、维修，确保完好有效。

第五十九条　消防安全重点单位应当确定消防安全管理人，建立消防档案，确定消防安全重点部位，设置防火标志，实行每日防火巡查，并建立巡查记录。

第六十条　重要场所应当执行门禁制度，设置视频监控装置、出入口控制装置或防盗安全门。视频监视和回放图像应能清晰显示进出人员的面部特征。

第六十一条　应对进入重要单位的人员及其携带的物品进行安全检查。

第六十二条　影视园区（基地）、摄制演播、剧组等场所安全管理应当遵守《北京市影视园区（基地）安全生产工作指引》《北京市摄制演播场所安全生产工作指引》《北京市剧组安全生产工作指引》等相关规定。

第二节　播出传输场所

第六十三条　播出传输场所内机房应遵守以下安全管理规定：

（一）场所内设备应规范放置，并有明确设备标识；

（二）场所内禁止存放易燃、易爆或者易挥发的物品；

（三）机房工艺设备用电与照明用电、动力用电应分路使用，并确保不间断供电（可采用双路供电，并配置足够容量的UPS电源）；

（四）设备运行和检修期间不得中断机房或者技术用房的照明和用水；

（五）机房设备检修工作开始前，应确认本次检修工作时间与发射机运行图不相冲突；

（六）值班人员应熟悉设备，掌握应急处置方法，值班负责人应由有实际值班工作经验的人员担任。

第六十四条　播出传输场所应遵守以下消防安全管理规定：

（一）根据机房不同部位合理选配消防器材，各种消防器材放置位置明显，方便使用和更换，并始终处于正常有效状态，严禁随意移动各种消防器材设施；

（二）机房应配备对设备无腐蚀的二氧化碳灭火器；

（三）严格管理供电线路、配电设施、电器设备的安装和使用。电力线截面积应与负载相适应，不得超负荷运行。

第六十五条　发射台应根据《广播电视设施保护条例》、《电磁环境保护条例》和有关场地环境保护的标准、文件对发射台的场地及环境实施保护。

第六十六条　注意气象和自然灾害的预告，巡视室外和场地及其环境，防止自然灾害和外力破坏对发射台造成损害。

第六十七条　雷雨季节前应对建筑物的防雷设施进行检查、维护、测试。

第三节　公用辅助用房

第六十八条　消防控制室管理应符合下列要求：

（一）应实行每日24小时专人值班制度，每班不应少于2人，值班人员应当持有消防行业特有工种职业资格证书；

（二）值班期间每2小时记录一次消防控制室内消防设备的运行情况，及时记录消防控制室内消防设备的火警或者故障情况；

（三）应确保火灾自动报警系统、灭火系统和其他联动控制设备处于正常工作状态，不得将应处于自动状态的设在手动状态；

（四）应保存建筑物总平面图、消防设施系统平面图、消防安全管理制度、应急灭火疏散预案、消防安全培训记录、安全检查情况记录等安全管理相关资料。

第六十九条　变配电室运行管理制度和操作规程主要内容上墙明示。

第七十条　变配电室应当按要求安排专人值班或者由电工人员负责运行检查工作。

第七十一条　变配电室应设置防止雨、

雪和小动物从采光窗、通风窗、门、通风管道、桥架、电缆保护管等进入室内的设施。出入口应设置高度不低于 400 毫米的防小动物挡板。

第七十二条　变配电室变压器、高压配电装置、低压配电装置的操作区、维护通道应铺设绝缘胶垫。配电装置前应标注警戒线，警戒线距配电装置应不小于 800 毫米。

第七十三条　自备应急电源应定期进行安全检查、预防性试验、启机试验和切换装置的切换试验，并做好记录。

第七十四条　在柴油发电机房内设置储油间的，总储存量不应大于 1 立方米。储油间应采用耐火极限不低于 3 小时的防火墙与发电机间分隔，确需在防火墙上开门的，应设置甲级防火门。

第七十五条　发电机房、储油间应设置防止油品流散设施。

第七章　大型活动安全管理

第七十六条　广播电视行业大型群众性活动由主办者委托其他单位承办的，应当选择有资质、具备相应能力和条件的承办单位，接受委托的承办单位履行承办者的安全职责。主办者应当与承办者签订安全协议，明确各自的具体职责，落实安全工作，确定专门人员监督、检查承办单位安全责任和安全措施的落实情况，协调解决存在的问题。

第七十七条　广播电视行业大型群众性活动的承办者对其承办活动的安全负责，承办者的主要负责人为大型群众性活动的安全责任人。

第七十八条　举办大型群众性活动，承办者应当制订大型群众性活动安全工作方案。大型群众性活动安全工作方案包括下列内容：

（一）活动的时间、地点、内容及组织方式；

（二）安全工作人员的数量、任务分配和识别标志；

（三）活动场所消防安全措施；

（四）活动场所可容纳的人员数量以及活动预计参加人数；

（五）治安缓冲区域的设定及其标识；

（六）入场人员的票证查验和安全检查措施；

（七）车辆停放、疏导措施；

（八）现场秩序维护、人员疏导措施；

（九）应急救援预案。

第七十九条　举办大型群众性活动，承办者应当进行安全风险预测或者委托专业评估机构进行安全风险评估，制定安全工作方案和处置突发事件应急预案并组织演练。

第八十条　对单场次参加人数达到规定上限的大型活动，承办者应获得公安机关安全许可，并按要求配备必要的安全检查设备，对参加大型活动的人员进行安全检查。

第八十一条　承办者在大型活动举办期间，应当落实各项安全措施，配备足够的工作人员维持现场秩序。在人员相对聚集时，承办者应当采取控制和疏散措施，确保参加活动的人数在安全条件允许的范围内。在活动举办过程中发生公共安全事故、治安案件的，安全责任人应当立即启动应急救援预案，并立即报告公安机关。

第八十二条　广播电视行业大型群众性活动由主办者直接承办的，主办者应当履行承办者的安全职责。

第八章　安全风险防控和隐患排查治理

第一节　安全风险防控

第八十三条　广播电视行业单位应按照有关规定和标准规范，组织全方位、全过程辨识业务流程、设备设施、作业环境、人员行为和管理体系等方面存在的安全风险，并持续更新完善。

第八十四条　广播电视行业单位应对辨识出的安全风险进行分类梳理，对不同类别的安全风险，采用相应的风险评估方法确定安全风险等级。安全风险等级从高到低划分为重大风险、较大风险、一般风险和低风险，分别用红、橙、黄、蓝四种颜色标示。

第八十五条　广播电视行业单位应根据风险评估结果，组织制定并实施本单位的安全风险控制措施和应急预案，从组织、制度、技术、应急等方面对安全风险进行有效管控。单位应关注运营状况和危险源变化后的风险状况，动态评估、调整风险等级和管控措施，确保安全风险始终处于受控范围内。

第八十六条　广播电视行业单位应当建立完善安全风险公告制度，并加强风险教育和技能培训，确保全员掌握安全风险的基本情况及防范、应急措施。在醒目位置和重点区域分别设置安全风险公告栏，制作岗位安全风险告知卡，标明主要安全风险、可能引发事故隐患类别、事故后果、管控措施、应急措施及报告方式等内容。对存在重大安全风险的工作场所和岗位，要设置明显警示标志，并强化危险源监测和预警。

第二节　隐患排查治理

第八十七条　广播电视行业单位应当制定符合企业实际的隐患排查治理清单，明确和细化隐患排查的事项、内容和频次，并将责任逐一分解落实。

第八十八条　广播电视行业单位应采取技术和管理措施，及时发现并消除事故隐患，承担事故隐患排查治理的主体责任。对发现的事故隐患，单位应立即消除；无法立即消除的，应按照事故隐患危害程度、影响范围、整改难度，制定治理方案，落实治理措施，消除事故隐患。

小型或者微型企业等规模较小的单位，应当至少排查治理用火、用电、用油、用气等方面的生产安全事故隐患。

第八十九条　从业人员发现事故隐患或者其他不安全因素，应当立即向现场安全生产管理人员或者本单位负责人报告；接到报告的人员应及时予以处理。从业人员发现直接危及人身安全的紧急情况时，有权停止作业或者在采取可能的应急措施后撤离作业现场。

第九十条　广播电视行业单位应当每月向从业人员通报事故隐患排查治理情况。

第九十一条　广播电视行业单位应对承包（承租）单位的安全生产工作统一协调、管理，定期进行安全检查。对安全检查中发现的事故隐患，应及时督促相关单位进行整改。

第九章　应急管理

第一节　应急预案

第九十二条　广播电视行业单位在编制应急预案前，应当进行事故风险辨识、评估和应急资源调查。

第九十三条　广播电视行业单位应依据事故风险评估及应急资源调查结果，结合本单位组织管理体系、生产规模及处置特点，合理确立本单位的应急预案体系，编制相应的应急预案。事故风险单一、危险性小的单位，可只编制现场处置方案。

第九十四条　应急预案的编制程序、体系构成、主要内容以及附件信息应当符合现行法规和标准的基本要求。

第九十五条　广播电视行业单位编制的各类应急预案之间应当相互衔接，并与属地政府及其相关部门的应急预案相衔接。

第九十六条　广播电视行业单位应当建立应急预案定期评估制度，对预案内容的针对性和实用性进行分析，并对应急预案是否需要修订作出结论。

第二节 应急演练

第九十七条 广播电视行业单位应按照有关规定制定应急预案演练计划，并按计划组织开展应急预案演练。

第九十八条 广播电视行业单位应根据本单位的事故预防重点，每年至少组织一次综合应急预案演练或者专项应急预案演练，每半年至少组织一次现场处置方案演练。

第九十九条 广播电视行业单位应对应急预案演练效果进行评估，撰写演练评估报告，分析存在的问题，并对应急预案提出修订意见。

第三节 应急资源

第一百条 广播电视行业单位应当建立应急物资、装备配备及其使用档案，明确专人管理，对应急物资、装备进行定期检测和维护，使其处于适用状态。

第一百零一条 涉及人员密集场所的单位，应当根据本单位可能发生的生产安全事故的特点和危害，配备必要的灭火、排水、通风以及危险物品稀释、掩埋、收集等应急救援器材、设备和物资，并进行经常性维护、保养，保证正常运转。

第四节 应急处置

第一百零二条 发生事故后，广播电视行业单位应当第一时间启动应急响应，组织有关力量进行救援，并按照规定将事故信息及应急响应启动情况报告相关政府部门。

第一百零三条 应急处置和应急救援结束后，事故发生单位应当对应急预案实施情况、应急救援工作进行总结评估。

第十章 监督管理

第一百零四条 市广电局定期对广播电视行业单位落实安全生产主体责任情况进行监督检查，检查情况作为年度检验、奖励扶持、评优评先、分级监管、诚信评价等重要参考依据。

第一百零五条 对监督检查出现隐患不整改的单位，市广电局对其负责人进行约谈。存在严重事故隐患的或者拒不改正的，移送有关部门依法依规进行处理。

第一百零六条 广播电视行业单位及其主要负责人的安全生产违法违规相关信息将纳入本市公共信用信息平台，适时向社会公布。

第十一章 附则

第一百零七条 本规定由北京市广播电视局负责解释，自2021年12月26日起施行。

北京市广播电视局

2021年11月24日

北京市广播电视局关于印发《关于加快推进北京市广播电视媒体深度融合发展的三年行动计划（2021—2023）》的通知

京广电发〔2021〕111号

北京日报，北京广播电视台，歌华传媒集团，歌华有线，新京报，北京青年报，各区和北京经济技术开发区融媒体中心，其他媒体融合相关单位：

现将《关于加快推进北京市广播电视媒体深度融合发展的三年行动计划（2021—2023）》印发给你们，请结合实际认真贯彻落实。

北京市广播电视局

2021年8月13日

关于加快推进北京市广播电视媒体深度融合发展的三年行动计划（2021—2023）

为贯彻中央和市委市政府关于推进媒体深度融合发展相关文件精神，落实国家广播电视总局《关于加快推进广播电视媒体深度融合发展的意见》，进一步推动北京市广播电视媒体深度融合发展，制定本行动计划。

一、总体要求和目标

坚持以习近平新时代中国特色社会主义思想为指导，深入贯彻落实习近平总书记关于媒体融合发展的重要论述，紧紧围绕首都“四个中心”功能建设，坚持正能量是总要求、管得住是硬道理、用得好是真本事，推动首都广播电视媒体在技术创新、内容生产、服务运营、流程管理、人才培养等方面加快融合步伐。力争用1至2年时间，全市广电媒体实现以全媒体思维重塑组织架构，重点培育一批精品视听内容品牌，大幅提升主流舆论引导能力、信息和服务聚合能力、先进技术引领能力。经过三年实践，在新型传播平台建设等关键环节和重点领域的改革创新取得实质突破，首都广电媒体矩阵在全国影响力进一步提升。着眼长远，将逐步构建贯通广播电视与网络视听、网上网下一体、大屏小屏联动、京津冀协同、央市区融通的新视听传播格局，建立以内容建设为根本、先进技术为支撑、创新管理为保障的全媒体传播体系。

二、重点任务

（一）主力军全面挺进主战场

1. 优化资源配置。以互联网思维优化媒体资源配置，把分散的、优质的资源要素向互联网主阵地聚合、向移动端倾斜。加快推进供给侧结构性改革，精办频率频道、优化节目栏目、整合平台账号，对定位不准、影响力小、用户数少的坚决关停并转，集中力量打造精品内容和知名品牌。

2. 建设新型传播平台。充分发挥广电机构在网络、技术、内容等方面的优势，贯通广播电视传统业务与网络视听新业态，整合网上网下资源渠道，统筹大屏小屏，把短视频、网络直播、网络音频等业务作为新发展方向，加大人才、资金、技术投入，集中力量做强自主可控新型视听传播平台。主要媒体客户端 App 的下载量和日活用户要保持稳定增长，形成规模效益。加快与商业网络视听平台在技术、渠道、内容、载体等方面的合作，形成一批具有较强影响力的平台账号。

3. 完善首都全媒体传播格局。北京广播电视台立足首都功能定位，加快资源整合、流程再造，推进品牌化和规模化运营，构建融媒生态系统，打造具有全国示范性的新型传播平台。“北京时间”“听听 FM”用户规模、传播指数、公众影响力大幅提升，跻身全国主流新媒体头部位置。“北京云”市级技术平台发挥“总枢纽”作用，统筹协调各级媒体，从技术、内容、服务、管理等多方面为区融媒体中心和市级媒体融合发展赋能。各区融媒体中心加快调整传统广播电视业务，坚持移动优先、因地制宜、深耕本地资源，加强横向协作、纵向联动，形成若干具有全国标杆性的基层主流舆论阵地、综合服务平台和社区信息枢纽。北京日报、新京报、北京青年报等其他市属媒体进一步发展视听新媒体业务，打造特色视听传播平台和内容品牌。各广电机构主动争取中央媒体的战略支持，加强与非广电类市属媒体的合作联动，充分利用平台、内容、渠道、人才等优势，加快融合发展。

（二）全面加强内容建设与供给

4. 贴近群众服务群众。坚持以人民为中心的工作导向，充分发挥广电媒体作为党和政府联系群众的桥梁纽带作用。支持各级广电机构“开门办台”，加强深度互动，生产群众喜闻乐见的内容。鼓励各区建立覆盖政府职能部门、乡镇街道的通讯员队伍，立足社区动员群众成为社区新闻发声人，参与基层新闻宣传，逐步建立大众广泛参与的全员媒体。

5. 提高精品内容的持续供给能力。进一步深化广电精品创作“北京模式”。聚焦全面建成小康社会、中国共产党成立 100 周年、2022 年北京冬奥会冬残奥会等主题主线，用心用情用功推进主题创作。建立重大题材统筹推进机制，坚持“三个关口前移”，主动出题、主动策划，抓好重大现实、重大革命、重大历史题材创作生产。鼓励支持专业化、垂直化、场景化内容服务的开发创作，提高定制化、个性化、精准化的供给能力。

6.提高区融媒体中心融合内容生产能力。健全市属广电媒体与区融媒体中心的合作机制，通过市级技术平台等渠道为区融媒体中心提供媒资库及相关内容支撑。制定区融媒体中心视听内容重点选题规划，加大扶持力度，鼓励与广播电视节目制作经营机构、网络视听平台合作开发选题。加强版权合作，推动形成共建共享的区融媒体中心视听内容版权库。支持区融媒体中心成为对接中央、市相关媒体的区域性平台，挖掘本地资源，形成一批具有鲜明区域特色的融媒品牌。

7. 提升内容传播质量和效果。坚持效果导向，强化用户理念，实现单向式传播向互动式、服务式、场景式传播转变。打通制播上下游，丰富优秀作品播出端，让好作品进入好平台、好时段，让好作品有好收益。建立广电用户画像，用主流价值导向驾驭“算法”，针对不同场景、不同受众提供丰富多彩的个性化内容。支持广电媒体品牌内容版权价值运营，推动在全市范围建立新视听版权交易平台。

（三）强化先进技术创新引领

8. 推动超高清视频发展。办好冬奥纪实4K超高清频道，开办8K超高清电视试验频道。鼓励有条件的区融媒体中心实施超高清改造，承接超高清项目落地。加快超高清内容创作生产，推进冬奥会8K电视示范小区及北京赛区、延庆赛区、奥运村等8K电视观赛区建设。推进5G高新视频落地应用，支持运用VR/AR/MR和流媒体、4K/8K超高清等技术，提供全息化、沉浸式、交互式视听体验，丰富传播形态、传播样式。

9. 推进内容生产便捷化和智慧化。充分利用5G背包、无人机、网络直播系统、公有云等，降低制播成本，提高新闻生产的时效性。充分利用数据汇聚、数据治理、数据挖掘、数据呈现等技术，开展内容制作、传播、互动、交换中的大数据应用服务。探索建立智能标签体系，推进在融合媒体内容管理平台中的应用。打造“智能编辑部”，将人工智能引入“采编播审存”等环节，实现全流程智能化。开展媒体融合创新技术与应用遴选推广计划，支持优秀技术在北京落地应用。

10. 加快传播体系的创新升级。加快推进全国有线电视网络整合和广电5G建设一体化发展，实现IP化、云化、智慧化改造。推进IPTV集成播控技术和服务管理升级，完成规范对接验收，加快互动视频、沉浸式视频、VR视频和云游戏等5G高新视频服务在IPTV先行先试。推进IPTV应用商城建设，向用户提供多种应用产品。大力发展“智慧广电”服务，依托广电传播体系加快推进智慧城市、智慧社区、智慧家庭、智慧医疗、智慧教育等智慧型业务建设。

（四）推进服务功能拓展升级

11. 提高公共服务能力。制定北京市广播电视网络视听基本公共服务实施标准，推动公共服务标准化、均等化、数字化、优质化、品牌化。完善农村地区广播电视设施建设，推进应急广播体系建设，打造应急广播融合媒体传播网络。坚决打击“黑广播”、治理“灰广播”。积极推进城市大屏集中播控平台建设。开展百乡千村北京新视听公共服务数字化示范项目建设，打造具有首都特色的北京视听小站。打造“视听零距离”公共服务新品牌，推动北京广播电视和网络视听新业态、新服务、新功能向基层下沉。

12. 探索“媒体+政务服务商务”运营模式。推动新时代文明实践中心、融媒体中心、政务服务中心“三个中心”贯通，鼓励各部门、企事业单位与各融媒体中心的数据资源对接和开发利用，充分发挥广电媒体在接诉即办等政务服务中的作用。支持广电机构承接政府部门政务新媒体的接管运营，承办各类宣传文化活动。支持广电平台开发空中课堂、智慧社区、电商等消费性服务和生产性服务功能。支持有条件的广电机构参与平安北京、智慧城市、乡村振兴、新型城镇化等重大战略的建设。推动建立若干广电“融媒+服务”示范基地。

（五）加快深化体制机制改革

13. 优化媒体组织架构。各广电机构以全媒体思维重塑内部组织架构，以全媒体产品和服务为核心，以互联网为主阵地，优化生产传播各环节，整合采编制作力量，构建适合自身发展特点的集约高效新型采编制作播发流程、全媒体指挥调度体系。支持采用项目制、工作室、产品事业部、独立制片人制等形式进行内容生产的组织和运营。健全全媒体绩效考核，移动端首发、优发相关指标权重总和一般应高于50%。

14. 用好市场机制。推进媒体融合示范园区建设，带动新视听技术应用场景落地。支持广电机构构建 MCN 矩阵，设立孵化基地，培育融媒内容孵化团队，建立以内容为基础的投资孵化体系，打造具有北京特色的融媒创意产业链。完善多渠道投融资机制，吸引社会力量参与媒体融合项目的技术研发和市场开拓。支持广电机构依法拓展新业态、新领域，控股或参股互联网企业、科技企业。支持区融媒体中心依托公司进行市场运营，增强自我造血机制，完善“中心＋企业”的运营模式。

15. 强化京津冀协同发展。建好用好中国（京津冀）广播电视媒体融合发展创新中心，加快推进京津冀广电机构在理论研究、模式探索、技术应用、项目孵化等领域的协同合作。打造京津冀视听走廊，加强三地视听产业协同发展。办好“京津冀之声”调频广播，力争用三年时间逐步实现京津冀之声的全域覆盖。推进北三县公共服务示范区建设，强化三地在广播电视网络视听领域的全面合作和协同发展。支持副中心打造京津冀广电媒体融合发展的桥头堡，办好“北京城市广播副中心之声”。推动成立京津冀广播电视媒体融合协作联盟，打造区域融媒协同矩阵。办好京津冀新视听媒体融合学院，加强全媒体人才培养。

（六）推动全媒体人才队伍建设

16. 创新人事和分配制度。落实中央和北京市有关事业单位改革政策，支持广电机构建立符合行业特点的薪酬分配制度和人才管理制度。支持建立全员岗位聘用制度，实行定岗定责、同工同酬、能上能下、能进能出，强化轮岗交流、双向选择机制，优化队伍结构。实行分类绩效考核，与评先选优、职称晋级等挂钩，多劳多得、优劳多得、奖优罚劣、奖勤罚懒。鼓励实施高层次人才工资分配激励、科研成果转化奖励。坚持业绩导向，向一线岗位倾斜，拉开二次分配差距。支持广电企业实行股权、期权、分红等中长期激励，激发内生活力。

17. 优化人才发展环境。落实人才激励政策，拓宽人才选拔路径，突出广播电视网络视听“领军人才”行业先导作用，提升“青年创新人才”整体孵化基准。进一步优化区融媒体中心从业人员职业资格认证和职称体系建设。创办媒体融合创新大赛，选拔一批优秀实战型人才。支持广电机构以有效形式吸引外部人才和高校毕业生加入，为高端人才、急需紧缺人才引进提供特殊支持、开辟绿色通道，对特殊人才给予特殊待遇。

18. 健全人才培养体系。深化“脚力、眼力、脑力、笔力”教育实践工作，加强全媒体采编制作能力的培训，提高政治能力和专业本领。依托京津冀新视听媒体融合学院，探索与高校、科研院所等外部机构规范建立联合培养机制，立足采编播管，全方位开展全媒体人才培训，匹配不同岗位需求、支持员工转型和技能提升。鼓励市属媒体与区融媒体中心人才双向交流，以顶岗实训促进能力提升。鼓励专业岗位人员与管理岗位人员双向交流，打造“一专多能”的复合型人才。大力培养青年业务骨干，将中青年优秀人才充实到关键岗位。探索建立媒体融合发展人才专家库、青年创新人才库，发挥高端人才引领作用。

三、保障措施

19. 加强党的领导。各级广电机构党委（党组）要将推进广播电视媒体深度融合发展作为落实意识形态工作责任制的重要内容，主要负责同志亲自抓、负总责，加强研究部署、统筹规划、政策制定和工作落实，压紧压实责任。

20. 强化财政资金保障。合理规划、申请、使用财政资金，鼓励在人员聘用、项目运营、业务拓展等方面加大财政支持力度，充分发挥财政资金引导带动作用。发挥北京广播电视网络视听发展基金、智慧广电发展专项资金、广播电视媒体融合发展扶持资金、广播电视公益广告扶持资金、8K超高清视频制作专项扶持资金等各类文化引导基金、专项资金的作用，支持重点项目建设和运营，提高资金的使用效率。

21. 加强管理服务。落实意识形态工作责任制，确保在推进媒体融合中的导向、内容、技术、传输、网络安全。优化完善资质管理，积极支持广电机构和其他市属媒体申办“信息网络传播视听节目许可证”。办好中国广电媒体融合发展大会。推动建立媒体融合行业组织，在服务融合发展、规范行业秩序、推动行业自律等方面发挥积极作用。

22. 强化督察考核。各广电机构结合实际制定推进媒体深度融合的工作计划，把媒体融合发展作为“一把手”工程，班子全员参与，协同配合。加强对媒体融合发展目标任务完成情况的督察考核，坚持指导监督与正向激励结合，增强发现问题、解决问题的实效。

索 引

INDEX

汉语拼音索引

A

B

C

D

F

G

H

J

L

M

N

P

Q

R

S

T

W

X

Y

Z

数字索引

字母索引